Der große Einkaufsführer

Fabrik-verkauf

in Deutschland
09/10

© **Zeppelin**

Alle Angaben in diesem Buch wurden vom Autorenteam mit größter Sorgfalt erarbeitet bzw. zusammengestellt. Trotzdem sind Fehler nicht ganz auszuschließen. Der Verlag und das Autorenteam sehen sich deshalb gezwungen darauf hinzuweisen, dass sie weder eine Garantie noch die juristische Verantwortung oder irgendeine Haftung für Folgen, die auf fehlerhafte Angaben zurückgehen, übernehmen können. Für die Mitteilung etwaiger Fehler sind Verlag und Autorenteam jederzeit dankbar.

Alle Angaben stellen den bei Redaktionsschluss verfügbaren Informationsstand dar. Verlag und Autorenteam übernehmen keinerlei Verantwortung oder Haftung für Veränderungen.

Alle Rechte vorbehalten, auch die der fotomechanischen Wiedergabe und der Speicherung in elektronischen Medien. Das Erstellen und Verbreiten von Kopien auf Papier, auf Datenträger oder im Internet, insbesondere als .pdf, auch nur von Auszügen, ist nur mitausdrücklicher Genehmigung des Verlages gestattet und wird widrigenfalls strafrechtlich verfolgt.

19. Auflage 2009
Copyright © 1992-2009 Zeppelin Verlag GmbH
Postfach 800145, D-70501 Stuttgart
Zeichnungen: Peter Bruns, Stuttgart
Printed in EU

ISBN 3-933411-56-3

www.zeppelin-verlag.de

Inhaltsverzeichnis

Wichtige Hinweise 12
Einleitung 13
Helfen Sie mit! 16

Lederwaren, Schuhe 17
Nahrungs- und Genussmittel 54
Bekleidung 170
Glas-, Keramik- und Porzellanwaren 365
Möbel 401
Spielwaren, Sportartikel 422
Schmuck, Uhren 446
Haushaltswaren und -geräte 453
Textil- und Bettwaren 477
Kosmetika, Reinigungsmittel 533
Sonstiges 549
- Fabrikverkaufszentren 583

Einkaufsgutscheine 590

Firmenregister 679
Ortsregister 691
Postleitzahlenregister 705

Firmentestbogen 721
Postleitzahlen - Übersichtskarte der Regionen 736

Wichtige Hinweise

In diesem Buch befinden sich nicht nur Firmen die Fabrikverkauf im Rechtssinne betreiben. Es sind auch Firmen aufgeführt, die ihre Produkte unter der Bezeichnung Privatverkauf, Direktverkauf, Barverkauf, Kleinverkauf, Werksverkauf, Sonderverkauf, 2. Wahl-Verkauf, Resteverkauf, Lagerverkauf oder im angegliederten Ladengeschäft, Abholmarkt etc. verkaufen. Teilweise werden die hergestellten Waren auch über vorgeschaltete Firmen verkauft.

Nicht alle Firmenbeschreibungen geben Auskunft über die genaue Rechtsform der aufgeführten Unternehmen. Sie geben jedoch an, unter welchen Anschriften die Firmen erreichbar sind.

Ausschlaggebend für eine Aufnahme in dieses Werk war lediglich subjektives Empfinden, dem Leser attraktive Einkaufsquellen zu vermitteln.

Trotz gewissenhafter und sorgfältiger Bearbeitung kann es vorkommen, dass vielleicht eine Firma ihre Waren nicht oder nicht mehr im Umfeld der Produktion auch selbst verkauft. Missverständnisse lassen sich nicht vollständig vermeiden.

Änderungen nach Redaktionsschluss sind nicht auszuschließen. Empfehlenswert ist daher, sich vor dem Besuch einer Firma durch einen Anruf zu informieren, ob die genannten Angaben noch gültig sind. Dies ist auch während Ferienzeiten ratsam, da hier manche Firmen wegen Betriebsurlaubes vorübergehend geschlossen sein könnten.

Redaktionsschluss dieser Auflage: im Oktober 2008

Einleitung

Der Einzelhandel wirbt ganzjährig mit Schnäppchen. Meist handelt es sich dabei - wie sollte es auch anders sein - um Lockangebote. Letztendlich wird damit nur transparent, wie groß die Margen immer noch sind, die der Handel an den Produkten verdient. Wirklich clevere Konsumenten kaufen daher dort, wo die Gewinnspannen per se minimal sind: beim Hersteller selbst.
Welche Firmen Fabrikverkauf anbieten, wo sie sich befinden, was sie im Programm führen und wann sie geöffnet haben - das erfahren Sie in der aktuellen Ausgabe unseres Einkaufsführers.

Darüber hinaus haben wir wieder viele Hersteller dazu gewinnen können, Ihnen zusätzlich Einkaufsgutscheine anzubieten. Sie erhalten damit bei einem Einkauf in vielen Outlets zusätzliche Rabatte von bis zu 30%. So lohnend war der Einkauf direkt ab Fabrik noch nie. Die Einkaufsgutscheine und die für deren Einlösung geltenden Rahmenbedingungen finden Sie ab Seite 590.

Der Fabrikverkauf lebt

Für die 19. Auflage des Einkaufsführers "Fabrikverkauf in Deutschland" wurden die Fabrikverkaufsstellen von über 1.200 Herstellerfirmen in ganz Deutschland inspiziert. Sämtliche Informationen wurden komplett überarbeitet und auf den aktuellen Stand gebracht. Viele lohnenswerte Fabrikverkäufe sind neu hinzugekommen, einige Firmen mussten leider schließen. Bei manchen haben sich die Öffnungszeiten oder auch das Warenangebot geändert, einige sind umgezogen. Geblieben ist aber immer das Eine: das schöne Gefühl, ohne Umwege direkt beim Hersteller einzukaufen. Und das zu einem fairen Preis.
Detailliert haben wir alle wichtigen Angaben für Sie zusammengetragen: genaue Adresse, Warenangebot, Ersparnis, Verkaufszeiten, Anfahrtsweg sowie besondere Hinweise. Gegliedert ist der "Einkaufsführer Fabrikverkauf" in 11 Produktgruppen. Suchen Sie also beispielsweise Bekleidung, Möbel oder Lebensmittel, so werden Sie in der entsprechende Rubrik

Einleitung

fündig. Innerhalb einer Branche erfolgt die Auflistung nach Postleitzahlen aufsteigend geordnet. Am Ende des Buches haben wir alle Informationen nochmals in drei verschiedenen Registern (Firma, Postleitzahl oder Ort) aufgelistet.

50 Prozent und mehr sparen

Gegenüber den Sonderangeboten im Einzelhandel hat der Fabrikverkauf viele Vorteile: so sind beispielsweise die günstigen Preise ganzjährig verfügbar. Und bei Rabatten bis zu 50 Prozent, kann man sich auch mal einen Traum vom Nobel-Designer erfüllen.
Bei vielen Unternehmen sind neben Auslaufmodellen auch 1. Wahl-Produkte und aktuelle Artikel erhältlich, die sich zu Testzwecken im Angebot befinden. Waren mit kleinen, vielfach kaum sichtbaren Fehlern sind sogar noch günstiger zu bekommen.
In Zeiten immer kürzerer Produktzyklen nutzen viele Herstellerfirmen den Fabrikverkauf auch, um Überproduktionen und Warenretouren zu vermarkten, die in den Regalen des Handels keinen Platz mehr finden. Häufig unterscheiden sich die Produkte nur durch eine andere Farbe oder ein neues Verpackungsdesign von den Vorläufermodellen - am Inhalt hat sich wenig geändert. Grund genug also für alle, die gut leben und dabei sparen wollen, sich im Direktverkauf ihre Wünsche zu erfüllen. Da nimmt man es doch gerne in Kauf, dass das Einkaufsambiente und die Präsentation der Waren etwas schlichter ausfällt als in den Geschäften im Stadtzentrum oder in den großen Kaufhäusern. Ein weiterer Vorteil, gerade in Zeiten des vielzitierten "Verkehrsinfarkts" der Innenstädte: Parkplätze gibt es in der Regel gratis und direkt vor der Haustür.

Der Siegeszug einer Idee

Als "Erfinder" des Einkaufsführers Fabrikverkauf haben wir mit der ersten Ausgabe 1992 Pionierarbeit geleistet. So etwas hatte es zuvor nicht gegeben, damit trafen wir den Nerv der Zeit. Er wurde sofort eines der meist gekauften Bücher Deutschlands und hielt sich jahrelang auf der Buchreport-Bestsellerliste. Unzählige Berichte in Presse, Funk und Fernsehen wurden zu diesem Einkaufsführer publiziert. Seither ist aus dem einstigen Geheimtipp ein Einkaufsvergnügen für Viele geworden.
Es hat sich herumgesprochen, dass man auf diesem Wege nicht nur Billig-Schnäppchen sondern auch Top-Marken zu Niedrigpreisen bekommt. Und das ist für breite Käuferschichten attraktiver denn je, denn beim Einkauf wird das Preis-Leistungs-Verhältnis kritischer denn je geprüft. Zumal viele den Euro zweimal umdrehen (müssen), bevor sie ihn ausgeben.

Einleitung

Werden Sie Tester!

Aber es ist nicht nur das liebe Geld, nein, manchen unserer Leser macht die Entdeckung immer neuer Fabrik-Einkaufsmöglichkeiten richtig Spaß. Sie sind zu passionierten Outlet-Jägern geworden und unterstützen unsere Inspektoren mit wertvollen Geheimtipps. Viele nutzen auch die Möglichkeit, die hier aufgelisteten Firmen zu testen. Dazu finden Sie Bewertungsbögen ab Seite 721. Diese Testberichte tragen dazu bei, die Informationen ständig zu aktualisieren. Bei allen Preisfüchsen, die uns mit Zuschriften, E-Mails und Testberichten unterstützt haben, möchten wir uns daher ganz herzlich bedanken.

Smart shoppen leicht gemacht

1. Rufen Sie vor dem Einkauf in der betreffenden Firma an.
So gehen Sie sicher, dass sich die Öffnungszeiten und das Warenangebot nicht kurzfristig verändert haben. Ein kurzer Anruf genügt, um sicherzugehen, dass Ihr Einkaufs-Trip erfolgreich sein wird.
2. Besuchen Sie mehrere Einkaufsquellen auf einer Tour.
Meistens gibt es in einer Region nicht nur einen Fabrikverkauf, sondern gleich mehrere Unternehmen, bei denen Sie shoppen können. Das Orts- und das Postleitzahlregister dieses Buches helfen Ihnen bei der Planung Ihrer Schnäppchen-Tour. So sparen Sie kostbare Zeit und - bei längeren Anfahrtswegen - Benzinkosten.
3. Kaufen Sie mit Bedacht.
Natürlich ist man geneigt, angesichts der enormen Rabatte Impulskäufe zu tätigen. Damit Sie nichts Überflüssiges kaufen, empfiehlt es sich, beim Einkauf eine kleine Denkpause einzulegen. Fragen Sie sich: "Brauche ich das jetzt wirklich?" Und denken Sie daran, dass es dank unseres Einkaufsführers noch viele Gelegenheiten für Billigeinkäufe geben wird.
4. Wie viel Sie sparen können.
Noch eine Anmerkung zu den Ersparnisangaben: Jeder weiß, dass die Preise für ein Produkt im Einzelhandel erheblichen Schwankungen unterliegen. Wenn wir also Ersparnisangaben machen, handelt es sich dabei um Durchschnittswerte.

Viele preisbewusste Verbraucher sind in den letzten Jahren Fans des Fabrikeinkaufs geworden. Wer erst mal auf den Geschmack gekommen ist, bleibt dieser Einkaufsform treu. Die vielen begeisterten Leserzuschriften bestätigen dies. Wir können deshalb nur jedem empfehlen: Überzeugen Sie sich selbst.
Viel Spaß und Erfolg bei der Schnäppchenjagd wünscht Ihnen
Ihre Redaktion Fabrikverkauf

Helfen Sie mit!

Liebe Leserin, lieber Leser,

Ihr Einkaufswissen ist gefragt. Welche Erfahrungen haben Sie gemacht? Kennen Sie neue Bezugsquellen? Mit Ihrem wertvollen Input können Sie dazu beitragen, dieses Buch für andere Sparfüchse und Verbraucher stets aktuell zu halten. Umgekehrt profitieren auch Sie von den Tests anderer Leser.

Als Dankeschön für Ihre Mithilfe nimmt jeder Firmentest an einer Verlosung teil. Zu gewinnen gibt es 50 Exemplare der nächsten aktualisierten Ausgabe - sozusagen "Ihrer" Ausgabe, in die Ihre Informationen aufgenommen wurden.

So wird's gemacht:

Bitte den vorbereiteten Testbogen (ab Seite 721) nach jedem Einkauf gleich ausfüllen und abschicken - Danke!

Wir freuen uns auf Ihre Zuschriften.

Unsere Anschrift: Zeppelin Verlag
Redaktion "Fabrikverkauf"
Postfach 800145
70501 Stuttgart
Fax: (0711) 733015
info@zeppelin-verlag.de

Den Testbogen finden Sie auch unter: www.zeppelin-verlag.de

Lederwaren, Schuhe

02681 Wilthen

▶ SÄCHSISCHE LEDERWAREN

s. Seite 591

Neue Sächsische Lederwaren Manufactur GmbH / Werkshop
02681 Wilthen / Bahnhofstr. 7
Tel. (03592) 543-00

Waren: hochwertige Damen- und Herrentaschen aus Leder, breites Sortiment an handgefertigten Täschnerwaren, außerdem zugekauftes Reisegepäck, Rucksäcke, Schulranzen, Kleinlederwaren wie Geldbörsen und Gürtel sowie Schmucketuis, Manikuren und Birkenstock-Schuhe

Ersparnis: teilweise 40% und mehr

Zeiten: Mo. bis Fr. 9.00-12.00 Uhr und 13.00-18.00 Uhr, Sa. 9.00-12.00 Uhr

Hinweise: Betriebsführungen für Gruppen sind nach vorhergehender Anmeldung möglich

Weg: Wilthen liegt ca. 10 km südlich von Bautzen, von Bautzen auf der B 96 bis Großpostwitz, hier rechts ab über Rodewitz und Kirschau nach Wilthen, hier befindet sich die Firma in der Nähe vom Bahnhof

02708 Schönbach

▶ JOLLY

Alsa GmbH
02708 Schönbach / Beiersdorfer Str. 43
Tel. (035872) 47273 / alsa.de

Alsa ist ein führender Hersteller von Laufsohlen und Fußbettungen. Seit über 50 Jahren werden Kunden auf der ganzen Welt mit kompletten Schuhbodensystemen aus einer Hand beliefert.

Waren: Schuhe und Clogs (aus Kunststoff) in versch. Farben für Haus, Garten und Camping, unterschiedliche Modelle Marke jolly, für

07356 Lobenstein

Damen (Gr. 36-42) und für Herren (Gr. 39-47) sowie für Kinder (Gr. 27-35), außerdem Schuhe von Betula, Papillio sowie Badeschlappen

Ersparnis: 2. Wahl ist besonders preiswert

Zeiten: Mo. und Di. 14.00-15.00 Uhr, Mi. 16.30-18.30 Uhr, Fr. 14.00-15.00 Uhr

Hinweise: von Clogs sind größtenteils auch 2. Wahl-Modelle erhältlich

Weg: aus Richtung Dresden auf der A 4 Richtung Görlitz bis Ausfahrt Weißenberg, über Löbau und Lawalde nach Schönbach, hier an der Kreuzung hinter der Kirche rechts Richtung Beiersdorf abbiegen, nach ca. 1 km links über die Buswendeschleife zur Zufahrt zum Werk, großer Parkplatz auf dem Werksgelände

07356 Lobenstein

▶ TURM-SCHUH

s. Seite 593

Turm-Schuh GmbH
07356 Lobenstein / Neustadt 4
Tel. (036651) 6386 / turm-schuh.de

Das Unternehmen wurde im Jahr 1946 gegründet und hat sich auf die Herstellung von Damen- und Herrenschuhen spezialisiert. Es ist ein Spezialbetrieb für Handnahtschuhe und Mokassintechnologie mit einer Tagesproduktion zwischen 500 und 800 Paar Schuhen.

Waren: Damenbequemschuhe, Damen- und Herrenkomfortschuhe mit auswechselbarem Fußbett, auch für lose Einlagen geeignet, keine junge Mode, außerdem zugekaufte Damen-, Herren- und Kinderschuhe sowie Schuhpflegemittel, Strumpfhosen, Strümpfe und Schirme, für Damen Marken Molaris, Sarah und Turm-Komfort, für Herren Marke Loflex

Ersparnis: ca. 30% bei 1. Wahl, bei 2. Wahl bis zu 60%

Zeiten: Mo. bis Do. 8.00-17.00 Uhr, Fr. 8.00-16.00 Uhr, Sa. 9.00-11.00 Uhr

Hinweise: der Fabrikverkauf befindet sich auf dem Werksgelände, Prospektmaterial kann angefordert werden, teilweise sind auch zugekaufte Schuhe erhältlich

Weg: Lobenstein liegt ca. 30 km nordwestlich von Hof an der A 9, Ausfahrt Lobenstein auf die B 90 nach Lobenstein, im Zentrum links ab Richtung Kronach, nach der Kirche die 2. Straße rechts einbiegen

14641 Zeestow

▶ TREBES & HENNING

Trebes u. Henning GmbH & Co. KG
14641 Zeestow / Gewerbering 5
Tel. (033234) 906-0 / trebeshenning.de

1907 wurde in Bernau bei Berlin die Lederhandschuhfabrik Trebes & Henning gegründet und spezialisierte sich damals auf die Fertigung von qualitativ hochwertigen Lederhandschuhen, vor allem auf elegante Wildleder- und Waschlederhandschuhe für den privaten und behördlichen Bedarf. Heute ist die Firma Spezialist für Schutzhandschuhe aus Nappaleder, Baumwolle, Nylon, Vinyl und Nitril. Ebenso für Schweißerschutzhandschuhe und Strickhandschuhe aus verschiedenen Materialien.

Waren: Arbeits-Schutzhandschuhe aus verschiedenen Ledern wie z.B. Schweins- und Nappaleder, gefüttert und ungefüttert, außerdem zugekaufte Arbeitshandschuhe, Arbeitskleidung, Sicherheitsschuhe und Kopfschutz

Ersparnis: ca. 30% bei regulärer Ware, Sonderposten sind teilweise noch günstiger

Zeiten: Mo. bis Do. 8.90-15.45 Uhr, Fr. 8.00-14.30 Uhr

Weg: A 10 Ausfahrt Berlin-Spandau auf die B 5 Richtung Wustermark, die Firma befindet sich direkt an der B 5 zwischen Wustermark und Nauen, nicht direkt in Zeestow

22041 Hamburg

▶ SALAMANDER

Salamander Shoe Outlet
22041 Hamburg / Auf dem Königslande 20-22
Tel. (040) 687402

Waren: große Auswahl an Damen-, Herren- und Kinderschuhen großer deutscher Schuhhersteller

Ersparnis: ca. 25% bei aktueller Ware, bei Restposten auch über 50% möglich, Preise ab EUR 14,90

Zeiten: Mo. bis Fr. 10.00-18.00 Uhr, Sa. 10.00-14.00 Uhr

Hinweise: es sind hauptsächlich Überproduktionen, Auslaufmodelle und Restbestände, teilweise auch 2. Wahl erhältlich

Weg: die Firma befindet sich nordöstlich vom Zentrum im Stadtteil Wandsbek, gegenüber „Aldi", es ist „Schuh-Tipp" angeschrieben

27232 Sulingen

27232 Sulingen

▶ LLOYD

Lloyd Shoes GmbH & Co. KG
27232 Sulingen / Hans-Hermann-Meyer-Str. 1
Tel. (04271) 940-0 / lloyd-shoes.de

Die 1888 in Bremen gegründete Lloyd-Schuhfabrik siedelte 1942 nach Sulingen um. Inzwischen werden versch. Einzelteile von Tochterunternehmen und Zulieferfirmen bezogen. Das endgültige Produkt entsteht nach wie vor im Sulinger Werk. Heute ist Lloyd der größte Arbeitgeber Sulingens und betreibt die letzte bedeutungsvolle Schuhproduktionsstätte Niedersachsens.

Waren: große Auswahl an hochwertigen Damen- und Herrenschuhen (2. Wahl und Überproduktionen), außerdem Hemden, Krawatten, Pullover, T-Shirts, Lederwaren, Taschen, Reisegepäck, Leder- und Textiljacken, Strümpfe, Gürtel sowie Serviceartikel wie Absätze, Schuhcreme, Schnürsenkel und Schuhspanner

Ersparnis: ca. 30-50%

Zeiten: Mo. bis Fr. 9.00-19.00 Uhr, Sa. 9.00-18.00 Uhr

Hinweise: großer Verkaufsraum mit ausreichend Parkmöglichkeiten, Achtung: kein Umtausch/keine Reklamation

Weg: die Firma befindet sich am westlichen Stadtrand von Sulingen, von Minden auf der B 61 kommend auf die Umgehungsstraße Richtung Diepholz, die 1. Ausfahrt abfahren auf die Diepholzer Str., die 2. Straße links ab ist die H.-H.-Meyer-Str.

29640 Schneverdingen

▶ FISCHER

s. Seite 599

Fischer Markenschuh GmbH / Schuhfabrik
29640 Schneverdingen / Heidkampsweg 21
Tel. (05193) 98510 / fischer-markenschuh.de

Die Anfänge des Unternehmens gehen zurück bis in das Jahr 1856, als die Firma von Ferdinand Fischer als Filzfabrik in Pegau (Sachsen) gegründet wurde. Heute wird das Familienunternehmen in der 5. Generation geleitet.

Waren: Hausschuhe für Damen, Herren und Kinder, Freizeitschuhe, Pantoletten, Sandaletten, keine junge Mode

Ersparnis: ca. 30% im Durchschnitt

Zeiten: Mo. bis Fr. 9.30-12.30 Uhr und 14.30-17.30 Uhr, im Sommer auch Sa. 10.30-12.30 Uhr

Hinweise: der Verkauf befindet sich in einem Laden auf dem Werksgelände, es sind hauptsächlich 2. Wahl-Artikel mit kaum sichtbaren Fehlern erhältlich

31749 Auetal

Weg: von Soltau auf der B 3 kommend vor den Bahnschienen links einbiegen ins Gewerbegebiet, danach sind es noch ca. 300 m bis zur Firma

30916 Isernhagen

▶ BREE

Bree Collection GmbH & Co. KG
30916 Isernhagen Kirchhorst / Gerberstr. 3
Tel. (05136) 8976-260 / bree.de

Waren: Koffer, Reisetaschen, Aktentaschen, Damentaschen, Rucksäcke, Shopper, außerdem Accessoires wie Gürtel, Brieftaschen, Geldbeutel etc., aus Leder und Nylon, Marke Bree, alles hochwertige Artikel, teilweise aber eingeschränkte Auswahl

Ersparnis: ca. 30-50%, unterschiedlich je nach Artikel

Zeiten: Mo. bis Fr. 10.00-18.00 Uhr, Sa. 10.00-16.00 Uhr

Hinweise: es sind nur Muster, Restposten und 2. Wahl-Artikel erhältlich

Weg: Isernhagen liegt ca. 10 km nordöstlich vom Zentrum Hannover, A 7 Ausfahrt Altwarmbüchen, Richtung Burgdorf bis zur zweiten Ampelkreuzung, links abbiegen in das Gewerbegebiet, ab hier der Ausschilderung folgen

31749 Auetal

▶ S.OLIVER

s.Oliver Shoes & Accessoires Lagerverkauf / Shoe Box
31749 Auetal Rehren / Sandstr. 5
Tel. (05752) 929880

Waren: Schuhe für Damen, Herren und Kinder, Sportschuhe, außerdem Lederwaren wie Taschen, Reisegepäck, Kosmetiktaschen, Portemonnaies, Gürtel, Marke s.Oliver, auch Marc O'Polo-Schuhe

Ersparnis: ca. 30-60%

Zeiten: Mo. bis Fr. 10.00-18.30 Uhr, Sa. 10.00-16.00 Uhr

Hinweise: es sind ausschließlich 2. Wahl, Restposten und Überhänge erhältlich, auch von der aktuellen Kollektion

Weg: A 2 Hannover-Herford Ausfahrt Rehren, der Beschilderung „McDonalds" folgen, die Firma befindet sich auf der linken Seite in einer grauen Halle mit Streifen, kurz vor „McDonalds"

31840 Hessisch Oldendorf

▶ MARC

Marc Shoes GmbH
31840 Hessisch Oldendorf Fischbeck / Goldbinnen 1
Tel. (05152) 601-100 oder -257 (Verkauf) / marcshoes.com

Waren: Damen- und Herrenschuhe aller Art wie z.B. Halbschuhe, Sandalen, Stiefel, GoreTex-Schuhe u.v.m., Marke Marc, außerdem Strümpfe, Taschen und Gürtel

Ersparnis: ca. 30% bei regulärer Ware, Restposten und 2. Wahl sind noch günstiger

Zeiten: Mo. bis Fr. 10.00-18.30 Uhr, Sa. 10.00-16.00 Uhr

Hinweise: der Laden ist etwas versteckt, aber ausgeschildert, Eingang über „Am Landwehrgarten"

Weg: von Hameln kommend auf der B 83 nach Fischbeck, am Ortsanfang vor dem Bahnübergang gleich die erste Straße links einbiegen und die nächste gleich wieder links, die Verkaufsstelle befindet sich hinter dem Firmengelände

34613 Schwalmstadt

▶ ROHDE

Erich Rohde KG / Schuhfabrik
34613 Schwalmstadt Ziegenhain / Erich-Rhode-Str. 22
Tel. (06691) 78-0 / rohde-schuhe.de

Im Laufe von über 50 Jahren entwickelte sich Rohde zu einem der führenden europäischen Markenschuhhersteller. Basis dafür sind umfangreiche Kollektionen für Damen, Herren und Kinder. Internationale Trends tragbar und mit bester Passform umzusetzen ist das Ziel. Jährlich werden in Produktionsstätten in Deutschland, Österreich und Portugal ca. 8 Mio. Paar Schuhe hergestellt.

Waren: Pantoletten, Sandaletten, Hausschuhe, Straßenschuhe und Sympatex-Stiefel, hauptsächlich für Damen und Herren, kleinere Auswahl auch für Kinder, Marken Rohde und Daniel Hechter, es ist hauptsächlich 2. Wahl erhältlich

Ersparnis: durchschnittlich ca. 40% und mehr

Zeiten: Mo. bis Fr. 9.00-17.30 Uhr, Sa. 9.00-14.00 Uhr

Hinweise: der Verkauf befindet sich in einer großen Halle auf dem Firmengelände;
eine weitere Verkaufsstelle befindet sich in:
34582 Borken, Mittelweg 13, Tel. (05682) 2575, geöffnet Mo. bis Fr. 9.00-17.30 Uhr, Sa. 9.00-14.00 Uhr

40764 Langenfeld

Weg: A 5 Frankfurt-Kassel Ausfahrt Alsfeld-Ost auf die B 254 nach Schwalmstadt, von der B 254 links ab nach Ziegenhain, durch Ziegenhain durch und danach rechts ab Richtung Ascherode auf die Ascheröder Str., Richtung Industriegebiet-Süd

36396 Steinau

▶ JOLLY

Alsa GmbH
36396 Steinau Uerzell / Heideküppel 16
Tel. (06667) 81-0 / alsa.de

Alsa ist ein führender Hersteller von Laufsohlen und Fußbettungen. Seit über 50 Jahren werden Kunden auf der ganzen Welt mit kompletten Schuhbodensystemen aus einer Hand beliefert.

Waren: Schuhe und Clogs (aus Kunststoff) in versch. Farben für Haus, Garten und Camping, unterschiedliche Modelle Marke jolly, für Damen (Gr. 36-42) und für Herren (Gr. 39-47) sowie für Kinder (Gr. 27-35), auch Badesandalen und andere Schuhe aus eigener Produktion

Ersparnis: 2. Wahl ist besonders preiswert

Zeiten: Mo. 9.00-11.00 Uhr, Mi. 14.00-16.00 Uhr, Fr. 12.00-14.00 Uhr, 1. Sa. im Monat 9.00-13.30 Uhr

Hinweise: von Clogs ist größtenteils 2. Wahl erhältlich

Weg: Steinau liegt ca. 30 km südwestlich von Fulda an der B 40, in Schlüchtern rechts abbiegen nach Uerzell, hier ist die Firma an der Straße Richtung Neustall nicht zu verfehlen

40764 Langenfeld

▶ ARA

Ara Shoes AG
40764 Langenfeld / Hardt 49
Tel. (02173) 105-0 / ara-shoes.de

Das Unternehmen wurde in 50 Jahren zu einem der größten Damenschuhhersteller Europas. An 8 eigenen Produktionsstätten werden jährlich ca. 7,5 Mio. Paar Schuhe gefertigt.

Waren: Damenschuhe aller Art wie z.B. Slipper, Sneaker, Pumps, Stiefel, Stiefeletten, Sandaletten und Schnürschuhe, Marke ara und jenny by ara, außerdem einige Herren- und Kinderschuhe, je nach Saison wechselndes Angebot

Ersparnis: ca. 30-40%

Zeiten: Mo. bis Fr. 11.00-18.00 Uhr, Sa. 10.00-14.00 Uhr

45478 Mülheim

Hinweise: weitere Verkaufsstellen mit größtenteils gleichem Warenangebot und Öffnungszeiten befinden sich in:
42929 Wermelskirchen, Dörpfelstr. 20, Tel. (02196) 888347
44534 Lünen, In den Hummelknäppen 10, Tel. (02306) 7002-0, in Lünen ist außerdem etwas zugekaufte Oberbekleidung für Herren erhältlich

Weg: A 3 Köln-Düsseldorf Ausfahrt Solingen Richtung Langenfeld kommt man direkt auf Hardt, nach der Autobahnausfahrt sind es noch ca. 500 m bis zur Firma

45478 Mülheim

▶ EICHHOLZ

Heinrich Eichholz Lederwaren GmbH & Co. KG
45478 Mülheim a. d. Ruhr / Heerstr. 68
Tel. (0208) 50984

Waren: Ledertaschen, Lederrucksäcke, Herrentaschen, Pilotenkoffer, Collegemappen, Schulranzen etc., keine Damentaschen

Ersparnis: ca. 40% im Durchschnitt

Zeiten: Mo. bis Fr. 9.00-13.30 Uhr und 15.00-18.00 Uhr

Hinweise: teilweise ist auch 2. Wahl erhältlich

Weg: A 40 Ausfahrt Mülheim-Styrum auf die B 223 über Styrum bis Schloß Broich und hier rechts Richtung Speldorf auf der Emmericher Str., wenn die Emmericher Str. auf die Duisburger Str. trifft geradeaus weiter in die Heerstr.

47533 Kleve

▶ BAUSE

Heinrich Bause GmbH / Schuhfabrik
47533 Kleve Kellen / Heinrich-Bause-Str. 2
Tel. (02821) 97988-0

Waren: Kinderschuhe aller Art in den Gr. 18-40 wie z.B. Straßenschuhe, Stiefel, Gummistiefel, Sandaletten und Hausschuhe, es sind nur 2. und 3. Wahl sowie Restposten erhältlich

Ersparnis: bis zu 50% möglich

Zeiten: Mo. bis Fr. 9.30-13.00 Uhr und 14.00-17.30 Uhr, Sa. 9.30-13.00 Uhr

Hinweise: weitere Verkaufsstellen befinden sich in:
47533 Kleve, Flurstr. 4 (Am EOC-Center), Tel. (02821) 972570, geöffnet Mo. bis Fr. 9.30-18.00 Uhr, Sa. 9.30-16.00 Uhr

51429 Bergisch Gladbach

41836 Hückelhoven, Meurerstr. 39-41, Tel. (02433) 5063, geöffnet Mo. bis Fr. 10.00-13.00 Uhr und 14.00-17.00 Uhr, Sa. 10.00-13.00 Uhr

Weg: A 57 Ausfahrt Goch/Kleve über Goch nach Kleve, hier befindet sich die Firma nordöstlich vom Zentrum im Ortsteil Kellen, von der B 220 (Emmericher Str.) rechts abbiegen in die Schulstr., die im weiteren Verlauf in die Heinrich-Bause-Str. übergeht

47626 Kevelaer

▶ BERGMANN

Schuhfabrik Theodor Bergmann GmbH
47626 Kevelaer / Schravelener Niersweg 5
Tel. (02832) 8121 / bergmann-schuhe.de

Das Unternehmen wurde 1846 gegründet und ist heute ein Spezialbetrieb der schweres und stabiles Schuhwerk wie z.B. Militärschuhe, Wanderschuhe und Motorradstiefel herstellt. Die Firma Bergmann ist eine der wenigen Firmen die noch heute original zwiegenähte Schuhe produziert und vertreibt.

Waren: geschlossene Sicherheits- und Berufsschuhe aus Leder sowie Stahlkappenschuhe und Motorradstiefel, außerdem auch zugekaufte Schuhe anderer Marken

Ersparnis: eigene Produkte durchschnittlich ca. 40%, die zugekauften Artikel sind kaum günstiger

Zeiten: Mo. bis Fr. 10.00-17.00 Uhr, Sa. 10.00-13.00 Uhr

Hinweise: es ist auch 2. Wahl erhältlich

Weg: A 57 Ausfahrt Sonsbeck Richtung Kevelaer, kurz vor Kevelaer im Zentrum von Schravelen links in den Schravelener Niersweg

51429 Bergisch Gladbach

▶ OFFERMANN

Offermann GmbH & Co. KG
51429 Bergisch Gladbach / Hundsiefen 3
Tel. (02204) 95400 / offermann.de

Waren: Aktenmappen und Aktenkoffer für Damen und Herren, außerdem Laptoptaschen, Rucksäcke für Laptops, Messengerbags, Gürteltaschen, Schultertaschen, Sport- und Reisetaschen, Kulturbeutel und Damentaschen sowie Kleinlederwaren für Damen und Herren

Ersparnis: günstige Angebote

Zeiten: Mo. bis Fr. 10.00-19.00 Uhr, Sa. 10.00-16.00 Uhr

52525 Heinsberg

Hinweise: nicht alle Artikel sind aus eigener Herstellung

Weg: A 4 Köln Richtung Siegen Ausfahrt Moitzfeld auf die Overather Str. in den Stadtteil Bensberg, nach ca. 1 km an der großen Kreuzung links ab auf die Friedrich-Offermann-Str., von der nach weiteren ca. 200 m „Hundsiefen" links abgeht

52525 Heinsberg

▶ BALTES

Th. Baltes Schuhfabrik GmbH & Co. KG
52525 Heinsberg / Borsigstr. 62
Tel. (02452) 9184-0 oder -45 (Werksverkauf) / baltes-schuh.de

Was 1872 mit handwerklicher Tradition begann ist heute hoch technisiert. Baltes ist europaweit vertreten und produziert Sicherheitsschuhe in hoher Qualität mit maximalem Komfort und modischem Design.

Waren: Sicherheitsschuhe, Feuerwehrstiefel, Rettungsdienstschuhe, Polizei- und Security-Einsatzstiefel, außerdem Arbeitshosen, Arbeitsjacken und Handschuhe für unterschiedliche Einsatzbereiche

Ersparnis: bis zu 10% bei der aktuellen Kollektion, bei Auslaufmodellen und B-Ware ca. 30%

Zeiten: Mo. bis Do. 7.00-12.30 Uhr und 13.30-16.00 Uhr, Fr. bis 15.30 Uhr

Hinweise: der Eingang zum Werksverkauf erfolgt über die Rampe

Weg: die A 46 bis zum Ende fahren, dann rechts auf die B 221 Richtung Heinsberg, der B 221 bis zum Ende folgen und nach der Kurve an der Ampel rechts, ca. 300 m auf der Karl-Arnold-Str. geradeaus und an der nächsten Ampel rechts in die Borsigstr., Einfahrt zum Betriebsgelände auf der linken Seite

53604 Bad Honnef

▶ BIRKENSTOCK

Birkenstock Fachgeschäft GmbH
53604 Bad Honnef / Rheinstr. 2
Tel. (02224) 9238-0 / schuh-center.de

Waren: Gesundheitssandalen, Gymnastik- und Massagesandalen, Fußbettschuhe, geschlossene Schuhe, Clogs, Marken Birkenstock, Betula, Tatami, außerdem orthopädische Einlagen und Fußpflegemittel

55606 Kirn

Ersparnis: ca. 10% auf den Katalogpreis bei 1. Wahl, ca. 20% bei 2. Wahl-Artikeln, teilweise bis zu 50% bei Auslaufmodellen

Zeiten: Mo. bis Fr. 9.00-19.00 Uhr, Sa. 9.00-18.00 Uhr

Hinweise: 2. Wahl-Artikel und Auslaufmodelle sind nur teilweise erhältlich

Weg: A 3 Köln-Frankfurt Ausfahrt Bad Honnef/Linz nach Bad Honnef, im Ort immer der Vorfahrtsstraße bis zur Ampelanlage folgen, hier rechts ab Richtung Rheinfähre/Industriegebiet Lohfeld, wiederum der Vorfahrtsstraße folgen Richtung Rheinfähre, nach der Brücke nach ca. 300 m links in die Rheinstr.

54292 Trier

▶ ROMIKA

Romika GmbH
54292 Trier / Metternichstr. 35
Tel. (0651) 2040 / romika.de

Waren: Fußbett-Pantoletten, Pantoletten, Sandaletten, Comfort-Halbschuhe, Freizeitschuhe, Walkingschuhe, Clogs, Badeschuhe, Regenstiefel und Hausschuhe für Damen und Herren, außerdem Lauflernschuhe, Sandalen, Freizeitschuhe, Regenstiefel und Hausschuhe für Kinder, Marke Romika

Ersparnis: bei Restposten, 2. und 3. Wahl bis zu 50%

Zeiten: Mo. bis Sa. 10.00-18.00 Uhr

Weg: A 602 Ausfahrt Trier-Verteilerkreis (Autobahnende) und der Ausschilderung Industriegebiet Trier-Nord folgen, welches direkt am Autobahnende liegt, die Metternichstr. verläuft hier parallel zur Bahnlinie

55606 Kirn

▶ BRAUN BÜFFEL

Braun GmbH & Co. KG
55606 Kirn / Nahe / Industriestr. 10
Tel. (06752) 9333-0 / braun-bueffel.de

Waren: hochwertige Lederwaren wie Handtaschen, Aktenkoffer, Aktentaschen, Brieftaschen, Geldbörsen, Gürtel, Marke Büffel

Ersparnis: günstige Angebote, 2. Wahl ist besonders preiswert

Zeiten: Mo., Mi., Fr. 10.00-17.00 Uhr

Hinweise: es ist 1. und 2. Wahl erhältlich

63065 Offenbach

Weg: Kirn liegt ca. 15 km nordöstlich von Idar-Oberstein an der B 41 Richtung Bad Kreuznach, von Hochstetten kommend in Kirn über die Brücke, direkt danach gleich rechts einbiegen

▶ GOLDEN HEAD

Golden Head Schmidt GmbH
55606 Kirn / Mühlenweg 4
Tel. (06752) 9322-0 / goldenhead.de

Das Unternehmen zählt seit über 30 Jahren zu den führenden Anbietern im Bereich der gehobenen und anspruchsvollen Kleinlederwaren. Die Kollektionen werden in bester Handwerkstradition aus edelsten Lederhäuten gefertigt.

Waren: hochwertige Kleinlederwaren wie Geldbörsen, Schlüsseletuis und Gürtel, außerdem Handtaschen und Aktenmappen

Ersparnis: oftmals ca. 50% und mehr

Zeiten: Mo. bis Do. 9.00-12.00 Uhr und 13.00-16.30 Uhr, Fr. 9.00-12.00 Uhr

Hinweise: es sind hauptsächlich 2. Wahl-Artikel, Musterstücke, Restposten und Retouren erhältlich

Weg: Kirn liegt ca. 15 km nordöstlich von Idar-Oberstein an der B 41 Richtung Bad Kreuznach, in Kirn auf die Dhauner Str. Richtung Karlshof, von der nach ca. 400 m der Mühlenweg links ab

63065 Offenbach

▶ GOLDPFEIL

EganaGoldpfeil Accessoires GmbH
63065 Offenbach / Kaiserstr. 39-49
Tel. (069) 8050-0 / goldpfeil.de

1856 begann Ludwig Krumm mit der Handfertigung edler Portemonnaies. Seine Entscheidung, nur auf Hochwertigkeit zu setzen, traf den Nerv der Zeit. Ein griffiger Name musste her für die Ludwig Krumm AG Vereinigte Lederwarenfabriken. Goldpfeil lehnt sich an den legendären Luxus-Zug der 20er Jahre an, den Golden Arrow.

Waren: hochwertige Lederwaren wie z.B. Damenhandtaschen, Herrentaschen, Einkaufstaschen, Reisegepäck, Gürtel, Geldbörsen, Maniküreetuis, Kosmetikkoffer, Nylontaschen etc. Marken Goldpfeil und Comtesse, teilweise auch Schuhe der Marke Joop und Reisegepäck der Marke Mädler, Schmuck, Uhren etc.

Ersparnis: ca. 30% auf alle Artikel, bei Sonderangeboten teilweise über 50%

Zeiten: Mo. bis Fr. 9.00-18.00 Uhr, Sa. 10.00-14.00 Uhr, 1. Sa. im Monat 10.00-16.00 Uhr

Hinweise: nur Verkauf von 2. Wahl- und Auslaufmodellen im angegliederten Verkaufsshop

63073 Offenbach

Weg: A 3 Offenbacher Kreuz Richtung Offenbach, am Kaiserlei-Kreisel einbiegen in die Berliner Str., von dort rechts in die Kaiserstr.

63067 Offenbach

▶ BOGNER LEATHER

s. Seite 617

**Unlimited Accessories GmbH & Co. KG / Bogner Leather
63067 Offenbach / Bettinastr. 35
Tel. (069) 8299373-0 / unlimited-accessories.com**

Waren: hochwertige Accessoires aus Leder und Nylon wie z.B. Reisetaschen, Portemonnaies, Gürtel, Handtaschen, Schlüsselanhänger etc.

Ersparnis: unterschiedlich, aber trotzdem nicht billig

Zeiten: Mo. und Mi. 10.00-17.00 Uhr, Fr. 10.00-16.00 Uhr

Hinweise: im Betriebsshop sind ausschließlich B-Ware und Auslaufmodelle erhältlich

Weg: A 3 Frankfurt-Würzburg Ausfahrt Offenbacher Kreuz, hier auf die A 661 Richtung Offenbach und die Ausfahrt Offenbach Kaiserlei nehmen, den Kreisel an der 2. Ausfahrt verlassen und links abbiegen in den Goethering, dann die erste Querstraße rechts ist die Bettinastr.

63073 Offenbach

▶ BARTH & BAUER

s. Seite 617

**bb-lederwaren Barth & Bauer / Lederwarenfabrik
63073 Offenbach Bieber / Aschaffenburger Str. 11
Tel. (069) 894343 / bb-lederwaren.de**

bb-lederwaren ist ein Spezialist für professionelle Gebrauchs- und Promotionartikel aus Leder und Nylon.

Waren: große Auswahl an hochwertigen Damenhandtaschen aus Leder, Geldbeutel, Mappen, Herrentaschen, Rucksäcke, außerdem Büroartikel wie Stifthüllen und Dokumentenmappen

Ersparnis: ca. 30-40%, unterschiedlich je nach Artikel

Zeiten: Mo. bis Do. 8.00-12.00 Uhr und 13.00-17.00 Uhr, Fr. 8.00-12.00 Uhr

Hinweise: der Laden befindet sich auf dem Betriebsgelände, gelegentlich ist auch 2. Wahl erhältlich

Weg: von Offenbach kommend auf der Hauptstraße in Bieber nach der 3. Ampel links einbiegen, 2. Haus auf der linken Seite

63150 Heusenstamm

63150 Heusenstamm

▶ AUGENTHALER & HEBERER

Lederwarenfabrik Augenthaler & Heberer
63150 Heusenstamm / Bgm.-Kämmerer-Str. 32
Tel. (06104) 2389

Waren: große Auswahl an Damen-Ledertaschen aller Art, Shopper, Herrenmappen, Kleinlederwaren

Ersparnis: bei der aktuellen Kollektion ca. 20%, bei Auslaufmodellen ca. 40% und mehr

Zeiten: Mo. bis Do. 8.00-12.00 Uhr und 13.00-17.00 Uhr, Fr. 8.00-12.00 Uhr, nachmittags sicherheitshalber vorher nachfragen ob auch jemand da ist

Hinweise: manchmal ist auch 2. Wahl erhältlich

Weg: Heusenstamm liegt ca. 20 km südöstlich von Frankfurt an der A 3, dort befindet sich die Firma in der Nähe vom Heimatmuseum

63165 Mühlheim

▶ TRAVELLER

s. Seite 619

Traveller Jean Weipert GmbH
63165 Mühlheim Lämmerspiel / Kolpingstr. 18
Tel. (06108) 904226 / traveller-werkverkauf.de

Das Unternehmen wurde im Jahr 1919 von Jean Weipert in Offenbach gegründet. Heute wird das Unternehmen in der 4. Generation geführt. Das Sortiment war von Anfang an sehr hochwertig, was das Material und die Verarbeitung betrifft. Die Kollektionen wurden immer der Zeit angepasst.

Waren: Original Traveller Aktenkoffer, Flugreisegepäck aus Nylon und Leder, Trolleys, Kleidersäcke, Reisetaschen, Laptop-Taschen, Rucksäcke, College- und Aktenmappen, außerdem Kleinlederwaren der Marken Traveller und Otto Kern sowie Damentaschen von Otto Kern in Nylon und Leder, hochwertiges Warensortiment

Ersparnis: bis zu 40%

Zeiten: Mo. bis Fr. 10.00-18.00 Uhr, Sa. 10.00-15.00 Uhr

Hinweise: Ladengeschäft, es sind nur Kollektions- und Musterteile, Auslaufmodelle und Restposten erhältlich

Weg: A 3 Ausfahrt Hanau Richtung Hanau, auf der linken Spur in Richtung Steinheim, Ausfahrt Steinheim und dann links Richtung Lämmerspiel, am Ortseingang von Lämmerspiel die zweite Straße rechts in die Stauffenbergstr., dann die zweite links ist die Kolpingstr.

66484 Riedelberg

63628 Bad Soden-Salmünster

▶ ATELIER JEANNETTE

Atelier Jeannette Inh. Erich Schmitt
63628 Bad Soden-Salmünster Romsthal / Wahlerter Str. 34
Tel. (06056) 2743 / atelierjeannette.de

Seit nunmehr über 35 Jahren produziert die Firma edle Taschen aus Leder und Stoff. Die Artikel sind in erster Linie praktisch und qualitativ hochwertig, die Linie reicht von klassisch bis sportlich modisch.

Waren: hochwertige Lederwaren aller Art wie z.B. Hand- und Reisetaschen, Aktentaschen und -koffer, Briefbörsen, Geldbörsen, Pilotkoffer, Rucksäcke, Kulturtaschen, Schminktaschen, Kosmetikkoffer, Badetaschen, Shopper, Gürtel etc.

Ersparnis: unterschiedlich je nach Artikel, durchschnittlich ca. 25%

Zeiten: Mo. bis Fr. 14.00-16.00 Uhr

Weg: Bad Soden-Salmünster liegt an der A 66 Hanau-Fulda, Ausfahrt Bad Soden-Salmünster, die Firma befindet sich ca. 5 km nördlich im Ortsteil Romsthal an der Straße Richtung Wahlert

66484 Riedelberg

▶ SCHUHWERK

Schwarz Schuhwerk Handelsgesellschaft mbH
66484 Riedelberg / Hauptstr. 18
Tel. (06339) 921333 / schuhwerk.de

Die Firma sucht nach alternativen Möglichkeiten Schuhe herzustellen, ohne unüberlegten Verbrauch von Rohstoffen und ohne umweltbelastende Produktionsverfahren. Wohlfühlschuhe, die das natürliche Gehen unterstützen, bequem in der Form und schön im Design. Für Schuhwerk-Schuhe werden wo immer es möglich ist, natürliche, nachwachsende Rohstoffe verwendet.

Waren: Schuhe für Damen und Herren, Halbschuhe, Sandalen, im Winter auch Stiefel

Ersparnis: 20% und mehr, teilweise bis zu 50%

Zeiten: Mo. bis Fr. 8.00-18.00 Uhr, Sa. 9.00-12.00 Uhr

Hinweise: separates Ladengeschäft, es werden hauptsächlich 2. Wahl, Restposten und Überhänge verkauft

Weg: A 8 Zweibrücken-Pirmasens Ausfahrt Walshausen, über Kleinsteinhausen und Großsteinhausen nach Riedelberg, im Ort befindet sich die Firma schräg gegenüber der Kirche

66955 Pirmasens

▶ K + S SHOES

Kennel & Schmenger Schuhfabrik GmbH
66955 Pirmasens / Im Erlenteich 1-5
Tel. (06331) 71090 / ksshoes.de

K + S Shoes steht seit über 80 Jahren für qualitativ hochwertige, modische Damenschuhe und vertreibt seine Schuhe weltweit.

Waren: hochwertige Damenschuhe, Pumps, Stiefel

Ersparnis: günstige Angebote

Zeiten: Mo. bis Fr. 9.00-11.45 Uhr und 12.45-16.45 Uhr, Sa. 9.00-13.00 Uhr

Hinweise: nur 2. Wahl- und Restpostenverkauf

Weg: von Zweibrücken auf der A 8 kommend Ausfahrt Pirmasens auf die B 10 nach Pirmasens, dort befindet sich die Firma im Industriegebiet-West

66957 Obersimten

▶ DIETZ

Christian Dietz Schuhfabrik GmbH
66957 Obersimten / Am Willerwald 1
Tel. (06331) 2113-0 / christiandietz.com

Waren: Damensportschuhe, Damenschuhe für Einlagen, hauptsächlich junge Mode

Ersparnis: ca. 30% im Durchschnitt

Zeiten: Mo. bis Fr. 8.00-15.30 Uhr

Hinweise: hauptsächlich 2. Wahl-Verkauf

Weg: von Pirmasens kommend im Ort die erste Straße links einbiegen in „Am Willerwald", an der Sängerhalle vorbei kommt man direkt auf die Firma zu

66976 Rodalben

▶ SERVAS

Wilhelm Servas GmbH / Schuhfabrik
66976 Rodalben / Wilhelm-Servas-Str. 24
Tel. (06331) 17041

66994 Dahn

Waren:	große Auswahl an Schuhen wie z.B. Halbschuhe, Slipper, Stiefel, Pumps etc. für Damen und Herren
Ersparnis:	ca. 30%, Artikel mit kleinen Fehlern sind noch preiswerter
Zeiten:	Mo. bis Fr. 9.00-18.00 Uhr, Sa. 9.00-13.00 Uhr
Hinweise:	das Verkaufsgebäude befindet sich nach der Toreinfahrt auf der rechten Seite
Weg:	Rodalben liegt ca. 5 km nördlich von Pirmasens, am Ortseingang links einbiegen

66981 Münchweiler

▶ DOCKERS

Schuhimport und Export Gerli GmbH
66981 Münchweiler / Bahnhofstr.
Tel. 06395) 92190 / dockersbygerli.de

Waren:	klassische, sportliche und modische Schuhe aller Art für Damen, Herren und Kinder, für Kinder auch Boots, Marke Dockers
Ersparnis:	ca. 30%, Herrenschuhe für ca. EUR 35,-
Zeiten:	Fr. 13.00-18.00 Uhr, Sa. 9.30-13.00 Uhr
Hinweise:	Sonderverkauf von Muster-Schuhen, Gr. 31 für Kinder, Gr. 37 für Damen und Gr. 41 für Herren
Weg:	Münchweiler liegt an der B 10 ca. 5 km östlich von Pirmasens, in Münchweiler ist die Bahnhofstr. die Ortsausgangsstraße Richtung Rodalben

66994 Dahn

▶ DÄUMLING

Hermann Meyer GmbH / Däumling Kinderschuhe
66994 Dahn / Lachbergstr. 25
Tel. (06391) 9233-0 / daeumling.de

Waren:	Kinderschuhe in den Größen 18-42 wie Sandalen, Halbschuhe, Stiefelchen und Gummistiefel, außerdem zugekaufte Damen- und Herrenschuhe
Ersparnis:	durchschnittlich ca. 30%
Zeiten:	Mo. bis Fr. 9.00-12.00 Uhr und 13.15-18.15 Uhr, Sa. 9.00-13.00 Uhr
Hinweise:	es ist ausschließlich 2. Wahl erhältlich

70806 Kornwestheim

Weg:	Dahn liegt ca. 15 km südöstlich von Pirmasens an der B 427 Richtung Bad Bergzabern, in Dahn befindet sich die Firma am Ortsausgang Richtung Erfweiler auf der linken Seite

▶ FASAN

fasan Schuhfabrik GmbH
66994 Dahn / Weißenburgerstr. 19
Tel. (06391) 9226-0 / fasan-schuhfabrik.de

Das Unternehmen wurde im Jahr 1909 gegründet und ist heute in der 3. Generation der Familie als Produzent hochwertiger Damen-Komfortschuhe tätig. Mit 90 Mitarbeitern ist die Schuhfabrik einer der größten Arbeitgeber im Raum Dahn.

Waren:	Damen-Komfortschuhe wie Stiefel, Sandaletten, Einlagenschuhe und Hallux-Schuhe, Marke fasan
Ersparnis:	preisgünstiges Warenangebot, Preise ab 30,- EUR, 2. Wahl- und Mustermodelle sind besonders preiswert
Zeiten:	Mo. bis Fr. 13.15-17.00 Uhr
Weg:	Dahn liegt ca. 15 km südöstlich von Pirmasens an der B 427 Richtung Bad Bergzabern, in Dahn befindet sich die Firma an der Hauptstraße durch den Ort (B 227/Weißenburgerstr.) am Ortsausgang Richtung Bad Bergzabern

70806 Kornwestheim

▶ SALAMANDER

Salamander Fabrikverkauf
70806 Kornwestheim / Stammheimer Str. 10
Tel. (07154) 15-2833 / salamander-stores.de

Salamander Schuhe gibt es schon seit 1904. Im Jahr 1937 erscheint das erste Lurchi-Heft, Lurchis Abenteuer. Dieses Markenzeichen der Firma Salamander ist ein Klassiker der deutschen Werbecomics. Heute zählt Salamander zu den bedeutendsten Anbietern und Herstellern hochwertiger Markenschuhe in Europa.

Waren:	reichhaltiges Angebot an aktuellen Schuhen der Marken Salamander, Betty Barclay, Sioux, Apollo, Yellomiles und Lurchi, außerdem Taschen, Schuhpflegemittel, Socken und Strümpfe für Damen, Herren und Kinder sowie Lurchi-Fanartikel
Ersparnis:	bei aktueller Ware mindestens 20%, bei Restposten, Auslaufmodellen und Überproduktionen mindestens 40%
Zeiten:	Mo. bis Fr. 10.00-19.00 Uhr, Sa. 10.00-18.00 Uhr
Hinweise:	zur Verfügung stehen ein Schuhreparaturservice, eine Kinderspielecke sowie ein Babywickelraum; auf dem Salamander-Gelände verkaufen auch andere Hersteller

72555 Metzingen

Weg: Kornwestheim liegt ca. 10 km nördlich von Stuttgart, A 81 Stuttgart-Heilbronn Ausfahrt Ludwigsburg-Süd, Richtung B 27 Kornwestheim, der Fabrikverkauf befindet sich schräg gegenüber vom Bahnhof

72393 Burladingen

▶ KÄSTLE

Athanas Kästle GmbH & Co. KG / Gürtelfabrik
72393 Burladingen Killer / Katharinenstr. 10
Tel. (07477) 9282-0

Waren: Damen- und Herrengürtel, Hosenträger, Sockenhalter

Ersparnis: Preise unter vergleichbarer Einzelhandelsware

Zeiten: Mo. bis Do. 7.30-11.30 Uhr und 13.15-17.00 Uhr, Fr. 7.30-11.30 Uhr

Weg: von Burladingen auf der B 32 nach Hechingen erreicht man nach ca. 6 km Killer, dort befindet sich die Firma nahe der Kirche

72555 Metzingen

▶ BALLY

Bally Deutschland GmbH / Bally Outlet
72555 Metzingen / Reutlinger Str. 49-53
Tel. (07123) 20800 / bally.com

Bally ist einer der größten Schuhkonzerne der Welt. In Eigenproduktion werden jährlich rund 1,6 Mio. Paar Schuhe hergestellt und weltweit 4,5 Mio. Paar Schuhe verkauft.

Waren: große Auswahl an hochwertigen Damen- und Herrenschuhen, außerdem Handtaschen, Lederjacken für Damen und Herren, Kleinlederwaren, Gürtel, Strümpfe, Foulards

Ersparnis: ca. 30-50%, Auslaufmodelle sind am preiswertesten, im SSV und im WSV wird nochmals reduziert

Zeiten: Mo. bis Fr. 10.00-20.00 Uhr, Sa. 9.00-20.00 Uhr

Hinweise: es sind hauptsächlich Modelle der letzten Saison sowie Überhänge erhältlich

Weg: Metzingen liegt ca. 40 km südlich von Stuttgart, A 8 Ausfahrt Wendlingen auf die B 313 über Nürtingen nach Metzingen, an der großen Kreuzung in Stadtmitte (Lindenplatz) Richtung Tübingen/Reutlingen/Freizeitgelände abbiegen auf die Reutlinger Str.

72555 Metzingen

▶ BAZLEN

Philipp Bazlen GmbH
72555 Metzingen / Wilhelmstr. 52
Tel. (07123) 41361 / bazlen.com

Die Firma Philipp Bazlen wurde im Jahr 1899 als Herstellungsbetrieb von Lederwaren und Sattlerei-Artikel gegründet. Seit 1976 wurden die Produktlinien Gürtel, Handschuhe und Kleinlederwaren/Accessories mit Erfolg aufgebaut. Eine eigenständige Kollektion für Gürtel, Handschuhe und Caps wird ebenso angeboten.

Waren: Gürtel für Damen- und Herren, außerdem Taschen, Rucksäcke, Reisegepäck, Konfektions-Kleidersäcke, Koffer, Handschuhe, Geldbörsen, Kleinlederwaren

Ersparnis: unterschiedlich, günstige Angebote

Zeiten: Mo. bis Sa. 9.00-20.00 Uhr

Hinweise: nur die Gürtel werden selbst hergestellt, hier ist teilweise auch 2. Wahl erhältlich

Weg: von Stuttgart auf der B 312 kommend Abfahrt Metzingen Richtung Stadtmitte auf der Stuttgarter Str., diese geht noch vor dem Lindenplatz über in die Wilhelmstr., die Firma befindet sich auf der rechten Seite

▶ LLOYD

Lloyd Shoes GmbH & Co. KG
72555 Metzingen / Mühlstr. 2
Tel. (07123) 943454 / lloyd-shoes.de

Die 1888 in Bremen gegründete Lloyd-Schuhfabrik siedelte 1942 nach Sulingen um. Inzwischen werden versch. Einzelteile von Tochterunternehmen und Zulieferfirmen bezogen. Das endgültige Produkt entsteht nach wie vor im Sulinger Werk. Heute ist Lloyd der größte Arbeitgeber Sulingens und betreibt die letzte bedeutungsvolle Schuhproduktionsstätte Niedersachsens.

Waren: hochwertigen Damen- und Herrenschuhen (2. Wahl und Überproduktionen), außerdem Hemden, Krawatten, Pullover, T-Shirts, Lederwaren, Taschen, Reisegepäck, Leder- und Textiljacken, Strümpfe, Gürtel sowie Serviceartikel wie Absätze, Schuhcreme, Schnürsenkel und Schuhspanner

Ersparnis: ca. 30-50%

Zeiten: Mo. bis Fr. 9.30-20.00 Uhr, Sa. 9.00-20.00 Uhr

Weg: Metzingen liegt ca. 40 km südlich von Stuttgart, A 8 Ausfahrt Wendlingen auf die B 313 über Nürtingen nach Metzingen, an der großen Kreuzung (Lindenplatz) in Stadtmitte Richtung Tübingen/Reutlingen/Freizeitgelände abbiegen, nach ca. 30 m links in die Mühlstr.

73779 Deizisau

72631 Aichtal

▶ WEINMANN

Weinmann Accessories Factory
72631 Aichtal Aich / Robert-Bosch-Str. 6
Tel. (07127) 95690 / afy.de

Waren: Ledergürtel aller Art für Damen, Herren und Kinder, außerdem zugekaufte Schals, Tücher und Accessoires

Ersparnis: bei Gürteln durchschnittlich ca. 25%, die Preise der Gürtel liegen zwischen 10,- und 25,- EUR (auch bei 2. Wahl), die Handelsware ist kaum günstiger

Zeiten: Mo. bis Fr. 9.00-17.30 Uhr

Weg: B 27 Stuttgart-Tübingen Ausfahrt Aichtal auf die B 312 Richtung Metzingen nach Aich, dort befindet sich die Firma im Industriegebiet Aichholz

73779 Deizisau

▶ JCC

s. Seite 639

JCC Ledermoden Vertriebs GmbH
73779 Deizisau / Sirnauer Str. 52
Tel. (07153) 83290 / jcc.de

Waren: Lederbekleidung aller Art für Damen, Herren und Kinder, z.B. Jacken, Westen und Hosen

Ersparnis: durchschnittlich ca. 30%

Zeiten: Mo. bis Fr. 10.00-19.00 Uhr, Sa. 9.00-16.00 Uhr

Hinweise: ein weiteres Outlet befindet sich auf dem Gelände der Firma „Salamander" in
70806 Kornwestheim, Stammheimer Str. 10., Tel. (07154) 805044, geöffnet Mo. bis Fr. 10.00-19.00 Uhr und Sa. 10.00-16.00 Uhr
sowie im „seemaxx Factory Outlet Center" in
78315 Radolfzell, Schützenstr. 50, Tel. (07732) 821350, geöffnet Mo. bis Sa. 10.00-19.00 Uhr

Weg: Deizisau liegt ca. 20 km südöstlich vom Zentrum Stuttgart direkt an der B 10 Richtung Göppingen, in Deizisau ist die Firma einfach zu finden, in der Nähe vom „Technoland"-Markt

74321 Bietigheim-Bissingen

▶ DINKELACKER

Heinrich Dinkelacker GmbH
74321 Bietigheim-Bissingen / Talstr. 19
Tel. (07142) 9174-0 / heinrich-dinkelacker.de

Die Wurzeln der Manufaktur reichen zurück bis ins 19. Jahrhundert. Die Schuhfabrik wurde im Jahr 1879 gegründet. Budapester Schuhe waren schon immer ein stehender Begriff für hochwertigste Schuhmacherkunst, gepaart mit Langlebigkeit und hervorragender Passform. Nach wie vor werden die Schuhe in einer kleinen Manufaktur in Budapest von Hand gefertigt.

Waren: hochwertige, handgefertigte Budapester Schuhe für Herren

Ersparnis: Sonderkonditionen bei Auslaufmodellen und Musterpaaren, trotzdem hochpreisig

Zeiten: Mo. bis Fr. 9.00-17.00 Uhr, Sa. 10.00-14.00 Uhr

Weg: auf der A 8 aus Richtung Stuttgart kommend Ausfahrt Ludwigsburg-Nord auf die B 27 Richtung Bietigheim-Bissingen, auf der B 27 bleiben bis zum Ortsende von Bietigheim, hier links einbiegen in die Besigheimer Str. und rechts halten auf die Talstr.

74399 Walheim

▶ SIOUX

Sioux GmbH & Co. KG / Schuhfabrik
74399 Walheim / Finkenweg 2-4
Tel. (07143) 371-0 / sioux.de

Das Unternehmen wurde 1954 als Walheimer Schuhfabrik gegründet und gehört seit 2003 zu EganaGoldpfeil.

Waren: hochwertige Schuhe aller Art für Damen und Herren wie Halbschuhe, Mocassins, Sandalen, Marken Sioux, Apollo und Yellomiles

Ersparnis: bis zu 40%

Zeiten: Mo. bis Mi. 9.00-17.00 Uhr, Do. und Fr. 9.00-18.00 Uhr, Sa. 9.00-14.00 Uhr

Hinweise: drei kleinere Verkaufsräume, es ist nur 1B-Ware erhältlich

Weg: A 81 Stuttgart-Heilbronn Ausfahrt Mundelsheim über Besigheim nach Walheim, von Besigheim auf der B 27 Richtung Heilbronn nach ca. 2 km die 1. Abfahrt links nach Walheim, der Besigheimer Str. folgen und nach der Bahnunterführung 2x links, dann die 2. Straße rechts in den Finkenweg

76846 Hauenstein

76846 Hauenstein

▶ MOKIMO

s. Seite 645

Schuhfabrik Schuh-Merkel
76846 Hauenstein / Industriestr. 4a
Tel. (06392) 1423 / schuh-merkel.de

Das Unternehmen begann 1959 und produzierte bis ins Jahr 1974 Sandalen, Stiefel, Halbschuhe und Mokassins. Nach einer zeitweisen Betriebsstilllegung wurde im Jahr 1978 die Produktion von Damen- und Herrenmokassins neu aufgenommen, welche noch heute hergestellt werden.

Waren: Mokassins/Bequemschuhe für Damen und Herren in verschiedenen Modellen und Farben, handgeflochten, auch Einlagen gerecht erhältlich

Ersparnis: ca. 30%

Zeiten: Mo. bis Fr. 10.00-18.00 Uhr, Sa. 10.00-16.00 Uhr, von April bis Oktober So. 13.00-16.00 Uhr

Weg: Hauenstein liegt an der B 10 zwischen Landau und Pirmasens, die Firma befindet sich mitten in der Schuhmeile direkt an der B 10 Ausfahrt Hauenstein

▶ SEIBEL

Josef Seibel Schuhfabrik GmbH
76846 Hauenstein / Industriestr. 1
Tel. (06392) 9221-0 / josef-seibel.de

Das Unternehmen wurde im Jahre 1886 in Hauenstein gegründet, war eine der ersten Schuhfabriken Deutschlands und zählt heute zu den führenden Schuhherstellern in Deutschland.

Waren: Damen- und Herrenschuhe aller Art wie Halbschuhe, Stiefel und Sandalen, Marke Seibel, außerdem Marken Romika und Der kleine Muck (Kinderschuhe)

Ersparnis: bei Restposten bis zu 50%

Zeiten: Mo. bis Fr. 9.30-18.30 Uhr, Sa. 9.30-18.00 Uhr, von April bis Okt. auch So. und Feiertag 13.00-18.00 Uhr

Hinweise: in der „Gläsernen Schuhfabrik" kann die Schuhfabrikation für jedermann direkt ohne Voranmeldung erlebt werden, eine weitere Verkaufsstelle befindet sich im Schuheinkaufszentrum „Shoe City" direkt an der B 10 Ausfahrt Hauenstein

Weg: Hauenstein liegt an der B10 zwischen Landau und Pirmasens, die Industriestr. geht gleich am Ortsanfang rechts ab

76848 Schwanheim

76848 Schwanheim

▶ WALDLÄUFER

Lugina Schuhfabrik GmbH
76848 Schwanheim / Wasgaustr. 2A
Tel. (06392) 9226-0 / lugina.de

Waren: hauptsächlich Halbschuhe für Damen, aber auch Damensandaletten und -stiefeletten, Marke Waldläufer, teilweise auch einige wenige Herrenhalbschuhe

Ersparnis: teilweise sind sehr günstige Angebote erhältlich

Zeiten: Mo. bis Do. 8.00-12.00 Uhr und 13.00-16.00 Uhr, Fr. 8.00-12.00 Uhr

Hinweise: kein offizieller, eingerichteter Privatverkauf

Weg: von Pirmasens auf der B 10 Richtung Landau, über Hauenstein und Lug nach Schwanheim, hier befindet sich die Firma an der Hauptstraße durch den Ort

76848 Wilgartswiesen

▶ WILGARTA

Wilgarta-Schuhe
76848 Wilgartswiesen / Herrengasse 2
Tel. (06392) 589 / wilgarta-schuhe.de

Die Firma Wilgarta wurde 1962 gegründet. Produziert wurden damals Damen- und Herrenschuhe die an Fachhändler in ganz Deutschland verkauft wurden. Heute wird nur noch für den eigenen Verkauf produziert.

Waren: Damenschuhe mit dazu passenden Handtaschen, außerdem zugekaufte Damen- und Herrenschuhe verschiedener Marken

Ersparnis: günstige Angebote

Zeiten: Mo. bis Fr. 9.00-12.00 Uhr und 14.00-18.00 Uhr, Sa. 9.00-12.00 Uhr

Hinweise: eine weitere Verkaufsstelle befindet sich im Schuheinkaufszentrum „Shoe City" in
76846 Hauenstein, Alte Bundesstr.1, Tel. (06392) 994625, geöffnet Mo. bis Sa. 9.30-18.00 Uhr, hier ist die Auswahl etwas größer

Weg: Wilgartswiesen liegt ca. 10 km östlich von Pirmasens an der B 10 Richtung Landau, in Wilgartswiesen befindet sich die Firma mitten im Ort an der Hauptstraße, ein Schild weist den Weg

78166 Donaueschingen

76870 Kandel

▶ WALBER

Schuhfabrik Günter Walber
76870 Kandel / Elsäßer Str. 32a
Tel. (07275) 1262

Waren: große Auswahl an Gesundheitsschuhen mit Korkfußbett für Damen, Herren und Kinder wie z.B. Sandaletten, Pantoletten, Gr. 18-50

Ersparnis: preisgünstiges Warenangebot

Zeiten: Mo. bis Fr. 9.00-18.30 Uhr, Sa. 9.00-16.00 Uhr

Hinweise: Prospektmaterial ist erhältlich, Versand ist möglich, die Firma verkauft nur direkt an Endverbraucher

Weg: von Karlsruhe auf der A 65 kommend Ausfahrt Kandel-Süd, Richtung Kandel die erste Straße links in die Elsäßer Str. einbiegen

76891 Wieslautern

▶ THERESIA M.

Theresia Muck GmbH / Schuhfabrik
76891 Wieslautern Bruchweiler-Bärenbach / Hohlstr. 4
Tel. (06394) 9214-0 / theresiam.com

Das Unternehmen stellt seit über 50 Jahren Damenschuhe her. Die heute produzierten Schuhmodelle sollen sich durch eine pefekte Passform und einen modernen Stil auszeichnen, der kurze Modetrends überdauern soll.

Waren: hauptsächlich Wohlfühlschuhe für Damen wie Fußbettsandalen, Straßenschuhe und Pantoletten, teilweise auch einige Herrensandalen

Ersparnis: ca. 30% im Durchschnitt

Zeiten: Mo. bis Do. 8.00-12.00 Uhr und 13.00-16.00 Uhr, Fr. bis 15.00 Uhr

Weg: Wieslautern liegt an der B 427 zwischen Pirmasens und Bad Bergzabern, dort befindet sich die Firma am Ortsausgang bei der Gärtnerei

78166 Donaueschingen

▶ RICOSTA

Ricosta Schuhfabriken GmbH
78166 Donaueschingen / Dürrheimer Str. 43
Tel. (0771) 805-0 / ricosta.com

78532 Tuttlingen

Die Kinderschuh-Fabrik Ricosta wurde 1969 in Donaueschingen gegründet. Heute hat das Unternehmen Produktionsstätten in Deutschland, Ungarn und Polen. Am Standort Donaueschingen hat Ricosta noch eine komplette Fertigung, angefangen von der Modellentwicklung über die Stepperei bis hin zur Sohlenspritzanlage.

Waren: große Auswahl an Baby-, Kinder- und Jugendschuhen in den Gr. 18-42 wie z.B. Lauflernschuhe, Sandalen, Halbschuhe, Stiefel, außerdem ein kleines Angebot an Damen- und Herrenschuhen

Ersparnis: ca. 30%, 2. Wahl ist besonders preiswert

Zeiten: Di. bis Fr. 9.00-12.30 Uhr und 14.00-18.00 Uhr, Sa. 9.00-13.00 Uhr

Weg: Donaueschingen liegt ca. 10 km südlich von Villingen-Schwenningen, B 27/33 Abfahrt Donaueschingen-Nord/Flugplatz Richtung Stadtmitte, nach dem Ortsschild im Kreisverkehr die zweite Ausfahrt in die Industriestr. nehmen, nach ca. 50 m sieht man die Firma auf der rechten Seite

78532 Tuttlingen

▶ RIEKER

Rieker-Schuh GmbH
78532 Tuttlingen Möhringen / Gänsäcker 31
Tel. (07462) 2010 / rieker.de

Das Unternehmen wurde 1874 gegründet. Alle Rieker-Produkte sind mit dem Rieker-Antistress-System ausgestattet. Rieker bietet Spezial-Produkte, die durch spezielle Materialien und Bearbeitung ein Minimum an Gewicht, ein Höchstmaß an Flexibilität und mehr Platz bieten.

Waren: Wohlfühl-Schuhe für Damen und Herren, teilweise eingeschränkte Auswahl, Marke Rieker

Ersparnis: bei 2. Wahl ca. 30%

Zeiten: Mo. bis Fr. 9.00-18.30 Uhr, Sa. 9.00-15.00 Uhr

Hinweise: der Verkauf befindet sich unmittelbar vor der Fabrik im „Takko-Modemarkt"

Weg: A 81 Ausfahrt Geisingen auf die B 311 Richtung Tuttlingen, dort befindet sich die Firma im Industriegebiet Gänsäcker

▶ SOLIDUS

Solidschuhwerk GmbH
78532 Tuttlingen / Ehrenbergstr. 18
Tel. (07461) 9612-0 / solidus-schuh.com

Seit 1910 ist es die Firmenphilosophie von Solidus, gesunde Füße gesund zu erhalten und geschädigten Füßen das Gehen und Stehen zu erleichtern. Dafür wurden in Zusammenarbeit mit Orthopäden und Fachärzten Schuhkonzepte entwickelt, die den Anforderungen der Kunden gerecht werden.

79585 Steinen

Waren:	Komfortschuhe für Damen und Herren mit herausnehmbarem Fußbett oder für orthopädische Einlagen, Halbschuhe, Mokassins, Sandalen etc., Marken Solidus und Vivo
Ersparnis:	bei 1. Wahl ca. 30%, bei 2. Wahl und Auslaufartikeln bis zu 50%
Zeiten:	Mo. bis Fr. 9.00-18.00 Uhr, Sa. 9.00-13.00 Uhr
Weg:	A 81 Ausfahrt Geisingen auf die B 311 Richtung Tuttlingen, am Kreisverkehr Richtung Ulm, dann halblinks auf die Möhringer Str., danach sieht man die Firma schon

79183 Waldkirch

▶ GANTER

Ganter shoe fashion GmbH
79183 Waldkirch / Rudolf-Blessing-Str. 2
Tel. (07681) 3107 / ganter.de

In den zwanziger Jahren im letzten Jahrhundert wurde der Grundstein für eine erfolgreiche Unternehmensgeschichte gelegt. August Ganter stellte damals Holz-Arbeitsschuhe her und arbeitete gemeinsam mit einem Waldkircher Arzt daran, eine „gesunde" Sandale zu entwickeln. Noch vor Kriegsbeginn wurde sein Fußtrainer mit Gumminoppen - noch heute vielfach kopiert - weltweit patentiert. Heute zeichnet sich Ganter im Komfortschuhmarkt durch seine vielseitigen Kollektionen aus.

Waren:	für Damen und Herren: Sandalen, Pantoletten, Schuhe, Stiefel in versch. Größen und Weiten, Schuhe für lose Einlagen, Über- und Untergrößen, große Auswahl an Musterschuhen in Gr. 37, Marke Ganter
Ersparnis:	ca. 40-70%
Zeiten:	Mo. bis Fr. 9.00-13.00 Uhr und 14.00-18.00 Uhr, Sa. 9.00-13.00 Uhr
Hinweise:	es sind ausschließlich 2. Wahl und Auslaufmodelle mit kleinen Fehlern erhältlich
Weg:	Waldkirch liegt ca. 15 km nordöstlich von Freiburg, A 5 Karlsruhe-Basel Ausfahrt Freiburg-Nord Richtung Waldkirch, die B 294 an der Ausfahrt Waldkirch-West verlassen, rechts Richtung Stadtmitte, unter der B 294 durchfahren und nach der 1. Ampel sofort wieder rechts

79585 Steinen

▶ STRÖBER

Ströber & Co. GmbH / Schuhfabrik
79585 Steinen / Kanderner Str. 37
Tel. (07627) 9106-0 / stroeber.de

83024 Rosenheim

Waren: Bequemschuhe für Damen und Herren, Marken Ströber, Meissen und Alma

Ersparnis: preisgünstige Angebote

Zeiten: Mo. bis Do. 9.00-12.00 Uhr und 13.00-17.00 Uhr, Fr. bis 15.00 Uhr

Hinweise: es sind nur 1B-Waren und Restposten erhältlich

Weg: Steinen liegt an der B 317 zwischen Lörrach und Schopfheim, von Ortsmitte Richtung „Vogelpark" ist man auf der Kanderner Str.

83024 Rosenheim

▶ GABOR

Gabor Shoes AG / Damenschuhfabrik
83024 Rosenheim / Marienberger Str. 31
Tel. (08031) 801-0 / gabor.de

In Rosenheim befindet sich die Zentrale der Gabor AG. Von hier aus wird eine Tagesproduktion von ca. 25.000 Paar Schuhen gesteuert. Das Unternehmen ist ein Marktführer für modische Damenschuhe in Deutschland und produziert an fünf Standorten in Europa.

Waren: hochwertige Schuhe, für Damen z.B. Pumps, Sandalen, Halbschuhe, Hausschuhe, Stiefel, außerdem Herrenschuhe aller Art, teilweise eingeschränkte Auswahl, Marken Gabor und camel active, außerdem Gabor Bags, Textilien und Accessoires

Ersparnis: ca. 20%, vereinzelt mehr möglich, zu den Schlussverkaufszeiten ist nochmals reduziert

Zeiten: Mo. bis Fr. 8.30-18.30 Uhr, Sa. 9.00-18.00 Uhr

Hinweise: angegliederter Schuhshop, es sind hauptsächlich Restposten, Muster, 2. Wahl und Randgrößen erhältlich;
eine weitere Verkaufsstelle befindet sich in:
83064 Raubling Pfraundorf, Rosenheimer Str. 105 (direkt an der A 8 Ausfahrt Rosenheim), ähnliche Öffnungszeiten

Weg: A 8 München-Salzburg Ausfahrt Rosenheim, nach der Eisenbahnunterführung rechts Richtung Landshut, an der nächsten Kreuzung links ab und ca. 2,5 km geradeaus, am Ende der Prinzregentenstr. rechts in die Marienberger Str., „Gabor" ist ausgeschildert

83417 Kirchanschöring

▶ MEINDL

Lukas Meindl GmbH & Co. KG
83417 Kirchanschöring / Dorfplatz 8-10
Tel. (08685) 985-270 / meindl.de

85435 Erding

Seit mehr als 300 Jahren stellen die Meindls Schuhe her. Im Laufe der Zeit hat sich die Firma zu einem Weltmarktführer entwickelt. Dabei wurde der Standort Kirchanschöring immer weiter ausgebaut. Heute exportiert das Unternehmen über 50 Prozent der Schuhe in die ganze Welt.

Waren: hochwertige Trekking-, Walking- und Bergschuhe für Damen, Herren und Kinder, außerdem Trachtenmoden, Lederhosen, Trachtenblusen, Marke Meindl

Ersparnis: bei 1. Wahl keine, Auslaufmodelle und 2. Wahl-Artikel sind ca. 20-30% günstiger

Zeiten: Mo. bis Fr. 9.00-18.00 Uhr, Sa. 9.00-13.00 Uhr

Hinweise: Ladengeschäft mit Sonderpreisabteilung

Weg: Kirchanschöring liegt ca. 20 km nordöstlich von Traunstein, der Dorfplatz befindet sich im Ort direkt im Zentrum, hier ist das Ladengeschäft leicht zu finden, es befindet sich bei der Sparkasse

85072 Eichstätt

▶ HACO

Schuhfabrik Hauf e. K.
85072 Eichstätt / Clara-Staiger-Str. 86
Tel. (08421) 1549 / schuhfabrik-hauf.de

Das Unternehmen wurde 1929 gegründet. Anfangs wurden nur Arbeitsschuhe hergestellt, später wurde das Sortiment um Skistiefel, Wander- und Sicherheitsschuhe, Schuhe mit Autoreifensohle u. a. erweitert.

Waren: Freizeit- und Wanderschuhe, Berufshalbschuhe, Arbeitsstiefel, Schuhe mit Autoreifensohle, Sicherheitshalbschuhe und -stiefel, Winterstiefel etc., Marke Haco

Ersparnis: ca. 30% im Durchschnitt

Zeiten: Mo. bis Fr. 7.00-12.00 Uhr und 12.30-17.00 Uhr, Sa. 9.00-12.00 Uhr

Hinweise: hauptsächlich Verkauf von Auslaufmodellen, gelegentlich ist auch 2. Wahl erhältlich

Weg: von Ingolstadt auf der B 13 ca. 25 km in nordwestlicher Richtung nach Eichstätt

85435 Erding

▶ VÖLKL

Völkl Factory Outlet Center / Firma Holme
85435 Erding / Rennweg 27
Tel. (08122) 97970 / voelkl-shoes.com

86842 Türkheim

Die heutige Schuhfabrik Völkl wurde im Jahr 1926 in Alterbach gegründet und etablierte sich im Lauf der Zeit als namhafter Hersteller von qualitativ hochwertigen Schuhen. Das Unternehmen arbeitete eng mit erfolgreichen Sportlern aus dem Ski-, Berg- und Schützensport zusammen. Lange Jahre war die Firma Völkl ein anerkannter Partner bei den deutschen Sportlern und Olympia-Mannschaften.

Waren: Trekking-/Bergschuhe, Jagdstiefel, Winterstiefel, Halbschuhe und Sportschuhe, außerdem Trachtenschuhe, Schützenschuhe und Feuerwehrstiefel, Marke Völkl

Ersparnis: durchschnittlich ca. 30%

Zeiten: Di. bis Do. 9.00-12.00 Uhr und 13.30-18.30 Uhr, Fr. 9.00-18.00 Uhr, Sa. 8.30-13.00 Uhr

Weg: Erding liegt ca. 30 km nordöstlich von München an der B 388, in Erding befindet sich die Firma im Industriegebiet Nord-West, von der Anton-Bruckner-Str. auf die Sigwolfstr. und den Kreisverkehr nach links in den Rennweg verlassen

86842 Türkheim

▶ SALAMANDER

Salamander Fabrikverkauf
86842 Türkheim / Jakob-Sigle-Str. 58
Tel. (08245) 52123 / salamander-stores.de

Salamander Schuhe gibt es schon seit 1904. Im Jahr 1937 erscheint das erste Lurchi-Heft, Lurchis Abenteuer. Dieses Markenzeichen der Firma Salamander ist ein Klassiker der deutschen Werbecomics. Heute zählt Salamander zu den bedeutendsten Anbietern und Herstellern hochwertiger Markenschuhe in Europa.

Waren: reichhaltiges Angebot an aktuellen Schuhen der Marken Salamander, Betty Barclay, Sioux, Apollo, Yellomiles und Lurchi, außerdem Schuhpflegemittel sowie Lurchi-Fanartikel

Ersparnis: bei aktueller Ware mindestens 20%, bei Restposten, Auslauf-modellen und Überproduktionen mindestens 40%

Zeiten: Mo. bis Fr. 10.00-17.30 Uhr, Sa. 9.00-13.00 Uhr

Weg: Türkheim liegt zwischen Mindelheim und Landsberg, A 96 Ausfahrt Bad Wörishofen, nach der Abfahrt rechts abbiegen, durch die Bahnunterführung durch und dann der Beschilderung „Salamander Industrie Produkte" folgen

89150 Laichingen

▶ AFS

AFS-Freizeitschuhfabrik GmbH
89150 Laichingen Feldstetten / Lange Str. 1
Tel. (07333) 96810 / schuhbox-online.de

89293 Kellmünz

Die AFS-Freizeitschuhfabrik ist ein schwäbisches Familienunternehmen mit langjähriger Tradition. Seit über 30 Jahren produziert sie in Feldstetten bei Laichingen, auf den Höhen der Schwäbischen Alb, Schuhe für Freizeit und Beruf.

Waren: große Auswahl an Sandaletten, Pantoletten und Clogs mit ausgeprägtem Fußbett für Damen, Herren und Kinder, davon ist teilweise auch 2. Wahl erhältlich, außerdem zugekaufte Halb- und Sportschuhe, Freizeitschuhe und Stiefel für die ganze Familie

Ersparnis: ca. 30%, zugekaufte Ware ist nicht günstiger

Zeiten: Mo. bis Fr. 8.00-18.00 Uhr, Sa. 8.00-14.00 Uhr

Hinweise: großer Verkaufsraum, Prospektmaterial kann angefordert werden, ein Versand ist möglich

Weg: A 8 Stuttgart-Ulm Ausfahrt Merklingen über Laichingen nach Feldstetten, die Firma befindet sich direkt an der B 28 am Ortsausgang Richtung Bad Urach, im letzten Haus auf der rechten Seite

▶ VITAFORM

vitaform Schuhfabrikations GmbH
89150 Laichingen Feldstetten / Beim Lager 2
Tel. (07333) 5788 / vitaform-schuhfabrik.de

Waren: Gesundheitsschuhe mit Korkfußbett für Damen, Herren und Kinder, Sandaletten und Pantoletten, einige Wanderschuhe, auch Zukaufware

Ersparnis: ca. 30% bei regulärer Ware, Restposten und 2. Wahl sind noch günstiger

Zeiten: Mo. bis Fr. 8.00-18.00 Uhr, Sa. 9.00-13.00 Uhr

Hinweise: die Schuhe sind auch im Versand erhältlich

Weg: A 8 Stuttgart-Ulm Ausfahrt Merklingen, über Laichingen nach Feldstetten, vor Feldstetten links in das Industriegebiet, hier ist die Halle nicht zu übersehen

89293 Kellmünz

▶ STEGMANN

Karl Stegmann KG / Filz- und Filzwarenfabrik
89293 Kellmünz / Langer Garten 1
Tel. (08337) 74010 / stegmannkg.de

Im Jahr 1888 gründete Karl Stegmann eine Filzwarenmanufaktur im bayerischen Kellmünz. Natürliche Rohstoffe und Materialien wie Schurwolle, Wollfilz, Leder und Kork bilden noch heute die Grundlage für umweltbewusste Clog- und Sandalen-Kollektionen in modischem Design.

90475 Nürnberg

Waren:	Wollfilzclogs, -pantoffeln und -sandalen, auch Halbschuhe, Stiefel, Einlegesohlen sowie einige Lederschuhe
Ersparnis:	bei 1. Wahl ca. 30%, bei 2. Wahl- und Auslaufartikeln ca. 50% und mehr; Preisbeispiel: Wollfilzclogs in 2. Wahl für EUR 23,-
Zeiten:	Mo. bis Fr. 8.30-11.45 Uhr
Hinweise:	es ist hauptsächlich 2. Wahl erhältlich
Weg:	A 7 Ulm-Kempten Ausfahrt Altenstadt/Kellmünz, rechts Richtung Kellmünz, nach ca. 5 km unter einer Brücke durch und danach sofort rechts in die Marktstr., nach weiteren ca. 200 m rechts in den Rechbergring, die Firma befindet sich in einem grünen Gebäude

90475 Nürnberg

▶ WINDROSE

Georg A. Steinmann Lederwarenfabrik GmbH & Co. KG
90475 Nürnberg Altenfurt / Raudtener Str. 17
Tel. (09122) 796-0 oder 9843215 (Werksverkauf) /
windrose-steinmann.de

Waren:	Schmuckkoffer, Uhrenkoffer und Manicuresets der Marke Windrose, außerdem zugekaufte Schulranzen, Schüleretuis etc. der Marken Scout und 4You sowie Reisegepäck der Marke Hardware
Ersparnis:	preisgünstige Angebote, bis zu ca. 30%
Zeiten:	Di. und Do. 10.00-16.00 Uhr
Hinweise:	teilweise ist auch 2. Wahl erhältlich
Weg:	Altenfurt liegt ca. 10 km südöstlich vom Zentrum Nürnberg, erreichbar auch über die A 6 Ausfahrt Nürnberg-Langwasser, in Altenfurt befindet sich die Firma im Industriegebiet

90596 Schwanstetten

▶ CHAMP

Friedrich-Lederwaren Helga Friedrich e.K.
90596 Schwanstetten Schwand / In der Alting 9
Tel. (09170) 9492-0 / champ-collection.de

Die Firma wurde 1983 als Einzelunternehmen unter dem Namen Friedrich Lederwaren gegründet. Als Handelshaus mit internationalen Verbindungen ist das Unternehmen heute Fachhandelspartner für Groß- und Einzelhändler sowie Systemdienstleister für deutsche und internationale Handelskonzerne.

91350 Gremsdorf

Waren:	Schmuck-, Uhren- und Kosmetikkoffer in Leder, Manikürsets, Kosmetik- und Kulturtaschen, Taschen und Rucksäcke aus Nylon, Koffer, Trolleys, Schüleretuis und Schülerserien, Schreib- und College-Mappen, Arbeitsmappen, Kleinlederwaren wie Geldbörsen und Schlüsseletuis
Ersparnis:	durchschnittlich 30-40%
Zeiten:	Di. und Do. 10.00-15.00 Uhr
Hinweise:	es ist hauptsächlich 1. Wahl erhältlich
Weg:	Schwanstetten liegt ca. 20 km südlich von Nürnberg und ca. 8 km südöstlich von Schwabach, dort befindet sich die Firma in Schwand am Ortsausgang Richtung Allersberg auf der linken Seite

91074 Herzogenaurach

▶ MAHR

Mahr GmbH / Schuhfabrik
91074 Herzogenaurach / Gartenstr. 20
Tel. (09132) 4658

Waren:	Gesundheitssandalen aus Leder mit Korkfußbett für Damen, Herren und Kinder
Ersparnis:	für Selbstabholer sind alle Artikel EUR 5,- preiswerter
Zeiten:	Mo. bis Fr. 8.00-18.00 Uhr, Sa. 9.00-13.00 Uhr
Hinweise:	die Schuhe sind auch im Versand erhältlich
Weg:	von Erlangen kommend in Herzogenaurach auf der Hauptstraße am Eiscafe vorbei, nach dem Schlüsseldienst rechts einbiegen in die Gartenstr.

91350 Gremsdorf

▶ MANZ

Manz Fortuna Schuhfabrik GmbH
91350 Gremsdorf / Gewerbepark 1
Tel. (09193) 5011767 / manz-fortuna.com

Die Schuhfabrik Manz-Fortuna wurde 1898 in Bamberg gegründet und gehört zu den führenden Herstellern hochwertiger und eleganter Herrenschuhe. Noch heute werden die entscheidenden Schnitte, Nähte und der Boden in Handarbeit gefertigt.

Waren:	klassische Herrenschuhe der Marke Manz, Trendschuhe der Marke Black Dragon, Wellness- und Laufkomfortschuhe, exklusive Business-Schuhe der Marke Mercedes, außerdem

91550 Dinkelsbühl

Damen- und Herren-Pantoffeln, -Sandalen und -Hausschuhe sowie modische Schuhe der Marke Arabella

Ersparnis:	ca. 30-50%, günstige Angebote, besonders bei 2. Wahl-Modellen, Rest- und Einzelposten sowie Saisonauslaufmodellen
Zeiten:	Mo. bis Fr. 9.00-19.00 Uhr, Sa. 9.00-16.00 Uhr
Hinweise:	weitere Verkaufsstellen befinden sich in: 91301 Forchheim, Boschstr. 3, Tel. (09191) 172740-0, geöffnet Mo. bis Fr. 10.00-19.00 Uhr, Sa. 10.00-16.00 Uhr und in 96052 Bamberg, Am Laubanger, Tel. (0951) 62841, geöffnet Mo. bis Fr. 9.00-19.00 Uhr, Sa. 9.00-18.00 Uhr, Industriegebiet Laubanger neben dem "Marktkauf"-Gebäude
Weg:	A 3 Nürnberg-Würzburg, Ausfahrt Höchstadt-Ost Richtung Höchstadt nach Gremsdorf, hier befindet sich die Firma direkt an der Autobahnausfahrt bei der Aral-Tankstelle

91550 Dinkelsbühl

▶ VOGELSANG

s. Seite 665

Friedrich Vogelsang GmbH / Schuhfabrik
91550 Dinkelsbühl / Wassertrüdinger Str. 2
Tel. (09851) 2296

Die Firma Vogelsang produziert und verkauft Schuhe seit 1904. Zunächst wurden Arbeitsschuhwerk und Sandalen hergestellt. Heute produziert und vertreibt das Unternehmen Naturkork-Tieffußbettschuhe mit Fersenfederung.

Waren:	Gesundheitsschuhe mit Fersenfederung wie Pantoletten, Sandalen und Clogs für Damen, Herren und Kinder
Ersparnis:	ca. 20-30%, unterschiedlich je nach Artikel
Zeiten:	Mo. bis Fr. 7.30-17.00 Uhr
Hinweise:	gelegentlich ist auch 2. Wahl erhältlich
Weg:	von Augsburg/Nördlingen auf der B 25 kommend am Ortseingang von Dinkelsbühl rechts, die Firma befindet sich auf dem Eckgrundstück zwischen der B 25 und der Wassertrüdinger Str.

93138 Lappersdorf

▶ CBS

Reila-Lederwaren GmbH
93138 Lappersdorf / Dr.-Martin-Luther-Str. 10
Tel. (0941) 830840 / cbs-mode.de

95355 Presseck

Die Firma reila Lederwaren GmbH ist als Lederwarenproduzent seit 1880 aktiv. Der Standort Lappersdorf ist seit dem Ende des 2. Weltkrieges Firmensitz. Heute ist das Unternehmen in der Lage nahezu jeden Kundenwunsch in allen Preislagen zu realisieren.

Waren: Reisegepäckserie CBS, z.B. Koffer, Reisetaschen mit und ohne Rollen, Flug-Bags, Trollys, Toilettenbeutel, außerdem Sporttaschen sowie Kleinlederwaren wie Geldbeutel, Brieftaschen, Handtaschen, Kulturtaschen, Shopper, City-Rucksäcke, Mappen etc.

Ersparnis: durchschnittlich ca. 35%

Zeiten: Fr. 13.00-17.00 Uhr

Hinweise: separater Verkaufsraum, teilweise ist auch 2. Wahl erhältlich

Weg: Lappersdorf liegt ca. 5 km nördlich von Regensburg, auf der Umgehungsstraße Ausfahrt Lappersdorf-Mitte bis zum „Cafe Hahn", danach die 1. Str. rechts, dann die nächste links

95152 Selbitz

▶ JOMOS

Jomos Schuhfabrik Wilhelm Mohr KG
95152 Selbitz / Garlesstr. 27
Tel. (09280) 975-0 / jomos.de

Das Unternehmen wurde im Jahr 1928 gegründet und ist heute eine der modernsten mittelständischen Schuhfabriken in Europa.

Waren: für Herren sportliche und klassische Halbschuhe, Sandalen, Boots und Stiefel sowie sympatex Halbschuhe und Boots, auch in Übergröße bis Gr. 53, für Damen Boots und Stiefel

Ersparnis: ca. 30%, 2. Wahl- und Mustermodelle sind besonders preiswert, Preise ab 39,- EUR/Paar

Zeiten: Mo. bis Fr. 8.00-17.00 Uhr, Sa. 9.00-12.00 Uhr

Weg: Selbitz liegt ca. 15 km westlich von Hof, A 9 Ausfahrt Naila/Selbitz auf die B 173 nach Selbitz, im Zentrum von Selbitz Richtung Marlesreuth, am Ortsausgang von Selbitz von der Frankenwaldstr. rechts ab auf die Schlesier Str., die im weiteren Verlauf in die Garlestr. übergeht

95355 Presseck

▶ BODENSCHATZ

Boschagroup GmbH & Co. KG
95355 Presseck / Boschaplatz 3
Tel. (09222) 60-55 / boschagroup.com

96364 Marktrodach

Die Firma besteht seit über 75 Jahren und ist ein mittelständisches Familienunternehmen. Sie erhielt 1992 den vom Bundeswirtschaftsministerium verliehenen deutschen Lederwarenpreis, die höchste Auszeichnung der Branche, und war bereits 22x offizieller Ausrüster der deutschen Olympia-Mannschaften.

Waren:	große Auswahl an Handtaschen, Reisegepäck, Kleinlederwaren, Schul- und Geschenkartikel sowie Accessoires, Marken Bodenschatz, Boscha, Betty Barclay, Lloyd, Olsen und Elgg of Switzerland
Ersparnis:	ca. 30%, bei Saison- und Dispositionsüberhängen sowie 2. Wahl 50% und mehr möglich
Zeiten:	Mo. bis Fr. 9.00-18.00 Uhr, Sa. 9.00-14.00 Uhr
Weg:	A 9 Ausfahrt Bad Berneck, auf die B 303 über Untersteinach nach Stadtsteinach, rechts ab nach Presseck, hier ist der Bodenschatz-Ledershop ausgeschildert

96364 Marktrodach

▶ HUMARO

Harry Ulbrich Feintäschnerei
96364 Marktrodach Zeyern / Frankenwaldstr. 16
Tel. (09262) 1336 / lederwarenmanufaktur.de

Die Firma besteht seit 1977 und fertigt hochwertige Lederwaren nach handwerklicher Tradition. Die Kollektion wird aus Vollrindleder, Kalbleder und feinem Lammnappaleder hergestellt.

Waren:	Kleinlederwaren aller Art wie z.B. Timer, Schreib- und Collegemappen, Geldbörsen, Schlüssel-, Manikür- und Schreibetuis etc. in unterschiedlichen Ledern
Ersparnis:	preisgünstige Angebote
Zeiten:	Mo. bis Fr. 7.00-16.30 Uhr, Sa. 7.00-12.00 Uhr, sicherheitshalber unter der Woche ab 16.00 Uhr und Sa. vorab informieren, da hier nicht immer jemand da ist
Hinweise:	kleiner Ausstellungsraum
Weg:	Marktrodach liegt ca. 5 km nordöstlich von Kronach an der B 173 Richtung Wallenfels, die Firma befindet sich nach Marktrodach im Ortsteil Zeyern

97640 Stockheim

▶ TRABERT

Trabert Schuhfabrik GmbH & Co. Vertriebs KG
97640 Stockheim / Mellrichstädter Str. 33
Tel. (09776) 705801 / trabert-schuhe.de

97640 Stockheim

Die Schuhfabrik Trabert wurde im Jahr 1900 gegründet und hat sich darauf spezialisiert, qualitativ hochwertige Schuhe herzustellen.

Waren: hochwertige, teilweise zwiegenähte Wanderschuhe, Trekkingstiefel, Jagdschuhe und -stiefel, Arbeitsschuhe, Springerstiefel und Pantoffeln aus Leder, Marken Trabert und Jakob F. by Trabert, außerdem zugekaufte Schuhe der Marken Lowa, Seibel, Hickersberger und Kleiner Muck

Ersparnis: bei Eigenfabrikaten durchschnittlich ca. 35%

Zeiten: Mo. bis Do. 9.00-12.00 Uhr und 13.00-16.00 Uhr, Fr. 9.00-12.00 Uhr, 1. Sa. im Monat 10.00-16.00 Uhr

Hinweise: teilweise ist auch 2. Wahl erhältlich

Weg: Stockheim liegt ca. 5 km nordwestlich von Mellrichstadt an der B 285, in Stockheim befindet sich die Firma direkt an der B 285, beschildertes Gebäude mit orangefarbenen Pfeilern

Nahrungs- und Genussmittel

01139 Dresden

▶ REIMANN

Emil Reimann GmbH
01139 Dresden / Marie-Curie-Str. 11
Tel. (0351) 27288-0 / original-christstollen.de

Waren: ab August Original Dresdner Stollen in versch. Verpackungen (Folie, Geschenkkarton, Geschenkdosen) und andere Christstollen, außerdem das ganze Jahr über Schaumzuckerwaren, Kaugummis, Backwaren, Kekse, Kuchen und Lebkuchen aller Art

Ersparnis: bei regulärer Ware ca. 20%, bei Bruchware bis zu 50%

Zeiten: Mo. bis Fr. 7.00-18.00 Uhr, Sa. 7.00-14.00 Uhr, von November bis Januar Sa. 7.00-16.00 Uhr

Weg: A 4 Ausfahrt Dresden-Neustadt am Elbepark vorbei Richtung Altstadt auf die Washingtonstr., nach ca. 1,5 km rechts über die Overbeckstr. in die Marie-Curie-Str., die Firma befindet sich im Siemens-Technopark, direkt neben der „Metro"

01896 Pulsnitz

▶ PULSNITZER LEBKUCHEN

Pulsnitzer Lebkuchenfabrik GmbH
01896 Pulsnitz / Feldstr. 15
Tel. (035955) 464-0 / pulsnitzer-lebkuchen.de

Pulsnitzer Lebkuchen gibt es seit 1558. Traditionelle Herstellung und überlieferte Rezepturen sind das Geheimnis dieser Lebkuchen. Die „Echten Pulsnitzer" werden seit 1884 hergestellt. Schon damals wurden die bekannten Eri- und Victoria-Kuchen industriell gefertigt. Bis heute wurde das Angebot mit Feinbackwaren und auch mit Original Dresdner Christollen erweitert.

04509 Delitzsch

| Waren: | Lebkuchen aller Art, mit Schokolade oder Zuckerglasur oder mit versch. Füllungen, Sortiment auch für Diabetiker, außerdem Spruchherzen, Hexenhäuser, Schaumzuckerwaren und Gebäckspezialitäten, ab September auch Dresdner Stollen und andere Christstollen |

Ersparnis: bei regulärer Ware ca. 20%, bei Bruchware bis zu 50%

Zeiten: Mo. bis Fr. 8.00-16.00 Uhr, in der Weihnachtssaison teilweise auch Sa. und So., dann jedoch sicherheitshalber vorher anrufen

Weg: A 4 Dresden Richtung Görlitz Ausfahrt Pulsnitz nach Pulsnitz, im Ort auf der Dresdner Str. über den beschrankten Bahnübergang und nach ca. 50 m links in die Bachstr., unter der Eisenbahnbrücke durch und danach rechts in die Feldstr.

02791 Niederoderwitz

▶ KATHLEEN

Kathleen Schokoladenfabrik GmbH
02791 Niederoderwitz / Bahnhofstr. 11
Tel. (035842) 28-0 oder -231 (Fabrikverkauf) / riegelein.de

Waren: Schokolade, Schokoladenfiguren, hauptsächlich saisonale Artikel, teilweise sind auch Zuckertüten sowie günstige Bruch- und Auslaufartikel erhältlich

Ersparnis: ca. 30% im Durchschnitt

Zeiten: Do. 9.00-18.00 Uhr, jeweils ca. 8 Wochen vor Ostern und Weihnachten und jeweils 2 Wochen vor Schulanfang und Muttertag Mo. bis Fr. 9.00-18.00 Uhr, Sa. 8.30-12.00 Uhr

Hinweise: da hauptsächlich saisonale Artikel hergestellt werden ist eigentlich nur vor Ostern und vor Weihnachten geöffnet, aber auch sonst ist immer etwas erhältlich, nach Ostern ist immer ca. 2 Wochen lang sehr preiswerte Kiloware erhältlich

Weg: Niederoderwitz liegt ca. 5 km nordwestlich von Zittau an der B 96 Richtung Bautzen, das Ladengeschäft befindet sich in Niederoderwitz direkt am Bahnhof neben dem Werk

04509 Delitzsch

▶ DELITZSCHER SCHOKOLADEN

s. Seite 591

Delitzscher Schokoladen GmbH
04509 Delitzsch / Dübener Str. 33
Tel. (034202) 6750 / delitzscher-schokoladen.de

04626 Schmölln

Waren: frisch hergestellte Schokoladen- und Pralinenartikel, Luftschokoladen, gefüllte und massive Tafelschokoladen, Konfekt und Pralinen, außerdem Fruchtgummiartikel, Fruchtkaramellen, Bonbons und Schoko-Minz-Dragees, Marken Delitzscher, Lohmann, Laroshell und Böhme

Ersparnis: ca. 30% im Durchschnitt

Zeiten: Mo. bis Fr. 11.00-17.00 Uhr, ca. 6 bis 8 Wochen vor Ostern und vor Weihnachten Mo. bis Fr. 9.00-18.00 Uhr, Sa. 9.00-13.00 Uhr

Weg: A 14 Ausfahrt Leipzig-Mitte auf die B 2 Richtung Delitzsch, nach ca. 2 km auf die B 184 Richtung Delitzsch, in Delitzsch der Leipziger Str./August-Bebel-Str. bis zur Ampelkreuzung Bismarckstr. folgen, rechts in die Bismarckstr. und dieser bis zur Kreuzung Eisenbahnstr. folgen, links in die Eisenbahnstr., dann die 2. Straße links in die Dübener Str., nach ca. 50 m rechts auf den Besucherparkplatz

04626 Schmölln

▶ WOLF

s. Seite 665

Wolf GmbH
04626 Schmölln / Am Lindenhof 40
Tel. (034491) 31-0 oder -136 (Werksverkauf) / wurst.tv

Die Firma wurde im Jahr 1925 vom Fleischermeister Alois Wolf im Egerland in der Ortschaft Mies als Metzgerei gegründet. Heute wird das Unternehmen in der vierten Generation geführt, hat 3 Produktionsstandorte und ca. 130 Filialbetriebe. Der Standort Schmölln besteht seit 1990.

Waren: große Auswahl an Fleisch- und Wurstwaren, Wurstwaren wie z.B. Aufschnitt, Salami, Leberkäse, Sülzen, Orig. Thüringer Produkte wie z.B. Roster, Blut- und Leberwurst, Nürnberger Wurstspezialitäten u.v.m., Fleischwaren siehe aktuelles Angebot, Marken Wolf und Forster

Ersparnis: ca. 30-40%

Zeiten: Mo. bis Fr. 8.30-18.00 Uhr, Sa. 8.00-12.00 Uhr

Weg: A 4 Richtung Dresden Ausfahrt Schmölln, in Schmölln die erste Straße links (Am Kemnitzgrund), dann gleich wieder links in "Am Lindenhof"

04808 Wurzen

▶ STOLLWERCK

Stollwerck Werksverkauf
04808 Wurzen / An der Mulde 5a
Tel. (03425) 816330 / imhoff-suesswaren.de

04838 Eilenburg

Die Geschichte der Stollwerck AG geht zurück bis ins Jahr 1839. Damals eröffnete Franz Stollwerck das erste Werk, in dem Hustenbonbons produziert wurden. Im Jahr 1906 wird Alpia als Markenname eingetragen. 1991 übernimmt Stollwerck die Thüringer Schokoladenwerk GmbH in Saalfeld, die größte Schokoladenfabrik in Ostdeutschland. Heute ist die Stollwerck AG ein internationales Unternehmen und besitzt neben den Kernmarken Alpia, Sarotti und Gubor Stollwerck viele Spezialitätenmarken. Schwarze Herren Schokolade, Eszet-Schnitten, Alprose oder Scho-Ka-Kola stehen für den langjährigen Erfolg, ebenso die internationalen Marken Van Houten und Jacques.

Waren: Schokoladenerzeugnisse aller Art wie z.B. Pralinen, Riegel, Tafelschokolade etc., Marken Sarotti, Gubor, Alpia, Alprose, Waldbaur, Karina, Schwarze Herrenschokolade, Stollwerck, Delacre und Eszet Schnitten, außerdem Frucht- und Weingummispezialitäten sowie Gebäckartikel

Ersparnis: bei 1. Wahl bis zu ca. 25%, bei Bruch- und B-Ware ca. 30-60%, besonders beliebt sind 1 kg Bruchpralinen für EUR 5,79

Zeiten: Mo. bis Fr. 10.00-17.00 Uhr

Weg: Wurzen liegt ca. 25 km östlich von Leipzig, A 14 Ausfahrt Leipzig-Ost auf der B 6 über Machern und Bennewitz nach Wurzen, hier am Ortsanfang links in „Am Mühlgraben", anschließend immer geradeaus und nach ca. 600 m links in „An der Mulde"

04838 Eilenburg

▶ HENRI

Henri Süßwaren GmbH
04838 Eilenburg / Gustav-Adolf-Ring 7
Tel. (03423) 7007-0 / henri-suesswaren.de

Im Jahr 1899 wurde der erste Schritt zur Produktion von Süßwaren in Eilenburg unternommen. 1903 begann dann in Eilenburg die industrielle Fertigung von Bonbons. Handarbeit in Verbindung mit den traditionell feinen Rezepturen zeichnet die Qualität der Henri Bonbons aus. Ein Teil des Betriebes wurde 1991 privatisiert, um dann 1994 unter altem Namen neu gegründet zu werden. Heute werden mit modernsten Methoden unter hohen Qualitätsansprüchen traditionelle und neue Produkte des Henri-Sortiments nach Kundenwünschen hergestellt.

Waren: Bonbons aller Art (250 g und kiloweise abgepackt), z.B. Hartkaramellen, Kräuter-, Eukalyptus-, Frucht- und Milchbonbons, Colabonbons mit Brausepulver gefüllt, Milch- und Lakritztoffees, Fruchtkaubonbons und Lutscher gefüllt sowie ungefüllt etc., außerdem kleine Schokoladentafeln sowie Bruchpackungen

Ersparnis: ca. 30-40%, Preisbeispiel: 1 kg Kaubonbons für EUR 3,- und 100 Lollies für EUR 5,-

Zeiten: Mo. bis Fr. 8.00-12.30 Uhr und 13.00-16.00 Uhr

06112 Halle

Weg: Eilenburg liegt ca. 20 km nordöstlich von Leipzig an der B 87 Richtung Torgau, in Eilenburg befindet sich die Firma im Gewerbegebiet Schanzberg

06112 Halle

▶ HALLOREN

Halloren Schokoladenfabrik AG
06112 Halle / Delitzscher Str. 70
Tel. (0345) 5642-0 oder -199 (Laden) / halloren.de

Die Geschichte des Unternehmens geht zurück bis auf das Jahr 1804. Damals gründete F. A. Miethe in Halle an der Saale die erste deutsche Schokoladenfabrik. Seit 1952 firmiert das Unternehmen unter dem Namen Halloren Schokoladenfabrik. Damals wurde mit der Herstellung der bekannten „Original Halloren Kugeln" begonnen.

Waren: Original Hallorenkugeln in unterschiedlichen Geschmacksrichtungen wie z.B. Sahne-Cacao, Joghurt-Erdbeer, Orange-Limette, Apfel-Zimt, Kirsch-Vanille, außerdem Edelmarzipanriegel und -kugeln, Baumkuchenspitzen und -kugeln sowie Vollmilch-, Noisette- und Nougat-Kugeln u.v.m., Marken Halloren und Dreher

Ersparnis: ca. 20%, bis zu 60% bei losen Pralinen in der Tüte und Artikeln die nahe dem Mindesthaltbarkeitsdatum datieren

Zeiten: Mo. bis Fr. 9.00-18.30 Uhr, Sa. und So. 11.00-16.00 Uhr

Hinweise: angegliedert auf ca. 300 qm ist ein Halloren Schokoladenmuseum mit Café

Weg: von der A 14 kommend Abfahrt Halle-Ost und ca. 4 km stadteinwärts, die Firma befindet sich dann nicht zu verfehlen direkt gegenüber dem Verlagsgebäude der „Mitteldeutsche Zeitung"

06712 Droßdorf

▶ BAGEL BAKERY

Bagel Bakery GmbH
06712 Droßdorf / Gewerbegebiet Droßdorf
Tel. (03441) 7250-0 / bagelbakery.de

Seit der Unternehmensgründung im Jahr 2000 hat sich die Bagel Bakery GmbH auf die Herstellung von amerikanischen Backwaren für Gastronomie, Bäckerei und Handel spezialisiert.

Waren: amerikanische Backwaren wie Bagels, Muffins, Brownies, Cookies und Donuts in vielen versch. Geschmacksrichtungen

Ersparnis: bei 1. Wahl bis 30%, bei 2. Wahl bis 50%

Zeiten: Fr. 9.00-15.00 Uhr

06780 Zörbig

Weg:	Droßdorf liegt ca. 15 km nördlich von Gera, A 4 Ausfahrt Gera auf die B 2 Richtung Zeitz, kurz vor Droßdorf links in das Gewerbegebiet einbiegen, hier befindet sich die Firma direkt gegenüber der Firma „Sinnack"

06712 Zeitz

▶ ZETTI

Goldeck Süßwaren GmbH & Co. KG
06712 Zeitz / Am Güterbahnhof 1
Tel. (03441) 621150 / flocke.de

Im Jahr 1926 hieß die Firma noch Schokoladenfabrik „F. O. Richter" und hatte sich auf die Produktion von schokolierten Dragees, Fondant und verschiedenen Geleeartikel spezialisiert. Bis heute hat sich das Sortiment allerdings verändert.

Waren:	Schokoladenartikel wie z.B. Knusperflocken, Schokoladenplätzchen, Schokoladentafeln und Schokoriegel, Marke Zetti
Ersparnis:	preisgünstiges Warenangebot; Preisbeispiel: 5 Tafeln Schokolade für EUR 2,50; es gibt aber immer auch 500 g Schokolade für EUR 1,50
Zeiten:	Fr. 9.00-12.00 Uhr, meistens ist aber auch Mo. bis Do. von 8.00-16.00 Uhr jemand da
Hinweise:	es ist ausschließlich 2. Wahl (Bruch) erhältlich
Weg:	Zeitz liegt ca. 20 km nördlich von Gera, A 9 Ausfahrt Naumburg auf die B 180 nach Zeitz, dort befindet sich die Firma nicht zu übersehen beim Güterbahnhof

06780 Zörbig

▶ ZÖRBIGER

Zuegg Deutschland GmbH
06780 Zörbig / Thura Mark 14
Tel. (034956) 319-0 / zoerbiger-zuegg.de

Die Firmengeschichte begann im Jahr 1873 mit der Gründung einer kleinen Produktionsstätte in Zörbig, die ausschließlich Rübensirup herstellte. Nach Übernahme der „Zörbiger Saftfabrik" 1940 durch die Finkenheerder Obstwerke wurde neben Rübensaft die Produktion von Marmeladen und Konfitüren aufgenommen. Ab 1951 wurde der Betrieb der volkseigenen Wirtschaft gleichgestellt und nannte sich ab 1971 VEB Ogis. Unter diesem Namen war die Zörbiger Fabrik der einzige Rübensafthersteller in der ehemaligen DDR und lieferte bis 1989 neben Konfitüren und Marmeladen auch Pflaumenmus und verschiedene Fruchtsirupe. Nach der Wiedervereinigung Deutschlands wurde die „Zörbiger Konfitüren GmbH" gegründet. Seit 2002 ist die Zuegg-Gruppe Alleingesellschafter der Zörbiger Konfitüren GmbH.

Waren:	Konfitüren wie z.B. Erdbeere, Aprikose, Schwarze Johannisbeere, Heidelbeere, Pflaumenmus, Sauerkirsche etc., außerdem Diät-Konfitüre sowie Trinksirupe in versch. Geschmacksrichtungen wie

06847 Dessau

z.B. Erdbeere, Himbeere, Sauerkirsche und Waldmeister, auch Zuckerrübensirup

Ersparnis: durchschnittlich ca. 30%

Zeiten: Mo. bis Do. 8.00-15.00 Uhr, Fr. 8.00-14.30 Uhr

Weg: Zörbig liegt an der A 9 ca. 30 km nördlich von Leipzig, Ausfahrt Zörbig auf die B 183 ca. 4 km in Richtung Zörbig, links in das Gewerbegebiet einbiegen, dann links in die Straße „Thura Mark", man kommt dann direkt auf die Firma zu

06847 Dessau

▶ PAULY

Pauly Knusperlädchen GmbH
06847 Dessau / Seelmannstr. 7
Tel. (0340) 26051-0 / pauly-biskuit.de

Das Unternehmen Pauly & Co. wird im Jahr 1894 in Friedrichsdorf gegründet. 1934 ist die Firma Drei Pauly's Keksfabrik entstanden und 1936 wurden die ersten Diätgebäcke produziert. Im Jahr 1997 wurde die Pauly Biskuit AG gegründet und 1998 in Dessau eine neue Produktionsstätte errichtet. Heute konzentriert sich die Firma auf das Zuliefergeschäft.

Waren: Diabetiker-Gebäck wie Schoko-Wafflets, Spritzgebäck und Vanillekipferl, Vollkorn-Gebäck wie Schoko-Keks, Butter-Taler und Kokos-Keks sowie glutenfreies Gebäck, außerdem Vollkorn-Nudeln

Ersparnis: durchschnittlich ca. 35%

Zeiten: Mo. bis Fr. 9.30-17.00 Uhr, im Winter auch Sa. 9.00-12.00 Uhr

Hinweise: das „Knusperlädchen" riecht man schon von weitem, vor Ostern und vor Weihnachten teilweise verlängerte Öffnungszeiten mit besonderen Angeboten

Weg: A 9 Leipzig-Potsdam Ausfahrt Dessau-Süd auf die B 184 Richtung Dessau, an der nächsten großen Ampelkreuzung links Richtung Bernburg auf die Argenteuiler Str., nach der Bahnbrücke die nächste Straße rechts in die Seelmannstr.

07318 Saalfeld

▶ STOLLWERCK

Stollwerck Werksverkauf
07318 Saalfeld / Neumühle 1
Tel. (03671) 461746 / imhoff-suesswaren.de

07381 Pößneck

Waren:	Schokoladenerzeugnisse aller Art wie z.B. Pralinen, Riegel, Tafelschokolade etc., Marken Sarotti, Gubor, Alpia, Alprose, Waldbaur, Karina, Schwarze Herrenschokolade, Stollwerck, Delacre und Eszet Schnitten, außerdem Frucht- und Weingummispezialitäten sowie Gebäckartikel
Ersparnis:	bei 1. Wahl bis zu ca. 25%, bei Bruch- und B-Ware ca. 30-60%, besonders beliebt sind 1 kg Bruchpralinen für EUR 5,79
Zeiten:	Mo. bis Fr. 8.30-18.00 Uhr, Sa. 8.30-13.00 Uhr, in der Adventszeit Sa. bis 16.00 Uhr
Hinweise:	der Verkaufsraum befindet sich direkt am Werk
Weg:	A 9 Nürnberg-Leipzig Ausfahrt Triptis auf die B 281 über Neustadt und Pößneck nach Saalfeld, hier am Ortsanfang links ab auf die B 85 Richtung Reschwitz, die Firma befindet sich hinter dem Freibad Reschwitz, sie ist aber auch schon von weitem sichtbar

07381 Pößneck

▶ BERGGOLD

Schokoladenwerk Berggold GmbH
07381 Pößneck / Raniser Str. 11
Tel. (03647) 530 / berggold.de

In der mehr als 125-jährigen Tradition spezialisierte sich die Firma als Hersteller hochwertiger Pralinenspezialitäten mit Alkohol- und Nougat-Füllungen sowie Gelee mit Schokoladenüberzug oder Zuckerkristallen. Hauptabnehmer der aus eigenen Rezepturen hergestellten Produkte ist der Deutsche Lebensmittelhandel sowie der Süßwarenfachhandel. Außerdem werden die Produkte in ca. 30 Länder exportiert.

Waren:	Pralinen mit Alkohol- und Nougat-Füllungen, Schokoperlen und Gelee-Spezialitäten in versch. Geschmacksrichtungen, außerdem Kinderartikel wie Schokolollies und Knusperreis, Süß- und Spielwaren-Kombinationen, Babyflaschen mit Liebesperlen sowie Überraschungspackungen (Wundertüten)
Ersparnis:	bei 2. Wahl ca. 50%
Zeiten:	von Oktober bis April Mo. bis Fr. 9.00-17.00 Uhr, von Mai bis September Mo. bis Fr. 9.00-12.00 Uhr und 13.00-17.00 Uhr
Hinweise:	bei zu hohen Außentemperaturen kann der Verkauf kurzfristig geschlossen werden
Weg:	A 9 Ausfahrt Triptis auf die B 281 über Neustadt a. d. Orla nach Pößneck, im Ortszentrum an der Post auf der Bahnhofstr. den Berg hochfahren Richtung Ranis, hier befindet sich die Firma in einem Altbau auf der linken Seite

07768 Kahla

07768 Kahla

▶ GRIESSON - DE BEUKELAER

s. Seite 613

Griesson - de Beukelaer GmbH & Co. KG
07768 Kahla / Im Camisch 1
Tel. (036424) 800 / griesson-debeukelaer.de

Griesson - de Beukelaer ist einer der bedeutensten Süß- und Salzgebäckhersteller Europas. Als Hersteller eines Sortiments von Süßgebäck bis hin zu knusprig salzigen Snacks bietet Griesson-de Beukelaer eine breite Vielfalt für den deutschen und internationalen Gebäckmarkt. Bekannte Markenartikel wie die Prinzen Rolle, TUC und Soft Cake stehen für gleich bleibende Qualität und Anspruch.

Waren:	süße und salzige Produkte wie Prinzen Rolle, Granola, Soft Cake, Waffelgebäcke, TUC Cracker, Knusperbrot Leicht & Cross, je nach Saison Weihnachtsgebäck, Schweizer Schokolade, Pralinen usw. sowie Gebäck von Tekrum wie Mandelhörnchen oder Florentiner
Ersparnis:	bei Restposten und Bruchware bis zu 50%, Pfundbeutel mit 2. Wahl sind besonders preiswert
Zeiten:	Mo. bis Fr. 9.00-18.30 Uhr, Sa. 8.00-13.00 Uhr
Hinweise:	es ist überwiegend 2. Wahl erhältlich, Gebäck kann kostenlos probiert werden
Weg:	A 4 Ausfahrt Jena Göschwitz auf die B 88 Richtung Rudolstadt, nach ca. 5 km an der Ampelkreuzung rechts in das Industriegebiet Camisch abbiegen, der Fabrikverkauf liegt auf der linken Seite, ist auch beschildert (oder dem Geruch folgen)

08112 Wilkau-Haßlau

▶ HARIBO

Haribo-Wesa GmbH
08112 Wilkau-Haßlau / Haaraer Str. 7-13
Tel. (0375) 692290 / haribo.de

Neben 5 Produktionsbetrieben in Deutschland hat Haribo heute 13 weitere Betriebe in Europa. Vertriebsniederlassungen in fast jedem europäischen Land und in den USA kommen hinzu. Haribo-Produkte erfreuen sich weltweiter Beliebtheit und werden in über 105 Länder der Erde exportiert. Der Haribo Goldbär, die Lakritz-Schnecke oder die Color Rado-Mischung - fast überall auf der Welt machen diese Süßigkeiten Kinder und Erwachsene froh.

Waren:	Fruchtgummi- und Lakritzprodukte, Gummibärchen, salzige Heringe, Maoam-Kaubonbon, zuckerfreie Kaugummis, Fruchtspeck u.v.m., komplettes Haribo-Sortiment, außerdem Kekse, Lebkuchenartikel, Spruchherzen
Ersparnis:	so gut wie keine, günstiger ist eigentlich nur Bruchware

12105 Berlin

Zeiten: Mo. bis Fr. 8.30-18.30 Uhr, Sa. 8.30-12.30 Uhr

Weg: Wilkau-Haßlau liegt ca. 5 km südlich vom Zentrum Zwickau, von der B 93 abbiegen Richtung Kirchberg, ca. 200 m nach der Brücke links in die Haaraer Str., kleines Industriegebiet, die Firma ist auch ausgeschildert

12099 Berlin

▶ BAHLSEN

Bahlsen GmbH & Co. KG
12099 Berlin Tempelhof / Oberlandstr. 52-63
Tel. (030) 7595-0 / bahlsen.de

Das Familienunternehmen mit Stammsitz Hannover ist seit über 100 Jahren für seine süßen Backwaren bekannt. Heute produziert das Unternehmen an 8 Standorten in Europa, gehört zu den führenden Herstellern von süßen Backwaren und exportiert seine Artikel in 80 Länder.

Waren: Feinbackwaren, Biskuits, Kekse, Lebkuchen, Waffeln, Chips, Erdnüsse etc., Marken Bahlsen, Leibniz und Pick Up, viel Bruchware in Tüten oder in 2-kg-Kartons

Ersparnis: Bruchware ist ca. 30-50% günstiger

Zeiten: Mo. bis Fr. 9.00-18.00 Uhr, Sa. 9.00-14.00 Uhr

Hinweise: eine weitere Verkaufsstelle befindet sich in:
10365 Berlin-Lichtenberg, Coppistr. 11, geöffnet Mo. bis Fr. 9.00-18.00 Uhr, Sa. 9.00-13.00 Uhr

Weg: A 100 Ausfahrt Oberlandstr. auf die Oberlandstr., an der 1. Ampel und gleich wieder rechts auf den Hof, der Fabrikladen befindet sich in einem roten Backsteinhaus, der Eingang an der Rückseite des Gebäudes

12105 Berlin

▶ RAUSCH

Rausch GmbH / Schokoladenspezialitäten
12105 Berlin Tempelhof / Wolframstr. 95-96
Tel. (030) 757880 / rausch-schokolade.de

Waren: feine Pralinen, Pralinenmischungen, Schokoladen aller Art, Trüffel, Gebäck, Lebkuchen, Marzipan, auch einige Diabetikerartikel

Ersparnis: ca. 20-30%, teilweise auch bis zu 50%

Zeiten: Mo. bis Fr. 10.00-18.00 Uhr, Sa. 10.00-16.00 Uhr

12277 Berlin

Hinweise: der Verkauf befindet sich auf dem Werksgelände, es ist nur Bruchware und Ware mit kleinen optischen Fehlern erhältlich

Weg: die Firma befindet sich südlich vom Zentrum im Stadtteil Tempelhof

12277 Berlin

▶ STOLLWERCK

Stollwerck Werksverkauf
12277 Berlin Marienfelde / Motzener Str. 32
Tel. (030) 72018290 / imhoff-suesswaren.de

Die Geschichte der Stollwerck AG geht zurück bis ins Jahr 1839. Damals eröffnete Franz Stollwerck sein erstes Werk, in dem er Hustenbonbons produzierte. Im Jahr 1906 wird Alpia als Markenname eingetragen. Heute ist die Stollwerck AG ein internationales Unternehmen und besitzt neben den Kernmarken Alpia, Sarotti und Gubor Stollwerck viele Spezialitätenmarken. Schwarze Herren Schokolade, Eszet-Schnitten, Alprose oder Scho-Ka-Kola stehen für den langjährigen Erfolg, ebenso die internationalen Marken Van Houten und Jacques.

Waren: Schokoladenerzeugnisse aller Art wie z.B. Pralinen, Riegel, Tafelschokolade etc., Marken Sarotti, Gubor, Alpia, Alprose, Waldbaur, Karina, Schwarze Herrenschokolade, Stollwerck, Delacre und Eszet Schnitten, außerdem Frucht- und Weingummispezialitäten sowie Gebäckartikel

Ersparnis: bei 1. Wahl bis zu ca. 25%, bei Bruch- und B-Ware ca. 30-60%, besonders beliebt sind 1 kg Bruchpralinen für EUR 5,79

Zeiten: Mo. bis Fr. 9.30-17.30 Uhr

Weg: A 10 Ausfahrt Ludwigsfelde-Ost auf die B 101 Richtung Teltow und nach ca. 12 km bei der Hildburghauser Str. rechts ab auf „Nahmitzer Damm", dann nach ca. 1 km rechts in die Motzener Str. (Industriegebiet Marienfelde)

12359 Berlin

▶ LEMKE

Georg Lemke & Co. Vertriebs GmbH / Marzipanlädchen
12359 Berlin / Späthstr. 31/32
Tel. (030) 665813 / lemke.de

Die Firma Georg Lemke GmbH & Co. KG wurde im Jahr 1902 gegründet und kann somit auf eine jahrzehntelange Tradition in der Herstellung von Marzipan- und Persipanrohmassen sowie Nougat und Präparateartikeln zurückblicken. Heute werden sowohl die Süßwaren- und Speiseeis-Industrie als auch der Konditorei- und Bäckerei-Handel in Europa beliefert.

13409 Berlin

| Waren: | Marzipanmasse, Persipan, Nussnougat, Nougatcreme, Mandel- und Haselnussartikel, außerdem zugekaufte Pralinen, Bonbons, Kekse und Diätartikel |

Ersparnis: günstige Angebote, teilweise bis zu 50%

Zeiten: Mo. bis Fr. 9.30-18.00 Uhr, Sa. 9.30-13.30 Uhr, vor Ostern und vor Weihnachten Sa. 9.30-16.00 Uhr

Weg: A 102 Ausfahrt Gradestraße, links abbiegen Richtung Stadtteil Britz auf der Gradestr., diese geht über in die Blaschkoallee, welche wiederum in die Späthstr. übergeht, bei der Shell-Tankstelle in die Sackgasse einbiegen

13409 Berlin

▶ ASELI

s. Seite 595

Aseli OHG
13409 Berlin / Granatenstr. 22-24
Tel. (030) 499889913 / aseli.de

Der Familienbetrieb wurde 1921 von Alfred Seliger gegründet und wird heute in der 3. Generation geführt. Die heute produzierten Schaumzuckermassen werden nach wie vor nach „Alfred-Tradition" gefertigt. Jeder Figur werden in Handarbeit die Augen aufgespritzt.

Waren: Schaumzuckerfiguren wie z.B. weiße Mäuse mit Augen, Bären, Kätzchen, Zitronen- und Apfelgesichter, Schweine sowie Weihnachtsartikel, Angebot je nach Produktion

Ersparnis: ca. 50%, 2. Wahl ist besonders preiswert

Zeiten: Mo. bis Fr. 6.30-16.00 Uhr

Weg: die Firma befindet sich im Stadtteil Reinickendorf, S-Bahnstation Schönholz, die Granatenstr. geht von der Provinzstr. ab

▶ KÜHNE

Carl Kühne KG
13409 Berlin / Provinzstr. 39
Tel. (030) 49007-0 / kuehne.de

Seit 1722 befindet sich das Unternehmen in Familienbesitz, heute bereits in der siebten Generation. Kühne bietet seinen Kunden gesunde und natürliche Lebensmittel für den täglichen Bedarf und hilft mit Convenience und hoher Qualität auch bei Speisen für besondere Anlässe. Hochwertige Rohstoffe, sorgfältig ausgewählte Zutaten und strenge Qualitätsrichtlinien bilden das Fundament.

Waren: Essige, Dressings, Senf, Meerrettich, Würzpasten, Saucen, Mayonnaisen, Gurken und Feinsaures, Kohl und Kraut, Desserts wie z.B. Rote Grütze, Marke Kühne, fast komplettes Sortiment

Ersparnis: bei 1. Wahl ca. 15%, bei Beuldosen etc. ca. 30-40%

13507 Berlin

Zeiten:	Mi. 13.00-18.00 Uhr
Hinweise:	es sind auch viele Beuldosen, Artikel mit Etikettenfehlern sowie Ware die nahe dem Haltbarkeitsdatum datiert erhältlich
Weg:	die Firma befindet sich nördlich vom Zentrum im Stadtteil Reinickendorf, unweit der „S-Bahnstation Schönholz"

13507 Berlin

▶ DICKMANN'S

August Storck KG
13507 Berlin Reinickendorf / Flohrstr. 1-9
Tel. (030) 41773-7750 / storck.de

Waren:	nur 2. Wahl-Negerküsse (die normalen dunklen), Marke Dickmann's
Ersparnis:	Karton à 40 Stück zu EUR 3,-
Zeiten:	Mo. bis Fr. 8.00-12.00 Uhr und 12.30-14.00 Uhr
Weg:	die Firma befindet sich nordwestlich vom Stadtzentrum im Ortsteil Reinickendorf, gegenüber der „Justizvollzugsanstalt Tegel"

13509 Berlin

▶ SAWADE

Confiserie Sawade
13509 Berlin Tegel / Wittestr. 26e
Tel. (030) 43006-0 / sawade-berlin.de

Sawade wurde im Jahr 1880 gegründet und aufgrund exzellenter Confiserie-Kunst bereits nach kurzer Zeit zum Hoflieferanten Seiner Königlichen Hoheit Prinz Wilhelm von Preußen erkoren. Bis heute haben moderne Technologien in der Fertigung und bei der Verpackung Einzug gehalten, aber die traditionell überlieferten Rezepturen wurden nie verändert. Die Spezialitäten sind im oberen Preissegment angesiedelt und werden ausschließlich an den national ansässigen Süßwarenfachhandel wie Konditoreien, Delikatessen- und Feinkostgeschäfte verkauft.

Waren:	hochwertige Pralinen und Marzipanwaren aller Art, es ist nur 2. Wahl erhältlich, teilweise eingeschränkte Auswahl
Ersparnis:	ca. 30-40%, je nach Artikel
Zeiten:	Di. und Do. 12.00-16.00 Uhr
Hinweise:	der Verkaufsraum befindet sich im 1. Stock des Firmengebäudes, der Eingang an der Rückseite
Weg:	die Firma befindet sich im Stadtteil Tegel, nahe der U-Bahn-Haltestelle „Borsigwerke"

14789 Rosenau

14482 Potsdam

▶ KATJES

Katjes Bonbon GmbH & Co. KG
14482 Potsdam / Wetzlarer Str. 96-106
Tel. (0331) 70424-0 / katjes.de

Das Unternehmen wurde 1950 von Klaus Fassin in Emmerich gegründet. Er stellte Lakritz in Form einer kleinen schwarzen Katze her und nannte dieses Produkt „Katjes", was im holländischen „kleine Kätzchen" bedeutet. Das Familienunternehmen mit über 400 Mitarbeitern genießt heute mit seinen Produkten beim Verbraucher einen hohen Zuspruch.

Waren: große Auswahl an Süßigkeiten wie Fruchtgummi und Lakritz-Produkte, Frigeo/Ahoj Brause-Produkte, Knusper Puffreis, Sallos und Villosa-Bonbons, Granini-Bonbons, Gletscher Eis Bonbons und Mövenpick Schokolade, meist gesamtes Katjes-Sortiment

Ersparnis: ca. 20-30%, Bruchware ist besonders preiswert

Zeiten: Mo. bis Fr. 9.00-18.30 Uhr, Sa. 10.00-16.00 Uhr

Hinweise: in der „Gläsernen Fabrik" können die Besucher von der oberen Etage aus durch eine Glasscheibe direkt in die Produktion schauen

Weg: A 115 Ausfahrt Potsdam Babelsberg auf die Nuthestr. Richtung Zentrum Potsdam, nach ca. 2,5 km abfahren Richtung Filmpark Babelsberg auf die Wetzlarer Str.

14789 Rosenau

▶ STENGER

Stenger Waffeln GmbH
14789 Rosenau Rogäsen / Am Bahnhof 2
Tel. (033832) 40252 / stenger-waffeln.de

Waren: große Auswahl an Cremewaffeln, Eiswaffeln und Popcorn, jeweils unterschiedlichster Art, auch Bruchartikel

Ersparnis: ca. 20-30%

Zeiten: Mo. bis Fr. 8.00-17.00 Uhr

Weg: Rosenau liegt westlich von Potsdam an der A 2, Ausfahrt Ziesar über Ziesar nach Rosenau, hier befindet sich die Firma an der Straße Richtung Rogäsen, rotes Backsteingebäude

16816 Neuruppin

▶ DREISTERN

Dreistern Konserven GmbH & Co. KG
16816 Neuruppin / Philipp-Oehmigke-Str. 4
Tel. (03391) 59570 / dreistern-konserven.de

Das Unternehmen wurde im Jahr 1934 als Obst- und Gemüsekonservenfabrik in Potsdam gegründet. Im Laufe der Jahre wurde das Sortiment erweitert. 1969 wurde die heutige Firma Dreistern in neuen Firmengebäuden in Spandau gegründet. Schweinskopfsülze im Glas war dabei der Erfolgsartikel. Nach der Wende wurde der Osten neu entdeckt und ein neues Werk in Neuruppin gebaut.

Waren: Aspik- und Wurstspezialitäten wie Sülzen, Mettwurst, Leberwurst, Zwiebelwurst etc., außerdem Fleischkonserven mit Geflügel-, Rind- und Schweinefleisch sowie Convenience-Produkte wie Gulasch, Rouladen, Ragouts, Klopse etc.

Ersparnis: ca. 40-50%

Zeiten: Di. 9.00-13.00 Uhr, Do. 9.00-16.00 Uhr, Fr. 9.00-13.00 Uhr

Hinweise: besonders günstig sind 2. Wahl-Artikel, Beuldosen sowie Artikel die nur noch ca. ein halbes Jahr haltbar sind

Weg: Neuruppin liegt nordwestlich von Berlin an der A 24, Ausfahrt Neuruppin Richtung Neuruppin, kurz nach Ortsanfang rechts Richtung Ortsteil Treskow auf der Heinrich-Rau-Str. die später in die Fehrbelliner Str. übergeht, die Firma befindet sich im Gewerbegebiet „Treskow 1"

19230 Hagenow

▶ GUMMI BEAR FACTORY

Gummi Bear Factory Süßwaren GmbH & Co. KG
19230 Hagenow / Steegener Chaussee 13
Tel. (03883) 61090 / trolli.de

Waren: große Auswahl an Fruchtgummis in unterschiedlichen Formen und Geschmacksrichtungen, Marke Trolli, außerdem Schokolade, Pralinen, Marzipan, Schokorosinen und -nüsse sowie Weihnachts- und Osterartikel der Marke van Houten

Ersparnis: ca. 30-60%; Preisbeispiel: 2. Wahl-Fruchtgummi für EUR 1,85/kg und 1. Wahl für EUR 2,40/kg

Zeiten: Mo. bis Do. 8.00-16.00 Uhr, Fr. 8.00-15.00 Uhr

Hinweise: eine weitere Verkaufsstelle befindet sich in:
19258 Boizenburg, Ringstr. 3, Tel. (038847) 382-0, geöffnet Mo. bis Fr. 8.00-18.00 Uhr

19300 Grabow

Weg: Hagenow liegt ca. 50 km südöstlich von Hamburg an der A 24 Hamburg-Berlin, in Hagenow befindet sich die Firma im Gewerbegebiet Steegener Str. auf der rechten Seite

▶ KÜHNE

Carl Kühne KG
19230 Hagenow / Sudenhofer Str. 5
Tel. (03883) 638-0 / kuehne.de

Seit 1722 befindet sich das Unternehmen in Familienbesitz, heute bereits in der siebten Generation. Kühne bietet seinen Kunden gesunde und natürliche Lebensmittel für den täglichen Bedarf und hilft mit Convenience und hoher Qualität auch bei Speisen für besondere Anlässe. Hochwertige Rohstoffe, sorgfältig ausgewählte Zutaten und strenge Qualitätsrichtlinien bilden das Fundament.

Waren: Essige, Dressings, Senf, Meerrettich, Würzpasten, Saucen, Mayonnaisen, Gurken und Feinsaures, Kohl und Kraut, Desserts wie z.B. Rote Grütze, Marke Kühne, fast komplettes Sortiment

Ersparnis: bei 1. Wahl ca. 15%, bei Beuldosen etc. ca. 30-40%

Zeiten: Do. 15.00-18.00 Uhr

Hinweise: es sind auch viele Beuldosen, Artikel mit Etikettenfehlern sowie Ware die nahe dem Haltbarkeitsdatum datiert erhältlich

Weg: Hagenow liegt ca. 50 km südöstlich von Hamburg an der A 24 Hamburg-Berlin, Ausfahrt Hagenow Richtung Hagenow, noch vor Ortsanfang bei der Shell-Tankstelle links einbiegen in die Sudenhofer Str.

19300 Grabow

▶ GRABOWER

Grabower Süßwaren GmbH
19300 Grabow / Kiebitzweg
Tel. (038756) 37-0 / grabower.de

Grabower wurde im Jahr 1837 gegründet. Ab 1950 wurde das Unternehmen als Volkseigener Betrieb strukturiert. 1978 begann in der ehemaligen DDR der Aufstieg zu einem bedeutenden Backwarenhersteller. Die Grabower Küsschen wurden berühmt. Heute gehören zur Grabower Süßwaren GmbH die Schwesterfirmen Ruhrkrone in Herten, Tomala in Kühren bei Leipzig und Wolf-Süßwaren in Prichsenstadt-Altenschönbach.

Waren: Schaumküsse in unterschiedlichen Größen, Creme- und Schaumwaffeln in versch. Geschmacksrichtungen, Waffelblätter, Gebäck, Waffelschnitten und sonstige Waffelspezialitäten, Marken Grabower, Wolf-der süße Wolf und Tomala

Ersparnis: Preisbeispiel: 60 Stück Negerküsse für EUR 3,50 sowie Bruch für EUR 3,-

21423 Winsen

Zeiten: Mo. bis Fr. 8.00-18.00 Uhr

Hinweise: der Verkauf erfolgt in der Werksküche, es ist immer auch günstige Bruchware erhältlich;
eine weitere Verkaufsstelle befindet sich ein paar Häuser weiter im Direkt-Markt, geöffnet Mo. bis Fr. 8.00-20.00 Uhr und Sa. 8.00-12.30 Uhr

Weg: Grabow liegt ca. 35 km südlich von Schwerin, A 24 Ausfahrt Ludwigslust auf die B 106 nach Ludwigslust, durch die Stadt bis zur 3. Kreuzung, links ab Richtung Perleberg, in Grabow links Richtung Groß Laasch/Neustadt-Glewe, ca. 500 m nach dem Bahnübergang befindet sich die Firma auf der linken Seite

21423 Winsen

▶ MASSA

Wilhelm Massa KG / Winsener Fleischwarenfabrik
21423 Winsen / Dieselstr. 12
Tel. (04171) 4066 / massa-winsen.de

Im Jahr 1835 wurde die Schlachterei Massa in Winsen/Luhe gegründet. Die heutige „Wilhelm Massa KG - Winsener Fleischwarenfabrik" fertigt nach handwerklichen Traditionen Qualitäts-Wurstwaren aus den Bereichen Rohwurst, Brühwurst und Kochwurst. Die Produkte werden im gesamten norddeutschen Raum an den Lebensmittelhandel, Feinkostgeschäfte und Fleischereien geliefert.

Waren: Fleisch- und Wurstwaren aller Art, Brühwurst, Kochwurst, zahlreiche Mettwurst-Sorten, „Hamburger Gekochte", „Winsener Landleberwurst"

Ersparnis: preisgünstiges Warenangebot

Zeiten: Di. und Fr. 8.00-18.00 Uhr, Sa. 7.30-12.00 Uhr

Hinweise: separater Verkaufsraum beim Werk

Weg: Winsen liegt ca. 25 km südlich von Hamburg an der A 250 Richtung Lüneburg, in Winsen befindet sich die Firma im Industriegebiet am Ortsausgang Richtung Drage

21493 Schwarzenbek

▶ LEMBCKE

Gebr. Lembcke GmbH & Co.
21493 Schwarzenbek / Meiereistr. 8-10
Tel. (04151) 8339-0 / lembcke.de

Waren: sehr große Auswahl an hochwertigen Keksen aller Art mit und ohne Schokolade, z.B. Bärentatzen, Mandelberge, Krokanttaler, Baumkuchenspitzen, Pistazienzungen, Butteröhrchen, Heidesand,

22525 Hamburg

gefülltes Mürbeteiggebäck u.v.m., außerdem Saisonartikel für Ostern und Weihnachten

Ersparnis: bis zu 50%, vereinzelt auch mehr; Preisbeispiel: Bruchmischung 1.250 g für EUR 5,- (regulär einzeln verpackt für EUR 16,-)

Zeiten: Di. und Do. 9.00-16.00 Uhr

Hinweise: es wird Bruchware verkauft, auf Wunsch kann die Produktion besichtigt werden

Weg: von Hamburg auf der A 24 kommend Ausfahrt Schwarzenbek/Grande auf die B 404 nach Schwarzenbek, vom Zentrum Richtung Lauenburg, nach der Feuerwehr auf der rechten Seite links abbiegen in die Meiereistr.

22459 Hamburg

▶ WELA

Wela-Trognitz Fritz Busch GmbH & Co. KG
22459 Hamburg Schnelsen / Sellhopsweg 3-11
Tel. (040) 559900 / wela-suppen.de

Die Firma Wela-Werke wurde 1925 in Hamburg gegründet und stellte zunächst Fleisch- und Hühnerbrühe in Würfelform her. Heute werden in drei Werken über 600 versch. Produkte hergestellt.

Waren: Feinkostsuppen, Dosensuppen, Soßen, Brüherzeugnisse, Suppenwürzen und sonstige Würzmittel sowie Feinkost und Desserts, Marke Wela

Ersparnis: keine, nur Sonderangebote sind etwas preiswerter

Zeiten: Mo. bis Do. 8.15-12.30 Uhr und 13.00-15.15 Uhr, Fr. 8.15-13.15 Uhr

Weg: A 7 Ausfahrt Schnelsen auf die B 447 Richtung Niendorf, erste Abfahrt rechts auf die Frohmestr., danach sofort wieder links in den Sellhopsweg

22525 Hamburg

▶ OPPERMANN

E. F. Oppermann GmbH & Co. / Fleischwarenfabrik
22525 Hamburg Stellingen / Schnackenburgallee 28
Tel. (040) 8515000 / e-f-oppermann.de

Es begann 1907 mit einem kleinen Fleischer-Fachgeschäft in Hamburg-Rothenburgsort. Dann folgte die Weiterentwicklung zu einer leistungsstarken Fleischwarenfabrik. 1987 errichtete die Firma Oppermann ein mit neuester Technologie ausgestattetes Firmengebäude in der Schnackenburgallee. Seitdem gehört sie mit zu den modernsten Fleisch verarbeitenden Betrieben in Norddeutschland.

22844 Norderstedt

Waren:	große Auswahl an Wurst- und Fleischwaren aller Art, Aufschnitt, Frischfleisch, Geflügel, Konserven, Schinken etc., auch Tiefkühlkost, außerdem Käse und Feinkostsalate
Ersparnis:	ca. 30% im Durchschnitt
Zeiten:	Mo. bis Mi. 7.00-14.30 Uhr, Do. und Fr. 7.00-16.00 Uhr
Weg:	die Firma befindet sich nahe der A 7, Ausfahrt Hamburg-Volkspark auf die Schnackenburgallee, die Firma befindet sich im Industriegebiet

22844 Norderstedt

▶ VAN HOUTEN

Van Houten International GmbH & Co. KG / Schokoladenfabrik
22844 Norderstedt / Am Stammgleis 9
Tel. (040) 52602-0

Waren:	Schokolade, Pralinen, Marzipan, Schokorosinen und -nüsse, Weihnachts- und Osterartikel, Fruchtgummis in allen Sorten, Marke van Houten
Ersparnis:	ca. 30-60%, 2. Wahl ist besonders preiswert
Zeiten:	Mo. bis Mi. 9.00-17.00 Uhr, Do. 9.00-20.00 Uhr, Fr. 9.00-15.00 Uhr
Hinweise:	kein festes Sortiment, je nach Anfall sind auch Bruchschokolade und Fruchtgummi in Sonderabpackungen erhältlich
Weg:	Norderstedt liegt an der B 433 nördlich von Hamburg, dort befindet sich die Firma im Gewerbegebiet Hackshörn an der Schleswig-Holstein-Str., nahe dem „Rewe"-Zentrallager, am Ende der Straße „Am Stammgleis"

23552 Lübeck

▶ LÜBECKER MARZIPAN-SPEICHER

s. Seite 595

Lübecker Marzipan-Speicher Marzipanland GmbH
23552 Lübeck / An der Untertrave 98
Tel. (0451) 8973939 / marzipanland.de

Waren:	Lübecker und Königsberger Marzipan, Marzipanfiguren, Marzipan-Würstchen und -Burger, saisonale Artikel für z.B. Ostern und Weihnachten, Marzipan-Honig
Ersparnis:	ca. 20-30%, Marzipanbruch ab 1,- EUR für 100 g

23560 Lübeck

Zeiten:	Januar und Februar ist immer geschlossen, sonst Mo. bis So. 10.00-18.00 Uhr
Weg:	A 1 Ausfahrt Lübeck-Moisling auf die Kieler Str. Richtung Roggenhorst, die zweite Straße links einbiegen (Reepschlägerstr.) bis die Drechslerstr. kreuzt (Gewerbegebiet)

23556 Lübeck

▶ MEST

Mest-Marzipan GmbH
23556 Lübeck / Taschenmacher Str. 37
Tel. (0451) 35939 / mest.de

Bereits seit den 50er Jahren gibt es Marzipan von Mest. Die Firma ist über die Jahre zu einer der ersten Adressen für Marzipan aus der Hansestadt Lübeck geworden. Das liegt auch daran, dass nur auserlesene Zutaten verarbeitet werden. Damals wie heute garantieren aromatische Mittelmeermandeln, eine schonende Herstellung nach altem Rezept und der sehr geringe Zuckergehalt den saftigen und besonders frischen Geschmack des Marzipans.

Waren:	Marzipanartikel aller Art, z.B. Marzipan-Brote, Marzipan-Herzen, Marzipan-Pralinen, Marzipan-Figuren, Marzipan-Eier, Marzipan-Kartoffeln, Diabetiker-Marzipan, Präsente, Oster- und Weihnachtssortiment und Bruchbeutel
Ersparnis:	günstige Angebote, Bruchware ist besonders preiswert
Zeiten:	Mitte Sept. bis Mitte April Mo. bis Fr. 10.00-18.00 Uhr und Sa. 10.00-14.00 Uhr, Mitte April bis Mitte Sept. Mo. bis Fr. 10.00-16.00 Uhr
Hinweise:	Mo. bis Fr. findet um 11.00 Uhr eine Betriebsführung statt
Weg:	A 1 Ausfahrt Lübeck-Moisling Richtung Lübeck-Schönböcken, vorbei am ersten Gewerbegebiet Roggenhorst, geradeaus bis zum Gewerbegebiet Roggenhorst-Nord, hier links einbiegen in die Taschenmacherstr., die Firma befindet sich nach ca. 800 m auf der linken Seite

23560 Lübeck

▶ ERASCO

Campbell's Germany GmbH
23560 Lübeck St. Jürgen / Zeißstr.
Tel. (0451) 5306-0 / erasco.de

Waren:	Fertiggerichte, Vollwertmenüs, Tiefkühlmenüs, Suppen, Marke Erasco, außerdem asiatische Feinschmecker-Nudeln, Torten, Eis etc., auch Artikel der Firma Jokisch Schnellgerichte

23568 Lübeck

Ersparnis:	durchschnittlich ca. 30%, bei Beul- und Knickdosen sowie Dosen ohne Etikett bis zu 50%
Zeiten:	Do. 7.00-18.00 Uhr, Fr. 7.00-14.00 Uhr
Hinweise:	der Verkaufsshop befindet sich gegenüber der Firma Niederegger
Weg:	A 1 Ausfahrt Moisling, rechts abbiegen und immer geradeaus, an der 5. Ampel einbiegen in die Geniner Str. (Industriegebiet), von der die Zeißstr. abgeht

▶ NIEDEREGGER

J. G. Niederegger GmbH & Co. KG
23560 Lübeck / Zeißstr. 1-7
Tel. (0451) 53010 / niederegger.de

Die Geschichte der Firma Niederegger geht zurück bis in das Jahr 1806. Damals hat sich Johann Georg Niederegger in Lübeck etabliert. Sieben Generationen Niederegger haben bis heute Marzipangeschichte geschrieben. Einst nur erlauchten Fürstenhäusern vorbehalten, werden die Kompositionen aus dem Hause Niederegger heute weltweit geschätzt. Wertvolle Originalrezepte und strenge Qualitätsmaßstäbe garantieren Genuss auf höchstem Niveau.

Waren:	große Auswahl an Marzipan aller Art, Marzipan mit und ohne Schokolade, Nougat, Pralinen mit und ohne Alkohol, außerdem Gebäck sowie Saisonartikel zu Ostern und Weihnachten
Ersparnis:	nur bei beschädigter Ware und Saisonrestanten bis zu 50%
Zeiten:	Mo. bis Fr. 8.00-17.00 Uhr, Sa. 9.00-14.00 Uhr
Hinweise:	der Verkauf befindet sich beim Pförtner
Weg:	A 1 Ausfahrt Moisling auf den Padellüger Weg, immer geradeaus und an der 5. Ampel rechts einbiegen in das Industriegebiet, die Firma befindet sich nahe der Firma „Erasco"

23568 Lübeck

▶ HAWESTA

Hawesta-Feinkost Hans Westphal GmbH & Co. KG
23568 Lübeck Schlutup / Mecklenburger Str. 140-142
Tel. (0451) 6935-0 / hawesta.de

Das Unternehmen wurde im Jahr 1909 durch Hans und Maria Westphal gegründet. Bis heute ist Hawesta bei Fischdauerkonserven eine der bekanntesten Marken in Deutschland.

Waren:	Fischdauerkonserven auf Herings- und Makrelenbasis in versch. Cremes oder Saucen, z.T. mit diversen Beilagen oder geräuchert bzw. gebraten, in ca. 40 Geschmacksvarianten, außerdem Fisch-Cocktails und Lachs-Snacks sowie Muschelspezialitäten, Marke Hawesta

24937 Flensburg

Ersparnis: durchschnittlich ca. 30%

Zeiten: Mo. bis Do. 9.00-16.00 Uhr, Fr. 9.00-12.00 Uhr

Hinweise: der Verkauf erfolgt beim Pförtner, es sind hauptsächlich sog. Knickdosen erhältlich, am besten morgens kommen da die Ware schnell vergriffen ist

Weg: Schlutup liegt nordöstlich von Lübeck, die Firma befindet sich an der Straße die früher zur Grenze führte auf der linken Seite, sie ist nicht zu übersehen

▶ LUBS

**Lubs GmbH
23568 Lübeck / Glashüttenweg 40
Tel. (0451) 34061 / lubs.de**

Die Lubs GmbH wurde 1982 gegründet und ist heute eine kleine Manufaktur, die sich auf hochwertige biologische Süßwaren spezialisiert hat. Fruchtriegel, Marzipan, Konfekt und Pralinen werden aus sorgfältig ausgesuchten Zutaten und in Handwerkskunst hergestellt. Es werden nur Zutaten aus kontrolliert biologischem Anbau verarbeitet.

Waren: große Auswahl an Fruchtriegeln (ohne Zucker und Honig) aller Art, außerdem Marzipanartikel (ohne Zucker), Konfekt und Pralinen, alle Artikel bestehen nur aus Zutaten aus kontrolliert biologischem Anbau

Ersparnis: ca. 20-25%; Preisbeispiele: Fruchtriegel 75 g für EUR 1,15 und Fruchtriegel 40 g für EUR -,80

Zeiten: Mo. bis Fr. 8.30-16.00 Uhr

Hinweise: die Verkaufsstelle befindet sich direkt am Werk, teilweise ist auch günstige Bruch-/2. Wahl-Ware erhältlich

Weg: von Hamburg auf der A 1 kommend Ausfahrt Rostock, über die Klappbrücke Richtung Zentrum, weiter auf der Travemünder Allee und nach der Sandbergbrücke die erste Abfahrt rechts, nach dem Friedhof wieder rechts und danach immer geradeaus bis der Glashüttenweg kreuzt

24937 Flensburg

▶ AGILUS

**FDF Flensburger Dragee-Fabrik GmbH & Co. KG
24937 Flensburg / Harnishof 1
Tel. (0461) 14470-0 / agilus-dragees.de**

Das Unternehmen wurde im Jahr 1963 gegründet und bis heute als Familienunternehmen fortgeführt. Es begann in angemieteten Räumen einer Flensburger Schokoladefabrik mit einer Belegschaft von 5 Mitarbeitern, die damals das kleine agilus dragees Sortiment produzierten. Aufgrund langjähriger Erfahrungen ist die Flensburger Dragee-Fabrik zu einem der wenigen deutschen Drageespezialisten

24986 Satrup

gewachsen. Heute werden insgesamt rund 450 versch. agilus dragees Artikel hergestellt.

Waren: sehr große Auswahl an Dragees aller Art wie Schoko-Dragees, flüssig gefüllte Alkohol-Dragees, Weihnachts-Dragees, Zucker-Dragees, Vitamin-Dragees, Oster-Dragees, Diabetiker-Dragees, Marzipan-Dragees, Kieselstein Sortiment, Joghurt-Dragees u.v.m., Marke agilus dragees

Ersparnis: durchschnittlich ca. 35%

Zeiten: Fr. 14.00-18.00 Uhr

Hinweise: es ist hauptsächlich Bruchware erhältlich

Weg: die Firma befindet sich ganz in der Nähe des Hafens, der Zugang zum Barverkauf erfolgt über den Mitarbeitereingang "Ballastbrücke"

24986 Satrup

▶ REDLEFSEN

Redlefsen Werksverkauf
24986 Satrup / Flensburger Str. 12
Tel. (04633) 61-0 / redlefsen.de

Waren: große Auswahl an Wurst-Produkten aller Art wie Schinken- und Rostbratwüstchen, Landrauchwürstchen, Salami, Schinkenwurst, Mini-Salami, Bockwurst, Pasteten etc., Redlefsen-, Jensen's- und Heine's-Produkte

Ersparnis: teilweise bis zu 50%

Zeiten: Di. bis Fr. 9.00-18.00 Uhr, Sa. 8.00-12.00 Uhr

Weg: Satrup liegt ca. 15 km südöstlich von Flensburg, im Ort befindet sich die Firma direkt an der Hauptstraße, ist auch ausgeschildert

25335 Elmshorn

▶ DÖLLINGHAREICO

s. Seite 597

Döllinghareico GmbH & Co. KG / Wurst- und Fleischwarenfabrik
25335 Elmshorn / Fuchsberger Damm 2-4
Tel. (04121) 8009-0 / doellinghareico.de

Waren: große Auswahl an Wurstwaren aller Art, u.a. Streichwurst im Frischebecher wie z.B. Teewurst, Leberwurst und Zwiebelmettwurst, außerdem Brühwurst wie z.B. Wiener Würstchen, Bockwurst und Grillbratwurst sowie Dauerwurst wie z.B. Mettwurst und Salami

26135 Oldenburg

Ersparnis: ca. 50%

Zeiten: Mi. bis Fr. 9.30-18.00 Uhr

Hinweise: der Fabrikladen befindet sich beim Pförtner, sämtliche Artikel haben kleine „Fehler" in Form oder Gewicht

Weg: Elmshorn liegt ca. 35 km nordwestlich von Hamburg, A 23 Ausfahrt Elmshorn auf die B 431, Abfahrt Sibirien links einbiegen, nach ca. 600 m befindet sich das Fabrikgelände auf der rechten Seite

25337 Elmshorn

▶ WIEBOLD

Wiebold Confiserie
25337 Elmshorn / Ernst-Abbe-Str. 2
Tel. (04121) 4771-0 / wiebold.de

Seit über 30 Jahren produziert die Confiserie Wiebold handgefertigte Trüffel- und Pralinenspezialitäten hoher Qualität und Frische. Beliefert wird ausschließlich der fachorientierte Handel sowie führende Süßwarenfilialisten und Fachabteilungen der Kaufhäuser. Auch heute noch werden viele Sorten von Hand dressiert, gegossen, geschnitten oder ausgestochen und mit edler Couvertüre überzogen, deren optische Finesse durch aufwendige Handdekore erzielt wird.

Waren: Pralinen in reichlicher Auswahl wie Konfekt, Trüffel und versch. Schokoladenartikel sowie Mischungen, Beutel und Präsentpackungen, Marke Wiebold

Ersparnis: ca. 30%, teilweise auch bis 70%

Zeiten: Mo. bis Fr. 8.00-18.00 Uhr, Sa. 8.00-13.00 Uhr

Hinweise: es ist nur Bruchware und Ware mit kleinen Fehlern erhältlich; eine weitere Verkaufsstelle befindet sich in:
25469 Halstenbek, Poststr. 10, Tel. (04101) 44360, geöffnet Mo. bis Fr. 9.00-18.00 Uhr, Sa. 9.00-13.00 Uhr

Weg: Elmshorn liegt nordöstlich von Hamburg an der A 23, Ausfahrt Elmshorn-Süd, danach die 1. Straße links einbiegen, dann die nächste rechts

26135 Oldenburg

▶ BAHLSEN

Bahlsen GmbH & Co. KG
26135 Oldenburg / Emsstr. 3-7
Tel. (0441) 2489601 / bahlsen.de

Bahlsen ist als europäisches Familienunternehmen mit Stammsitz in Hannover seit über 100 Jahren für seine süßen Backwaren bekannt. Neue Ideen und innovative Produktkonzepte sind immer ein Markenzeichen von Bahlsen gewesen, schon seit der Erfindung des „Keks" anno 1891. Das Unternehmen produziert heute an 8 Standorten

26188 Edewecht

in Europa und exportiert seine Artikel in 80 Länder. In Deutschland ist Bahlsen ein Marktführer für Dauerbackwaren und in Europa gehört das Unternehmen zu den führenden Herstellern von süßen Backwaren.

Waren: Knabbersachen und Süßigkeiten wie z.B. Feinbackwaren, Biskuits, Kekse, Kuchen, Lebkuchen, Waffeln, Chips, Erdnüsse, Salzstangen etc., Pralinen von Gubor

Ersparnis: bis zu 30% bei regulärer Ware

Zeiten: Mo. bis Fr. 9.00-19.00 Uhr, Sa. 9.00-14.00 Uhr

Hinweise: eine weitere Verkaufsstelle befindet sich in:
26316 Varel, An der Christiansburg 5, Tel. (04451) 1230, geöffnet Mo. bis Fr. 9.00-18.00 Uhr, Sa. 9.00-13.00 Uhr, erreichbar über die A 29 Oldenburg-Wilhelmshaven Ausfahrt Varel über Stadtmitte Richtung Hafen, der Fabrikverkauf ist am Hafenbecken nicht zu übersehen

Weg: Oldenburg liegt westlich von Bremen an der A 28/29, die Firma befindet sich im Stadtteil Osternburg, auf dem Maco-Möbel-Gelände

26188 Edewecht

▶ MEICA

**Meica Fritz Meinen GmbH & Co. /
Ammerländer Fleischwarenfabrik
26188 Edewecht / Meicastr. 6
Tel. (0800) 6342233 / meica.de**

Das Ammerländer Unternehmen Meica, das bis heute seine Unabhängigkeit bewahrt hat, wurde im Jahre 1908 vom Landwirt und Metzgermeister Fritz Meinen in Edewecht gegründet. Tradition spielt bei Meica in der modernen Würstchen-Produktion eine große Rolle. So werden die Würstchen noch heute in natürlichem Buchenholzrauch geräuchert. Das erfordert viel Erfahrung und ist neben frischen und hochwertigen Zutaten ein wichtiger Baustein für die hohe Qualität und den typischen Geschmack.

Waren: große Auswahl an Fleisch-, Feinkost- und Suppenkonserven wie z.B. Hühner-, Gulasch- und Erbsensuppe, Würstchen in Gläsern und Dosen, Bratwürste, Fertiggerichte, Marken Deutschländer, Trueman's, Mini Wini, Bratmaxe, CurryKing

Ersparnis: ca. 30-40% im Durchschnitt

Zeiten: Fr. 7.00-18.00 Uhr

Hinweise: Verkaufsraum vor dem Werksgelände, es ist hauptsächlich 2. Wahl (z.B. Beuldosen) erhältlich, eine Probiermöglichkeit ist gegeben

Weg: A 28 Ausfahrt Neuenkruge über Bad Zwischenahn nach Edewecht, dort ist die Firma ab dem Marktplatz ausgeschildert

27232 Sulingen

26382 Wilhelmshaven

▶ ULMER

Ulmer Schokoladen GmbH & Co. KG
26382 Wilhelmshaven / Kreuzstr. 55
Tel. (04421) 7719870 / ulmer-schokoladen.de

Die heutige Ulmer Schokoladen GmbH & Co. KG wurde im Jahre 1859 unter dem Namen „Werckmeister & Retzdorff" in Berlin gegründet und firmiert seit 1976 unter Ulmer Schokoladen. Das Unternehmen bietet ein breites Sortiment an Streudekoren aus Schokolade im Handel an, mit der traditionsreichen Raspelschokolade ist man Marktführer in Deutschland. Ein weiterer Schwerpunkt liegt auf dem Geschäft mit Großbäckereien, Eiskrem- und Tiefkühltortenhersteller im In- und Ausland. Insgesamt exportiert die Firma Ulmer in mehr als 25 Länder weltweit.

Waren:	großes Sortiment an Streudekoren aus Schokolade, z.B. Raspel- und Flockenschokolade, Röllchen, Herzchen und Sternchen etc.
Ersparnis:	durchschnittlich ca. 30%
Zeiten:	Di. bis Fr. 10.00-18.00 Uhr, Sa. 10.00-14.00 Uhr
Hinweise:	bei einem Rundgang durch den Fabrikverkauf kann man Wissenswertes über die Geschichte des Kakaos und über die Herstellung der Köstlichkeiten erfahren und anschließend eine feine Trinkschokolade im anliegenden SchokoCafé genießen
Weg:	A 29 Oldenburg-Wilhelmshaven Ausfahrt Wilhelmshaven Richtung Stadtmitte, ca. 5 km geradeaus über 3 große Kreuzungen und nach der Bahnüberführung links in die Weserstr., anschließend links in die Querstr. und nach ca. 200 m wiederum links in die Kreuzstr. einbiegen

27232 Sulingen

▶ FISCHER

s. Seite 597

Fischer Fine Sweets GmbH & Co. KG
27232 Sulingen / Hans-Hermann-Meyer-Str. / Ecke Diepholzer Str.
Tel. (04271) 3737 / bonbonwelt.de

Der Ursprung des Unternehmens begann 1948 in Sulingen mit der Eröffnung einer kleinen Bonbonfabrik. Im Laufe der Jahre wurde der Betrieb immer weiter ausgebaut. Heute werden Spezialanfertigungen aller Art ebenso für den Fachhandel produziert wie über 30 verschiedene zuckerfreie Bonbonsorten. Auch das Kirmesgeschäft ist ein wichtiger Bestandteil der Produktion.

Waren:	Bonbons aller Art wie z.B. Goldnüsse, Frucht- und Kräuterbonbons, Salmiak- und Fruchtlutscher, zugekauftes Holland-Lakritz und Weingummi, außerdem feuergebrannte Mandeln, Diabetiker-Bonbons, auch Marzipan- und Fondant-Artikel
Ersparnis:	durchschnittlich ca. 30%
Zeiten:	Mo. bis Sa. 10.00-19.00 Uhr

27283 Verden

Hinweise: der Verkaufsraum bietet einen Blick in die Produktion, nach telef. Voranmeldung sind Führungen ab 10 Personen gegen eine Kostenbeteiligung von EUR 3,- pro Person möglich

Weg: die Firma befindet sich am westlichen Stadtrand von Sulingen, von Minden auf der B 61 kommend auf die Umgehungsstraße B 214 Richtung Diepholz bis zur Ampelkreuzung in Richtung Bremen, dann die 1. Straße rechts auf die Diepholzer Str.

27283 Verden

▶ FREITAG

Hans Freitag GmbH & Co. KG / Verdener Keks- und Waffelfabrik
27283 Verden / Siemensstr. 11
Tel. (04231) 91490 / keks-freitag.de

Die Anfänge des Unternehmens gehen zurück in das Jahr 1946, als Hans Freitag eine Bäckerei und Konditorei in Verden an der Aller gründete. Heute fertigt das Unternehmen rund 100 versch. Artikel in den Produktgruppen Kekse und Waffeln. Diese werden unter der Marke „Hans Freitag" und unter den Marken bedeutender Handelsunternehmen vertrieben.

Waren: sehr große Auswahl an Gebäckartikeln aller Art, z.B. Sandgebäck, Kekse, Butter-Teegebäck, Waffeln aller Art, Mozart-Stäbchen, Schoko-Röllchen, Schoko-Tatzen, Haselnuss-Schnitten, Lebkuchen u.v.m., auch Gebäckmischungen

Ersparnis: unterschiedlich, durchschnittlich ca. 30% und mehr

Zeiten: Do. und Fr. 8.00-12.30 Uhr und 13.00-17.00 Uhr, ab Oktober bis Weihnachten täglicher Verkauf außer Sa. und So.

Hinweise: kleiner Verkaufscontainer neben dem Haupteingang

Weg: A 27 Ausfahrt Verden-Ost Richtung Stadtmitte auf der Lindhooper Str., an der 2. Ampelkreuzung bei der Aral-Tankstelle links in den Berliner Ring einbiegen, weiter über eine Ampelkreuzung, einen Fußgängerüberweg mit Ampel und eine unbeschrankte Kleinbahnlinie, danach gleich rechts in die Siemensstr.

27793 Wildeshausen

▶ STÖVER

Stöver Produktion GmbH & Co. KG
27793 Wildeshausen Aldrup
Tel. (04434) 87-208 / stoever.de

Das Unternehmen wurde 1967 vom Landwirt Reinhold Stöver gegründet. Mit einer gebrauchten Pommes frites Maschine wurde der Grundstein gelegt. Nach und nach wurde die Produktion um Saucen, Fleisch- und Wurstwaren erweitert. Heute werden mehr als 1,5 Mio. Portionen Pommes frites täglich hergestellt. Stöver führt an frischen, gekühlten und tiefgekühlten Produkten alles was die Gastronomie benötigt.

28199 Bremen

Waren:	Kartoffelprodukte wie z.B. Pommes Frites und Kroketten, außerdem Feinkost, Fleisch, Geflügel, Tiefkühlprodukte, Saucen, Fisch, Wild, Salate, Marinaden, Desserts, Eiskrem etc.
Ersparnis:	ca. 20% im Durchschnitt
Zeiten:	Mo. bis Fr. 9.00-18.00 Uhr, Sa. 9.00-12.00 Uhr
Weg:	A 1 Ausfahrt Wildeshausen-Nord, die Firma befindet sich ca. 7 km südlich von Wildeshausen, Richtung Goldenstedt, direkt an der Landstraße Aldrup, der Abholshop befindet sich auf dem Werksgelände

28186 Stuhr

▶ FRIEBEL

Friebel Wurst & Feinkost GmbH
28186 Stuhr Brinkum / Bremer Str. 103
Tel. (0421) 873084 / friebel-wurst.com

Waren:	Würstchen, Bratwürste, Würstchen in Dosen, außerdem Schnitzelfleisch z.B. zum Grillen, tiefgefrorene Kohlrouladen etc.
Ersparnis:	ca. 20-30%
Zeiten:	Mo. bis Fr. 8.00-18.00 Uhr, Sa. 8.00-13.00 Uhr
Weg:	A 1 Ausfahrt Bremen-Brinkum Richtung Bremen, dann kommt man direkt auf die Bremer Str. (B 6), die Firma befindet sich gegenüber der Firma „Ikea"

28199 Bremen

▶ HACHEZ

Bremer Hachez Chocolade GmbH & Co. KG
28199 Bremen / Westerstr. 37
Tel. (0421) 5090-00 / hachez.de

Das Unternehmen wurde im Jahre 1890 gegründet. Seitdem werden in der Westerstr. 32 edle Chocoladen und Pralinés hergestellt. Die Hachez Chocolade GmbH gehört noch heute zu den renommiertesten Unternehmen der Branche.

Waren:	hochwertige Schokolade-Spezialitäten wie Braune Blätter, edle Chocolate-Tafeln und -Täfelchen, gefüllte Chocoladen, feine Trinkschocolade, feine Pralinés von Hand veredelt und mit Zutaten aus aller Welt versehen sowie saisonale Spezialitäten für Ostern und Weihnachten
Ersparnis:	günstige Angebote, besonders bei Ware in 1B-Qualität und Überhängen aus dem Saisongeschäft
Zeiten:	Mo. bis Fr. 10.00-15.00 Uhr

28309 Bremen

Weg: vom Zentrum Bremen auf der Wilhelm-Kaisen-Brücke über die Weser, anschließend die erste Möglichkeit rechts auf die Osterstr., die im weiteren Verlauf in die Westerstr. übergeht

28309 Bremen

▶ KÖNECKE

Karl Könecke Fleischwarenfabrik GmbH & Co. KG
28309 Bremen / Ahlringstr. 14-16
Tel. (0421) 4587-0 / koenecke.de

Das Unternehmen zählt zu den großen Betrieben der Fleischwarenbranche in Deutschland. In mehreren Werken wird schwerpunktmäßig vorverpackte SB-Wurst produziert. Auf diesem Gebiet nimmt die Firma eine führende Position im deutschen Markt ein.

Waren: Wurstwaren aller Art, z.B. verpackter Aufschnitt wie Putensalami, gekochter Schinken, Bierschinken und Mortadella sowie Leberwurst, Rotwurst, Teewurst etc.

Ersparnis: unterschiedlich, durchschnittlich ca. 40-60%

Zeiten: Di. bis Fr. 9.00-17.00 Uhr, Sa. 9.00-13.00 Uhr

Weg: A 1 Ausfahrt Bremen-Hemelingen nach Hemelingen, nach ca. 2 km die Abfahrt Hemelinger Bhf. nehmen, auf die Hannoversche Str. die im weiteren Verlauf nach Überqueren der Bahnlinie in die Hemelinger Bahnhofstr. übergeht, bis nach weiteren ca. 500 m die Ahlringstr. links abgeht

28857 Syke

▶ WESER

Weser Feinkost GmbH
28857 Syke / Industriestr. 1-9
Tel. (04242) 598-0 oder -44 (Laden) / weser-feinkost.de

Waren: Kartoffelprodukte wie z.B. Pommes Frites und Kroketten, Feinkost, Fleisch, Geflügel, Fischprodukte, Wild, Desserts, Salate, Saucen, Marinaden etc.

Ersparnis: ca. 20% im Durchschnitt

Zeiten: Di. bis Fr. 7.00-18.00 Uhr, Sa. 8.00-12.00 Uhr

Hinweise: der Verkauf erfolgt im Abholshop neben der Fabrik

Weg: von Bremen kommend auf der A 1 Ausfahrt Bremen/Brinkum auf die B 6 nach Syke, dort befindet sich die Firma am Bahnhof im Industriegebiet, sie ist nicht zu übersehen

29640 Schneverdingen

29386 Hankensbüttel

▶ LORENZ

s. Seite 597

**The Lorenz Bahlsen Snack-World GmbH & Co. KG
29386 Hankensbüttel / Am Thorenkamp 5
Tel. (05832) 970605 / lorenz-snackworld.de**

Hermann Bahlsen übernimmt 1889 das „Fabrikgeschäft engl. Cakes und Biscuits" von H. Schmuckler in Hannover. 1935 werden die ersten Salzstangen - Salzletten - auf dem deutschen Markt eingeführt. Alle Artikel sind im wahrsten Sinne des Wortes in aller Munde. Jeder der schon mal ins Snack-Regal gegriffen hat ist Marken wie z.B. Crunchips, NicNac's, Erdnuss Locken etc. begegnet.

Waren: Lorenz-Produkte wie Crunchips, Chipsletten, Salzletten, Nic Nac's, Erdnusslocken etc. sowie eine Auswahl an Bahlsen Kuchen und Parlasca Gebäck, außerdem Waffeln und Negerküsse von Grabow

Ersparnis: bis zu 50%, Bruchware ist besonders preiswert

Zeiten: Mo. bis Fr. 9.00-18.00 Uhr, Sa. 9.00-13.00 Uhr

Hinweise: separater Fabrikladen, es ist ausschließlich 2. Wahl erhältlich

Weg: B 4 Gifhorn-Uelzen Abfahrt Großer Kain auf die B 244 nach Hankensbüttel, im Ort die erste Straße links einbiegen, der Fabrikladen ist auch ausgeschildert

29640 Schneverdingen

▶ GOTTENA

**Gottena Keks- und Waffelfabrik GmbH & Co. KG
29640 Schneverdingen / Am Bahnhof 8-22
Tel. (05193) 88-0 oder -54 (Laden) / gottena.de**

Die Annalen der Firma Gottena gehen auf das Jahr 1901 zurück. Im Herbst 1989 verkaufte Georg-Wilhelm Gott das Unternehmen an die Brandt-Gruppe aus Hagen, die es dann mitsamt der eigenen Süßwarensparte 1995 an die Bahlsen KG, Hannover weiterverkaufte. Heute werden ca. 20.000 to Kekse und Waffeln jährlich produziert.

Waren: Gebäcke, Waffeln und Dauerbackwaren aller Art, z.B. Schoko-Tatzen, Citronetten, Orangen-Sticks, Waffel- und Schoko-Röllchen, Mozart-Stäbchen, Schoko-Waffeln, Waffelmischungen, Madeleines, Saisonartikel wie Lebkuchen, Schoko-Pfeffernüsse, Früchte-Lebkuchen, Glocken etc.

Ersparnis: durchschnittlich ca. 35%

Zeiten: Mo. bis Fr. 9.00-12.30 Uhr und 14.00-16.30 Uhr

Hinweise: Ladengeschäft, teils ist auch günstige Bruchware erhältlich

Weg: A 7 Ausfahrt Bispingen, über Behringen und Heber nach Schneverdingen, hier befindet sich die Firma gegenüber vom Bahnhof, der Werksverkauf ist ab dem Bahnhof ausgeschildert

30453 Hannover

30453 Hannover

▶ HARRY

Harry-Brot GmbH
30453 Hannover / Harryweg 1
Tel. (0511) 4606-0 / harry.de

Die Geschichte der Harry-Bäcker ist weit über 300 Jahre alt und lückenlos dokumentiert. Am 9. Mai 1688 ließ sich Johan Hinrich Harry in das Protokollbuch des Bäckeramtes zu Altona eintragen, und genau von dem Tag an gibt es Harry-Brot.

Waren:	große Auswahl an Broten aller Art, Schnittbrot, Vollkornbrot, Leinsamenbrot, Steinofenbrot, Kommißbrot, Baguette, Toastbrot, Sandwich-Brot, Brot zum Aufbacken, Croissants, Wiener Zopf, versch. Kuchen
Ersparnis:	durchschnittlich ca. 40%
Zeiten:	Mo. bis Fr. 6.00-18.30 Uhr, Sa. 6.00-13.00 Uhr, So. 7.00-10.00 Uhr
Hinweise:	der Verkauf befindet sich direkt beim Pförtner
Weg:	die Firma befindet sich südwestlich vom Zentrum Hannover im Stadtteil Bornum, hier im Industriegebiet, erreichbar auch mit der Buslinie 500, Haltestelle Bornum-Nord

30659 Hannover

▶ BAHLSEN

Bahlsen GmbH & Co. KG
30659 Hannover Bothfeld / Sutelstr. 54
Tel. (0511) 9600 / bahlsen.de

Bahlsen ist als europäisches Familienunternehmen mit Stammsitz in Hannover seit über 100 Jahren für seine süßen Backwaren bekannt. Neue Ideen und innovative Produktkonzepte sind immer ein Markenzeichen von Bahlsen gewesen, schon seit der Erfindung des „Keks" anno 1891. Das Unternehmen produziert heute an 8 Standorten in Europa und exportiert seine Artikel in 80 Länder. In Deutschland ist Bahlsen ein Marktführer für Dauerbackwaren und in Europa gehört das Unternehmen zu den führenden Herstellern von süßen Backwaren.

Waren:	Feinbackwaren, Biskuits, Kekse, Lebkuchen, Waffeln, Chips, Erdnüsse, Salzstangen und -brezeln, Pralinen, Kuchen, Stollen etc.
Ersparnis:	bei 1. Wahl ca. 25%, bei Bruch ca. 40%
Zeiten:	Mo. bis Fr. 9.00-18.00 Uhr, Sa. 9.00-13.00 Uhr, vor Ostern und Weihnachten teilweise verlängerte Öffnungszeiten
Hinweise:	weitere Verkaufsstellen nahe Hannover mit jeweils ähnlichem Warensortiment befinden sich in: 30163 Hannover, Lister Str. 13 (Podbi Park), geöffnet Mo. bis Fr. 9.00-18.00 Uhr, Sa. 9.00-13.00 Uhr,

31228 Peine

30853 Langenhagen, Walsroder Str. 194 / Ecke Hubertusstr.,
Tel. (0511) 771910, geöffnet Mo. bis Fr. 9.00-18.00 Uhr,
Sa. 9.00-13.00 Uhr und in
30890 Barsinghausen, Hermann-Bahlsen-Str. 2, Tel. (05105) 78-0,
geöffnet Mo. bis Fr. 9.00-18.00 Uhr, Sa. 9.00-14.00 Uhr

Weg: A 2 Ausfahrt Hannover-Bothfeld, in Bothfeld befindet sich die Firma im Zentrum gegenüber der Kirche, erreichbar auch mit der Straßenbahn Linie 7 Richtung Fasanenkrug, Haltestelle „Bothfeld Kirche"

31008 Elze

▶ ELZER BACKWAREN

Elzer Backwaren GmbH Fabrikationsgesellschaft KG
31008 Elze Mehle / Altenbekener Str. 2
Tel. (05068) 910-0

Die Firma wurde 1972 gegründet und ist heute Hersteller feiner Backwaren.

Waren: Kekse, Knabbergebäck, Pralinen, Schokolade, Tortenböden, Kuchen, Linzer Torten, Weihnachtsstollen etc., auch Diabetiker-Auswahl, teilweise auch einige Bahlsen-Artikel

Ersparnis: ca. 20-40%, Bruchware ist besonders preiswert

Zeiten: Di., Do., Fr. 12.30-15.00 Uhr und 16.00-18.30 Uhr

Hinweise: 1. und 2. Wahl-Verkauf, die Firma produziert für versch. Hersteller unter deren Namen

Weg: Elze liegt südlich von Hannover, ca. 20 km westlich von Hildesheim in Richtung Hameln, die Firma befindet sich in Elze im Ortsteil Mehle, sie ist von der Hauptstraße aus gut ausgeschildert

31228 Peine

▶ RAUSCH

s. Seite 599

Rausch Schokoladen GmbH / Rausch Schokoland
31228 Peine / Wilhelm-Rausch-Str. 4
Tel. (05171) 9901-0 oder -20 (Schokoland) /
rausch-schokolade.de

Waren: feine Pralinen, Pralinenmischungen, Schokolade aller Art, Trüffel, Gebäckmischungen, Diabetikerartikel und Saisonartikel

Ersparnis: besondere Angebote, keine Bruchware

31515 Wunstorf

Zeiten: Mo. bis Fr. 10.00-18.00 Uhr, Sa. 10.00-16.00 Uhr, So. 12.00-17.00 Uhr

Hinweise: großes Ladengeschäft auf dem Werksgelände (Schokoland) mit angegliedertem Museum und Schauproduktion

Weg: A 2 Hannover-Braunschweig Ausfahrt Peine Richtung Gewerbegebiet Stederdorf, über die Dieselstr. und die Daimlerstr. in die Wilhelm-Rausch-Str., der Weg ist auch ausgeschildert (direkt an der A 2 Ausfahrt Peine im Gewerbegebiet Nord)

31515 Wunstorf

▶ VION

Vion Convenience GmbH
31515 Wunstorf / Jenaer Str.
Tel. (05031) 701-0 / vion-convenience.com

Schon 1967, als es in Deutschland noch keine Burgerketten gab, produzierte das Unternehmen in Hamburg die ersten Burger. Das Hackfleisch wurde noch mit dem Teigroller ausgerollt und dann fein säuberlich in runde Burger ausgestochen. Auch das anschließende Gefrieren fand damals auf dem Backblech statt. Heute ist die Firma ein erfolgreicher europäischer Hersteller für Tiefkühlkost aller Art.

Waren: Tiefkühlkost aller Art, z.B. Cevapcici, Hamburger, Hackfleisch, Pfannen-Spezialitäten, Klößchen, Snacks, Steaks und Fleischprodukte, Fertiggerichte und Pasta, Suppen, versch. Gemüse, Brötchen, Baguette, Pizzen, Eis etc.

Ersparnis: ca. 10-40%, unterschiedlich je nach Artikel

Zeiten: Mo. bis Fr. 9.00-12.30 Uhr und 13.30-18.00 Uhr, Sa. 9.00-13.00 Uhr

Hinweise: es sind Groß- und Kleinmengen sowie Artikel mit und ohne Verpackung erhältlich

Weg: A 2 aus Richtung Hannover Abfahrt Wunstorf/Luthe auf die B 441 Richtung Wunstorf, in Wunstorf beim Bahnhof kurz vor Überqueren der Bahngleise rechts in die Blumenauer Str., danach links in den Luther Weg und sofort wieder links in die Jenaer Str.

32052 Herford

▶ WEINRICH

Ludwig Weinrich GmbH & Co. KG /
Schokoladen- und Pralinenfabrik
32052 Herford / Steinstr. 28
Tel. (05221) 910-0 oder 275041 (Bruchbude) /
weinrich-schokolade.de

32657 Lemgo

Das Unternehmen produziert seit 1895 Qualitätsprodukte aus Schokolade. Das Programm umfaßt auch die Produktion von Bio-Schokoladen sowie von „TransFair Schokoladen" aus fair gehandelten Rohstoffen.

Waren: Schokolade und Schokoladenspezialitäten wie massive und gefüllte Schokoladentafeln, Riegel, Couverturen, Katzenzungen, Schokobärchen und gefüllte Schokoladen in versch. Geschmacksrichtungen sowie Bio-Schokoladen, Marke Weinrich und Bio-Name Vivani

Ersparnis: bei 1. Wahl kaum, bei Saisonartikel und Angeboten 20-30%

Zeiten: Mo. bis Fr. 8.00-18.00 Uhr, Sa. 8.00-14.00 Uhr

Hinweise: separates Ladengeschäft (Bruchbude), teilweise ist auch Bruchware im Angebot

Weg: A 2 Bielefeld-Hannover Ausfahrt Herford/Bad Salzuflen auf die B 239 nach Herford, das Ladengeschäft befindet sich ca. 500 m südlich vom Hauptbahnhof in der Fußgängerzone

32657 Lemgo

▶ PAHNA

Pahna Lebkuchen GmbH / Waffel-, Keks- und Lebkuchenfabrik
32657 Lemgo / Schuhstr. 48-50
Tel. (05261) 94001-0 / pahna.de

Im Jahre 1920 gründeten die Brüder Otto und Karl Pahn in Blomberg einen Bäckereibetrieb, in dem Lebkuchen-Gebäcke hergestellt wurden. Heute hat sich Pahna vornehmlich auf die Produktion von verzierten Lebkuchenherzen und -figuren spezialisiert, und gehört damit in diesem Bereich zu den führenden Herstellern. Kaum ein Volksfest in Deutschland ist ohne die bunten, mit netten Zuckerguss-Sprüchen verzierten Herzen denkbar.

Waren: hauptsächlich verzierte Lebkuchenherzen und -figuren (auch individuelle Formen- und Werbewünsche aus Lebkuchen sind möglich), außerdem Printen, Magenbrot, Schaumwaffeln, Gebäck etc.

Ersparnis: preisgünstiges Warenangebot

Zeiten: Mo. bis Do. 8.00-16.30 Uhr, Fr. 8.00-14.00 Uhr, Sa. nur von Sept. bis Weihnachten

Hinweise: kleines angegliedertes Ladengeschäft, der Verkauf erfolgt hauptsächlich an Schausteller; größere Auswahl, auch von Bruchware ist meist erst ab September erhältlich

Weg: von Bielefeld auf der B 66 nach Lemgo, dort vom Bahnhof aus Richtung Johannisstr., 2. Straße rechts in die Stiftstr., diese geht über in die Schuhstr.

33129 Delbrück

▶ HANNA

Hanna-Feinkost GmbH
33129 Delbrück / Bokerstr. 41
Tel. (05250) 5107-0 / hanna.de

Gegründet wurde die Hanna Feinkost GmbH, Spezialist in Tiefkühl-Geflügel-Convenienceprodukten, im Jahr 1971 von Heinz und Hanna Schnittker. Das Familienunternehmen gehört zu den marktführenden Unternehmen der Branche und ist für seine ausgezeichnete Qualität und ein gutes Preis-/Leistungsverhältnis international bekannt.

Waren:	alles vom Hähnchen, z.B. Brustfilets natur und paniert, gefüllt und ungefüllt, verschiedene Putenprodukte, alles tiefgefroren, sehr große Auswahl
Ersparnis:	unterschiedlich je nach Artikel, günstige Angebote
Zeiten:	Mo. bis Fr. 8.00-18.00 Uhr
Weg:	Delbrück liegt an der B 64 zwischen Paderborn und Rheda-Wiedenbrück, von Delbrück Richtung Boke liegt die Firma auf der linken Seite, großes weißes Gebäude, nicht zu verfehlen

33330 Gütersloh

▶ MARTEN

Vogt & Wolf GmbH / Westf. Fleischwaren
33330 Gütersloh / Herzebroker Str. 43
Tel. (05241) 878-02 / marten.de

Waren:	große Auswahl an Wurst- und Fleischwaren aller Art, hauptsächlich Roh-, Koch- und Brühwurst, z.B. Rohschinken, Kochschinken, großes Salami-Sortiment, Pasteten, Aspik, Leicht- und SB-Produkte, Marke Marten
Ersparnis:	preisgünstige Angebote, 1B-Ware ist besonders preiswert
Zeiten:	Di. bis Fr. 9.00-18.00 Uhr, Sa. 8.00-12.00 Uhr
Weg:	die Firma befindet sich in Gütersloh südlich vom Bahnhof, von der Innenstadt an der Straße Richtung Herzebrok auf der linken Seite, das Ladengeschäft befindet sich am Fabrikeingang

33378 Rheda-Wiedenbrück

▶ DAUT

Paul Daut GmbH & Co. KG / Wurst- und Fleischwarenfabrik
33378 Rheda-Wiedenbrück / Schmeerplatzweg 11
Tel. (05242) 5904-0 / sprehe.de

33397 Rietberg

Waren:	Fleisch- und Wurstwaren, Rostbratwürstchen, Spezialitäten: hausgemachte Salate und Eintöpfe, auch tiefgefroren
Ersparnis:	durchschnittlich ca. 25%, unsortierte Würstchen sind besonders preiswert
Zeiten:	Di. bis Fr. 8.00-18.00 Uhr, Sa. 8.00-12.00 Uhr
Hinweise:	von Mai bis Sept. zusätzlich Mo. 8.00-18.00 Uhr Verkauf von hauptsächlich Grillartikeln
Weg:	die Firma befindet sich direkt an der A 2 Ausfahrt Wiedenbrück, im Industriegebiet in der Nähe vom „TÜV", sie ist ab dem Wasserturm ausgeschildert

33397 Rietberg

▶ SCHULTE

Conrad Schulte GmbH & Co. KG / Feingebäckfabrik
33397 Rietberg Mastholte / Bentelerstr. 9
Tel. (02944) 9820 / schulte-feingebaeck.de

Seit der Unternehmensgründung im Jahr 1884 steht der Name Schulte für hochwertige Backwaren-Qualität. Mittlerweile erfreuen die Produkte aus Rietberg-Mastholte die Menschen über die nationalen Grenzen hinaus. Seit dem Jahr 2000 gehören die bekannten Antpöhler-Produkte ebenfalls zum Unternehmen Schulte und runden die Produktpalette ab.

Waren:	sehr große Auswahl an Dauerbackwaren wie Biskuitzungen, gefüllte Cremewaffeln, Belgische Butterwaffeln, Schweinsöhrchen, Blätterteiggebäck, Gebäckmischungen, Kaffeegebäcke, Saisonartikel wie gefüllte und ungefüllte Lebkuchen, Spekulatius, Dominosteine, Kokosmakronen und versch. Weihnachtsmischungen
Ersparnis:	ca. 30-40%
Zeiten:	Mo. bis Fr. 8.00-12.30 Uhr und 14.30-18.00 Uhr, Sa. 9.00-13.00 Uhr, im November und Dezember Mo. bis Fr. 8.00-18.00 Uhr und Sa. 8.00-12.00 Uhr
Hinweise:	der Verkauf befindet sich im Fabrikladen neben dem Werk, es ist auch günstige Bruchware erhältlich
Weg:	Rietberg liegt ca. 10 km östlich von Rheda-Wiedenbrück an der B 64 Richtung Paderborn, von Rietberg ca. 5 km in südlicher Richtung nach Mastholte, durch Mastholte durchfahren, in Mastholte-Süd bei der „Volksbank" links einbiegen in die Bentelerstr.

33415 Verl

33415 Verl

▶ ASTRO

August Strothlücke GmbH & Co. KG / Fleischwarenfabrik
33415 Verl Sürenheide / Berensweg 22
Tel. (05246) 5090 / astro-verl.de

Seit 1920, dem Gründungsjahr des Unternehmens, produziert Astro echt westfälische Dauerwurst und echt westfälischen Schinken. Geräucherter Speck und Aspikartikel ergänzen das Sortiment. Die Astro-Spezialitäten sind bekannt für gleich bleibend hohe Qualität und beste Zutaten.

Waren: große Auswahl an Wurst- und Fleischwaren aller Art, frisch aufgeschnittene Dauerwurst, Schinkenspezialitäten, versch. Fleischsorten etc., auch in SB-Verpackungen

Ersparnis: durchschnittlich ca. 25%, günstige Angebote

Zeiten: Do. und Fr. 8.00-18.00 Uhr, Sa. 8.00-14.00 Uhr

Weg: A 2 Ausfahrt Gütersloh Richtung Verl, nach ca. 1,5 km links abbiegen nach Sürenheide, der Astro Wurstshop befindet sich nahe den Industriegebieten

▶ KLEINEMAS

s. Seite 601

Kleinemas Fleischwaren GmbH & Co. KG /
Westf. Fleischwarenfabrik
33415 Verl Sürenheide / Industriestr. 35
Tel. (05246) 9211-0 / kleinemas.de

Das Unternehmen gehört seit über 25 Jahren zu einem der leistungsstarken Anbieter im Bereich SB-Fleisch- und Wurstwaren. Frische und Qualität werden in der modernen Produktionsstätte in Verl besonders groß geschrieben.

Waren: westf. Wurstspezialitäten wie Schinken-Mettenden, Speck-sortiment, Bratwurst Thüringer Art, Schinkengriller und Snack-Sortiment wie Original-Bierbeißer, Snackinis und Mini-Cabanossi

Ersparnis: günstige Angebote, besonders bei 2. Wahl

Zeiten: Mo. bis Sa. 8.00-19.00 Uhr

Hinweise: teilweise ist auch günstige B-Sortierung erhältlich

Weg: A 2 Dortmund-Hannover Abfahrt Gütersloh nach Verl, an der 2. Ampel links auf die Thaddäusstr., danach die 2. Straße links in die Waldstr., anschließend an der T-Kreuzung rechts auf die Sürenheider Str. bis zum Kreisverkehr, hier links ab in die Industriestr.

33775 Versmold

33775 Versmold

▶ NÖLKE

Heinrich Nölke GmbH & Co. KG / Fleischwarenfabrik
33775 Versmold / Ziegeleistr. 5
Tel. (05423) 969-0 / noelke.de

Das Unternehmen Nölke wurde als Familienbetrieb im Jahr 1924 in Versmold/ Westfalen gegründet. In den 50er Jahren etabliert Nölke immer weitere Produkte und ist Pionier für Wurstwaren in der Selbstbedienungs-Verpackung. Die Geflügelwurst wird in Deutschland eingeführt und der Markenname Gutfried beginnt sich auf dem deutschen Lebensmittelmarkt zu etablieren. Nach und nach entwickelt sich Nölke zum Spezialisten für Nahrungsmittel aus Truthahnfleisch und expandiert durch Zukäufe und Beteiligungen.

Waren: Fleisch- und Wurstwaren aller Art, Wurst wie Salami, Bierschinken und Teewurst, auch Aufschnitt sowie Bratwurstsortiment, außerdem Fleisch, auch vom Geflügel, Marken Gutfried, Menzefricke, Müritzer, Stastnik und Landwirt Nölke

Ersparnis: bis zu 50% möglich, z.T. ist auch 1B-Ware erhältlich

Zeiten: Mo. 8.00-13.00 Uhr, Di. 8.00-15.00 Uhr, Mi. 8.00-17.00 Uhr, Do. 7.00-17.00 Uhr, Fr. 7.00-16.30 Uhr, Sa. 7.00-11.30 Uhr

Weg: Versmold liegt an der B 476 zwischen Warendorf und Borgholzhausen, in Versmold befindet sich die Firma im Industriegebiet nahe der Bahnlinie, am Ortsausgang Richtung Bad Laer links in die Ziegeleistr.

▶ WILTMANN

Franz Wiltmann GmbH & Co. KG / Westf. Fleischwarenfabrik
33775 Versmold Peckeloh / Wilhelm-Kleine-Str. 16
Tel. (05423) 17-0 / wiltmann.de

Seit 1887 fertigt Wiltmann im westfälischen Peckeloh feine Wurst- und Schinkenspezialitäten. Das Unternehmen spezialisierte sich früh auf naturgereifte, langzeitluftgetrocknete und im traditionellen Hochrauch geräucherte Dauerwurst-Spezialitäten. Die Würste und Schinken machten Wiltmann deutschlandweit zu einem der führenden Anbieter. Selbst in klassischen Salamiländern wie Frankreich und Italien ist Wiltmann eine bekannte Marke.

Waren: Fleisch- und Wurstwaren aller Art, frisch und in Konserven, z.B. Dauerwurst-Spezialitäten wie Geflügel-, Hirsch- und Lamm-Salami, außerdem Schinken- und Kochwurst-Spezialitäten sowie Genießer-Pasteten

Ersparnis: preisgünstige Angebote, bei 1B-Ware ca. 50% und mehr

Zeiten: Fr. 6.30-12.00 Uhr, Sa. 8.00-11.00 Uhr

Hinweise: separates Ladengeschäft, es ist hauptsächlich 1B-Ware erhältlich

34233 Fuldatal

Weg: Peckeloh liegt an der B 476 von Versmold Richtung Sassenberg, ca. 500 m nach Peckeloh links ab in die Wilhelm-Kleine-Str., die Firma ist auch ausgeschildert

34233 Fuldatal

▶ STÜSS

Stüss & Co. KG / Edsch Schaumzuckerwaren
34233 Fuldatal Ihringshausen / Niedervellmarsche Str. 25
Tel. (0561) 811941 / schaumkuss.de

Waren: Schaumküsse (Classic, Kokos, Schwarz/Weiß, Mocca, Krokant, Jumbo etc.), Schaumzuckerwaffeln, Spezialitäten wie Törtchen, Schaummuscheln, Kasseler-Zöpfe, Hörnchen etc., außerdem zuckerfreie Schaumzuckerwaren, Marken Edsch und Jumi

Ersparnis: bei Bruchware 50% und mehr; Preisbeispiel: 10 Schaumküsse für EUR 1,90 und 60 Schaumküsse für EUR 9,- und 100 Schaumküsse für EUR 14,-

Zeiten: Mo. bis Fr. 8.30-18.00 Uhr, Sa. 8.00-12.00 Uhr

Weg: Ihringshausen liegt ca. 5 km nördlich von Kassel, von Kassel auf der B 3 kommend befindet sich die Firma in Ihringshausen an der Straße Richtung Vellmar, in einem Nebengebäude des „Rewe"-Marktes

34414 Warburg

▶ VALFRUTTA

Kurt Hollbach GmbH / Warburger Nahrungsmittelwerke
34414 Warburg / Oberer Hilgenstock 2
Tel. (05641) 9040

Waren: Obst- und Tomatenkonserven in Gläsern und Dosen sowie Nektare, Marke Valfrutta

Ersparnis: bei Beuldosen und Ware die nahe dem Mindesthaltbarkeitsdatum datiert 50% und mehr möglich

Zeiten: Do. 15.00-18.00 Uhr

Hinweise: es sind auch günstige 2. Wahl sowie Beuldosen im Angebot

Weg: Warburg liegt ca. 35 km nordwestlich von Kassel an der B 7, die Straße Oberer Hilgenstock befindet sich nordöstlich vom Zentrum in der Nähe des Bahnhofs

35085 Ebsdorfergrund

▶ PAULY

**Dr. Schär Deutschland GmbH / Pauly Knusper-Lädchen
35085 Ebsdorfergrund Dreihausen / Simmerweg 12
Tel. (06424) 303-0 oder -147 (Verkauf) / knusperlaedchen.de**

Waren: Diabetiker-Gebäck wie Schoko-Wafflets, Spritzgebäck und Vanillekipferl, Vollkorn-Gebäck wie Schoko-Keks, Butter-Taler und Kokos-Keks sowie glutenfreies Gebäck, außerdem Vollkorn-Nudeln

Ersparnis: durchschnittlich ca. 35%

Zeiten: Mo. bis Fr. 13.00-17.00 Uhr

Hinweise: Verkauf von Originalware und Bruchtüten im „Knusper-Lädchen" am Firmengebäude

Weg: Ebsdorfergrund liegt ca. 20 km südöstlich von Marburg, die Firma befindet sich im Gewerbegebiet in Dreihausen, hier nach den Tennisplätzen rechts abbiegen, dem Hinweisschild „Knusper-Lädchen" folgen

37139 Adelebsen

▶ INDONESIA

**Barteroder Feinkost GmbH
37139 Adelebsen Barterode / An der Auschnippe 1
Tel. (05506) 8900-0 / indonesia.de**

Seit über 30 Jahren produziert die Firma in Barterode nahe Göttingen Qualitätssuppen und Fertiggerichte der deutschen und asiatischen Küche. Mit der Marke „Indonesia" zählt die Barteroder Feinkost heute zu den führenden deutschen Herstellern für asiatische Suppenspezialitäten und Fertiggerichte.

Waren: feine deutsche Suppen und Fertiggerichte, asiatische Suppen und Fertiggerichte, Original Bihunsuppe (bihun=Glasnudel), Magic Soup, vegetarische Suppen, Minuten Menüs, Tiefkühl-Suppen, Marken Indonesia, Barteroder Feinkost und NoWonder-Products

Ersparnis: durchschnittlich ca. 25%, 2. Wahl-Artikel wie z.B. Beuldosen und Artikel die nahe dem Mindesthaltbarkeitsdatum datieren sind besonders preiswert; Preisbeispiel: Beuldosen ab EUR -,90

Zeiten: Di. bis Fr. 10.00-18.00 Uhr

Hinweise: sämtliche Produkte können auch für einen geringen Unkostenbeitrag im Factory-Restaurant verkostet werden

37235 Hessisch Lichtenau

Weg: von Kassel auf der A 7 kommend Ausfahrt Göttingen-Nord auf die A 388, nächste Ausfahrt Göttingen-Holtensen und an der Kreuzung geradeaus nach Barterode, hier die Hauptstraße durchfahren und ca. 1,5 km nach dem Ortsausgang rechts ab zum Parkplatz des Werksverkaufes

37235 Hessisch Lichtenau

▶ STÜSS

Nordhessische Schaumwaffelfabrik Stüss & Co. KG
37235 Hessisch Lichtenau Quentel / Akazienweg 17
Tel. (05602) 919204

Waren: Schaumwaffeln aller Art wie z.B. Negerküsse, Kokosbälle, Törtchen, Kokosschnitten, Hörnchen etc.

Ersparnis: bei Bruchware ca. 50%; Preisbeispiel: 1 kg-Bruchkiste gemischt für EUR 6,50 und 1,4 kg-Waffelkiste gemischt für EUR 9,40 sowie Negerküsse 60 Stück für EUR 8,10 und 100 Stück für EUR 12,25

Zeiten: Mo. bis Fr. 8.00-18.00 Uhr, Sa. 8.00-12.00 Uhr

Hinweise: es sind hauptsächlich Großpackungen im Karton erhältlich, gelegentlich ist auch günstige Bruchware vorhanden

Weg: Hessisch Lichtenau liegt ca. 20 km südöstlich von Kassel, von Kassel auf der B 7 kommend über Kaufungen und Fürstenhagen nach Quentel, hier im Zentrum links in „Pfarrsteg" und nach ca. 200 m rechts in den Akazienweg, die Firma ist auch ausgeschildert

38162 Cremlingen

▶ WEIBLER

Weibler Confiserie Chocolaterie GmbH
38162 Cremlingen / Im Rübenkamp 17
Tel. (05306) 911033 / confiserie-weibler.de

In Cremlingen entstand 1990 Im Rübenkamp die Keimzelle des heutigen Unternehmens. 1995 wurde hier eine neue Produktionsstätte errichtet und bis heute weiter ausgebaut. Der eingerichtete Ab-Werk-Verkauf hat das Unternehmen rund um Cremlingen und darüber hinaus bekannt gemacht. Die Kunden schätzen die frischen Leckereien.

Waren: Hohlfiguren aus Schokolade wie Autos, Bären, Geige, Tennisschläger, Handy, Weihnachtsmann, Osterhasen, Schaukelpferd, Engel, Enten u.v.m., außerdem Trüffelpralinen in vielen Geschmacksrichtungen, Minitrüffel, Trüffeleier, Trüffelhalbeier, Trüffelsterne, Sortiment auch für Diabetiker

Ersparnis: durchschnittlich ca. 30%, Bruchware ist besonders preiswert

38723 Seesen

Zeiten: Mo., Mi., Fr. 8.00-17.00 Uhr, Do. 8.00-18.00 Uhr, vor Weihnachten bis Ostern auch Sa. 8.00-14.00 Uhr

Weg: Cremlingen liegt ca. 10 km östlich von Braunschweig an der B 1 Richtung Königslutter, von Braunschweig kommend am Ortseingang die erste Straße rechts runter (Im Rübenkamp), die Firma befindet sich dann am Ende der Straße auf der rechten Seite

38486 Immekath

▶ FRICOPAN

Fricopan Back GmbH
38486 Immekath / Neuferchauer Weg 7
Tel. (03909) 4092-0 / fricopan.de

Das Unternehmen wurde 1992 in Garching bei München gegründet. Das Sortiment umfasste zu Beginn original französische Spezialitäten wie Baguette und Baguettebrötchen, wurde aber wenig später durch klassische deutsche Brötchen erweitert. 1994 wurde mit der Strudelproduktion begonnen. Heute besitzt Fricopan ein umfangreiches Sortiment tiefgekühlter Backspezialitäten und liefert seine Tiefkühlbackwaren in mehr als 15 Länder.

Waren: tiefgeforene Backwaren aller Art wie Brote, Brötchen, Ciabatta, Baguettes, Croissants, Strudel, Quarktaschen, außerdem tiefgekühlte Pizzen, Gemüse und Geflügel

Ersparnis: 50% und mehr möglich, es gibt auch „Futterbrötchen" für EUR -,20/kg

Zeiten: Mo. bis Fr. 10.00-18.00 Uhr, Sa. 9.00-12.00 Uhr

Hinweise: kleine Verkaufshalle direkt neben dem Werksgelände

Weg: Immekath liegt ca. 30 km nordöstlich von Wolfsburg, auf der A 2 am Kreuz Wolfsburg/Königslutter auf die A 39, am Autobahnende auf die B 248 über Tappenbeck nach Brome, weiter Richtung Steimke bis Kunrau, hier am Getränkemarkt links nach Immekath, im Ort ist die Firma gut ausgeschildert

38723 Seesen

▶ SONNEN BASSERMANN

H. J. Heinz GmbH / Werk Sonnen Bassermann
38723 Seesen / Feldstr.
Tel. (05381) 71-0 / public.sonnen-bassermann.de

Das Traditionsunternehmen Sonnen-Bassermann begann 1886 mit der Herstellung von Gemüse-Konserven. 1952 ist die Firma Pionier in der Fertiggerichteproduktion. 1978 kam die Produktion von tafelfertigen Suppen hinzu. Seit 1999 ist die Firma Teil der weltweit operierenden Heinz-Gruppe.

38855 Wernigerode

Waren:	Sonnen-Bassermann Fertiggerichte wie z.B. Suppen, Menü-schalen, Ravioli, außerdem Gemüsekonserven, Apfelmus, Heinz-Ketchup, Heinz-Grillsaucen, Portions-Konfitüren etc.
Ersparnis:	durchschnittlich ca. 40%, Angebote und Ware die nahe dem Mindesthaltbarkeitsdatum datiert sind bis zu ca. 70% preiswerter
Zeiten:	Fr. 11.00-16.00 Uhr
Hinweise:	der Verkauf befindet sich beim Werk, Parkplätze sind reichlich vorhanden
Weg:	A 7 Göttingen-Hildesheim Ausfahrt Seesen, in Seesen an der 2. Ampel rechts Richtung Münchehof/Osterode, nach dem Überqueren der Eisenbahnbrücke rechts in die Harzstr. und dann gleich die nächste wieder links in die Feldstr.

38855 Wernigerode

▶ WERGONA

**Wergona Schokoladen GmbH /
Schokolade- und Zuckerwarenfabrik
38855 Wernigerode / Neustadter Ring 4
Tel. (03943) 6938-0 oder -510 (Fabrikverkauf)**

Waren:	Schokoladenerzeugnisse und Zuckerwaren aller Art wie z.B. Oster- und Weihnachtsartikel, Massiv- und Hohlfiguren, Wichtelmännchen, Herzen, Puffreisartikel, Brockensplitter, Blätterkrokantartikel, Eiskonfekt etc.
Ersparnis:	durchschnittlich ca. 25%, Bruchware ist besonders preiswert
Zeiten:	Di. bis Sa. 11.00-18.00 Uhr
Weg:	Wernigerode liegt an der B 6 zwischen Goslar und Quedlinburg, im Ort befindet sich die Firma im Gewerbepark Nord-West, gegenüber der „Hasseröder Brauerei"

39345 Vahldorf

▶ BÖRDE

**Börde Käse GmbH
39345 Vahldorf / Bahnhofstr. 34
Tel. (039202) 6398 / boerde-kaese.de**

Nach der Reprivatisierung durch die Treuhand erfolgte im Jahr 1992 die Gründung der Börde Käse GmbH.

Waren:	Käseprodukte wie z.B. Käsescheiben und Portionen vom Edamer, Gouda, Tilsiter, Butterkäse und Leerdammer, außerdem

41199 Mönchengladbach

Räucher- und Schmelzkäsespezialitäten sowie Präsentkörbe und Bio-Produkte, auch Käse-Dip

Ersparnis: durchschnittlich ca. 25%

Zeiten: Mo. bis Fr. 7.00-15.00 Uhr

Weg: Vahldorf liegt ca. 20 km nordwestlich von Magdeburg, A 2 Ausfahrt Magdeburg-Olvenstedt auf die B 71 Richtung Haldensleben nach Vahldorf, hier befindet sich die Firma in der Nähe vom Bahnhof

40721 Hilden

▶ HESCO

Hessler GmbH & Co. KG / Hesco Nährmittelfabrik
40721 Hilden / Düsseldorfer Str. 40-50
Tel. (02103) 51075 / hesco-suppen.de

Wenn es um Spezialitäten für die Gastronomie geht ist das Unternehmen ein Marktführer. Die Produkte werden in gepflegten Häusern serviert. Unter dem Motto „Für vorbildliche und gepflegte Gastlichkeit" ist es gelungen, diese Marktposition zu erreichen und auszubauen. Traditionsreiche Kochkunst und der Qualitätsgedanke sind die Basis für die Spezialitäten des Hauses.

Waren: konzentrierte und tafelfertige Suppenkonserven aller Art, außerdem Saucenfonds, Fleischkonserven, Suppeneinlagen, maritime Spezialitäten sowie Feinwürzmittel

Ersparnis: durchschnittlich ca. 25%, je nach Menge, preiswerte Pauschaltüten mit angestoßener Verpackung für EUR 6,-

Zeiten: Mo. bis Fr. 8.00-12.30 Uhr und 13.00-16.00 Uhr

Hinweise: kein eingerichteter Privatverkauf, teilweise sind auch günstige sog. Beuldosen erhältlich

Weg: Hilden liegt ca. 15 km südöstlich von Düsseldorf, vom Zentrum Hilden in westlicher Richtung auf der Benrather Str. (B 228) Richtung Hülsen, nach Überqueren der Bahnlinie geht die Benrather Str. über in die Düsseldorfer Str., die Firma befindet sich in der Nähe vom Bahnhof und dem „BMW"-Autohaus

41199 Mönchengladbach

▶ SCHULTE

Schulte & Sohn Fleischwaren KG
41199 Mönchengladbach Güdderath / Marie-Bernays-Ring 40
Tel. (02166) 9686-0 / schulte-sohn.com

Das Familienunternehmen wurde 1903 als Metzgerei gegründet und zählt heute mit zu den Großen der Fleischwarenindustrie. Das Unternehmen produziert gleich bleibende Qualität mit saisonal abgestimmten Produkten. Der Konsument selbst testet

42653 Solingen

und beurteilt im Rahmen von „Hausfrauentests". Ausgewählte Testesser fällen ihr Urteil über Rezepturen, Verpackungen und Geschmack, Portionsgrößen und Zubereitung.

Waren: Fleisch- und Wurstwaren aller Art wie Ribs, Kasseler, Steaks, Geflügelsteaks, Haxen, Würstchen etc. sowie einige vegetarische Artikel

Ersparnis: preisgünstiges Warenangebot

Zeiten: Do. und Fr. 13.00-18.30 Uhr

Weg: die Firma befindet sich direkt an der A 61, Ausfahrt Mönchengladbach-Wickrathberg/Güdderath Richtung Otzenrath, danach links in das Gewerbegebiet Güdderath auf den Marie-Bernays-Ring

42653 Solingen

▶ HARIBO

Haribo GmbH & Co. KG
42653 Solingen Gräfrath / Wuppertaler Str. 76
Tel. (0212) 2502-0 oder -142 (Verkauf) / haribo.de

Neben 5 Produktionsbetrieben in Deutschland hat Haribo heute 13 weitere Betriebe in Europa. Vertriebsniederlassungen in fast jedem europäischen Land und in den USA kommen hinzu. Haribo-Produkte erfreuen sich weltweiter Beliebtheit und werden in über 105 Länder der Erde exportiert. Der Haribo Goldbär, die Lakritz-Schnecke oder die Color Rado-Mischung - fast überall auf der Welt machen diese Süßigkeiten Kinder und Erwachsene froh.

Waren: Fruchtgummi- und Lakritzprodukte, Gummibärchen, salzige Heringe, Maoam-Kaubonbon, zuckerfreie Kaugummis, Fruchtspeck u.v.m., komplettes Haribo-Sortiment

Ersparnis: so gut wie keine, günstiger ist eigentlich nur Bruchware

Zeiten: Mo. bis Fr. 10.00-18.00 Uhr, Sa. 10.00-14.00 Uhr

Hinweise: separates Ladengeschäft beim Werk

Weg: von Wuppertal auf der A 46 kommend Ausfahrt Haan-Ost Richtung Solingen, dann kommt man direkt auf die Wuppertaler Str. (B 224), die Firma befindet sich an der Stadtgrenze von Gräfrath, sie ist dort ausgeschildert

44809 Bochum

▶ KRÜMMEL

Fleischerei K. W. Krümmel GmbH
44809 Bochum / Freudenbergstr. 45
Tel. (0234) 9579566

45721 Haltern am See

Waren: große Auswahl an Wurst- und Fleischwaren aller Art, auch einige Fischmarinaden

Ersparnis: durchschnittlich ca. 30%

Zeiten: Mo., Mi., Do. 5.00-15.00 Uhr, Di. und Fr. 5.00-17.30 Uhr, Sa. 6.00-12.00 Uhr

Weg: aus Richtung Essen auf der A 40 kommend Ausfahrt Bochum-Hamme, zunächst links und dann die erste Straße rechts auf die Freudenbergstr., diese bis zum Ende durchfahren und dann links einbiegen, die Firma befindet sich auf dem Bochumer Schlachthof

45701 Herten

▶ HERTA

Herta GmbH / Fleisch- und Wurstfabrik
45701 Herten / Westerholter Str. 750
Tel. (02366) 301-0 / herta.de

Seit über hundert Jahren steht Herta für frische Fleisch- und Wurstspezialitäten nach Originalrezepten. Herta ist heute auch die einzige europaübergreifende Marke im Fleisch- und Wurstsegment, sowohl in West- wie auch in Osteuropa.

Waren: große Auswahl an Fleisch- und Wurstwaren aller Art wie Schinken, Salami, Fleischwurst, Würstchen, Brotaufstriche, Bacon und Snacks, Marke Herta, außerdem einige Nestlé-Artikel

Ersparnis: durchschnittlich ca. 30%, 2. Wahl ist besonders preiswert

Zeiten: Mo. 10.30-18.00 Uhr, Di. bis Fr. 8.00-18.00 Uhr, Sa. 8.00-13.00 Uhr

Hinweise: separater Werksladen

Weg: A 43 Ausfahrt Herten-Nord, vom Autobahn-Zubringer immer geradeaus auf der Westerholter Str. Richtung Gelsenkirchen-Buer/Herten-Westerholt bis nach ca. 5 km auf der rechten Seite die Herta-Gebäude zu sehen sind

45721 Haltern am See

▶ SCHRÖER

Schröer Eis GmbH
45721 Haltern am See / Münsterknapp 5-11
Tel. (02364) 9263-0 / schroeer-eis.de

Mit vielen Jahren Erfahrung im Markt verfügt Schröer Eis über ein umfangreiches Know-How und über die entsprechende Kompetenz in der Produktion von Eisprodukten. Das Unternehmen verfügt heute über eine der modernsten Produktionsanlagen für Stiel- und Speiseeis in ganz Europa.

45739 Oer-Erkenschwick

Nahrung/Genuss

Waren:	Eiskrem-Spezialiäten in versch. Sorten wie Sandwich-Eis, Waffelhörnchen, Eis am Stiel und in Schalen, außerdem eine kleine Auswahl an Gemüse, Kartoffelspezialiäten und Pizzen
Ersparnis:	günstige Angebote, besonders bei 2. Wahl
Zeiten:	Do. 12.00-18.00 Uhr
Hinweise:	kleiner Verkaufsraum
Weg:	Haltern am See liegt ca. 15 km nördlich von Recklinghausen an der A 43 Richtung Münster, aus Richtung Münster kommend Ausfahrt Lavesum Richtung Sythen, kurz vor Sythen rechts ab auf die Münsterstr., kurz vor Ortsbeginn links in das Industriegebiet Münsterknapp

45739 Oer-Erkenschwick

▶ GUSTOLAND

Gustoland GmbH
45739 Oer-Erkenschwick / Industriestr. 8-14
Tel. (02368) 61-0 oder -300 (Direktverkauf) / gustoland.de

Waren:	große Auswahl an Fleisch- und Wurstwaren wie frisches Rind- und Schweinefleisch, Frischwurst, geräucherter Schinken, Schinkenspeck, gekochter Schinken, Spare-Ribs, Bacon, frittiertes Fleisch, marinierte Nackensteaks, Grillhaxen und Gyros, ständig wechselndes Angebot
Ersparnis:	ca. 30% im Durchschnitt
Zeiten:	Di. bis Fr. 10.00-18.00 Uhr, Sa. 9.00-14.00 Uhr
Hinweise:	Direktverkauf der Westf. Fleischwarenfabrik Barfuss GmbH
Weg:	A 43 Ausfahrt Henrichenburg nach Oer-Erkenschwick, hier am Ortsanfang an der größeren Kreuzung links auf die Horneburger Str. und nach ca. 500 m rechts auf die Industriestr. in das Industriegebiet einbiegen

45883 Gelsenkirchen

▶ ALDENHOVEN

Aldenhoven GmbH & Co. KG / Fleischwarenfabrik
45883 Gelsenkirchen / Moorkampstr. 12
Tel. (0209) 408070 / aldenhoven.com

Waren:	große Auswahl an Wurst- und Fleischwaren aller Art, Frisch-, Dauer- und SB-verpackte Wurst, z.B. Rohwurst, Dauerwurst,

46325 Borken

Roh- und Kochpökelware, Brühwurst, Kochwurst und versch. Sülzen

Ersparnis: regelmäßige Angebote, bei 2. Wahl ca. 50% und mehr

Zeiten: Fr. 11.00-15.30 Uhr

Hinweise: der Verkauf erfolgt im angegliederten Fabrikladen

Weg: A 42 Ausfahrt Gelsenkirchen-Schalke auf die Grothusstr. Richtung Bottrop, nach ca. 400 m links auf die Hans-Böckler-Allee Richtung Feldmark, nach der Autobahnunterführung und noch vor der Bahnlinie rechts in die Moorkampstr.

46325 Borken

▶ DRAGEES AUS WESEKE

Dragees aus Weseke GmbH
46325 Borken / Benningsweg 26
Tel. (02862) 3009-0 / dragees.com

Dragees aus Weseke wurde im Jahr 1964 gegründet und erlangte im Laufe der Zeit den Ruf als Lieferant von hochwertigen Schokoladeprodukten im deutschen und europäischen Drageemarkt.

Waren: Schokoladen-Dragees, Schokobonbons gefüllt mit Haselnüssen, Erdnüssen, Mandeln, Rosinen oder Marzipan, außerdem Marzipaneier, gebrannte Mandeln, Tiramisu-Mandeln, Butterkrokant, Likörkugeln etc., außerdem Oster- und Weihnachtsartikel

Ersparnis: preisgünstiges Warenangebot

Zeiten: Mo. und Di. 9.00-12.00 Uhr und 13.00-17.00 Uhr, Mi. bis Fr. 9.00-12.00 Uhr und 13.00-15.00 Uhr

Weg: A 31 Ausfahrt Borken auf die B 67 nach Borken, Borken auf der B 70 umfahren Richtung Stadtlohn nach Weseke, diese Richtung Zentrum verlassen auf die Borkenwirther Str. die im Zentrum auf die Hauptstr. trifft, diese überqueren dann kommt direkt auf den Benningsweg

▶ ROTTERDAM

Rotterdam Süsswaren GmbH
46325 Borken / Siemensstr. 25
Tel. (02861) 2774 / rotterdam-sweets.com

Das Unternehmen wurde 1927 durch Johann Rotterdam gegründet, damals erst als Bäckerei. 1949 wurde die Produktion um Kokos- und Pfefferminzartikel erweitert. Heute umfasst die Produktion ein breites Spektrum an Süßwaren aller Art.

46414 Rhede

Waren:	Süßwaren aller Art wie Nougat-, Marzipan- und Fruchtcreme-Artikel, Schoko-Artikel, Frucht- und Weingummi, Fruchtgummi-Tiere, Pfefferminz- und Kokosartikel
Ersparnis:	durchschnittlich 30-40%
Zeiten:	Mo. bis Fr. 8.00-12.00 Uhr und 14.00-17.00 Uhr
Hinweise:	der Direktverkauf erfolgt im „Süßen Lädchen" direkt am Werk
Weg:	A 31 Ausfahrt Borken auf die B 67, zunächst Borken umfahren und auf die B 70 Richtung Stadtlohn, Abfahrt Nordring Richtung Zentrum und dann gleich die erste Möglichkeit links in die Siemensstr., die Firma befindet sich im Industriegebiet-Nord beim Finanzamt

46414 Rhede

▶ SCHOKO DRAGEES

Schoko-Dragee GmbH
46414 Rhede / Am Böwing 12
Tel. (02872) 980880 / schoko-dragees.de

Waren:	Schokoladen-Dragees, Schokobonbons gefüllt mit Haselnüssen, Erdnüssen, Mandeln, Rosinen oder Marzipan, auch „Hausmischung", außerdem Marzipaneier, gebrannte Mandeln, Tiramisu-Mandeln, Butterkrokant, Likörkugeln etc.
Ersparnis:	günstiges Warenangebot, z.B. 600 g Hausmischung für EUR 3,-
Zeiten:	Mo. bis Do. 8.00-17.00 Uhr, Fr. 8.00-16.00 Uhr
Hinweise:	separater Verkaufsraum, es ist auch 2. Wahl erhältlich, eine Probiermöglichkeit ist vorhanden
Weg:	Rhede liegt ca. 5 km östlich von Bocholt an der B 67 Richtung Borken, aus Richtung Rhede kommend am Ortsausgang links in die Münsterstr. und kurz vor der Bahnlinie beim Autohändler wieder links in Am Böwing

46446 Emmerich

▶ KATJES

Katjes Fassin GmbH & Co. KG
46446 Emmerich / Wassenbergstr. 15-25
Tel. (02822) 601-0 / katjes.de

Das Unternehmen wurde 1950 von Klaus Fassin in Emmerich gegründet. Er stellte Lakritz in Form einer kleinen schwarzen Katze her und nannte dieses Produkt „Katjes", was im holländischen „kleine Kätzchen" bedeutet. Das Familienunternehmen mit über 400 Mitarbeitern genießt heute mit seinen Produkten beim Verbraucher einen hohen Zuspruch.

47638 Straelen

Waren:	große Auswahl an Süßigkeiten wie Lakritz, Fruchtgummi und Mischungen, alles in versch. Formen und Geschmacksrichtungen, komplettes Katjes-Programm, außerdem Bonbons und Pfefferminz, Ahoj-Brause, Brause-Bonbons, Loolys und Knusper-Puffreis, Marken Katjes, Sallos, Villosa, Frigeo, Dr. Hillers, es ist ausschließlich 1. Wahl erhältlich
Ersparnis:	ca. 20-30%; Preisbeispiel: 10 versch. Beutel nach Wahl à 200 g für EUR 6,-
Zeiten:	Do. 9.30-15.00 Uhr
Hinweise:	ein weiterer Outlet Store befindet sich in Emmerich an der Rheinpromenade 17, Tel. (02822) 9760470, geöffnet Mi. bis Sa. 10.00-18.00 Uhr, gleiches Sortiment wie in der Wasserbergstr., nur etwas kleiner
Weg:	Emmerich liegt nahe der holländischen Grenze, A 3 Ausfahrt Emmerich und nach ca. 1 km links auf die Ortsumfahrung (Weseler Str.) und nach weiteren ca. 2,5 km am Ende des Industriegebiets rechts Richtung Zentrum auf die Netterdensche Str., die im weiteren Verlauf in die Wassenbergstr. übergeht, die Verkaufsstelle befindet sich auf dem alten Katjes-Gelände

47638 Straelen

▶ KÜHNE

Carl Kühne KG
47638 Straelen Herongen / Niederdorfer Str. 57
Tel. (02839) 910-0 / kuehne.de

Seit 1722 befindet sich das Unternehmen in Familienbesitz, heute bereits in der siebten Generation. Kühne bietet seinen Kunden gesunde und natürliche Lebensmittel für den täglichen Bedarf und hilft mit Convenience und hoher Qualität auch bei Speisen für besondere Anlässe. Hochwertige Rohstoffe, sorgfältig ausgewählte Zutaten und strenge Qualitätsrichtlinien bilden das Fundament.

Waren:	Essige, Dressings, Senf, Meerrettich, Würzpasten, Saucen, Mayonnaisen, Gurken und Feinsaures, Kohl und Kraut, Desserts wie z.B. Rote Grütze, Marke Kühne
Ersparnis:	bei 1. Wahl ca. 15%, bei Beuldosen etc. ca. 30-40%
Zeiten:	Sa. 9.00-14.00 Uhr
Hinweise:	es sind auch viele Beuldosen, Artikel mit Etikettenfehlern sowie Ware die nahe dem Haltbarkeitsdatum datiert erhältlich
Weg:	A 40 Ausfahrt Straelen nach Herongen-Ortsmitte, hier Richtung Venlo halten, die Firma befindet sich dann nicht zu übersehen direkt an der Hauptstraße

47661 Issum

▶ FRONHOFFS

Mathias Fronhoffs GmbH & Co. KG
47661 Issum Sevelen / Vorster Heidweg 12
Tel. (02835) 95400 / fronhoffs.de

Das Unternehmen ist seit 1972 im Markt der tiefgekühlten Konditor-Torten tätig und gehört mit zu den Pionieren im Bereich der tiefgekühlten Konditor-Torten und Backwaren.

Waren:	tiefgekühlte Backwaren wie flache und hohe Sahnetorten, Sahneschnittchen, Biskuits, Apfelkuchen und Windbeutel, auch Diabetiker-Produkte
Ersparnis:	unterschiedlich, ca. 30-40%
Zeiten:	Mo. bis Do. 9.00-16.00 Uhr, Fr. 9.00-18.00 Uhr
Hinweise:	es ist hauptsächlich 2. Wahl-Ware erhältlich
Weg:	A 57 Ausfahrt Alpen, auf die B 58 Richtung Geldern, bei Issum links abbiegen nach Sevelen, die Firma befindet sich noch vor Ortsbeginn, sie ist gut ausgeschildert mit Tortenshop, Eingang Hellentalstr. 17

47798 Krefeld

▶ GRUYTERS

Wilhelm Gruyters GmbH & Co. KG
47798 Krefeld / Tannenstr. 106-112
Tel. (02151) 97799-0 / gruyters.de

Gruyters-Gebäck aus Krefeld gibt es schon seit Mitte des 19. Jahrhunderts. Heute gilt Gruyters als ein führender deutscher Gebäck-Anbieter auf dem Markt für Gemeinschaftsverpflegung. Ein Großteil seiner Gebäckspezialitäten geht an Krankenhäuser, Alten- und Pflegeheime, Betriebskantinen und Großküchen sowie Hotels und Jugendherbergen.

Waren:	über 150 versch. Gebäckspezialitäten, Dauerbackwaren wie Jahresgebäck, Weihnachtsgebäck, Vollkorngebäck, Käsegebäck, Haferflockentaler, gefüllte Butter-Cookies und Diabetiker-Gebäck
Ersparnis:	es ist ausschließlich Bruchware in 250 g-Beuteln zu EUR -,50 erhältlich
Zeiten:	Di. 8.00-17.00 Uhr, Fr. 8.00-15.00 Uhr
Hinweise:	es ist nur das erhältlich was gerade an Bruch angefallen ist, da aber oftmals alles schnell ausverkauft ist lohnt es sich frühzeitig zu kommen

47906 Kempen

Weg: vom Hauptbahnhof parallel zur Bahnlinie auf den „Deutschen Ring" bis nach ca. 750 m die Tannenstr. kreuzt, hier rechts abbiegen

47906 Kempen

▶ GRIESSON - DE BEUKELAER

s. Seite 613

Griesson - de Beukelaer GmbH & Co. KG
47906 Kempen / Arnoldstr. 62
Tel. (02152) 1410 / griesson-debeukelaer.de

Griesson - de Beukelaer ist einer der bedeutensten Süß- und Salzgebäckhersteller Europas. Als Hersteller eines Sortiments von Süßgebäck bis hin zu knusprig salzigen Snacks bietet Griesson-de Beukelaer eine breite Vielfalt für den deutschen und internationalen Gebäckmarkt. Bekannte Markenartikel wie die Prinzen Rolle, TUC und Soft Cake stehen für gleich bleibende Qualität und Anspruch.

Waren: süße und salzige Produkte wie Prinzen Rolle, Soft Cake, Waffelgebäcke, TUC Cracker, Knusperbrot Leicht & Cross, je nach Saison Weihnachtsgebäck, Schweizer Schokolade, Pralinen usw. sowie Gebäck von Tekrum wie Mandelhörnchen oder Florentiner

Ersparnis: bei Restposten und Bruchware bis zu 50%, Pfundbeutel mit 2. Wahl sind besonders preiswert

Zeiten: Mo. bis Fr. 9.00-18.00 Uhr, Sa. 9.00-13.00 Uhr

Hinweise: es ist überwiegend 2. Wahl erhältlich, Gebäck kann kostenlos probiert werden, dazu gibt es auch gratis Kaffee

Weg: Kempen liegt ca. 15 km nordwestlich von Krefeld, A 40 Ausfahrt Kempen, noch vor Kempen links ab auf die Ortsumfahrung und nach ca. 1,5 km rechts ab in das Industriegebiet Selder auf den Schautesweg, der im weiteren Verlauf in die Arnoldstr. übergeht

▶ HELLESIA

Hellesia Süßwarenfabrik GmbH & Co. KG
47906 Kempen / Heinrich-Horten-Str. 26-32
Tel. (02152) 554711

Waren: Süßwaren wie Müsliriegel, Nappos, Eiskonfekt, Süßer Speck, Marshmellows, Puffreis, Gummibären, Kaugummi und Lutscher, außerdem Werbeartikel wie Schirme, kleine LKW's und T-Shirts

Ersparnis: durchschnittlich ca. 40%, 2. Wahl ist besonders preiswert; Preisbeispiel: 50 Bruchnappos für EUR 1,-

Zeiten: Di. und Do. 9.00-17.00 Uhr, Sa. 9.30-11.00 Uhr

Weg: A 40 Ausfahrt Kempen, noch vor Kempen links ab auf die Ortsumfahrung und nach ca. 2 km rechts ab auf die Sankt-

48629 Metelen

Huberter-Str. Richtung Zentrum, die nächste Straße links ab ist die Heinrich-Horten-Str., die Firma befindet sich am Ende der Sackgasse auf der rechten Seite

48629 Metelen

▶ SULA

Sulá GmbH / Bonbonfabrik
48629 Metelen / Düwelshok 8
Tel. (02556) 93940 / sula.de

Waren: Süßwaren aller Art, Fruchtbonbons auch ohne Zucker mit Erdbeer und Sahne- oder Waldfrüchte-Geschmack, Caramel-Bonbons, Toffees, außerdem Gummibärchen, Drops, alles hauptsächlich abgepackt zu 500 g, immer wechselndes Sortiment

Ersparnis: ca. 30% im Durchschnitt

Zeiten: Mo. 15.00-17.30 Uhr, Di. bis Fr. 10.00-12.30 Uhr und 15.00-17.30 Uhr, Sa. 10.00-12.30 Uhr

Hinweise: kleines Ladengeschäft, es sind auch günstige 2. Wahl-Artikel erhältlich

Weg: von Rheine auf der B 70 kommend Richtung Ortsmitte, kurz vor dem Rathaus links einbiegen

48734 Reken

▶ IGLO

Iglo GmbH
48734 Reken / Aeckern 1
Tel. (02864) 82-0 / iglo-fabrikverkauf.de

Waren: Tiefkühlprodukte wie Gemüse, Baguettes, Pizzen, Fertiggerichte, Fisch, Eis (Magnum, Solero Shots, Viennetta, Cornetto, Capri), jedoch immer wechselndes Angebot

Ersparnis: 30% und mehr, 2. Wahl ist besonders preiswert

Zeiten: Di. bis Do. 10.30-19.00 Uhr

Hinweise: der Verkauf der Ware erfolgt nur in Originalkartons bzw. Großgebinden und nur in handelsüblichen Mengen

Weg: A 31 Ausfahrt Reken nach Reken auf die Bahnhofstr., am Ende der Bahnhofstr. ist die Firma ausgeschildert, Schild „Parkplatz Werksverkauf"

49084 Osnabrück

49076 Osnabrück

▶ COPPENRATH & WIESE

Conditorei Coppenrath & Wiese GmbH & Co. KG
49076 Osnabrück / Zum Attersee 2
Tel. (0541) 9162-0 / coppenrath-wiese.de

1975 gründeten die Vettern Aloys Coppenrath und Josef Wiese die Conditorei. Den Anfang machte die „Wiener Platte" mit sechs kleinen Törtchen. Schon bald folgten die klassischen Sahnetorten. Aufgrund der starken Nachfrage wurde in den 80er Jahren das Sortiment um Backkuchen und Strudel erweitert. 1997 wurden die „Goldstücke" - Deutschlands erste fertig gebackene Brötchen aus der Tiefkühltruhe kreiert.

Waren:	große, reichhaltige Auswahl an tiefgefrorenen Torten und Kuchen, Sahneschnitten, traditionelle Backkuchen, Strudel, Biskuitrollen, Windbeutel u.v.m., außerdem ein Diabetiker-Sortiment, auch viel 2. Wahl-Artikel mit oftmals nur kleinen Fehlern in der Verzierung
Ersparnis:	bei 1. Wahl bis zu ca. 20%, bei 2. Wahl bis zu ca. 40%
Zeiten:	Mo. bis Fr. 9.30-18.00 Uhr, Sa. 8.00-12.00 Uhr
Hinweise:	eine weitere Verkaufsstelle (Kuchenlädchen) mit gleichem Warenangebot befindet sich ca. 15 km entfernt in: 49497 Mettingen, Sunderstr. 11-13, Tel. (05452) 1328, geöffnet Mo. bis Fr. 9.00-18.00 Uhr, Sa. 8.00-12.00 Uhr
Weg:	die Firma befindet sich im Industriegebiet direkt an der A 1, Ausfahrt Osnabrück-Hafen Richtung Osnabrück, Richtung „TÜV", beim „Ratio-Markt" rechts ab, dann ist die Firma ausgeschildert

49084 Osnabrück

▶ L'ITALIANO

L'italiano Ice Cream GmbH
49084 Osnabrück Fledder / Hettlicher Masch 16
Tel. (0541) 50505-0 / litaliano.de

L'italiano ist ein führender Anbieter von portionierbarem Speiseeis für die Gastronomie. Das Unternehmen wurde im Jahr 1995 als Gemeinschaftsunternehmen der beiden Familienunternehmen Roncadin und Piccoli gegründet und betreibt auch 20 eigene Shops.

Waren:	Speiseeise aller Art, von 2500 ml-Hauspackungen über Multipackungen bis hin zu Kleineis am Stiel, außerdem tiefgefrorene Pizzen, Nudelgerichte, diverse Ciabatta-Produkte, Torten etc.
Ersparnis:	durchschnittlich 30%, bei Bruchware 50% und mehr möglich
Zeiten:	Di. bis Fr. 10.00-17.30 Uhr, Sa. 9.00-13.00 Uhr
Weg:	A 33 Ausfahrt Osnabrück-Fledder Richtung Innenstadt auf die Hannoversche Str., nach ca. 500 m bei der großen Ampel-

49124 Georgsmarienhütte

kreuzung rechts in „Am Huxmühlenbach", dann nach ca. 50 m rechts in „Am Hettlicher Masch", nach weiteren ca. 500 m erreicht man die 10 m hohe Eiswaffel der Firma

49124 Georgsmarienhütte

▶ BERNING

Gustav Berning GmbH & Co. KG / Schokoladenfabrik
49124 Georgsmarienhütte / Alte Heerstr. 1
Tel. (05401) 8640-0 / berning.de

Die Firma Berning fertigt seit 1915 unter Verwendung hochwertige Zutaten Pralinen-Spezialitäten, welche zum Teil noch heute handgefertigt werden.

Waren: Schokopralinen, Weinbrandpralinen, Mintplätzchen, Jamaika Rumkugeln, Trüffel, Fondantpralinen, Marzipan-Spezialitäten

Ersparnis: preisgünstiges Warenangebot

Zeiten: Mi. 10.30-12.00 Uhr

Hinweise: kein eingerichteter Privatverkauf, der Verkauf ist eigentlich nur für Betriebsangehörige, zu o.g. Zeiten aber auch für Besucher möglich, sehr kleiner Verkaufsraum, gelegentlich ist auch günstige Bruchware erhältlich

Weg: Georgsmarienhütte liegt ca. 5 km südlich von Osnabrück, in Georgsmarienhütte befindet sich die Firma im Stadtteil Harderberg, hier im Industriegebiet gegenüber der Total-Tankstelle

49176 Hilter

▶ HANSA

apetito AG
49176 Hilter / Münsterstr. 9-15
Tel. (05424) 236-0 / hansa-food.de

Hansa ist eine Marke der apetito-Gruppe. apetito zählt mit fast 50 Jahren Erfahrung in der Gemeinschaftsrestauration zu den Marktführern der Branche in Deutschland und Europa.

Waren: Tiefkühlkost wie z.B. Fertigmenüs, Pizzen, Lasagne, Knuspertaschen, Suppen, Eis etc., Marke hansa

Ersparnis: bis zu 40%; Preisbeispiel: Fertiggerichte für EUR 1,-

Zeiten: Mo. 10.00-17.00 Uhr, Fr. 10.00-16.00 Uhr, Sa. 9.00-12.00 Uhr

Hinweise: es ist ausschließlich 2. Wahl mit z.B. Untergewicht oder leichten Verpackungsmängeln wie z.B. verrutschtem Etikett erhältlich, die Ware selbst ist aber einwandfrei

49201 Dissen

Weg: Hilter liegt im Teutoburger Wald, ca. 20 km südlich von Osnabrück, die Firma befindet sich in Hilter an der Straße Richtung Bad Iburg auf der linken Seite, der Verkauf erfolgt im Container vor der Schranke

49179 Ostercappeln

▶ WAFFEL MEYER

Meyer zu Venne GmbH & Co. KG / Waffelfabrik
49179 Ostercappeln / Hauptstr. 1-5
Tel. (05476) 9202-0 / waffel-meyer.com

Das Unternehmen wurde im Jahr 1949 gegründet. Heute werden in der größten Eishörnchenfabrik Europas auf über 50 Backanlagen mehr als 100 Waffel- und Gebäcksorten gebacken. Das angegliederte Waffelbackmuseum zeigt die Anfänge des Waffelbackens vom Jahr 1600 bis heute. Über eine Aussichtsfreibühne kann die Waffelproduktion direkt besichtigt werden.

Waren: große Auswahl an Waffeln, Keksen und saisonalen Gebäcken aller Art, Waffelbecher, Waffellöffel, Waffeltüten, Eishörnchenwaffeln, Schokokekse etc.

Ersparnis: bis zu 50%, Preisbeispiel: 1 kg Waffelhörnchen für EUR 3,10

Zeiten: Mo. bis Fr. 9.30-12.30 Uhr und 14.00-17.00 Uhr, Sa. 9.30-12.30 Uhr

Hinweise: ein angegliedertes Waffelbackmuseum kann während der Verkaufszeiten besichtigt werden

Weg: Ostercappeln liegt ca. 15 km nordöstlich von Osnabrück an der B 51, links ab auf die B 218 Richtung Bramsche in den Ortsteil Venne, in Venne befindet sich die Firma nicht zu übersehen direkt an der Ortsdurchgangsstraße

49201 Dissen

▶ HOMANN

Homann Feinkost GmbH & Co. KG
49201 Dissen / Bahnhofstr. 4
Tel. (05421) 31-1 / homann.de

Über 125 Jahre Erfahrung haben aus dem Unternehmen einen Marktführer im Bereich Feinkostsalate und einen führenden Hersteller von Fisch-Feinkost, Dressings und Saucen gemacht.

Waren: Feinkost-Salate aller Art, Rohkostsalate, außerdem gekühlte Dressings, Saucen, Mayonnaise, Brotaufstriche, Grütze, Fischmarinaden, tiefgekühltes Gemüse etc., ständig wechselnde Angebotspalette, in Gebindegrößen von 20 g bis 10 kg

Ersparnis: ca. 10-60%

49205 Hasbergen

Zeiten:	Mo. bis Fr. 10.00-18.00 Uhr, Sa. 9.00-13.00 Uhr
Hinweise:	es sind hauptsächlich 1B-Ware mit z.B. leicht beschädigter Verpackung oder falscher Auszeichnung sowie Restposten und Ware die nahe dem Verfallsdatum datiert erhältlich
Weg:	Dissen liegt ca. 20 km südöstlich von Osnabrück, A 33 Ausfahrt Dissen Richtung Zentrum, im Ort ist die Firma nicht zu übersehen

49205 Hasbergen

▶ HEIN

EG-Fleischwarenfabrik Dieter Hein GmbH & Co. KG
49205 Hasbergen / Berliner Str.
Tel. (05405) 69910 / dieter-hein.com

Waren:	große Auswahl an Wurst-, Schinken-, Fleisch- und Feinkostwaren aller Art wie Frischwurst, Dauerwurst, Bratwurst u.v.m., außerdem Tiefkühlware, auch Eis
Ersparnis:	bei Frischfleisch keine, ansonsten bis zu ca. 30%
Zeiten:	Mo. und Mi. 8.00-13.00 Uhr, Di. und Do. 8.00-13.00 Uhr und 15.00-18.00 Uhr, Fr. 8.00-18.00 Uhr, Sa. 8.00-13.00 Uhr
Hinweise:	separate Verkaufsstelle (Hein C + C Frischemarkt), es ist auch viel 2. Wahl erhältlich
Weg:	Hasbergen liegt ca. 10 km südwestlich von Osnabrück Richtung Lengerich, dort ist die Firma an den Hauptstraßen ausgeschildert

49424 Goldenstedt

▶ LORENZ

s. Seite 609

The Lorenz Bahlsen Snack-World GmbH & Co. KG
49424 Goldenstedt / Barnstorfer Str. 1-3
Tel. (04444) 96330 / lorenz-snackworld.de

Hermann Bahlsen übernimmt 1889 das „Fabrikgeschäft engl. Cakes und Biscuits" von H. Schmuckler in Hannover. 1935 werden die ersten Salzstangen - Salzletten - auf dem deutschen Markt eingeführt. Alle Artikel sind im wahrsten Sinne des Wortes in aller Munde. Jeder der schon mal ins Snack-Regal gegriffen hat ist Marken wie z.B. Crunchips, NicNac's, Erdnuss Locken etc. begegnet.

Waren:	Lorenz-Produkte wie Crunchips, Chipsletten, Salzletten, Nic Nac's, Erdnusslocken etc. sowie eine Auswahl an Bahlsen Kuchen und Parlasca Gebäck, außerdem Waffeln und Negerküsse von Grabow
Ersparnis:	bis zu 50%, Bruchware ist besonders preiswert
Zeiten:	Mo bis Fr. 10.00-18.00 Uhr, Sa. 9.00-13.00 Uhr

49549 Ladbergen

Hinweise: separater Fabrikladen, es ist ausschließlich 2. Wahl erhältlich

Weg: Goldenstedt liegt ca. 10 km südlich von Wildeshausen, A 1 Bremen-Osnabrück Ausfahrt Wildeshausen, auf die Umgehungsstraße von Wildeshausen nach Goldenstedt, durch Goldenstedt südlich in Richtung Barnstorf, am Ortsausgang ist die Firma nicht zu übersehen

49429 Visbek

▶ AGRIMEAT

agrimeat GmbH
49429 Visbek Rechterfeld / Heide 60
Tel. (04445) 9627-0 / agrimeat.de

Waren: frisches Putenfleisch als Teilstücke, küchenfertige Fleischzubereitungen aus Putenfleisch, geräucherte Truthahnbrust und -keulen, Truthahnwurstsortiment, gebratene Convenience-Artikel wie panierte Putenschnitzel, Truthahn-Nuggets, Frikadellen etc.

Ersparnis: ca. 20-30%, unterschiedlich je nach Artikel

Zeiten: Fr. 9.00-17.00 Uhr

Hinweise: der Verkauf erfolgt im Truthahnshop direkt an der Produktionsstätte

Weg: Visbek liegt zwischen Wildeshausen und Vechta, die Firma befindet sich im Ortsteil Rechterfeld, dort an der Volksbank links einbiegen, geradeaus bis über die Bahnschienen, gleich auf der linken Seite befindet sich die Firma

49549 Ladbergen

▶ HEEMANN

Heemann Lebkuchen- und Süßwaren GmbH
49549 Ladbergen / Im Sande 3
Tel. (05485) 840

Waren: Schokodominosteine, Waffelröllchen, Lebkuchen- und feine Gebäckspezialitäten, Weingummi aller Art

Ersparnis: ca. 30% im Durchschnitt, 2. Wahl ist besonders preiswert

Zeiten: Mo. bis Fr. 8.30-18.30 Uhr, Sa. 8.30-13.00 Uhr

Weg: A 1 Osnabrück-Münster Ausfahrt Ladbergen auf die B 475 Richtung Warendorf, am Kreisverkehr geradeaus und an der 1. Ampel rechts Richtung Ladbergen, dann rechts in die

49638 Nortrup

Industriestr. und anschließend wiederum rechts in „Im Sande", gleich auf der linken Seite befindet sich das Werksgelände

49638 Nortrup

▶ KEMPER

H. Kemper GmbH & Co. KG / Fleischwarenfabrik
49638 Nortrup / Hauptstr. 2
Tel. (05436) 520 / kemper-nortrup.de

Firmengründer Hermann Kemper begann 1888 mit der Produktion von Wurstwaren und Schinken. Heute zählt das Unternehmen mit mehr als 1.200 Mitarbeitern zu Europas führenden Herstellern von Rohwurst-, Schinken- und Brühwurst-Spezialitäten. Kunden in ganz Deutschland, den europäischen Nachbarstaaten und in Übersee werden beliefert.

Waren: große Auswahl an Dauerwurst und Schinkenspezialitäten, Rohwurst, Brühwurst, Kochwurst, Aspik, Schinken, teilweise auch etwas Fleisch

Ersparnis: unterschiedlich, günstige Angebote

Zeiten: Mo. bis Fr. 8.30-18.00 Uhr, Sa. 8.30-12.00 Uhr

Hinweise: angegliedertes Ladengeschäft, gelegentlich ist auch günstige Bruchware erhältlich

Weg: Nortrup liegt ca. 40 km nördlich von Osnabrück, dort befindet sich die Firma im Industriegebiet Richtung Bahnlinie, vor dem Übergang auf der rechten Seite

49744 Geeste

▶ COPPENRATH & WIESE

Coppenrath & Wiese / Coppenrath's Knusperlädchen
49744 Geeste Groß-Hesepe / Meppener Str. 115
Tel. (05937) 2257 / coppenrath-wiese.de

1975 gründeten die Vettern Aloys Coppenrath und Josef Wiese die Conditorei. Den Anfang machte die „Wiener Platte" mit sechs kleinen Törtchen. Schon bald folgten die klassischen Sahnetorten. Aufgrund der starken Nachfrage wurde in den 80er Jahren das Sortiment um Backkuchen und Strudel erweitert. 1997 wurden die „Goldstücke" - Deutschlands erste fertig gebackene Brötchen aus der Tiefkühltruhe kreiert.

Waren: große, reichhaltige Auswahl an tiefgefrorenen Torten und Kuchen, Sahneschnitten, traditionelle Backkuchen, Strudel, Biskuitrollen, Windbeutel u.v.m., auch Diabetiker-Sortiment

Ersparnis: bei 1. Wahl bis zu ca. 20%, bei 2. Wahl bis zu ca. 40%

52070 Aachen

Zeiten: Mo. bis Fr. 9.00-11.30 Uhr und 15.00-18.00 Uhr, Sa. 9.00-12.00 Uhr und 15.00-18.00 Uhr, So. 10.00-12.00 Uhr und 14.30-18.00 Uhr

Hinweise: Ladengeschäft mit angegliedertem Café

Weg: Geeste liegt an der B 70 zwischen Meppen und Lingen, die Firma befindet sich in Groß-Hesepe in der Ortsmitte, schräg gegenüber der Kirche

51149 Köln

▶ STOLLWERCK

s. Seite 609

Stollwerck Werksverkauf
51149 Köln Porz / Stollwerckstr. 27-31
Tel. (02203) 9030260 / imhoff-suesswaren.de

Die Geschichte der Stollwerck AG geht zurück bis ins Jahr 1839. Damals eröffnete Franz Stollwerck sein erstes Werk, in dem er Hustenbonbons produzierte. Im Jahr 1906 wird Alpia als Markenname eingetragen. Heute ist die Stollwerck AG ein internationales Unternehmen und besitzt neben den Kernmarken Alpia, Sarotti und Gubor Stollwerck viele Spezialitätenmarken. Schwarze Herren Schokolade, Eszet-Schnitten, Alprose oder Scho-Ka-Kola stehen für den langjährigen Erfolg, ebenso die internationalen Marken Van Houten und Jacques.

Waren: Schokoladenerzeugnisse aller Art wie z.B. Pralinen, Riegel, Tafelschokolade etc., Marken Sarotti, Gubor, Alpia, Alprose, Waldbaur, Karina, Schwarze Herrenschokolade, Stollwerck, Delacre und Eszet Schnitten, außerdem Frucht- und Weingummispezialitäten sowie Gebäckartikel

Ersparnis: bei 1. Wahl bis zu ca. 25%, bei Bruch- und B-Ware ca. 30-60%, besonders beliebt sind 1 kg Bruchpralinen für EUR 5,79

Zeiten: Mo. bis Fr. 10.00-17.00 Uhr

Weg: A 4 Ausfahrt Köln-Poll Richtung Köln-Poll/Köln-Porz, bei der Gabelung rechts nach Porz auf der Siegburger Str., anschließend bei der André-Citroën-Str. links abbiegen und weiter auf die Stollwerckstr., dann die erste Straße links in die Claudiastr. einbiegen

52070 Aachen

▶ ZENTIS

Franz Zentis GmbH & Co.
52070 Aachen / Jülicher Str. 177
Tel. (0241) 47600 / zentis.de

Die Geschichte der Konfitüren- und Süßwarenfabrik Franz Zentis begann im Juni 1893, als Franz Zentis in Aachen ein Kolonialwaren- und Lebensmittelgeschäft gründete. Heute beschäftigt das Unternehmen rund 1.300 Mitarbeiter in Aachen und gilt als einer der größten fruchtverarbeitenden Betriebe Europas.

52072 Aachen

Waren:	Brotaufstriche wie Konfitüren aller Art, auch für Diabetiker, sowie Nuss-Nougat-Creme und Pflaumenmus, außerdem Süßwaren wie z.B. Marzipanartikel, die Artikel sind meist nur in Gebinden (z.B. 6er-Packs) erhältlich
Ersparnis:	preisgünstiges Warenangebot
Zeiten:	Mo. bis Fr. 9.00-11.45 Uhr und 12.30-16.30 Uhr
Hinweise:	der Verkauf ist eigentlich nur als Personalverkauf gedacht, Einkäufe unsererseits waren jedoch bei unseren Besuchen stets möglich
Weg:	bis Autobahnende A 544, am Kreisverkehr Europaplatz die erste Ausfahrt in die Joseph-von-Görres-Str., am Ende dieser Straße rechts auf die Jülicher Str. abbiegen, nach ca. 200 m befindet sich auf der linken Seite die Einfahrt zum Kundenparkplatz, der Verkauf befindet sich direkt beim Pförtner

52072 Aachen

▶ LAMBERTZ

**Henry Lambertz GmbH & Co. KG /
Aachener Printen- und Schokoladenfabrik
52072 Aachen / Borchersstr. 18
Tel. (0241) 8905-0 / lambertz.de**

Das Familienunternehmen blickt auf eine 300-jährige Geschichte zurück. Neben der Traditionsmarke Lambertz gehören heute die Marken Kinkartz, Haeberlein & Metzger und Lebkuchen Weiss zum Hause Lambertz. Mit über 3.000 Mitarbeitern werden in sieben Produktionsstätten süße Spezialitäten für die Lambertz-Gruppe hergestellt.

Waren:	Aachener Printen, Spritzgebäck, Dominosteine, Spekulatius, Spitzkuchen, Lebkuchen, Plätzchen etc., auch versch. Gebäckmischungen
Ersparnis:	ca. 25% bei regulärer Ware, 2. Wahl ist noch etwas günstiger
Zeiten:	Mo. bis Fr. 9.00-18.00 Uhr, Sa. 9.00-15.00 Uhr, in der Vorweihnachtszeit verschieben sich die Zeiten um ca. 1 Stunde nach hinten
Hinweise:	der Werksladen befindet sich neben dem Verwaltungsgebäude
Weg:	A 4 Richtung Heerlen/Antwerpen Abfahrt Laurensberg Richtung Aachen/Laurensberg, anschließend rechts ab auf die Schnellstraße Richtung Süsterfeld/Klinikum, die Ausfahrt Süsterfed/Laurensberg nehmen und links über die Brücke, an der ersten Kreuzung rechts in die Süsterfeldstr., die nächste links ist die Borcherstr.

52249 Eschweiler

▶ LINDT

Chocoladefabriken Lindt & Sprüngli GmbH
52072 Aachen / Süsterfeldstr. 130
Tel. (0241) 88810 / lindt.de

Lindt & Sprüngli hat die Geschichte der Schokoladeherstellung entscheidend mitgeprägt. So stellten der Konditormeister David Sprüngli und sein Sohn Rudolf schon 1845 in Zürich erstmals Chocolade in fester Form her. Damals wie heute bürgt der Name Lindt & Sprüngli für beste Qualität und höchsten Genuss.

Waren: große Auswahl an Schokoladen, Pralinen, gefüllte Schokostäbchen, Marzipan, Oster- und Weihnachtsartikel etc., alle Lindt-Artikel, vor Ostern und vor Weihnachten allerdings oftmals eingeschränkte Auswahl

Ersparnis: durchschnittlich ca. 30%

Zeiten: Mo. bis Fr. 9.00-18.00 Uhr, Sa. 9.00-13.00 Uhr, vor Ostern und vor Weihnachten Mo. bis Fr. 9.00-19.00 Uhr, Sa. 9.00-15.00 Uhr

Hinweise: der Verkauf befindet sich direkt neben dem Eingang, teilweise ist auch günstige Bruchware erhältlich

Weg: A 4 Ausfahrt Aachen-Laurensberg, rechts Richtung Innenstadt, nach ca. 400 m rechts Richtung „Klinikum Melaten", nach ca. 200 m die 1. Ausfahrt rechts, am Ende links, im Kreisverkehr die 1. rechts in die Süsterfeldstr., nach ca. 800 m befindet sich die Firma auf der linken Seite

52249 Eschweiler

▶ BAWAG

Bawag GmbH
52249 Eschweiler Weisweiler / Ernst-Abbe-Str. 32
Tel. (02403) 9451-0 oder -14 (Kleinverkauf) /
bawag-backwaren.de

Waren: hauptsächlich frisch produzierte Waffeln, von Oktober bis Weihnachten zusätzlich Honig- und Nussprinten, Printenmänner, Spitz- und Gewürzkuchen, Spekulatius, Hexenhäuschen, Dominos, Stollen, Geschenkkartons

Ersparnis: es sind sehr günstige Angebote erhältlich

Zeiten: Mo. bis Fr. 14.00-16.30 Uhr

Weg: Eschweiler liegt ca. 15 km östlich von Aachen an der A 4, Ausfahrt Weisweiler nach Weisweiler, hier befindet sich die Firma im „IGP-Park" (Industriegebiet)

53175 Bonn

53175 Bonn

▶ HARIBO

Haribo GmbH & Co. KG
53175 Bonn Bad Godesberg / Friesdorfer Str. 121
Tel. (0228) 9092930 / haribo.de

HARIBO-Produkte erfreuen sich weltweit großer Beliebtheit. Das Unternehmen exportiert in über 105 Länder der Erde, den HARIBO Goldbären, die Lakritz-Schnecke oder die beliebte Color Rado-Mischung. Fast überall auf der Welt machen diese Süßigkeiten Kinder und Erwachsene froh. Neben fünf Produktionsbetrieben in Deutschland hat HARIBO heute 13 weitere Betriebe in Europa. Vertriebsnieder-lassungen in fast jedem europäischen Land und den USA kommen hinzu.

Waren: große Auswahl an Süßwaren wie Gummibärchen, Weingummi, Lakritz, Maoam etc., komplettes Haribo-Sortiment

Ersparnis: reguläre Ware ist kaum günstiger, nur Sonderangebote und lose Ware sind etwas günstiger

Zeiten: Mo. bis Fr. 10.00-18.00 Uhr, Sa. 10.00-16.00 Uhr

Hinweise: großes Ladenlokal, es ist auch lose Ware nach Gewicht sowie Ware mit kleinen Verpackungsfehlern erhältlich

Weg: vom Zentrum Bonn in südöstlicher Richtung nach Bad Godesberg, hier befindet sich die Firma an der Hauptstraße am alten Haribo-Werk

53340 Meckenheim

▶ GRAFSCHAFTER

Grafschafter Krautfabrik Josef Schmitz KG
53340 Meckenheim / Wormersdorfer Str. 22-26
Tel. (02225) 9190-0 / grafschafter.de

Seit über 100 Jahren stellt das mittelständische Unternehmen das Traditionsprodukt „Grafschafter Goldsaft Zuckerrübensirup" her. Über die Jahre wurde die Produktpalette stetig erweitert.

Waren: Brotaufstriche wie Grafschafter Goldsaft, Apfelkraut, Winterzauber, Birnenschmaus, Lütticher Delikatesse, Karamell-Sirup, Heller Sirup und Pflaumenmus

Ersparnis: ca. 30% im Durchschnitt

Zeiten: Mo. bis Do. 8.00-16.30 Uhr, Fr. 8.00-14.00 Uhr

Hinweise: kein eingerichteter Privatverkauf, der Verkauf erfolgt am Verwaltungseingang, Abgabe nur in 12-er Kartons

Weg: A 565 Ausfahrt Meckenheim-Nord, durch Meckenheim Richtung Wormersdorf befindet sich die Firma am Ortsausgang auf der rechten Seite, ca. 200 m nach „Aldi"

58135 Hagen

56751 Polch

▶ GRIESSON - DE BEUKELAER

s. Seite 613

**Griesson - de Beukelaer GmbH & Co. KG
56751 Polch / Nettestr.
Tel. (02654) 401-0 oder -1721 (Verkaufsladen) /
griesson-debeukelaer.de**

Griesson - de Beukelaer ist einer der bedeutendsten Süß- und Salzgebäckhersteller Europas. Als Hersteller eines Sortiments von Süßgebäck bis hin zu knusprig salzigen Snacks bietet Griesson-de Beukelaer eine breite Vielfalt für den deutschen und internationalen Gebäckmarkt. Bekannte Markenartikel wie die Prinzen Rolle, TUC und Soft Cake stehen für gleich bleibende Qualität und Anspruch.

Waren: süße und salzige Produkte wie Prinzen Rolle, Soft Cake, Waffelgebäcke, TUC Cracker, Knusperbrot Leicht & Cross, je nach Saison Weihnachtsgebäck, Schweizer Schokolade, Pralinen usw. sowie Gebäck von Tekrum wie Mandelhörnchen oder Florentiner

Ersparnis: bei regulärer Ware gering, bei Restposten und Bruchware bis zu 50%, Pfundbeutel mit 2. Wahl sind besonders preiswert

Zeiten: Mo. bis Fr. 9.00-18.00 Uhr, Sa. 9.00-13.00 Uhr

Hinweise: es ist überwiegend 2. Wahl erhältlich, Gebäck kann kostenlos probiert werden

Weg: A 48 Ausfahrt Polch Richtung Polch, im 1. Kreisverkehr der Hauptrichtung folgen, hinter dem 2. Kreisverkehr gegenüber der Tankstelle links einbiegen, die Straße ca. 500 m weiterfahren, dann gegenüber der Kartbahn rechts in die Nettestr. einbiegen

58135 Hagen

▶ BRANDT

**Brandt Zwieback-Schokoladen GmbH + Co. KG /
Barverkauf im Haus Stennert
58135 Hagen Haspe / Enneper Str. 3
Tel. (02331) 477-0 / brandt-zwieback.de**

Im Jahr 1912 gründete Carl Brandt die „Märkische Zwieback- und Keksfabrik" in Hagen. 1929 wird die Zwieback-Herstellung mechanisiert und es kommt die erste selbst entwickelte und patentierte Zwieback-Schneidemaschine zum Einsatz. „Brandt Markenzwieback" wurde schon damals in der bis heute bewährten „Frischbleibe-Packung" verkauft. Bis heute hat sich die Brandt-Gruppe zu einem bedeutenden Anbieter im deutschen Trockenflachbrot- und Süßwarenbereich entwickelt und produziert an sechs Standorten in Deutschland.

Waren: Zwieback in allen Varianten, außerdem Brödli, Kekse, Waffeln, Knusper Kugeln, Kuchen, Knabberartikel, Schokoladenartikel (auch Ritter Sport-Sorten) sowie Oster- und Weihnachtsartikel

Ersparnis: es sind sehr günstige Angebote erhältlich, besonders bei Bruchware

Nahrung/Genuss

59457 Werl

Zeiten:	Mo. bis Fr. 10.00-18.30 Uhr
Hinweise:	nach Voranmeldung sind Führungen in der „Zwiebackwelt" von Mo. bis Fr. jeweils um 15.00 Uhr und um 16.00 Uhr möglich, Eintritt: EUR 2,- für Erwachsene und EUR 1,- für Kinder
Weg:	A 1 Ausfahrt Volmarstein/Haspe Richtung Haspe Richtung Haspe auf die Grundschöttelerstr., an der nächsten großen Kreuzung (3. Ampel) links auf die Enneper Str. und hier nach ca. 100 m rechts auf den Parkplatz des alten Fachwerkhauses „Stennert"

59457 Werl

▶ DREIMEISTER

Hans Schröder GmbH / Dreimeister Spezialitäten
59457 Werl Westönnen / Weststr. 47-49
Tel. (02922) 87730 / dreimeister.de

Waren:	Pralinen aller Art, auch handgemacht, Trüffel, Geschenkpackungen, außerdem Teegebäck und Käsestangen
Ersparnis:	nur Angebote und Bruchware sind preiswerter; Preisbeispiel: Bruchware von Trüffel 250 g für EUR 3,80 und von Gebäck je nach Gewicht EUR 1,50 oder 2,-
Zeiten:	Mo. bis Fr. 9.00-17.00 Uhr
Weg:	Werl liegt östlich von Dortmund an der A 44 Richtung Kassel, die Firma befindet sich im Ortsteil Westönnen im Industriegebiet

59494 Soest

▶ KUCHENMEISTER

Kuchenmeister GmbH
59494 Soest / Coesterweg 31
Tel. (02921) 7808-0 / kuchenmeister.de

Kuchenmeister hat eine der modernsten Produktionsstätten Europas für Konditoreiwaren. Die Fertigungsanlagen im Soester Stammhaus ermöglichen eine tägliche Produktion von über 500.00 Stück frischer Produkte. Das gesamte Produktionsprogramm umfasst mehr als 200 Artikel, die Verbrauchern in über 50 Ländern der Erde schmecken.

Waren:	Tortenböden, Baumkuchen, Baumkuchen-Spitzen und -Tiere, Butter-Röllchen, Cakes, Folienkuchen, Kinderhörnchen, Kinderspaß, Koala, Muffins, Soft- und Vicelli-Riegel, Kuchenscheiben, Edel-Torten, Linzer-Torten, Schokoladen-Torten, Stollen, Platenkuchen, Milchbrötchen, Croissants, Waffeln u.v.m.
Ersparnis:	ca. 25% bei regulärer Ware, ca. 50% bei 2. Wahl-Artikeln

63512 Hainburg

Zeiten: Mo. bis Fr. 9.00-17.00 Uhr

Hinweise: separates Ladengeschäft am Werk, es ist auch 2. Wahl erhältlich

Weg: A 44 Dortmund-Kassel Ausfahrt Soest-Ost, von dort Richtung Industriegebiet Südost, die Firma befindet sich nahe der Autobahn

63263 Neu-Isenburg

► LORENZ

s. Seite 619

The Lorenz Bahlsen Snack-World GmbH & Co. KG
63263 Neu-Isenburg / Rathenaustr. 54
Tel. (06102) 816693 / lorenz-snackworld.de

Hermann Bahlsen übernimmt 1889 das „Fabrikgeschäft engl. Cakes und Biscuits" von H. Schmuckler in Hannover. 1935 werden die ersten Salzstangen - Salzletten - auf dem deutschen Markt eingeführt. Alle Artikel sind im wahrsten Sinne des Wortes in aller Munde. Jeder der schon mal ins Snack-Regal gegriffen hat ist Marken wie z.B. Crunchips, NicNac's, Erdnuss Locken etc. begegnet.

Waren: Lorenz-Produkte wie Crunchips, Chipsletten, Salzletten, Nic Nac's, Erdnusslocken etc. sowie eine Auswahl an Bahlsen Kuchen und Parlasca Gebäck, außerdem Waffeln und Negerküsse von Grabow

Ersparnis: bis zu 50%, Bruchware ist besonders preiswert

Zeiten: Mo. bis Fr. 10.00-18.00 Uhr, Sa. 9.00-13.00 Uhr

Hinweise: separater Fabrikladen im Lorenz-Verwaltungsgebäude, es ist ausschließlich 2. Wahl erhältlich

Weg: Neu-Isenburg liegt ca. 10 km südlich von Frankfurt a. M., A 661 Ausfahrt Neu-Isenburg Richtung Neu-Isenburg ca. 2 km immer geradeaus bis zur großen Kreuzung, hier weiter geradeaus und nach ca. 500 m links in das Gewerbegebiet-Süd

63512 Hainburg

► KÖHLER

Philipp A. N. Köhler
63512 Hainburg / Herder Str. 31-33
Tel. (06182) 4116 / koehlerkuesse.de

Die Unternehmensgründung erfolgte im Jahr 1933 in Klein-Krotzenburg als Waffelbäckerei, in der auch Zutaten zur Herstellung von Speiseeis hergestellt wurden. In den 40er Jahren stellte die Firma einen Vorläufer des heutigen Negerkusses her, „Köhler's Wunder-Mohren-Tüte". Es handelte sich dabei um ein Hörnchen mit einer Füllung aus „Negerkuss" und in der Waffel waren lauter kleine Überraschungen versteckt. In den 50er Jahren kamen Eisdielen in Mode uns so baute die Firma Köhler ihren Großhandel für Eisdielen und Eiscafés aus. 1962 wurde die Produktion von Waffeln zugunsten der Negerkussproduktion eingestellt. Heute werden ca. 100.000 Negerküsse am Tag hergestellt und der Verkauf ab Fabrik erfreut sich aufgrund der Frische und Qualität wachsender Beliebtheit.

64319 Pfungstadt

Waren:	hauptsächlich Negerküsse aller Art in versch. Größen und Geschmacksrichtungen (ca. 14 Sorten) sowie Mohrentüten, Schaumwaffeln und Schoko-Schalen, außerdem Liköre aus dem Hause Verpoorten sowie Eierlikör-Waffelbecher, zudem Süßwaren aller Art wie z.B. Puffreis, Marzipanstangen u.a.m.
Ersparnis:	preisgünstiges Warenangebot, Bruchware (falls vorhanden) ist besonders preiswert; Preisbeispiel: 25 normale Negerküsse für EUR 3,-
Zeiten:	Mo. bis Mi., Fr. 8.00-17.00 Uhr, Do. 8.00-18.30 Uhr, Sa. 9.00-13.00 Uhr
Hinweise:	kleiner Verkaufsraum beim Eingang, teilweise ist auch günstige Bruchware erhältlich
Weg:	Hainburg liegt ca. 20 km südöstlich von Frankfurt, von Seligenstadt kommend befindet sich die Firma direkt an der Hauptstr. nach Hainburg

64319 Pfungstadt

▶ KAMPS

Kamps Brot Süd-West GmbH & Co. KG
64319 Pfungstadt / Ostendstr. 8
Tel. (06157) 14-0 / kamps.de

Kamps ist ein führender Backspezialist in Europa und beliefert täglich mehr als 23.000 Filialen des Lebensmittel-Einzelhandels in Deutschland mit frischem Brot und frischen Backwaren der Marken Golden Toast und Lieken Urkorn sowie mit Eigenmarken für Handelsunternehmen. Kamps gehört seit 2002 zur Barilla-Gruppe. In Italien ist Barilla das führende Unternehmen auf dem Sektor der Backwaren und der Fertigsaucen und gehört auch europaweit zu den führenden Backwarenherstellern.

Waren:	Schnitt- und Laibbrot, Knäckebrot, Vollkornbrot, Kuchen, Toastbrot, Baguette zum Fertigbacken, Hamburger Brötchen etc., es ist hauptsächlich Über- und Ausschussware erhältlich, keine Garantie auf Sortimentsvollständigkeit
Ersparnis:	30-50%, Brot vom Vortag ist noch preiswerter
Zeiten:	Mo. 13.00-17.00 Uhr, Di. bis Fr. 9.00-17.00 Uhr, Sa. 8.00-12.00 Uhr
Hinweise:	eine weitere Verkaufsstelle befindet sich in: 64589 Stockstadt, Odenwaldring 6-12, Tel. (06158) 993-106, geöffnet Mo. bis Fr. 9.00-17.00 Uhr, Sa. 8.00-12.00 Uhr
Weg:	A 5 Frankfurt-Heidelberg, Ausfahrt Pfungstadt, die Firma befindet sich am Ortsrand im Industriegebiet

64521 Groß-Gerau

64358 Reichelsheim

▶ EBERHARDT

**Wilhelm Eberhardt oHG
64358 Reichelsheim Beerfurth / Schwimmbadstr. 3
Tel. (06164) 2231**

Waren: Back- und Schokoladenwaren wie z.B. Kokosmakronen, Magenbrot, Lebkuchen, Schokohohlfiguren wie Osterhasen und Weihnachtsmänner

Ersparnis: preisgünstiges Warenangebot

Zeiten: von September bis Ostern Mo. bis Fr. 8.00-12.00 Uhr und 13.30-18.00 Uhr, Sa. 8.30-15.00 Uhr

Weg: Reichelsheim liegt im Odenwald an der B 38 zwischen Reinheim und Lindenfels, die Firma befindet sich im Ortsteil Beerfurth

64521 Groß-Gerau

▶ ERLENBACHER

**Erlenbacher Backwaren GmbH
64521 Groß-Gerau / Wasserweg 39
Tel. (06152) 803-0 oder -357 (Fabrikverkauf) / erlenbacher.de**

Mit über 30 Jahren Erfahrung ist das Unternehmen Spezialist für Premium Tiefkühl-Backwaren. Los ging es mit einem Apfelkuchen. Inzwischen werden weit über 300 Artikel in allen erdenklichen Variationen produziert. Seit 2002 gehört das Unternehmen zu Nestlé.

Waren: tiefgefrorene Kuchen, Torten und Kleingebäck aller Art wie z.B. Käse-, Apfel- und Kirschkuchen, Käsesahnetorte, Schwarzwälder Kirschtorte, außerdem Sahne- und Cremeschnitten, Croissants, Laugengebäck etc., teilweise eingeschränkte Auswahl

Ersparnis: durchschnittlich ca. 50%; Preisbeispiele: 10 Laugenbrötchen oder Apfelkuchen 350 g für EUR 1,- und Käsekuchen 1 kg für EUR 1,80

Zeiten: Mo. bis Fr. 9.00-18.30 Uhr

Hinweise: es ist sowohl 1. als auch 2. Wahl erhältlich

Weg: Groß-Gerau liegt ca. 20 km südöstlich von Mainz, A 67 Ausfahrt Groß-Gerau auf die B 44 Richtung Groß-Gerau, ca. 150 m geradeaus bis zur Ampel, links in das Industriegebiet (Breslauerstr./Wasserweg) abbiegen und ca. 500 m der Vorfahrtsstraße folgen, vor dem DOM-Hotel rechts, links befindet sich die Firma

64646 Heppenheim

▶ LANGNESE

Unilever Deutschland GmbH
64646 Heppenheim / Mozartstr. 82
Tel. (06252) 707-01 / langnese-fabrikverkauf.de

Unilever, durch den Zusammenschluss des britischen Seifenherstellers „Lever Brothers" mit der niederländischen „Margarine Unie" 1930 entstanden, ist heute einer der größten Konsumgüterhersteller der Welt. Seine Tochtergesellschaften produzieren und vertreiben ihre Produkte, überwiegend Nahrungsmittel, Wasch- und Reinigungsmittel, Körperpflege und Kosmetika, in der ganzen Welt.

Waren:	Tiefkühlprodukte wie Gemüse, Baguettes, Pizzen, Fertiggerichte, Fisch, Eis (Magnum, Solero Shots, Viennetta, Capri, Cornetto), jedoch immer wechselndes Angebot, aktuelles Angebot unter www.langnese-fabrikverkauf.de
Ersparnis:	30% und mehr, 2. Wahl ist besonders preiswert
Zeiten:	Mo. bis Fr. 9.00-19.00 Uhr
Hinweise:	es müssen immer feste Verkaufseinheiten abgenommen werden
Weg:	A 5 Heidelberg-Darmstadt Ausfahrt Heppenheim Richtung Heppenheim auf die Lorscher Str., rechts ab auf die Tiergartenstr., vorbei an „Obi" und dem „Toom"-Markt, dann kreuzt die Mozartstr.

65232 Taunusstein

▶ DITTMANN

Feinkost Dittmann Reichold Feinkost GmbH
65232 Taunusstein Neuhof / Im Meisel 6
Tel. (06128) 972-0 / feinkost-dittmann.de

Die Reichold Feinkost GmbH kann auf eine hundertjährige Erfahrung im Bereich der Feinkost zurückgreifen. Neben der Dachmarke Feinkost Dittmann gliedert sich das Sortiment in die Marken La Española, Ajolix, La Taparia, Casa Deliziosa, Rossini und Piquaño's. Die Produkte werden im In- und Ausland vertrieben.

Waren:	Feinkostartikel wie Antipasti, Fisch-Spezialitäten, Sardellen-Produkte, Sauerkonserven, Pepperoni, Oliven, eingelegter Knoblauch, Tomaten, Champignons, Kapern, Schafskäse, Öle, Essige, Saucen, ausländische Weine etc.
Ersparnis:	bis zu 50%, besonders günstig sind Artikel mit bald ablaufendem Mindesthaltbarkeitsdatum oder mit kleinen Verpackungsfehlern, viele Artikel ab EUR -,50
Zeiten:	ca. 1x pro Monat findet jeweils einen Tag lang, wenn dann meistens Sa. 8.00-13.00 Uhr, ein sog. Schnäppchenmarkt statt, die Termine können telefonisch erfragt werden, sie werden aber auch auf der Internetseite (News) angegeben

66620 Nonnweiler

Weg: A 3 Frankfurt-Köln Ausfahrt Idstein auf die B 275 Richtung Taunusstein, kurz vor Neuhof rechts ab in das Industriegebiet

66571 Eppelborn

▶ JUCHEM

Juchem Food Ingredients GmbH
66571 Eppelborn / Juchemstr. 25
Tel. (06881) 800-333 / schaumkuss.de

Die Firma Franz Juchem, Eppelborn wurde 1921 gegründet und betrieb einen Großhandel mit Lebensmittel-, Mehl-, Kohle- und Landesprodukten sowie einen Einzelhandel mit Baumaterialien und eine Mühle. Heute ist Juchem eine Unternehmensgruppe mit mehreren Geschäftsbereichen, zu denen auch die Herstellung von Süßwaren gehört.

Waren: Schaumküsse (Classic, Kokos, Schwarz/Weiß, Mocca, Krokant, Jumbo etc.), Schaumzuckerwaffeln, Spezialitäten wie Törtchen, Schaummuscheln, Kasseler-Zöpfe, Hörnchen etc., außerdem zuckerfreie Schaumzuckerwaren, Marken Jumi und Edsch

Ersparnis: günstige Angebote; Preisbeispiel Schaumküsse: 60 Stück von 1. Wahl für EUR 7,06

Zeiten: Mo. bis Fr. 9.00-18.00 Uhr, Sa. 9.00-12.00 Uhr

Weg: A 1 Trier-Saarbrücken Ausfahrt Eppelborn, Richtung Eppelborn bis zur Ampelkreuzung, rechts Richtung Industriegelände, nach den Bahngleisen ist die erste Straße links die Juchemstr., diese bis zum Ende durchfahren, der Fabrikverkauf befindet sich linker Hand auf dem Firmengelände

66620 Nonnweiler

▶ WAGNER

Wagner Tiefkühlprodukte GmbH
66620 Nonnweiler Otzenhausen / In den Schemeln
Tel. (06873) 6650 / wagner-pizza.de

Das Unternehmen ist einer der größten Hersteller von Tiefkühlpizzas in Europa. Gegründet wurde die Firma Wagner 1969 in Nonnweiler-Braunshausen. Wagner konzentrierte sich auf Tiefkühl-Pizzas für den Lebensmittel-Einzelhandel. Den Durchbruch bedeutete 1985 die Erfindung des ersten industriellen Steinbackofens und die Einführung der „Original Wagner Steinofen-Pizza". Vielen bekannt ist auch das Firmenmotto: „Einmal Wagner - Immer Wagner".

Waren: tiefgekühlte Pizzen aller Art und Flammkuchen

Ersparnis: Verkauf nur von Bruchware in 10er-Kartons (gleiche Sorte, jedoch nicht erkennbar welche) für EUR 12,- (Mini-Pizzas im 60er Karton auch für EUR 12,-), pro Person sind max. fünf 10er-Kartons erhältlich

66953 Pirmasens

Nahrung/Genuss

Zeiten: Mo. und Mi. 15.00-17.00 Uhr

Hinweise: der Verkauf ist für die Mitarbeiter eingerichtet, auch Ortsansässige und Besucher können 2. Wahl-Artikel einkaufen, bei Besuchen unsererseits war dies immer problemlos möglich

Weg: Nonnweiler liegt an der A 1 Saarbrücken-Trier, Ausfahrt Nonnweiler, die Firma befindet sich im Industriegebiet in Otzenhausen, ist gut ausgeschildert

66953 Pirmasens

▶ WAWI

s. Seite 623

Wawi-Süßwarensaisonspezialitäten GmbH / Schokoladenfabrik
66953 Pirmasens / Unterer Sommerwaldweg 18-20
Tel. (06331) 239990 / wawi-euro.de

Die Anfänge des Unternehmens gehen zurück bis in das Jahr 1957, in dem Walter Müller ein Süßwarenfachgeschäft in Zweibrücken eröffnete, dem weitere Filialen in der Pfalz folgten. Im Jahr 1959 wurde mit der Produktion von Osterhasen begonnen. Heute ist Wawi weltweit vertreten. Das Stammwerk befindet sich in Pirmasens. Produziert wird auch in Australien, China, Kanada, Russland und Tschechien.

Waren: Schoko-Reis, Frischnuss-Schokolade, Confiserie-Artikel, Pralinen, Diät-Artikel, Mohrenköpfe, Adventskalender sowie Oster- und Weihnachtsartikel wie z.B. Schokohasen und Weihnachtsmänner, Marke Wawi

Ersparnis: ca. 30%, Bruchware ist besonders preiswert

Zeiten: Mo. bis Fr. 8.00-18.00 Uhr, Sa. 9.00-13.00 Uhr

Weg: nordöstlich vom Zentrum immer der Beschilderung „Kreisverwaltung" folgen, die Wawi-Schoko-Welt befindet sich vor der Kreisverwaltung, in der Nähe vom Wasserturm

67346 Speyer

▶ KEIM

Schokoladenfabrik Keim
67346 Speyer / Im Neudeck 24
Tel. (06232) 43513 / keim-schokolade.de

Das Unternehmen wurde im Jahr 1883 gegründet. Seit der Gründung gab es viele Produkt- und Sortimentswechsel, aber noch heute wird die Schokolade genauso liebevoll hergestellt, denn das Motto der Schokoladenfabrik Keim lautet: „Wir arbeiten nicht von Band, wir schaffen noch mit Herz und Hand."

Waren: Schokoladen, Puffreis, Magenbrot, Schokoküsse, Osterhasen und Nikoläuse, Pralinen, Schokoladenbruch, die Produkte werden von Hand geschminkt und dekoriert

70469 Stuttgart

Ersparnis: ca. 30%, Bruchware ist besonders preiswert

Zeiten: Mo. bis Fr. 8.00-12.00 Uhr und 13.00-17.00 Uhr, vor Ostern und Weihnachten zusätzl. auch Sa. 9.00-14.00 Uhr

Hinweise: separater Verkaufsraum

Weg: B 9 Abfahrt Speyer-Nord und rechts Richtung Speyer, an der 2. Ampelanlage nach dem Kreisel links ab Richtung Speyer-Nord/Waldsee, gleich an der nächsten Ampel rechts in die Tullastr., nach ca. 20 m wieder rechts ab in „Im Neudeck" und ca. 300 m geradeaus, dann befindet sich das Geschäft auf der linken Seite

68169 Mannheim

▶ BIRKEL

Birkel Teigwaren GmbH
68169 Mannheim / Franzosenstr. 9
Tel. (0621) 3235-0 / birkel.de

Das Unternehmen ist einer der größten deutschen Nudelhersteller. Birkel bietet schon seit Generationen nicht nur klassische, sondern auch innovative Nudelprodukte an, die höchsten Qualitätsansprüchen gerecht werden.

Waren: große Auswahl an Nudeln aller Art, u.a. Spätzle, Suppennudeln, Saison-Nudeln wie Wildkräuter-und Bärlauch-Nudeln, Lemon-Nudeln, außerdem Nudel-Saucen Nudel up oder Bolognese Arrabbiata sowie Instant-Snacks Minuto

Ersparnis: ca. 30-40%, bei Sonderangeboten ca. 50%; Preisbeispiel: 1 kg Birkel No. 1 mit Frischei für EUR 1,-

Zeiten: Mi. 8.00-17.00 Uhr

Weg: A 6 Ausfahrt Mannheim-Sandhofen nach Neckarstadt-West, hier befindet sich die Firma im Industriegebiet in der Nähe vom Industriehafen

70469 Stuttgart

▶ GUMMI-BÄREN-LAND

Gummi-Bären-Land Stuttgart /
Süßwaren-Direktverkauf der Jung Bonbonfabrik Vaihingen/Enz
70469 Stuttgart Feuerbach / Heilbronner Str. 393
(zwischen MediaMarkt und McDonald's)
Tel. (0711) 8069158 oder Hotline (07042) 907777 /
gummibaerenland.de

In der Jung Bonbonfabrik (Vaihingen/Enz) werden seit 1828 leckere Bonbonspezialitäten produziert, welche höchsten Qualitätsansprüchen entsprechen. Heute ist das Unternehmen in den Segmenten „Werbe-Süßigkeiten" und „Geschmackvolle Werbe-

71111 Waldenbuch

Ideen" Marktführer in Europa. Am Standort Vaihingen/Enz befindet sich außerdem das einzige Bonbonmuseum Deutschlands.

Waren: über 90 Fruchtgummi-Artikel, größtenteils mit Fruchtsaftgehalt, über 35 Bonbonsorten, Popcorn in bis zu 1,5 Kilo Packs, Zimt-Popcorn, Schokoladenartikel und -Spezialitäten, Pfefferminzartikel, Diabetikerartikel, Saisonartikel wie Osterhasen und Nikoläuse etc.

Ersparnis: durchschnittlich ca. 35%

Zeiten: Mo. bis Fr. 10.00-20.00 Uhr, Sa. 10.00-18.00 Uhr

Hinweise: auch Verkauf von Bruchware, es sind laufend Aktionsangebote erhältlich; weitere Verkaufsstellen befinden sich in Aalen, Backnang, Heilbronn, Pforzheim, Reutlingen und Vaihingen/Enz (siehe auch Anzeige Seite 3)

Weg: A 81 Ausfahrt Stuttgart-Zuffenhausen auf die B 10 Richtung Stuttgart, weiter B 10/B 27, ca. 100 m nach Ortseingang Stuttgart-Feuerbach rechts, direkt zwischen „McDonald's" und „MediaMarkt"

71111 Waldenbuch

▶ RITTER SPORT

**Alfred Ritter GmbH & Co. KG / Schokoladenfabrik
71111 Waldenbuch / Alfred-Ritter-Str. 27
Tel. (07157) 97-0 / ritter-sport.de**

Die Idee zum Format hatte eine praktisch denkende Frau: „Machen wir doch eine Schokolade die in jede Jackentasche passt ohne dass sie bricht, und die das gleiche Gewicht hat wie die normale dünne Langtafel". Das soll Clara Ritter 1932 zu ihrem Mann Alfred gesagt haben. Alle in der Familie waren begeistert und schon war das „Quadratisch. Praktisch. Gut." erfunden.

Waren: alles was Ritter produziert, Ritter Sport 100 g, 40 g, XXL, 150 g, Mini, Junior, Mint, Rum Knusperstücke, Diät 100 g, Quadretties, außerdem Kekse der Marke Loacker und Ritter-Poloshirts

Ersparnis: bei 1. Wahl ca. 10-15%, bei Bruchschokolade und Mischungen ca. 20-25%

Zeiten: Mo. bis Fr. 8.00-18.30 Uhr, Sa. 9.00-18.00 Uhr, oftmals auch So. 11.00-18.00 Uhr

Hinweise: der SchokoLaden befindet sich im Gebäude des Museum Ritter rechts neben dem Verwaltungsgebäude

Weg: Waldenbuch liegt ca. 20 km südlich von Stuttgart, in der Ortsmitte von Waldenbuch Richtung Böblingen abbiegen, die Firma befindet sich dann nach ca. 200 m auf der linken Seite, sie ist ab Ortsmitte auch ausgeschildert

71364 Winnenden

71332 Waiblingen

▶ BIRKEL

Birkel Teigwaren GmbH
71332 Waiblingen / Schüttelgrabenring 3b
Tel. (07151) 601-0 / birkel.de

Das Unternehmen ist einer der größten deutschen Nudelhersteller. Birkel bietet schon seit Generationen nicht nur klassische, sondern auch innovative Nudelprodukte an, die höchsten Qualitätsansprüchen gerecht werden.

Waren: große Auswahl an Nudeln aller Art, u.a. Spätzle, Suppennudeln, Saison-Nudeln wie Wildkräuter-und Bärlauch-Nudeln, Lemon-Nudeln, außerdem Nudel-Saucen Nudel up oder Bolognese Arrabbiata sowie Instant-Snacks Minuto

Ersparnis: ca. 30-40%, bei Sonderangeboten ca. 50%

Zeiten: Fr. 12.00-14.00 Uhr

Weg: Waiblingen liegt ca. 10 km nordöstlich von Stuttgart, die Firma befindet sich südlich vom Zentrum Waiblingen nahe der B 14, sie ist von der B 14 aus sichtbar

71364 Winnenden

▶ SADEX

s. Seite 623

Sadex Zuckerwarenfabrik GmbH
71364 Winnenden Hertmannsweiler / Lise-Meitner-Str. 14
Tel. (07195) 92680 / sadex.de

Im Jahr 1951 kam der damalige Firmeninhaber Fritz Sattler auf die Idee, eine „Kinder-Zigarette" aus gepresstem Brausepulver herzustellen. Da dieses Stäbchen schon damals auch Dextrose, also Traubenzucker, enthielt, war die Namensgebung klar: SAttler DEXtrose, also SADEX-Stäbchen. Das spätere Brause-Stäbchen entwickelte sich schnell zu einem bei Kindern und Erwachsenen beliebten Produkt und wird noch heute nach dem ursprünglichen, nur den geänderten lebensmittelrechtlichen Bestimmungen angepassten Rezept hergestellt.

Waren: Süßwaren wie Brause-Stäbchen, Brause-Fläschchen, Brause-Bären, Brause-Colafläschchen, vieles in unterschiedlichen Geschmacksrichtungen, außerdem Bonbons, Weingummi, Gummibären, Geleefrüchte, Geleebananen, Schokoladenartikel etc.

Ersparnis: ca. 30-40%, Bruch ist besonders preiswert

Zeiten: Mo. bis Fr. 8.00-18.00 Uhr, Sa. 9.00-13.00 Uhr

Hinweise: separater Verkaufsraum direkt neben der Fabrik beim Büro

Weg: Winnenden liegt ca. 15 km nordöstlich von Stuttgart an der B 14 Richtung Schwäbisch Hall, die Fabrik befindet sich im Ortsteil Hertmannsweiler direkt an der B 14, im neuen Industriegebiet, die Firma ist von der B 14 aus gut ausgeschildert

71522 Backnang

▶ GUMMI-BÄREN-LAND

**Gummi-Bären-Land Backnang /
Süßwaren-Direktverkauf der Jung Bonbonfabrik Vaihingen/Enz
71522 Backnang / Sulzbacher Str. 193
(zwischen TÜV und Takko)
Tel. (07191) 930550 oder Hotline (07042) 907777 /
gummibaerenland.de**

In der Jung Bonbonfabrik (Vaihingen/Enz) werden seit 1828 leckere Bonbonspezialitäten produziert, welche höchsten Qualitätsansprüchen entsprechen. Heute ist das Unternehmen in den Segmenten „Werbe-Süßigkeiten" und „Geschmackvolle Werbe-Ideen" Marktführer in Europa. Am Standort Vaihingen/Enz befindet sich außerdem das einzige Bonbonmuseum Deutschlands.

Waren: über 90 Fruchtgummi-Artikel, größtenteils mit Fruchtsaftgehalt, über 35 Bonbonsorten, Popcorn in bis zu 1,5 Kilo Packs, Zimt-Popcorn, Schokoladenartikel und -Spezialitäten, Pfefferminz-artikel, Diabetikerartikel, Saisonartikel wie Osterhasen und Nikoläuse etc.

Ersparnis: durchschnittlich ca. 35%

Zeiten: Mo. bis Fr. 10.00-19.00 Uhr, Sa. 9.30-16.00 Uhr

Hinweise: auch Verkauf von Bruchware, es sind laufend Aktionsangebote erhältlich; weitere Verkaufsstellen befinden sich in Aalen, Heilbronn, Pforzheim, Reutlingen, Stuttgart und Vaihingen/Enz (siehe auch Anzeige Seite 3)

Weg: B 14 von Winnenden kommend, bei Backnang in die Sulzbacher Str. rechts abbiegen bzw. von Sulzbach kommend bei Backnang links in die Sulzbacher Str. abbiegen, ca. 800 m der Sulzbacher Str. folgen, auf der rechten Seite, zwischen TÜV und Takko

71665 Vaihingen/Enz

▶ GUMMI-BÄREN-LAND

**Gummi-Bären-Land Vaihingen/Enz /
Fabrikverkauf der Jung Bonbonfabrik GmbH & Co. KG
71665 Vaihingen/Enz / Industriestr. 9-11
(Industriegebiet Vaih./Enz-Kleinglattbach)
Tel. (07042) 959440 oder Hotline (07042) 907777 /
gummibaerenland.de**

In der Jung Bonbonfabrik (Vaihingen/Enz) werden seit 1828 leckere Bonbonspezialitäten produziert, welche höchsten Qualitätsansprüchen entsprechen. Heute ist das Unternehmen in den Segmenten „Werbe-Süßigkeiten" und „Geschmackvolle Werbe-Ideen" Marktführer in Europa. Am Standort Vaihingen/Enz befindet sich außerdem das einzige Bonbonmuseum Deutschlands.

71729 Erdmannhausen

Waren:	über 90 Fruchtgummi-Artikel, größtenteils mit Fruchtsaftgehalt, über 35 Bonbonsorten, Popcorn in bis zu 1,5 Kilo Packs, Zimt-Popcorn, Schokoladenartikel und -Spezialitäten, Pfefferminzartikel, Diabetikerartikel, Saisonartikel wie Osterhasen und Nikoläuse etc.
Ersparnis:	durchschnittlich ca. 35%
Zeiten:	Mo. bis Fr. 9.00-19.00 Uhr, Sa. 9.00-14.00 Uhr, das Museum schließt jeweils eine halbe Stunde vor Ladenschluss
Hinweise:	auch Verkauf von Bruchware, es sind laufend Aktionsangebote erhältlich; weitere Verkaufsstellen befinden sich in Aalen, Backnang, Heilbronn, Pforzheim, Reutlingen und Stuttgart (siehe auch Anzeige Seite 3); Besonderheit: im 1. OG des Fabrikverkaufsgebäudes befindet sich auf über 300 qm das einzige Bonbonmuseum Deutschlands, Eintritt frei, Führungen nach Vereinbarung unter (07042) 9070
Weg:	A 81 Ausfahrt Stgt.-Zuffenhausen auf die B 10 Richtung Vaihingen/Enz bis Enzweihingen, durch Vaihingen/Enz nach Kleinglattbach, in Kleinglattbach der Durchgangsstraße folgen, vor der Bahnbrücke rechts Richtung Ortsmitte und nach 20 m wieder rechts ins Industriegebiet, nach ca. 30 m befindet sich der Fabrikverkauf auf der linken Seite

71729 Erdmannhausen

▶ HUOBER

s. Seite 625

Huober Brezel GmbH & Co. / 1. Württ. Brezelfabrik
71729 Erdmannhausen / Riedstr. 1
Tel. (07144) 338-0 / huoberbrezel.de

Vor über 50 Jahren ließ Emil Huober seine Stuttgarter Bäckerei hinter sich und gründete in Erdmannhausen bei Marbach/Neckar die „Erste Württembergische Brezelfabrik" um die ersten schwäbischen Dauerbrezeln herzustellen. In den 50er Jahren war die Huober Brezel vor allem ein Renner in Ausflugsgaststätten und Freibädern. Seit den 80er Jahren werden ökologisch erzeugte Rohstoffe eingesetzt und seit 2001 ist das gesamte Sortiment in Bio-Qualität. Heute ist Huober Brezel weit über Baden-Württemberg hinaus bekannt für lecker-knusprige Knabberspezialitäten.

Waren:	große Auswahl an Dauer-Salzbrezeln und Sticks in unterschiedlichen Größen und Geschmacksrichtungen, helles Stangengebäck wie Bierstengel und Grisetten, Sortimentsmischung in unterschiedlichen Verpackungsgrößen und in Bio-Qualität
Ersparnis:	durchschnittlich ca. 20%
Zeiten:	Mo. bis Fr. 8.30-17.00 Uhr, Sa. 9.00-13.00 Uhr
Hinweise:	kleines Verkaufshäuschen, hauptsächlich Verkauf des Gesamtsortiments, Neuentwicklungen sowie Produkte von Partnerfirmen

Nahrung/Genuss

72147 Nehren

Weg: A 8 Ausfahrt Pleidelsheim über Marbach Richtung Rielingshausen, die Firma befindet sich ca. 1,5 km nach der Ortsgrenze Marbach, der Verkauf erfolgt in einem Blockhaus auf dem Parkplatz

72147 Nehren

▶ KLETT

Walter Klett Schokoladenfabrik
72147 Nehren / Reutlinger Str. 7
Tel. (07473) 9541-0 / klett-schoko.de

Das Unternehmen wurde im Jahr 1953 gegründet und begann mit der Herstellung von Mohrenköpfen, Pralinen und Zuckerhasen. Die hergestellten Produkte und andere Süsswaren wurden an viele kleine Fachgeschäfte und Bäckereien verkauft. Im Jahr 1958 wurde mit der Herstellung von Hohlkörperfiguren begonnen. Heute beliefert das Unternehmen den deutschen und europäischen Süßwaren- und Lebensmittelhandel. Auch sind Klett-Produkte u.a. in Neuseeland, Australien, Amerika und Asien vertreten.

Waren: Schokoladenhohlfiguren wie Osterhasen und Weihnachtsmänner, Hohleier und Baumbehang, Schoko-Weihnachtstafel, Schoko-Bärchen sowie Bruchschokolade, außerdem Pralinen, Waffeln, Bonbons, Fruchtsaftbären und andere Fruchtgummiartikel, Marke Klett

Ersparnis: durchschnittlich ca. 30-40%

Zeiten: Mo. bis Fr. 9.00-12.00 Uhr und 14.00-17.30 Uhr, ca. 6 Wochen vor Ostern und vor Weihnachten auch Sa. 9.30-13.00 Uhr

Weg: Nehren liegt ca. 10 km südlich von Tübingen an der B 27 Richtung Hechingen, in Nehren befindet sich die Firma an der Ortsausgangsstraße Richtung Gomaringen, im Industriegebiet Nehren-Süd

72186 Empfingen

▶ BRÄNDLE

P. Brändle GmbH / Ölmühle
72186 Empfingen / Robert-Bosch-Str. 10
Tel. (07485) 9779-0 / braendle.de

Seit über 150 Jahren betreibt die Familie Brändle eine Ölmühle und handelt mit Ölfrüchten und Ölen. In Süddeutschland, Baden-Württemberg, Bayern und Hessen sind Brändle-Öle fast überall im Lebensmittelhandel vertreten.

Waren: ca. 30 versch. Speiseöle, z.B. Walnussöl, Distelöl, Sonnenblumenöl, Rapsöl, Olivenöl, Erdnussöl u.v.a., auch Ölspezialitäten wie z.B. kalt gepresste Öle und gewürzte Kräuteröle, in Gebinden von 0,1 bis 5 ltr. Inhalt, Marke Vita-Öl

Ersparnis: preisgünstiges Warenangebot

Zeiten: Mo. bis Fr. 8.00-12.00 Uhr und 13.00-17.30 Uhr, Sa. 9.00-11.00 Uhr

72770 Reutlingen

Weg: A 81 Stuttgart-Singen Ausfahrt Empfingen ins Gewerbegebiet, die Firma ist auch von der Autobahn aus sichtbar

72555 Metzingen

▶ FLEISCHWAREN LAGERVERKAUF

s. Seite 631

**Fleischwaren Lagerverkauf
72555 Metzingen / Mühlwiesenstr. 20
Tel. (07123) 381490**

Waren: schwäbische Spezialitäten wie Maultaschen, Schupfnudeln, Eier- und Leberspätzle, Ochsenmaulsalat, Rindsrouladen, saure Kutteln und saure Nieren etc., in haushaltsgerechten Packungen, tiefgekühlt, im Eimer oder in Dosen

Ersparnis: ca. 20-30%

Zeiten: Do. und Fr. 9.30-12.00 Uhr und 14.00-18.00 Uhr, 1. Sa. im Monat 9.00-12.00 Uhr

Weg: vom Zentrum in Metzingen (Lindenplatz) auf der Ulmer Str. Richtung Neuhausen, ca. 150 m vor der Eisenbahnbrücke rechts in die Marienstr. und anschließend links in die Mühlwiesenstr., hier befindet sich die Firma am Ende der Straße (Sackgasse)

72770 Reutlingen

▶ GUMMI-BÄREN-LAND

**Gummi-Bären-Land Reutlingen /
Süßwaren-Direktverkauf der Jung Bonbonfabrik Vaihingen/Enz
72770 Reutlingen Betzingen / Ferdinand-Lassalle-Str. 17
(Industriegebiet West/Fachmarktzentrum)
Tel. (07121) 161307 oder Hotline (07042) 907777 /
gummibaerenland.de**

In der Jung Bonbonfabrik (Vaihingen/Enz) werden seit 1828 leckere Bonbonspezialitäten produziert, welche höchsten Qualitätsansprüchen entsprechen. Heute ist das Unternehmen in den Segmenten „Werbe-Süßigkeiten" und „Geschmackvolle Werbe-Ideen" Marktführer in Europa. Am Standort Vaihingen/Enz befindet sich außerdem das einzige Bonbonmuseum Deutschlands.

Waren: über 90 Fruchtgummi-Artikel, größtenteils mit Fruchtsaftgehalt, über 35 Bonbonsorten, Popcorn in bis zu 1,5 Kilo Packs, Zimt-Popcorn, Schokoladenartikel und -Spezialitäten, Pfefferminzartikel, Diabetikerartikel, Saisonartikel wie Osterhasen und Nikoläuse etc.

Ersparnis: durchschnittlich ca. 35%

Zeiten: Mo. bis Fr. 10.00-20.00 Uhr, Sa. 9.00-18.00 Uhr

73066 Uhingen

Hinweise: auch Verkauf von Bruchware, es sind laufend Aktionsangebote erhältlich; weitere Verkaufsstellen befinden sich in Aalen, Backnang, Heilbronn, Pforzheim, Stuttgart und Vaihingen/Enz (siehe auch Anzeige Seite 3)

Weg: B 28 (B 312) von Metzingen nach Reutlingen, die Firma befindet sich im Industriegebiet-West, die B 28 abfahren Richtung Ohmenhausen und nach ca. 300 m rechts in die Ferdinand-Lassalle-Str. einbiegen

73066 Uhingen

▶ BOSCH CONFISERIE

Adolf Bosch KG / Confiseriefabrik
73066 Uhingen / Bahnhofstr. 11
Tel. (07161) 37117

Waren: Spezialität: Wibele, außerdem Geleefrüchte, Dragees, Früchtebrote, Weinbrandbohnenpralinen, Marzipan- und Nougatpralinen, Mandelsplitter, Mandelkrokant-Eier, Karamellhäschen etc.

Ersparnis: ca. 30% im Durchschnitt, bei Bruchware bis zu 50%

Zeiten: Mo. 9.00-11.00 Uhr, Di. und Mi. 9.00-11.00 Uhr und 14.00-17.00 Uhr, Do. 9.00-11.00 Uhr und 14.00-18.00 Uhr

Weg: Uhingen liegt an der B 10 ca. 5 km nach Göppingen in Richtung Esslingen, in Uhingen befindet sich die Firma beim Bahnhof, gegenüber der Post

73230 Kirchheim-Teck

▶ HERRMANN

s. Seite 635

Herrmann GmbH
73230 Kirchheim-Teck Ötlingen / Wielandstr. 16
Tel. (07021) 7277-0 / herrmann-spaetzle.de

Im Jahre 1923 wurde mit der „Herrmann Teigwarenfabrik" der Grundstein für die heutige Herrmann GmbH gelegt. Zunächst auf die Herstellung von Eier-Spätzle konzentriert, wurde mit der Backerbsen-Produktion ab 1932 das zweite Standbein des Unternehmens geschaffen. Im Jahre 1948 gelang die Entwicklung der ersten maschinellen Eierspätzle-Produktion in Deutschland. Seit Firmengründung wuchs das schwäbische Unternehmen zum weltgrößten Hersteller von Eierspätzle heran. Auch im Bereich Backerbsen nimmt die Herrmann GmbH weltweit die zweite Marktposition ein. Das Traditionsprodukt sind die „Echt schwäbische Eierspätzle".

Waren: Teigwarenspezialitäten wie Spätzle, frische geschabte Spätzle, Backerbsen, Nudeln in allen möglichen Ausformungen, frische gefüllte Pasta, Rotweinnudeln, Emmernudeln, Roy Kieferle's Energienudeln und Soßen und Öle, Marken Herrmann und Riehle

73433 Aalen

Ersparnis: ca. 20-30%; Preisbeispiel: 500 g Spätzle für EUR -,85 und 1 kg für EUR 1,60

Zeiten: Mo. bis Do. 8.00-17.00 Uhr, Fr. 8.00-14.00 Uhr

Hinweise: kleines „Verkaufslädle"

Weg: Kirchheim/Teck liegt an der A 8 Stuttgart-Ulm, Ausfahrt Kirchheim/Teck-West, in Kirchheim/Teck befindet sich der Spätzleladen im Industriegebiet Heimenwiesen

73265 Dettingen

▶ RK-RÜBEZAHL

Rübezahl Schokoladen GmbH
73265 Dettingen /Teck / Dieselstr. 9
Tel. (07021) 8088-0 / rk-schoko.de

Die Firmengründung erfolgte im Jahr 1949 in Plochingen am Neckar unter dem Namen Plochinger Süßwaren-Erzeugung. Später erfolgte die Umbenennung in Rübezahl und ein Umzug nach Stuttgart. Seit 1967 ist der Standort Dettingen/Teck. 1988 wurde mit dem Saisonartikelhersteller Koch in Balingen fusioniert zu Rübezahl Koch Schokoladen, die Spezialisierung erfolgt auf die Herstellung von Schokoladen-Saisonartikeln und seit 1994 auch von Puffreisschokoladen. Die Schokolade wird im Haus nach eigenen Rezepten hergestellt.

Waren: Puffreisschokolade, Pralinenmischungen, Eierlikörpralinen, Geleebananen, Saisonartikel wie Osterhasen und Weihnachtsmänner, Baumschmuck, Schokoladeneier, mit Pralinen gefüllte Schokoladenpräsente, Geschenkpackungen, Überraschungsartikel, Marken Sunrice, Wonder Teddy, Friedel

Ersparnis: ca. 30%, teilweise bis zu 50%

Zeiten: nur ca. 8 Wochen lang jeweils vor Ostern und vor Weihnachten, genaue Termine erfragen (dann meist Mo. bis Fr. 10.00-12.00 Uhr und 14.00-18.00 Uhr, Sa. 9.00-13.00 Uhr)

Weg: A 8 Stuttgart-Ulm Ausfahrt Kirchheim/Teck-Ost auf die B 465 nach Dettingen, hier befindet sich die Firma im Industriegebiet direkt gegenüber vom „Mercedes"-Autohaus

73433 Aalen

▶ GUMMI-BÄREN-LAND

Gummi-Bären-Land Aalen /
Süßwaren-Direktverkauf der Jung Bonbonfabrik Vaihingen/Enz
73433 Aalen Attenhofen / Knappenstr. 9 (an der alten B 29)
Tel. (07361) 760430 oder Hotline (07042) 907777 /
gummibaerenland.de

74078 Heilbronn

In der Jung Bonbonfabrik (Vaihingen/Enz) werden seit 1828 leckere Bonbonspezialitäten produziert, welche höchsten Qualitätsansprüchen entsprechen. Heute ist das Unternehmen in den Segmenten „Werbe-Süßigkeiten" und „Geschmackvolle Werbe-Ideen" Marktführer in Europa. Am Standort Vaihingen/Enz befindet sich außerdem das einzige Bonbonmuseum Deutschlands.

Waren: über 90 Fruchtgummi-Artikel, größtenteils mit Fruchtsaftgehalt, über 35 Bonbonsorten, Popcorn in bis zu 1,5 Kilo Packs, Zimt-Popcorn, Schokoladenartikel und -Spezialitäten, Pfefferminzartikel, Diabetikerartikel, Saisonartikel wie Osterhasen und Nikoläuse etc.

Ersparnis: durchschnittlich ca. 35%

Zeiten: Mo. bis Fr. 9.00-18.30 Uhr, Sa. 9.00-15.00 Uhr

Hinweise: auch Verkauf von Bruchware, es sind laufend Aktionsangebote erhältlich; weitere Verkaufsstellen befinden sich in Backnang, Heilbronn, Pforzheim, Reutlingen, Stuttgart und Vaihingen/Enz (siehe auch Anzeige Seite 3)

Weg: A 7 Würzburg-Ulm Ausfahrt Westhausen auf die B 29 Richtung Aalen, Stadtteil Aalen-Attenhofen, ca. 150 m vor Ortseingang Attenhofen bzw. Bahnbrücke links in die Knappenstr. einbiegen

74078 Heilbronn

▶ GUMMI-BÄREN-LAND

**Gummi-Bären-Land Heilbronn /
Süßwaren-Direktverkauf der Jung Bonbonfabrik Vaihingen/Enz
74078 Heilbronn / Im Neckargarten 4 (im Pflanzen-Kölle)
Tel. (07131) 399330 oder Hotline (07042) 907777 /
gummibaerenland.de**

In der Jung Bonbonfabrik (Vaihingen/Enz) werden seit 1828 leckere Bonbonspezialitäten produziert, welche höchsten Qualitätsansprüchen entsprechen. Heute ist das Unternehmen in den Segmenten „Werbe-Süßigkeiten" und „Geschmackvolle Werbe-Ideen" Marktführer in Europa. Am Standort Vaihingen/Enz befindet sich außerdem das einzige Bonbonmuseum Deutschlands.

Waren: über 90 Fruchtgummi-Artikel, größtenteils mit Fruchtsaftgehalt, über 35 Bonbonsorten, Popcorn in bis zu 1,5 Kilo Packs, Zimt-Popcorn, Schokoladenartikel und -Spezialitäten, Pfefferminzartikel, Diabetikerartikel, Saisonartikel wie Osterhasen und Nikoläuse etc.

Ersparnis: durchschnittlich ca. 35%

Zeiten: Mo. bis Fr. 9.00-20.00 Uhr, Sa. 8.00-18.00 Uhr

Hinweise: auch Verkauf von Bruchware, es sind laufend Aktionsangebote erhältlich; weitere Verkaufsstellen befinden sich in Aalen, Backnang, Pforzheim, Reutlingen, Stuttgart und Vaihingen/Enz (siehe auch Anzeige Seite 3)

74597 Stimpfach

Weg: A 6 Ausfahrt Heilbronn/Untereisesheim, Neckartalstr. Richtung Böckingen, links Neckargarten/"Pflanzen-Kölle"; B 27 von Lauffen/Sontheim Neckartalstr. Richtung Neckargartach, rechts Neckargarten/"Pflanzen-Kölle"

74538 Rosengarten

▶ REUTTER

Reutter GmbH / Zuckerwarenfabrik
74538 Rosengarten Westheim / Neue Str. 25
Tel. (0791) 95066-0 / reuttersweets.com

Die Firma Reutter wurde im Jahr 1913 von Eugen Reutter gegründet. Im Jahr 1928 wurde die Produktion von Bonbons aufgenommen. Seitdem nimmt die Nachfrage und Herstellung von Husten- und Kräuterbonbons beständig zu und die Reutter GmbH entwickelte sich, mittlerweile in der dritten Generation, zu einem bedeutenden Produzenten in der Süßwarenwirtschaft. Der bekannteste Artikel seit über 30 Jahren sind die Dragee-Mürb-Eier mit Traubenzucker, die aus dem Osterangebot nicht mehr wegzudenken sind.

Waren: gewickelt oder kandierte Bonbons in zahlreichen Geschmacksrichtungen, Lutscher mit Frucht-Cola- und Vollmilchgeschmack, zuckerfreie Bonbons und Lutscher, Pfefferminztaler und -dragees, kandierte Geleefrüchte, Creme-Fondant und Gelee-Artikel mit und ohne Schokoladenüberzug, Dragee-Mürbeier, Weihnachts- und Osterartikel

Ersparnis: preisgünstige Angebote, 2. Wahl und Bruch sind besonders preiswert

Zeiten: Mo. bis Fr. 8.00-12.00 Uhr und 13.00-16.00 Uhr

Weg: Rosengarten liegt an der B 19 zwischen Schwäbisch Hall und Gaildorf, die Firma befindet sich in Westheim direkt an der B 19, ziemlich großes Gebäude, ist nicht zu verfehlen

74597 Stimpfach

▶ HOSTA

Hosta-Werk für Schokoladespezialitäten GmbH & Co.
74597 Stimpfach / Greutstr. 9
Tel. (07967) 153-0 / hosta-group.com

Waren: Nippon Puffreis, Mr. Tom Erdnussriegel, Romy Kokosschokolade, Mr. Jim Erdnuss-Pralinen, Choco Nippon etc.

Ersparnis: ca. 30-40%, unterschiedlich je nach Artikel, Bruchware zu EUR 2,50/kg

Zeiten: Mo. bis Do. 13.00-16.45 Uhr, Fr. 13.00-14.45 Uhr

Nahrung/Genuss

74831 Gundelsheim

Hinweise:	der Verkauf befindet sich im Werksladen beim Pförtner
Weg:	A 6 Heilbronn-Nürnberg Ausfahrt Crailsheim auf die B 290, die Firma befindet sich nach Crailsheim Richtung Ellwangen an der B 290 in Randenweiler

74831 Gundelsheim

▶ GUNDELSHEIM CONSERVEN

Gundelsheim Conserven
74831 Gundelsheim / Wörthstr. 1
Tel. (06269) 1744

Waren:	große Auswahl an Konserven aller Art wie z.B. Sauerkonserven, Obstkonserven, Gurken, Paprika, Rote Beete, Silberzwiebeln, Mixed Pickles, Weinkraut bis 10 kg-Dose etc., laufend wechselndes Angebot
Ersparnis:	es sind sehr günstige Angebote erhältlich
Zeiten:	Mo. bis Fr. 14.00-17.00 Uhr
Hinweise:	der Eingang zum Barverkauf befindet sich rechts neben der Rampe, teilweise sind auch günstige Beuldosen vorhanden
Weg:	auf der B 27 von Heilbronn kommend am Ortsanfang über die Bahngleise, die Firma befindet sich gleich am Bahnübergang, direkt gegenüber den Bahnschranken

74889 Sinsheim

▶ EXCELLENT

Excellent Confiserie Spezialitäten GmbH
74889 Sinsheim Dühren / Am Leitzelbach 20
Tel. (07261) 978230 / excellent-confiserie.de

Waren:	Original Königsberger Marzipan, Torten, feines Gebäck, Pralinen, Trüffel sowie Spezialitäten der Oster- und Weihnachtsbäckerei, Bruchware ist in 500 g-Beuteln erhältlich, die größere Auswahl hat man hauptsächlich in den Wintermonaten
Ersparnis:	ca. 25-30%, Bruchware ist noch preiswerter
Zeiten:	Mo. bis Do. 8.00-17.00 Uhr, Fr. 8.00-15.00 Uhr, 1. Sa. im Monat 8.00-12.00 Uhr
Weg:	Sinsheim liegt ca. 30 km westlich von Heilbronn an der A 6 Richtung Heidelberg, Ausfahrt Sinsheim, die Firma befindet sich in Dühren im Industriegebiet hinter der Mühle

75179 Pforzheim

75038 Oberderdingen

▶ HIRSCH

**Zuckerwarenfabrik Egon Hirsch GmbH & Co. KG
75038 Oberderdingen Flehingen / Hirschstr. 4-10
Tel. (07258) 9304-0 / hirsch-lolly.de**

Die Zuckerwarenfabrik Egon Hirsch wurde im Jahre 1969 gegründet. Aus kleinen, handwerklich orientierten Anfängen hat sich ein mittelständisches Unternehmen entwickelt, dessen Produkte heute in über 42 Ländern gekauft werden können.

Waren: Bonbons mit Frucht-, Eis-, Lakritz-, Eukalyptus-, Kräuter-, Sahne-, Milch- oder Cappuccinogeschmack, außerdem Kaubonbons in verschiedenen Fruchtsorten und Lollies massiv oder gefüllt mit Kaugummi, Kaubonbonmasse oder Brausepulver sowie Weich- und Harttoffees

Ersparnis: ca. 30-40%, Bruchware ist besonders preiswert

Zeiten: Mo. bis Fr. 9.00-12.30 Uhr und 13.00-16.30 Uhr

Hinweise: laufend ein wechselndes Angebot an kg-Bruchbeuteln erhältlich

Weg: von Bretten auf der B 293 Richtung Eppingen, Ausfahrt Oberderdingen-Flehingen Richtung Flehingen, beim Kreisverkehr Richtung Kraichtal und beim nächsten Kreisverkehr rechts ab, dann die erste Straße links ist die Hirschstr.

75179 Pforzheim

▶ GUMMI-BÄREN-LAND

**Gummi-Bären-Land Pforzheim /
Süßwaren-Direktverkauf der Jung Bonbonfabrik Vaihingen/Enz
75179 Pforzheim / Karlsruher Str. 87 A
(Wilferdinger Höhe, Einfahrt McDonald's)
Tel. (07231) 352287 oder Hotline (07042) 907777 /
gummibaerenland.de**

In der Jung Bonbonfabrik (Vaihingen/Enz) werden seit 1828 leckere Bonbonspezialitäten produziert, welche höchsten Qualitätsansprüchen entsprechen. Heute ist das Unternehmen in den Segmenten „Werbe-Süßigkeiten" und „Geschmackvolle Werbe-Ideen" Marktführer in Europa. Am Standort Vaihingen/Enz befindet sich außerdem das einzige Bonbonmuseum Deutschlands.

Waren: über 90 Fruchtgummi-Artikel, größtenteils mit Fruchtsaftgehalt, über 35 Bonbonsorten, Popcorn in bis zu 1,5 Kilo Packs, Zimt-Popcorn, Schokoladenartikel und -Spezialitäten, Pfefferminz-artikel, Diabetikerartikel, Saisonartikel wie Osterhasen und Nikoläuse etc.

Ersparnis: durchschnittlich ca. 35%

Zeiten: Mo. bis Fr. 9.00-19.00 Uhr, Sa. 9.00-14.00 Uhr

76863 Herxheim

Hinweise:	auch Verkauf von Bruchware, es sind laufend Aktionsangebote erhältlich; weitere Verkaufsstellen befinden sich in Aalen, Backnang, Heilbronn, Reutlingen, Stuttgart und Vaihingen/Enz (siehe auch Anzeige Seite 3)
Weg:	A 8 Ausfahrt Pforzheim-West - 1 km, das Gummi-Bären-Land befindet sich auf der Wilferdinger Höhe, Einfahrt „McDonald's"-Parkplatz nach hinten in Richtung Büroland, zahlreiche Parkplätze sind vorhanden

76863 Herxheim

▶ TRAUTH

Eugen Trauth & Söhne KG / Backwarenfabrik
76863 Herxheim / Oberhohlstr. 21
Tel. (07276) 8543 / trauth-herxheim.de

Waren:	Neger-, Rum- und Mokkaküsse, Kokosbälle, Magenbrot, Schokowaffeln, Cremewaffeln, Saisonartikel wie z.B. Osterhasen und Weihnachtsmänner
Ersparnis:	ca. 30-40%
Zeiten:	Mo. bis Fr. 9.00-12.30 Uhr und 13.30-18.00 Uhr, Sa. 9.00-12.00 Uhr, im Sommer sind die Verkaufszeiten teilweise reduziert
Hinweise:	meist ist auch günstige Bruchware im Angebot
Weg:	A 65 Ausfahrt Rohrbach nach Herxheim, im Ort links ab Richtung Offenbach, nach ca. 300 m erreicht man die Firma

78315 Radolfzell

▶ HÜGLI

Hügli Nahrungsmittel GmbH
78315 Radolfzell / Herrenlandstr. 76
Tel. (07732) 807-490 (Werksverkauf) / huegli.de

Die Firmengeschichte beginnt mit dem ersten von Hügli industriell gefertigten Bouillonwürfel „Brodox". Das Stammhaus der Hügli-Gruppe wurde 1935 durch Beat Stoffel gegründet. Der Anstoß dazu kam vom Namensgeber Otto Hügli, der über ausgezeichnetes Fachwissen und innovative Rezepturen verfügte. Die erste Tochtergesellschaft entstand 1959 in Bregenz. 1964 kam das Werk in Radolfzell hinzu, welches heute den deutschen Markt und die EU-Staaten beliefert. Hügli-Produkte werden in über 20 Länder exportiert und wegen ihrer hervorragenden Schweizer Qualität geschätzt.

Waren:	Saucen, Suppen, Bouillons, Desserts, Gemüsebrühe, Fertig-Schnellgerichte wie Reis- und Nudelgerichte sowie Fixgerichte und Süßspeisen, außerdem Speisewürze und Würzmischungen, getrockneter und geschnittener Schnittlauch sowie Petersilie etc., Marken Radolf und Heirler Cenovis (Bio-Reformfachhandel)

79244 Münstertal

Ersparnis: durchschnittlich ca. 30%

Zeiten: Di. und Do. 10.00-18.00 Uhr, Mi. 10.00-19.00 Uhr, Fr. 10.00-17.00 Uhr

Hinweise: kleiner Verkaufsladen

Weg: Radolfzell liegt am Bodensee, auf der A 81 kommend am Autobahnkreuz Singen auf die B 33 nach Radolfzell, hier befindet sich die Firma im Gewerbegebiet, etwas abseits und nicht ausgeschildert

78532 Tuttlingen

▶ STORZ

Chr. Storz GmbH & Co. KG / Schokoladenfabrik
78532 Tuttlingen / Föhrenstr. 15
Tel. (07461) 9282-0 / storz-schokolade.de

Das Unternehmen wurde 1884 vom Konditor Christian Storz gegründet und konzentriert sich heute auf kleinere massive Schokoladen- und Nougatprodukte zum Schmücken (etwa des Weihnachtsbaums, Osternestes oder eines Geschenkes), zum Werben, zum Spielen u.v.a. Viele kennen z.B. den „Glückskäfer". Storz-Schokolade findet man nicht nur im deutschen Fachhandel, sondern weltweit in rund 40 Ländern.

Waren: Schokoladenartikel wie z.B. Herzen, Glückskäfer, süße Mäuse, Schoko-Igel, Glücksschweine, Täfelchen, Weihnachts-, Oster- und Halloweenartikel u.v.m., außerdem Nougatartikel wie Riegel, Stangen, Kugeln, Spiel- und Glückswürfel u.v.m.

Ersparnis: bis zu 50% möglich

Zeiten: Mo. bis Mi. 9.30-11.30 Uhr und 13.30-16.30 Uhr, Do. bis 18.00 Uhr, vor Ostern und vor Weihnachten auch Fr. 9.30-11.30 Uhr

Hinweise: kleines Ladengeschäft beim Werk

Weg: A 81 Stuttgart-Singen Ausfahrt Tuningen auf die B 523 nach Tuttlingen, dort Richtung Stockach links einbiegen

79244 Münstertal

▶ GUBOR

Gubor Lagerverkauf
79244 Münstertal / Dietzelbachstr. 1
Tel. (07636) 787463 oder 700922 / imhoff-suesswaren.de

Gegründet wurde Gubor 1940 in der Schweiz, dem Land der Schokoladenkunst. Gubor präsentierte sich von Anfang an als Premium-Marke alkoholischer Praliné-Spezialitäten. 1953 gründete Gubor in Münstertal im Schwarzwald die erste Niederlassung in Deutschland. In den folgenden Jahren baute Gubor sein Sortiment aus, nicht-alkoholische Pralinés und feine Schokoladen runden heute das Programm ab. Seit 1999 gehört Gubor zur Stollwerck AG.

Waren: Schokoladenerzeugnisse aller Art wie z.B. Pralinen, Riegel, Tafelschokolade etc., Marken Sarotti, Gubor, Alpia, Alprose,

79336 Herbolzheim

Waldbaur, Karina, Schwarze Herrenschokolade, Stollwerck, Delacre und Eszet Schnitten, außerdem Frucht- und Weingummi-spezialitäten sowie Gebäckartikel

Ersparnis: bei 1. Wahl bis zu ca. 25%, bei Bruch- und B-Ware ca. 30-60%, besonders beliebt sind 1 kg Bruchpralinen für EUR 5,79

Zeiten: Mo. bis Fr. 10.00-18.00 Uhr, Sa. 9.00-13.00 Uhr

Hinweise: eine weitere Verkaufsstelle befindet sich ca. 20 km entfernt in: 79395 Neuenburg, Beim Bahnhof 2, Tel. (07631) 937495, geöffnet Mo. bis Fr. 9.00-18.00 Uhr, Sa. 10.00-14.00 Uhr

s. Seite 649

Weg: Münstertal liegt im Schwarzwald, ca. 20 km südlich von Freiburg im Breisgau, A 5 Ausfahrt Bad Krozingen über Staufen nach Münstertal, in Untermünstertal gleich am Ortseingang die erste Straße links einbiegen in die Dietzelbachstr., die Firma ist hier auch ausgeschildert

79336 Herbolzheim

▶ KALFANY SÜSSE WERBUNG

Kalfany Süße Werbung GmbH & Co. KG
79336 Herbolzheim / Holzmattenstr. 22
Tel. (07643) 801-0 / suesse-werbung.de

Seit über 25 Jahren ist Süße Werbung Partner der Werbewirtschaft. In der ursprünglichen Konditorei entstanden die ersten Ideen für süße Werbemittel. Heute gießt das Unternehmen Fruchtgummis und Schokolade in individuelle Formen und verpackt diese in werbewirksam bedruckte Tüten, Dosen und Werbewickel.

Waren: Fruchtgummi, Fruchtbonbons, Traubenzucker, Pfefferminz und Schoko-Dragees, außerdem Saisonartikel zu Weihnachten und Ostern, Geschenkartikel etc.

Ersparnis: bis zu ca. 40%

Zeiten: Mo. bis Fr. 8.30-18.00 Uhr, Sa. 8.30-16.00 Uhr

Hinweise: auch Verkauf von Überproduktionen und Artikel mit Verpackungs-mängeln, z.T. als Kiloware erhältlich

Weg: Herbolzheim liegt an der A 5 Karlsruhe-Basel zwischen Offenburg und Freiburg, Ausfahrt Herbolzheim in das Industriegebiet West

79418 Schliengen

▶ MAYKA

Mayka Naturbackwaren GmbH
79418 Schliengen / Brezelstr. 17
Tel. (07635) 82090 / mayka.de

84030 Landshut

Waren: Brezeln aller Art und Salzstangen, beides auch aus Vollkorn und in Mixdosen, außerdem Popcorn mit Salz oder mit Honig sowie Kartoffel-Chips

Ersparnis: preisgünstiges Warenangebot

Zeiten: Di. und Do. 8.00-12.00 Uhr

Hinweise: Verkauf nur von ganzen Kartons, es ist auch günstige Bruchware erhältlich

Weg: Schliengen liegt an der B 3 ca. 20 km nördlich von Lörrach in Richtung Freiburg, dort befindet sich die Firma am Ende von Schliengen Richtung Freiburg im Gewerbegebiet

79848 Bonndorf

▶ ADLER

Hans Adler OHG / Schwarzwälder Fleischwaren
79848 Bonndorf / Am Lindenbuck 3
Tel. (07703) 8320 / adler-schinken.de

Waren: Echt Schwarzwälder Schinken und Speck, luftgereifter Alemannenschinken, Schäufele, Rollschinken und Burehäxle sowie Schwarzwälder Wurstspezialitäten

Ersparnis: durchschnittlich ca. 25%

Zeiten: Mo. bis Fr. 8.00-18.00 Uhr, Sa. 7.30-12.00 Uhr

Weg: A 81 Stuttgart-Singen, am Autobahndreieck Bad Dürrheim auf die A 864 Richtung Donaueschingen, dann auf die B 27/31 Richtung Schaffhausen, ab der Abfahrt Hüfingen ist Bonndorf ausgeschildert, die Firma befindet sich am Ortseingang von Bonndorf auf der linken Seite

84030 Landshut

▶ BRANDT

Brandt Zwieback Schokoladen GmbH & Co. KG
84030 Landshut / Altdorfer Str. 10
Tel. (0871) 708-1 / brandt-zwieback.de

Im Jahr 1912 gründete Carl Brandt die „Märkische Zwieback- und Keksfabrik" in Hagen mit dem Ziel, Zwieback und Biskuit in hoher Qualität und für jedermann erschwinglich auf den Markt zu bringen. Seit Jahrzehnten erfreut sich das lachende Kindergesicht auf der Zwiebackpackung einer hohen Bekanntheit.

Waren: Zwieback in allen Varianten, Brödli, Kekse, Waffeln, Knusper Kugeln, Kuchen, Knabberartikel, Schokoladenartikel, Oster- und Weihnachtsartikel

84032 Altdorf

Nahrung/Genuss

Ersparnis:	durchschnittlich ca. 40%, vor allem Bruchware ist besonders günstig
Zeiten:	Mo. bis Fr. 8.30-14.30 Uhr, vor Ostern und vor Weihnachten 8.30-16.30 Uhr
Weg:	vom Bahnhof in Landshut Richtung Altdorf befindet sich die Firma ca. 200 m nach der Bahnbrücke auf der rechten Seite, gut erreichbar auch über die A 92 Ausfahrt Altdorf Richtung Landshut, ca. 5 km der B 299 folgen, dann sieht man die Firma auf der linken Seite

▶ BUCHNER

Buchner GmbH
84030 Landshut / Wankelweg 4
Tel. (0871) 74051

Waren:	Wurst- und Fleischwaren aller Art, Wild, Geflügel, Fisch, Meeresfrüchte, jedoch ist nicht immer alles in kleinen Mengen vorrätig
Ersparnis:	ca. 30% im Durchschnitt
Zeiten:	Mo. bis Fr. 7.00-15.00 Uhr
Hinweise:	Ladenverkauf auf dem Werksgelände
Weg:	A 92 Ausfahrt Landshut-Nord, die Firma befindet sich hinter der „BMW"-Fabrik im Gewerbegebiet

84032 Altdorf

▶ KOTTMAYR-VOGEL

Kottmayr-Vogel GmbH & Co. KG
84032 Altdorf / Sonnenring 8
Tel. (0871) 93231-0 / vogel-kottmayr.de

Das Unternehmen wurde 1984 gegründet und ist heute ein mittelständisches und inhabergeführtes Unternehmen, das hochwertige Fleisch- und Wurstspezialitäten herstellt.

Waren:	Fleisch- und Wurst-Spezialitäten, z.B. warmer Leberkäse, Rinder-Rouladen, Zigeuner-Rollbraten, Gyros-Pfanne küchenfertig gewürzt, Farmer Schinken, Knoblauchstangerl, Gelbwurst mit und ohne Petersilie, polnische Pfefferbeisser, Schinkenmettwurst, Bio-Streichmettwurst
Ersparnis:	durchschnittlich ca. 30%
Zeiten:	Di. bis Fr. 7.30-16.00 Uhr
Weg:	Altdorf liegt ca. 4 km nordwestlich vom Zentrum Landshut, auch erreichbar über die A 92 Ausfahrt Altdorf, der Sonnenring verläuft

86690 Mertingen

südlich vom Zentrum zwischen den Eisenbahnlinien, die Verkaufsstelle befindet sich direkt gegenüber vom Minimal-Markt

86609 Donauwörth

▶ EDEL

Bonbonfabrik Eduard Edel
86609 Donauwörth Berg / Am Zollfeld 3
Tel. (0906) 3451 / edel-bonbon.de

Die Firma Eduard Edel Bonbonfabrik ist ein traditionelles Unternehmen, das als Hersteller feinster Bonbonspezialitäten bekannt ist.

Waren: Bonbons aller Art wie z.B. Fruchtbonbons gefüllt und ungefüllt, saure Bonbons, Milchbonbons, Husten- und Eukalyptusbonbons, zuckerfreie Bonbons, je nach Saison Faschingsbonbons und Weihnachtsspezialitäten

Ersparnis: ca. 20-30%, unterschiedlich je nach Artikel

Zeiten: Mo. bis Do. 8.00-12.00 Uhr und 13.00-16.00 Uhr, Fr. 8.00-11.30 Uhr

Hinweise: der Verkauf befindet sich im Bürogebäude, es ist ausschließlich 1. Wahl als Kiloware erhältlich

Weg: Donauwörth liegt an der B 16 zwischen Ingolstadt und Ulm, dort befindet sich die Firma im Ortsteil Berg

86690 Mertingen

▶ ZOTT

Zott GmbH & Co. KG
86690 Mertingen / Dr.-Steichele-Str. 1-4
Tel. (09078) 801-0 / zott.de

Alles begann 1926 mit dem Erwerb einer bescheidenen Landmolkerei. Heute verfügt die Firma Zott über eine umfangreiche Palette hochwertiger Milchprodukte.

Waren: Milchprodukte aller Art wie Butter, Sahne, Buttermilch, Joghurts in vielen Geschmacksrichtungen, Molkedrinks, Desserts, Speisequark, H-Milch, außerdem Hart- und Schmelzkäse sowie eine umfangreiche Käsetheke, Marken Monte, Jogolé, Starfrucht, Sahne-Joghurt, Allgäutaler und Zottarella

Ersparnis: ca. 30-50%, fehlerhaft verpackte Ware ist besonders günstig

Zeiten: Mo. bis Fr. 7.00-18.00 Uhr, Sa. 8.00-12.00 Uhr

Hinweise: Abgabe meist nur in Kartons (z.B. 20 Becher Joghurt oder 6x4 Becher „Monte")

86850 Fischach

Weg: von der B 2 Donauwörth-Augsburg abbiegen nach Mertingen, am Kreisverkehr rechts auf die Bäumenheimer Str., der Beschilderung Richtung Werk 1/Verwaltung folgen, nicht Richtung Werk 2

86850 Fischach

▶ MÜLLER MILCH

s. Seite 655

Molkerei Alois Müller GmbH & Co.
86850 Fischach Aretsried / Zollerstr. 7
Tel. (08236) 999-0 / muellermilch.de

Den Grundstein für die Marke Müller legt Ludwig Müller 1896 mit der Gründung einer kleinen Dorfmolkerei in Aretsried. 1938 führt Alois Müller als gelernter Käser die Molkerei weiter. Der Wandel vom kleinen Dorfbetrieb zur Großmolkerei beginnt 1971 mit der Übernahme der Molkerei durch Theo Müller. Heute gehören zur Unternehmensgruppe Müller neben der Molkerei Alois Müller mehrere Tochterunternehmen, die an mehreren Produktionsstandorten im In- und Ausland produzieren.

Waren: große Auswahl an Milchprodukten wie H-Milch, Frischmilch, Butter, Müllermilch, Buttermilch, Trinkjoghurt, Kefir, Dickmilch, Milchreis, Joghurt, Grießbrei, Puddingcreme etc., Marken Müller, Sachsenmilch, Loose und Weihenstephan

Ersparnis: bei Ware die nahe dem Mindesthaltbarkeitsdatum datiert ca. 50% und mehr

Zeiten: Mo. bis Fr. 12.30-17.30 Uhr

Hinweise: es sind hauptsächlich Artikel erhältlich die nahe dem Mindesthaltbarkeitsdatum datieren

Weg: von Augsburg auf der B 300 kommend, abbiegen nach Aretsried, dort ist die Firma mit „Hausverkauf" gut ausgeschildert

87493 Lauben

▶ CHAMPIGNON

Käserei Champignon Hofmeister GmbH & Co. KG
87493 Lauben Heising / Kemptener Str. 17-24
Tel. (08374) 92-0 / kaeserei-champignon.de

Das Unternehmen wurde im Jahr 1908 gegründet. Über 90 Jahre Käsekultur, traditionelles Käsehandwerk verbunden mit höchsten Ansprüchen an die Produktionsstätten, haben die Käserei Champignon international zu einem erfolgreichen Weichkäse-Hersteller gemacht.

Waren: Käsespezialitäten wie z.B. Champignon Camembert, Cambozola, Rougette, Mirabo und Montagnolo

Ersparnis: durchschnittlich ca. 25%

Zeiten: Mo. bis Fr. 7.30-15.00 Uhr, nachmittags ist oftmals auch jemand im Verkauf, aber sicherheitshalber vorher nachfragen

87770 Oberschönegg

Hinweise: angegliedertes Ladengeschäft linker Hand nach der Pforte, es ist auch 2. Wahl erhältlich

Weg: Lauben liegt ca. 5 km nördlich von Kempten, A 7 Ausfahrt Leubas nach Heising, dort ist die Käserei nicht zu übersehen

87754 Kammlach

▶ MANG

Mang Käsewerk GmbH & Co. KG
87754 Kammlach / Untere Hauptstr. 2
Tel. (08261) 609-0 / mang-kaesewerk.de

Seit 1910 ist St. Mang eine traditionsreiche Marke bei klassischem Rotkulturkäse und hat als ein Marktführer dieses Spezialitäten-Segment wiederbelebt.

Waren: Limburger, Romadur, Münsterkäse, Feta, Weißkäse, Camembert etc., Marken Fetaki, St. Mang und Medirano

Ersparnis: ca. 30% im Durchschnitt

Zeiten: Mo. bis Do. 8.00-12.00 Uhr und 13.30-16.00 Uhr, Fr. 8.00-12.00 Uhr

Hinweise: der Verkaufsraum befindet sich im Keller, er ist auf dem Gelände ausgeschildert, teilweise ist auch günstige untergewichtige Ware erhältlich

Weg: von Mindelheim auf der B 18 nach Kammlach, die Firma befindet sich am Ortsbeginn von Unterkammlach, sie ist auch beschildert

87770 Oberschönegg

▶ EHRMANN

Ehrmann AG Oberschönegg im Allgäu
87770 Oberschönegg / Hauptstr. 19
Tel. (08333) 301-0 / ehrmann.de

Die Molkerei wurde 1920 von Alois Ehrmann gegründet. 1953 brachte Ehrmann als erste Firma Quark appetitlich verpackt auf den Markt. 1964 wurde „Almighurt", das erste Fruchtjoghurt eingeführt. Inzwischen gibt es über 30 Almighurt-Sorten. Ehrmann ist ein Marktführer im Bereich Fruchtjoghurt.

Waren: große Auswahl an Molkereiprodukten wie Joghurt, Quark und Desserts in vielen unterschiedlichen Geschmacksrichtungen, auch Diät-Artikel und Sahne, Marken Almighurt, Cremighurt, Bighurt, Früchte-Traum, Vanille-Traum, Grieß-Traum und Genuss Diät

Ersparnis: ca. 30% im Durchschnitt, 2. Wahl ist besonders preiswert

Zeiten: Di. und Do. 8.00-10.00 Uhr, Fr. 8.00-10.00 Uhr und 15.00-17.00 Uhr

88079 Kressbronn

Hinweise: der Verkauf erfolgt im angegliederten Ladengeschäft

Weg: von Memmingen auf der B 18 bei Westerheim links einbiegen, nach ca. 12 km erreicht man Oberschönegg

88079 Kressbronn

▶ GOLDMÄNNCHEN

H & S Tee-Gesellschaft mbH & Co. KG
88079 Kressbronn / Im Heidach 1
Tel. (07543) 603-0 / goldmaennchen-tee.de

Das Unternehmen Häußler & Sauter wurde 1949 gegründet und befindet sich noch heute in Familienbesitz. Wurde am Anfang der Tee in reiner Handarbeit in Streifen aus einem Filtermaterial eingeschlagen und mit Metallkappen plombiert, so stehen dafür heute in den eigenen drei Produktionsstätten hochmoderne Maschinen zur Verfügung.

Waren: Tees, hauptsächlich Früchte- und Kräutertees, aber auch Schwarz- und Grüntee, jeweils lose und in Beuteln (außer H&S Tee aus der Apotheke) sowie Kakao, Kaffee, Kandis, Instantprodukte, Geschenkpackungen und Teezubehör wie Tassen, Teekannen, Teedosen etc.

Ersparnis: bei Großpackungen und 2. Wahl ca. 30%

Zeiten: Mo. bis Do. 8.00-11.45 Uhr und 13.00-17.15 Uhr, Fr. 8.00-15.45 Uhr

Hinweise: weitere Verkaufsstellen befinden sich in:
07629 St. Gangloff, An der Tesse 1 (Industriegebiet Wachtelberg), Tel. (07543) 603-311 sowie in
29614 Soltau, Ebsmoor 15-17, Tel. (05191) 9862-0

Weg: Kressbronn liegt an der B 31 zwischen Friedrichshafen und Lindau, nach der Abfahrt Kressbronn am Kreisverkehr Richtung Industriegebiet Heidach, dann kommt man direkt auf die Firma zu

88131 Lindau

▶ LORENZ

s. Seite 659

The Lorenz Bahlsen Snack-World GmbH & Co. KG
88131 Lindau / Steigstr. 29
Tel. (08382) 9479080 / lorenz-snackworld.de

Hermann Bahlsen übernimmt 1889 das „Fabrikgeschäft engl. Cakes und Biscuits" von H. Schmuckler in Hannover. 1935 werden die ersten Salzstangen - Salzletten - auf dem deutschen Markt eingeführt. Alle Artikel sind im wahrsten Sinne des Wortes in aller Munde. Jeder der schon mal ins Snack-Regal gegriffen hat ist Marken wie z.B. Crunchips, NicNac's, Erdnuss Locken etc. begegnet.

88214 Ravensburg

Waren: Lorenz-Produkte wie Crunchips, Chipsletten, Salzletten, Nic Nac's, Erdnusslocken etc. sowie eine Auswahl an Bahlsen Kuchen und Parlasca Gebäck, außerdem Waffeln und Negerküsse von Grabow

Ersparnis: durchschnittlich ca. 30%

Zeiten: bis zu 50%, Bruchware ist besonders preiswert

Hinweise: separater Fabrikladen, es ist ausschließlich 2. Wahl erhältlich

Weg: in Lindau auf die Kemptener Str. (B 12) Richtung Weißensberg bis die Reutiner Str. kreuzt, hier rechts und nach ca. 100 m links in die Köchlinstr., diese geht im weiteren Verlauf nach ca. 300 m in die Steigstr. über, der Eingang befindet sich an der Rückseite des Gebäudes, er ist nicht über die Werkseinfahrt erreichbar

88214 Ravensburg

▶ GRIESSON - DE BEUKELAER

s. Seite 613

Griesson - de Beukelaer GmbH & Co. KG
88214 Ravensburg / Schwanenstr. 94
Tel. (0751) 376-0 / griesson-debeukelaer.de

Griesson - de Beukelaer ist einer der bedeutensten Süß- und Salzgebäckhersteller Europas. Als Hersteller eines Sortiments von Süßgebäck bis hin zu knusprig salzigen Snacks bietet Griesson-de Beukelaer eine breite Vielfalt für den deutschen und internationalen Gebäckmarkt. Bekannte Markenartikel wie die Prinzen Rolle, TUC und Soft Cake stehen für gleich bleibende Qualität und Anspruch.

Waren: Dauerbackwaren, Buttergebäck, Florentiner, Gebäckmischungen, Kokosstäbchen, Makronen, Eiswaffeln, Eierlikörwaffeln, Diät-artikel, hauptsächlich Bruch, Retouren und Restposten

Ersparnis: bei Bruchware bis zu 50%; Preisbeispiele: große Tüte von Waffelbruch EUR 3,50 und von Gebäckbruch EUR 3,80 und von Konditorenbruch EUR 4,80

Zeiten: Mo. bis Fr. 9.00-19.00 Uhr, Sa. 9.00-14.00 Uhr

Hinweise: weitere Verkaufsstellen mit größtenteils gleichem Warenangebot befinden sich in:
88214 Ravensburg, Marienplatz 25, geöffnet Mo. bis Mi., Fr. 8.00-19.00 Uhr, Do. 8.00-20.00 Uhr, Sa. 8.00-14.00 Uhr
88045 Friedrichshafen, Karlstr. 19, geöffnet Mo. bis Fr. 9.00-18.00 Uhr und Sa. 9.30-14.00 Uhr

Weg: die Firma befindet sich in der Nähe vom Ravensburger Spieleverlag, aber auf der anderen Seite der Bahnlinie

88353 Kißlegg

88353 Kißlegg

▶ ALLGÄULAND

Frischdienst Allgäu GmbH
88353 Kißlegg Zaisenhofen / Wangenerstr. 42
Tel. (07563) 91280 / frischdienst-allgaeu.de

Die Firma ist ein Tochterunternehmen der Allgäuland-Käsereien und vertreibt über zwei Frischdienstlager in Sonthofen und Augsburg sowie acht Bertriebsverkaufsstellen vorwiegend Produkte der Marken Allgäuland und Bergbauern. Der Kundenkreis umfasst Gastronomie, Großverbraucher, Handelsbetriebe und Lebensmittelketten. Vom Gebiet Bodensee bis zur Donau und München bis an die Alpen werden die Produkte täglich ausgeliefert.

Waren: Emmentaler Hartkäse, Hartkäse Parmesan, Schnittkäse, geriebener Käse sowie Milchprodukte Marke Allgäuland, außerdem Käse sowie Milchprodukte Marke Bergbauern, zudem Hartkäse, Schnittkäse, Milchprodukte und Tofu Marke Allgäuland Bio

Ersparnis: ca. 25% im Durchschnitt

Zeiten: Mo. bis Fr. 8.00-12.00 Uhr und 14.00-17.30 Uhr, Sa. 8.00-12.00 Uhr

Weg: Kißlegg liegt im Allgäu an der B 18 zwischen Wangen und Leutkirch, dort befindet sich die Firma in Zaisenhofen direkt an der Hauptstraße

89231 Neu-Ulm

▶ WEISSELLA

Max Weiss GmbH & Co. / Lebkuchenfabrik
89231 Neu-Ulm / Junkersstr. 4-6
Tel. (0731) 7291-252 / weiss-lebkuchen.de

Gegründet wurde das Unternehmen im Jahr 1925 durch Max Weiß. Anfang der 50er Jahre wurde der Markenname „Weissella" für Oblatenlebkuchen und Elisenlebkuchen eingeführt. Heute bietet das Unternehmen ein Lebkuchensortiment von höchster Qualität an und ist in vielen Bereichen ein Marktführer.

Waren: Weissella Oblatenlebkuchen, Elisen, Nürnberger Lebkuchen, Vollkorn- und Kokosgebäck, Umhängeherzen, Magenbrot, Dominosteine, Waffeln etc., auch Diätprodukte, zeitweise sind auch Ritter Sport-Schokoladen erhältlich

Ersparnis: ca. 25%, bei Bruchware bis zu 50%

Zeiten: Mo. bis Fr. 7.00-17.00 Uhr, in der Vorweihnachtszeit ist auch Sa. vormittags geöffnet

Hinweise: eine weitere Einkaufsmöglichkeit in Neu-Ulm besteht in der Krankenhausstr. 3, Tel. 0731/7291-0, geöffnet Mo. bis Fr. 8.00-17.30 Uhr, Sa. 8.00-12.00 Uhr

89312 Günzburg

Weg: A 7 Ausfahrt Nersingen auf die B 10 (Europastr.) Richtung Neu-Ulm, links ab auf die Reuttierstr. und anschließend rechts in die Junkerstr., Ortsteil Schwaighofen im Industriegebiet

89257 Illertissen

▶ LANWEHR

Lanwehr GmbH
89257 Illertissen / Rudolf-Diesel-Str. 8-10
Tel. (07303) 179-40 / lanwehr-pralinen.de

Die Firmengründung erfolgte 1927 in Königsberg (Preußen) durch Georg Schulze und wurde nach Kriegsende in Illertissen neu aufgebaut. 1961 wurde die Firma durch Konditormeister Alexander Lanwehr übernommen und als Confiseriebetrieb für Spitzenqualität weiter geführt.

Waren: Konditoren-Pralinen (über 120 Sorten) und Marzipanartikel (handmodellierte und geschminkte Marzipanfiguren), Trüffel, Konfekt, Diabetikerprodukte (Präsentpackungen, Beutelware, Schokoblättchen und Tafelware, figürliche Marzipanartikel, Saisonware zu Weihnachten und Ostern, lose Artikel), Biospezialitäten, Geschenkverpackungen

Ersparnis: beim Normalsortiment ca. 10-20%, bei 2. Wahl bis zu 40%

Zeiten: Mo. bis Fr. 9.00-12.30 Uhr und 14.00-18.00 Uhr

Hinweise: der Verkauf erfolgt im angegliederten Ladengeschäft beim Werk, Bruchware ist nur in geringem Umfang erhältlich

Weg: A 7 Ulm-Memmingen Ausfahrt Illertissen, dort befindet sich die Firma im Industriegebiet Nord-West, über die Auer Str. in die Rudolf-Diesel-Str.

89312 Günzburg

▶ KÜCHLE

W. u. H. Küchle GmbH & Co. KG
89312 Günzburg / Bahnhofstr. 12
Tel. (08221) 3645-0 / kuechle.de

Küchle wurde im Jahr 1864 gegründet und ist aus der Regionalität zur nationalen Marke für Oblatenprodukte aller Art gewachsen.

Waren: Back-Obladen aller Art, Backhilfsmittel, Knabber-Oblaten, Pfefferminz-Oblaten, Cocktail-Gebäck

Ersparnis: durchschnittlich ca. 40%, Preisbeispiele: 500 g Obladen für 1,50 Euro und 500 g Picantini für 2,- Euro

Zeiten: Mo. bis Do. 7.30-12.00 Uhr und 13.00-16.15 Uhr, Fr. 7.30-13.00 Uhr

89312 Günzburg

Hinweise: es ist ausschließlich Bruchware erhältlich

Weg: A 8 Ausfahrt Günzburg Richtung Günzburg, nach ca. 3 km die zweite Abzweigung links Richtung Bahnhof, dann die erste rechts in die Siemensstr. und danach die nächste links in die Bahnhofstr. Richtung Stadtmitte, die zweite, obere Hofeinfahrt links führt auf den Besucherparkplatz

▶ LUTZ

Lutz Fleischwaren AG
89312 Günzburg / Violastr. 14
Tel. (08221) 399930 / lutz-fleischwaren.de

Waren: große Auswahl an Wurst- und Fleischwaren aller Art, z.B. Schwarzwälder-, Bayerische-, Fränkische- und Sächsische-Spezialitäten, außerdem Konserven, Convenience-Artikel, Geflügelwurst, Joghurtwurst, Joghurtbratwurst u.v.m.

Ersparnis: durchschnittlich ca. 30%

Zeiten: Mo. bis Fr. 6.00-15.00 Uhr, Sa. 8.00-12.00 Uhr

Hinweise: Mindestabnahme für EUR 30,- + MwSt.

Weg: A 8 Ausfahrt Leipheim, die Firma befindet sich im Industriegebiet an der Ulmer Str., von der Autobahn kommend gleich an der 1. Ampel rechts abbiegen

▶ ZOTT

Zott GmbH & Co. KG
89312 Günzburg / Rudolf-Diesel-Str. 17
Tel. (08221) 90070 / zott.de

Alles begann 1926 mit dem Erwerb einer bescheidenen Landmolkerei. Heute verfügt die Firma Zott über eine umfangreiche Palette hochwertiger Milchprodukte.

Waren: Milchprodukte aller Art wie Butter, Sahne, Buttermilch, Joghurts in vielen Geschmacksrichtungen, Molkedrinks, Desserts, Speisequark, H-Milch, außerdem Hart- und Schmelzkäse, Marken Monte, Jogolé, Starfrucht, Sahne-Joghurt, Allgäutaler und Zottarella

Ersparnis: ca. 30-50%, fehlerhaft verpackte Ware ist besonders günstig

Zeiten: Mo. bis Fr. 9.00-18.00 Uhr

Hinweise: Abgabe meist nur in ganzen oder halben Kartons (z.B. 20 oder 10 Becher Joghurt oder 24 oder 12 Becher „Monte")

Weg: A 8 Ulm-Augsburg Ausfahrt Günzburg auf die B 16 über Günzburg Richtung Gundelfingen, ca. 1 km nach Überqueren der Donau

89423 Gundelfingen

bei Riedwirtshaus links ab und nach weiteren ca. 600 m links in die Rudolf-Diesel-Str. (Industriegebiet Donauried)

89407 Dillingen

▶ WETZEL

Wetzel Oblaten- und Waffelfabrik GmbH
89407 Dillingen / Donaustr. 35
Tel. (09071) 859-0 oder 2176 / wetzel-oblaten.de

Mit den Karlsbader Oblaten, dem Hauptprodukt des Unternehmens, wurde die Firma ein Marktführer dieser Spezialität. Beliefert werden hauptsächlich Marktketten, Discounter und Fachgeschäfte.

Waren: Karlsbader Oblaten, Kleinoblaten, Waffeln, Waffelbruch und Schokoladespezialitäten, auch Diät-Ware, außerdem Kerzen und andere Wachsartikel sowie Geschenkartikel

Ersparnis: bei 1. Wahl bis zu 30%, bei 2. Wahl bis zu 50%

Zeiten: Mo. bis Fr. 9.00-18.00 Uhr, Sa. 9.00-12.30 Uhr

Weg: von Donauwörth auf der B 16 Richtung Günzburg, in Dillingen im Zentrum an der großen Kreuzung links Richtung Augsburg bis zur nächsten Ampel, ab hier ist die Firma ausgeschildert

89423 Gundelfingen

▶ SCHWARZ

Xaver Schwarz GmbH & Co. KG /
Fleisch- und Wurstwarenfabrik
89423 Gundelfingen / Xaver-Schwarz-Str. 7-9
Tel. (09073) 920354 / schwarzwurst.de

Seit über 100 Jahren stellt das Unternehmen Wurst- und Schinken-Spezialitäten her.

Waren: große Auswahl an Fleisch- und Wurstwaren aller Art in SB-Verpackungen, z.B. Schinken, Kochwurst, Brühwurst, Würstchen und Geflügelspezialitäten, alle 2 Wochen wechselndes Angebot

Ersparnis: je nach Artikel bis zu 50% möglich, zusätzliche Bonuskarte: 10x Einkaufen = EUR 5,- zurück

Zeiten: Mo. bis Mi. 8.30-12.30 Uhr und 14.30-18.00 Uhr, Do. 8.30-12.30 Uhr und 14.00-18.00 Uhr, Fr. 8.30-18.00 Uhr, Sa. 8.00-12.30 Uhr

Hinweise: 6 weitere Direktverkaufsstellen befinden sich in:
86154 Augsburg, Donauwörther Str. 219, Tel. (0821) 2182132,
86343 Königsbrunn, Gartenstr. 2, Tel. (08231) 340131,
88699 Frickingen, Lippertsreuter Str. 16, Tel. (07554) 990587,
89073 Ulm, Hafengasse 1, Tel. (0731) 6026871,

90411 Nürnberg

89077 Ulm-Söflingen, Schlösslesgasse 3, Tel. (0731) 3799240,
89312 Günzburg, Reindlstr. 5, Tel. (08221) 399167

Weg: Gundelfingen liegt ca. 15 km nordöstlich von Günzburg, A 8 Ulm-Augsburg Ausfahrt Günzburg auf die B 16 über Günzburg nach Gundelfingen, Richtung Zentrum auf die Günzburger Str. und im Industriegebiet über die Industriestr. in die Xaver-Schwarz-Str.

90411 Nürnberg

▶ WOLF-FORSTER

s. Seite 665

Wolf Vertriebs GmbH / forster convenience GmbH
90411 Nürnberg / Andernacher Straße 29
Tel. (0911) 52018-0 oder -191 (Werksverkauf) / forster.de

Der 1885 im Nürnberger Stadtzentrum gegründete Familienbetrieb begann zunächst mit einer Produktpalette traditioneller Wurstwaren wie Brüh-, Koch- und Rohwürste. Seitdem werden auch die „Original Nürnberger Rostbratwürste" hergestellt, die inzwischen in Österreich, Benelux, Holland, Italien, Frankreich, Spanien, Griechenland, Argentinien, Russland und Fernost vertreten sind. Seit 1999 gehört das Unternehmen zur Wolf Firmengruppe mit Hauptsitz in Schwandorf.

Waren: große Auswahl an Fleisch- und Wurstwaren aller Art, Wurstwaren wie z.B. Original Nürnberger Rostbratwürste in vielen Variationen, Aufschnitt, Salami, Leberkäse, Sülzen, Thüringer-Wurstspezialitäten u.v.m., Fleischwaren siehe aktuelles Angebot, Marken Forster und Wolf

Ersparnis: ca. 30-40%

Zeiten: Mo. bis Fr. 8.00-17.00 Uhr, Sa. 8.00-12.00 Uhr

Weg: A 3 Richtung Nürnberg Ausfahrt Nürnberg Nord/Flughafen, rechts Richtung Zentrum, an der ersten Ampel rechts in den Bierweg, dann an der zweiten Ampel rechts in die Ziegelsteinstr., die dritte Seitenstraße links ist die Andernachstr.

90419 Nürnberg

▶ SCHÖLLER

Nestlé Schöller GmbH & Co. KG
90419 Nürnberg / Bucher Str. 137
Tel. (0911) 938-1290 / schoeller.de

Waren: große Auswahl an Eiskrem aller Art, außerdem zugekaufte Backwaren, Nürnberger Oblatenlebkuchen, Lebkuchen aller Art

Ersparnis: Einzeleis und Backwaren sind nicht günstiger, nur Eis-Großpackungen sind ca. 10% günstiger

90427 Nürnberg

Zeiten:	Mo. bis Fr. 8.00-18.00 Uhr, Sa. 9.00-18.00 Uhr, Sonn- und Feiertage 10.00-18.00 Uhr
Hinweise:	kioskähnliche Verkaufsstelle
Weg:	von Erlangen auf der B 4 kommend Richtung Stadtmitte ist die Firma eigentlich nicht zu übersehen, sie ist auch ausgeschildert

90425 Nürnberg

▶ WEISSELLA

Ferdinand Wolff GmbH & Co. KG / Lebkuchenfabrik
90425 Nürnberg / Kilianstr. 96
Tel. (0911) 937930 / weiss-lebkuchen.de

Das Unternehmen gehört seit 1965 zur Max Weiss Lebkuchenfabrik Neu-Ulm. Heute bietet das Unternehmen ein Lebkuchensortiment von höchster Qualität an.

Waren:	Weissella Oblatenlebkuchen, Elisen, Nürnberger Lebkuchen, Vollkorn- und Kokosgebäck, Umhängeherzen, Magenbrot, Dominosteine, Waffeln etc., auch Diätprodukte, zeitweise auch Saisonartikel zu Ostern und Weihnachten
Ersparnis:	ca. 25%, bei Bruchware bis zu 50%
Zeiten:	von Januar bis Juli Mo. bis Fr. 8.00-16.00 Uhr, von August bis Dezember Mo. bis Fr. 8.00-16.00 Uhr und Sa. 8.00-15.00 Uhr
Weg:	A 6 Ausfahrt Nürnberg-Nord/Flughafen auf die Äußere Bayreuther Str. Richtung Stadtmitte, bei der Aral-Tankstelle kurz vor dem Nord-Ost-Bahnhof rechts in die Kilianstr.

90427 Nürnberg

▶ EM-EUKAL

Dr. C. Soldan GmbH / Bonbonfabrik
90427 Nürnberg / Herderstr. 5-9
Tel. (0911) 3278-01 / soldan.com

Dr. C. Soldan-Produkte findet man in Apotheken, Drogerien und Drogeriemärkten. Em-eukal-Hustenbonbons sind millionenfach bewährt und werden seit 1923 nach dem Originalrezept von Dr. Carl Soldan hergestellt.

Waren:	zuckerfreie und zuckerhaltige Husten- und Fruchtbonbons aller Art, Salbei-Bonbons, Karamell-Toffees, Lakritz-Katzen, Salmiak-Pastillen und -Dragees, Hustenlutscher, Frutti-Drops, Pfefferminz-Plätzchen, u.a. Marken Em-eukal und Em-herbal, außerdem Fruchtsaft-Gummibären
Ersparnis:	ca. 30% im Durchschnitt, günstig sind auch Packungen die das Sollgewicht nicht genau erfüllen

90471 Nürnberg

Zeiten:	Mo. bis Fr. 7.30-15.00 Uhr
Hinweise:	eine weitere Verkaufsstelle befindet sich in: 91325 Adelsdorf, Höchstadter Str. 33 (Gewerbegebiet Adelsdorf), Tel. (09195) 8080, geöffnet Mo. bis Do. 7.00-17.00 Uhr, Fr. 7.00-12.30 Uhr
Weg:	aus Richtung Würzburg/Frankfurt/Köln kommend am Autobahnkreuz Fürth/Erlangen Richtung Fürth, Ausfahrt Fürth-Poppenreuth und links über die Autobahnüberführung, nach der zweiten Ampel rechts in die Hans-Vogel-Str. und nach ca. 1 km wieder rechts in die Herderstr.

▶ PFANN

Pfann-Nürnberger Lebkuchen
90427 Nürnberg / Raiffeisenstr. 65
Tel. (0911) 327692 / lebkuchen-pfann.de

Die Firma verwendet nur reinste Zutaten für ihre feinen Nürnberger Elisen-Lebkuchen. Die Zutaten, die geheime Gewürzmischung und das handwerkliche Können sind die Grundlagen für den einmaligen Geschmack der Elisen-Lebkuchen.

Waren:	Nürnberger Elisen-Lebkuchen, Gebäck, Geschenkdosen und -kartons
Ersparnis:	ca. 20-30%, besonders preiswert ist Bruchware
Zeiten:	Mo. bis Fr. 10.00-18.00 Uhr, Sa. 10.00-16.00 Uhr, in der Saison vor Weihnachten gelten am Sa. meistens verlängerte Öffnungszeiten
Weg:	A 73 Ausfahrt Poppenreuth auf die Poppenreuther Str. die im weiteren Verlauf in die Marktäcker Str. übergeht, nach ca. 2 km links in die Raiffeisenstr.

90471 Nürnberg

▶ SCHUHMANN

Schuhmann GmbH & Co. KG / Nürnberger Lebkuchenfabrik
90471 Nürnberg Langwasser / Kreuzburgerstr. 12
Tel. (0911) 998020 / schuhmann-lebkuchen.de

Waren:	Nürnberger Oblatenlebkuchen, Nürnberger Braune Lebkuchen, Nürnberger Elisenlebkuchen, Lebkuchen aller Art
Ersparnis:	preisgünstige Angebote, Bruch ist besonders preiswert
Zeiten:	Mo. bis Do. 8.00-16.00 Uhr und Fr. 8.00-14.30 Uhr in der Fabrik, ab nach Ostern bis September ist geschlossen

90571 Schwaig

Hinweise: Verkauf während der Weihnachtssaison (ab September) im „Hexenhäuschen" vor der Fabrik, Mo. bis Fr. 9.00-18.00 Uhr

Weg: die Firma befindet sich im südöstlichen Stadtteil Langwasser in der Nähe vom Messegelände, gegenüber vom Hallenbad

90556 Cadolzburg

▶ RIEGELEIN

Hans Riegelein u. Sohn GmbH & Co. KG
90556 Cadolzburg / Danziger Str.
Tel. (09103) 505-0 oder -48 (Fabrikverkauf) / riegelein.de

Waren: große Auswahl an Schokolade und Schokoladenhohlfiguren aller Art, außerdem Pralinen und Confiseriepräsente

Ersparnis: günstige Angebote, besonders bei 2. Wahl

Zeiten: ab Okt. bis ca. Mai Mo. bis Fr. 9.00-12.00 Uhr und 14.30-18.00 Uhr, Sa. 9.00-12.00 Uhr, während der anderen Monate findet gelegentlich für jeweils ca. 1 Woche lang ein Sonderverkauf statt, genaue Termine erfragen

Hinweise: der Verkauf befindet sich in einem Ladengeschäft an der Fabrik, es ist auch Schokoladenbruch erhältlich

Weg: von Nürnberg kommend auf der B 8 abbiegen nach Cadolzburg, am Ortsanfang 1. Straße rechts einbiegen in die Tiembacher Str., das Ladengeschäft befindet sich bei der Firma um die Ecke

90571 Schwaig

▶ WACHTER

s. Seite 661

Wachter AG / Nahrungsmittelwerke
90571 Schwaig / Haimendorfer Str. 52
Tel. (0911) 9538377 oder (0800) 9538300 (gebührenfrei) /
wachter-nahrungsmittel.de

Das Familienunternehmen Wachter AG Nahrungsmittelwerke wurde im Jahr 1934 in Schwaig bei Nürnberg gegründet und produziert heute Basis- und Convenience-Produkte für Großverpfleger.

Waren: Soßen, Brühen, Suppen, Würzmittel und Desserts, außerdem Fixprodukte, Fitness- und Diabetikerprodukte sowie Beilagen

Ersparnis: ca. 30-40%

Zeiten: Mo. bis Do. 8.00-12.00 Uhr und 12.30-15.30 Uhr, Fr. bis 14.30 Uhr

90763 Fürth

Weg: Schwaig liegt ca. 10 km nordöstlich vom Zentrum Nürnberg, erreichbar über die A 3 Ausfahrt Nürnberg-Mögeldorf, in Schwaig befindet sich die Firma im Industriegebiet nahe der Autobahn

90763 Fürth

▶ TROLLI

Mederer Süßwarenvertriebs GmbH / Trolli-Shop
90763 Fürth / Hans-Bornkessel-Str. 3
Tel. (0911) 709098 / trolli.de

Das Unternehmen wurde 1948 gegründet und produziert heute Fruchtgummi und Gummischaumartikel in verschiedenen Formen. Seit dem Jahr 2000 gehört auch die Gummi Bear Factory zur Mederer-Gruppe.

Waren: große Auswahl an Fruchtgummis in versch. Formen und Geschmacksrichtungen, Marke Trolli, z.B. Gummibärchen, Colafläschchen, Lakritzen, außerdem Gummischaumartikel wie Marshmallows sowie Pralinen, Rumkugeln, Schokoriegel, Tafelschokolade etc.

Ersparnis: durchschnittlich ca. 30-40%; Preisbeispiel: 1 kg von 1. Wahl für EUR 2,60 und von 2. Wahl für EUR 1,85

Zeiten: Mo. bis Fr. 9.00-18.00 Uhr, Sa. 9.00-14.00 Uhr

Hinweise: es sind hauptsächlich 1- und 2-kg-Packungen erhältlich; eine weitere Verkaufsstelle befindet sich in: 90471 Nürnberg, Breslauer Str. 400, Tel. (0911) 8170400, geöffnet Mo. bis Fr. 10.00-18.00 Uhr

Weg: Fürth liegt ca. 10 km nordwestlich von Nürnberg, dort befindet sich die Firma in der Südstadt

91522 Ansbach

▶ UNILEVER

Unilever Deutschland GmbH / Schafft Ansbach
91522 Ansbach / Eyber Str. 81
Tel. (0981) 1801-0 / schafft.de

Das Unternehmen wurde im Jahr 1868 durch Emil Schafft in Nürnberg gegründet. Heute ist die Firma Schafft Teil der internationalen Unternehmensgruppe Unilever und stellt qualitativ hochwertige Lebensmittel unter bekannten Markennamen wie z.B. „Bifi" und „Du darfst" her. „Bifi" ist der Snack für zwischendurch und „Du darfst"-Wurstwaren zeichnen sich durch einen geringen Fettgehalt aus.

Waren: Fleisch- und Wurstwaren aller Art der Marken Bifi, Bifi Roll, Carazza, Ranger, Becel, Du Darfst und Schafft

Ersparnis: bis zu 50%, günstige Angebote

92431 Neunburg

Zeiten: Mo. bis Fr. 9.00-18.00 Uhr, Sa. 9.00-14.00 Uhr

Weg: Ansbach liegt ca. 40 km südwestlich von Nürnberg an der A 6, Ausfahrt Ansbach auf die B 13, den Berg runter sieht man schon den großen Schlot, die Einfahrt zum Fabrikverkauf befindet sich neben dem Pförtnerhaus und ist ausgeschildert

92421 Schwandorf

▶ WOLF

s. Seite 665

Wolf GmbH
92421 Schwandorf / Am Ahornhof 2
Tel. (09431) 384-194 / wurst.tv

Die Firma wurde im Jahr 1925 vom Fleischermeister Alois Wolf im Egerland in der Ortschaft Mies als Metzgerei gegründet. Heute wird das Unternehmen in der vierten Generation geführt, hat 3 Produktionsstandorte und ca. 130 Filialbetriebe.

Waren: große Auswahl an Fleisch- und Wurstwaren aller Art, Wurstwaren wie z.B. Aufschnitt, Salami, Leberkäse, Sülzen, Thüringer- und Nürnberger Wurstspezialitäten u.v.m., Fleischwaren siehe aktuelles Angebot, Marken Wolf und Forster

Ersparnis: ca. 30-40%

Zeiten: Mo. bis Fr. 8.00-18.00 Uhr, Sa. 8.00-12.00 Uhr

Hinweise: ab einer Abnahmemenge von 5 kg insgesamt erhält man weitere 10% Rabatt

Weg: A 93 Ausfahrt Schwandorf-Wackersdorf, rechts Richtung Schwandorf, die Firma befindet sich gleich auf der rechten Seite unweit der Autobahnausfahrt

92431 Neunburg

▶ EFRUTI

Efruti GmbH & Co. KG
92431 Neunburg vorm Wald / Industriestr. 1-3
Tel. (09672) 9218-0 oder -30 (Fabrikverkauf)

Waren: große Auswahl an Fruchtgummis unterschiedlicher Art und Formen sowie versch. Bonbons, auch Lakritz, außerdem auch Artikel von Katjes (Fruchtgummi) und Gubor (Gebäck)

Ersparnis: ca. 30-40%, je nach Artikel

Zeiten: Mo. bis Fr. 9.00-17.00 Uhr, Sa. 9.00-12.00 Uhr

Hinweise: es ist hauptsächlich Kiloware erhältlich

93164 Laaber

Weg: Neunburg liegt nordöstlich von Regensburg, A 93 Ausfahrt Schwarzenfeld nach Neunburg, dort befindet sich die Firma im Industriegebiet an der Umgehungsstraße

▶ LORENZ

s. Seite 667

The Lorenz Bahlsen Snack-World GmbH & Co. KG
92431 Neunburg vorm Wald / Industriestr. 11
Tel. (09672) 46-0 / lorenz-snackworld.de

Hermann Bahlsen übernimmt 1889 das „Fabrikgeschäft engl. Cakes und Biscuits" von H. Schmuckler in Hannover. 1935 werden die ersten Salzstangen - Salzletten - auf dem deutschen Markt eingeführt. Alle Artikel sind im wahrsten Sinne des Wortes in aller Munde. Jeder der schon mal ins Snack-Regal gegriffen hat ist Marken wie z.B. Crunchips, NicNac's, Erdnuss Locken etc. begegnet.

Waren: Lorenz-Produkte wie Crunchips, Chipsletten, Salzletten, Nic Nac's, Erdnusslocken etc. sowie eine Auswahl an Bahlsen Kuchen und Parlasca Gebäck, außerdem Waffeln und Negerküsse von Grabow

Ersparnis: bis zu 50%, Bruchware ist besonders preiswert

Zeiten: Mo. bis Fr. 9.00-17.00 Uhr, Sa. 9.00-12.00 Uhr

Hinweise: separater Fabrikladen, es ist ausschließlich 2. Wahl erhältlich

Weg: Neunburg liegt nordöstlich von Regensburg, A 93 Ausfahrt Schwarzenfeld nach Neunburg, bei der Kaserne Richtung Rötz, die Firma befindet sich im Industriegebiet beim „Werk Lorenz"

93164 Laaber

▶ SEIDL

s. Seite 667

Seidl Confiserie GmbH
93164 Laaber / Reiserweg 2
Tel. (09498) 9068-0 / seidl-confiserie.de

Bekannt sind die feinen Pralinen- und Schokoladenspezialitäten der Confiserie Seidl und die exklusiven Macadamianuss-Produkte aufgrund ihres Einsatzes z.B. an Bord der Lufthansa-Maschinen und als Präsente in führenden First-Class-Hotels.

Waren: hochwertige Pralinen- und Schokoladenspezialitäten, eine Besonderheit stellt das sehr breite Sortiment an diversen Macadamianuss-Produkten dar

Ersparnis: sehr preiswert sind vor allem Angebotsartikel, das Preis-/Leistungsverhältnis ist für die hohe Produktqualität günstig

Zeiten: Mo. bis So. und Feiertage 8.00-19.00 Uhr

Hinweise: Erlebniseinkauf mit dem lebensgroßen Elefanten Dumbo, einem sprechenden Tukan auf einem Kakaobaum sowie einer musizierenden Dschungelband

94032 Passau

Weg: Laaber liegt ca. 15 km nordwestlich von Regensburg, A 3 Regensburg-Nürnberg Ausfahrt Laaber, die Firma befindet sich ca. 200 m nach der Ausfahrt direkt an der Straße

93468 Miltach

▶ BEIER

Otto Beier KG / Waffel- und Gebäckfabrik
93468 Miltach / Bahnhofstr. 31
Tel. (09944) 34140 / beier-waffeln.de

Waren: großes Waffelsortiment wie z.B. Schaum-, Eis-, Creme- und Diätwaffeln, essbares Waffelgeschirr, außerdem großes Gebäcksortiment wie Plätzchen, Lebkuchen, Teegebäck, Weihnachtsbäckereien sowie Kuchenglasuren, Nussnougat, Marzipan und Geschenkartikel auch viele Diätprodukte

Ersparnis: durchschnittlich ca. 35%

Zeiten: Mo. bis Fr. 7.30-12.00 Uhr und 13.00-17.30 Uhr, Sa. 8.30-12.00 Uhr

Hinweise: meist ist auch günstige Bruchware erhältlich

Weg: Miltach liegt an der B 85 zwischen Cham und Regen, in Miltach befindet sich die Firma genau gegenüber vom Bahnhof

94032 Passau

▶ KEUPP

Georg Keupp / Back- und Süßwarenherstellung
94032 Passau / Bahnhofstr. 2
Tel. (0851) 35227

Die Firma wurde im Jahr 1858 in Passau als Konditorei-Café gegründet und ist seit 1963 als Versandkonditorei ohne Café und Ladengeschäft tätig.

Waren: Baumkuchen, Baumkuchen-Pasteten, Baumkuchen-Spitzen, feines Teegebäck, Florentiner, Käsegebäck und Käsestangen aus Blätterteig, Zwiebelbonbons und andere Confiserie-Spezialitäten

Ersparnis: nur bei Angeboten günstiger; Preisbeispiele: 250 g Baumkuchen für 5,20 EUR, ein Marzipantaler für 1,- EUR und eine Nougatstange für 1,- EUR

Zeiten: Mo. bis Do. 8.00-12.00 Uhr und 12.45-16.30 Uhr, Fr. 8.00-14.00 Uhr, Okt. bis Dez. auch Sa. 9.00-13.00 Uhr

Hinweise: im Büro ist ein Ausstellungskasten vorhanden aus dem die Ware ausgewählt werden kann, teils begrenzte Auswahl, gelegentlich sind auch günstige Bruchartikel im Angebot

94437 Mamming

Weg: die Firma befindet sich nahe dem Ludwigsplatz, der Eingang befindet sich auf der Rückseite des Gebäudes neben „McDonalds", ein Schaukasten weist auf den Verkauf hin

94437 Mamming

▶ MAMMINGER

**Familie Wagner /
Lagerverkauf der Mamminger Konserven GmbH & Co. KG
94437 Mamming / Hauptstr. 50
Tel. (09955) 1494 / mamminger-konserven.de**

Die Mamminger Konserven eG wurde im 1949 als Gurken- und Früchteverwertungs-genossenschaft gegründet. Heute werden die Mamminger Gemüse- und Sauer-konserven an den Großhandel bzw. Einkaufsketten hauptsächlich in Deutschland aber auch nach Italien und Spanien geliefert.

Waren: große Auswahl an Sauerkonserven aller Art wie z.B. Sauerkraut, Essiggurken, Puszta-Salat, Sellerie, Paprika, Blumenkohl, Karotten, Pepperoni, Silberzwiebeln, Mixed Pickles, Rote Beete etc., alles in Gläsern oder Dosen

Ersparnis: ca. 30-40%, je nach Artikel

Zeiten: Di., Fr., Sa. 9.00-12.00 Uhr, Mi. 13.00-16.30 Uhr

Hinweise: Abgabe nur in ganzen Kartons (mind. 12 Stück), teilweise sind auch günstige Beuldosen sowie sog. Mischkartons mit 9 oder 12 Gläsern erhältlich

Weg: Mamming liegt ca. 8 km westlich von Landau Richtung Dingolfing, die Verkaufsstelle befindet sich mitten in Mamming, die Hauptstr. verläuft vom Zentrum in Richtung Bubach

94439 Roßbach

▶ WASTA

**Wasta-Konserven Stadler u. Fischl GmbH & Co. KG
94439 Roßbach / Münchsdorfer Str. 24
Tel. (08547) 96010 / wasta-konserven.de**

Die Firma Wasta-Konserven wurde 1949 gegründet und wird heute in der dritten Generation im Zentrum des niederbayerischen Gemüseanbaus geführt.

Waren: Gurken, Sauerkraut, Karotten, Rote Beete, Rotkohl, Sellerie, Silberzwiebeln, Tomatenpaprika, Mixed Pickles, Blumenkohl, Maiskölbchen, Peperoncini, Pusztasalat, Bohnensalat in Dosen à 5 und 10 Liter Inhalt oder in Gläsern à 1/2, 1 und 2 Litern Inhalt erhältlich

Ersparnis: ca. 30% im Durchschnitt

95478 Kemnath

Zeiten:	Mo. bis Fr. 7.30-11.00 Uhr und 12.00-16.30 Uhr
Hinweise:	die Gläser sind nur kartonweise (à 6 oder 12 Stück) erhältlich
Weg:	B 8 von Passau nach Vilshofen, über Aldersbach nach Roßbach, dort befindet sich die Firma am Ortsende an der Hauptstr. neben der „Sparkasse"

95213 Münchberg

▶ FICKENSCHER

s. Seite 669

Fickenscher's Backstube GmbH
95213 Münchberg / August-Horch-Str. 17
Tel. (09251) 87008-0 / nascherie.com

Waren:	Trüffel-Pralinen mit und ohne Alkohol, Feingebäck und Plätzchen, Schokoladenspezialitäten, Schoko-Dragees, Nüsse etc., Präsente und Geschenkpackungen, außerdem hausgemachte Marmeladen und Konfitüren sowie Backspezialitäten wie Schoko- und Zwiebel-Knäckebrot
Ersparnis:	bis zu ca. 20% beim Standardsortiment, wechselnde Aktionsangebote und Sonderverkäufe bei Produkteinführungen
Zeiten:	Mo. bis Fr. 10.00-17.00 Uhr, Sa. 10.00-15.00 Uhr
Hinweise:	kleines Ladengeschäft direkt neben der Hauptproduktion
Weg:	Münchberg liegt ca. 25 km südwestlich von Hof an der A 9 Bayreuth-Berlin, A 9 Ausfahrt Münchberg-Nord Richtung Münchberg-Stadt, nach ca. 150 m rechts ab und an der 2. Querstraße links in das Industriegebiet Münchberg-Nord

95478 Kemnath

▶ PONNATH

Ponnath Die Metzgermeister GmbH
95478 Kemnath / Bayreuther Str. 40
Tel. (09642) 30-0 oder -148 (Werksverkauf) / ponnath.de

Waren:	große Auswahl an Fleisch- und Wurstwaren aller Art wie z.B. bayerische Wurst- und Schinkenspezialitäten, außerdem Kalbsleberwurst, Zwiebelfleischsülze, Hausmacher Apfelgriebenschmalz sowie Farmerschinken, Knoblauchschinken etc.
Ersparnis:	preisgünstige Angebote
Zeiten:	Mo. bis Fr. 8.00-18.00 Uhr, Sa. 8.00-13.00 Uhr

95659 Arzberg

Weg: Kemnath liegt ca. 25 km östlich von Bayreuth, A 9 Ausfahrt Bayreuth-Süd auf die B 22 über Speichersdorf nach Kemnath, dort befindet sich die Firma am Ortseingang im Industriegebiet, sie ist nicht zu übersehen

95659 Arzberg

▶ FRANK

Frank-Lebkuchen GmbH
95659 Arzberg / Gewerbering 9
Tel. (09233) 78080 / frank-lebkuchen.de

Frank-Lebkuchen gibt es seit 1865. Heute ist die Firma noch immer im Familienbesitz und bäckt nach Rezepten des Firmengründers.

Waren: Elisen-Lebkuchen aller Art, auch Marzipan-Lebkuchen und Geschenkpackungen

Ersparnis: bei 1. Wahl keine, bei Bruchware ca. 30-50%

Zeiten: ab Mitte August bis ca. 15. Dezember von Mo. bis Fr. 9.00-12.30 Uhr und 13.30-17.00 Uhr, ab November zusätzl. auch Sa. 9.00-12.00 Uhr

Hinweise: der Werkshop ist nur zu der Zeit geöffnet, in der auch produziert wird, dadurch ist alles frisch vom gleichen Tag

Weg: von Marktredwitz auf der B 303 ca. 8 km in nordöstlicher Richtung nach Arzberg, auf der B 303 kommend Abfahrt Arzberg-Ost, dann ist der Weg zur Firma ausgeschildert

96337 Ludwigsstadt

▶ LAUENSTEIN CONFISERIE

Confiserie Burg Lauenstein GmbH
96337 Ludwigsstadt / Fischbachsmühle
Tel. (09263) 945-0 / lauensteiner.de

Die handgefertigten Trüffel- und Pralinenspezialitäten werden noch heute nach alter handwerklicher Tradition und überlieferten Rezepturen in der historischen Fischbachsmühle im Frankenwald gefertigt.

Waren: reichhaltige Auswahl an hochwertigen, handgefertigten Pralinen aller Art, auch Diabetikerpralinen sowie Geschenkpackungen

Ersparnis: bei Bruchware bis zu 50%

Zeiten: Mo. bis Fr. 8.00-18.00 Uhr, Sa. 10.00-14.00 Uhr, von Mai bis Dez. zusätzlich So. 10.30-17.00 Uhr

Hinweise: eine Besichtigung der Produktion ist möglich

96450 Coburg

Weg: Ludwigstadt liegt nördlich von Kronach an der B 85, durch Ludwigstadt durchfahren Richtung Probstzella, ca. 2 km nach Lauenstein befindet sich die Fischbachsmühle auf der rechten Seite, sie ist auch ausgeschildert

▶ WELA

Wela-Trognitz Fritz Busch GmbH & Co. KG
96337 Ludwigstadt / Alte Poststr. 12-13
Tel. (09263) 942-0 oder -421 (Direktverkauf) / wela-suppen.de

Die Firma Wela-Werke wurde 1925 in Hamburg gegründet und stellte zunächst Fleisch- und Hühnerbrühe in Würfelform her. Heute werden in drei Werken über 600 versch. Produkte hergestellt.

Waren: Feinkostsuppen, Dosensuppen, Soßen, Brüherzeugnisse, Suppenwürzen und sonstige Würzmittel sowie Feinkost und Desserts, Marke Wela

Ersparnis: durchschnittlich ca. 25%

Zeiten: Mo. bis Do. 8.00-15.00 Uhr, Fr. 8.00-13.00 Uhr

Hinweise: separater Verkaufsraum im Obergeschoss

Weg: Ludwigstadt liegt an der B 85 von Kronach in Richtung Saalfeld, am Ortseingang links einbiegen, die Firma ist auch ausgeschildert

96450 Coburg

▶ FEYLER

s. Seite 673

Wilhelm Feyler / Bayer. Lebkuchen- und Feingebäck-Manufaktur
96450 Coburg / Rosengasse 6/8
Tel. (09561) 80480 / feyler-lebkuchen.de

Wilhelm Feyler gründete 1892 in der Rosengasse in Coburg eine Spezial- und Feinbäckerei. Bereits 5 Jahre später überzeugte er das Coburger Herzoghaus mit seinen Erzeugnissen und bekam von Herzog Alfred von Sachsen-Coburg und Gotha die Auszeichnung „Hofbäcker" verliehen. 1907 erfolgte die Ernennung zum Hoflieferanten durch Ihre Kaiserliche Hoheit Herzogin Marie von Coburg, Großfürstin von Rußland. Heute nach über 100 Jahren und in der 4. Meistergeneration werden noch immer jene Spezialitäten nach überlieferten Rezepturen hergestellt, die schon in allen Kontinenten der Welt Freunde und Genießer gefunden haben.

Waren: feine Lebkuchenspezialitäten, auch in historischen Blechdosen, Coburger Schmätzchen und Goldschmätzchen, Geschenkpackungen und lose Ware, Butter-Kaiserstollen

Ersparnis: lose abgepackte Ware ist besonders preiswert

Zeiten: Mo. bis Fr. 8.00-18.00 Uhr, Sa. 7.30-14.00 Uhr

Hinweise: Verkauf im angegliederten Ladengeschäft, teilweise ist auch günstige Bruchware erhältlich

97209 Veitshöchheim

| Weg: | in Coburg geht die Rosengasse in der Nähe vom Rathaus vom Marktplatz weg |

97209 Veitshöchheim

▶ FRANKONIA

Frankonia Schokoladenwerke GmbH
97209 Veitshöchheim / Daimlerstr. 9
Tel. (0931) 970460

Seit 1869 stellt die Firma Frankonia Süßwaren und Schokolade her. Heute werden Schokoladen für Diabetiker hergestellt, für die nur beste Rohstoffe und erlesene Zutaten verwendet werden.

Waren:	große Auswahl an Diät-Schokoladen mit Fruchtzucker in vielen Geschmacksrichtungen, z.B. Tafelschokoladen, Pralinen, Riegel und Gebäck, Marken Frankonia, Pea und Holex
Ersparnis:	ca. 30-40%, unterschiedlich je nach Artikel
Zeiten:	Di. und Do. 11.30-15.00 Uhr
Hinweise:	teilweise ist auch günstige Bruchware erhältlich
Weg:	Veitshöchheim liegt ca. 10 km nordwestlich von Würzburg, dort an der Balthasar-Neumann-Kaserne vorbei ins Industriegebiet, die nächste rechts und dann die nächste wieder rechts einbiegen

97350 Mainbernheim

▶ BÄREN SCHMIDT

s. Seite 673

Gebr. Schmidt GmbH & Co. KG
97350 Mainbernheim / Gebr.-Schmidt-Str. 14
Tel. (09323) 8711-0 / baeren-schmidt.de

Die bekanntesten Bären-Schmidt-Produkte sind die sog. Spruchherzen, die bei vielen Volksfesten erhältlich sind. Bären-Schmidt gehört seit 1971 zur Haribo-Gruppe. Neben 5 Produktionsbetrieben in Deutschland hat Haribo heute 13 weitere Betriebe in Europa und Vertriebsniederlassungen in fast jedem europäischen Land sowie in den USA. Haribo-Produkte erfreuen sich weltweiter Beliebtheit und werden in über 105 Länder der Erde exportiert

| Waren: | Lebkuchenherzen mit versch. Sprüchen, Gewürz- und Anisplätzchen, Biskuits, Spritzgebäck, Dominosteine, Magenbrot, gefüllte Lebkuchen, Oblaten- und Elisenlebkuchen, außerdem eine große Auswahl aus dem Haribo-Sortiment wie z.B. Gummibärchen, Lakritz, Maoam etc. |
| Ersparnis: | ca. 20% bei den Backwaren, reguläre Ware ist kaum günstiger, nur Sonderangebote und lose Ware sind etwas günstiger |

97440 Werneck

Zeiten: Januar bis August Mo. bis Fr. 7.00-17.00 Uhr, September bis Dezember Mo. bis Fr. 7.00-18.00 Uhr, Sa. 8.00-14.00 Uhr

Hinweise: Verkauf im Ladengeschäft auf dem Betriebsgelände

Weg: von Würzburg auf der B 8 über Kitzingen nach Mainbernheim, dort am Ortsende rechts einbiegen ins Industriegebiet, ist auch ausgeschildert

97357 Prichsenstadt

▶ WOLF

Paul Wolf Süßwaren GmbH
97357 Prichsenstadt Altenschönbach / Hauptstr. 2
Tel. (09383) 9724-0 oder -28 (Laden) / grabower.de

Grabower wurde im Jahr 1837 gegründet. Ab 1950 wurde das Unternehmen als Volkseigener Betrieb strukturiert. 1978 begann in der ehemaligen DDR der Aufstieg zu einem bedeutenden Backwarenhersteller. Die Grabower Küsschen wurden berühmt. Heute gehören zur Grabower Süßwaren GmbH die Schwesterfirmen Ruhrkrone in Herten, Tomala in Kühren bei Leipzig und Wolf-Süßwaren in Prichsenstadt-Altenschönbach.

Waren: Schaumküsse, Schaumwaffeln, Knäckebrot, Waffeln, Gebäcke, Waffelröllchen und Cremewaffeln, außerdem Saisonartikel wie z.B. Dominosteine, Lebkuchen, Osterhasen, Weihnachtsmänner

Ersparnis: ca. 25%, bei Bruchware bis zu 50%

Zeiten: Mo. bis Fr. 9.00-12.00 Uhr und 13.00-18.00 Uhr, in den Sommermonaten Mo. bis Fr. 12.00-18.00 Uhr

Hinweise: größere Mengen vorher telefonisch anmelden

Weg: Prichsenstadt liegt ca. 35 km östlich von Würzburg, erreichbar über die A 3 Ausfahrt Schweinfurt/Wiesentheid, die Firma befindet sich in Altenschönbach

97440 Werneck

▶ EICHETTI

Eichetti Confect-Spezialitäten A. Eichelmann GmbH & Co. KG /
Eichetti Candy-Land
97440 Werneck / Robert-Bosch-Str. 1 / Mittlerer Weg
Tel. (09722) 91220 / eichetti.de

Im Jahr 1897 gründet Adam Eichelmann im unterfränkischen Werneck eine Firma zur Teigwarenproduktion. Im Jahr 1900 erfolgt die Einführung der Produktlinie Brausepulver und im Jahr 1927 die Geburtsstunde der „Eichelmann-Eistörtchen", die bis heute produziert werden. Seit 1962 Konzentration auf die Produktion von Süßwaren-Artikeln und die Ausweitung des Vertriebs nach Europa und Übersee.

97447 Gerolzhofen

| Waren: | Eiskonfect, Geschenkpackungen in vielen Geschmacksrichtungen, außerdem Brausebonbons, Brausetaler, Traubenzucker, Waffeln, Waffelröllchen, Lebkuchen, Gummibären, Popcorn u.v.m. |

Ersparnis: durchschnittlich ca. 30%

Zeiten: Mi. und Fr. 10.00-18.00 Uhr, Sa. 10.00-13.00 Uhr

Hinweise: der Fabrikverkauf befindet sich in einem Nebengebäude, teilweise ist auch 2. Wahl erhältlich

Weg: Werneck liegt ca. 10 km südwestlich von Schweinfurt, dort befindet sich die Firma am Ortsausgang im Gewerbegebiet

97447 Gerolzhofen

▶ HIESTAND

Hiestand Backwaren GmbH
97447 Gerolzhofen / Kolpingstr. 1
Tel. (09382) 97110 / hiestand.de

Die Firma wurde 1967 durch Alfred Hiestand in Zürich gegründet. Eine bahnbrechende Innovation war die Entwicklung der vorgegarten, backbereiten Teiglinge. Daraufhin erfolgte die Konzentration auf das Geschäft mit tiefgekühlten Backwaren.

Waren: große Auswahl an tiefgefrorenen Backwaren aller Art wie z.B. Brötchen, Kipferl mit versch. Füllungen, Strudel, Lasagne (auch vegetarisch), Fleischtaschen, Snacks u.v.m.

Ersparnis: ca. 50% bei 2. Wahl-Artikeln

Zeiten: Fr. 10.00-17.00 Uhr, wenn Fr. ein Feiertag ist, dann ist Do. zu den gleichen Zeiten geöffnet

Hinweise: der Verkauf erfolgt in Werk 1

Weg: Gerolzhofen liegt ca. 20 km südlich von Schweinfurt an der B 286, im Ort befindet sich die Firma gegenüber vom alten Bahnhof, der Fabrikverkauf befindet sich gegenüber vom „Rewe"-Eingang, beim „Rewe"-Parkplatz

97688 Bad Kissingen

▶ LAY

Lay Gewürze GmbH
97688 Bad Kissingen Reiterswiesen / Minnesängerstr. 3
Tel. (0971) 7251-0 / lay-gewuerze.de

Im Jahr 1920 wurde die „Conservierungssalz-Fabrik" Gewürzmühle A. & F. Lay gegründet. Heute produziert das Unternehmen über 3.000 Tonnen Natur- und Mischgewürze, Marinaden und Hilfsstoffe für seine Kunden weltweit.

98593 Floh-Seligenthal

Waren: große Auswahl an Gewürzmischungen aller Art, außerdem Gewürzöle und Marinaden

Ersparnis: günstige Angebote

Zeiten: Di. bis Do. 7.45-12.00 Uhr und 12.30-16.00 Uhr

Hinweise: Mindestabnahmemenge 1 kg je Sorte

Weg: Bad Kissingen liegt an der A 7 Würzburg-Fulda, in Bad Kissingen befindet sich die Firma im Ortsteil Reiterswiesen

97906 Faulbach

▶ VEELMANN

Veelmann Produktionsgesellschaft mbH
97906 Faulbach / Triebweg 5
Tel. (09392) 809-47 (Verkaufsshop) / schneekoppe-gmbh.de

Veelmann ist eine Marke der Schneekoppe GmbH. Der Verkaufsshop der Firma Veelmann besteht seit 1990. Das Sortiment umfasst mittlerweile rund 500 Produkte.

Waren: Diätprodukte von Schneekoppe und Veelmann wie Süßungsmittel, Diät-Schokolade und -Gebäcke, außerdem Instantprodukte, Teesortiment der Marken Meßmer, Milford, Onno Behrends, Fruchtschnitten und Cerealienriegel u.v.m., jeden Monat wechselndes Angebot

Ersparnis: durchschnittlich ca. 30%, es sind immer günstige Angebote erhältlich

Zeiten: Mo. bis Fr. 9.00-12.30 Uhr und 14.00-18.00 Uhr

Weg: Faulbach liegt ca. 10 km nordwestlich von Wertheim, A 3 Ausfahrt Wertheim/Lengfurt über Wertheim nach Faulbach, dort befindet sich die Firma im Industriegebiet

98593 Floh-Seligenthal

▶ VIBA

Viba Sweets GmbH
98593 Floh-Seligenthal / Die Aue 7
Tel. (03683) 6921-0 / viba-sweets.de

Viba ist ein 1893 gegründeter kleiner und sehr moderner Industriebetrieb. Nougat, Marzipan, Dragees und Fruchtschnitten prägen das Sortiment, das seit 1992 unter der Marke Viba erhältlich ist. Neben den traditionellen Süßwaren arbeitet Viba in den Bereichen Sporternährung und Diätprodukte. Diese Produkte sind in Apotheken, Sportfachgeschäften, Drogerien und Fitnesseinrichtungen erhältlich. Viba-Produkte werden ausschließlich aus natürlichen Rohstoffen ohne Verwendung von Konservierungsstoffen gefertigt. So ist die Nougatstange, seit 1920 in unveränderter Rezeptur, einer der ältesten Markenartikel in der süßen Branche.

99310 Arnstadt

Waren:	Nougat in unterschiedlichen Veredelungen, Nougatstange, Marzipanstange, Dragees, Fruchtschnitten, Mint-Kissen, picknick-Schnitte, gebrannte Erdnüsse, Pralinen, Diätartikel, Marke Viba, auch Saisonartikel für Ostern und Weihnachten in speziellen Verpackungen
Ersparnis:	durchschnittlich ca. 10-25%
Zeiten:	Mo. bis Fr. 9.00-18.00 Uhr, Sa. 9.00-12.00 Uhr
Hinweise:	kleiner Verkaufsraum im Empfangsbereich, eine Produktionsbesichtigung auch für kleine Gruppen ist nach Voranmeldung möglich, auch ist eine telefonische Bestellung und der Versand der Ware möglich
Weg:	A 4 Ausfahrt Waltershausen über Tabarz und Friedrichroda in Richtung Schmalkalden, durch die Orte Kleinschmalkalden, Hohleborn und Seligenthal, am Ortsausgang von Seligenthal bei „Norma" links abbiegen

99310 Arnstadt

▶ WOLF

Wolf Süßwaren GmbH
99310 Arnstadt / August-Rost-Str. 1
Tel. (03628) 5838-0 / grabower.de

Waren:	Schaumküsse, Schaumwaffeln, Knäckebrot, Waffeln, Gebäcke, Waffelröllchen und Cremewaffeln, außerdem Saisonartikel wie z.B. Dominosteine, Lebkuchen, Osterhasen, Weihnachtsmänner
Ersparnis:	ca. 30%, bei Bruchware bis zu 50%
Zeiten:	Mo. bis Fr. 10.00-18.00 Uhr
Weg:	Arnstadt liegt ca. 20 km südlich von Erfurt, A 4 Ausfahrt Erfurt-West auf die B 4 nach Arnstadt, an der 1. Ampelkreuzung rechts einbiegen in das Gewerbegebiet Arnstadt-Nord

99428 Nohra

▶ WEIMARER WURST

Weimarer Wurstwaren GmbH
99428 Nohra / Am Troistedter Weg 1
Tel. (03643) 5630 / weimarer-wurstwaren.de

Das Traditionsunternehmen gibt es seit 1886. Die Herstellung erfolgt unter einem Dach nach hauseigenen Rezepturen auf modernsten Produktionsanlagen.

99885 Ohrdruf

Waren:	Fleisch- und Wurstwaren, z.B. Thüringer Wurstspezialitäten, Bratwurst, Aufschnitt, Schinken, Bauch, Kassler, Würstchen etc., außerdem Frischfleisch vom Rind und Schwein
Ersparnis:	durchschnittlich ca. 25%
Zeiten:	Mi. bis Fr. 8.30-18.30 Uhr, Sa. 8.00-14.00 Uhr
Hinweise:	das kleine Ladengeschäft, der „Frische Markt", befindet sich rechter Hand an der Stirnseite des Gebäudes, der Pförtner weist den Weg
Weg:	Nohra liegt an der B 7 zwischen Weimar und Erfurt, erreichbar auch über die A 4 Ausfahrt Nohra, von hier kommend nach ca. 2 km an der Ampelkreuzung links abbiegen und der Beschilderung „Schlachthof" folgen

99885 Ohrdruf

▶ BRANDT

Brandt Zwieback-Schokoladen GmbH + Co. KG
99885 Ohrdruf / Herrenhöfer Landstr. 4
Tel. (03624) 3088-0 / brandt-zwieback.de

Im Jahr 1912 gründete Carl Brandt die „Märkische Zwieback- und Keksfabrik" in Hagen. 1929 wird die Zwieback-Herstellung mechanisiert und es kommt die erste selbst entwickelte und patentierte Zwieback-Schneidemaschine zum Einsatz. „Brandt Markenzwieback" wurde schon damals in der bis heute bewährten „Frischbleibe-Packung" verkauft. Bis heute hat sich die Brandt-Gruppe zu einem bedeutenden Anbieter im deutschen Trockenflachbrot- und Süßwarenbereich entwickelt und produziert an sechs Standorten in Deutschland.

Waren:	Zwieback in allen Varianten, außerdem Brödli, Kekse, Waffeln, Knusper Kugeln, Kuchen, Knabberartikel sowie Oster- und Weihnachtsartikel
Ersparnis:	es sind sehr günstige Angebote erhältlich, Bruchware ist besonders günstig
Zeiten:	Di. und Do. 13.00-18.00 Uhr
Weg:	Ohrdruf liegt ca. 15 km südlich von Gotha, A 4 Ausfahrt Gotha auf die B 247 Richtung Ohrdruf, an der ersten Ampel in Ohrdruf rechts ab auf die Westfalenstr. Richtung Gewerbegebiet, anschließend links auf „Am Gehrengraben" und hinter dem Bahnübergang rechts auf die Herrenhöfer Landstr.

Bekleidung

06796 Brehna

▶ MUSTANG

Jeans Depot
06796 Brehna / Otto-Lilienthal-Str. 7
Tel. (034954) 41824 / mustang.de

Vor langer Zeit wurde in der kleinen Künzelsauer Näherei L. Hermann die erste Jeans außerhalb Amerikas produziert. Heute heißt dieses Familienunternehmen Mustang und ist eine führende Jeansmarke in Europa. Seitdem hat das Unternehmen nicht nur Stoff für viele Hosen verarbeitet, sondern auch viel Stoff für Geschichten produziert. Geschichten von abenteuerlichen Tauschgeschäften und großen Deals. Geschichten von 300 Hosen beim ersten Auftrag und von bis zu 23.000 Hosen täglich.

Waren: große Auswahl an Jeans und Freizeitbekleidung wie z.B. Hosen, Hemden, Blusen, Jacken, Anoracks, T-Shirts, Sweat-Shirts, Pullover, Gürtel, Rucksäcke, Mützen etc., Marke Mustang

Ersparnis: bei Restposten und 2. Wahl 50% und mehr gegenüber normaler 1. Wahl-Ware

Zeiten: Mo. bis Fr. 9.30-19.00 Uhr, Sa. 9.30-16.00 Uhr

Hinweise: es sind nur 2. Wahl und Restposten erhältlich, kein direkter Fabrikverkauf des Herstellers

Weg: Brehna liegt ca. 20 km nordöstlich von Halle/Saale an der A 9, Ausfahrt Halle auf die B 100 Richtung Brehna und nach ca. 1 km rechts ab, immer geradeaus durch das Gewerbegebiet Brehna-Center und weiter in das Gewerbegiet Brehna-West, so kommt man direkt auf die Otto-Lilienthal-Str.

07580 Braunichswalde

▶ BAHAMA BEACH

Pauli Bade- und Freizeitmoden GmbH
07580 Braunichswalde / Bahnhofstr. 31
Tel. (036608) 2350 / bahama-beach-club.de

09111 Chemnitz

Das Unternehmen wurde im Jahr 1971 gegründet und wurde als Ausrüster bei Miss- und Mister-Wahlen in ganz Europa bekannt.

Waren: Bademoden für Damen, Herren und Kinder wie Badehosen, Badeanzüge, Bikinis und Bademäntel, Marken Palm Beach und Bahama Beach, außerdem zugekaufte T-Shirts und Bademäntel

Ersparnis: bis zu 40% möglich

Zeiten: März bis August Mo. bis Fr. 9.00-18.00 Uhr, Sa. 9.00-12.00 Uhr, außerhalb der Saison Mo. bis Do. 9.00-15.00 Uhr, Fr. 9.00-14.00 Uhr

Hinweise: der Verkaufsraum befindet sich im Erdgeschoss des Gebäudes

Weg: A 4 Chemnitz-Gera Ausfahrt Ronneburg, in Ronneburg links ab Richtung Werdau nach Braunichswalde, hier befindet sich die Firma etwas außerhalb, sie ist auch ausgeschildert

08606 Oelsnitz

▶ FORMAT

Moritz Händel & Söhne GmbH / Miederwarenfabrik
08606 Oelsnitz / Schillerstr. 8
Tel. (037421) 599-24 / formatmieder.de + dacapo-dessous.de

Das Unternehmen wurde im Jahr 1865 im vogtländischen Oelsnitz gegründet. Es gilt als Wegbereiter der sächsischen Korsetterieindustrie. 1993 wurde die Firma reprivatisiert. Unter der Marke Format werden heute funktionelle und modische Mieder angeboten. Die Firma fungiert als Vertriebsgesellschaft, die den Facheinzelhandel und den Großhandel mit Miederwaren beliefert.

Waren: große Auswahl an Miederwaren aller Art für Damen, außerdem eine kleine Auswahl an zugekaufter Nachtwäsche für Damen und Unterwäsche für Herren

Ersparnis: durchschnittlich ca. 30%

Zeiten: Mo. bis Fr. 9.30-12.30 Uhr und 13.00-18.00 Uhr

Hinweise: separates Ladengeschäft

Weg: Oelsnitz liegt ca. 10 km südlich von Plauen, A 72 Ausfahrt Plauen-Süd auf die B 92 nach Oelsnitz, dort befindet sich die Firma in der Nähe vom Bahnhof, die Schillerstr. ist eine Querstraße zur Bahnhofstr.

09111 Chemnitz

▶ BRUNO BANANI

Bruno Banani Factory Store
09111 Chemnitz / Schloßstr. 12
Tel. (0371) 8449621 / brunobanani.de

09224 Grüna

Bruno Banani wurde 1993 gegründet - Marktnische Designer-Unterwäsche für Damen und Herren sowie Bademoden. Das Unternehmen wurde durch außergewöhnliches Marketing schnell bekannt.

Waren: hochwertige Unterwäsche hauptsächlich für Herren, teilweise auch für Damen sowie Herrenoberbekleidung, außerdem Uhren, Schmuck und Parfüm, Marke Bruno Banani

Ersparnis: ca. 30-70%, Uhren, Schmuck und Parfüm sind jedoch zum Originalpreis erhältlich und somit nicht günstiger

Zeiten: Mo. bis Fr. 10.00-19.00 Uhr, Sa. 10.00-14.00 Uhr

Weg: A 4 Ausfahrt Chemnitz-Nord auf die B 95 (Leipziger Str.) Richtung Stadtmitte, die 5. Straße nach dem Leipziger Platz links in die Hartmannstr., dann die 3. Straße links in die Schloßstr.

09224 Grüna

▶ DRETEX

dretex Textil GmbH & Co. KG
09224 Grüna / An der Wiesenmühle 5
Tel. (0371) 850002 / dre-tex.de

Das Unternehmen wurde im Jahr 1951 gegründet. 1993 wurde in Grüna neu gebaut. Die gesamte Produktion erfolgt unter verschiedenen Öko-Anforderungen wie Naturaline, ECO und Öko-Tex Standard 100.

Waren: Unterwäsche hauptsächlich aus Baumwolle für Damen, Herren und Kinder, außerdem Kinderoberbekleidung

Ersparnis: durchschnittlich ca. 30-40%

Zeiten: Mo. bis Fr. 9.00-17.00 Uhr, Sa. 9.00-12.00 Uhr

Hinweise: teilweise ist auch 2. Wahl erhältlich

Weg: Grüna liegt ca. 10 km westlich vom Zentrum Chemnitz, A 72 Ausfahrt Chemnitz-Süd auf die B 173 Richtung Mittelbach/Oberlungwitz nach Grüna, in Grüna an der 1. Ampel links ins Gewerbegebiet, hier befindet sich das Unternehmen gegenüber „Penny"

09228 Wittgensdorf

▶ SCHIESSER

Schiesser AG
09228 Wittgensdorf / Chemnitzer Str. 55
Tel. (037200) 87497 / schiesser.de

Im Jahr 1875 begann Jacques Schiesser in einem ehemaligen Tanzsaal in Radolfzell mit der Produktion von Trikotwäsche. Heute ist Schiesser ein Marktführer der deutschen Wäschespezialisten und entwickelt sich immer stärker vom Produktions- zum internationalen Marketing- und Vertriebsunternehmen.

09337 Hohenstein-Ernstthal

Waren: Tag- und Nachtwäsche für Damen, Herren und Kinder wie z.B. Unterwäsche und Schlafanzüge, außerdem Freizeitbekleidung wie T-Shirts

Ersparnis: durchschnittlich 25%, Musterteile, 2. Wahl und Auslaufmodelle sind besonders günstig

Zeiten: Mo. bis Fr. 10.00-17.30 Uhr, Sa. 9.00-12.00 Uhr

Hinweise: großer Verkaufsraum mit Umkleidekabinen

Weg: Wittgensdorf liegt ca. 5 km nordwestlich von Chemnitz, A 4 Ausfahrt Chemnitz-Nord auf die B 95 Richtung Leipzig bis Abzweigung Wittgensdorf, bis zum Rathaus in Wittgensdorf, dann am Rathaus rechts abbiegen in die Chemnitzer Str., die Verkaufsstelle befindet sich neben dem „Netto-Markt"

09337 Hohenstein-Ernstthal

▶ STERNTALER

Sterntaler GmbH & Co. KG
09337 Hohenstein-Ernstthal Wüstenbrand /
Dr.-Charlotte-Krenzer-Str. 1a
Tel. (03723) 681713 / sterntaler.com

Sterntaler steht von Anfang an für qualitativ hochwertige Produkte für Kleinkinder. Zunächst auf Babyschuhe konzentriert, wurde 1965 das Unternehmen in Dornburg-Dorndorf gegründet. Ende der 60er Jahre und zu Beginn der 70er Jahre kamen Kopfbedeckungen, Spielwaren, Socken, Strumpfhosen, Krabbeldecken, Spielbögen, Handschuhe, Schals und weitere Accessoires für Kleinkinder dazu. Heute ist Sterntaler ein führender Hersteller im Segment Baby- und Kleinkindspielwaren. Design und Entwicklung der Produkte werden bis heute vom Hauptsitz in Dorndorf aus geleitet.

Waren: Spielwaren und Textilien für Babys und Kinder, Socken für Kinder bis Gr. 24, Strumpfhosen bis Gr. 146, Kindermützen und -hüte, Handschuhe, Schals, Stirnbänder, Holzspielzeug, Spieluhren, Krabbeldecken, Handtücher, Schlafsäcke, Lätzchen, Taufkleidung etc.

Ersparnis: durchschnittlich ca. 50% bei eigenen Artikeln

Zeiten: Di. und Mi. 9.30-12.30 Uhr, Do. 13.30-18.00 Uhr

Hinweise: Verkauf von 2. Wahl, Musterteilen und Artikeln der Vorjahres- kollektion, teilweise eingeschränkte Auswahl

Weg: Hohenstein-Ernstthal liegt ca. 10 km westlich von Chemnitz, A 4 Chemnitz-Gera Ausfahrt Wüstenbrand nach Wüstenbrand, hier im Zentrum rechts Richtung Hohenstein-Ernstthal und nach ca. 600 m am Ortsende links in die Dr.-Charlotte-Krenzer-Str.

09380 Thalheim

09380 Thalheim

▶ ESDA

Esda Feinstrumpffabrik GmbH
09380 Thalheim / Helenenstr. 9
Tel. (03721) 54-770 / esda.com

Esda hat Produktionsstätten in Auerbach, Thalheim und Tschechien. Die Firma liefert Feinstrümpfe weltweit in über 20 Länder. Hohe Qualität, gutes Design und aktuelle Muster tragen zum Markterfolg bei.

Waren: für Damen Feinstrumpfhosen aller Art, auch halterlos, Netz- und Stützstrumpfhosen, außerdem Damenbodies, Kniestrümpfe, Söckchen und Füßlinge sowie Kniestrümpfe, für Kinder Microfaser-, Baumwoll- und Feinstrumpfhosen in modischen Farben, Marke Esda

Ersparnis: ca. 30-70%

Zeiten: Mo. bis Mi., Fr. 9.00-15.00 Uhr, Do. 10.00-18.00 Uhr

Hinweise: eine weitere Verkaufsstelle befindet sich ca. 5 km entfernt in 09392 Auerbach, Hauptstr. 76 (mitten im Ort), geöffnet Mo. bis Mi., Fr. 10.00-15.00 Uhr und Do. 10.00-18.00 Uhr, gegenüber dem Werkseingang

Weg: Thalheim liegt ca. 15 km südlich von Chemnitz, A 72 Ausfahrt Stollberg über Stollberg nach Thalheim, dort ist die Firma ausgeschildert, großes gelbes Fabrikgebäude

09429 Hopfgarten

▶ SIEBER

Sieber-Sport Strumpffabrik GmbH
09429 Hopfgarten / Dorfstr. 9
Tel. (037369) 9279 / sieber-sport.de

Die heutige Firma Sieber-Sport wurde im Jahre 1855 als Familienbetrieb durch Karl-Gottlieb Fleischer gegründet. Die Ausrüstung bestand aus einem Handwebstuhl. Heute wird auf modernsten vollelektronischen Strickmaschinen ein umfassendes Sortiment produziert. Sieber fertigt unter anderem für weltbekannte Sportfirmen Sportstrümpfe aller Art. Auch die Fußballer der Bundesliga spielen, ohne es zu wissen, in „Sieber-Stutzen" aus dem Erzgebirge.

Waren: Strumpfwaren wie Sportsocken, Tennissocken, Fußballstrumpf-Stutzen, Spezial-Skistrümpfe, Baumwoll-, Schurwoll- und Schafwollsocken, Wander- und Kniestrümpfe

Ersparnis: bis zu 50%, 2. Wahl ist besonders preiswert

Zeiten: Mo. bis Fr. 6.00-18.00 Uhr

10709 Berlin

Weg: Hopfgarten liegt ca. 20 km südlich von Chemnitz, über Zschopau und Scharfenstein nach Hopfgarten, hier befindet sich die Firma nicht zu übersehen am Ortsausgang

10367 Berlin

▶ **BECON**

s. Seite 593

Becon Berliner Confektion GmbH
10367 Berlin / Eldenaer Str. 35
Tel. (030) 293452-0 oder -94 (Fabrikladen) / becon-menswear.de

Waren: Herrenoberbekleidung wie z.B. Anzüge, Sakkos, Mäntel, Blazer, Westen, Hemden, Hosen, Pullover, Sweat-Shirts, Socken und Krawatten, kleines Sortiment auch für Damen, von sportiv über klassisch bis elegant, für jedes Alter

Ersparnis: bei 1. Wahl ca. 30%, bei 2. Wahl und Restposten bis 50%

Zeiten: Mo. bis Fr. 10.00-19.00 Uhr, Sa. 10.00-15.00 Uhr

Weg: die Firma befindet sich ca. 5 km östlich vom Zentrum, im Industriegebiet zwischen der Landsberger und der Frankfurter Allee, dort im ehemaligen alten Schlachthof, altes Backsteingebäude

10709 Berlin

▶ **UMLAUF & KLEIN**

Umlauf u. Klein GmbH & Co.
10709 Berlin Wilmersdorf / Seesener Str. 10/13
Tel. (030) 896004-0 / umlaufundklein.de

Waren: Damenoberbekleidung wie Mäntel, Jacken, Blazer, Kleider, Röcke und Hosen, für Herren Shirts, Pullover, Jacken, Krawatten und Schals

Ersparnis: ca. 30% im Durchschnitt

Zeiten: Mi. und Do. 10.00-19.00 Uhr, Fr. 10.00-16.00 Uhr

Hinweise: die Sommermode wird ab ca. Ende Febr./Anfang März bis Mitte Mai verkauft, die Wintermode ab ca. Ende Aug./Anfang Sept. bis Ende Dez., sicherheitshalber vorher anrufen

Weg: die Seesener Str. liegt südwestlich vom Zentrum im Stadtteil Wilmersdorf, vom Kurfürstendamm am Henrietten-Platz links in die Seesener Str.

13347 Berlin

▶ MARC CAIN

Marc Cain Second Season
13347 Berlin / Oudenarderstr. 16
Tel. (030) 4550090 / marc-cain.com

Waren: hochwertige Damenoberbekleidung wie z.B. Jacken, Mäntel, Blazer, Blousons, Röcke, Kleider, Kostüme, Pullover, Blusen, T-Shirts, Hosen, Leggins, Sportswear, Accessoires wie z.B. Strumpfhosen, Gürtel und Hüte, Marke Marc Cain

Ersparnis: durchschnittlich ca. 40%, 2. Wahl ist noch preiswerter

Zeiten: Mo. bis Fr. 10.00-19.00 Uhr, Sa. 10.00-16.00 Uhr

Hinweise: es sind nur Artikel der Vorjahreskollektion sowie 2. Wahl erhältlich

Weg: die Firma befindet sich nordwestlich vom Stadtzentrum im Ortsteil Wedding, auch erreichbar über die A 100 Ausfahrt Seestr., auf dem ehemaligen „Osram"-Gelände

13353 Berlin

▶ HEIN GERICKE

Hein Gericke GmbH / Outlet Berlin
13353 Berlin / Westhafenstr. 1
Tel. (030) 26948044 / hein-gericke.com

Im Jahr 1970 eröffnet Firmengründer Hein Gericke sein erstes Motorradgeschäft in Düsseldorf. Innerhalb weniger Jahre entwickelt sich das Unternehmen zum größten Motorrad-Händler Deutschlands. Mittlerweile gibt es über 140 Shops im In- und Ausland.

Waren: Motorradfahrer- und Freizeitbekleidung aller Art sowie Schutzhelme und Motorradzubehör

Ersparnis: teilweise 50% und mehr möglich, die Vorjahreskollektion, Einzel- und Musterstücke sind besonders preiswert

Zeiten: November bis Februar Do. und Fr. 10.00-18.00 Uhr, Sa. 10.00-16.00 Uhr, März bis September Mo. bis Fr. 10.00-20.00 Uhr, Sa. 10.00-18.00 Uhr

Hinweise: es sind hauptsächlich die Vorjahreskollektion, Sonderposten, Musterteile, Auslaufartikel sowie Artikel mit kleinen Fehlern erhältlich

Weg: die Westhafenstr. befindet sich nördlich vom Zentrum im Stadtteil Moabit, in der Nähe vom Berliner Großmarkt beim Westhafenkanal

14641 Wustermark

14057 Berlin

▶ MARC O'POLO

**Marc O'Polo Factory Outlet
14057 Berlin Charlottenburg / Kaiserdamm 7
Tel. (030) 3256160 / marc-o-polo.de**

Als die Schweden Rolf Lind, Göte Huss und der Amerikaner Jerry O'Sheets 1967 in Stockholm das Modelabel Marc O'Polo aus der Taufe hoben, wollten sie jungen Leuten eine unkomplizierte Mode bieten. Marc O'Polo entwickelte sich zum Vorreiter der Casualwear in Europa. Das Baumwoll-Sweatshirt mit dem Marc O'Polo-Logo wurde ihr Markenzeichen und gleichzeitig ein großer Erfolg.

Waren: Damen-, Herren- und Kinderbekleidung von sportiv bis modern casual wie z.B. Hemden, Hosen, Pullover, Jacken, Jeans, T-Shirts, Sweat-Shirts, Leggins, Gürtel, Schuhe und Accessoires

Ersparnis: ca. 30-50%

Zeiten: Mo. bis Fr. 10.00-20.00 Uhr, Sa. 10.00-18.00 Uhr

Hinweise: zeitweise wenig Auswahl, es sind nur Artikel der Vorjahreskollektionen sowie Restposten, 2. Wahl-Ware, Produktionsüberhänge und Musterkollektionen erhältlich

Weg: das kleine Ladenlokal befindet sich westlich vom Zentrum im Stadtteil Charlottenburg, beim Lietzensee an der Ecke Danckelmannstr., erreichbar mit der U-Bahn „Sophie-Charlotte-Platz"

14641 Wustermark

▶ ADIDAS

s. Seite 663

**adidas AG / adidas Outlet Store
14641 Wustermark / Alter Spandauer Weg 10
Tel. (033234) 20621 / adidas.com**

Den Namen adidas als Firmenbezeichnung gibt es seit 1948. Als Produktnamen wählte Firmengründer Adi Dassler die beiden ersten Silben seines Vor- und Zunamens. Ein Jahr später meldete er die Drei Streifen als Markenzeichen an. 1989 wurde der Konzern in eine AG umgewandelt und 1995 an die Börse gebracht. Mit den Marken adidas (Sportschuhe, -bekleidung und Zubehör), TaylorMade (Golfschläger, -bälle und -zubehör), Mavic (Fahrradkomponenten), erima (Sporttextilien) und Reebok hat die adidas AG ein umfassendes Markenportfolio in der Sportartikelindustrie.

Waren: sehr große Auswahl an Sportschuhen und Sportbekleidung aller Art, Produktpalette nach Themen aufgebaut: Fitness, Running, Tennis, Golf, Training, Fußball, Basketball, Sportswear, Outdoor, Schwimmen, Trekkingschuhe, Taschen

Ersparnis: ca. 30-70%

Zeiten: Mo. bis Sa. 10.00-19.00 Uhr

20097 Hamburg

Hinweise: erhältlich sind Sonderposten, Lagerüberhänge, Muster, Auslaufartikel und 2. Wahl-Ware

Weg: von Berlin kommend über die Heerstr. stadtauswärts und weiter auf die B 5, von der A 10 kommend Abfahrt Spandau in Richtung Berlin-Zentrum auf die B 5, auf der B 5 Ausfahrt Demex/B5 Center, das Outlet befindet sich direkt am B5 Designer Outlet Center

20097 Hamburg

▶ VOSS

Bruno Voss & Co.
20097 Hamburg / Spaldingstr. 85
Tel. (040) 237833-0 / brunovoss.de

Das Unternehmen wurde 1951 in Hamburg gegründet und hat sich im Lauf der Zeit auf Pelz-/Textil-Kombinationen für Damenoberbekleidung, Accessoires und Felldecken spezialisiert. Produziert wird die Kollektion ausschließlich in Deutschland.

Waren: hochwertige Damenoberbekleidung, teils in Pelz-/Textil-Kombinationen, Jacken, Kapuzenjacke, Kapuzen-Cape, Wendekurzmantel, Blazerjacke, Felljacke, Fellweste, Nappa Trenchcoat, Poncho-Cape, Kombination Weste und Mantel etc.

Ersparnis: günstigere Angebote vor allem bei der Vorjahreskollektion, Musterteilen und Überhängen

Zeiten: unregelmäßig, daher am besten telefonisch erfragen

Weg: die Spaldingstr. befindet sich in Zentrumsnähe und verläuft in Richtung Borgfelde, zwischen den Bundesstraßen B 4 und B 75

21337 Lüneburg

▶ CINQUE

Cinque Lagerverkaufs GmbH / Cinque Store - Outlet
21337 Lüneburg / Bleckeder Landstr. 24
Tel. (04131) 887-0 oder -168 (Outlet) / cinque.de

Waren: Oberbekleidung für Damen und Herren wie z.B. Anzüge, Sakkos, Jacken, Hosen, Pullover, Hemden, Lederjacken und Mäntel, Jeans, Krawatten

Ersparnis: bei 1. Wahl gering, bei 2. Wahl und Sonderposten bis zu 60%

Zeiten: Mo. bis Fr. 14.00-18.00 Uhr, Sa. 9.30-16.00 Uhr

Hinweise: es sind nur Artikel der letzten Saison sowie 2. Wahl erhältlich

21337 Lüneburg

Weg: von Hamburg auf der A 250 nach Maschen/Lüneburg, die A 250 mündet in eine Ortsumgehung der Stadt Lüneburg, auf dieser Umgehungsstraße bleiben und die Abfahrt Stadtkoppel nehmen, in Richtung Innenstadt erreicht man die Firma nach ca. 800 m auf der linken Seite

▶ LUCIA

Lucia Strickwarenfabrik AG
21337 Lüneburg / Pulverweg 6
Tel. (04131) 957-0 / lucia.de

Das Unternehmen wurde Anfang der 50er Jahre als „Lüneburger mechanische Strickerei" gegründet. Heute ist die Lucia AG ein international operierendes Unternehmen und gehört zu den führenden deutschen Strick- und Coordinatesanbietern von Damenoberbekleidung.

Waren: Damenoberbekleidung aller Art in den Gr. 36-48 wie z.B. Röcke, Hosen, Blusen, Kleider, T-Shirts, Polo-Shirts, Pullover, Jacken, Strickmäntel und Tücher, außerdem zugekaufte Hemden und Pullover für Herren, Marken Lucia, Lucia Sports und Lecomte

Ersparnis: durchschnittlich ca. 30%, bei 2. Wahl, Musterteilen oder Artikeln der Vorjahreskollektion bis zu 50%

Zeiten: Mo. bis Sa. 10.00-18.00 Uhr

Weg: die Firma befindet sich im Zentrum von Lüneburg, in der Nähe vom Bahnhof

▶ ROY ROBSON

s. Seite 595

Roy Robson Fashion GmbH
21337 Lüneburg / Bleckeder Landstr. 24
Tel. (04131) 887-202 / royrobson.com

Die Mode von Roy Robson ist präsent in den Metropolen Europas wie London, Paris, Zürich, Amsterdam, Wien, Kopenhagen, Barcelona und auch in allen Großstädten Deutschlands.

Waren: Herrenoberbekleidung wie z.B. Anzüge, Mäntel, Sakkos, Westen, Jacken, Lederjacken, Hosen, Hemden, Strick, Krawatten etc., Marke Roy Robson

Ersparnis: bis zu 50%

Zeiten: Mo. bis Fr. 14.00-18.00 Uhr, Sa. 9.30-16.00 Uhr

Hinweise: es sind immer auch günstige 2. Wahl und Sonderangebote erhältlich

Weg: von Hamburg auf der A 250 nach Maschen/Lüneburg, die A 250 mündet in eine Ortsumgehung der Stadt Lüneburg, auf dieser Umgehungsstraße bleiben und die Abfahrt Stadtkoppel nehmen,

21465 Wentorf

in Richtung Innenstadt erreicht man die Firma nach ca. 800 m auf der linken Seite

21465 Wentorf

▶ GOLFINO

Golfino AG
21465 Wentorf / Hauptstr. 3
Tel. (040) 73937630 / golfino.de

Waren: Golfbekleidung aller Art für den Golfsport, Marke Golfino

Ersparnis: durchschnittlich ca. 50%, auch Sonderaktionen wie z.B. beim Einkauf von 3 Teilen 30% zusätzlich

Zeiten: Mo. bis Fr. 9.30-19.00 Uhr, Sa. 9.30-14.00 Uhr

Hinweise: es sind fast ausschließlich die Vorjahreskollektion sowie Musterteile und vereinzelt auch 2. Wahl-Artikel erhältlich

Weg: Wentorf liegt ca. 20 km östlich vom Zentrum Hamburg, A 25 Ausfahrt Hamburg-Bergedorf nach Wentorf, hier im Zentrum links ab auf die Hauptstr. Richtung Reinbek

22453 Hamburg

▶ TOM TAILOR

Tom Tailor Holding AG
22453 Hamburg Niendorf / Garstedter Weg 14
Tel. (040) 58956-0 / tom-tailor.com

Waren: hauptsächlich sportlich junge Herrenbekleidung wie z.B. Jacken, Hosen, Sakkos, Pullover, Jeans, Anoraks, Shorts, Sweat-Shirts, T-Shirts, Hemden, Krawatten etc., Accessoires, Sortiment auch für Damen und Kinder, Marke Tom Tailor

Ersparnis: ca. 30%, 2. Wahl ist noch etwas preiswerter

Zeiten: Mo. bis Fr. 10.00-20.00 Uhr, Sa. 10.00-14.00 Uhr

Hinweise: eine weitere Verkaufsstelle befindet sich in:
22113 Oststeinbek, Im Hegen 1, Tel. (040) 8197570, geöffnet Mo. bis Fr. 10.00-20.00 Uhr, Sa. 10.00-18.00 Uhr

Weg: die Firma befindet sich nordwestlich vom Zentrum im Stadtteil Eidelstedt, dort gegenüber vom Volksparkstadion im Gewerbegebiet, auch erreichbar über die A 7 Ausfahrt Volkspark

26180 Rastede

22529 Hamburg

▶ IRIS VON ARNIM

Iris von Arnim GmbH
22529 Hamburg / Osterfeldstr. 16
Tel. (040) 414010-0 / irisvonarnim.de

Waren: Designermode für Damen wie Pullover, Strickjacken, Kleider, Mäntel, Shirts etc., teils in Cashmere

Ersparnis: günstige Angebote

Zeiten: ca. 3-4x jährl. jeweils 3-4 Tage lang à 3 Stunden, genaue Termine erfragen

Weg: die Firma befindet sich nördlich vom Stadtzentrum im Stadtteil Eppendorf, hier unweit vom Universitätsklinikum Eppendorf

22959 Linau

▶ SUWAJ

s. Seite 595

Suwaj-Moden / Strickwarenfabrik
22959 Linau / Wentorfer Str. 1
Tel. (04154) 98770 / suwaj.de

Die Firma wurde 1977 gegründet und ist als Hersteller hochwertiger Strickwaren bekannt. Seit 1991 werden die in Linau hergestellten Produkte auch im Fabrikverkauf dem Endverbraucher angeboten.

Waren: Strickwaren für Damen und Herren aus Wolle aller Art, auch aus Kaschmir, z.B. Strickjacken und -kleider, Pullover, Kapuzenpullover, Röcke und Strickhosen, außerdem zugekaufte Hemden, Blusen, Jeans und Accessoires, keine junge Mode

Ersparnis: durchschnittlich ca. 30%

Zeiten: Mo. bis Fr. 10.00-18.00 Uhr, Sa. 10.00-14.00 Uhr, in den Wintermonaten Sa. 10.00-16.00 Uhr

Hinweise: teilweise ist auch 2. Wahl erhältlich

Weg: A 24 Hamburg-Berlin Ausfahrt Schwarzenbek/Grande auf die B 404 bis Grönwohld, dort rechts ab nach Linau

26180 Rastede

▶ ULLA POPKEN

Ulla Popken Junge Mode ab Größe 42 GmbH
26180 Rastede / Am Waldrand 6
Tel. (04402) 970291 / ullapopken.de

26382 Wilhelmshaven

Waren:	Damenoberbekleidung in den Gr. 42-60 wie Blusen, Shirts, Tops, Hosen, Röcke, Kleider, Jacken, Blazer, Mäntel, Westen, Sport- und Bademode, Nightwear und Dessous, Strumpfwaren sowie Accessoires, Marke Ulla Popken, alles aus der Vorjahreskollektion
Ersparnis:	ca. 40-50%, wechselnde Aktionswochen, z.B. 2 Teile auswählen und 1 Teil bezahlen
Zeiten:	Mo. bis Fr. 10.00-19.00 Uhr, Sa. 10.00-16.00 Uhr
Hinweise:	weitere Lagerverkaufsstätten befinden sich in: 12627 Berlin, Kokoschkastr. 20, Tel. (030) 33607560, 18184 Brodersdorf, Am Handelspark 3, Tel. (038204) 73851, 21073 Hamburg, Am Werder 1, Tel. (040) 33319737, 34134 Kassel, Credéstr. 5, Tel. (0561) 4750244, 46117 Oberhausen, Bottroperstr. 166, Tel. (0208) 3771130, 64347 Griesheim, Flughafenstr. 14, Tel. (0615) 5605870, 85609 Dornach, Margaretha-Ley-Ring 10, Tel. (089) 94379172, 90431 Nürnberg, Sigmundstr. 175, Tel. (0911) 6104614, jeweils ähnliche Öffnungszeiten
Weg:	aus Richtung Oldenburg auf der A 29 kommend Richtung Wilhelmshaven, Ausfahrt Hahn-Lehmden (nächste Ausfahrt nach Rastede) rechts Richtung Hahn-Lehmden, dann die erste Straße rechts in „Am Waldrand" einbiegen

26382 Wilhelmshaven

▶ MASTERHAND

Masterhand Bekleidungswerke GmbH
26382 Wilhelmshaven / Ebertstr. 58 b
Tel. (04421) 484-229 / masterhand.de

Waren:	klassische Hochzeits- und Gesellschaftsmode für Herren wie z.B. Anzüge, Sakkos, Westen, Smokings, Hosen, Hemden, Gürtel, Krawatten und Fliegen, auch Stoffe
Ersparnis:	durchschnittlich ca. 30-40%
Zeiten:	Mo. bis Fr. 10.00-13.00 Uhr und 14.00-18.00 Uhr, Sa. 10.00-13.00 Uhr
Hinweise:	separates Ladengeschäft, es ist hauptsächlich 2. Wahl erhältlich
Weg:	in Wilhelmshaven befindet sich die Firma südlich vom Zentrum in der Nähe vom Bahnhof, vor dem Bahnhof stehend links davon entlang

26689 Apen

▶ GARDEUR

**gardeur AG
26689 Apen Augustfehn / Hauptstr. 400
Tel. (04489) 3090 / gardeur.com**

Waren: Hosen für Damen und Herren, dazu passend auch Oberteile wie Sakkos, Hemden, Strick, Krawatten, T-Shirts und Ledergürtel für Herren sowie Jacken/Blazer, Strick und T-Shirts für Damen, außerdem Röcke

Ersparnis: ca. 20-40%, je nach Artikel

Zeiten: Mo. bis Fr. 10.00-16.30 Uhr, Sa. 9.00-16.00 Uhr

Hinweise: hauptsächlich Verkauf von 2. Wahl-Waren und Überproduktionen, das kleine Verkaufsgebäude befindet sich auf dem Werksgelände hinter der Fabrik

Weg: A 28 von Oldenburg Richtung Emden, Ausfahrt Apen nach Augustfehn, dort befindet sich die Firma am Ortsrand, ist nicht zu verfehlen

27753 Delmenhorst

▶ DELMOD

s. Seite 597

**delmod international GmbH & Co. KG
27753 Delmenhorst / Moorweg 5
Tel. (04221) 854-0 oder -270 (Lagerverkauf) / delmod.de**

Waren: Damenoberbekleidung wie Röcke, Hosen, T-Shirts, Blusen, Pullover, Kleider, Kostüme, Westen, Hosenanzüge, Blazer, Jacken, Mäntel, Kombi-Mode, Abendmode, Größen 36-50, 18-25

Ersparnis: ca. 30-50%, je nach Artikel, Muster- und Kollektionsteile zu Sonderpreisen

Zeiten: Mo. bis Fr. 12.00-17.00 Uhr, Do. 12.00-20.00 Uhr, Sa. 9.00-13.00 Uhr

Hinweise: großer Verkaufsraum mit vielen Umkleidekabinen, teilweise ist auch 2. Wahl erhältlich

Weg: Delmenhorst liegt ca. 15 km westlich von Bremen, A 28 Ausfahrt Delmenhorst-Deichhorst Richtung Stadtmitte, die 1. Straße rechts einbiegen, danach der Beschilderung folgen

28279 Bremen

28279 Bremen

▶ PADDOCK'S

OSPIG Textilgesellschaft W. Ahlers GmbH & Co.
28279 Bremen / Carsten-Dressler-Str. 17
Tel. (0421) 8401-0 / paddocks.de

Seit 1974 ist Paddock's eine beliebte Marken-Jeans. Eigene, weltweite Produktionsstätten garantieren einen gleich bleibend hohen Qualitätsstandard. Ursprünglich bezeichnet das Wort „Paddock" den Zureitplatz für Wildpferde. Darin spiegelt sich auch der Anspruch der Marke Paddock's wider: praktische, bequeme Kleidung zu entwerfen die den Ansprüchen des Alltags gerecht wird.

Waren: große Auswahl an Jeansbekleidung für Damen, Herren und Kinder wie Hosen und Jacken in vielen Farben und Formen, außerdem Hemden, Pullover und T-Shirts, Marken Paddock's und Racing Horse

Ersparnis: ca. 30%, bei 2. Wahl- und Auslaufartikeln ca. 50%, teilweise auch bis zu 70%

Zeiten: Mo. bis Fr. 10.00-18.00 Uhr, Sa. 10.00-14.00 Uhr

Hinweise: der Verkauf befindet sich an der Rückseite des Firmengebäudes

Weg: A 1 Ausfahrt Bremen-Arsten auf die B 6 Richtung Flughafen, erste Abfahrt links auf die Habenhausener Brückenstr., danach die nächste links auf den Arsterdamm, am Ende vom Arsterdamm wenn die Straße einen Knick nach rechts macht links in die Carsten-Dressler-Str.

▶ ZERO

zero Modehandel GmbH & Co. KG
28279 Bremen / Scipiostr. 10
Tel. (0421) 831834 / zero.de

Waren: junge Damenoberbekleidung wie Hosen, Jeans, Röcke, Kleider, Mäntel, Jacken, Strickjacken, Blazer, Westen, Blusen, Shirts und Pullover in den Größen 34-42, außerdem Accessoires wie Schals, Taschen, Gürtel etc.

Ersparnis: ca. 40-60%, die aktuelle Kollektion ist kaum günstiger

Zeiten: Mo. bis Fr. 10.00-20.00 Uhr, Sa. 9.00-18.00 Uhr

Hinweise: es sind hauptsächlich Artikel der Vorsaison und 2. Wahl-Ware erhältlich, weitere Preisreduzierungen zu Sommer- und Winterschlussverkaufszeiten

Weg: A 1 Ausfahrt Bremen-Arsten auf die B 6 Richtung Flughafen, erste Abfahrt rechts auf die Habenhausener Brückenstr., danach die nächste links in die Borgwardstr., dann die zweite Straße rechts ist die Scipiostr.

28816 Stuhr

28816 Stuhr

▶ ADIDAS

s. Seite 663

adidas AG / adidas Outlet Store im Ochtumpark
28816 Stuhr Brinkum / Bremer Str. 111
Tel. (0421) 8775446 / adidas.com

Den Namen adidas als Firmenbezeichnung gibt es seit 1948. Als Produktnamen wählte Firmengründer Adi Dassler die beiden ersten Silben seines Vor- und Zunamens. Ein Jahr später meldete er die Drei Streifen als Markenzeichen an. 1989 wurde der Konzern in eine AG umgewandelt und 1995 an die Börse gebracht. Mit den Marken adidas (Sportschuhe, -bekleidung und Zubehör), TaylorMade (Golfschläger, -bälle und -zubehör), Mavic (Fahrradkomponenten), erima (Sporttextilien) und Reebok hat die adidas AG ein umfassendes Markenportfolio in der Sportartikelindustrie.

Waren: sehr große Auswahl an Sportschuhen und Sportbekleidung aller Art, Produktpalette nach Themen aufgebaut: Fitness, Running, Tennis, Golf, Training, Fußball, Basketball, Sportswear, Outdoor, Schwimmen, Trekkingschuhe, Taschen

Ersparnis: ca. 30-70%

Zeiten: Mo. bis Fr. 10.00-19.00 Uhr, Sa. 10.00-18.00 Uhr

Hinweise: Verkauf auf ca. 1000 qm, hilfsbereites Personal und zahlreiche Umkleidekabinen, es sind Sonderposten, Lagerüberhänge, Muster, Auslaufartikel und 2. Wahl-Ware erhältlich

Weg: A 1 Richtung Osnabrück Ausfahrt Stuhr Brinkum (IKEA Pylon), rechts Richtung Bremen City und an der 2. Ampel links (IKEA = Carl-Zeiss-Str.) und dann 1. Straße rechts in die Bergiusstr. (McTrek Pylon), diese bis zum Ende durchfahren

▶ MARC O'POLO

Marc O'Polo Factory Outlet
28816 Stuhr Brinkum / Bremer Str. 113
Tel. (0421) 8784580 / marc-o-polo.de

Als die Schweden Rolf Lind und Göte Huss und der Amerikaner Jerry O'Sheets 1967 in Stockholm das Modelabel Marc O'Polo aus der Taufe hoben, wollten sie jungen Leuten eine unkomplizierte Mode bieten. Marc O'Polo entwickelte sich zum Vorreiter der Casualwear in Europa. Das Baumwoll-Sweatshirt mit dem Marc O'Polo-Logo wurde ihr Markenzeichen und gleichzeitig ein großer Erfolg.

Waren: Damen-, Herren- und Kinderbekleidung von sportiv bis modern casual wie z.B. Hemden, Hosen, Pullover, Jacken, Jeans, T-Shirts, Sweat-Shirts, Leggins und Gürtel, Marke Marc O'Polo

Ersparnis: ca. 30-50%

Zeiten: Mo. bis Fr. 10.00-20.00 Uhr, Sa. 10.00-18.00 Uhr

28816 Stuhr

Hinweise: es sind nur Artikel der Vorjahreskollektionen sowie Restposten, 2. Wahl-Ware, Produktionsüberhänge und Musterkollektionen erhältlich

Weg: in Brinkum befindet sich die Firma schräg gegenüber von „Ikea" im großen Industriegebiet

▶ MEXX

Mexx Outlet Store
28816 Stuhr Brinkum / Bremer Str. 117
Tel. (0421) 8775118 / mexx.de

Waren: große Auswahl an Oberbekleidung für Damen, Herren und Kinder wie z.B. Jeans, Hemden, Pullover, Sakkos, T-Shirts, Gürtel etc., nur ältere Kollektionen der Mexx-Linien in allen Größen, Damen Gr. 38-40, Herren Gr. 48-50 und Kinder Gr. 74-152

Ersparnis: ca. 30-40%, je nach Artikel

Zeiten: Mo. bis Fr. 10.00-20.00 Uhr, Sa. 10.00-18.00 Uhr

Weg: A 1 Ausfahrt Bremen-Brinkum Richtung Flughafen, die Firma befindet sich gleich nach der Ausfahrt schräg gegenüber von „Ikea" im Industriegebiet Brinkum-Nord, im Outlet Center Ochtum Park

▶ NIKE

Nike Factory Store
28816 Stuhr Brinkum / Bremer Str. 107-113
Tel. (0421) 8400760

Waren: große Auswahl an Sportschuhen sowie Sport- und Freizeitmode aller Art für Damen, Herren und Kinder, außerdem Accessoires wie Taschen, Caps, Socken, Fußbälle, Marke Nike

Ersparnis: mindestens 30%, teilweise auch mehr

Zeiten: Mo. bis Fr. 10.00-19.00 Uhr, Sa. 10.00-18.00 Uhr

Hinweise: es sind ausschließlich Artikel aus vorangegangenen Saisons sowie 2. Wahl-Artikel und Musterteile erhältlich

Weg: A 1 Ausfahrt Bremen-Brinkum Richtung Bremen auf die Bremer Str. (B 6), diese geht über in die Kattenturmer Heerstr., vorbei an „Ikea", nach „McDonalds" links einbiegen

28816 Stuhr

▶ PUMA

s. Seite 663

Puma AG / Outlet Center
28816 Stuhr Brinkum / Bremer Str. 113
Tel. (0421) 8718042 / puma.de

Die Unternehmensgeschichte von Puma beginnt im Jahr 1924 mit der Gründung der „Gebrüder Dassler Schuhfabrik" in Herzogenaurach. Mit der Gründung der „Puma Schuhfabrik Rudolf Dassler" im Jahr 1948 erfolgt die Einführung des „Atom", des ersten Puma-Fußballschuhs. Im ersten Fußballspiel nach dem Zweiten Weltkrieg trugen mehrere Spieler der Deutschen Nationalmannschaft Puma-Schuhe, darunter auch der Torschütze des ersten Nachkriegstores Herbert Burdenski. Bis heute errangen viele bekannte Sportler große sportliche Erfolge mit Puma-Sportausrüstungen. Wie z.B. Boris Becker, der 1985 als Jüngster, erster Ungesetzter und erster Deutscher Wimbledon mit Puma-Schuhen und -Schläger gewann.

Waren: große Auswahl an Sport- und Freizeitschuhen für Fußball, Tennis, Jogging, Trekking und Winter, auch Kinderschuhe, außerdem Sportbekleidung für Jogging, Aerobic und Freizeit sowie Kinderbekleidung, außerdem Trikots, Sporttaschen, Fußbälle etc., Marke Puma

Ersparnis: bei 1. Wahl ca. 30%, 2. Wahl und Sonderposten sind noch günstiger

Zeiten: Mo. bis Fr. 10.00-20.00 Uhr, Sa. 10.00-19.00 Uhr

Weg: A 1 Ausfahrt Bremen-Brinkum Richtung Flughafen, die Firma befindet sich gleich nach der Ausfahrt schräg gegenüber von „Ikea" im Industriegebiet Brinkum-Nord, im Outlet Center Ochtum Park

▶ SCHIESSER

Schiesser AG
28816 Stuhr Brinkum / Bremer Str. 115
Tel. (0421) 87189050 / schiesser.de

Im Jahr 1875 begann Jacques Schiesser in einem ehemaligen Tanzsaal in Radolfzell mit der Produktion von Trikotwäsche. Heute ist Schiesser ein Marktführer der deutschen Wäschespezialisten und entwickelt sich immer stärker vom Produktions- zum internationalen Marketing- und Vertriebsunternehmen.

Waren: Tag- und Nachtwäsche für Damen, Herren und Kinder wie z.B. Unterwäsche und Schlafanzüge, außerdem Freizeit- und Schwimmbekleidung

Ersparnis: durchschnittlich ca. 25%, Musterteile, 2. Wahl und Auslaufmodelle sind besonders günstig

Zeiten: Mo. bis Fr. 10.00-19.00 Uhr, Sa. 10.00-18.00 Uhr

Weg: A 1 Ausfahrt Bremen-Brinkum Richtung Flughafen, die Firma befindet sich gleich nach der Ausfahrt schräg gegenüber von „Ikea" im Industriegebiet Brinkum-Nord, im Outlet Center Ochtum Park

29227 Celle

▶ TOMMY HILFIGER

Tommy Hilfiger Outlet
28816 Stuhr Brinkum / Bremer Str. 113
Tel. (0421) 8984338 / hilfiger.com

Waren: sportlich-chice Oberbekleidung für Damen, Herren und Kinder, Sportswear, Jeans, Schuhe und Accessoires, Marke Tommy Hilfiger

Ersparnis: ca. 30-50%

Zeiten: Mo. bis Fr. 10.00-20.00 Uhr, Sa. 10.00-18.00 Uhr

Hinweise: es sind nur Artikel der Vorjahreskollektionen sowie Produktionsüberhänge erhältlich

Weg: A 1 Ausfahrt Bremen-Brinkum Richtung Flughafen, die Firma befindet sich gleich nach der Ausfahrt schräg gegenüber von „Ikea" im Industriegebiet Brinkum-Nord, im Outlet Center Ochtum Park

29227 Celle

▶ STREET ONE - CECIL

CBR-Logistik GmbH
29227 Celle / Wernerusstr. 39
Tel. (05136) 9773-0 / street-one.de

Waren: sportliche junge Mode für Damen wie Jacken, Blazer, Blusen, Kleider, Röcke, Hosen, Pullover, T-Shirts, Sweat-Shirts, Unterwäsche, Bodies etc., alles hauptsächlich in den Gr. 36-40, teilweise auch bis Gr. 46, Marken Street One und Cecil

Ersparnis: teilweise bis zu 50%, bei 2. Wahl bis zu 70%

Zeiten: Mo. bis Fr. 10.00-18.00 Uhr, Sa. 9.00-14.00 Uhr

Hinweise: großer Verkaufsraum mit vielen Umkleidekabinen, es sind ausschließlich Auslaufmodelle und 2. Wahl erhältlich

Weg: vom Zentrum Celle auf der B 3 Richtung Hannover, beim BMW-Autohaus rechts ab in „An der Koppel", von dieser Straße geht die Wernerusstr. rechts ab

31135 Hildesheim

▶ RINGELLA

s. Seite 599

Ringella Bekleidungswerk GmbH
31135 Hildesheim / Daimlerring 3
Tel. (05121) 7649-0 / ringella.com

31535 Neustadt

Die Firma Ringella wurde 1924 in Hildesheim gegründet und begann mit der Produktion von Miedern und Unterwäsche. Anfang der 50er Jahre wurde die Produktionspalette auf Mieder, Wäsche, Petticoats und Morgenmäntel erweitert. Heute reicht die Angebotspalette von Damen-, Herren- und Kindernachtwäsche über Homewear bis zu attraktiven Freizeitmodellen. Mit über 3 Mio. verkauften Bekleidungsstücken im Nachtwäsche- und Homewearbereich gehört Ringella heute zu den marktführenden Unternehmen dieser Branche in Europa.

Bekleidung

Waren: Nachtwäsche für Damen, Herren und Kinder wie Schlafanzüge und Nachthemden, außerdem Bademäntel und Homewear sowie Handtücher und Unterwäsche, Marken Ringella und Two by Ringella

Ersparnis: ca. 30-40% bei regulärer Ware, bei 1B-Ware 50% und mehr möglich

Zeiten: Di. bis. Fr. 12.00-17.00 Uhr

Hinweise: separater Verkaufsladen (Bett & Bad) auf dem Fabrikgelände; eine weitere Verkaufstelle befindet sich in 29227 Celle-Westercelle, Wernerusstr. 26a (Gewerbegebiet An der Koppel), geöffnet Mo. bis Fr. 10.00-18.00 Uhr und Sa. 10.00-14.00 Uhr

Weg: Hildesheim liegt 30 km südöstlich von Hannover an der A 7, Ausfahrt Hildesheim auf die B 1 Richtung Braunschweig/Hoheneggelsen, die Firma befindet sich direkt an der B 1 hinter der Autobahnausfahrt, die Zufahrt ist jedoch nur über den Daimlerring möglich

31535 Neustadt

▶ SIEMER

Siemer Strickmoden GmbH
31535 Neustadt Bordenau / Steinweg 44
Tel. (05032) 2201

Waren: Strickjacken, Pullover, Strickblazer und Westen für Damen und Herren, außerdem Jeans

Ersparnis: bei Auslaufmodellen bis zu 50%

Zeiten: Mo. bis Fr. 9.00-15.00 Uhr

Hinweise: kein eingerichteter Fabrikverkauf, gelegentlich ist auch 2. Wahl erhältlich

Weg: Neustadt liegt ca. 20 km nordwestlich von Hannover, auf der B 6 kommend vor Frielingen links nach Bordenau, dort bei der Kirche in den Steinweg einbiegen

32049 Herford

32049 Herford

▶ BUGATTI

s. Seite 601

F. W. Brinkmann GmbH / Bugatti-Fabrikverkauf
32049 Herford / Wehmühlenstr. 9
Tel. (05221) 884-292 / bugatti.de

Waren: Herrenoberbekleidung wie Woll- und Baumwollmäntel, Jacken und Blousons, auch in Leder, Sport- und Freizeitbekleidung, Anzüge, Sakkos, Hosen, Hemden, Krawatten, auch Gesellschaftskleidung und etwas Damenoberbekleidung, außerdem Schuhe, Gürtel, Strümpfe, Unterwäsche, Kleinlederwaren etc., Marke Bugatti

Ersparnis: ca. 30-40%, bei 2. Wahl-Artikeln teilweise über 50%

Zeiten: Mo. bis Fr. 13.00-18.00 Uhr, Sa. 9.00-14.00 Uhr

Hinweise: teilweise ist auch 2. Wahl erhältlich

Weg: A 2 Bielefeld-Hannover Ausfahrt Herford/Bad Salzuflen auf die B 239 nach Herford, die B 239 geht über in die B 61, an der Ampelkreuzung Werrestr. rechts Richtung Arbeitsamt, nach ca. 500 m rechts in die Wehmühlenstr.

32051 Herford

▶ BRAX

Brax Leineweber
32051 Herford / Im Kleinen Felde 4
Tel. (05221) 592-125 / brax-fashion.com

Das Unternehmen wurde im Jahr 1888 in Berlin gegründet und befindet sich seit 1932 in Herford. Seit 1950 wird Herrenbekleidung unter dem Markennamen Brax verkauft. Später konzentriert sich das Unternehmen auf die Herstellung von Hosen, zunächst für Herren und etwas später auch für Damen. Im Jahr 2003 führt Brax eine Strick-/Wirk-Kollektion ein.

Waren: hochwertige Hosen (lang und kurz) in Wolle, Leinen und Jeans hauptsächlich für Herren, aber auch für Damen, Marken Brax, Brax Golf, Raphaela by Brax, Eurex by Brax, auch Pullover, T-Shirts, Gürtel etc., alles hauptsächlich klassisch hochwertig aber auch sportlich

Ersparnis: bei 1. Wahl ca. 30-40%, 2. Wahl ist noch preiswerter

Zeiten: Mo. bis Fr. 10.00-18.00 Uhr, Sa. 9.00-16.00 Uhr

Hinweise: großes Verkaufsgeschäft, viele Sonderpreis-Aktionen

Weg: A 2 Ausfahrt Herford/Bad Salzuflen auf die B 239 Richtung Herford, ca. 3 km geradeaus, an der Ampelkreuzung rechts Richtung Bielefeld (B 61) und sofort links Richtung Herford auf

32052 Herford

die Bielefelder Str., ca. 300 m dem Straßenverlauf folgen und dann links in den Westring, bis zum Kreisverkehr und dort rechts in „Im kleinen Felde"

▶ VABOND

Grobecker Bekleidung GmbH
32051 Herford / Heidestr. 13
Tel. (05221) 177100 / vabond.de

Unter der Marke „Vabond - Die Hose" produziert die Grobecker GmbH mit Sitz in Herford/Westfalen seit 30 Jahren Hosen. Vertrieben werden diese außer im Internet ausschließlich in eigenen Direktverkaufsläden in Herford, Paderborn, Münster-Nienberge und Frechen.

Waren: hauptsächlich hochwertige Hosen (in 3 Längen: kurz, lang, extra lang) aller Art für Damen und Herren mittleren Alters, Marke Vabond, außerdem zugekaufte Pullover, Shirts, Hemden, Blusen, Blazer, Westen und Accessoires

Ersparnis: bei Hosen ca. 10-20%

Zeiten: Mo. bis Fr. 10.00-18.00 Uhr, Sa. 10.00-14.00 Uhr

Hinweise: nur die Hosen sind aus eigener Herstellung

Weg: von Bielefeld auf der A 2 kommend Ausfahrt Herford/Bad Salzuflen, von Bad Salzuflen auf der B 239 bis Ausfahrt Engerstr., an der Ampel rechts, nach dem VW-Autohaus rechts einbiegen in die Heidestr.

32052 Herford

▶ AHLERS

Adolf Ahlers AG
32052 Herford / Elverdisser Str. 313
Tel. (05221) 979-0 oder -671 (Fabrikverkauf) / ahlers-ag.com

Die Ahlers AG geht auf die im Jahr 1919 von Adolf Ahlers in Jever gegründete Tuchgroßhandlung zurück. Im Jahr 1932 wurde ein Produktionsbetrieb in Herford-Elverdissen eröffnet und der Sitz nach Herford-Elverdissen verlegt. Seit 1992 ist die Ahlers AG Lizenznehmer von Pierre Cardin. Im Jahre 1996 wurde die eterna Beteiligungs-AG erworben. eterna ist Marktführer für bügelfreie Hemden in Deutschland. Drei Jahre später wurden mit der Gin Tonic Special Mode GmbH und der Brandt Sportive Mode GmbH zwei weitere Unternehmen akquiriert. Im Jahr 2000 wurden die weltweiten Rechte an der Marke Otto Kern erworben.

Waren: Herren-Sportswearbekleidung wie Jacken, Hosen, Jeans, Pullover, Hemden, T- und Sweat-Shirts, außerdem Sakkos, Anzüge und Mäntel, Damen-Sportswearbekleidung wie Jacken, Mäntel, Hosen, Jeans, Pullover, Blusen, T- und Sweat-Shirts, Marken Pierre Cardin, Otto Kern, Pioneer Jeanswear, Pionier Sportive, Gin Tonic u.a.

32312 Lübbecke

Ersparnis: ca. 30-40%, bei 2. Wahl ca. 50%

Zeiten: Mo. bis Fr. 10.00-18.00 Uhr, Sa. 9.00-16.00 Uhr

Hinweise: teilweise ist auch 2. Wahl erhältlich

Weg: von Osnabrück auf der A 30 kommend Ausfahrt Kirchlengern, auf die B 239 nach Herford, die Elverdisser Str. kreuzt dann nach ca. 3 km die B 239

32312 Lübbecke

▶ HUCKE

s. Seite 601

Factory Outlet Hucke AG
32312 Lübbecke / Strubbergstr. 1
Tel. (05741) 324-0 / hucke.com

Als international ausgerichtete Gesellschaft gehört die Hucke AG zu den großen Unternehmen der deutschen Modebranche. Der Konzern ist weltweit in über 30 Ländern präsent und beliefert rund 17.000 Facheinzelgeschäfte im In- und Ausland.

Waren: Oberbekleidung aller Art wie Hosen, Jacken, Röcke, Kleider, Hemden, T-Shirts, Sweat-Shirts, Krawatten u.v.m., meist komplettes Sortiment entsprechend der Jahreszeit, für Damen Marke Hucke, für Herren Marken John Slim und Bush und für Kinder Marken Whoopi, Venice Beach und Steiff

Ersparnis: ca. 30% bei Saisonware aus Überproduktionen und Lagerüberhängen, bei 2. Wahl und Kollektionsteilen bis 50%

Zeiten: Mo. bis Fr. 9.30-18.30 Uhr, Sa. 9.30-14.00 Uhr

Hinweise: großer Verkaufsraum mit vielen Umkleidekabinen und Spielecke für Kinder

Weg: A 30 Ausfahrt Kirchlengern auf die B 239 Richtung Lübbecke, in Lübbecke befindet sich die Firma an der Straße Richtung Osnabrück, gegenüber von „Marktkauf"

33332 Gütersloh

▶ MARC AUREL

Marc Aurel Textil GmbH
33332 Gütersloh / Wilhelmstr. 9
Tel. (05241) 945-0 / marc-aurel.com

Waren: Damenoberbekleidung wie Röcke, Hosen, Mäntel, Blazer etc., außerdem teilweise Stoffreste, Marke Marc Aurel

Ersparnis: ca. 30-40%

33415 Verl

Zeiten:	2x jährl. Sonderverkauf (Frühj./Herbst), genaue Termine erfragen; wird auch in der lokalen Presse bekanntgegeben
Hinweise:	Verkauf von Musterkollektionen, Restmengen und Fehlerteilen
Weg:	Gütersloh liegt an der A 2 Dortmund-Hannover, Ausfahrt Gütersloh/Verl und rechts auf die Verler Str., dann links auf die Bruder-Konrad-Str., danach rechts auf die Neuenkirchner Str., von hier geht die Wilhelmstr. rechts ab

33378 Rheda-Wiedenbrück

▶ BAUMHÜTER

P. Baumhüter GmbH / Strumpf- und Trikotagenfabrik
33378 Rheda-Wiedenbrück / Freigerichtstr. 10
Tel. (05242) 596-0 / baumhueter.de

Die P. Baumhüter GmbH besteht heute aus zwei Betrieben: Dem 1863 gegründeten Urbetrieb im Ortsteil Batenhorst von Rheda-Wiedenbrück und dem 1948 gegründeten Bekleidungstextilienbetrieb in Rheda-Wiedenbrück.

Waren:	Tag- und Nachtwäsche für Damen, Herren und Kinder, außerdem Leggins, T-Shirts und sportliche Bekleidung
Ersparnis:	ca. 30% im Durchschnitt
Zeiten:	Mo. bis Fr. 9.30-18.00 Uhr, Sa. 9.30-13.00 Uhr
Hinweise:	separates Ladengeschäft, teilweise sind auch 1B-Ware sowie zugekaufte Artikel im Angebot, jeden Do. und Fr. wird ein zusätzlicher Raum geöffnet mit besonders günstiger Aktionsware wie Retouren (u.a. aldi-Rückläufer), Musterartikeln etc.
Weg:	Rheda-Wiedenbrück liegt an der A 2 Dortmund-Hannover, zwischen Rheda und Wiedenbrück von der Hauptstraße in die Freigerichtstr. einbiegen

33415 Verl

▶ MARC AUREL

TDV Textil-Direkt-Vertriebs GmbH
33415 Verl / Hülshorstweg 30
Tel. (05246) 934833

Waren:	Damenoberbekleidung wie Röcke, Hosen, Mäntel, Blazer etc., Stoffreste, Marke Marc Aurel
Ersparnis:	ca. 30-40%
Zeiten:	Di. bis Fr. 10.30-18.00 Uhr, Sa. 10.00-13.00 Uhr
Hinweise:	Verkauf von Musterkollektionen, Restmengen und Fehlerteilen

33602 Bielefeld

Weg: A 2 Dortmund-Hannover Abfahrt Gütersloh/Verl, links auf die Verler Str., diese geht im Verlauf über in die Gütersloher Str., von hier geht der Hülshorstweg links ab (Richtung Sürenheide)

33602 Bielefeld

▶ ELEGANCE

Rolf Offergelt GmbH / Elégance Designer Outlet
33602 Bielefeld / Obernstr. 9
Tel. (0521) 966720 / elegance.de

Waren: große Auswahl an Oberbekleidung für Damen wie z.B. Hosenanzüge, Kostüme, Kleider, Röcke, Mäntel, Jacken, Pullover, Hosen, Blusen, T-Shirts, Unterwäsche, Bademoden und Accessoires, es ist ausschließlich Ware der Vorsaisons erhältlich

Ersparnis: durchschnittlich ca. 50%

Zeiten: Mo. bis Fr. 10.00-18.00 Uhr, Sa. 10.00-15.00 Uhr

Hinweise: weitere Verkaufsstellen mit gleichem Warenangebot befinden sich in:
52070 Aachen, Jülicher Str. 306, Tel. (0241) 439218,
51373 Leverkusen, Friedrich-Ebert-Platz 22/24, Tel. (0214) 830760

Weg: die Firma befindet sich im Zentrum von Bielefeld, in der Fußgängerzone

33609 Bielefeld

▶ BOTTHOF

Botthof-Moden GmbH & Co. KG
33609 Bielefeld / Kammerratsheide 43
Tel. (0521) 71445 / botthofmoden.de

Botthof ist eine der ältesten Hemdenfirmen Bielefeld's und wurde im Jahr 1919 gegründet.

Waren: City-Hemden für Herren

Ersparnis: preisgünstiges Warenangebot, alle Hemden ca. EUR 25,-

Zeiten: Mo. bis Mi. 8.00-17.00 Uhr, Do. 8.00-16.00 Uhr, Fr. 8.00-13.00 Uhr, gelegentlich auch Sa. 9.00-13.00 Uhr

Weg: A 2 Dortmund-Hannover Ausfahrt Bielefeld Richtung Zentrum, nach ca. 500 m rechts ab auf den Ostring, der nach ca. 5 km in die Eckendorfer Str. übergeht, danach in Kammerratsheide rechts abbiegen, hier befindet sich die Firma im Industriegebiet beim „TÜV"

33609 Bielefeld

▶ JOBIS

Jobis Bekleidungsindustrie GmbH & Co. KG
33609 Bielefeld / Am Stadtholz 39
Tel. (0521) 328-0 / jobis.de

Das Unternehmen ist heute eine Tochter der Seidensticker-Gruppe mit weltweit mehr als 2.000 Mitarbeitern.

Waren:	Oberbekleidung für Damen wie Blazer, Shirts, Jacken, Hosen, Röcke, Blusen, Jeans und Lederjacken
Ersparnis:	günstige Angebote, besonders preiswert ist die Vorjahreskollektion
Zeiten:	Mo. bis Fr. 10.00-18.00 Uhr, Sa. 10.00-14.00 Uhr
Weg:	vom Zentrum Bielefeld stadtauswärts auf der Herforder Str. (B 61) Richtung Herford, ca. 800 m nach der Bahnbrücke rechts in „Am Stadtholz" einbiegen (Industriegebiet)

▶ SCHÄFFER

Schäffer International GmbH & Co. KG
33609 Bielefeld / Finkenstr. 74
Tel. (0521) 3044667 / fashion-system.de

Waren:	Herrenhemden, auch bügelfrei, Smokinghemden, Marke Ahlemeyer, außerdem Pilotenhemden, Polohemden, Socken, Krawatten etc.
Ersparnis:	ca. 20%
Zeiten:	Fr. 10.00-18.00 Uhr
Weg:	vom Zentrum Bielefeld stadtauswärts Richtung Herford auf den Ostwestfalendamm, der im weiteren Verlauf in die Eckendorfer Str. übergeht, nach „McDonalds" an der Ampel links in die Finkenstr., nach ca. 100 m befindet sich die Firma auf der rechten Straßenseite

▶ SEIDENSTICKER

Seidensticker GmbH / Factory Outlet Store
33609 Bielefeld / Herforder Str. 182-194
Tel. (0521) 306-0 oder -347 (Store) / seidensticker.de

Das Unternehmen wurde 1919 von Walter Seidensticker in Bielefeld gegründet. Ab 1935 wurden neben der Hemdenproduktion auch Nachtwäsche und ab den 50er Jahren auch Blusen hergestellt. Aus der Hemdenmarke Seidensticker hat sich die Seidensticker Gruppe entwickelt. Zu ihr gehören neben der Traditionsmarke Seiden-sticker weitere acht bekannte Eigenmarken und sieben Lizenzen für Hemden, Blusen und Nachtwäsche. Das Unternehmen beschafft und vertreibt weltweit.

33611 Bielefeld

Waren: sehr große Auswahl an Herrenhemden, Damenblusen, Damenoberbekleidung, Hosen und Nachtwäsche für Damen und Herren, T-Shirts, Krawatten und Frotteewaren, Marken Seidensticker, Jacques Britt, Dornbusch, Jobis, Otto Kern, Camel Active, Alpenland, Redford und Joop

Ersparnis: durchschnittlich ca. 30-40%

Zeiten: Mo. bis Fr. 10.00-18.00 Uhr, Sa. 10.00-15.00 Uhr

Hinweise: separater Verkaufsshop in der Nähe vom Werk, Besucherparkplätze befinden sich links vor dem Haupteingang, es sind hauptsächlich 2. Wahl und Warenüberhänge erhältlich;
eine weitere Verkaufsstelle befindet sich ca. 30 km entfernt in: 33378 Rheda-Wiedenbrück, Bosfelder Weg 7, Tel. (05242) 404044, geöffnet Mo. bis Do. 13.00-18.00 Uhr, Fr. 12.00-18.00 Uhr, Sa. 9.00-13.00 Uhr

Weg: auf der A 2 aus Richtung Hannover bis zur Ausfahrt Ostwestfalen Lippe, rechts Richtung Bielefeld bis zur Herforder Str. (B 61), auf der Herforder Str. einige km weit stadteinwärts bis man am links liegenden Seidensticker-Gebäude vorbei fährt, an der nächsten Ampel einen U-Turn machen und ca. 200 m zurück fahren

33611 Bielefeld

▶ VERSE

Verse - Wiebe GmbH & Co. KG / Verse-Outlet
33611 Bielefeld Schildesche / Apfelstr. 245
Tel. (0521) 8005-335 (Outlet) / verse.de

Das Unternehmen wurde 1925 in Bielefeld gegründet und ist heute ein Textilhersteller für modische Damenbekleidung. Die Marke Verse steht für innovative Kombimode in sportiv eleganter Optik.

Waren: sportive und elegante Damenoberbekleidung wie Blazer, Jacken, Blusen, T-Shirts, Tops, Hosen, Röcke sowie leichter Strick in den Größen 36-48, Marke Verse

Ersparnis: ca. 30-40%, es sind immer auch besonders preiswerte Angebote erhältlich

Zeiten: Mo. bis Fr. 10.00-18.00 Uhr, Sa. 9.30-15.00 Uhr

Weg: A 2 Dortmund-Hannover Ausfahrt Bielefeld auf die B 66 nach Bielefeld, im Zentrum auf die Jöllenbecker Str. Richtung Jöllenbeck, nach ca. 1 km beim Nordpark rechts ab auf die Apfelstr. und dieser bis fast zum Ende folgen, bis zur Ecke Westerfeldstr.

33758 Schloß Holte-Stukenbrock

33649 Bielefeld

▶ WINDSOR

Windsor Damen- und Herrenbekleidung GmbH
33649 Bielefeld Brackwede / Aachener Str. 23
Tel. (0521) 1453-0 / windsor.de

Die Windsor GmbH hat ihren Ursprung 1889 als Hersteller hochwertiger Businesskleidung für Herren. 1960 spezialisiert sich das Unternehmen erstmalig unter heutigem Namen auf die Herstellung von Herrenanzügen und -mänteln. 1977 wird die windsor-Damenkollektion ins Leben gerufen. 1991 wird das Designerlabel JOOP! in Lizenz genommen sowie das Label clothcraft eingeführt. Die Kollektion windsor steht für einen klassisch zeitlosen Stil mit höchstem Anspruch an Material und Verarbeitung.

Waren:	hochwertige Oberbekleidung, für Damen Anzüge, Kostüme, Blazer, Röcke, Hosen, Strickwaren, Jacken und Mäntel, Marken Windsor und Clothcraft (Junge Mode), für Herren Anzüge, Sakkos, Hosen, Mäntel, Jacken, Hemden und Krawatten, Marken Windsor, Clothcraft und Joop
Ersparnis:	bei aktueller Ware ca. 20-30%, bei herabgesetzter Ware bis zu 50%
Zeiten:	Mo. bis Fr. 10.00-19.00 Uhr, Sa. 9.00-18.00 Uhr
Hinweise:	2x jährlich finden zusätzliche Sonderverkäufe zu nochmals reduzierten Preisen statt, die Termine dürfen jedoch jeweils nur 2 Wochen vorher bekanntgegeben werden
Weg:	A 2 Dortmund-Hannover Ausfahrt Bielefeld-Sennestadt auf die B 68 nach Brackwede, nach ca. 7 km hinter „McDonalds"rechts abbiegen in das Gewerbegebiet „Im Brokke", die 1. Straße wieder rechts ist die Archimedes Str., diese geht über in die Aachener Str.

33758 Schloß Holte-Stukenbrock

▶ SYLBO

Sylbo-Röcke Fertigungs GmbH
33758 Schloß Holte-Stukenbrock / Oerlinghauser Str. 67
Tel. (05207) 3832

Waren:	für Damen große Auswahl an Röcken, Hosen und Pullovern aller Art in versch. Stoffen und Dessins, vorwiegend klassische Mode für die Dame ab ca. 35 Jahre
Ersparnis:	preisgünstige Angebote
Zeiten:	Fr. 14.00-17.00 Uhr
Hinweise:	es ist auch 2. Wahl erhältlich

33803 Steinhagen

Weg: Schloß Holte-Stukenbrock liegt ca. 15 km südlich von Bielefeld an der A 33 Richtung Paderborn, Ausfahrt Schloß Holte-Stukenbrock Richtung Stadtmitte, die erste Möglichkeit rechts und nach ca. 50 m gleich wieder rechts in die Oerlinghauser Str.

33803 Steinhagen

▶ GERRY WEBER

Gerry Weber Outlet
33803 Steinhagen Brockhagen / Horststr. 2
Tel. (05204) 1002-10 oder -28 (Outlet) / gerryweber-ag.de

Im Jahr 1973 wurde im ostwestfälischen Halle die Hatex KG für die Herstellung und den Vertrieb von Damenhosen gegründet. Zwei Jahre später wurden auch Damenröcke in das Vertriebsprogramm mit aufgenommen und Anfang der 80er Jahre erfolgte die Konzentration auf die gesamte Bandbreite der Damen-Kombinationsmode. Der Markenname Gerry Weber wurde 1986 geschaffen. Im Jahr 1989 wurde aus der Hatex KG die Gerry Weber International AG.

Waren: Damenoberbekleidung aller Art wie z.B. Blusen, T-Shirts, Röcke, Blazer, Hosen, Jeans, Jacken, Westen, Pullover, Kostüme etc., Marken Samoon (große Größen), Taifun (junge Mode), Court One (sportive Mode) und Gerry Weber (mittleres Alter)

Ersparnis: ca. 30%, teilweise bis zu 50%

Zeiten: Mo. bis Fr. 10.00-18.00 Uhr, Sa. 9.00-18.00 Uhr

Hinweise: es sind hauptsächlich 2. Wahl-Artikel und Restposten der letzten Kollektion erhältlich, im gleichen Objekt befindet sich auch das s.Oliver Outlet

Weg: aus Richtung Münster kommend über die B 51 und im Anschluss über die B 64 Richtung Warendorf, dann rechts auf die B 475 und danach wiederum rechts auf die B 513, im weiteren Verlauf links auf die Brockhäger Str., anschließend rechts in die Gütersloher Str. und danach erneut rechts in die Horststr.

▶ S.OLIVER

s.Oliver Outlet
33803 Steinhagen Brockhagen / Horststr. 2
Tel. (05204) 924780 / s.oliver.de

Angefangen hat alles 1969 in einem kleinen Ladenlokal in Würzburg. Bis heute entstand daraus ein international erfolgreiches Marken-Unternehmen.

Waren: junge Mode für Sie und Ihn Marke s.Oliver wie z.B. T-Shirts, Sweat-Shirts, Jeans, Hemden, Blusen, Hosen, Röcke, Pullover, Blazer, Jacken, Westen, Schuhe, Gürtel u.v.m., kleine Auswahl an Kindermode Marke Oliver Twist

Ersparnis: bei Restposten und 2. Wahl bis zu 50%

34613 Schwalmstadt

Zeiten: Mo. bis Fr. 10.00-18.00 Uhr, Sa. 9.00-18.00 Uhr

Hinweise: es sind auch viel Retourenware und 2. Wahl-Artikel mit kleinen Fehlern erhältlich, im gleichen Objekt befindet sich auch das Gerry Weber Outlet

Weg: aus Richtung Münster kommend über die B 51 und im Anschluss über die B 64 Richtung Warendorf, dann rechts auf die B 475 und danach wiederum rechts auf die B 513, im weiteren Verlauf links auf die Brockhäger Str., anschließend rechts in die Gütersloher Str. und danach erneut rechts in die Horststr.

34560 Fritzlar

▶ LEMMI FASHION

s. Seite 601

Lemmi-Fashion Vertriebsges. mbH & Co. Bekleidungs KG
34560 Fritzlar / Gewerbering 1
Tel. (05622) 988-0 / lemmi-fashion.de

Die Firma Lehmann Hosen wurde im Jahr 1959 in Kassel gegründet. Heute ist Lemmi-Fashion ein führender Hersteller von Kinderoberbekleidung. Zur Produktpalette gehören Jacken sowie Sweat- und T-Shirts. Die Wurzeln liegen jedoch bei der Produktion von Hosen.

Waren: Jeanshosen und -röcke, Jacken, Kleider, Röcke, Hemden, T-Shirts, Sweat-Shirts und Funktionsjacken für Kinder, teilweise auch Hosen und Jacken für Erwachsene, Marken Lemmi-fashion und LF 59

Ersparnis: ca. 30%, bei Restposten und 1B-Ware bis zu 50%

Zeiten: Mo. bis Fr. 9.00-19.00 Uhr, Sa. 9.00-14.00 Uhr

Weg: Fritzlar liegt ca. 25 km südwestlich von Kassel an der A 49, Ausfahrt Fritzlar Richtung Bundeswehr Bad Wildungen, nach ca. 5 min. Fahrt befindet sich die Firma auf der linken Seite, neben dem Möbelhaus

34613 Schwalmstadt

▶ AZ MODELL

AZ Modell Kleiderfabrik Bekleidungswerke Schwalmstadt GmbH
34613 Schwalmstadt Allendorf / Industrieweg 7
Tel. (06691) 96110 / azmodell.de

Waren: Damenoberbekleidung wie Mäntel, Jacken, Kostüme, Blazer, Leichtblazer, Röcke, Hosen, Blusen, Shirts, Kombinationen

Ersparnis: ca. 30-50%

Zeiten: Mo. 14.00-18.00 Uhr, Sa. 9.00-13.00 Uhr

35096 Weimar

Hinweise: gelegentlich ist auch günstige 2. Wahl erhältlich

Weg: A 5 Frankfurt-Kassel Ausfahrt Alsfeld-Ost auf die B 254 nach Schwalmstadt, hier befindet sich die Firma in Ortsteil Allendorf, nicht schwer zu finden, da es hier die einzige größere Firma ist

35096 Weimar

▶ HOWANA

Howana Strumpffabrik A. W. Mehner KG
35096 Weimar Niederweimar / Wilhelm-Gerlach-Str. 20
Tel. (06421) 7056

Waren: Herrenstrümpfe aller Art und Damensöckchen, alles uni, außerdem Wanderstrümpfe

Ersparnis: bei Restposten und 2. Wahl bis zu 50%

Zeiten: Mo. bis Fr. 8.00-11.30 Uhr und 13.00-15.00 Uhr

Hinweise: teilweise ist auch 2. Wahl erhältlich

Weg: Niederweimar liegt ca. 8 km südlich von Marburg an der B 255 in Richtung Weimar, dort ist die Firma von der Hauptstraße aus am Weinberg zu sehen

35279 Neustadt

▶ ELATEX

Elatex GmbH
35279 Neustadt / Hessen / Emil-Rössler-Str. 44
Tel. (06692) 4417

Waren: große Auswahl an Strumpfwaren aller Art für Damen, Herren und Kinder, außerdem zugekaufte Mützen, Schals, Handschuhe sowie Kleinkinderoberbekleidung bis Gr. 116

Ersparnis: durchschnittlich ca. 30%

Zeiten: Mo. bis Fr. 10.00-12.30 Uhr und 14.00-18.30 Uhr, Sa. 9.00-13.00 Uhr

Hinweise: der Verkauf befindet sich an der Rückseite des Pförtnergebäudes, teilweise ist auch 2. Wahl erhältlich

Weg: Neustadt liegt ca. 30 km östlich von Marburg an der B 454 Richtung Schwalmstadt, von Marburg kommend befindet sich die Firma direkt am Ortseingang auf der rechten Seite

36093 Künzell

▶ SCHNEIDER

Theo Schneider Fashion GmbH
36093 Künzell / Justus-Liebig-Str. 8
Tel. (0661) 93404-0

Waren: Damenbekleidung wie z.B. Kostüme, Hosenanzüge, Hosen, Röcke, Blusen, Jacken, Mäntel etc., außerdem etwas Herrenoberbekleidung der Marken Tom Tailor, s.Oliver, Esprit, Hilfiger, Rosner etc.

Ersparnis: ca. 40% im Durchschnitt, 2. Wahl ist besonders preiswert

Zeiten: Mi. bis Fr. 10.00-18.00 Uhr, Sa. 10.00-13.00 Uhr

Weg: Künzell liegt östlich vom Zentrum Fulda, B 27 Abfahrt Tann/Meiningen, rechts auf die Petersburger Str. und nach ca. 3 km im Industriegebiet vor dem Möbelhaus rechts einbiegen und danach gleich wieder links

36115 Ehrenberg

▶ ISABELL

Köhler & Krenzer GmbH / Bekleidungsfabrik
36115 Ehrenberg / Am Schwimmbad 6
Tel. (06683) 15-0 / koehler-krenzer.de

Waren: Damenoberbekleidung wie Blazer, Shirts, Jacken, Hosen, Röcke, Blusen, Kleider etc., Marke Isabell

Ersparnis: teils bis zu 50%, die Vorjahreskollektion ist besonders preiswert

Zeiten: ca. 2x jährl., meist im Frühjahr und im Herbst, jewails von Do. bis Sa., genaue Termine erfragen

Weg: aus Richtung Frankfurt auf der A 66 kommend Ausfahrt Schlüchtern-Nord und auf die B 40 über Neuhof nach Gersfeld, hier die Vorfahrtsstraße verlassen nach Ehrenberg in den Ortsteil Ehrenberg-Wüstensachsen, hier befindet sich die Firma an der Hauptstraße

36199 Rotenburg

▶ BRÜHL

C. Brühl GmbH & Co. KG / Hosenspezialfabrik
36199 Rotenburg / Bürgerstr. 12
Tel. (06623) 814-0 / c-bruehl.de

36304 Alsfeld

Waren: Hosen für Damen und Herren, Sport, Business und Classic, auch Jeans-Hosen, außerdem eine kleine Auswahl an Hemden und Outdoor-Jacken

Ersparnis: durchschnittlich ca. 35%

Zeiten: Mo. bis Fr. 10.00-18.00 Uhr, Sa. 9.00-14.00 Uhr

Hinweise: es ist auch 2. Wahl erhältlich

Weg: A 4 Ausfahrt Bad Hersfeld auf die B 27 über Bebra nach Rotenburg, hier links ab Richtung Wüstefeld, nach dem Überqueren der Bahnbrücke die nächste Straße rechts in die Bürgerstr. abbiegen

36304 Alsfeld

▶ ARABELLA

Grünewald GmbH / Nachtwäsche und Stofffabriken
36304 Alsfeld / Theodor-Heuss-Str. 10
Tel. (06631) 2071 / gruenewald-alsfeld.de

Die Firma Grünewald wurde vor 100 Jahren gegründet und ist seitdem als Spezialist für die Herstellung und den Vertrieb von Damennachtwäsche tätig. Es werden Großkunden (Konzerne und Versender) in Deutschland und in den westeuropäischen Nachbarstaaten beliefert. Mit einer eigenen Produktion im Inland (ca. 70%) und Produktionspartnern im angrenzenden Ausland wird den Marktanforderungen entsprochen.

Waren: für Damen Nachthemden, Schlafanzüge, Big-Shirts, Shorties, Morgenmäntel, Freizeit- und Strandbekleidung in unterschiedlichen Materialien, Marke Arabella

Ersparnis: bis zu 50%, besonders preiswert ist 2. Wahl

Zeiten: Mo. bis Fr. 8.00-18.00 Uhr, Sa. 10.00-13.00 Uhr

Weg: A 5 Frankfurt-Kassel Ausfahrt Alsfeld-West Richtung Zentrum, in Alsfeld gegenüber der Brauerei einbiegen und der Beschilderung folgen

36341 Lauterbach

▶ WEGENER

R. u. M. Wegener GmbH & Co. KG / Hut- und Mützenfabrik
36341 Lauterbach / Vogelsbergstr. 157
Tel. (06641) 9693-0 / wegener-headwear.de

Seit über 185 Jahren ist das Unternehmen eine Adresse für Mode auf dem Kopf für Damen, Herren und Kinder. Das Unternehmen in der Mitte Deutschlands bietet die modische Aussage für alles auf dem Sektor Accessoire Hut und Mütze. Alle Stoffmaterialien werden verarbeitet. Des weiteren zählt Wegener seit Tokio 1964 zu den Austattern der olympischen Nationalmannschaft. In Lauterbach befinden sich Produktion und Lager.

37154 Northeim

Waren:	für Damen Sommerhüte, Ballonmützen, Baskenmützen, Fuggerhüte und Sportmützen, für Herren Stoffhüte mit Schal, Sportmützen mit Schal, Sommerhüte, Haarfilzhüte, Baseballcaps und Westernhüte, für Kinder Rappermützen, Baseballcaps, Schlupfstrickmützen, Baumwollmützen und Strickzipfelmützen
Ersparnis:	ca. 10-20%
Zeiten:	Mo. bis Fr. 10.00-12.00 Uhr und 15.00-17.00 Uhr
Hinweise:	Verkauf in der Hutique, teilweise ist auch 2. Wahl erhältlich
Weg:	Lauterbach liegt ca. 25 km nordwestlich von Fulda an der B 254, die Vogelsbergstr. verläuft vom Zentrum Lauterbach in Richtung Friedberg/Herbstein

37154 Northeim

▶ WILVORST

Wilvorst Herrenmoden GmbH
37154 Northeim / Breslauer Str. 7
Tel. (05551) 701-0 / wilvorst.de

Im Jahr 1916 übernahm Firmengründer Wilhelm Vordemfelde die Herren- und Knabenkleiderfabrik Graf & Teuchert in Stettin. Der Firmenname wurde bald in „Wilvorst" geändert, nach seinem Namen und der Heimatstadt - WILhelm VORdemfelde STettin. Seit 1993 gehört Wilvorst zur Brinkmann Gruppe. Heute verkauft Wilvorst seine Produkte in Deutschland und allen westeuropäischen Ländern an den Bekleidungsfachhandel und an speziell auf das Thema Hochzeit ausgerichtete Brautausstattungsgeschäfte.

Waren:	festliche Gesellschaftskleidung für Herren wie Smoking, Dinnersakko, Cut, Frack sowie festliche und klassische Accessoires, außerdem Hochzeitsmodenprogramm mit junger, modischer Hochzeitsbekleidung sowie trendige Partykleidung, Marken Wilvorst und Bugatti
Ersparnis:	durchschnittlich ca. 30%
Zeiten:	Mi. bis Fr. 15.00-18.00 Uhr, Sa. 9.30-13.00 Uhr
Hinweise:	der Verkauf befindet sich auf der Rückseite des Gebäudes, es ist teilweise auch 2. Wahl erhältlich
Weg:	A 7 Kassel-Braunschweig Ausfahrt Northeim-West nach Northeim, im Zentrum rechts ab auf die B 3 Richtung Göttingen, dann der Ausschilderung „Conti", „Thimm" und „Verkaufslager Wilvorst" folgen

37351 Dingelstädt

37351 Dingelstädt

▶ BORN TO BE

MB Modeproduktion und Design GmbH
37351 Dingelstädt / Steinstr. 10
Tel. (036075) 506-0 / born-to-be.de

Das Unternehmen wurde im Jahr 1991 gegründet. Heute erfolgt die Produktion mit modernster Technik überwiegend in eigener Strickerei.

Waren: Strickwaren hauptsächlich für Damen aber auch für Herren wie z.B. Pullover, Jacken, Westen, T-Shirts, Sweat-Shirts, Schals, Mützen etc., vorwiegend hochwertige, junge Mode, Kollektion born to be, teilweise ist auch zugekaufte Ware erhältlich

Ersparnis: bei Restposten und 2. Wahl bis zu 50%

Zeiten: Mo. bis Fr. 10.00-18.00 Uhr, Sa. 9.00-12.00 Uhr

Hinweise: es ist immer nur das erhältlich was gerade produziert wurde, davon ist hauptsächlich 2. Wahl erhältlich

Weg: Dingelstädt liegt ca. 30 km nordwestlich von Mühlhausen an der B 247 in Richtung Leinefelde, in Dingelstädt von der Bahnhofstraße bei der Post einbiegen in die Poststr.

38112 Braunschweig

▶ SIGNUM

Dittmar GmbH & Co. KG
38112 Braunschweig / Grotrian-Steinweg-Str. 4b
Tel. (0531) 21080-0 / signum-fashion.com

Signum baut auf eine lange Familientradition im Bereich textiler Verarbeitung. Auf die Hemdenproduktion Anfang der 20er Jahre in Berlin und der in den 60er Jahren entstandenen Hemdenmarke Herzog International folgte 1984 das Label Signum zusammen mit der jungen Linie Packard.

Waren: hauptsächlich Freizeithemden für Herren, außerdem einige wenige Pullover, T-Shirts, Sweat-Shirts, Jeans-Hosen, Jacken und Gürtel, Marke Signum, es ist fast nur 1. Wahl erhältlich, vereinzelt aber auch 2. Wahl, die ganz aktuelle Kollektion ist nicht erhältlich

Ersparnis: mindestens 40%, Preisbeispiele: 1 Hemd für ca. EUR 40,- und 3 Hemden für ca. EUR 100,- sowie Jacken und Blousons für ca. EUR 35,-

Zeiten: Mo. bis Mi. 7.30-15.30 Uhr, Do. 7.30-18.00 Uhr, Fr. 7.30-12.00 Uhr

Hinweise: im Verwaltungsgebäude am Empfang anmelden, kleiner Verkaufsraum

40472 Düsseldorf

Weg: die Firma befindet sich nördlich vom Zentrum Braunschweig im Industriegebiet Veltenhof, erreichbar auch über die A 2 Ausfahrt Braunschweig-Hafen Richtung Veltenhof auf die Hansestr., über den Mittellandkanal und die nächste Straße links ab ist die Grotrian-Steinweg-Str.

38640 Goslar

▶ ODERMARK

s. Seite 603

Odermark Bekleidungswerke Brinkmann GmbH & Co. KG
38640 Goslar / Odermarkplatz 1
Tel. (05321) 708-0 / odermark.de

Die Odermark Bekleidungswerke Brinkmann in Goslar sind ein bedeutendes europäischen Unternehmen für Herrenoberbekleidung. Odermark produziert Anzüge, Sakkos, Hosen, Mäntel und Sportswear, die in europäische und arabische Länder exportiert werden. Odermark-Produkte werden in vielen bedeutenden Fachgeschäften Europas geführt.

Waren: hochwertige Herrenoberbekleidung wie Woll- und Baumwollmäntel, Sakkos, Anzüge, Hosen, Jacken, Blousons, Hemden, Pullover, T-Shirts, Krawatten und Unterwäsche, Marken Odermark und Bugatti

Ersparnis: durchschnittlich ca. 30%, 2. Wahl ist besonders preiswert

Zeiten: Mo. bis Fr. 13.00-18.00 Uhr, Sa. 10.00-14.00 Uhr

Hinweise: im gleichen Gebäude befindet sich auch die Firma „von Daniels" (Damenbekleidung)

Weg: A 7 Kassel Hannover Ausfahrt Rhüden auf die B 82 nach Goslar, hier Richtung Zentrum halten, der Odermarkplatz befindet sich am Industriegebiet an der B 241 Richtung Vienenburg, großes blaugraues Gebäude, Zugang zum Eingang über den Hof der „AOK"

40472 Düsseldorf

▶ DIESEL

Outlet store Anja Friedrichs GmbH
40472 Düsseldorf Lichtenbroich / Volkardeyer Weg 68
Tel. (0211) 4792243

Waren: Jeans und Sportswear, z.B. Hosen, Shorts, Socken, Pullover, Jacken, T-Shirts, Sweat-Shirts, junge Mode, Gürtel, Marken Diesel, Replay und Unlimited, Hemden Marke Verte Vallee

Ersparnis: bei Restposten und 2. Wahl bis zu 50%

Zeiten: Mo. bis Fr. 11.00-19.00 Uhr, Sa. 10.00-16.00 Uhr

40589 Düsseldorf

Hinweise: Lagerverkauf von 2. Wahl und Überproduktionen

Weg: vom Flughafen Düsseldorf Richtung Ratingen nach Lichtenbroich immer geradeaus fahren, kurz vor Unterqueren der Autobahn rechts in den Volkardeyer Weg einbiegen, das Geschäft befindet sich nicht zu übersehen auf der linken Seite

40589 Düsseldorf

▶ HEIN GERICKE

s. Seite 603

Hein Gericke GmbH
40589 Düsseldorf / Reisholzer Werftstr. 19
Tel. (0211) 98989 / hein-gericke.com

Im Jahr 1970 eröffnet Firmengründer Hein Gericke sein erstes Motorradgeschäft in Düsseldorf. Innerhalb weniger Jahre entwickelt sich das Unternehmen zum größten Motorrad-Händler Deutschlands. Mittlerweile gibt es über 140 Shops im In- und Ausland.

Waren: Motorradfahrer- und Freizeitbekleidung aller Art sowie Schutzhelme und Motorradzubehör

Ersparnis: teilweise 50% und mehr möglich, Einzel- und Musterstücke sind besonders preiswert

Zeiten: Do. 14.00-19.00 Uhr, Fr. 14.00-20.00 Uhr, Sa. 9.00-16.00 Uhr

Hinweise: Lagerverkauf auf über 1.000 qm im Zentrallager, es sind hauptsächlich Restposten, Sonderposten, Musterteile, Auslaufartikel sowie Artikel mit kleinen Fehlern erhältlich

Weg: die Firma liegt ca. 10 km südlich vom Zentrum im Gebiet Reisholz-Hafen, von der Münchener Str. auf die Reisholzer Werftstr.

40880 Ratingen

▶ BENETTON

United Colors of Benetton
40880 Ratingen / Sohlstättenstr. 48a
Tel. (02102) 9434559 / benetton.com

Das Unternehmen mit der bekannten Marke United Colors of Benetton ist in 120 Ländern mit ca. 5000 Geschäften vertreten. Die Bekleidung zeichnet sich durch einen internationalen Stil aus. Dabei werden kräftige Farben mit aktuellen Trends kombiniert, die für alle Altersgruppen tragbar sind.

Waren: Oberbekleidung aller Art, komplette Benetton-Palette für Damen und Herren von Sportlich bis Elegant über Kinder und Umstandsmode sowie Accessoires, außer der Marke Benetton noch Artikel der Marken Sisley, Killerloop und Playlife

Ersparnis: ca. 30-50%, vereinzelt auch 70% und mehr möglich

41061 Mönchengladbach

Zeiten: Mo. bis Fr. 10.00-19.00 Uhr, Sa. 10.00-17.00 Uhr

Weg: Ratingen liegt ca. 10 km nördlich von Düsseldorf, A 52 Ausfahrt Mettmann auf die Kaiserswerther Str. Richtung Zentrum, nach ca. 200 m die erste Möglichkeit links in die Sohlstättenstr.

▶ ESPRIT

Esprit de Corp. GmbH / Esprit Factory Store
40880 Ratingen Tiefenbroich / Am Rosenkothen 2
Tel. (02102) 74370 / esprit.com

Waren: Oberbekleidung für Damen, Herren und Kinder wie T-Shirts, Sweat-Shirts, Polo-Shirts, Hemden, Blusen, Strickjacken, Pullover, Kleider, Röcke, Hosen und Jeans, außerdem Damenunterwäsche sowie Schuhe, Strümpfe, Taschen, Gürtel, Geldbörsen etc., Marke Esprit

Ersparnis: ca. 30-50%

Zeiten: Mo. bis Fr. 10.00-19.00 Uhr, Sa. 9.00-16.00 Uhr

Hinweise: großes Ladengeschäft mit wenig Umkleidekabinen, es sind hauptsächlich 1B- und Fehlerware, Retourenware und Artikel der Vorjahreskollektion erhältlich

Weg: Ratingen liegt ca. 10 km nördlich von Düsseldorf, A 52 Ausfahrt Ratingen-Tiefenbroich Richtung Ratingen, dann die erste Möglichkeit links auf die Sohlstättenstr. nach Tiefenbroich bis die Jägerhofstr. kreuzt, hier rechts ab und nach weiteren ca. 500 m links in „Am Rosenkothen"

41061 Mönchengladbach

▶ CINQUE

Cinque Lagerverkaufs GmbH / Cinque Store - Outlet
41061 Mönchengladbach / Am Kämpchen 9-13
Tel. (02161) 180709 / cinque.de

Waren: Oberbekleidung für Damen und Herren wie z.B. Anzüge, Sakkos, Jacken, Hosen, Pullover, Hemden, Lederjacken und Mäntel

Ersparnis: teilweise bis zu 50%

Zeiten: Mo. bis Fr. 10.00-19.00 Uhr, Sa. 10.00-18.00 Uhr

Hinweise: es sind nur Artikel der letzten Saison sowie 2. Wahl erhältlich

Weg: das Outlet befindet sich im Zentrum von Mönchengladbach, vom Berliner Platz auf der Fliethstr. Richtung Westend, dann die erste Möglichkeit rechts ist „Am Kämpchen"

41065 Mönchengladbach

▶ **PRIESS**

Priess-Modelle Bekleidungs GmbH & Co. KG
41061 Mönchengladbach / Erzbergerstr. 33
Tel. (02161) 494910 / priess.de

Das Unternehmen wurde im Jahr 1903 von Heinrich Priess gegründet. Seit 1950 ist die Firma spezialisiert auf Herrenhosen und seit 1957 zusätzlich auch auf Damenhosen. Heute werden Damen- und Herrenhosen in vielen Passformvarianten in allen Größen angeboten.

Waren: nur Hosen für Damen und Herren, Marken Priess Hommes et Femmes und Vivre by Priess

Ersparnis: durchschnittlich ca. 30-40%, 2. Wahl ist besonders preiswert

Zeiten: Mo. und Fr. 10.00-17.00 Uhr

Hinweise: der Eingang ist ein Durchgang zwischen Erzbergerstr. 31 und 33, unter dem Torbogen steht Lagerverkauf

Weg: A 61 Ausfahrt Mönchengladbach-West Richtung Zentrum auf der Waldnieler Str., dieser Straße ca. 4 km durch die Stadt folgen, sie geht dann in die Hittastr. und Fliethstr. über, dieser Straße kurz folgen bis zur nächsten Ampel und hier links abbiegen in die Erzberger Str.

41065 Mönchengladbach

▶ **MEXX**

Mexx Kollektionsverkauf
41065 Mönchengladbach / Reyer Str. / Ecke Reyerhütterstr.
Tel. (02161) 6140 / mexx.de

Waren: Lagerverkauf von Oberbekleidung für Damen, Herren und Kinder wie z.B. Jeans, Hemden, Pullover, Sakkos, T-Shirts, Gürtel etc., nur Einzelteile, teilweise auch aus der aktuellen Kollektion, Damen Gr. 38-40, Herren Gr. 48-50 und Kinder Gr. 74-152

Ersparnis: ca. 30-40%, je nach Artikel

Zeiten: Mo. bis Fr. 10.30-19.00 Uhr, Sa. 10.00-16.00 Uhr

Hinweise: es sind nur Kollektionsteile/Einzelstücke erhältlich, deshalb ist die Auswahl nicht sehr groß, separater Verkaufsraum im Erdgeschoss

Weg: vom Zentrum Mönchengladbach auf der Korschenbroicher Str. Richtung Korschenbroich, nach ca. 1 km rechts in die Reyerhütter Str., die nächste gleich wieder links ist die Reyer Str., die Firma befindet sich beim „Gota-Tapetenmarkt", auf dem Gewerbehof Langen

41179 Mönchengladbach

▶ VAN LAACK

van Laack GmbH
41179 Mönchengladbach / Hennes-Weisweiler-Allee 25
Tel. (02161) 357-0 oder -492 / vanlaack.de

Waren: hochwertige Herrenhemden sowie Röcke und Blusen für Damen, Kostüme, Kleider, Nachtwäsche, außerdem Krawatten und Gürtel

Ersparnis: bei 1. Wahl kaum, bei Restware bis zu 50% möglich

Zeiten: Mo. bis Fr. 10.00-19.00 Uhr, Sa. 10.00-18.00 Uhr

Weg: A 61 Ausfahrt Mönchengladbach-Holt auf die Aachener Str. Richtung Stadion, nach ca. 1,5 km rechts in Am Borussiapark, nach weiteren ca. 600 m rechts in die Hennes-Weisweiler-Allee

41352 Korschenbroich

▶ MEXX

Mexx Outlet Store
41352 Korschenbroich / Friedrich-Ebert-Str. 9-13
Tel. (02161) 4027981 / mexx.de

Waren: große Auswahl an Oberbekleidung für Damen, Herren und Kinder wie z.B. Jeans, Hemden, Pullover, Sakkos, T-Shirts, Gürtel etc., nur ältere Kollektionen der Mexx-Linien in allen Größen, Damen Gr. 38-40, Herren Gr. 48-50 und Kinder Gr. 74-152

Ersparnis: ca. 30-40%, je nach Artikel

Zeiten: Mo. bis Fr. 10.30-19.00 Uhr, Sa. 10.00-16.00 Uhr

Weg: A 52 Ausfahrt Schiefbahn nach Korschenbroich, nach Überqueren der Bahnlinie links ab auf die Rochusstr. Richtung Kleinenbroich, die im weiteren Verlauf nach ca. 300 m in die Friedrich-Ebert-Str. übergeht

41379 Brüggen

▶ ODLO

Odlo Sports GmbH
41379 Brüggen / Weihersfeld 20
Tel. (02163) 9577-0 / odlo.de

Die Marke Odlo gibt es bereits seit 1946. Heute ist Odlo ein Marktführer im Funktionswäschemarkt und in Nordic Walking-Bekleidung.

41460 Neuss

Waren: Sport- und Funktionsbekleidung wie Underwear, Outdoorhosen und -jacken, Runninghosen und -jacken, Hosen und Jacken für Nordic Walking sowie Tec-Shirts, Marke Odlo

Ersparnis: bis zu 50% möglich

Zeiten: Do. und Fr. 10.00-19.00 Uhr, Sa. 10.00-16.00 Uhr

Hinweise: es sind hauptsächlich Musterteile und die Vorjahreskollektionen erhältlich

Weg: Brüggen liegt ca. 20 km westlich von Mönchengladbach, A 52 Ausfahrt Niederkrüchten auf die B 221 vorbei an Heyen nach Brüggen, hier befindet sich die Firma nordöstlich vom Zentrum im Gewerbegebiet Weihersfeld

41460 Neuss

▶ CONVERSE

All Star D.A.CH. GmbH
41460 Neuss / Carl-Schurz-Str. 7
Tel. (02131) 74963-0 / converse.de

Die Converse Rubber Shoe Company wurde im Jahr 1908 in Malden (USA) von Marquis M. Converse gegründet. Als Vollausstatter hat Converse nicht nur die Füße von Chuck Taylor mit entsprechendem Schuhwerk ausgestattet, sondern auch in Sportbereichen wie Basketball, Baseball, American Football, Tennis, Badminton und Leichtathletik vielen Sportlern mit seinen Produkten den Erfolg gebahnt.

Waren: Sport- und Freizeitschuhe wie Chucks, Baketball-Schuhe und Sandalen, außerdem T-Shirts, Sweat-Shirts, Jacken, Tops und Hosen sowie Taschen und Accessoires, für Damen, Herren und Kinder, Marke Converse

Ersparnis: teilweise bis zu 50%

Zeiten: ca. 2x jährl. jeweils 2 Tage lang Sonderverkauf von Musterteilen und Retouren etc., genaue Termine erfragen

Weg: Neuss liegt ca. 10 km südwestlich vom Zentrum Düsseldorf, am Autobahnende der A 57 an der Abfahrt Neuss-Hafen Richtung Zentrum auf die Stresemannallee, nach ca. 300 m links in das Industriegebiet

41468 Neuss

▶ LERROS

Lerros Retail GmbH
41468 Neuss Grimlinghausen / Im Taubental 35
Tel. (02131) 3606-0 / lerros.de

41748 Viersen

Waren: Oberbekleidung für Herren wie Hemden, Polo-Stirts, T-Shirts, Sweat-Jacken, Pullover, Troyer, Strickjacken, Jacken, Steppjacken, Jeansjacken, Hosen, Jeans und Gürtel sowie Damenoberbekleidung wie Shirts, Pullover, Blusen, Westen, Blousons, Blazer, Hosen und Jeans, Marke Lerros

Ersparnis: sehr günstige Angebote

Zeiten: Fr. 14.00-18.00 Uhr, Sa. 10.00-16.00 Uhr

Hinweise: es sind nur ältere Kollektionen erhältlich

Weg: A 46 Ausfahrt Neuss-Uedesheim auf die Bonner Str. (B 9) Richtung Neuss, nach ca. 500 m den Kreisverkehr nach links verlassen auf die Jagenbergstr. und nach weiteren ca. 200 m die erste Möglichkeit rechts in „Im Taubental" einbiegen

▶ VANILIA

Vanilia Fashion GmbH
41468 Neuss Grimlinghausen / Im Taubental 41
Tel. (02131) 3406-0 oder -14 / vanilia.de

War Vanilia in der Ära der Achtziger ein wichtiger Name in der Young-Fashion, so schließt die Marke heute die Lücke zwischen Young-Fashion und klassischer DOB und gehört damit zu den jüngeren Anbietern in den Modehäusern und den Stammabteilungen des Handels.

Waren: junge Mode für Damen wie Kleider, Blusen, Röcke, Jacken und Hosen, für Herren einige Hemden und Jeans, T-Shirts, Sweat-Shirts, Pullover

Ersparnis: bis zu 50% möglich

Zeiten: Mi. bis Fr. 11.00-18.30 Uhr, jeden 1. Sa. im Monat 9.00-14.00 Uhr

Hinweise: es sind ausschließlich 1B-Ware, Überproduktionen, Musterteile sowie Retourenware erhältlich

Weg: aus Richtung Wuppertal auf der A 46 kommend Abfahrt Neuss-Uedesheim, rechts abbiegen und an der 1. Ampel links, dann die 1. Straße rechts einbiegen und der Straße bis zum Ende folgen

41748 Viersen

▶ ZASPEL

Eberhard Zaspel GmbH & Co. KG
41748 Viersen / Schiefbahner Str. 11-13
Tel. (02162) 9305-0 / zaspel.com

Der Name Zaspel steht seit 40 Jahren für eine Erfolgsgeschichte „Made in Germany". Ebenso die modisch und qualitativ hochwertigen Kinderkollektionen, mit denen sich der Viersener Familienbetrieb einen Namen gemacht hat.

41812 Erkelenz

Waren:	große Auswahl an Baby-, Kinder- und Jugendoberbekleidung in den Gr. 74-140 wie z.B. T-Shirts, Sweat-Shirts, Blusen, Overalls, Kleidchen, Röckchen, Hosen, Jacken, Anoraks, Mützen und Stirnbänder, außerdem viele zugekaufte Artikel anderer Hersteller
Ersparnis:	ca. 20% bei der Zaspel-Kollektion, 2. Wahl ist noch etwas günstiger, die zugekauften Artikel sind nicht preiswerter
Zeiten:	Mo. bis Fr. 13.00-18.30 Uhr, Sa. 10.00-14.00 Uhr
Hinweise:	separater Verkaufsraum mit Kinderspielecke
Weg:	A 61 Ausfahrt Viersen-Dülken auf die B 7 nach Viersen, nach ca. 2,5 km links in die Gerberstr. (Industriegebiet Rahser), dann die dritte Straße links in die Vorster Str., die nächste Straße rechts ist dann die Schiefbahner Str.

41812 Erkelenz

▶ STATZ

Statz Bekleidungswerke Brinkmann GmbH & Co.
41812 Erkelenz / Kölner Str. 100
Tel. (02431) 805341 / statz.de

Die Firma Statz wurde 1937 gegründet und gehört heute zu den wenigen großen Anbietern im Segment Herrenhosen. Sie wurde im Jahr 2001 von der Unternehmensgruppe Brinkmann erworben.

Waren:	für Herren Hosen, Hemden, Jacken und Gürtel sowie Stoffe für Hosen und Anzüge, außerdem einige Damenhosen
Ersparnis:	bei Restposten und 2. Wahl bis zu 50%
Zeiten:	Do. 16.00-19.00 Uhr, Fr. 15.00-19.00 Uhr, Sa. 10.00-13.30 Uhr
Hinweise:	es ist auch 2. Wahl erhältlich
Weg:	Erkelenz liegt ca. 15 km südwestlich von Mönchengladbach, A 46 Erkelenz-Ost Richtung Erkelenz, ca. 1 km immer der Alfred-Wirth-Str. (entlang der Autobahn) folgen bis die Kölner Str. kreuzt

41836 Hückelhoven

▶ TOCC

Tocc The Orange Clothing Company
41836 Hückelhoven Baal / Ottostr. 25
Tel. (02433) 9790-0 / tocc.eu

Waren:	hauptsächlich Herrenhosen sowie einige wenige Damenhosen, außerdem zugekaufte Anzüge, Sakkos, Hemden und Krawatten
Ersparnis:	ca. 30-40%, unterschiedlich je nach Artikel

45891 Gelsenkirchen

Zeiten: Fr. 14.00-18.00 Uhr, Sa. 10.00-13.00 Uhr

Hinweise: es ist hauptsächlich 2. Wahl erhältlich

Weg: Hückelhoven liegt ca. 25 km südwestlich von Mönchengladbach, A 46 Ausfahrt Hückelhoven-West über Hückelhoven nach Baal, hier noch vor Ortsbeginn rechts ab in die Bahnhofstr. und nach Überqueren der Bahnlinie gleich wieder rechts in die Ottostr.

45879 Gelsenkirchen

▶ MARCONA

Marcona-Kleidung Heinz Ostermann GmbH & Co. KG
45879 Gelsenkirchen / Dickampstr. 8
Tel. (0209) 15800-984 / marcona.de

Marcona ist seit über 50 Jahren auf Damenoberbekleidung im gehobenen Genre spezialisiert und spricht Frauen an, die sich gerne edel-sportiv kleiden.

Waren: Damenoberbekleidung aller Art wie z.B. Coordinates, Röcke, Hosen, Blusen, Mäntel, Blazer, Kostüme, Hosenanzüge, Strickwaren, T-Shirts

Ersparnis: durchschnittlich ca. 30-40%

Zeiten: Di. bis Fr. 15.00-18.30 Uhr, Sa. 10.00-14.00 Uhr

Hinweise: separater Verkaufsraum im Produktionsgebäude

Weg: A 42 Ausfahrt Gelsenkirchen-Schalke Richtung Gelsenkirchen-Zentrum, am Stadtbad und am Theater vorbei bis links ein großes gelbes Gebäude kommt, an der Ampel rechts in die Rotthauser Str., dann die 1. Straße links ist die Dickampstr., nach ca. 300 m befindet sich die Firma auf der linken Seite

45891 Gelsenkirchen

▶ FASHION FACTORY STORE

Fashion Factory-Store GmbH
45891 Gelsenkirchen / Daimlerstr. 14
Tel. (0209) 36135-0 oder -11 (Store) / miroradici.de

Die Fashion Factory Store GmbH ist seit 2004 ein eigenständiges Unternehmen der Miro Radici AG. Zielsetzung ist der direkte Vertrieb von Mustern, Überhängen und Retouren der im Bekleidungsbereich tätigen Tochtergesellschaften der Miro Radici AG über einen Fabrikverkauf an den Endkunden.

Waren: Damen- und Herrenoberbekleidung aller Art, vom T-Shirt bis zum Mantel, Marken Kirsten, Apanage, Steilmann u.a., es sind ausschließlich Muster, Überhänge und Retouren erhältlich

Ersparnis: teilweise sind 40% und mehr möglich

46395 Bocholt

Zeiten:	Mo. bis Mi. 12.00-18.00 Uhr, Fr. 12.00-19.00 Uhr, Sa. 10.00-14.00 Uhr
Hinweise:	weitere Verkaufsstellen befinden sich in: 44628 Herne, Baumstr. 22-24, Tel. (02323) 939294 44867 Bochum Wattenscheid, Friedrich-Lueg-Str. 2-8, Tel. (02327) 9401510 49090 Osnabrück, Adolf-Köhne-Str. 6, Tel. (0541) 56009128 59192 Bergkamen, Industriestr. 22, Tel. (02389) 783581 71272 Renningen, Industriestr. 32, Tel. (07159) 167173, jeweils ähnliche Öffnungszeiten
Weg:	A 2 Herten-Bottrop Ausfahrt Gelsenkirchen-Buer, am Kreisverkehr Richtung Buer und an der nächsten Ampel links auf die Kurt-Schumacher-Str., nach ca. 3 km links auf die Willy-Brandt-Allee, dann die nächste Straße rechts ist die Daimlerstr.

Bekleidung

46395 Bocholt

▶ GINA B

Heidemann GmbH
46395 Bocholt / Franzstr. 115
Tel. (02871) 956-0 oder -234 (Factory Store) / heidemann.com

Im Jahr 1961 wurde die Hosenfabrik W. Heidemann KG in Bocholt gegründet. Das Familienunternehmen baut heute auf die Kernkompetenz im Bereich Hosen und bietet aktuelle Damenmode von Röcken und Oberteilen bis hin zu kompletten Outfits. Die Kollektionen stehen für sportive Mode mit eigener Markenhandschrift.

Waren:	Damenoberbekleidung aller Art wie z.B. Hosen, Röcke, Blusen, Shirts, Westen, Mäntel, Jacken etc., Marke Gina B
Ersparnis:	bei Restposten und 2. Wahl bis zu 50%
Zeiten:	Mo. 14.00-18.00 Uhr, Mi. 10.00-18.00 Uhr, Sa. 9.00-13.00 Uhr
Weg:	A 3 Ausfahrt Abfahrt Hamminkeln, rechts Richtung Bocholt auf die B 473, Abfahrt Bocholt-Süd und am Ende an der Ampel rechts, dann an der 4. Ampel (inkl. Fußgängerampel) wieder rechts ab auf die Franzstr., hier befindet sich die Firma nach ca. 500 m auf der rechten Seite

46499 Hamminkeln

▶ BONITA

s. Seite 605

Bonita GmbH & Co. KG
46499 Hamminkeln / Daßhorst 16
Tel. (02852) 950-0 / bonita.de

Das Unternehmen wurde im Jahr 1969 in Bocholt unter dem Namen „Moha" gegründet. 1986 erfolgte die Umbenennung in „Bonita" und 1987 die Eröffnung der ersten Filiale

47805 Krefeld

in Kleve. Heute besitzt Bonita über 350 Filialen in Deutschland und 10 Filialen in Österreich. Unter dem Namen „Nicolas Scholz" wurde 1977 die erste Filiale des Unternehmens eröffnet. Heute ist „Nicolas Scholz" ein Unternehmen der Bonita-Unternehmensgruppe und befindet sich an über 40 Standorten in Deutschland.

Waren: Damenmode in den Gr. 36-48 wie Jacken, Blazer, Westen, Hosen, Röcke, Kleider, Blusen, Shirts, Strick sowie Tücher, Taschen und Ketten, Marke Bonita, außerdem Herrenmode wie Socken, Pullover, Hemden, Hosen, Freizeitjacken, Lederjacken und Anzüge, Marke Nic

Ersparnis: vereinzelt bis zu 50%

Zeiten: Mo. 17.00-20.00 Uhr, Mi. 9.00-13.00 Uhr, Sa. 9.00-13.00 Uhr

Weg: A 3 Oberhausen-Arnheim Ausfahrt Hamminkeln auf die B 473 Richtung Wesel nach Hamminkeln, ca. 800 m nach der Ausfahrt vor der Shell-Tankstelle rechts ins Industriegebiet Hamminkeln, dann wieder die nächste Straße rechts in den Daßhorst einbiegen

47057 Duisburg

▶ REPLAY

Outlet Store
47057 Duisburg Neudorf / Bürgerstr. 15
Tel. (0203) 3631466

Waren: Jeans und Sportswear, z.B. Hosen, Shorts, Socken, Pullover, Jacken, T-Shirts, Sweat-Shirts, junge Mode, Gürtel, Marken Replay und Unlimited, Hemden Marke Verte Vallee

Ersparnis: bei Restposten und 2. Wahl bis zu 50%

Zeiten: Mo. bis Fr. 11.00-19.00 Uhr, Sa. 10.00-16.00 Uhr

Hinweise: Lagerverkauf von 2. Wahl und Überproduktionen

Weg: die Firma befindet sich östlich vom Zentrum im Ortsteil Neudorf-Nord, vom Hautbahnhof auf der Kammerstr. in östlicher Richtung bis der Sternbuschweg (B 8) kreuzt, hier links und dann die 5. Straße rechts ist die Bürgerstr.

47805 Krefeld

▶ KEMPER

Kemper Mode GmbH
47805 Krefeld / Obergath 60
Tel. (02151) 93408-0 odert -40 (Fabrikverkauf) /
kemper-fashion.de

47906 Kempen

Waren:	hochwertige Oberbekleidung für Damen wie z.B. Jacken, Mäntel, Kostüme, Kleider, Blazer, Hosen, Röcke, Jeans, Westen, Pullover, Blusen etc., Marken Kemper, Anna K. und Féraud
Ersparnis:	durchschnittlich ca. 35%
Zeiten:	Do. und Fr. 15.00-20.00 Uhr, Sa. 10.00-16.00 Uhr
Hinweise:	es ist die aktuelle Kollektion, aber auch 2. Wahl und Auslaufmodelle erhältlich
Weg:	A 57 Ausfahrt Krefeld-Oppum, immer geradeaus nach Krefeld, die Straße geht von „Alte Untergath" und „Untergath" über in „Obergath", die Firma befindet sich dort neben der Brauerei „Rhenania"

47906 Kempen

▶ BERND LÜBBENJANS

Tendenz Modelle GmbH
47906 Kempen / Hülser Str. 63
Tel. (02152) 516780 / bernd-luebbenjans.de

Die Firma verarbeitet hochwertige Tuche weltbekannter Weber in Verbindung mit modernen Maschinen und traditionellem Schneiderhandwerk zu anspruchsvoller Designermode.

Waren:	hochwertige, klassische Damenoberbekleidung wie Röcke, Hosen, Blusen, Kostüme, Westen, Blazer, Jacken und Mäntel, Marke Bernd Lübbenjans
Ersparnis:	günstige Angebote, trotzdem nicht billig
Zeiten:	Mo. bis Fr. 9.30-18.30 Uhr, Sa. 10.00-16.00 Uhr
Weg:	Kempen liegt ca. 15 km nordwestlich von Krefeld, A 40 Ausfahrt Kempen, noch vor Kempen links ab auf die Ortsumfahrung und nach ca. 3 km rechts ab auf die Hülser Str. Richtung Zentrum

47929 Grefrath

▶ SCHÄFER

Albert Schäfer Strumpffabrik GmbH & Co. KG
47929 Grefrath Oedt / Süchtelner Str.
Tel. (02158) 9598-0 / strumpffabrik-schaefer.de

Waren:	Strümpfe für Damen, Herren und Kinder wie Sport-, City- und Smokingsocken, Kinderstrumpfhosen, sportliche Damensocken und Damenkniestrümpfe, Marke AS, außerdem Damen-Feinstrumpfhosen, Marken Bonyour und Melodie

48282 Emsdetten

Ersparnis: durchschnittlich ca. 35%

Zeiten: Mi. bis Fr. 10.00-13.00 Uhr und 15.00-19.00 Uhr, Sa. 10.00-13.00 Uhr

Hinweise: teilweise ist auch 2. Wahl erhältlich

Weg: A 40 Duisburg-Venlo Ausfahrt Wachtendonk-Wankum nach Grefrath, der Lagerverkauf ist im Gewerbepark Oedt nicht zu verfehlen

48163 Münster

▶ PRIMERA

s. Seite 605

Primera AG
48163 Münster / Harkortstr. 24
Tel. (0251) 7135-0 oder -470 (Factory-Outlet) / apriori-fashion.de

Die Primera AG zählt als Tochterunternehmen des internationalen Modekonzerns Escada zu den führenden Herstellern von Damenoberbekleidung. Sie beschäftigt sich am Standort Münster mit der Entwicklung und der Produktion, der Vermarktung und dem Vertrieb anspruchsvoller Modekollektionen.

Waren: Damenoberbekleidung aller Art, Marken Apriori, Biba, Laurèl und Cavita

Ersparnis: bei der aktuellen Ware aus der laufenden Kollektion bis zu 40%

Zeiten: Mo. bis Fr. 10.00-20.00 Uhr, Sa. 10.00-18.00 Uhr

Hinweise: 2x jährlich finden jeweils 2 Tage lang zusätzliche Sonderverkäufe mit 2. Wahl-Ware und Musterteilen in Gr. 38 zu nochmals reduzierten Preisen statt, genaue Termine erfragen

Weg: auf der A 1 kommend am Autobahnkreuz Münster-Süd Richtung Zentrum Münster, wenn die B 51 kreuzt links ab auf die Weseler Str. ca. 3 km Richtung Dülmen, ca. 200 m hinter dem Bahnübergang und noch vor der Autobahnunterführung links ins Gewerbegebiet Harkortstr.

48282 Emsdetten

▶ COSMA

Cosma Moden GmbH & Co. KG
48282 Emsdetten / Rheiner Str. 142
Tel. (02572) 9605560 / cosma-moden.de

Waren: Damenhosen aller Art

Ersparnis: günstige Angebote, die Vorjahreskollektion und Überhänge sind besonders preiswert

48429 Rheine

Zeiten: Do. 10.00-12.00 Uhr und 14.30-18.30 Uhr, Sa. 10.00-13.00 Uhr

Weg: A 1 Ausfahrt Greven nach Emsdetten auf den Emsdettener Damm, der im weiteren Verlauf in den Grevener Damm und dann in den Nordring übergeht, an der großen Kreuzung links in die Elberstr. und nach der Bahnunterführung rechts „In der Lauge" einbiegen, dann nach ca. 800 m den Kreisverkehr rechts in die Rheiner Str. verlassen

Bekleidung

48429 Rheine

▶ NUR DIE

Sara Lee Personal Products GmbH
48429 Rheine / Birkenallee 110-134
Tel. (05971) 993-0 / nurdie.de

Hinter NUR DIE steht die Sara Lee Branded Apparel GmbH. Das Unternehmen, unter dessen Dach sich u.a. auch die bekannten Marken Bellinda, ELBEO, edoo, Playtex, Wonderbra und Unno versammeln, gehört heute weltweit zu den Großen seiner Branche.

Waren: Damenwäsche wie Slips, BH's und Hemdchen, Herrenwäsche wie Slips, Hemden und T-Shirts, außerdem Socken und Kniestrümpfe für Damen, Herren und Kinder sowie Feinstrumpfhosen, Feinkniestrümpfe und Feinsöckchen für Damen, Marken Nur Die und Bellinda

Ersparnis: 50% und mehr möglich, 2. Wahl ist besonders preiswert; Preisbeispiele: BH's zu 2,- EUR, Unterhosen zu 1,- EUR, Socken zu -,40 EUR und Strumpfhosen zu -,25 EUR

Zeiten: Mo. bis Do. 9.00-18.00 Uhr, Fr. 9.00-16.30 Uhr

Weg: von Osnabrück auf der A 30 kommend Ausfahrt Rheine-Nord und nach der Ausfahrt links Richtung Rheine, an der nächsten Ampel wieder links auf den Venhauser Damm und nach ca. 2 km links in das Industriegebiet-Nord, dann die 2. Straße rechts ist die Birkenallee, die Einfahrt zur Firma befindet sich nach ca. 500 m auf der linken Seite

48455 Bad Bentheim

▶ LOUIS

Louis Fashion GmbH
48455 Bad Bentheim Gildehaus / Bundesstraße West 1-3
Tel. (05924) 6717

48499 Salzbergen

Waren: Strickwaren für Damen und Herren, wenig für Kinder, Pullover, Westen mit halbem und ganzem Arm, T-Shirts, Nachtwäsche, Bettwäsche

Ersparnis: durchschnittlich ca. 40%

Zeiten: Mo. bis Fr. 14.00-18.00 Uhr, Sa. 9.00-13.00 Uhr

Hinweise: separater Verkaufsraum, teilweise ist auch 2. Wahl erhältlich

Weg: von Osnabrück auf der A 30 Richtung Holland, letzte Ausfahrt vor der Grenze, Ausfahrt Gildehaus nach Gildehaus, dort befindet sich die Firma mitten im Ort, gegenüber der „Freien Tankstelle"

48493 Wettringen

▶ CRUSE

Cruse Leather-Sportswear
48493 Wettringen / Industrieweg 2
Tel. (02557) 93850 / cruse-online.de

Im Jahr 1925 gründete Wilhelm Cruse in Wettringen eine Kleiderfabrik. Zunächst wurde mit vier Nähmaschinen Kinder- und Arbeitsbekleidung produziert. Nach dem 2. Weltkrieg wurden Herrenbekleidung, Anzüge, Mäntel und Freizeitbekleidung gefertigt. Im Jahr 1977 gründete der Sohn Georg Cruse eine eigenständige Firma. Das neue Unternehmen spezialisierte sich auf Lederbekleidung. Heute fertigt Cruse leather-sportswear nicht nur für seine eigene Marke, sondern auch für namhafte Bekleidungsunternehmen und Versandhäuser.

Waren: Lederbekleidung für Damen und Herren, z.B. Lederjacken, Ledermäntel, Lederwesten, Lederhosen, Lederhemden etc., Marken Pierre Cardin, she, Max und Harder

Ersparnis: durchschnittlich ca. 30%

Zeiten: Mo. bis Fr. 10.00-18.00 Uhr, Sa. 10.00-16.00 Uhr

Weg: Wettringen liegt ca. 10 km südwestlich von Rheine an der B 70 Richtung Ahaus, in Wettringen befindet sich die Firma im Gewerbegebiet, sie ist auch ausgeschildert

48499 Salzbergen

▶ BÜLTEL

Bültel Bekleidungswerke GmbH
48499 Salzbergen / Rheiner Str. 28
Tel. (05976) 27-0 / bueltel.com

Das Unternehmen wurde im Jahr 1964 gegründet. Das heutige Kerngeschäft liegt in der Herstellung und dem Vertrieb von Herrenoberbekleidung mit dem Focus auf Sportswear.

48529 Nordhorn

Waren:	Oberbekleidung für Herren wie Jacken, Mäntel, Sakkos, Westen, Hemden, Strick- und Wirkwaren, Hosen und Accessoires, Marken camel active, hattric, calamar und Mephisto Sportswear
Ersparnis:	günstige Angebote, die Vorjahreskollektion und Überproduktionen sind besonders preiswert
Zeiten:	Mi. bis Fr. 14.00-19.00 Uhr, Sa. 10.00-14.00 Uhr
Hinweise:	ein weiteres Outlet mit gleichem Warenangebot befindet sich in: 41063 Mönchengladbach, Künkelstr. 125, Tel. (02161) 2942085
Weg:	A 30 Ausfahrt Emsbüren nach Salzbergen auf die Mehringer Str., die im weiteren Verlauf in die Lindenstr. und dann in die Rheiner Str. übergeht, die Firma befindet sich am Ortsausgang Richtung Rheine

48529 Nordhorn

▶ ERFO

Erfo Bekleidungswerk GmbH & Co. KG
48529 Nordhorn / Gildehauser Weg 132
Tel. (05921) 170-0 / erfo.com

Das 1937 gegründete Familienunternehmen ist einer der führenden Hersteller von Damenblusen in Deutschland. Erfo produziert jährlich über 2 Mio. Damenblusen und vertreibt diese vornehmlich über den Bekleidungsfachhandel. Der Exportanteil liegt bei 40 %. Die typische Erfo-Kundin ist die gepflegte Dame mit modischem Anspruchsdenken, die sich je nach Anlass sowohl sportlich als auch elegant kleidet.

Waren:	große Auswahl an Damenblusen aller Art, außerdem Kleider, Röcke, Kittel, Blazer, Nachthemden, Spitzen und Bänder
Ersparnis:	durchschnittlich ca. 35%, 2. Wahl ist noch günstiger
Zeiten:	Mo. bis Fr. 9.30-18.00 Uhr, 1. Sa. im Monat 9.30-12.30 Uhr
Hinweise:	Verkaufsraum mit Umkleidekabinen, nur die Blusen, Kleider und Röcke sind aus eigener Herstellung, davon ist auch 2. Wahl erhältlich
Weg:	von Osnabrück auf der A 30 kommend, Ausfahrt Nordhorn/Bad Bentheim auf die B 403 nach Nordhorn, dort befindet sich die Firma im Stadtteil Blanke

48607 Ochtrup

▶ SPORTIVO

Sportivo Hammes GmbH
48607 Ochtrup / Gausebrink 29
Tel. (02553) 3094

49078 Osnabrück

Waren:	große Auswahl an hochwertigen Hemden aller Art, außerdem Anzüge, Jacken, Jeans, Hosen, Blousons, Mäntel, Lederjacken, Pullover, Krawatten und Sportswear für Herren, Marke Otto Hoffmann und Marke Pierre Cardin in Lizenz
Ersparnis:	durchschnittlich ca. 30%
Zeiten:	Sa. 9.00-14.00 Uhr
Hinweise:	Hemden sind teilweise auch in 2. Wahl erhältlich, nicht alle Artikel sind aus eigener Herstellung
Weg:	A 31 Ausfahrt Gronau/Ochtrup nach Ochtrup, von dort Richtung Metelen, an der Kreuzung vor dem Bahnübergang rechts einbiegen

48720 Rosendahl

▶ PRÜMER

Franz Prümer KG / Strumpf- und Wäschefabrik
48720 Rosendahl Darfeld / Höpinger Str. 12-14
Tel. (02545) 93060

Waren:	Damen- und Herrenwäsche aus Angora, Wolle und Baumwolle wie z.B. T-Shirts, Sweat-Shirts, Nachtwäsche, Unterwäsche, Leggins sowie Fein- und Stützstrumpfhosen für Damen, außerdem Strümpfe und Socken für Herren und Kinder, Marken PR-Collection und Promed-Gesundheitswäsche
Ersparnis:	ca. 30% bei regulärer Ware, 2. Wahl ist noch günstiger
Zeiten:	Mo. bis Fr. 9.00-17.00 Uhr
Hinweise:	angegliedertes Ladengeschäft, teils ist auch 2. Wahl erhältlich
Weg:	A 1 Dortmund-Osnabrück Ausfahrt Münster-Nord auf die B 54 über Altenberge und Laer nach Darfeld, die Firma befindet sich dort am Ortsbeginn auf der linken Seite

49078 Osnabrück

▶ DK BERUFSMODEN

s. Seite 609

DK Berufsmoden Dieter Staperfeld GmbH & Co. KG /
DK-Schnäppchenmarkt
49078 Osnabrück Hellern / Averdiekstr. 7
Tel. (0541) 441044 / berufsmode.de

DK Berufsmoden ist ein international agierendes mittelständisches Unternehmen und befasst sich seit mehr als 20 Jahren mit der Herstellung und dem Versand modischer und hochwertiger Berufskleidung. Der überwiegende Teil der Artikel wird in eigenen Produktionsstätten gefertigt. DK-Berufsmoden gehört zu den größten europäischen Versandhäusern für Berufsmoden.

49176 Hilter

Waren:	Berufsbekleidung für alle Branchen, außerdem Freizeitmode aus der Sports & Fashion-Kollektion sowie Schuhe für Beruf und Freizeit
Ersparnis:	ca. 30-50%
Zeiten:	Mo. bis Fr. 9.00-18.00 Uhr, Sa. 9.00-13.00 Uhr
Hinweise:	teilweise ist auch 1B-Ware erhältlich, nicht alle Artikel sind aus eigener Herstellung
Weg:	A 30 Rheine-Hannover Ausfahrt Hellern, in Hellern-Nord befindet sich die Firma im Gewerbegebiet

49176 Hilter

▶ RABE

Rabe Moden GmbH
49176 Hilter / Bielefelder Str. 40-42
Tel. (05424) 2327-0 oder -38 (Fabrikverkauf) / rabemoden.de

Das Unternehmen ist ein führender Hersteller von Damenoberbekleidung und beliefert rund 1.500 Einzelhandelsgeschäfte im In- und Ausland mit weit über 1,2 Mio. Teilen im Jahr.

Waren:	hochwertige Oberbekleidung für Damen wie z.B. Jacken, Walkjacken und -westen, Kleider, Hosen, Röcke, Pullover, Shirts etc., größtenteils ab Gr. 38, teilweise ist aber auch Gr. 36 erhältlich
Ersparnis:	ca. 30-50%
Zeiten:	Mo. bis Fr. 10.00-18.00 Uhr, Sa. 10.00-16.00 Uhr
Hinweise:	relativ kleine Ladenfläche, es sind auch preiswerte 2. Wahl-Artikel, Auslaufmodelle sowie Musterteile in Gr. 40 erhältlich
Weg:	Hilter liegt im Teutoburger Wald, ca. 20 km südlich von Osnabrück, die Firma befindet sich in Hilter an der Straße Richtung Dissen

50226 Frechen

▶ REPLAY

Replay Store GmbH
50226 Frechen / Kölner Str. 114
Tel. (02234) 379429012 / replay.it

Waren:	Jeans- und Freizeitbekleidung für Damen, Herren und Kinder, z.B. Hosen, Pullover, T-Shirts sowie Accessoires, Marke Replay
Ersparnis:	durchschnittlich ca. 50%
Zeiten:	Mo. bis Fr. 10.00-19.00 Uhr, Sa. 10.00-16.00 Uhr

52066 Aachen

Weg: Frechen liegt ca. 10 km westlich von Köln, A 1 Ausfahrt Frechen auf die Kölner Str., die Firma befindet sich im Industriegebiet, leicht zu finden

51766 Engelskirchen

▶ KARIN GLASMACHER

Strickerei Kilian Konrad GmbH & Co. KG
51766 Engelskirchen Hardt / Talweg 49
Tel. (02263) 2421 / glasmacher-online.de

Die Collection Karin Glasmacher bietet das Komplettsortiment in Strickwaren für Damen in den Größen 38 bis 58 und zusätzlich die Möglichkeit der Einzelanfertigung für ganz starke Kundinnen.

Waren: Strickwaren hauptsächlich für Damen wie Röcke, Jacken, T-Shirts, Tops, aber auch für Herren wie z.B. Pullover, eher klassische, keine junge Mode, Collection Karin Glasmacher

Ersparnis: bis zu 40%, 2. Wahl und Produktionsüberhänge sind besonders preiswert

Zeiten: Mo. bis Fr. 9.00-18.00 Uhr

Hinweise: eine weitere Verkaufsstelle befindet sich in:
51674 Wiehl-Drabenderhöhe, Am Höher Berg 21, Tel. (02262) 7224-12, geöffnet Mo. bis Fr. 14.00-18.00 Uhr

Weg: A 4 Köln-Olpe Ausfahrt Engelskirchen nach Engelskirchen-Hardt, talwärts auf der Olpener Straße, nach ca. 500 m Schild beachten, rechts durch die kleine Bahnunterführung in den Talweg, der Verkauf erfolgt in der Fabrik

52066 Aachen

▶ MONTANUS

Ludwig Montanus GmbH
52066 Aachen / Kurbrunnenstr. 18
Tel. (0241) 65087

Waren: Anzüge, Sportsakkos und Hosen für Herren, speziell Über- und Zwischengrößen, Hemden, Pullover

Ersparnis: ca. 25% im Durchschnitt

Zeiten: Mo. bis Fr. 9.30-13.00 Uhr und 14.00-18.00 Uhr, Sa. 9.30-13.00 Uhr

Hinweise: der Verkauf befindet sich im 1. Stock, es ist auch 2. Wahl erhältlich

52072 Aachen

Weg: A 544 bis Autobahnende Europaplatz, Richtung Stadtmitte, am Hansemann-Platz links, über die Heinrichsallee und die Wilhelmstr. in die Kurbrunnenstr., die Firma befindet sich gegenüber der Rosenquelle, in einem roten Backsteinbau

52072 Aachen

▶ CAVALLO

Cavallo GmbH / Motex-Laden
52072 Aachen / Ritterstr. 16
Tel. (0241) 889250

Waren: Herrenoberhemden, Blazer, Hosen, Jeans, T-Shirts, Sweat-Shirts, Pullover, Socken, Nachtwäsche, Unterwäsche, Krawatten, Schuhe

Ersparnis: preisgünstige Angebote, 2. Wahl ist besonders preiswert

Zeiten: Mo. bis Fr. 10.00-18.00 Uhr, Sa. 10.00-14.00 Uhr, 6 Wochen vor Weihnachten langer Sa. 10.00-16.00 Uhr

Hinweise: es sind auch 2. Wahl und Auslaufmodelle erhältlich

Weg: von Köln auf der A 4 kommend Ausfahrt Aachen-Laurensberg, in Laurensberg befindet sich die Firma im Industriegebiet

53332 Bornheim

▶ DANIELS

Daniels & Co. Herrenmoden GmbH
53332 Bornheim Hersel / Simon-Arzt-Str. 1
Tel. (02222) 8306-60 (Lagerverkauf) / daniels-mode.de

Waren: Herrenbekleidung wie z.B. Jeans, Sakkos, Anzüge, Hemden, Hosen, Jeans, Jacken, T-Shirts, Sweat-Shirts, Pullover, Westen, Socken, Krawatten etc., gelegentlich sind auch Einzelteile für Damen erhältlich

Ersparnis: ca. 30% im Durchschnitt

Zeiten: Mo. bis Fr. 10.00-19.00 Uhr, Sa. 9.00-18.00 Uhr

Hinweise: Lagerverkauf, oftmals sind auch günstige Auslaufmodelle erhältlich, nicht alle Artikel sind aus eigener Herstellung

Weg: von Bonn auf der B 9 ca. 5 km nach Hersel, dort befindet sich die Firma in der Nähe vom Bahnhof, über die Roisdorfer Str. in die Simon-Arzt-Str.

53604 Bad Honnef

▶ BERND BERGER

Bernd Berger Factory Outlet
53604 Bad Honnef / Rheinstr. 2-4
Tel. (02224) 9782-468 / bernd-berger-fashion.de

Waren: Damenoberbekleidung wie Hosenanzüge, Kostüme, Strickwaren, T-Shirts, Hosen etc., hauptsächlich Musterkollektionen

Ersparnis: ca. 20-30%

Zeiten: Mo. bis Fr. 9.00-19.00 Uhr, Sa. 9.00-18.00 Uhr

Weg: A 3 Köln-Frankfurt Ausfahrt Bad Honnef/Linz nach Bad Honnef, hier der Vorfahrtsstraße bis zur Ampelanlage folgen, hier rechts ab Richtung Rheinfähre/Industriegebiet Lohfeld, wieder der Vorfahrtsstraße folgen Richtung Rheinfähre, nach der Brücke nach ca. 300 m links in die Rheinstr.

53877 Euskirchen

▶ DANIELS & KORFF

Daniels & Korff GmbH
53877 Euskirchen Weidesheim / Kleeburg
Tel. (02251) 7050 / daniels-korff.de

Waren: Oberbekleidung für Damen und Herren wie Hemden, Blusen, Pullover, Polohemden und Accessoires

Ersparnis: ca. 50-60%

Zeiten: Mo. bis Fr. 10.00-18.30 Uhr, Sa. 10.00-14.00 Uhr

Hinweise: es sind ausschließlich Restposten aus der vergangenen Saison erhältlich

Weg: A 61 Ausfahrt Swisttal auf die Landstraße Richtung Euskirchen und in Großbüllesheim links ab auf die Luxemburger Str. nach Weidesheim, hier gleich am Ortsanfang rechts in „Zur Kleeburg" einbiegen

55232 Alzey

▶ AHORN

Ahorn Sportswear Textilien GmbH
55232 Alzey / Otto-Lilienthal-Str. 2a
Tel. (06731) 948927 / ahornsport.de

55543 Bad Kreuznach

Im Jahr 1876 gründete Balthasar Blickle in Albstadt eine Lohnwirkerei die Damenunterröcke produzierte. 1887 wurde das Sortiment durch Herrenunterhosen, Kinderanzüge, Herren- und Damenjacken sowie Hemden ergänzt. Im Jahr 1964 wurde dann die Marke Ahorn gegründet. Unter diesem Markennamen gelangten Polohemden, Tennisbekleidung und Hockeyröcke an Sportmannschaften und an Freizeitsportler. Seit 1990 ist Ahorn Sportswear im Segment Übergrößen aktiv und ergänzt laufend das Größenangebot.

Waren: Sport- und Freizeitbekleidung (von Gr. S bis zu Übergrößen in 10XL) wie Jogginghosen, T-Shirts, Sweat-Shirts, Polo-Shirts, Shorts, Trainingsanzüge, Kur-/Freizeitanzüge für Senioren, Fleece- und Regenjacken, außerdem Tag- und Nachtwäsche in Übergrößen sowie Bademäntel und Hemden in Übergrößen

Ersparnis: bis zu 50%

Zeiten: Mo. bis Fr. 9.00-18.30 Uhr, Sa. 9.00-13.30 Uhr

Hinweise: es sind auch günstige Auslaufmodelle und 2. Wahl-Artikel erhältlich

Weg: von Ludwigshafen auf der A 61 kommend Ausfahrt Alzey, die Firma befindet sich im Industriegebiet beim „Real-Markt"

55543 Bad Kreuznach

▶ GLÄSER

Miroglio Deutschland GmbH / Gläser Fabrikverkauf
55543 Bad Kreuznach / Riegelgrube 23
Tel. (0671) 7946515 / glaeser.com

Das Unternehmens wurde im Jahr 1955 durch die Familie Gläser in Berlin gegründet und 1989 durch die italienische Konzerngruppe Miroglio übernommen. Deutsche Mannschaften wurden zu versch. sportlichen Anlässen wie Weltmeisterschaften und Olympiaden ausgestattet.

Waren: Damenoberbekleidung, hauptsächlich Blusen und Kombiteile, auch große Größen, Marke Gläser sowie versch. andere Marken aus dem ital. Miroglio-Konzern

Ersparnis: ca. 30-40% bei 1B-Ware, Musterteilen sowie Teilen der abgelaufenen Saisons

Zeiten: Mo. bis Fr. 9.30-17.30 Uhr, Do. bis 19.00 Uhr, Sa. 9.00-14.00 Uhr

Hinweise: der Fabrikverkauf befindet sich gegenüber dem Firmensitz

Weg: A 61 am Nahetaldreieck Ausfahrt Bad Kreuznach auf die B 41, dann auf die B 428 Richtung Bad Kreuznach/Industriegebiet-Süd, im Kreisverkehr Richtung Industriegebiet Süd 1, danach gleich die nächste Straße links, dann befindet sich der Werksverkauf nach ca. 50 m auf der rechten Seite

56457 Halbs

56220 Bassenheim

▶ BORGELT

Studio Borgelt GmbH
56220 Bassenheim / Am Gülser Weg 2-6
Tel. (02625) 93050 / studio-borgelt.de

Die im Jahre 1966 gegründete „Studio-Borgelt GmbH" bietet mit seinen Kollektionen die gesamte Bandbreite der Damenkombinationsmode an. Der Verkauf der Produkte erfolgt über Einzelhandelspartner.

Waren: Tag- und Nachtwäsche, Blusen, Strickwaren und Sweat-Shirts für Damen, Kollektionen Studio Borgelt und Donna Lisa by Borgelt

Ersparnis: ca. 30% im Durchschnitt

Zeiten: Mi. und Fr. 12.00-18.00 Uhr, in den Wintermonaten bis 17.00 Uhr

Hinweise: es sind auch 2. Wahl und Auslaufmodelle erhältlich, nicht alles ist aus eigener Herstellung

Weg: Bassenheim liegt ca. 10 km westlich von Koblenz an der B 258 Richtung Mayen, dort befindet sich die Firma beim Bahnhof im Industriegebiet, ist auch ausgeschildert

56244 Maxsain

▶ WEISS

Arnold Weiss KG / Fabrik für Lederbekleidung
56244 Maxsain / Hüttenweg 7
Tel. (02626) 5271 / arnoldweiss.de

Waren: Lederbekleidung aller Art wie z.B. Jacken, Lederhosen, Janker, Mäntel, Trachtenhosen, Bundhosen, auch Motorradbekleidung

Ersparnis: ca. 20% im Durchschnitt

Zeiten: Mo. bis Fr. 9.00-12.00 Uhr und 13.00-18.00 Uhr, Sa. 9.00-14.00 Uhr

Hinweise: Verkaufsraum im Erdgeschoss, nicht alles ist eigene Herstellung

Weg: A 3 Ausfahrt Ransbach-Baumbach, über Mogendorf und Selters nach Maxsain, dort die 1. Straße links, die Firma ist ab hier ausgeschildert

56457 Halbs

▶ MISS ULRIKE

s. Seite 613

miss ulrike Textilvertriebs GmbH
56457 Halbs / Industriestr. 1
Tel. (02663) 9809-0 / miss-ulrike.de

56470 Bad Marienberg

Das Unternehmen produziert seit 1982 Wellness- und Freizeitmode für Großabnehmer und den Fachhandel in ganz Europa.

Waren: Damenwäsche, Hausanzüge und Morgenmäntel nur für Damen, außerdem etwas Herrenunterwäsche, Jogginganzüge und Pullover

Ersparnis: unterschiedlich, durchschnittlich ca. 30%

Zeiten: Mo. bis Do. 8.00-12.00 Uhr und 13.00-17.00 Uhr, Fr. 8.00-14.00 Uhr

Hinweise: gelegentlich ist auch 2. Wahl vorhanden

Weg: A 3 Frankfurt-Köln Ausfahrt Montabaur auf die B 255 über Hahn nach Ailertchen, hier rechts ab nach Halbs, die Firma befindet sich außerhalb von Halbs im Industriegebiet

56470 Bad Marienberg

▶ LEBEK

Lebek International Fashion GmbH & Co.
56470 Bad Marienberg / Kirburger Str. 1
Tel. (02661) 919-0 / lebek.de

Waren: Mäntel, Jacken, Kostüme, Hosenanzüge, Sommersportswear für Damen, außerdem Hosen, Hemden, Blusen und T-Shirts

Ersparnis: ca. 30-40%, je nach Artikel

Zeiten: Mo. bis Do. 10.00-13.30 Uhr und 14.30-17.30 Uhr

Hinweise: der Verkauf von Sommermode erfolgt bis ca. Ende Mai, von Wintermode ab ca. Anfang Sept. bis Ende Dez. (Juni-Aug. geschl.), teilweise ist auch 2. Wahl erhältlich

Weg: Bad Marienberg liegt südlich von Siegen, A 45 Ausfahrt Haiger/Burbach auf die B 54, bei Salzburg auf die B 414 nach Bad Marienberg, die Firma befindet sich dort an der Hauptstraße

56566 Neuwied

▶ EURESS

Heinrich Reussner Wäschefabrik GmbH
56566 Neuwied Engers / Im Schützengrund 3
Tel. (02622) 9259-0 / euress.de

Das Unternehmen ist seit 1950 am Rhein angesiedelt und begann mit der Produktion von Unterkleidern und Petticoats. Seit Mitte der 60er Jahre wurde Damen-Nachtwäsche, Homewear und Strandbekleidung hergestellt. Eine ganz neue Linie ist ein Spezialprogramm für große Größen.

Waren: Nachtwäsche, Mäntel, Strand- und Freizeitbekleidung für Damen, außerdem Stoffe, Marke Euress

59065 Hamm

Ersparnis: ca. 30-50%, je nach Artikel

Zeiten: ab April jeden 1. Mi. im Monat von 9.00-17.00 Uhr, außerdem im Frühjahr und im Herbst jeweils 2-3 Tage lang, sicherheitshalber aber vorher nachfragen, da die angegebenen Zeiten nicht immer gelten

Hinweise: teilweise wird auch günstige 2. Wahl angeboten

Weg: Neuwied liegt ca. 15 km nordwestlich von Koblenz, A 48 Ausfahrt Bendorf Richtung Neuwied nach Engers, dort an der 2. Ampel rechts, dann 5. Straße rechts

57392 Schmallenberg

▶ FALKE

Falke Fashion
57392 Schmallenberg / Ohlgasse 5
Tel. (02972) 3080 / falke.de

Die Falke Gruppe ist ein international tätiges Bekleidungs- und Lifestyle-Unternehmen mit Sitz im sauerländischen Schmallenberg. Gegründet im Jahr 1895 wird das Familienunternehmen mittlerweile von der 4. Generation geleitet. Das Unternehmen beschäftigt zur Zeit über 3.000 Mitarbeiter, davon rund 1.800 in Deutschland. Falke Produkte werden in insgesamt rund 40 Länder exportiert.

Waren: Strumpfwaren für Damen, Herren und Kinder wie Feinstrümpfe und -strumpfhosen, Socken, Kniestrümpfe, Marken Falke und Esprit, außerdem Oberbekleidung für Damen Herren wie Westen, Jacken, Hosen, Pullover, Sweat-Shirts, Polo-Shirts, hauptsächlich Marke Joop

Ersparnis: ca. 20-30%, bei 2. Wahl vereinzelt bis zu 50%

Zeiten: Mo. bis Fr. 10.00-18.00 Uhr, Sa. 9.00-16.00 Uhr

Hinweise: separater Verkaufsraum, nicht immer ist das komplette Sortiment erhältlich

Weg: A 45 Dortmund-Frankfurt Ausfahrt Olpe auf die B 55 nach Lennestadt, von dort auf die B 236 nach Schmallenberg, in Schmallenberg an der 1. Ampel rechts Richtung Grafschaft, die nächste Straße wieder rechts einbiegen

59065 Hamm

▶ BENVENUTO

s. Seite 613

Benvenuto Leithäuser GmbH & Co. KG
59065 Hamm / Heessener Str. 22-28
Tel. (02381) 686-290 / benvenuto.de

59269 Beckum

Die Unternehmensgründung als Hersteller für Herrenbekleidung erfolgte 1934 als Leithäuser GmbH & Co. in Wuppertal. Anfang der 80er Jahre wurden die Aktivitäten des Unternehmens in Hamm konzentriert. Zunächst als Sportswear-Label entwickelt begann man Ende der 80er Jahre damit, unter der Marke Benvenuto Anzüge, Sakkos und Hosen zu vermarkten. Ende der 90er Jahre ergänzte man das Angebot um Hemden, Krawatten und Strickwaren.

Bekleidung

Waren: hochwertige Herrenoberbekleidung wie Anzüge, Sakkos, Mäntel, Jeans, Hemden, Krawatten, Strickwaren, Gürtel, Marke Benvenuto

Ersparnis: bei 1. Wahl ca. 30%, bei 2. Wahl bis 60%

Zeiten: Mo. bis Do. 13.00-19.00 Uhr, Fr. 10.00-19.00 Uhr, Sa. 10.00-16.00 Uhr

Hinweise: großer separater Verkaufsraum, es sind hauptsächlich Artikel der Vorsaison, Musterstücke sowie Überproduktionen und 2. Wahl-Artikel erhältlich;
eine weitere Verkaufsstelle befindet sich im Euregio Outlet Center Ochtrup in:
48607 Ochtrup, Laurenzstr. 51, geöffnet Mo. bis Fr. 10.00-19.00 Uhr, Sa. 10.00-18.00 Uhr

Weg: A 2 Dortmund-Bielefeld Ausfahrt Hamm-Uentrop Richtung Heessen, in diesem Stadtteil befindet sich die Firma nicht zu übersehen direkt an der Hauptstraße, Parkmöglichkeit vor dem Outlet am Flugplatz, Seeburger Str.

59269 Beckum

▶ MODEKA

Beckumer Lederbekleidungswerk GmbH
59269 Beckum / Ahlener Str. 74-76
Tel. (02521) 8503-0 / modeka.de

Die Firma Beckumer Leder-Bekleidungswerk GmbH blickt mittlerweile auf eine 50jährige Vergangenheit zurück. Seit Anfang der 50er Jahre produziert das Unternehmen Motorradbekleidung, zunächst unter dem Namen „Belmo" und später unter dem Markennamen „Modeka".

Waren: Motorradlederbekleidung wie Kombinationen, Jacken, Hosen, Handschuhe, Marke Modeka, außerdem zugekaufte Helme und Stiefel sowie modische Lederbekleidung und Jeanshosen

Ersparnis: ca. 30%, die zugekauften Artikel sind nicht preiswerter

Zeiten: Mo. bis Fr. 9.00-13.00 und 14.30-18.30 Uhr, Sa. 9.30-14.00 Uhr, langer Sa. 9.30-16.00 Uhr, Fr. nachmittag und Sa. vormittag zusätzlicher Sonderpostenverkauf

Hinweise: eine weitere Verkaufsstelle befindet sich in:
31785 Hameln, Fischbeckerstr. 22, Tel. (05151) 7207, geöffnet Mo. bis Fr. 10.00-18.30 Uhr, Samstag 9.30-14.00 Uhr und am 1. Sa. im Monat 9.30-16.00 Uhr

59929 Brilon

Weg: A 2 Dortmund-Hannover Ausfahrt Beckum, Richtung Stadtmitte, dort befindet sich die Firma nahe dem „Jahn-Stadion"

59555 Lippstadt

▶ FALKE

Falke KG
59555 Lippstadt Cappel / Am Tiergarten 9-11
Tel. (02941) 662927 / falke.de

Die Falke Gruppe ist ein international tätiges Bekleidungs- und Lifestyle-Unternehmen mit Sitz im sauerländischen Schmallenberg. Gegründet im Jahr 1895 wird das Familienunternehmen mittlerweile von der 4. Generation geleitet. Das Unternehmen beschäftigt zur Zeit über 3.000 Mitarbeiter, davon rund 1.800 in Deutschland. Falke Produkte werden in insgesamt rund 40 Länder exportiert.

Waren: Strumpfwaren für Damen, Herren und Kinder wie Feinstrümpfe und -strumpfhosen, Socken, Kniestrümpfe, Marken Falke und Esprit, außerdem Oberbekleidung für Damen und Herren wie Westen, Jacken, Hosen, Pullover, Sweat-Shirts, Polo-Shirts, hauptsächlich Marke Joop

Ersparnis: durchschnittlich 30%, bei 2. Wahl teilweise bis zu 50%

Zeiten: Mo. bis Fr. 10.00-17.30 Uhr, Sa. 9.00-13.00 Uhr

Hinweise: nicht immer ist das komplette Sortiment erhältlich

Weg: Lippstadt liegt ca. 35 km westlich von Paderborn, A 44 Ausfahrt Erwitte auf die B 55 über Erwitte nach Lippstadt, die Firma befindet sich im Ortsteil Cappel, an der Straße Richtung Beckum

59929 Brilon

▶ NORMANN

s. Seite 615

Normann Wäschefabrik GmbH & Co. KG
59929 Brilon Scharfenberg / Industriestr. 3
Tel. (02961) 982-0 / normann.de

Das Unternehmen wurde im Jahr 1903 in Auerbach/Vogtland und 1950 wurde der Firmensitz nach Brilon-Scharfenberg/Sauerland verlagert. Heute ist die Wäschefabrik Normann ein führender Anbieter im Bereich der Tag- und Nachtwäsche. Pro Jahr gibt es zwei Hauptkollektionen sowie laufend Nachmusterungen, Zwischenkollektionen und Aktualisierungen.

Waren: Tag- und Nachtwäsche für Damen, Herren und Kinder sowie T-Shirts und Herrenhemden, außerdem zugekaufte Strumpfwaren, Frottierwaren und Bettwäsche

Ersparnis: durchschnittlich ca. 30-40 %, Musterware ist besonders preiswert

Zeiten: jeden 2. Sa. im Monat 8.30-13.00 Uhr, im Frühjahr und im Herbst außerdem auch Fr. 13.00-18.00 Uhr, genaue Termine erfragen

59964 Medebach

Weg: am Autobahnkreuz Wünnenberg-Haaren (A 33/A 44) auf die B 480 über Bad-Wünnenberg Richtung Brilon, nach Alme auf die B 516 Richtung Rüthen und nach wenigen Kilometern links ab nach Scharfenberg, hier am Ortsanfang rechts in die Industriestr., die Firma ist auch ausgeschildert

59964 Medebach

▶ EWERS

Malerba Strümpfe Deutschland GmbH
59964 Medebach / Landwehr 9
Tel. (02982) 409-0 / malerba.de

Die Firma Malerba Strümpfe mit der Marke ewers-Strümpfe gibt es seit 1866. Bereits in den 30iger Jahren des 20. Jahrhunderts hatte ewers mit der Markenbezeichnung Rauhbein eine bedeutende Stellung für Kinderstrümpfe. In den 50iger und 60iger Jahren war die Marke eine der führenden Kinderstrumpfhosenproduzenten. Als reiner Baby- und Kinderstrumpfspezialist beliefert das Unternehmen heute Kinderfachgeschäfte und -fachabteilungen in Deutschland, Holland, Österreich, Schweiz und Dänemark.

Waren: Strumpfwaren für Babys und Kinder wie Söckchen, Kniestrümpfe, Strumpfhosen und Feinstrumpfhosen, alles uni und gemustert sowie Erstlings- und ABS-Söckchen, außerdem Baby- und Kinderunterwäsche wie Bodys, Slips und Unterhemden, Marke Ewers

Ersparnis: preisgünstiges Warenangebot

Zeiten: Mo. bis Do. 9.00-16.00 Uhr, Fr. 9.00-13.00 Uhr; zusätzlich findet 2x jährl. jeweils 2 Tage lang ein Sonderverkauf mit mehr Auswahl und zu noch günstigeren Preisen statt, genaue Termine erfragen

Hinweise: Kleinverkauf, es ist jedoch nicht immer das komplette Sortiment erhältlich, teilweise ist auch 2. Wahl vohanden

Weg: A 44 Kassel-Dortmund Ausfahrt Diemelstadt auf die B 252 über Arolsen und Korbach nach Medebach, dort befindet sich die Firma im Gewerbegebiet Richtung Frankenberg

▶ GOLDEN LADY

Golden Lady Strümpfe Deutschland Vertriebs GmbH
59964 Medebach / Landwehr 11
Tel. (02982) 408-0 / goldenlady.de

Entstanden aus der Übernahme der Firma C. Ewers GmbH, Medebach, gibt es seit 1987 das Unternehmen Golden Lady Strümpfe Deutschland Vertriebs GmbH. Golden Lady Produkte können deutsche Kunden in über 12.000 Einkaufsstätten erwerben. Schwerpunkt hierbei sind Fein-Produkte, aber auch Strick- und Underwear-Artikel.

Waren: Feinstrumpfhosen für Damen, Strumpfwaren für Damen, Herren und Kinder sowie Unterwäsche für Damen

63128 Dietzenbach

Ersparnis: ca. 30% im Durchschnitt

Zeiten: Mo. bis Do. 8.00-12.00 Uhr und 12.30-16.00 Uhr, Fr. 8.00-13.00 Uhr

Weg: Medebach liegt ca. 15 km südwestlich von Korbach, dort befindet sich die Firma im Gewerbegebiet Richtung Frankenberg

▶ STUHLMANN

s. Seite 617

Wilhelm Stuhlmann Lederbekleidung e.K. / Lederbekleidungsfabrik
59964 Medebach / Weddelstr. 14a
Tel. (02982) 8303 / leder-stuhlmann.de

Die Firma Stuhlmann wurde vor ca. 100 Jahren als Schneiderei gegründet. Im Jahr 1958 wurde mit der Herstellung von Lederbekleidung begonnen. Bis heute wird ausschließlich Bekleidung aus Leder hergestellt und Pelze verarbeitet.

Waren: Lederbekleidung in versch. Lederarten, z.B. Jacken, Mäntel, Westen, Röcke, Hosen, auch Kinderhosen, außerdem zugekaufte Handtaschen und Geldbörsen sowie Jagdfunktionsbekleidung, keine Motorrad-Bekleidung

Ersparnis: preisgünstiges Warenangebot

Zeiten: Mo. bis Fr. 8.00-18.00 Uhr, Sa. 9.00-13.00 Uhr

Hinweise: individuelle Kundenwünsche können berücksichtigt werden, Maßanfertigung sowie Reparaturen und Änderungen sind möglich, Dauer ca. 5-10 Tage

Weg: von Kassel auf der B 251 in westlicher Richtung nach Korbach, hier im Ort abbiegen nach Medebach, in Medebach gleich nach dem Ortsschild rechts einbiegen in die Vopeliusstr., der Ladeneingang befindet sich dann nach ca. 200 m auf der linken Seite

63128 Dietzenbach

▶ MAVI

Mavi Jeans Europe
63128 Dietzenbach / Justus-von-Liebig-Str. 20
Tel. (06074) 481123 / mavi.com

Mavi ist eine Marke aus der Türkei und bedeutet im Türkischen Blau. Das Unternehmen wurde im Jahr 1991 in Istanbul gegründet.

Waren: Jeansbekleidung aller Art, für Damen Jeanshosen, Shorts, Oberbekleidung und Jacken, für Herren Jeanshosen und Jacken, Marke Mavi

Ersparnis: ca. 30%, besonders günstig sind 2. Wahl-Artikel und Überproduktionen

63150 Heusenstamm

Zeiten: Mo. bis Fr. 11.00-19.00 Uhr, Sa. 11.00-18.00 Uhr

Weg: Dietzenbach liegt ca. 20 km südöstlich von Frankfurt, in Dietzenbach von der Velizystr. (B 459) in das Industriegebiet auf die Elisabeth-Selbert-Str., die im weiteren Verlauf in die Justus-von-Liebig-Str. übergeht

63150 Heusenstamm

▶ LEVI'S

Levi Strauss Germany GmbH
63150 Heusenstamm / Levi-Strauss-Allee 18-20
Tel. (06104) 601-0 / levis.com

Waren: Jeansbekleidung aller Art für Damen und Herren wie z.B. Hosen, Jacken, Westen, in vielen unterschiedlichen Formen und Auswaschungen, außerdem Hemden, T-Shirts und Sweat-Shirts, Marken Levi's und Dockers

Ersparnis: bis zu 50%

Zeiten: Mo. bis Fr. 11.00-19.30 Uhr, Sa. 10.00-17.00 Uhr

Hinweise: Lagerverkauf von 2. Wahl, Musterteilen und Überhängen, keine ganz aktuelle Ware

Weg: Heusenstamm liegt ca. 20 km südöstlich von Frankfurt an der A 3, die Firma befindet sich im Gewerbegebiet Ost, Richtung Rembrücken

63303 Dreieich

▶ BENETTON

Benetton Retail Deutschland GmbH
63303 Dreieich Sprendlingen / Dieselstr. 13
Tel. (06103) 2701875 / benetton.com

Das Unternehmen mit der bekannten Marke United Colors of Benetton ist in 120 Ländern mit ca. 5000 Geschäften vertreten. Die Bekleidung zeichnet sich durch einen internationalen Stil aus. Dabei werden kräftige Farben mit aktuellen Trends kombiniert, die für alle Altersgruppen tragbar sind.

Waren: Oberbekleidung aller Art, komplette Benetton-Palette für Damen und Herren von Sportlich bis Elegant über Kinder und Umstandsmode sowie Accessoires, außer der Marke Benetton noch Artikel der Marken Sisley, Killerloop und Playlife

Ersparnis: ca. 30-50%, vereinzelt auch 70% und mehr möglich

Zeiten: Mo. bis Fr. 11.00-19.00 Uhr, Sa. 10.30-18.30 Uhr

Hinweise: es sind ausschließlich Artikel der Vorsaison erhältlich

63454 Hanau

Weg: Dreieich liegt ca. 10 km südlich von Frankfurt, A 661 Ausfahrt Dreieich und an der ersten Kreuzung links in das Industriegebiet auf die Offenbacher Str., dann nach ca. 400 m rechts auf die Robert-Bosch-Str. und an der nächsten Kreuzung links, dann nach ca. 250 m stößt man auf die Dieselstr.

▶ WRANGLER

VF Germany Textil-Handels GmbH
63303 Dreieich / Otto-Hahn-Str. 36
Tel. (06103) 581-0 / wrangler-europe.com

Waren: Jeans- und Freizeitbekleidung für Damen und Herren wie Jeanshosen, Shorts und Jacken, außerdem Oberbekleidung wie Hemden, Blusen und Shirts, Marke Wrangler, außerdem Schuhe sowie Rucksäcke von Eastpack und Jansport

Ersparnis: preisgünstiges Warenangebot

Zeiten: Mo. bis Fr. 10.00-19.00 Uhr, Sa. 10.00-16.00 Uhr

Hinweise: erhältlich sind nur Überproduktionen, 2. Wahl-Artikel mit kleinen Herstellungsfehlern, Musterteile und Artikel aus der vergangenen Saison

Weg: Dreieich liegt ca. 10 km südlich von Frankfurt, A 661 Ausfahrt Dreieich Richtung Dreieich, nach ca. 300 m an der ersten Kreuzung links in das Industriegebiet auf die Offenbacher Str., dann die nächste Möglichkeit links in die Otto-Hahn-Str.

63454 Hanau

▶ PHILIPP

J. Philipp & Co. GmbH / Herrenkleiderfabrik
63454 Hanau Wilhelmsbad / Hochstädter Landstr. 29-39
Tel. (06181) 985-0 oder -147 (Direktverkauf) / j-philipp.de

Waren: Herrenoberbekleidung wie z.B. Anzüge, Sakkos, Jacken, Westen, Mäntel, Smokings, Hosen, Sportswear etc., auch Maßkonfektionsprogramm Tailor's Cut

Ersparnis: ca. 30-40%, unterschiedlich je nach Artikel, besonders günstige Angebote gibt es zu Schlussverkaufszeiten

Zeiten: Mo. bis Fr. 13.00-19.00 Uhr, Sa. 10.00-16.00 Uhr

Hinweise: Verkaufsräume gegenüber der Grundstückseinfahrt, gelegentlich ist auch 2. Wahl erhältlich

Weg: Hanau liegt ca. 20 km östlich von Frankfurt, von Frankfurt auf der A 66 kommend Ausfahrt Hanau-Nord, die 1. Straße rechts

63741 Aschaffenburg

einbiegen Richtung Wilhelmsbad, an der Kreuzung gleich wieder rechts

63741 Aschaffenburg

▶ DESCH

s. Seite 619

Desch factory-shop GmbH & Co. KG
63741 Aschaffenburg / Schwalbenrainweg 36
Tel. (06021) 597919 / desch-factory-shop.de

Die Desch Herrenkleiderwerke fertigen seit über 130 Jahren hochwertige Bekleidung für den Herrn.

Waren: Anzüge, Sakkos und Hosen, außerdem Hemden, Krawatten und Gürtel sowie Baumwollhosen, Jeans, Freizeit- und Lederjacken, Mäntel, Strickwaren und T-Shirts, nicht alle Artikel sind aus eigener Herstellung

Ersparnis: ca. 30-40% gegenüber den Fachhandelspreisen

Zeiten: Mo. bis Fr. 10.00-19.00 Uhr, Sa. 10.00-18.00 Uhr

Weg: A 3 Frankfurt-Würzburg Ausfahrt Aschaffenburg-West auf die B 8 Richtung Zentrum, nach ca. 2 km nach Strietwald abfahren und an der ersten Ampel links in die Linksstr., nach weiteren ca. 400 m im Kreisel die erste Abfahrt nehmen und nach ca. 200 m rechts in den Schwalbenrainweg

▶ FUCHS & SCHMITT

Fuchs u. Schmitt GmbH & Co.
63741 Aschaffenburg / Lilienthalstr. 2
Tel. (06021) 3603 / fs-mode.de

Waren: große Auswahl an Mäntel, Jacken bis Gr. 52, Goretexjacken und -mäntel, Kostüme, Hosenanzüge, Blazer bis Gr. 46, alles nur für Damen

Ersparnis: durchschnittlich ca. 50%

Zeiten: Mo. bis Fr. 10.00-18.00 Uhr, Sa. 10.00-14.00 Uhr, zusätzlich 2x jährl. großer Hallenverkauf (ca. März/Sept.) jeweils 4 Tage lang, genaue Termine erfragen

Hinweise: es sind auch viel günstige Musterteile, Auslaufmodelle sowie 2. Wahl-Artikel erhältlich

Weg: A 3 Frankfurt-Würzburg Ausfahrt Aschaffenburg-West Richtung Stadtmitte, vor der Esso-Tankstelle abbiegen Richtung Industriegebiet Strietwald, hier befindet sich die Firma

63762 Großostheim

▶ WEIS

Gebr. Weis GmbH / Herrenkleiderfabrik
63741 Aschaffenburg / Aufeldstr. 9
Tel. (06021) 3482-7

Waren: Herrenanzüge, Sportsakkos, Freizeitjacken, Wintermäntel

Ersparnis: ca. 30-40%, unterschiedlich je nach Artikel

Zeiten: Mo. bis Do. 8.00-12.00 Uhr und 12.30-16.30 Uhr, Fr. bis 14.00 Uhr

Hinweise: teilweise ist auch 2. Wahl erhältlich, nicht alles ist aus eigener Herstellung

Weg: Aschaffenburg liegt südöstlich von Frankfurt an der A 3 Richtung Würzburg, Ausfahrt Aschaffenburg-Ost Richtung Stadtmitte, die Firma befindet sich an der ersten Ampel auf der linken Seite, das Firmenlogo ist nicht zu übersehen

63762 Großostheim

▶ EDUARD DRESSLER

s. Seite 619

Dressler Bekleidungswerke Brinkmann GmbH & Co. KG
63762 Großostheim / Stockstädter Str. 43
Tel. (06026) 502-0 / eduard-dressler.com

Waren: Herrenoberbekleidung wie Anzüge, Sakkos, Hosen, Jeans, Strick, Hemden, Krawatten, Socken und Shorts, Marke Eduard Dressler, außerdem Lederwaren von Aigner

Ersparnis: durchschnittlich ca. 35%

Zeiten: Di. bis Fr. 10.00-19.00 Uhr, Sa. 10.00-16.00 Uhr

Weg: A 3 Ausfahrt Stockstadt auf die B 469 Richtung Großostheim, Abfahrt Großostheim auf die Umgehungsstraße Richtung Schaafheim, nach ca. 2 km rechts ab Richtung Flughafen auf die Stockstädter Str. in das Industriegebiet

▶ PETERMANN

s. Seite 619

Petermann Hemdenfabrik GmbH
63762 Großostheim / Aschaffenburger Str. 28
Tel. (06026) 50020 / hemdenfabrik.de

Die Firma Petermann Hemden- und Blusenfabrik GmbH steht seit mehr als 50 Jahren für hochwertige Hemden und Blusen und hat eine Produktionsstätte mit einer Jahreskapazität von über 450.000 Teilen. Gefertigt werden auch individuelle Großserien für Behörden bis zu kleinen Ausstattungen für einen Verein. Entwicklung, Design und Produktion liegen in einer Hand.

63768 Hösbach

Waren: für Herren Designerhemden, bügelfreie Hemden, klassische Hemden, Hemden mit extra langem Arm, sportive Hemden, Maßhemden, auch Übergrößen, außerdem zugekaufte Pullover, Strickjacken, T-Shirts, Socken, Krawatten sowie Damenblusen

Ersparnis: ca. 30%, laufend Sonderangebote

Zeiten: Mo. bis Fr. 10.00-18.00 Uhr, Sa. 10.00-15.00 Uhr

Hinweise: Änderungsservice ist möglich, einzelne Stücke sind gelegentlich auch in 2. Wahl erhältlich, teilweise sind auch günstige Auslaufmodelle vorhanden

Weg: A 3 Frankfurt-Würzburg Ausfahrt Stockstadt auf die B 469 Richtung Obernburg/Miltenberg, die 2. Abfahrt Großostheim nehmen und dann die 1. Möglichkeit links in den Ort einbiegen, dann befindet sich die Firma nach ca. 300 m auf der linken Seite nach der Tankstelle

▶ SCHULER

s. Seite 621

Otto Schuler Herrenkleiderfabrik GmbH
63762 Großostheim / Aschaffenburger Str. 35
Tel. (06026) 9724-0 / otto-schuler.de

Waren: hochwertige Herrenbekleidung wie z.B. Anzüge, Sakkos, Blazer, Mäntel, Hosen, außerdem zugekaufte Hemden, Socken, Gürtel und Krawatten

Ersparnis: ca. 40-50%

Zeiten: Mo. bis Fr. 9.30-18.00 Uhr, Sa. 10.00-18.00 Uhr

Weg: Großostheim liegt ca. 15 km südwestlich von Aschaffenburg, dort befindet sich die Firma gleich am Ortsbeginn auf der rechten Seite, gegenüber „Lidl" und „Norma"

63768 Hösbach

▶ KASTELL

Herrenkleiderfabrik Kastell Otto Hugo GmbH & Co. KG
63768 Hösbach / Daimlerstr. 4
Tel. (06021) 53041-0 / kastell.com

Die Firma Kastell wurde 1948 gegründet und beschäftigt heute ca. 200 Mitarbeiter. Absatzmärkte sind Deutschland, Holland, Belgien, Luxemburg, Skandinavien, England, Österreich, Schweiz, Frankreich und der nahe Osten. Auch Maßkonfektion für individuelle Wünsche ist möglich.

Waren: hochwertige Herrenoberbekleidung wie Anzüge, Sakkos, Hosen, Mäntel, Westen und Gesellschaftskleidung, außerdem

63773 Goldbach

	Accessoires wie Hemden, Krawatten und Gürtel, Marken Toyner tailormade und Guy Laroche
Ersparnis:	ca. 25% im Durchschnitt
Zeiten:	Mo. bis Fr. 8.30-18.00 Uhr, Sa. 8.30-15.00 Uhr, zusätzlich findet ca. 2x jährl. (Frühjahr/Herbst) jeweils 3 Wochen lang Mo. bis Fr. 8.30-19.00 Uhr, Do. bis 20 Uhr, Sa. 8.30-16.00 Uhr ein großer Sonderverkauf statt, bei dem alles nochmals um 10% reduziert wird, genaue Termine erfragen
Hinweise:	im Hausverkauf ist teilweise auch 2. Wahl erhältlich, Änderungsservice mit anschließender Zusendung ist möglich
Weg:	Hösbach liegt bei Aschaffenburg, A 3 Ausfahrt Hösbach auf die B 26 Richtung Zentrum Hösbach, auf der B 26 die zweite Möglichkeit rechts abbiegen in das Industriegebiet in die Daimlerstr.

63773 Goldbach

▶ BASLER

Basler Bekleidungswerke GmbH
63773 Goldbach / Dammer Weg 51
Tel. (06021) 504-0 oder -322 (Fabrikverkauf) /
basler-fashion.de

Basler ist ein bekannter und renommierter Name für hochwertige Damenmode und in über 50 Ländern vertreten. Basler bietet für jeden Anlass von Gala über City- und Businesswear bis hin zu sportiven Outfits für die Themen Golf und Wellness alles, was die moderne Frau mit gehobenem Anspruch sucht.

Waren:	hochwertige Damenoberbekleidung wie z.B. Blazer, Blusen, Pullover, Shirts, Coordinates, Outdoorjacken, Westen, Hosen etc., Marke B/A/S/L/E/R
Ersparnis:	bei 1. Wahl bis zu 30%, bei 2. Wahl je nach Fehler bis zu 50% und bei Kollektions- und Musterteilen 50%, bei Sonderaktionen gibt es außerordentliche Preisreduzierungen
Zeiten:	Mo. bis Fr. 10.00-18.00 Uhr, Sa. 10.00-14.00 Uhr
Hinweise:	übersichtlicher Verkaufsraum
Weg:	Goldbach liegt ca. 3 km nordöstlich von Aschaffenburg, A 3 Ausfahrt Aschaffenburg-Ost auf die Aschaffenburger Str. (B 26) Richtung Goldbach, am Ortseingang die erste Straße links in den Eulenweg und nach ca. 100 m wieder links in den Dammer Weg, der Beschilderung folgen

63814 Mainaschaff

63814 Mainaschaff

▶ ASCAFA

Aschaffenburger Wäschefabrik Ascafa A. Hock & Co.
63814 Mainaschaff / Bahnhofstr. 62
Tel. (06021) 79990

Waren: Damennachthemden und -pyjamas, Morgenmäntel, Hausanzüge, hauptsächlich für die Dame ab 40, gelegentlich sind auch einige Herrenposten im Angebot

Ersparnis: ca. 30-50%, unterschiedlich je nach Artikel

Zeiten: Mi. bis Fr. 14.30-17.00 Uhr, Sa. 9.00-12.00 Uhr

Hinweise: kleiner Verkaufsraum

Weg: von Frankfurt auf der A 3 kommend Ausfahrt Aschaffenburg-West nach Mainaschaff, dort befindet sich die Firma am Bahnhof

63839 Kleinwallstadt

▶ ST. EMILE

Josef Reis GmbH & Co. KG
63839 Kleinwallstadt / Wallstr. 6
Tel. (06022) 6624-0 / st-emile.de

Im Jahr 1924 begann der Familienbetrieb Josef Reis GmbH & Co. KG in Kleinwallstadt mit der Produktion von Herrenkonfektion. 1979 macht ein neues Lizenzkonzept St. Emile durch hochwertige Ware wie klassische Blazer, Hosen und Mäntel bekannt. Seit 1996 wurde das Sortiment um feine Lederwaren, Strick-Innovationen und Trend-Accessoires erweitert.

Waren: Damenoberbekleidung aller Art wie z.B. Röcke, Hosen, Blusen, Blazer etc., Marke St. Emile

Ersparnis: bei Restbeständen der aktuellen Kollektion ca. 35%, bei Musterteilen und Retouren bis zu 50%, bei Schlussverkäufen wird alles nochmals ca. 30% reduziert

Zeiten: Mo. bis Fr. 10.00-18.00 Uhr, Sa. 10.00-16.00 Uhr

Weg: Kleinwallstadt liegt ca. 10 km südlich von Aschaffenburg, in Kleinwallstadt befindet sich die Firma direkt gegenüber vom Bahnhof

63843 Niedernberg

▶ S.OLIVER

s.Oliver Bernd Freier GmbH & Co. KG
63843 Niedernberg / Großostheimer Str. 6
Tel. (06028) 997794 / s.oliver.de

63853 Mömlingen

Angefangen hat alles 1969 in einem kleinen Ladenlokal in Würzburg. Bis heute entstand daraus ein international erfolgreiches Marken-Unternehmen.

Waren: junge Mode für Sie und Ihn Marke s.Oliver wie z.B. T-Shirts, Sweat-Shirts, Jeans, Hemden, Blusen, Hosen, Röcke, Pullover, Blazer, Jacken, Westen, Schuhe, Gürtel u.v.m., kleine Auswahl an Kindermode Marke Oliver Twist

Ersparnis: bei Restposten und 2. Wahl bis zu 50%

Zeiten: Mo. bis Fr. 10.00-19.00 Uhr, Sa. 10.00-16.00 Uhr

Hinweise: große Verkaufsräume, mit Einkaufswagen, es sind ausschließlich Retourenware und 2. Wahl-Artikel mit kleinen Fehlern erhältlich

Weg: Niedernberg liegt ca. 5 km südlich von Aschaffenburg, dort befindet sich die Firma an der Straße Richtung Großostheim am Ortsausgang an der linken Seite

63853 Mömlingen

▶ KLOTZ

Friedrich Klotz GmbH & Co. KG / Herrenkleiderwerk
63853 Mömlingen / Odenwaldstr. 24
Tel. (06022) 68420 / klotz-herrenkleiderwerk.de

Der Firmenname Klotz steht für über 50 Jahre handwerkliche Tradition. Mit Qualitätsdenken und der Treue zum Produktionsstandort Deutschland entwickeln und produzieren rund 130 Mitarbeiterinnen und Mitarbeiter Herrenbekleidung für den modebewußten Mann von heute.

Waren: Herrenoberbekleidung wie Anzüge, Sakkos und Hosen der Kollektion Klotz, Anzüge, Sakkos, Hosen und Westen der Kollektion Riccardo, Sakkos der Kollektion Aldorro sowie Trachtenanzüge, Janker, Westen, Hosen und Landhausmode der Kollektion Rofan

Ersparnis: ca. 25% im Durchschnitt

Zeiten: Mo. bis Fr. 9.00-12.30 Uhr und 14.00-18.00 Uhr, Sa. 9.00-13.00 Uhr

Hinweise: Maßkonfektion ist möglich, große Stoffauswahl

Weg: Mömlingen liegt ca. 25 km südlich von Aschaffenburg, A 3 Ausfahrt Stockstadt auf die B 469 bis Obernburg, dort auf die B 426 nach Mömlingen und am Kreisel Richtung Höchst, die Firma befindet sich rechter Hand am Ortsausgang

63868 Großwallstadt

63868 Großwallstadt

▶ GEIS

s. Seite 621

Josef Geis GmbH / Herrenkleiderfabrik
63868 Großwallstadt / Großostheimer Str. 14
Tel. (06022) 66040 / josefgeis.de

Das in dritter Generation geführte Unternehmen ist mit seinen Anzügen-, Sakko- und Hosenkollektionen im europäischen Fach- und Einzelhandel gut eingeführt. Die Unternehmensphilosophie - konstant hochwertige Qualität zum optimalen Preis-/Leistungsverhältnis - hat das Unternehmen zu einem wertvollen Partner für den europäischen Fach- und Einzelhandel gemacht.

Waren: Anzüge, Sakkos, Hosen, Mäntel, Jacken, Hemden und Krawatten für Herren

Ersparnis: durchschnittlich ca. 40%

Zeiten: Mo. bis Do. 8.00-17.30 Uhr, Fr. 8.00-16.30 Uhr, Sa. 9.00-13.00 Uhr

Hinweise: der Verkauf befindet sich im Untergeschoss; Maßkonfektion für Anzüge, Sakkos und Hosen ist möglich, Änderungen können Mo. bis Do. bis 16.00 Uhr und Fr. bis 11.30 Uhr sofort durchgeführt werden

Weg: Großwallstadt liegt ca. 25 km südlich von Aschaffenburg an der B 469, Abfahrt Großwallstadt, geradeaus an der Tankstelle vorbei, dann befindet sich die Firma nach ca. 150 m auf der linken Seite

63897 Miltenberg

▶ DANIEL HECHTER

Miltenberger Otto Aulbach GmbH
63897 Miltenberg / Frühlingstr. 17
Tel. (09371) 4000-0 / daniel-hechter.com

Daniel Hechters erste Damenkollektion erschien im Jahr 1962, die im Jahr 1968 durch eine Herrenkollektion ergänzt wurde. Sportkollektionen, Accessoires und eine Homewear-Kollektion folgen. 1999 wurde die Marke Daniel Hechter von der Firma Miltenberger Otto Aulbach übernommen.

Waren: hochwertige Herrenbekleidung wie Anzüge, Sakkos, Hemden, Hosen, Lederjacken, Blousons, Mäntel, Sportswear, T-Shirts, Polo-Shirts, Boxershorts, Socken, Gürtel, Krawatten, Schals etc. Marke Daniel Hechter, etwas kleinere Auswahl an Damenoberbekleidung wie Mäntel, Jacken, Kleider, Tops, T-Shirts, Gürtel, Handtaschen, Schuhe etc.

Ersparnis: ca. 30% bei regulärer Ware, bei Restposten teilweise über 50%

Zeiten: Di. bis Fr. 11.00-19.00 Uhr, Sa. 9.00-18.00 Uhr

64295 Darmstadt

Hinweise: teilweise sind auch 2. Wahl- und Auslaufmodelle erhältlich

Weg: A 81 Ausfahrt Tauberbischofsheim über Tauberbischofsheim und Hardheim nach Miltenberg, nach Ortsbeginn die 2. Straße rechts ist die Fabrikstr., hier befindet sich der Eingang und auch der Parkplatz

63920 Großheubach

▶ KREMER

s. Seite 621

Erwin Kremer GmbH / Strickwarenfabrik
63920 Großheubach / Industriestr. 31
Tel. (09371) 3407 / kremer-fashion.de

Waren: modische Pullis und Shirts für Damen und Herren

Ersparnis: vereinzelt ca. 50%, 2. Wahl und Musterteile sind besonders preiswert

Zeiten: Mo. bis Fr. 9.00-18.00 Uhr, Sa. 9.30-13.00 Uhr und verkaufsoffene Sonntage

Weg: Großheubach liegt ca. 2 km nördlich von Miltenberg Richtung Aschaffenburg, die Verkaufsstelle befindet sich an der neuen Umgehungsstraße Miltenberg in Großheubach im Industriegebiet-Süd III

64295 Darmstadt

▶ GLUMANN

Glumann GmbH
64295 Darmstadt / Wittichstr. 4
Tel. (06151) 8194-0 / glumann.de

Das Familienunternehmen wurde vor 50 Jahren in Darmstadt gegründet. Keimzelle war ein Änderungsatelier, das an ein Einzelhandelsgeschäft für Mieder, Nachtwäsche und Bademoden angeschlossen war. Ziel der heutigen Generation ist es, das Unternehmen mit seinen drei Kollektionen zu einem europäischen Beachwear-Anbieter zu entwickeln und den Export-Anteil weiter deutlich zu steigern. Am Firmensitz in Darmstadt befinden sich Produktentwicklung, Warenkontrolle und Vertrieb. Die Fertigung erfolgt in ausgewählten Betrieben in Osteuropa.

Waren: Bademoden für Damen, Herren und Mädchen, Badeanzüge und Bikinis Marken Glumann, Goldfish und Contour, außerdem Freizeitkleidung, Dessous wie BH's, Bodies und Slips

Ersparnis: durchschnittlich ca. 25%

Zeiten: Mo. bis Fr. 10.00-18.00 Uhr, Sa. 10.00-14.00 Uhr

Hinweise: es werden nur Auslaufmodelle, Musterteile und 1B-Ware verkauft

64546 Mörfelden-Walldorf

Weg: A 5 Ausfahrt Darmstadt-West Richtung Stadtmitte, rechts einbiegen ins Industriegebiet, die nächste wieder rechts in die Wittichstr.

64546 Mörfelden-Walldorf

▶ FASHION OUTLET

s. Seite 621

fashion outlet GmbH
64546 Mörfelden-Walldorf / Hessenring 4c
Tel. (06105) 2900 / fashionoutlet.de

Die fashion outlet GmbH organisiert seit nunmehr 10 Jahren für internationale Textilhersteller den Direktverkauf von aktuellen Kollektionen, Überproduktionen, Ware aus der Vorsaison sowie aktuellen Musterteilen.

Waren: sehr große Auswahl an Markenmode für Damen, Herren und Kids wie Oberbekleidung, Schuhe, Accessoires, Unterwäsche und Wein, ständig wechselndes Angebot und sehr große Auswahl an Markenmode für Damen und Herren, sowie Taschen und Accessoires, das Gesamtangebot umfasst über 30.000 Teile

Ersparnis: je nach Artikel und Marke unterschiedlich, teilweise bis zu 70%

Zeiten: Mo. bis Fr. 10.00-20.00 Uhr, Sa. 9.00-18.00 Uhr

Hinweise: Fabrikverkauf von internationalen Herstellerfirmen wie Gin Tonic, Cavita, Frank Eden, Seidensticker, Enzo Lorenzo u.v.m. sowie Alba Moda Shop und Überhänge von über 20 Nobelboutiquen

Weg: Mörfelden-Walldorf liegt ca. 10 km südwestlich von Frankfurt, A 5 Ausfahrt Langen/Mörfelden auf die B 486 Richtung Mörfelden, an der 1. Ampel rechts einbiegen, im Gewerbegebiet-Ost

64646 Heppenheim

▶ HANNINGER

Hanninger Creation GmbH & Co.
64646 Heppenheim / Breslauer Str. 25
Tel. (06252) 7906-0 / creation-de-hanninger.de

Das Unternehmen wurde im Jahr 1932 gegründet und hat sich heute auf den Versand-, den Groß- und den Einzelhandel spezialisiert. In verschiedenen Betrieben in Fernost, Osteuropa und in Deutschland werden pro Jahr bis zu hunderttausend Teile gefertigt.

Waren: Damenoberbekleidung wie Röcke, Hosen, Blusen, Jacken und Mäntel sowie klassische Herrenbekleidung wie Hosen, Hemden, Jacken und Strümpfe, Accessoires wie Krawatten, Socken und Schals

65843 Sulzbach

Ersparnis: bei regulärer Ware ca. 20%, bei Musterware, Kollektionsüberhängen und Einzelteilen sind teilweise 50% und mehr möglich

Zeiten: Mo. bis Do. 8.00-16.30 Uhr, Fr. 8.00-14.00 Uhr

Hinweise: nicht alle Artikel sind aus eigener Herstellung

Weg: A 5 Heidelberg-Darmstadt Ausfahrt Heppenheim, am Ortseingang an der Ampel links auf die Bgm.-Kunz-Str., nach dem Kreisel weiter geradeaus über die Bahnschienen, danach rechts einbiegen in Im Schlüssel, dann links in die Breslauer Str.

65599 Dornburg

▶ STERNTALER

Sterntaler GmbH & Co. KG
65599 Dornburg Dorndorf / Werkstr. 6-8
Tel. (06436) 509-0 oder -151 (Verkauf) / sterntaler.com

Sterntaler steht von Anfang an für qualitativ hochwertige Produkte für Kleinkinder. Zunächst auf Babyschuhe konzentriert, wurde 1965 das Unternehmen in Dornburg-Dorndorf gegründet. Ende der 60er Jahre und zu Beginn der 70er Jahre kamen Kopfbedeckungen, Spielwaren, Socken, Strumpfhosen, Krabbeldecken, Spielbögen, Handschuhe, Schals und weitere Accessoires für Kleinkinder dazu. Heute ist Sterntaler ein führender Hersteller im Segment Baby- und Kleinkindspielwaren. Design und Entwicklung der Produkte werden bis heute vom Hauptsitz in Dorndorf aus geleitet.

Waren: Spielwaren und Textilien für Babys und Kinder, Socken für Kinder bis Gr. 24, Strumpfhosen bis Gr. 146, Kindermützen und -hüte, Handschuhe, Schals, Stirnbänder, Holzspielzeug, Spieluhren, Krabbeldecken, Handtücher, Schlafsäcke, Lätzchen, Taufkleidung etc.

Ersparnis: durchschnittlich ca. 50% bei eigenen Artikeln

Zeiten: Di. und Mi. 9.30-12.30 Uhr, Do. 13.30-17.00 Uhr

Hinweise: Verkauf von 2. Wahl, Musterteilen und Artikeln der Vorjahreskollektion, teilweise eingeschränkte Auswahl

Weg: Dornburg liegt ca. 15 km nördlich von Limburg, A 3 Frankfurt-Köln Ausfahrt Limburg-Nord auf die B 49 Richtung Weilburg, nach ca. 4 km links ab auf die B 54 Richtung Siegen nach Dornburg, die Verkaufsstelle befindet sich im Ortsteil Dorndorf direkt an der Hauptstr., an der Fabrik

65843 Sulzbach

▶ FABRIKVERKAUF SULZBACH

Magic Team Sport-Handelsges. mbH
65843 Sulzbach / Wiesenstr. 17 (Gewerbegebiet Süd)
Tel. (06196) 5070-50 / fabrikverkauf-sulzbach.de

66119 Saarbrücken

Waren:	große Auswahl an T-Shirts, Sweat-Shirts, Polo-Hemden, Hemden, Jacken, Shorts, Herrenslips, Caps etc., Marken: Hanes, B & C, Fruit of the Loom, Outer Banks und Stedman, teilweise auch sehr günstige Aktionsartikel wie Kaffee, Kosmetika, Elektro-Kleingeräte und aktuelle Damenmode
Ersparnis:	60% und mehr möglich, je nach Artikel
Zeiten:	Mo. bis Fr. 10.00-19.00 Uhr, Sa. 10.00-18.00 Uhr
Weg:	A 66 Ausfahrt Frankfurt-Höchst, von der B 8 rechts abbiegen Richtung Bad Soden, an der 1. Ampel rechts abbiegen in die Bahnstr. nach Sulzbach/Ts., danach wieder rechts abbiegen in die Wiesenstr. (Gewerbegebiet Süd)

66119 Saarbrücken

▶ TAILOR HOFF

Tailor Hoff Herbert Hoff GmbH
66119 Saarbrücken Güdingen / Theodor-Heuss-Str. 7
Tel. (0681) 98710 / tailor-hoff.de

Waren:	Anzüge, Sakkos und Hosen für Herren, teilweise auch Damenoberbekleidung wie z.B. Hosen, Röcke, Sakkos
Ersparnis:	ca. 30% im Durchschnitt
Zeiten:	Fr. 13.00-16.00 Uhr, Sa. 10.00-14.00 Uhr, nur nach Terminvereinbarung zusätzlich auch Mo. bis Do. 9.00-17.00 Uhr
Weg:	A 620 Ausfahrt Saarbrücken-Güdingen Richtung Güdingen, den Kreisverkehr geradeaus durchfahren und anschließend rechts ab in die Bühler Str., nach etwa 800 m links in die Theodor-Heuss-Str. und nach weiteren ca. 150 m befindet sich die Firma auf der linken Seite

66482 Zweibrücken

▶ ADIDAS

s. Seite 663

adidas AG / adidas Outlet Store im Designeroutlet Zweibrücken
66482 Zweibrücken / Londoner Bogen 10-90
Tel. (06332) 472735 / adidas.com

Den Namen adidas als Firmenbezeichnung gibt es seit 1948. Als Produktnamen wählte Firmengründer Adi Dassler die beiden ersten Silben seines Vor- und Zunamens. Ein Jahr später meldete er die Drei Streifen als Markenzeichen an. 1989 wurde der Konzern in eine AG umgewandelt und 1995 an die Börse gebracht. Mit den Marken adidas (Sportschuhe, -bekleidung und Zubehör), TaylorMade (Golfschläger, -bälle und -zubehör), Mavic (Fahrradkomponenten), erima (Sporttextilien) und Reebok hat die adidas AG ein umfassendes Markenportfolio in der Sportartikelindustrie.

66693 Mettlach

Waren:	sehr große Auswahl an Sportschuhen und Sportbekleidung aller Art, Produktpalette nach Themen aufgebaut: Fitness, Running, Tennis, Golf, Training, Fußball, Basketball, Sportswear, Outdoor, Schwimmen, Trekkingschuhe, Taschen
Ersparnis:	ca. 30-70%
Zeiten:	Mo. bis Sa. 10.00-19.00 Uhr
Hinweise:	es sind Sonderposten, Lagerüberhänge, Muster, Auslaufartikel und 2. Wahl-Ware erhältlich
Weg:	Zweibrücken liegt östlich von Saarbrücken an der A 8, Ausfahrt Zweibrücken/Contwig und der Beschilderung „Flughafen" folgen, dann ist das Outlet ausgeschildert

66693 Mettlach

▶ LAND'S END

Land's End GmbH
66693 Mettlach / Marktplatz 7
Tel. (06864) 270452 / landsend.de

Land's End ist ein Versandhändler hochwertiger, klassischer Freizeitbekleidung, die weltweit durch regelmäßig erscheinende Kataloge sowie im Internet angeboten wird. In Deutschland erreichte das Unternehmen seit 1996 einen hohen Bekanntheitsgrad durch seine uneingeschränkte Garantie auf alle Produkte.

Waren:	hochwertige, klassische Freizeit- und Business-Mode für Damen und Herren, z.B. Polos, Sweats und T-Shirts, Pullover, Hosen, Shorts, Blusen und Hemden, Kleider und Röcke, Outdoor- und Badebekleidung, Homewear, Schuhe, außerdem Accessoires wie Hüte, Handschuhe und Schals
Ersparnis:	ca. 40-70% bei Einzelstücken und Artikeln aus älteren Katalogen, die aktuelle Ware (Anteil ca. 40%) ist zum Katalogpreis erhältlich
Zeiten:	Mo. bis Fr. 9.30-19.00 Uhr, Sa. 9.30-18.00 Uhr, oftmals ist auch am So. geöffnet, genaue Termine und Zeiten am besten erfragen
Hinweise:	Ladengeschäft in dem Artikel der vorigen Saison oder Produkte in einzelnen Farben und Größen preiswerter erhältlich sind, im oberen Stock ist ein Katalog-Showroom mit Musterteilen aus dem aktuellen Katalog zum Anschauen und Anprobieren eingerichtet
Weg:	Mettlach liegt an der B 51 zwischen Saarburg und Merzig, nordwestlich von Saarbrücken, aus Richtung Merzig auf der B 51 kommend vor der Überquerung der Saar rechts in die Eichenlaubstr., danach gleich wieder rechts in das Mettlach Outlet Center

67363 Lustadt

67363 Lustadt

▶ HUMBERT

Hemdenfabrik Hermann Humbert
67363 Lustadt / Schillerstr. 14
Tel. (06347) 1534

Waren: hochwertige Herrenhemden aller Art, hauptsächlich Business-Hemden, aber auch Freizeithemden, Flanellhemden und Krawatten

Ersparnis: teilweise sind auch günstige 2. Wahl und Sonderangebote erhältlich, Hemden ab EUR 45,-

Zeiten: Mo. bis Fr. 8.00-18.00 Uhr, Sa. 9.00-14.00 Uhr

Weg: A 65 Karlsruhe-Ludwigshafen Ausfahrt Dammheim, auf die B 272 Richtung Speyer nach Lustadt, gleich die 1. Straße rechts einbiegen und danach gleich wieder rechts, die Firma befindet sich im Neubaugebiet, sie ist auch ausgeschildert

67661 Kaiserslautern

▶ FRUIT OF THE LOOM

Fruit of the Loom
67661 Kaiserslautern / Von-Miller-Str. 9
Tel. (0631) 3531-0 / fruitoftheloom.com

Fruit of the Loom ist eine weltweit agierende Bekleidungsmarke, die seit über 150 Jahren Erzeugnisse hoher Qualität fertigt und vertreibt. Heute ist das Fruit of the Loom Logo weltweit bekannt.

Waren: T-Shirts, Polo-Shirts, Sweat-Shirts, Unterhemden, Unterhosen und Boxershorts für Herren, außerdem T-Shirts, Polo-Shirts und Sweat-Shirts für Damen, Marke Fruit of the Loom

Ersparnis: ca. 20-30%, 2. Wahl-Artikel sind besonders preiswert

Zeiten: Di. und Do. 12.30-20.00 Uhr

Weg: A 6 Ausfahrt Kaiserslautern-Einsiedlerhof auf die Jacob-Pfeiffer-Str. Richtung Einsiedlerhof, ca. 400 m nach der Autobahnausfahrt links in das Industriegebiet auf die Von-Miller-Str.

68167 Mannheim

▶ FELINA

Felina GmbH
68167 Mannheim / Lange Rötterstr. 11-17
Tel. (0621) 385-0 / felina.de

68642 Bürstadt

Felina wurde 1885 im heutigen Kurort Bad Rappenau gegründet. 1981 übernahm eine Schweizer Investorengruppe Felina und gründete die „Felina International AG" in Wettingen, Schweiz. Die Felina GmbH ist deren Tochter und operative Zentrale mit den Schwerpunkten Internationales Marketing, Produktentwicklung und Logistik. Produziert wird in eigenen Konfektionsbetrieben in Ungarn und Polen.

Waren: für Damen Miederwaren, Dessous und Korsetts, außerdem Bademoden, Nachtwäsche, Blusen etc., Marke Felina

Ersparnis: bei aktueller 1. Wahl keine, bei 2. Wahl, Auslaufartikeln und Musterteilen teilweise bis zu 70%

Zeiten: Mo. bis Do. 9.00-17.00 Uhr, Fr. 9.00-16.30 Uhr

Hinweise: der Eingang erfolgt über den Verwaltungseingang in der Melchiorstr., gegenüber der Post;
eine weitere Verkaufstelle befindet sich in:
69226 Nußloch, Max-Berk-Str. (neben Betty Barclay), geöffnet
Mo. bis Sa. 10.00-18.00 Uhr

Weg: A 6 Ausfahrt Viernheimer Kreuz auf die B 38 in Richtung Mannheim-Stadtmitte, nach ca. 5 km geht die Schnellstraße in eine 4-spurige Stadtstraße über, weiter über 5 Ampeln geradeaus bis auf der linken Seite zwei Tankstellen hintereinander folgen, dann an der Ampel rechts in die Lange Rötterstr.

68642 Bürstadt

▶ KIDCAP

Mützenfabrik Bauer GmbH
68642 Bürstadt / Beinestr. 11-13
Tel. (06206) 7061-0 / kidcap.de

Die Firmengeschichte beginnt 1947 mit der Gründung der Hut- und Mützenfabrik. Heute ist das Unternehmen ein traditionsreicher deutscher Hut- und Mützenhersteller und erfahrenes Handelsunternehmen mit Partnern in ganz Deutschland und Europa. Der Kundekreis umfasst alle Formen von Kinderfachgeschäften, Versandhäuser, Kaufhäuser und Filialisten.

Waren: Hüte, Mützen, auch Sonderanfertigungen, teilweise auch Schals und Handschuhe

Ersparnis: ca. 30% im Durchschnitt

Zeiten: Mo. bis Fr. 9.00-12.00 Uhr und 14.00-18.00 Uhr, Sa. 9.00-12.00 Uhr

Hinweise: Verkauf im Ladengeschäft neben der Fabrikation, teilweise ist auch 2. Wahl erhältlich

Weg: Bürstadt liegt an der B 47 zwischen Worms und Bensheim, A 67 Abfahrt Lorsch auf die B 47 Richtung Worms, nach ca. 7 km erreicht man den Stadtteil Riedrode und kurz danach die Abfahrt Bürstadt-Ost, in Bürstadt befindet sich die Firma in der Stadtmitte bei der Evang. Kirche

69226 Nußloch

69226 Nußloch

▶ BETTY BARCLAY

Betty Barclay Kleiderfabrik GmbH
69226 Nußloch / Max-Berk-Str.
Tel. (06224) 900-0 oder -207 (Outlet) / bettybarclay.de

Bereits in den 40er Jahren existierte die damalige Teenager-Kollektion Betty Barclay in den USA. Jedes Jahr wurde eine Miss „Betty Barclay" gewählt, die durch ganz Amerika reiste und auf Modenschauen den jungen Mädchen die neuen Modelle der Betty Barclay-Kollektion vorführte. Anfang der 50er Jahre kam die Kollektion Betty Barclay erstmalig nach Deutschland und wurde zunächst in Lizenz hergestellt. Schon bald erlangte die Kollektion, damals auch hier noch eine Teenager-Kollektion, einen hohen Bekanntheitsgrad. Heute werden die Betty Barclay-Kollektionen und Lizenzprodukte in über 50 Ländern der ganzen Welt geliefert.

Waren: Oberbekleidung für Damen wie Jacken, Blazer, Shorts, Hosen, Jeans, Shirts, Röcke, Strickjacken, Tops etc., Marke Betty Barclay, gesamte Kollektion von sportiv bis Business, außerdem auch Schuhe sowie die Kollektionen Vera Mont und Gil Bret

Ersparnis: bis zu 40% möglich, Artikel der vergangenen Saison sind besonders preiswert

Zeiten: Mo. bis Fr. 10.00-19.00 Uhr, Sa. 10.00-18.00 Uhr

Weg: Nußloch liegt ca. 10 km südlich von Heidelberg, A 5 aus Richtung Karlsruhe kommend Abfahrt Walldorf/Wiesloch, Richtung Wiesloch auf die B 39 bis zur B 3 Richtung Heidelberg, dann auf der B 3 bis zur Abfahrt Industriegebiet Nußloch, abbiegen Richtung Nußloch, dann die erste Straße links ist die Max-Berk-Str.

71065 Sindelfingen

▶ GIN TONIC

s. Seite 623

Gin Tonic Special Mode GmbH
71065 Sindelfingen / Schwertstr. 44
Tel. (07031) 4355-0 / gintonic.de

Waren: junge Mode für Sie und Ihn Marke Gin Tonic wie z.B. T-Shirts, Sweat-Shirts, Polo-Shirts, Jeans, Hemden, Blusen, Hosen, Röcke, Pullover, Jacken, Westen u.v.m., außerdem sportive Damenmode bis Gr. 54 der Marke Gin Fizz

Ersparnis: ca. 30%, bei 2. Wahl und Artikel der Vorjahreskollektion bis zu 60%

Zeiten: Mo. bis Fr. 10.00-19.00 Uhr, Sa. 10.00-18.00 Uhr

Hinweise: ein weiteres Outlet befindet sich in:
73779 Deizisau, Sirnauer Str. 46, Tel. (07153) 616242, geöffnet
Mo. bis Fr. 9.30-18.30 Uhr, Sa. 10.00-16.00 Uhr

72070 Tübingen

Weg: Sindelfingen liegt ca. 15 km südöstlich vom Zentrum Stuttgart, A 81 Stuttgart-Singen Ausfahrt Sindelfingen, immer geradeaus und nach ca. 300 m an der 1. Ampel links abbiegen, nach weiteren ca. 50 m an der T-Kreuzung links auf die Schwertstr.

71665 Vaihingen

▶ HARDY

Hardy Strickmodelle Hessenthaler GmbH & Co.
71665 Vaihingen / Enz / Löbertstr. 12
Tel. (07042) 2885-0 / hardy-mode.de

Im Februar 1924 begannen Emma und Adolf Hessenthaler mit der Herstellung von Damen-, Herren- und Kinderstrümpfen auf Handstrickmaschinen. Die kleine Manufaktur traf den Geschmack und die Bedürfnisse der Zeit und entwickelte sich kontinuierlich zu einem voll-technisierten Industrieunternehmen. 1968 wurde erstmals das Label HARDY lanciert.

Waren: hochwertige Oberbekleidung vorwiegend für Damen wie z.B. Hosen, Röcke, Pullover, Blazer, Westen, Hemden, Blusen, T-Shirts, für Herren einige Pullover und Westen, Marken Hardy, Hardy's, Hardy for Men

Ersparnis: bei Restposten und 2. Wahl bis zu 50%

Zeiten: während der Saison Mo. bis Fr. 9.30-12.00 Uhr und 13.30-18.00 Uhr, Sa. 9.00-13.00 Uhr

Weg: Vaihingen/Enz liegt an der B 10 zwischen Stuttgart und Pforzheim, dort befindet sich die Firma in der Nähe vom großen „WLZ"-Turm, ist auch ausgeschildert

72070 Tübingen

▶ RAITH

Gebr. Raith OHG / Strumpffabrik
72070 Tübingen Unterjesingen / Jesinger Hauptstr. 124
Tel. (07073) 6315 / raith-struempfe.de

Die Gebrüder Raith gründeten 1950 in Beuren/Hohenneuffen einen Betrieb zur Herstellung von Strumpfwaren. Im Jahre 1958 kam die Verlagerung des Beriebes nach Tübingen-Unterjesingen. Viele der heutigen Produkte stammen aus der eigenen Entwicklungsarbeit.

Waren: Socken, Söckchen und Kniestrümpfe für Damen, Herren und Kinder, Koch-, Tennis-, Ski- und Trekkingsocken, Socken ohne Gummi, Strumpfhosen und Leggins für Damen und Kinder, Bundhosenstrümpfe, viele Artikel auch in Übergrößen

Ersparnis: durchschnittlich ca. 20%

72072 Tübingen

Zeiten: Mo. bis Fr. 9.00-12.00 Uhr und 13.00-18.00 Uhr, Sa. 9.00-12.00 Uhr

Weg: A 81 Stuttgart-Singen Ausfahrt Herrenberg, auf die B 28 Richtung Tübingen, Unterjesingen liegt ca. 3 km vor Tübingen, dort die Einfahrt bei der Aral-Tankstelle nehmen

72072 Tübingen

▶ ACKEL

Ackel GmbH / Hemdenfabrik
72072 Tübingen / Schaffhausenstr. 113
Tel. (07071) 96523-0 / ackel.de

Das Unternehmen ist Hemdenmacher seit 1949 und hat Werbekooperationen mit James Bond 007, Porsche, Gauloise u.a.

Waren: große Auswahl an hochwertigen City-, Business-, Party-, Freizeit- und Sportswear-Hemden für Herren, klassisch und modisch, auch einige Damenblusen, außerdem T-Shirts, Sweat-Shirts, Polo-Shirts, Pullover, Lederjacken und -hosen, Krawatten etc.

Ersparnis: günstige Angebote, bei Restposten und 2. Wahl bis zu 50%

Zeiten: Mo. bis Fr. 9.30-18.30 Uhr, Sa. 9.30-15.30 Uhr

Hinweise: in 2. Wahl sind nur T-Shirts und Sweat-Shirts erhältlich; weitere Verkaufsstelle in Tübingen:
Red Price Store im Alten Waschhaus, Bursagasse 2/1, Tel. (07071) 965244, geöffnet Mo. bis Fr. 10.00-14.00 Uhr, hier sind auch Artikel anderer Hersteller erhältlich

Weg: von Stuttgart auf der B 27 nach Tübingen, hier befindet sich die Firma am Ortsanfang im Industriegebiet „Unterer Wert", vorbei am „Frottierlädle" und über den Neckar, danach rechts und gleich wieder links

▶ RÖSCH

s. Seite 625

Gerhard Rösch GmbH
72072 Tübingen / Schaffhausenstr. 101
Tel. (07071) 153-0 / gerhard-roesch.de

Gerhard Rösch begann 1949 in Tübingen mit der Produktion von Polo- und Herrenhemden sowie Perlon-Unterkleidern. Mitte der 50er Jahre wurde das heutige Stammwerk in Tübingen gegründet. 1970 brachte die Firma Rösch eine eigene Bade- und Freizeit-Kollektion heraus. 1976 wurde ein Lizenzvertrag mit Louis Féraud (Paris) für die Produktion und Vermarktung von Lingerie, Corseterie und Bademoden abgeschlossen. Eine weitere Lizenz wurde im Jahre 1995 mit Daniel Hechter (Paris) begründet. Die Unter- und Nachtwäschekollektion für Herren wurde im Folgejahr lanciert. Der junge, profilierte Stil wird seit dem Jahr 2000 auch für Damen produziert.

72108 Rottenburg

Waren: große Auswahl an hochwertiger Tag- und Nachtwäsche für Damen und Herren wie z.B. Unterwäsche, Schlafanzüge, Nachtkleider, Hausanzüge, Morgenmäntel, außerdem Bikinis, Badeanzüge, Strandbekleidung sowie Freizeitbekleidung, Marken Rösch CreativeCulture, Louis Féraud, Daniel Hechter, Excellent, Cheek, Bernd Berger

Ersparnis: ca. 30% bei regulärer Ware, bei 1B-Ware, Restposten, Musterware und Sonderangebote bis zu 50%

Zeiten: Mo. bis Fr. 9.30-18.30 Uhr, Sa. 9.30-16.00 Uhr

Hinweise: großer Verkaufsraum, es finden auch zusätzliche Sonderverkäufe mit nochmals reduzierten Preisen statt, genaue Termine erfragen; weitere Verkaufsstellen befinden sich in:
01067 Dresden, Ammonstr. 72, Tel. (0351) 4963094;
07937 Zeulenroda, Heinrich-Heine-Str. 2, Tel. (036628) 96257;
09111 Chemnitz, Theaterstr. 15-17, Tel. (0371) 6663988;
72393 Burladingen, Jahnstr. 12, Tel. (07475) 451895;
89407 Dillingen, Johannes-Scheifele-Str. 11, Tel. (09071) 580730

Weg: Tübingen liegt südlich von Stuttgart an der B 27, dort befindet sich die Firma am Ortsanfang im Industriegebiet Unterer Wert beim „TÜV"

72108 Rottenburg

▶ KUMPF

Kumpf Fashion GmbH
72108 Rottenburg Wendelsheim / Schwalbenstr. 16
Tel. (07472) 9693-0 oder -25 (Fabrikverkauf) / kumpf-fashion.de

Die Kumpf-Fashion GmbH wurde 1960 als Spezialbetrieb für moderne Herren- und Knabenwäsche gegründet. Im Laufe der Jahre wurde Herrennachtwäsche neu in das Sortiment aufgenommen. Body Line by Kumpf erweitert seit 1990 als Segment für junge modische Tag- und Nachtwäsche das Angebot. In Ungarn wurde 1993 ein neuer firmeneigener Produktionsbetrieb aufgebaut.

Waren: klassische und modische Unter- und Nachtwäsche für Herren (Marken Kumpf Fashion und Bodyline) sowie im modisch anspruchsvollen und exclusiven Segment (Marke bugatti), Unter- und Nachtwäsche für Knaben (Marke KuKi), außerdem Unter- und Nachtwäsche für Damen (Marke Pfau), Mädchen-unterwäsche (Marke Ott), Damen- und Herrenbademäntel (Marke Morgenstern) sowie Wolldecken (Marke Ibena)

Ersparnis: durchschnittlich ca. 30%

Zeiten: Mo. bis Fr. 9.30-12.30 Uhr und 14.00-17.30 Uhr, Sa. 10 00-12.30 Uhr

72116 Mössingen

Hinweise: separates großes Ladengeschäft bei der Fabrik, es sind auch Sonderposten, 2. und 3. Wahl-Artikel sowie Musterteile erhältlich

Weg: A 81 Stuttgart-Singen Ausfahrt Rottenburg auf die B 28a Richtung Rottenburg, nach ca 6,5 km Landstraße der Ausschilderung Wendelsheim folgen, die Firma befindet sich direkt am Ortseingang von Wendelsheim auf der rechten Seite

72116 Mössingen

▶ VIANIA

Viania Dessous GmbH
72116 Mössingen / Christophstr. 20
Tel. (07473) 9435-0 / viania.com

Das Unternehmen wurde im Jahr 1991 gegründet und hat heute rund 1.500 Handelspartner in Deutschland, Österreich, Frankreich, in der Schweiz und den Beneluxländern, in Skandinavien und in vielen anderen Ländern.

Waren: große Auswahl an eleganten, klassischen oder auch sportlichen Dessous in modischem Design für Damen, teilweise auch etwas Herrenwäsche

Ersparnis: ca. 30-40%

Zeiten: Mo. bis Fr. 10.00-18.00 Uhr, jeden 1. Sa. im Monat 10.00-14.00 Uhr

Weg: Mössingen liegt ca. 15 km südlich von Tübingen an der B 27 Richtung Hechingen, in Mössingen befindet sich die Firma im Industriegebiet Schlattwiesen

72127 Kusterdingen

▶ WILL

Karl Will Strickwarenfabrik
72127 Kusterdingen / Gartenstr. 44
Tel. (07071) 32460 / will-strickwaren.de

Die Firma hat seit über 35 Jahren Erfahrung im Flachstrickbereich von modischen Damen- und Herrenstrickwaren und fertigt im eigenen Betrieb vom Modell bis zum Endprodukt.

Waren: Strickwaren für Damen und Herren wie z.B. Röcke, Jacken, Westen, Pullover, Pullunder

Ersparnis: preisgünstige Angebote, besonders bei 2. Wahl

Zeiten: Mo. bis Fr. 9.00-17.00 Uhr, im Sommer nur Di. bis Do. 9.00-17.00 Uhr

Hinweise: gelegentlich sind auch 2. Wahl und günstige Restposten erhältlich

72202 Nagold

Weg: von Stuttgart auf der B 27 kommend Richtung Tübingen, bei Kirchentellinsfurt abbiegen nach Kusterdingen, hier befindet sich die Firma in Ortsmitte bei der Kirche, in der selben Straße wie die ehemalige Post

72138 Kirchentellinsfurt

▶ EINHORN

s. Seite 625

Einhorn Mode Manufaktur GmbH & Co. KG
72138 Kirchentellinsfurt / Einhornstr. 10
Tel. (07121) 960-0 oder -296 (Werksverkauf) / einhorn.de

Der Name Einhorn steht seit Jahren für hochwertige Markenqualität. Einhorn verwendet nur ausgesuchte Materialien und achtet auf ihre sorgfältige Verarbeitung. So wird ein hohes Maß an Tragekomfort in Verbindung mit ansprechenden und zeitgemäßen Schnitten und Farben erreicht.

Waren: hochwertige Herrenhemden, Businesshemden und Damenblusen, Marke Einhorn

Ersparnis: ca. 25%, günstige Angebote

Zeiten: Mo. bis Fr. 10.00-18.00 Uhr, Sa. 10.00-14.00 Uhr

Hinweise: eine weitere Verkaufsstelle befindet sich in:
72393 Burladingen, Josef-Mayer-Str. 94 (im Trigema-Gebäude), Tel. (07475) 914603, geöffnet Di. bis Fr. 10.00-18.00 Uhr und Sa. 9.00-13.00 Uhr

Weg: Kirchentellinsfurt liegt an der B 27 zwischen Stuttgart und Tübingen, nach der Abfahrt Kirchentellinsfurt über die Neckarbrücke und dann die erste Möglichkeit links auf die Einhornstr., etwas versteckter Eingang auf dem Fabrikgelände zum Verkaufsraum im 1. Stock

72202 Nagold

▶ DIGEL

Gustav Digel GmbH & Co. KG
72202 Nagold / Calwer Str. 81
Tel. (07452) 604-0 oder 65003 (Fabrikverkauf) / digel.de

Seit 1939 steht der Name Digel für Herrenbekleidung mit hohem Qualitätsanspruch. Heute exportiert das Unternehmen in fast alle Länder Europas.

Waren: große Auswahl an Herrenbekleidung wie Anzüge, Sakkos, Hosen, Hemden, Strick, Jeans, Jacken, Mäntel und Accessoires, außerdem festliche Bekleidung

Ersparnis: unterschiedlich, ca. 30-60%

Zeiten: Mo. bis Fr. 10.00-19.00 Uhr, Sa. 9.00-16.00 Uhr

72275 Alpirsbach

Hinweise:	es sind ständig Angebote, 2. Wahl und Sonderposten erhältlich
Weg:	A 81 Stuttgart-Singen Ausfahrt Rottenburg, über Bondorf und Mötzingen nach Nagold, vom Zentrum Nagold Richtung Calw, nach ca. 500 m befindet sich die Firma auf der linken Seite, vor dem Sportstadion

72275 Alpirsbach

▶ HARTER

s. Seite 625

Uwe Harter Strickwarenfabrik e.K.
72275 Alpirsbach / Gutleutweg 17
Tel. (07444) 2276 / harter.de

Gegründet wurde der Betrieb 1968. Anfangs wurde ein konventionelles Strumpfprogramm gefertigt. Seit 1982 besteht das umfangreiche Strumpfangebot aus unbehandelten Naturfasergarnen. Seit 1989 ergänzen sorgfältig gefertigte Pullover, Strickjacken und Strickröcke das vielfältige Angebot. Bei der Produktion, die bis auf wenige Arbeitsschritte ausschließlich vor Ort in Alpirsbach erfolgt, werden ausschließlich naturbelassene, unbehandelte Garne verwendet.

Waren:	Naturtextilien wie Strumpfwaren aus Wolle und Baumwolle für Damen, Herren und Kinder sowie Hosen, Pullover, Troyer und Strickjacken aus Wolle und Baumwolle, außerdem zugekaufte Schlafanzüge und Unterwäsche für Kinder
Ersparnis:	durchschnittlich 30%
Zeiten:	Di. und Do. 9.00-11.30 Uhr und 13.30-17.00 Uhr, Mo., Mi., Fr. 9.00-11.30 Uhr
Hinweise:	es werden hauptsächlich Rest- und Sonderposten verkauft
Weg:	Alpirsbach liegt südlich von Freudenstadt im Schwarzwald, an der B 294 Richtung Schiltach, in Alpirsbach befindet sich die Firma leicht zu finden im Zentrum

72336 Balingen

▶ BONDI-DRESS

Dieter Boss GmbH & Co. KG / Bondi-dress Kindermoden
72336 Balingen Frommern / Im Rohrbach 26
Tel. (07433) 9929-0 / bondi.de

Waren:	Baby- und Kindermode wie Baby-Bodys, Strampler und Spieler, Schlafanzüge für Babys, Kleinkinder und Kinder bis Gr. 176, Baby-Bekleidung von Gr. 62-104 wie T-Shirts, Sweat-Shirts, Hosen und Jacken, außerdem Unterziehshirts, Leggings, Radler- und Jeanshosen
Ersparnis:	eher gering, je nach Artikel

72336 Balingen

Zeiten:	Mo. bis Fr. 9.00-12.00 Uhr und 14.00-18.00 Uhr, Sa. 9.30-12.30 Uhr
Hinweise:	kleiner Laden in der Fabrik
Weg:	Balingen liegt an der B 27 zwischen Hechingen und Rottweil, in Balingen auf die B 463 Richtung Albstadt und nach ca. 1 km in das Gewerbegebiet Im Rohrbach

▶ BÜHLER

Albert Bühler GmbH & Co. KG / Trikotwarenfabrik
72336 Balingen Zillhausen / Auchtenstr. 9
Tel. (07435) 1277 / buehler-waesche.de

Waren:	Textilien für Babys und Kinder in weiß oder farbig mit diversen Drucken wie z.B. Erstlingsausstattung, Schlafanzüge, Body's, Hemden, Slips etc., auch ein Natursortiment, teilweise auch etwas Damenoberbekleidung
Ersparnis:	ca. 30-40%
Zeiten:	Mo. bis Do. 7.30-11.30 Uhr und 13.30-15.30 Uhr
Weg:	A 81 Stuttgart-Singen Ausfahrt Empfingen/Balingen nach Balingen, B 27 Abfahrt Albstadt Ebingen/Frommern und dann nach ca. 3 km links ab Richtung Stockenhausen/Zillhausen, ca. 600 m nach dem Ortseingang von Zillhausen rechts in die Auchtenstr.

▶ CECEBA

s. Seite 627

Schäfer Textil GmbH / Ceceba Outlet
72336 Balingen / Hopfstr. 2 / Ecke Rosenfelder Str.
Tel. (07433) 2603-44 / ceceba.com

Das Unternehmen produziert seit über 100 Jahren hochwertige Tag- und Nachtwäsche für Damen und Herren und agiert mit den Marken Ceceba, Tom Tailor, Xotox, Götzburg, Margret und Speidel auf dem nationalen und internationalen Wäschemarkt.

Waren:	Tag- und Nachtwäsche sowie Funktionswäsche wie Schlafanzüge, Unterwäsche, Sportanzüge, Hemden, Pullis, T-Shirts, Sweat-Shirts etc. für Damen, Herren und Kinder, Marken Ceceba, Tom Tailor, Götzburg, Margret, Speidel und Xotox
Ersparnis:	ca. 30-50%, günstige Angebote vor allem bei 1B-Ware
Zeiten:	Mo. bis Fr. 9.00-18.00 Uhr, Sa. 9.00-12.00 Uhr
Hinweise:	separates Ladengeschäft bei der Verwaltung
Weg:	Balingen liegt an der B 27 zwischen Tübingen und Rottweil, Ausfahrt Balingen-Nord, die Firma befindet sich im Industriegebiet-West, am Einkaufscenter vorbei, ist auch beschildert

72336 Balingen

▶ DANNECKER

Dannecker Sport- und Freizeitmoden GmbH
72336 Balingen / Rosenfelder Str. 72
Tel. (07433) 7025 / dannecker-sport.de

Das Unternehmen wurde 1960 in Geislingen bei Balingen gegründet und ist heute ein vollstufiger Betrieb, der von der Stoffproduktion bis zum versandfertigen Produkt sämtliche Arbeitsgänge in eigenen Hause durchführt.

Waren: Freizeit-Anzüge, Kur-Anzüge für Damen und Herren, komplettes Sortiment

Ersparnis: ca. 30-50%, Preise: Anzüge EUR 49,- bis 59,-

Zeiten: Mo. bis Fr. 9.00-12.30 Uhr und 14.00-18.30 Uhr, Sa. 9.00-15.00 Uhr

Weg: A 81 Stuttgart-Singen Ausfahrt Empfingen/Balingen nach Balingen, am Ortsanfang von Balingen abfahren Richtung Geislingen und kurz vor dem Ortsausgang von Balingen Richtung Geislingen links in die Rosenfelder Str.

▶ DORIS STREICH

Streich Bekleidungswerk GmbH & Co.
72336 Balingen Engstlatt / Jurastr. 3
Tel. (07433) 90090 / dorisstreich.de

Waren: Damenoberbekleidung wie z.B. Blusen, Röcke, Hosen, Blazer, Marke Doris Streich

Ersparnis: unterschiedlich, günstige Angebote

Zeiten: Mo. bis Fr. 14.00-18.00 Uhr

Hinweise: es sind hauptsächlich 2. Wahl-Waren, Sonderposten und Warenretouren erhältlich

Weg: aus Richtung Stuttgart auf der B 27 kommend Richtung Tübingen/Balingen, Ausfahrt Engstlatt-Süd und rechts in das Industriegebiet Lehenmorgen, noch zweimal rechts abbiegen und man kommt in die Jurastr.

▶ STAUTZ

Konrad Stautz GmbH & Co. KG
72336 Balingen / Rohrlochstr. 10
Tel. (07433) 90310 / stautz.com

Waren: Sport- und Freizeitanzüge für Damen für Herren, aber auch einige T-Shirts, Unterwäsche etc.

Ersparnis: ca. 30% im Durchschnitt

72379 Hechingen

Zeiten: Mo. bis Fr. 14.00-18.00 Uhr

Hinweise: es wird hauptsächlich 1B-Ware verkauft

Weg: Balingen liegt an der B 27 zwischen Hechingen und Rottweil, dort befindet sich die Firma im Gebiet Steinenbühl

72355 Schömberg

▶ STRIEBLING

E. & M. Striebling GmbH / Strumpffabrik
72355 Schömberg Schörzingen / Wilfinger Str. 60
Tel. (07427) 94870

Waren: Socken und Strümpfe aller Art für Damen, Herren und Kinder, manchmal auch zugekaufte T-Shirts, Sweat-Shirts und Jogginganzüge

Ersparnis: durchschnittlich ca. 35%

Zeiten: Do. und Fr. 10.00-18.00 Uhr

Hinweise: teilweise ist auch 1B- und 2. Wahl erhältlich

Weg: von Rottweil auf der B 27 Richtung Balingen vor Schömberg rechts ab nach Schörzingen, die Firma befindet sich dort im letzten Haus am Ortsausgang

72379 Hechingen

▶ EFIXELLE

efix tricot GmbH
72379 Hechingen / Max-Eyth-Str. 2
Tel. (07471) 93170 / efixelle.de

Das Unternehmen wurde 1907 gegründet. Heute steht efixelle für qualitativ hochwertige Mode für trendbewusste Frauen und ist spezialisiert auf Shirts und Kombis für Damen.

Waren: bedruckte und bestickte Damenshirts, Kombiartikel im Jerseybereich, gelegentlich auch einige Tops, Hosen und Röcke

Ersparnis: preisgünstige Angebote, besonders bei 2. Wahl

Zeiten: Mo. bis Fr. 9.30-18.00 Uhr, Sa. 9.00-13.00 Uhr

Hinweise: eine weitere Verkaufsstelle befindet sich in:
72393 Burladingen, Hirschaustr. 46, geöffnet Mo. bis Fr. 9.00-18.30 Uhr und Sa. 9.00-13.00 Uhr

Weg: B 27 Abfahrt Hechingen-Mitte Richtung Hechingen-Unterstadt, der links abbiegenden Vorfahrtsstraße in die Hofgartenstr. folgen, nach ca. 400 m an der Ampel rechts in die Haigerlocher

72393 Burladingen

Str., nach ca. 300 m befindet sich die Firma auf der rechten Seite, Ecke Haigerlocher Str./Max-Eyth-Str.

▶ JOCKEY

Jockey GmbH
72379 Hechingen / Neustr. 12
Tel. (07471) 1890 / jockey.de

Waren: T-Shirts, Sweat-Shirts, Hemden, Schlafanzüge, Unterwäsche, Badehosen und -mäntel, Pullover und Socken für Herren, auch etwas Damenunterwäsche, Marken Jockey und Moonday

Ersparnis: ca. 30% bei regulärer Ware, 2. Wahl, Musterstücke und Auslaufmodelle sind noch günstiger

Zeiten: Mo. bis Fr. 9.00-19.00 Uhr, Sa. 9.00-16.00 Uhr

Weg: A 81 Stuttgart-Singen Ausfahrt Empfingen über Haigerloch nach Hechingen, dort Richtung Stadtmitte und Kreiskrankenhaus halten, so kommt man direkt an der Firma vorbei

72393 Burladingen

▶ BOGI

s. Seite 627

J. M. Pfister Baby- und Kindermoden
72393 Burladingen / Schaltenberg 8
Tel. (07475) 517 / bogibypfister.de

Familienbetrieb seit 1968. Die Produktion von Kinderbekleidung in guter Qualität erfolgt in Deutschland. Die benötigten Stoffe werden in Frankreich, Italien und Deutschland eingekauft.

Waren: Baby- und Kindermoden in den Gr. 56-176 wie T-Shirts, Sweat-Shirts, Hosen, Leggins, Kleider, Jacken, Schlafanzüge, Jogginganzüge, Pullover, Mützen, Overalls u.v.m.

Ersparnis: durchschnittlich ca. 30%, 2. Wahl und Musterteile pauschal EUR 1,90/Artikel

Zeiten: Mo. bis Fr. 8.00-18.00 Uhr, Sa. 9.00-12.00 Uhr

Hinweise: es sind immer auch 2. Wahl und Musterteile erhältlich

Weg: Burladingen liegt an der B 32 zwischen Hechingen und Gammertingen, von Hechingen kommend in Ortsmitte beim „Autohaus Mercedes-Benz" rechts einbiegen, dann sofort links und gleich wieder rechts in Schaltenberg

72393 Burladingen

▶ HEIM CHIC

s. Seite 627

Leopold Heim GmbH & Co. KG / Heim chic Strickmoden
72393 Burladingen / Jahnstr. 1
Tel. (07475) 1024

Die heute älteste Strickwarenfabrik in Burladingen wurde im Jahr 1924 gegründet. Die Firma hat sich auf hochwertige und modische Strickwaren konzentriert.

Waren: Pullover, Westen, Röcke, Twinsets und T-Shirts für Damen sowie Pullover, Westen, Pullunder, ärmellose Westen und T-Shirts für Herren, Marken Heim Chic, mascotte und HC-Boutique

Ersparnis: ca. 40-50%

Zeiten: Mo. bis Do. 9.00-17.30 Uhr, Fr. 9.00-17.00 Uhr, Sa. 9.00-12.00 Uhr

Hinweise: gelegentlich ist auch 2. Wahl erhältlich

Weg: von Tübingen auf der B 32 nach Burladingen, dort befindet sich die Firma an der Hauptstraße direkt neben dem „Mercedes"-Autohaus, Richtung Ortsausgang nach der Firma „Trigema" auf der rechten Seite

▶ KELLER

s. Seite 627

Strickerei Ernst Keller
72393 Burladingen / Hirschaustr. 50
Tel. (07475) 7041

Waren: Strickwaren wie Pullover, Strickwesten, zugekaufte Kleider, Röcke, Hosen, Blazer, T-Shirts etc.

Ersparnis: unterschiedlich je nach Artikel, günstige Angebote

Zeiten: Mo. bis Fr. 10.00-12.00 Uhr und 13.30-18.00 Uhr, Sa. 9.00-13.00 Uhr

Hinweise: nur Pullover und Strickwesten sind aus eigener Herstellung, davon ist teilweise auch 2. Wahl erhältlich

Weg: Burladingen liegt an der B 32 von Tübingen in Richtung Sigmaringen, in Burladingen befindet sich die Firma mitten im Ort gegenüber der Firma „Trigema", im Gebäude der Firma „Trocadero"

▶ MAYER F.

Friedrich Mayer GmbH & Co. KG
72393 Burladingen Melchingen / Josef-Deuber-Str. 12
Tel. (07126) 324

Waren: Baby- und Kinderbekleidung bis Gr. 164/176, T-Shirts, Sweat-Shirts, Hemden, Blusen, Jacken, Unterwäsche, Socken, Strumpfhosen

72393 Burladingen

Ersparnis:	günstige Angebote, besonders bei 2. Wahl
Zeiten:	Mo. bis Do. 9.00-12.00 Uhr und 14.00-18.00 Uhr, Fr. 9.00-12.00 Uhr
Hinweise:	ca. 2x jährl. (meist im Mai und November) finden jeweils ca. 2 Wochen lang zusätzliche Sonderverkäufe mit nochmals reduzierten Preisen statt, genaue Termine erfragen
Weg:	von Tübingen auf der B 27 Richtung Hechingen, bei Ofterdingen links ab durch Mössingen und Talheim nach Melchingen, hier befindet sich die Firma am Ortseingang hinter der Aral-Tankstelle

Bekleidung

▶ TRIGEMA

Trigema GmbH & Co. KG
72393 Burladingen / Josef-Mayer-Str. 94
Tel. (07475) 88-0 oder -229 (Testgeschäft) / trigema.de

Trigema ist seit 1975 Deutschlands größter T-Shirt und Tennis-Bekleidungs-Hersteller. Die Herstellung vom Garn bis zum Fertigprodukt erfolgt ausschließlich in eigenen Werken in Baden-Württemberg.

Waren:	T-Shirts, Sweat-Shirts, Sport- und Freizeitanzüge, Tennisbekleidung, Nacht- und Unterwäsche für Damen, Herren und Kinder, Marke Trigema
Ersparnis:	Verkaufspreis = Händlereinkaufspreis + Mehrwertsteuer
Zeiten:	Mo. bis Fr. 9.00-19.00 Uhr, Sa. 9.00-16.00 Uhr
Hinweise:	der Eingang befindet sich direkt an der Hauptstraße bei der Trigema-Tankstelle; im selben Gebäude verkaufen auch die Firmen Einhorn (Hemden und Blusen), Birkenstock (Gesundheitsschuhe), Allegra (Bett- und Tischwäsche) und Jaedicke-Schokoparadies (Süßwaren)
Weg:	von Hechingen auf der B 32 Richtung Sigmaringen nach Burladingen, die Firma befindet sich am Ortseingang auf der linken Seite

- weitere Trigema-Testgeschäfte
mit gleichem Warenangebot, gleicher Ersparnis und größtenteils gleichen Verkaufszeiten befinden sich in:
23730 Neustadt i. H., Eutinerstr. 49, Tel. (04561) 714711
25761 Büsum, Hafentörn 2, Tel. (04834) 962860
25980 Sylt-Ost/Tinnum, Kiarwai 7, Tel. (04651) 8362559
33609 Bielefeld, Eckendorfer Str. 64, Tel. (0521) 3059050
34537 Bad Wildungen, Brunnenallee 32-34, Tel. (05621) 965263
36286 Neuenstein Aua, Weyerswiesenstr. 14, Tel. (06677) 919005
37441 Bad Sachsa-Tettenborn, Steinlohstr. 1-7, Tel. (05523) 303488
50226 Frechen, Europaallee 4, Tel. (02234) 274004
53604 Bad Honnef, Lohfelderstr. 33, Tel. (02224) 911005

55546 Volxheim, Im Veltensgarten 4, Tel. (06703) 960255
57392 Bad Fredeburg, Wehrscheid 24, Tel. (02974) 833399
61191 Rosbach v. d. H., Raiffeisenstr. 4, Tel. (06003) 930290
63814 Mainaschaff, Industriestr. 1-3, Tel. (06021) 458926
66693 Mettlach, Marktplatz 6, Tel. (06864) 270334
70629 Stuttgart, Flughafen Terminal 1, Tel. (0711) 4596762
70806 Kornwestheim, Stammheimer Str. 10, Tel. (07154) 801779
72270 Baiersbronn, Uferweg 47a, Tel. (07442) 120050
72414 Rangendingen, Hechinger Str. 56, Tel. (07471) 83020
73084 Salach, Karl-Laible-Str. 8, Tel. (07162) 7277
76275 Ettlingen-Albtal, Pforzheimer Str. 202, Tel. (07243) 537705
77736 Zell am Harmersbach, Hauptstr. 2, Tel. (07835) 631186
78532 Tuttlingen, Gänsäcker 1-3, Tel. (07462) 200083
79189 Bad Krozingen, Im Unteren Stollen 5, Tel. (07633) 13936
79664 Wehr, Im Hemmet 12, Tel. (07762) 805084
82496 Oberau, Werdenfelser Straße 28, Tel. (08824) 929020
83324 Ruhpolding, Otto-Filitz-Str. 1, Tel. (08663) 5010
83451 Piding, Lattenbergstr. 7, Tel. (08651) 715500
83734 Hausham, Obere Tiefenbachstr. 15a, Tel. (08026) 38529
85599 Parsdorf, Heimstettener Str. 1, Tel. (089) 90129930
87459 Pfronten-Weißbach, Kemptener Str. 24, Tel. (08363) 960210
87480 Weitnau, Klausenmühle 1, Tel. (08375) 974712
87538 Fischen-Langenwang, Dorfstr. 35, Tel. (08326) 384169
87541 Bad Hindelang, Am Bauernmarkt 1, Tel. (08324) 953140
87645 Schwangau, Alemannenweg 5, Tel. (08362) 81707
88361 Altshausen, Max-Planck-Str. 9, Tel. (07584) 2773
88662 Überlingen-Nußdorf, Nußdorfer Str. 101, Tel. (07551) 936330
91227 Leinburg Diepersdorf, Vogelherdstr. 4, Tel. (09120) 182803
91350 Gremsdorf, Gewerbepark 1, Tel. (09193) 504130
92348 Berg, Karl-Schiller-Str. 8, Tel. (09181) 263239
93471 Arnbruck, Zellertalstr. 13, Tel. (09945) 375
94086 Bad Griesbach, Schwaimer Str. 67, Tel. (08532) 924676
95100 Selb, Hutschenreuther-Platz 2, Tel. (09287) 890741
96103 Hallstadt, Biegenhofstr. 5, Tel. (0951) 7009494
97672 Bad Kissingen, Rudolf-Diesel-Str. 21, Tel. (0971) 69280
97999 Igersheim, Roggenbergstr. 6, Tel. (07931) 43000

72406 Bisingen

▶ ALIDE

Alide Mieder & Dessous GmbH
72406 Bisingen / Hinter Stück
Tel. (07476) 9461-0 / alide.com

Waren: Dessous aller Art für Damen wie z.B. Slips, BH's, auch Sport-BH's, Bodys, Miederhosen etc.

72406 Bisingen

Ersparnis: günstige Angebote, besonders bei Auslaufmodellen und Sonderposten

Zeiten: Mo. bis Fr. 9.30-12.30 Uhr und 14.30-17.30 Uhr, Sa. 9.30-12.30 Uhr

Weg: Bisingen liegt an der B 27 zwischen Balingen und Hechingen, von der B 27 kommend Richtung Zentrum Bisingen und nach dem Kreisverkehr die zweite Straße links einbiegen in „Hinter Stück"

▶ BODYART

G+M Textil GmbH
72406 Bisingen / Bahnhofstr. 16
Tel. (07476) 930-0 / bodyart.de

Waren: Unterwäsche für Herren, Saisonabverkäufe der Marken Bodyart und Kapart

Ersparnis: Restposten und 2. Wahl sind bis zu 50% günstiger

Zeiten: ca. 2x jährl. meist vor Ostern und vor Weihnachten finden jeweils meist 2 Tage lang Sonderverkäufe statt, genaue Termine erfragen

Weg: Bisingen liegt an der B 27 zwischen Balingen und Hechingen, die Firma befindet sich dort schräg gegenüber vom Bahnhof beim hohen Schornstein

▶ CELLINI

Cellini Collection Hermann Pflumm e.K. / Strickwarenfabrik
72406 Bisingen Wessingen / Zaunäcker 7
Tel. (07471) 16797 / cellini-collection.de

Waren: Strickmode für Damen wie Pullover und Shirts, Marke Cellini Collection

Ersparnis: bis zu 50% möglich, besonders preiswert sind Musterteile und 2. Wahl-Artikel

Zeiten: Mo. und Do. 14.00-18.00 Uhr, Mi. 9.00-11.30 Uhr, bei Sonderverkäufen Mo. bis Do. 10.00-12.00 Uhr und 14.00-18.00 Uhr

Hinweise: die Sonderverkäufe finden meistens 1x im Monat statt, genaue Termine am besten telefonisch erfragen

Weg: Bisingen liegt an der B 27 zwischen Balingen und Hechingen, auf der B 27 aus Richtung Hechingen kommend befindet sich die Firma noch vor Bisingen im Ortsteil Wessingen, in Wessingen am Ortsausgang Richtung Bisingen rechts in „Zaunäcker"

72411 Bodelshausen

72411 Bodelshausen

▶ CENTER M

Center M
72411 Bodelshausen / Daimlerstr. 2
Tel. (07471) 706120 oder 706132 / center-m.de

Waren: Oberbekleidung aller Art für Damen, Herren und Kinder, Unterwäsche, Schuhe, Kosmetika, Marken wie z.B. Madeleine, Marvelis, Vera Cosmetic, R.O.U.G.H., La Bella Fashion u.a.

Ersparnis: teilweise sind günstige Angebote erhältlich

Zeiten: Mo. bis Fr. 10.00-18.30 Uhr, Sa. 10.00-13.00 Uhr

Hinweise: gemeinsamer Fabrikverkauf von mehreren Herstellern auf ca. 1.000 qm, es sind auch viele Sonderposten und Auslaufmodelle erhältlich

Weg: Bodelshausen liegt an der B 27 von Tübingen kommend ca. 4 km vor Hechingen, Abzweigung Bodelshausen Richtung Stadtmitte, am Ortsanfang an der 1. Fußgängerampel links einbiegen

▶ MARC CAIN

Marc Cain GmbH
72411 Bodelshausen / Steinstr. 3
Tel. (07471) 709-0 / marc-cain.com

Marc Cain ist ein Modehersteller für hochwertige Damenkleidung. Gegründet wurde das Unternehmen 1973 in Italien. Der Verkauf erfolgt auch über eigene Filialen.

Waren: Damenoberbekleidung wie z.B. Jacken, Mäntel, Blazer, Blousons, Röcke, Kleider, Pullover, Blusen, T-Shirts, Hosen in Masche, Konfektion und Leder, Sportswear, Accessoires wie z.B. Strumpfhosen, Gürtel, Hüte, Tücher, Schals, Marke Marc Cain

Ersparnis: durchschnittlich ca. 40%, teilweise bis zu 70%

Zeiten: Mo. bis Fr. 10.00-18.00 Uhr, Sa. 10.00-16.00 Uhr

Hinweise: die Verkaufsstelle befindet sich nicht beim Hauptwerk, es sind ausschließlich Artikel der Vorjahreskollektion sowie 2. Wahl erhältlich

Weg: Bodelshausen liegt an der B 27 von Tübingen kommend ca. 4 km vor Hechingen, Abzweigung Bodelshausen Richtung Stadtmitte, dort einbiegen in die Bahnhofstr., nach knapp 1 km rechts in die Steinstr.

72411 Bodelshausen

▶ RIEKER

Karl Rieker GmbH & Co. KG
72411 Bodelshausen / Höfelstr. 3
Tel. (07471) 958101 / karl-rieker.com

Karl Konrad Rieker gründete 1954 eine Lohnstrickerei, drei Jahre später stellte er bereits Damenunterwäsche her. 1980 wurden in Filialen und Zweigbetrieben europaweit Damen- und Mädchenunterwäsche, T-Shirts sowie Schlafanzüge hergestellt. Heute ist die Firma ein Handelsunternehmen und bezieht die Ware weltweit. Die fertigen Kleidungsstücke werden in Bodelshausen und Hamburg zusammengestellt und an Kunden weltweit geliefert.

Waren: Unterwäsche, Nachtwäsche und Oberbekleidung für Damen, Herren und Kinder, auch T-Shirts, Sweat-Shirts etc., Dessous und Badeanzüge für Damen, außerdem Sportbekleidung für Damen und Herren wie z.B. Outdoor- und Sporthosen

Ersparnis: durchschnittlich ca. 40%

Zeiten: Mo. bis Fr. 9.00-12.00 Uhr und 14.00-18.00 Uhr, Sa. 9.00-12.00 Uhr

Hinweise: es ist auch 2. Wahl erhältlich

Weg: Bodelshausen liegt an der B 27 von Tübingen kommend ca. 4 km vor Hechingen, in Bodelshausen befindet sich die Firma im Industriegebiet „Gehrn"

▶ SPEIDEL

s. Seite 629

Speidel GmbH
72411 Bodelshausen / Hechinger Str. 6
Tel. (07471) 701-0 / speidel-lingerie.de

Gegründet wurde das Familienunternehmen im Jahr 1952. Zunächst wurden in Lohnarbeit Strickwaren hergestellt, später spezialisierte man sich auf die Produktion von Damenwäsche. Heute zählt das Unternehmen in der Nähe von Tübingen insgesamt rund 500 Mitarbeiter, davon ca. 300 in einem hochmodernen Betrieb in Ungarn.

Waren: Unterwäsche für Damen wie z.B. Bodies, Slips, BH's, Unterhemden, Leggins etc., für Herren Slips, Boxershorts, Unterhemden und Schlafanzüge der Marken Speidel, Götzburg, Ceceba und Tom Tailor

Ersparnis: ca. 20%, 2. Wahl und Auslaufmodelle sind noch günstiger

Zeiten: Mo. bis Fr. 9.00-18.00 Uhr, Sa. 9.00-14.00 Uhr

Hinweise: weitere Verkaufsstellen in der Umgebung befinden sich in:
78054 Villingen-Schwenningen, Kronenstr. 21 (City-Rondell), Tel. (07720) 9932935, geöffnet Mo. bis Fr. 9.30-20.00 Uhr und Sa. 9.30-18.00 Uhr;
79189 Bad Krozingen, Bahnhofstr. 16, Tel. (07633) 10104

72458 Albstadt

Weg: Bodelshausen liegt an der B 27 von Tübingen kommend ca. 4 km vor Hechingen, Abzweigung Bodelshausen Richtung Stadtmitte, am Ortsanfang links in die Hechinger Str., die Firma befindet sich gegenüber vom „Hotel Sonne"

72419 Neufra

▶ KANZ

Josef Kanz GmbH & Co. KG
72419 Neufra / Gammertinger Str. 30/1
Tel. (07574) 408-185 / kanz.de

Waren: große Auswahl an modischer Baby- und Kinder-Bekleidung der Marken Kanz und Mailbox in den Gr. 44-164, auch Tag- und Nachtwäsche für Babies und Kleinkinder

Ersparnis: bei 1. Wahl ca. 20%, bei 2. Wahl bis zu 60%

Zeiten: Mo. bis Fr. 9.30-18.00 Uhr, Sa. 9.30-15.00 Uhr

Weg: Neufra liegt ca. 40 km südlich von Stuttgart, B 27 Richtung Tübingen, an Tübingen vorbei Richtung Gammertingen/Sigmaringen, im Ort Neufra kurz vor dem Ortsausgang links ab auf die Straße „Alte Steige", oben auf dem Berg befindet sich die Firma Kanz

72458 Albstadt

▶ COMAZO

Carl Meiser GmbH & Co. KG / Comazo Herstellerverkauf
72458 Albstadt Ebingen / Keplerstr. 24
Tel. (07431) 591096 / comazo.de

Die Comazo GmbH + Co. KG ist ein großes deutsches Wäsche-Unternehmen. In eigener, vollstufiger Produktion werden Damen-, Herren- und Kinderwäsche sowie Sport-Funktionsunterwäsche hergestellt und verkauft. Der Stammsitz des Unternehmens befindet sich in Albstadt.

Waren: Damen- und Herrenbekleidung wie z.B. Unterwäsche, T-Shirts, Sweat-Shirts, Nachthemden, Pyjamas, Leggins, Kinderwäsche

Ersparnis: ca. 30-40%, je nach Artikel

Zeiten: Mo. bis Fr. 9.30-18.30 Uhr, Sa. 9.30-14.00 Uhr

Weg: Albstadt liegt an der B 463 zwischen Balingen und Sigmaringen, dort befindet sich der Verkauf im Ortsteil Ebingen hinter „McDonalds", am Ortsausgang nach Truchtelfingen

72459 Albstadt

▶ ESGE

**ESGE Textilwerk Maag GmbH & Co. KG /
Wäschemarkt „Drunter & Drüber"
72458 Albstadt Ebingen / Sonnenstr. 107
Tel. (07431) 578-0 / esge.de**

Seit 1881 produziert ESGE modische, klassische und elegante Wäsche für Damen und Herren.

Waren:	für Damen Tag- und Nachtwäsche, Schlüpfer, Slips und Unterhemden, außerdem Herrenwäsche
Ersparnis:	bei Sonderangeboten und 2. Wahl bis zu 50%
Zeiten:	Mo. bis Fr. 10.00-18.00 Uhr, Sa. 10.00-12.30 Uhr
Weg:	von Tübingen auf der B 27 nach Balingen, weiter auf die B 463 nach Albstadt, hier befindet sich die Firma im Ortsteil Ebingen, über die Bahnlinie Richtung Zentrum kommt man auf die Sonnenstr., die Verkaufsstelle befindet sich gegenüber vom Kino

▶ GEORGI

**Georgi Sportbekleidung GmbH
72458 Albstadt Ebingen / Olgastr. 80
Tel. (07431) 73295**

Waren:	Leggins, Capri-Hosen und Bermudas für Damen und Kinder
Ersparnis:	preisgünstige Angebote, 2. Wahl ist besonders preiswert
Zeiten:	Mo. bis Do. 8.00-12.00 Uhr und 13.00-15.00 Uhr, Fr. 8.00-11.00 Uhr
Weg:	von Tübingen auf der B 27 nach Balingen, hier auf die B 463 nach Albstadt, dort befindet sich die Firma in Ebingen, an den Bahngleisen links

72459 Albstadt

▶ BEKA

**Beka-Moden GmbH
72459 Albstadt Lautlingen / Kohlplattenstr. 11
Tel. (07431) 95747-0 / beka-moden.de**

Waren:	Damenoberbekleidung wie Shirts und Tops, uni und bedruckt, für die Dame ab 35 in den Größen 38 bis 52
Ersparnis:	bis zu 50%, 1B-Ware ist besonders preiswert
Zeiten:	Mo. bis Do. 14.00-17.00 Uhr

72459 Albstadt

Weg: von Balingen auf der B 463 in Richtung Sigmaringen liegt Lautlingen ca. 4 km vor Albstadt, in Lautlingen am Ortsanfang rechts in das Gewerbegebiet Eschach auf die Eschachstr., nach ca. 200 m geht die Kohlplattenstr. rechts ab

▶ HUBERMASCHE

Gebr. Huber & Co. / Trikotwarenfabrik
72459 Albstadt Lautlingen / Von-Stauffenberg-Str. 24
Tel. (07431) 9597-51 / hubermasche.de

Die Firma Gebr. Huber & Co. wurde 1948 gegründet. Die Produkte liegen im mittleren Preisniveau. Der Qualitätsgedanke spielt bei hubermasche eine dominierende Rolle. Auch steht Ökotex 100, der Begriff für umweltfreundliche und schadstoffarme Textilien, bei vielen Programmen im Vordergrund.

Waren: Unter- und Nachtwäsche für Damen, Herren und Kinder, Oberbekleidung für Babys, Marken hubermasche und hubermini

Ersparnis: bei 1. Wahl ca. 30%, Restposten sind bis zu 50% günstiger

Zeiten: Mo. bis Fr. 10.00-18.00 Uhr, 4 Wochen vor Weihnachten und während den Schlussverkäufen auch Sa. 10.00-13.00 Uhr

Weg: von Balingen auf der B 463 in Richtung Sigmaringen liegt Lautlingen ca. 4 km vor Albstadt, dort nach der Gaststätte Krone rechts Richtung Meßstetten, vor der Eisenbahnbrücke links, die Firma befindet sich im 1. Haus auf der linken Seite, gegenüber der Lautlinger Bank

▶ MEY

Gebr. Mey GmbH & Co. KG
72459 Albstadt Lautlingen / Hohenwiesenstr. 3
Tel. (07431) 706-0 / mey.de

Waren: Unterwäsche für Damen und Herren, Slips, BH's, Fremdware wie z.B. Nachtwäsche, Strumpf- und Frotteewaren, Bademäntel, Bodies etc., 2x jährl. zu den Schlussverkaufszeiten sind von den Eigenprodukten auch günstige 2. Wahl und Auslaufmodelle erhältlich

Ersparnis: ca. 10-20% bei Eigenprodukten, nur Sonderangebote sind noch etwas günstiger

Zeiten: Mo. bis Fr. 9.00-18.00 Uhr, Sa. 9.00-13.00 Uhr

Hinweise: separater Verkaufsraum im 3. Stock, eigentlich nur Personalverkauf, bei Besuchen unsererseits war ein Einkauf auch für Privat möglich;
weitere Verkaufsstellen befinden sich in:
72358 Dormettingen, Bahnhofstr. 20, Tel. (07427) 2010, geöffnet
Mo. bis Fr. 8.30-11.30 Uhr und 13.30-18.00 Uhr und in

72459 Albstadt

72475 Bitz, Ebinger Str. 25, Tel. (07431) 980-0, geöffnet Mo. bis Do. 9.00-12.00 Uhr und 13.00-17.30 Uhr, Fr. bis 16.30 Uhr

Weg: Albstadt liegt an der B 463 zwischen Balingen und Sigmaringen, die Firma befindet sich mitten in Lautlingen hinter dem „Gasthaus Krone", im alten Firmengebäude

▶ SCHIESSER

Schiesser AG
72459 Albstadt Lautlingen / Eschachstr. 7
Tel. (07431) 958529 / schiesser.de

Im Jahr 1875 begann Jacques Schiesser in einem ehemaligen Tanzsaal in Radolfzell mit der Produktion von Trikotwäsche. Heute ist Schiesser ein Marktführer der deutschen Wäschespezialisten und entwickelt sich immer stärker vom Produktions- zum internationalen Marketing- und Vertriebsunternehmen.

Waren: Tag- und Nachtwäsche für Damen, Herren und Kinder wie z.B. Unterwäsche und Schlafanzüge, außerdem Freizeit- und Schwimmbekleidung

Ersparnis: durchschnittlich ca. 25%, Musterteile, 2. Wahl und Auslaufmodelle sind besonders günstig, immer auch zusätzliche Sonderaktionen

Zeiten: Mo. bis Fr. 9.00-18.30 Uhr, Sa. 9.00-14.00 Uhr

Weg: von Balingen auf der B 463 in Richtung Sigmaringen liegt Lautlingen ca. 4 km vor Albstadt, in Lautlingen am Ortsanfang rechts in das Gewerbegebiet Eschach auf die Eschachstr.

▶ SCHNEIDER

Schneider Sporttextil GmbH
72459 Albstadt / Heimbolweg 4
Tel. (07432) 9784-0 / schneider-sportswear.de

Waren: Sportbekleidung wie Jacken, Hosen und Anzüge, für Sport und Freizeit

Ersparnis: durchschnittlich ca. 30%

Zeiten: Mo. bis Mi., Fr. 9.00-11.30 Uhr, Do. 9.00-11.30 Uhr und 14.00-17.30 Uhr

Weg: Albstadt liegt auf der Schwäbischen Alb zwischen Balingen und Sigmaringen an der B 463, von Balingen kommend in Lautlingen links ab über Margrethausen nach Pfeffingen, hier am Ortsbeginn die erste Straße links ist der Heimbolweg

72461 Albstadt

72461 Albstadt

▶ CON-TA

s. Seite 629

Conta GmbH
72461 Albstadt Tailfingen / Untere Bachstr. 60
Tel. (07432) 9795-454 / conta.de

Die Firma Gebr. Conzelmann wurde im Jahr 1920 gegründet. Begonnen wurde damals mit der Herstellung von Tagesunterwäsche für Damen, Herren und Kinder und dies ist auch bis zum heutigen Tage so geblieben. Der Hauptsitz des Unternehmens ist in Albstadt-Tailfingen, angeschlossen ist eine betriebseigene Näherei in Schwenningen auf dem Heuberg. Die Produktion erfolgt zu ca. 60% in eigenen Betriebsstätten auf der Schwäbischen Alb, darüber hinaus in Nähereien in Rumänien und Kroatien.

Bekleidung

Waren: Damen-, Herren- und Kinderwäsche aller Art, Funktionswäsche für Damen und Herren, außerdem Nachtwäsche und Socken für Damen, Herren und Kinder, BH's und Dessous sowie Herrenhemden, Marke con-ta

Ersparnis: ca. 50%

Zeiten: Mo. bis Fr. 9.00-18.30 Uhr, Sa. 9.00-13.00 Uhr

Hinweise: weitere Verkaufsstellen befinden sich in:
06254 Leipzig-Günthersdorf, Nova Eventis, Tel. (034638) 36162
08056 Zwickau, Innere Schneeberger Str. 11, Tel. (0375) 2703269
08529 Plauen, Äußere Reichenbacher Str. 64,
   Tel. (03741) 393438
18609 Ostseebad Binz/Rügen, Proraer Chausse 3g,
   Tel. (038393) 663916
25826 St. Peter-Ording, Nordergeest 4, Tel. (04863) 476866
39326 Hermsdorf, Am Elbepark 1 (A2 Outlet-Center),
   Tel. (039206) 62597
72414 Rangendingen, Hechinger Str. 36, Tel. (07471) 871327
72477 Schwenningen, Talstr. 10, Tel. (07579) 9336128
74575 Schrozberg, Windmühlenstr. 11, Tel. (07935) 1466
82467 Garmisch-Partenkirchen, Klammstr. 2, Tel. (08821) 9668604
87561 Oberstdorf, Weststr. 20, Tel. (08322) 9876980
88214 Ravensburg/Weißenau, Friedrichshafener Str. 6,
   Tel. (0751) 652339
94072 Bad Füssing, Oberreuthen 7, Tel. (08538) 912162
97688 Bad Kissingen, Spitalgasse 8+9, Tel. (0971) 6991833
99096 Erfurt, Häßlerstr. 8, Tel. (0361) 2625580

Weg: von Ebingen kommend über Truchtelfingen Richtung Tailfingen, vor Tailfingen nach der Shell-Tankstelle links einbiegen und an der nächsten Kreuzung wieder links in die Untere Bachstr., dann sieht man die Firma schon, der Verkauf befindet sich gegenüber „Thalia Theater"

72461 Albstadt

▶ CONZELMANN

E.+ H. Conzelmann GmbH + Co. KG / Strickwarenfabrik
72461 Albstadt Tailfingen / Pfeffinger Str. 16
Tel. (07432) 5712 / ehc-collection.de

Das Unternehmen ist seit über 50 Jahren mit seinen Produkten am Markt. Der Strick-Spezialist bietet pro Jahr zwei Kollektionen im Strick- und Shirt-Bereich für die anspruchsvolle, modische Kundin an.

Waren: Damenoberbekleidung wie Pullover, Jacken, Shirts und Tops in den Größen 36 bis 52

Ersparnis: durchschnittlich ca. 30%, 2. Wahl-Artikel sind besonders preiswert

Zeiten: Mo. bis Fr. 10.00-12.00 Uhr und 14.00-18.00 Uhr

Weg: Albstadt liegt auf der Schwäbischen Alb zwischen Balingen und Sigmaringen an der B 463, von Ebingen über Truchtelfingen nach Tailfingen, hier vom Zentrum ortsauswärts in westlicher Richtung nach Pfeffingen auf die Pfeffinger Str.

▶ GOLLE HAUG

Gottlieb Haug GmbH & Co. KG / Strickwarenfabrik
72461 Albstadt Tailfingen / Emil-Mayer-Str. 35
Tel. (07432) 9792-55 / gollehaug.de

Die Firma gollé haug wurde 1950 gegründet und gehört heute zu den führenden deutschen Herstellern von modischer Maschenware. Hergestellt werden Strick, Shirts und Coordinates zu einem guten Preis-/Leistungsverhältnis. Die Kollektion wird über den modischen Fachhandel verkauft.

Waren: modische Damenstrickwaren wie z.B. Shirts, Hosen und Röcke, Kombimode, Marke gollé haug

Ersparnis: je nach Artikel, günstige Angebote

Zeiten: Mo. bis Fr. 9.00-18.00 Uhr, Sa. 9.00-13.00 Uhr

Hinweise: teilweise sind auch günstige 1B-Artikel erhältlich

Weg: Albstadt liegt auf der Schwäbischen Alb zwischen Balingen und Sigmaringen an der B 463, dort durch Ebingen nach Tailfingen, hier befindet sich die Firma in der Nähe vom Naturbad

▶ GONSO

Gonso Sportmoden GmbH & Co. KG
72461 Albstadt Onstmettingen / Eberhardstr. 24
Tel. (07432) 2090 / gonso.de

Bereits im Gründungsjahr 1926 legten Pullover, Wäsche und Trainingsanzüge als Produktsortimente den Grundstein für die Herstellung von Sportbekleidung. Seit den frühen 70er Jahren gilt Gonso als Urvater der funktionellen Radsportbekleidung. Fester Bestandteil der Produktpalette ist seit dieser Zeit auch das Segment Langlaufbekleidung.

72461 Albstadt

Waren: funktionelle Sport- und Freizeitbekleidung aus den Segmenten Radsport, Laufsport, Skilanglauf, Regenbekleidung und Wäsche

Ersparnis: günstige Angebote bei 1B-Ware, Musterteilen und Auslaufmodellen, die aktuelle Saisonware ist nicht günstiger

Zeiten: Mo. bis Fr. 10.00-18.00 Uhr, Sa. 10.00-14.00 Uhr

Hinweise: der Shop befindet sich auf dem Firmengelände

Weg: von Albstadt-Ebingen über Albstadt-Tailfingen nach Albstadt-Onstmettingen, in Onstmettingen ist die Firma ausgeschildert

▶ MEDICO

s. Seite 629

medico sports fashion GmbH
72461 Albstadt Tailfingen / Vor dem weißen Stein 25-31
Tel. (07432) 70160 / medico-sports-fashion.de + daiber.de

Medico steht seit 110 Jahren für functional sports fashion in zahlreichen Sportarten. Heute überträgt Medico seine langjährige Erfahrung auf viele weitere Programme wie running, walking und biking.

Waren: Sportbekleidung aller Art wie z.B. Radsportbekleidung, Skioberbekleidung, Skipullover, Langlaufbekleidung, Gymnastikbekleidung etc., Marke Medico, außerdem Basics wie T-Shirts und Caps Marke Daiber

Ersparnis: bis zu 50% möglich

Zeiten: Mo. bis Fr. 10.00-17.00 Uhr, Sa. 9.00-13.00 Uhr

Hinweise: es sind hauptsächlich Überproduktionen, Muster- und Auslaufteile sowie 2. Wahl-Artikel erhältlich

Weg: Albstadt liegt auf der Schwäbischen Alb zwischen Balingen und Sigmaringen an der B 463, dort durch Ebingen über Truchtelfingen nach Tailfingen, hier befindet sich die Firma im Industriegebiet Lichtenbol

▶ NINA VON C.

s. Seite 629

Karl Conzelmann GmbH & Co. / Wirkwarenfabrik
72461 Albstadt Tailfingen / Hechinger Str. 18
Tel. (07432) 5415 / ninavonc.de

Das Familienunternehmen wurde 1920 gegründet und gehört heute zu den bedeutensten Herstellern von Damenwäsche in Deutschland.

Waren: Unterwäsche für Damen wie z.B. Unterhemden, Slips, Bodys, Dessous, Nachthemden und Schlafanzüge, Marke Nina von C.

Ersparnis: ca. 30-40%, je nach Artikel

Zeiten: Mo. bis Fr. 9.00-12.00 Uhr und 14.00-18.30 Uhr, Sa. 9.00-13.00 Uhr

72469 Meßstetten

Hinweise: ca. 2-3x jährl. finden jeweils ca. 2 Tage lang zusätzliche sog. Musterverkäufe hauptsächlich in Gr. 40 zu besonders günstigen Preisen statt, genaue Termine erfragen

Weg: von Balingen auf der B 463 kommend über Ebingen und Truchtelfingen nach Tailfingen, die Firma befindet sich in der Ortsmitte

72469 Meßstetten

▶ SANETTA

s. Seite 631

Sanetta-Textilwerk Gebr. Ammann GmbH & Co.
72469 Meßstetten / Sanettastr. 1
Tel. (07431) 639-0 / sanetta.de

Als Hersteller für Kindermode steht sanetta seit über 40 Jahren für modische Kompetenz und höchste Qualität.

Waren: Baby- und Kinderbekleidung wie Unterwäsche, T-Shirts, Sweat-Shirts, Jogginganzüge, Strümpfe, Schlafanzüge, Bodies, Jacken, Jeans, Latzhosen, Pullover, Röcke, Kleidchen, Jacken, Mützen etc., Marken Sanetta, Down Over und Marc O'Polo Junior, außerdem Damenwäsche Marke Betty Barclay, Damenmode Marke Lotos, Herrenwäsche Marke Marc O'Polo sowie Bademoden Marke Marc

Ersparnis: ca. 25-30% bei aktueller regulärer Ware (ca. 25 % bei Sanetta und ca. 30% bei Marc O'Polo), ca. 35-40% bei aktueller 1B-Ware und ca. 65% bei Vorjahresartikeln, zu den Schlussverkaufszeiten wird die aktuelle Ware nochmals zusätzlich reduziert

Zeiten: Mo. bis Fr. 9.00-17.30 Uhr, Sa. 9.00-14.00 Uhr

Hinweise: ältere Kollektionen, Muster und Restposten sind in einem räumlich abgegrenzten Schnäppchenmarkt erhältlich

Weg: von Balingen auf der B 463 Richtung Albstadt, in Lautlingen rechts ab nach Meßstetten, dort befindet sich die Firma am Ortsausgang im letzten Gebäude auf der linken Seite, direkt an der Hauptstraße, sie ist auch ausgeschildert

72474 Winterlingen

▶ ATHLET SPORT

Manfred Cyrulla GmbH & Co. KG /
Strick- und Wirkwarenfabrik
72474 Winterlingen / Steigleweg 41
Tel. (07434) 9365-0 / athlet-sport.de

72510 Stetten a. k. M.

Die Firma ist seit über 40 Jahren als Hersteller von Freizeitanzügen und Freizeitbekleidung tätig und hat sich auf Freizeitmode spezialisiert. Es werden der Fachhandel und die Sportabteilungen guter Kaufhäuser sowie der spezialisierte Versandhandel beliefert. Die eigene Stoffherstellung und Entwicklung ermöglichen die Kontrolle und Sicherheit für gleich bleibende Qualität.

Waren: Freizeitanzüge, Freizeithosen, Sportvelours-Anzüge und Sportvelours-Hosen für Damen und Herren, Marken Athlet und Ruff

Ersparnis: durchschnittlich ca. 30%, die Vorjahreskollektion ist besonders günstig erhältlich

Zeiten: Mo. bis Do. 8.00-11.30 Uhr und 13.30-17.00 Uhr, Fr. 8.00-12.00 Uhr

Hinweise: der Verkaufsraum befindet sich im Untergeschoss

Weg: Winterlingen liegt an der B 463 zwischen Albstadt und Sigmaringen, in Winterlingen auf der Hauptstraße Richtung Bitz, kurz vor Ortsende in Richtung Bitz links ab in die Fachbergsiedlung (Realschule, Hallenbad, Sportplatz) in den Steigleweg, nach ca. 500 m befindet sich die Firma auf der linken Seite

72510 Stetten a. k. M.

▶ GINO LOMBARDI

s. Seite 631

Schütz GmbH & Co. KG
72510 Stetten a. k. M. / Schwenninger Str. 3
Tel. (07573) 505-0 / schuetz-hemden.de

Mit 80- jähriger Erfahrung in der Herstellung von Hemden und Blusen ist die Firma Schütz bekannt für hohe Qualität und erstklassige Verarbeitung. Die Marke Gino Lombardi steht für italienisches Design aus hochwertigen Baumwollstoffen.

Waren: große Auswahl an Herrenhemden in versch. Armlängen, auch Übergrößen, bügelfreie Verarbeitung und Vollzwirn, außerdem Damenblusen in modischen und klassischen Formen, Marke Gino Lombardi

Ersparnis: günstige Angebote, bei 2. Wahl bis zu 50%

Zeiten: Mo. bis Do. 8.00-17.00 Uhr, Fr. 8.00-12.00 Uhr

Hinweise: es ist auch 2. Wahl erhältlich, wobei die Fehler gekennzeichnet sind

Weg: von Sigmaringen auf die B 463 Richtung Albstadt, nach ca. 8 km links ab nach Stetten, hier befindet sich die Firma am Ortsausgang Richtung Schwenningen, nahe der kath. Kirche

72517 Sigmaringendorf

72517 Sigmaringendorf

▶ STRÖBELE

**Georg Ströbele GmbH & Co. KG / Trikotwarenfabrik
72517 Sigmaringendorf / Schloßgarten
Tel. (07571) 2095**

Waren: Unterwäsche und Schlafanzüge für Damen, Herren und Kinder

Ersparnis: ca. 30-40%, unterschiedlich je nach Artikel

Zeiten: Mo. 14.00-18.00 Uhr, Di. bis Fr. 9.00-12.00 Uhr und 14.00-18.00 Uhr

Weg: von Sigmaringen auf der B 32 Richtung Saulgau ca. 5 km nach Sigmaringendorf, dort am Ortsende vor dem Bahnübergang rechts einbiegen, nach ca. 30 m wieder links, dem Schild „Ewi-Textilmarkt" folgen, gleich hinter dem Bahnwärterhäuschen

72555 Metzingen

▶ ADIDAS

s. Seite 663

**adidas AG / adidas Outlet Store in der Outletcity Metzingen
72555 Metzingen / Reutlinger Str. 46-54
Tel. (07123) 162453 / adidas.com**

Den Namen adidas als Firmenbezeichnung gibt es seit 1948. Als Produktnamen wählte Firmengründer Adi Dassler die beiden ersten Silben seines Vor- und Zunamens. Ein Jahr später meldete er die Drei Streifen als Markenzeichen an. 1989 wurde der Konzern in eine AG umgewandelt und 1995 an die Börse gebracht. Mit den Marken adidas (Sportschuhe, -bekleidung und Zubehör), TaylorMade (Golfschläger, -bälle und -zubehör), Mavic (Fahrradkomponenten), erima (Sporttextilien) und Reebok hat die adidas AG ein umfassendes Markenportfolio in der Sportartikelindustrie.

Waren: große Auswahl an Sportschuhen und Sportbekleidung, auch für Kinder und Jugendliche, Produktpalette nach Themen aufgebaut: Fitness, Running, Tennis, Golf, Training, Fußball, Basketball, Sportswear, Outdoor, Schwimmen, Trekkingschuhe, Taschen

Ersparnis: ca. 30-70%

Zeiten: Mo. bis Fr. 10.00-20.00 Uhr, Sa. 9.00-20.00 Uhr

Hinweise: Verkaufsraum mit über 900 qm Verkaufsfläche und ausreichend Umkleidekabinen, es sind Sonderposten, Lagerüberhänge, Muster, Auslaufartikel und 2. Wahl-Ware erhältlich, es wird keine Ware der aktuellen Kollektion angeboten

Weg: Metzingen liegt ca. 40 km südlich von Stuttgart, A 8 Ausfahrt Wendlingen auf die B 313 über Nürtingen nach Metzingen, an der großen Kreuzung in Stadtmitte (Lindenplatz) Richtung Tübingen/Reutlingen/Freizeitgelände abbiegen auf die Reutlinger Str.

72555 Metzingen

▶ ARAMI & RAMIM

s. Seite 633

PATRICE RAMIM Outlet
72555 Metzingen / Kanalstraße
Tel. (07123) 1399 / Fax (07123) 42170 /
info@ramim.com + ramim.com

PATRICE RAMIM
Benannt nach seinem Creative Director wurde das Unternehmen Patrice Ramim im Jahr 1992 gegründet. Das Unternehmen begann in Metzingen, einem süddeutschen Textilindustrie-Zentrum, welches mehr und mehr zu einer riesigen Outlet-Stadt mutiert. Dort befindet sich noch heute das Herz der Firma: die Kreativ-Abteilung, die Verwaltung und der Fabrikverkauf.

Waren: anspruchsvolle PATRICE RAMIM Herrenkollektion, Anzüge, Mäntel, Kostüme, Jeans und Strickware in elegantem Design, das den Geist des zeitgenössischen Kosmopolismus einfängt

Ersparnis: sehr preisgünstiges Warenangebot, ca. 40-50%

Zeiten: Mo. bis Fr. 9.00-19.00 Uhr, Sa. 9.00-18.00 Uhr

Hinweise: es ist vorwiegend 1. Wahl, teilweise auch 2. Wahl erhältlich

Weg: Metzingen liegt ca. 40 km südlich von Stuttgart, A 8 Ausfahrt Wendlingen auf die B 313 über Nürtingen nach Metzingen, hier Richtung Zentrum zum Lindenplatz, die Kanalstr. ist vom Lindenplatz aus zu Fuß erreichbar, das Outlet befindet sich ca. 50 m vom Fabrikverkaufsgebäude der Firma „Boss" auf der gegenüberliegenden Seite in der Mühlstr. (Ecke Kanalstr.) im Erdgeschoss

▶ BOSS

Hugo Boss AG
72555 Metzingen / Kanalstr. 6-8
Tel. (07123) 94-2204 / hugo-boss.de

Seit Jahren behauptet der Hugo Boss-Konzern seine Stellung als Marktführer im Segment des gehobenen Bekleidungsmarktes. Hugo Boss-Produkte sind weltweit in über 100 Ländern und in über 5.000 Einzelhandelsgeschäften erhältlich.

Waren: hochwertige Herrenbekleidung wie z.B. Anzüge, Sakkos, Hosen, Blousons, Mäntel, Hemden, Lederjacken, Jeans, T-Shirts, Sweat-Shirts, Socken, Krawatten, Schuhe, Gürtel und Stoffe, außerdem Damenoberbekleidung wie Anzüge, Blazer, Mäntel, Hosen und Blusen

Ersparnis: bei 1. Wahl ca. 20%, bei 2. Wahl ca. 40-60%

Zeiten: Mo. bis Fr. 10.00-20.00 Uhr, Sa. 8.00-20.00 Uhr

Hinweise: Fragen werden täglich nur von 10.00-11.00 Uhr unter der o.g. Rufnummer beantwortet; es sind hauptsächlich Artikel der Vorjahreskollektion erhältlich, auch ist etwas 2. Wahl erhältlich

72555 Metzingen

Weg:	Metzingen liegt ca. 40 km südlich von Stuttgart, A 8 Ausfahrt Wendlingen auf die B 313 über Nürtingen nach Metzingen, hier Richtung Zentrum zum Lindenplatz, die Kanalstr. ist vom Lindenplatz aus zu Fuß erreichbar, sie befindet sich im Bereich der vielen Outlets, die Verkaufsstelle ist nicht zu verfehlen

▶ BURBERRY

Burberry Outlet Store
72555 Metzingen / Reutlinger Str. 63
Tel. (07123) 206606 / burberry.com

Waren:	Oberbekleidung für Damen und Herren wie Mäntel, Jacken, Pullover, Kleider, T-Shirts, Sweat-Shirts, Polo-Shirts, Hosen und Schuhe sowie Accessoires wie Krawatten, Schals, Taschen, Gürtel, Schirme, Uhren etc., Marke Burlington
Ersparnis:	durchschnittlich ca. 30%
Zeiten:	Mo. bis Fr. 10.00-20.00 Uhr, Sa. 9.00-20.00 Uhr
Weg:	Metzingen liegt ca. 40 km südlich von Stuttgart, A 8 Ausfahrt Wendlingen auf die B 313 über Nürtingen nach Metzingen, an der großen Kreuzung (Lindenplatz) in Stadtmitte Richtung Tübingen/Reutlingen/Freizeitgelände abbiegen auf die Reutlinger Str.

▶ CHERVO

Chervo GmbH
72555 Metzingen / Wilhelmstr. 44
Tel. (07123) 943033 / chervo.com

Waren:	Golf-, Sports- und Skiwear für Damen und Herren, für alle Wetter- und Lebenslagen, Funktionsbekleidung, z.B. Jacken, Hosen, Shorts, Polo-Shirts und T-Shirts
Ersparnis:	ca. 30-40%
Zeiten:	Mo. bis Fr. 10.00-19.00 Uhr, Sa. 10.00-18.00 Uhr
Hinweise:	es ist ausschließlich die Vorjahreskollektion erhältlich
Weg:	von Stuttgart auf der B 312 kommend Abfahrt Metzingen Richtung Stadtmitte auf der Stuttgarter Str., diese geht noch vor dem Lindenplatz über in die Wilhelmstr., die Firma befindet sich auf der rechten Seite

72555 Metzingen

▶ CINQUE

Cinque Lagerverkaufs GmbH / Cinque Store - Outlet
72555 Metzingen / Wilhelmstr. 3-5
Tel. (07123) 162636 / cinque.de

Waren:	Oberbekleidung für Damen und Herren wie z.B. Anzüge, Sakkos, Jacken, Hosen, Pullover, Hemden, Lederjacken und Mäntel, Jeans, Krawatten
Ersparnis:	bei regulärer Ware keine Ersparnis, bei der Vorjahreskollektion, 2. Wahl und Sonderposten bis zu 60%
Zeiten:	Mo. bis Sa. 10.00-19.00 Uhr
Hinweise:	es ist auch viel reguläre Ware zum normalen Preis erhältlich
Weg:	von Stuttgart auf der B 312 kommend Abfahrt Metzingen Richtung Stadtmitte auf der Stuttgarter Str., diese geht noch vor dem Lindenplatz über in die Wilhelmstr.

▶ DIESEL

Diesel Factory Outlet
72555 Metzingen / Reutlinger Str. 63
Tel. (07123) 165867 / diesel.com

Waren:	Jeans und Sportswear, z.B. Hosen, Shorts, Socken, Pullover, Jacken, T-Shirts und Sweat-Shirts, Junge Mode, Gürtel, Marke Diesel
Ersparnis:	durchschnittlich ca. 25%
Zeiten:	Mo. bis Fr. 10.00-20.00 Uhr, Sa. 9.00-20.00 Uhr
Weg:	Metzingen liegt ca. 40 km südlich von Stuttgart, A 8 Ausfahrt Wendlingen auf die B 313 über Nürtingen nach Metzingen, an der großen Kreuzung in Stadtmitte (Lindenplatz) Richtung Tübingen/Reutlingen/Freizeitgelände abbiegen auf die Reutlinger Str.

▶ ESCADA

Escada Outlet
72555 Metzingen / Reutlinger Str. 49-53
Tel. (07123) 9643-0 / escada.de

Waren:	hochwertige Damenoberbekleidung aller Art wie z.B. Hosen, Röcke, Jacken, Blazer, Blusen, Pullover, Kleider, Mäntel, kleinere Auswahl an Schuhen und Handtaschen, Laurel Accessoires
Ersparnis:	ca. 30%, bei Sonderaktionen teilweise auch 50% und mehr möglich, trotzdem nicht billig

72555 Metzingen

Zeiten: Mo. bis Fr. 10.00-20.00 Uhr, Sa. 9.00-20.00 Uhr

Hinweise: es ist hauptsächlich die Vorjahreskollektion erhältlich

Weg: Metzingen liegt ca. 40 km südlich von Stuttgart, A 8 Ausfahrt Wendlingen auf die B 313 über Nürtingen nach Metzingen, an der großen Kreuzung (Lindenplatz) in Stadtmitte Richtung Tübingen/Reutlingen/Freizeitgelände abbiegen auf die Reutlinger Str.

▶ **ESPRIT**

Esprit Retail B. V. & Co. KG / Esprit Factory Store
72555 Metzingen / Reutlinger Str. 63
Tel. (07123) 92940 / esprit.com

Waren: Oberbekleidung für Damen und Kinder wie T-Shirts, Sweat-Shirts, Polo-Shirts, Hemden, Blusen, Strickjacken, Pullover, Kleider, Röcke, Hosen, Jeans, Damenunterwäsche sowie Schuhe, Strümpfe, Taschen, Gürtel, Geldbörsen, Marke Esprit

Ersparnis: ca. 20-40%

Zeiten: Mo. bis Fr. 10.00-20.00 Uhr, Sa. 9.00-20.00 Uhr

Hinweise: es sind hauptsächlich 1B- und Fehlerware, Retourenware und Artikel der Vorjahreskollektion erhältlich, keine aktuelle Ware

Weg: Metzingen liegt ca. 40 km südlich von Stuttgart, A 8 Ausfahrt Wendlingen auf die B 313 über Nürtingen nach Metzingen, an der großen Kreuzung (Lindenplatz) in Stadtmitte Richtung Tübingen/Reutlingen/Freizeitgelände abbiegen auf die Reutlinger Str.

▶ **JOOP**

Joop Outlet
72555 Metzingen / Mühlstr. 1
Tel. (07123) 204110 / joop.com

Der Startschuss des heute 100%igen Lizenzunternehmens fiel 1987, als der erste Duft, eine Herren-, Damen- und eine Lederwaren-Kollektion vorgestellt wurden. 1988 wurde die Jeans-Linie geboren. In den Jahren danach exandierte die Firma mit Brillen, Schuhen, Accessoires sowie mit Lizenzen für Wäsche und Strick. Schmuck, Uhren sowie die erste Home-Collection runden das Angebot ab.

Waren: hochwertige Oberbekleidung für Damen, Herren und Kinder wie Anzüge, Jacken, Mäntel, Sakkos, Hosen, Jeans, Wäsche und Socken, außerdem Accessoires wie Taschen, Schuhe, Schmuck und Sonnenbrillen, fast die gesamte Joop-Kollektion

Ersparnis: bei aktueller Ware bis zu 30%, bei herabgesetzter Ware bis zu 60%

Zeiten: Mo. bis Fr. 10.00-20.00 Uhr, Sa. 9.00-18.00 Uhr

Hinweise: exclusives Ladengeschäft auf 3 Etagen mit Beratung

72555 Metzingen

Weg: Metzingen liegt ca. 40 km südlich von Stuttgart, A 8 Ausfahrt Wendlingen auf die B 313 über Nürtingen nach Metzingen, hier Richtung Zentrum zum Lindenplatz, die Mühlstr. ist vom Lindenplatz aus zu Fuß erreichbar, sie befindet sich im Bereich der vielen Outlets

▶ LACOSTE

Lacoste Outlet
72555 Metzingen / Lindenplatz 3
Tel. (07123) 170021 / lacoste.com

Lacoste wurde vom französischen Tennisspieler René Lacoste gegründet. Das bekannteste Kleidungsstück von Lacoste ist das Polohemd. Das Firmenlogo entstand 1927 aufgrund einer Wette, bei der es um eine Krokodilledertasche ging. Nach der Wette erhielt René Lacoste den Spitznamen Krokodil. Lacoste war die erste Bekleidungsfirma, die ihr Logo vorne und sichtbar auf der Bekleidung anbrachte.

Waren: hochwertige Bekleidung aller Art, außerdem Schuhe, Düfte, Lederwaren, Brillen und Uhren, viele Artikel teilweise auch für Kinder, sowie Parfum, Schirme und Haushaltstextilien, Marke Lacoste

Ersparnis: günstige Angebote, Preisbeispiel: Standard-Polo's EUR 54,- statt 79,-

Zeiten: Mo. bis Fr. 10.00-20.00 Uhr, Sa. 9.00-20.00 Uhr

Hinweise: alle Artikel sind aus der Vorjahreskollektion

Weg: Metzingen liegt ca. 40 km südlich von Stuttgart, A 8 Ausfahrt Wendlingen auf die B 313 über Nürtingen nach Metzingen, an der großen Kreuzung (Lindenplatz) in Stadtmitte ist die Firma nicht zu übersehen

▶ LEVI'S

Levi Strauss Germany GmbH / Levi's Outlet
72555 Metzingen / Reutlinger Str. 63
Tel. (07123) 20433 / levis.com

Waren: große Auswahl an Jeans-Bekleidung aller Art, Accessoires, Marken Levi's und Dockers

Ersparnis: bis zu 50%; Preisbeispiel: Modell 501 ungewaschen in 2. Wahl für EUR 34,90

Zeiten: Mo. bis Fr. 10.00-20.00 Uhr, Sa. 9.00-20.00 Uhr

Hinweise: es sind ausschließlich Artikel aus vorangegangenen Saisons sowie 2. Wahl-Artikel erhältlich

Weg: Metzingen liegt ca. 40 km südlich von Stuttgart, A 8 Ausfahrt Wendlingen auf die B 313 über Nürtingen nach Metzingen, an der

72555 Metzingen

großen Kreuzung (Lindenplatz) in Stadtmitte Richtung Tübingen/Reutlingen/Freizeitgelände abbiegen auf die Reutlinger Str.

▶ MARC O'POLO

Marc O'Polo Factory Outlet
72555 Metzingen / Reutlinger Str. 38
Tel. (07123) 200591 / marc-o-polo.de

Als die Schweden Rolf Lind und Göte Huss und der Amerikaner Jerry O'Sheets 1967 in Stockholm das Modelabel Marc O'Polo aus der Taufe hoben, wollten sie jungen Leuten eine unkomplizierte Mode bieten. Marc O'Polo entwickelte sich zum Vorreiter der Casualwear in Europa. Das Baumwoll-Sweatshirt mit dem Marc O'Polo-Logo wurde ihr Markenzeichen und gleichzeitig ein großer Erfolg.

Waren: Damen-, Herren- und Kinderbekleidung von sportiv bis modern casual wie z.B. Hemden, Pullover, Jacken, Mäntel, Hosen, Jeans, T-Shirts, Sweat-Shirts, Röcke, Blusen, Leggins, Wäsche für Damen, Herren und Kinder sowie Taschen und Accessoires, Marke Marc O'Polo

Ersparnis: ca. 30-50%, zusätzliche Preisreduzierung während den Schlussverkaufszeiten

Zeiten: Mo. bis Fr. 10.00-20.00 Uhr, Sa. 9.00-20.00 Uhr

Hinweise: es sind vorwiegend Artikel der Vorjahreskollektionen sowie Restposten, 2. Wahl-Ware, Produktionsüberhänge und Musterkollektionen erhältlich

Weg: Metzingen liegt ca. 40 km südlich von Stuttgart, A 8 Ausfahrt Wendlingen auf die B 313 über Nürtingen nach Metzingen, an der großen Kreuzung (Lindenplatz) in Stadtmitte Richtung Tübingen/Reutlingen/Freizeitgelände abbiegen auf die Reutlinger Str.

▶ MISS SIXTY

Sixty Deutschland GmbH / Miss Sixty Outlet
72555 Metzingen / Reutlinger Str. 63
Tel. (07123) 200001 / sixty.net

Waren: Kollektionen von Miss Sixty, Energie, Killah und Sixty, von Basics über Club- and Streetwear bis hin zu ultra-modernen Modetrends mit ausgefallenen Details, dazu Accessoires, Schuhe, Beachwear und Unterwäsche

Ersparnis: ca. 30-60%

Zeiten: Mo. bis Fr. 10.00-20.00 Uhr, Sa. 9.00-20.00 Uhr

Weg: Metzingen liegt ca. 40 km südlich von Stuttgart, A 8 Ausfahrt Wendlingen auf die B 313 über Nürtingen nach Metzingen, an der

72555 Metzingen

großen Kreuzung (Lindenplatz) in Stadtmitte Richtung Tübingen/
Reutlingen/Freizeitgelände abbiegen auf die Reutlinger Str.

▶ NIKE

s. Seite 631

Nike Factory Store
72555 Metzingen / Reutlinger Str. 63
Tel. (07123) 96850 / nike.com

Waren: große Auswahl an Sportschuhen sowie Sport- und Freizeitmode aller Art für Damen, Herren und Kinder, für Fußball, Running, Tennis, Golf und Fitness, außerdem Accessoires wie Taschen, Caps, Socken, Fußbälle

Ersparnis: mindestens 30%, teilweise auch mehr

Zeiten: Mo. bis Fr. 10.00-20.00 Uhr, Sa. 9.00-20.00 Uhr

Hinweise: es sind ausschließlich Artikel aus vorangegangenen Saisons sowie 2. Wahl-Artikel und Musterteile erhältlich

Weg: Metzingen liegt ca. 40 km südlich von Stuttgart, A 8 Ausfahrt Wendlingen auf die B 313 über Nürtingen nach Metzingen, an der großen Kreuzung (Lindenplatz) in Stadtmitte Richtung Tübingen/Reutlingen/Freizeitgelände abbiegen auf die Reutlinger Str.

▶ PEPE JEANS

Pepe-Jeans-London GmbH
72555 Metzingen / Reutlinger Str. 34
Tel. (07123) 206277 / pepejeans.com

Waren: Jeansmode aller Art für Damen und Herren sowie Schuhe und Accessoires, Marke Pepe Jeans

Ersparnis: durchschnittlich ca. 25%

Zeiten: Mo. bis Fr. 10.00-20.00 Uhr, Sa. 9.00-20.00 Uhr

Weg: Metzingen liegt ca. 40 km südlich von Stuttgart, A 8 Ausfahrt Wendlingen auf die B 313 über Nürtingen nach Metzingen, an der großen Kreuzung in Stadtmitte (Lindenplatz) Richtung Tübingen/Reutlingen/Freizeitgelände abbiegen auf die Reutlinger Str.

▶ PUMA

s. Seite 633

Puma Outlet Store
72555 Metzingen / Lindenplatz 1
Tel. (07123) 97430 / puma.de

Die Unternehmensgeschichte von Puma beginnt im Jahr 1924 mit der Gründung der „Gebrüder Dassler Schuhfabrik" in Herzogenaurach. Mit der Gründung der „Puma Schuhfabrik Rudolf Dassler" im Jahr 1948 erfolgt die Einführung des „Atom", des

72555 Metzingen

ersten Puma-Fußballschuhs. Im ersten Fußballspiel nach dem Zweiten Weltkrieg trugen mehrere Spieler der Deutschen Nationalmannschaft Puma-Schuhe, darunter auch der Torschütze des ersten Nachkriegstores Herbert Burdenski. Bis heute errangen viele bekannte Sportler große sportliche Erfolge mit Puma-Sportausrüstungen. Wie z.B. Boris Becker, der 1985 als Jüngster, erster Ungesetzter und erster Deutscher Wimbledon mit Puma-Schuhen und -Schläger gewann.

Waren: große Auswahl an Sport- und Freizeitschuhen für Fußball, Tennis, Jogging, Trekking und Winter, auch Kinderschuhe, außerdem Sportbekleidung für Jogging, Aerobic und Freizeit sowie Kinderbekleidung, außerdem Trikots, Sporttaschen, Fußbälle etc.

Ersparnis: bei 1. Wahl ca. 30%, 2. Wahl und Sonderposten sind noch günstiger

Zeiten: Mo. bis Fr. 10.00-20.00 Uhr, Sa. 9.00-18.00 Uhr

Weg: Metzingen liegt ca. 40 km südlich von Stuttgart, A 8 Ausfahrt Wendlingen auf die B 313 über Nürtingen nach Metzingen, hier befindet sich die Firma direkt in der Ortsmitte an der großen Kreuzung

▶ RALPH LAUREN

**Polo Ralph Lauren Factory Store
72555 Metzingen / Reutlinger Str. 63
Tel. (07123) 92470 / polo.com**

Waren: hochwertige Oberbekleidung für Damen, Herren und Kinder wie z.B. Jacken, Hosen, Hemden, Pullover, Polo-Shirts etc.

Ersparnis: mindestens 30%, teilweise auch mehr

Zeiten: Mo. bis Fr. 10.00-20.00 Uhr, Sa. 9.00-20.00 Uhr

Hinweise: es sind ausschließlich Artikel aus vorangegangenen Saisons erhältlich

Weg: Metzingen liegt ca. 40 km südlich von Stuttgart, A 8 Ausfahrt Wendlingen auf die B 313 über Nürtingen nach Metzingen, an der großen Kreuzung (Lindenplatz) in Stadtmitte Richtung Tübingen/Reutlingen/Freizeitgelände abbiegen auf die Reutlinger Str.

▶ RENE LEZARD

**René Lezard Mode GmbH
72555 Metzingen / Mühlstr. 2
Tel. (07123) 162716 / rene-lezard-fabrikverkauf.de**

Das Unternehmen wurde 1978 gegründet und ist heute ein führendes deutsches Modelabel. Die Kollektionen sind in den René Lezard Exclusive-Shops sowie im gehobenen Fachhandel erhältlich. Es werden nur italienische Spitzenstoffe in eigenen und ausgewählten Produktionsstätten im In- und Ausland verwendet. Die Produkte werden weltweit exportiert.

72555 Metzingen

Waren:	hochwertige Damen- und Herrenbekleidung wie Hosen, Jacken, Sakkos, Blousons, Anzüge, Mäntel, Lederjacken, Röcke, Kleider, Kostüme, Blazer, Pullover, Hemden, Blusen, T-Shirts, Sweat-Shirts, Polo-Shirts, Jeans, Krawatten, Gürtel, Schuhe, Taschen etc.
Ersparnis:	bei 1. Wahl ca. 30-40%, bei 2. Wahl bis 50%
Zeiten:	Mo. bis Fr. 9.30-20.00 Uhr, Sa. 9.00-18.00 Uhr
Hinweise:	es sind nur 2. Wahl und 1. Wahl der Vorjahres- und Musterkollektionen erhältlich
Weg:	Metzingen liegt ca. 40 km südlich von Stuttgart, A 8 Ausfahrt Wendlingen auf die B 313 über Nürtingen nach Metzingen, an der großen Kreuzung (Lindenplatz) in Stadtmitte Richtung Tübingen/Reutlingen/Freizeitgelände abbiegen, nach ca. 30 m links in die Mühlstr.

▶ REUSCH

s. Seite 635

Reusch Deutschland GmbH & Co. KG / Top Sports Outlet
72555 Metzingen / Noyonallee 4-10
Tel. (07123) 9707-00 / reusch-outlet.de

Seit 1992 besteht der Fabrikverkauf von Reusch, damals am Standort Metzingen-Neuhausen. Hier wurde mit Skihandschuhen begonnen. Schnell stellte sich heraus, dass Sportler rundum versorgt werden wollen. Und da Reusch zu dieser Zeit zum Pentland Konzern gehörte, kamen weitere Marken wie Ellesse, Berghaus usw. hinzu.

Waren:	Tennis-, Bade-, Beach- und Freizeitbekleidung, Torwart-, Spieler-, Sport- und Skibekleidung, Ski-, Snowboard-, Motorrad- und Torwarthandschuhe, Trekking-, Sport- und Tennisschuhe, Outdoor-Wear, Rucksäcke und Running-Wear, Marken Reusch, Berghaus, Ellesse, Bademoden von Quicksilver und Arena
Ersparnis:	bei 1. Wahl ca. 20-30%, bei 2. Wahl und Musterartikeln ca. 50%
Zeiten:	Mo. bis Fr. 9.00-20.00 Uhr, Sa. 9.00-20.00 Uhr
Hinweise:	2. Wahl ist nur teilweise erhältlich
Weg:	A 8 Stuttgart-Ulm Ausfahrt Wendlingen auf die B 313 über Nürtingen nach Metzingen, ca. 1 km nach dem Ortsschild befindet sich die Firma ca. 200 m vom Bahnhof entfernt in Richtung Bad Urach

▶ S.OLIVER

s.Oliver Outlet
72555 Metzingen / Reutlinger Str. 46-54
Tel. (07123) 9738180 / s.oliver.de

Angefangen hat alles 1969 in einem kleinen Ladenlokal in Würzburg. Bis heute entstand daraus ein international erfolgreiches Marken-Unternehmen.

72555 Metzingen

Waren:	junge Mode für Sie und Ihn Marke s.Oliver wie z.B. T-Shirts, Sweat-Shirts, Jeans, Hemden, Blusen, Hosen, Röcke, Pullover, Blazer, Jacken, Westen, Schuhe, Gürtel u.v.m., kleine Auswahl an Kindermode Marke Oliver Twist
Ersparnis:	ca. 30%, bei Restposten und 2. Wahl bis zu 50%
Zeiten:	Mo. bis Fr. 10.00-20.00 Uhr, Sa. 9.00-20.00 Uhr
Weg:	Metzingen liegt ca. 40 km südlich von Stuttgart, A 8 Ausfahrt Wendlingen auf die B 313 über Nürtingen nach Metzingen, an der großen Kreuzung in Stadtmitte (Lindenplatz) Richtung Tübingen/Reutlingen/Freizeitgelände abbiegen auf die Reutlinger Str.

▶ SAMTFABRIK

Outlet Center in der Samtfabrik
72555 Metzingen / Nürtinger Str. 63
Tel. (07123) 92340 / samtfabrik.de

Waren:	große Auswahl an Markenartikeln aller Art für Damen, Herren und Kinder wie Oberbekleidung, Unter- und Nachtwäsche, Kinderoberbekleidung, Sportbekleidung etc., Marken Basler, Bogner, Sigikid, Golfino, Oilily, Delmod, Frank Walder, Petit Bateau und Pierre Cardin
Ersparnis:	je nach Hersteller ca. 30-60%, 1B-Ware, Musterkollektionen, Artikel der Vorsaison sowie Produktionsüberschüsse sind besonders preiswert
Zeiten:	Mo. bis Fr. 10.00-20.00 Uhr, Sa. 9.00-20.00 Uhr
Hinweise:	oftmals nur Verkauf von Artikeln der Vorsaison und 1B-Ware, die aktuelle Kollektion ist teilweise nicht erhältlich, teilweise aber auch nur eingeschränkte Auswahl; Rufnummern der einzelnen Shops: Basler (07123) 206500, Bogner (07123) 963847, Sigikid (07123) 972310, Oilily (07123) 206477, Delmod (07123) 910367, Frank Walder (07123) 162580, Petit Bateau (07123) 170156, Pierre Cardin (07123) 162386
Weg:	Metzingen liegt ca. 40 km südlich von Stuttgart, in Metzingen Richtung Kirchheim, Nürtingen und Neuffen fahren und nach der Eisenbahnunterführung links in die Noyon-Allee, dann immer geradeaus, nach der Ampelkreuzung sieht man das Outlet-Samtfabrik vor sich, ist auch ausgeschildert

▶ SCHIESSER

Schiesser AG
72555 Metzingen / Reutlinger Str. 32
Tel. (07123) 3810507 / schiesser.de

72555 Metzingen

Im Jahr 1875 begann Jacques Schiesser in einem ehemaligen Tanzsaal in Radolfzell mit der Produktion von Trikotwäsche. Heute ist Schiesser ein Marktführer der deutschen Wäschespezialisten und entwickelt sich immer stärker vom Produktions- zum internationalen Marketing- und Vertriebsunternehmen.

Waren: Tag- und Nachtwäsche für Damen, Herren und Kinder wie z.B. Unterwäsche und Schlafanzüge, außerdem Freizeit- und Schwimmbekleidung

Ersparnis: durchschnittlich 25%, Musterteile, 2. Wahl und Auslaufmodelle sind besonders günstig

Zeiten: Mo. bis Fr. 10.00-20.00 Uhr, Sa. 9.00-20.00 Uhr

Weg: Metzingen liegt ca. 40 km südlich von Stuttgart, A 8 Ausfahrt Wendlingen auf die B 313 über Nürtingen nach Metzingen, an der großen Kreuzung in Stadtmitte (Lindenplatz) Richtung Tübingen/ Reutlingen/Freizeitgelände abbiegen auf die Reutlinger Str.

▶ SEIDENSTICKER

Seidensticker GmbH / Factory Outlet Store
72555 Metzingen / Mühlstr. 5
Tel. (07123) 21490 / seidensticker.de

Das Unternehmen wurde 1919 von Walter Seidensticker in Bielefeld gegründet. Ab 1935 wurden neben der Hemdenproduktion auch Nachtwäsche und ab den 50er Jahren auch Blusen hergestellt. Aus der Hemdenmarke Seidensticker hat sich die Seidensticker Gruppe entwickelt. Zu ihr gehören neben der Traditionsmarke Seidensticker weitere acht bekannte Eigenmarken und sieben Lizenzen für Hemden, Blusen und Nachtwäsche. Das Unternehmen beschafft und vertreibt weltweit.

Waren: sehr große Auswahl an Herrenhemden, Damenblusen, Damen- oberbekleidung, Hosen und Nachtwäsche für Damen und Herren, T-Shirts, Krawatten und Frotteewaren, Marken Seidensticker, Jacques Britt, Dornbusch, Jobis, Camel Active, Redford und Joop

Ersparnis: durchschnittlich ca. 30-40%

Zeiten: Mo. bis Fr. 10.00-19.00 Uhr, Sa. 10.00-20.00 Uhr

Weg: Metzingen liegt ca. 40 km südlich von Stuttgart, A 8 Ausfahrt Wendlingen auf die B 313 über Nürtingen nach Metzingen, hier Richtung Zentrum zum Lindenplatz, die Mühlstr. ist vom Linden- platz aus zu Fuß erreichbar, sie befindet sich im Bereich der vielen Outlets

▶ STRELLSON

Strellson Outlet Store
72555 Metzingen / Reutlinger Str. 46-54
Tel. (07123) 962796 / strellson.com

72555 Metzingen

Waren: hochwertige Oberbekleidung für Herren wie Sakkos, Hosen, Hemden, Krawatten, Polo-Shirts, T-Shirts, Sweat-Shirts, Mäntel, Jacken, Sportswear, Leder, Unterwäsche und Schuhe

Ersparnis: durchschnittlich ca. 30%, 2. Wahl und Sonderposten sind besonders preiswert

Zeiten: Mo. bis Fr. 10.00-20.00 Uhr, Sa. 9.00-20.00 Uhr

Weg: Metzingen liegt ca. 40 km südlich von Stuttgart, A 8 Ausfahrt Wendlingen auf die B 313 über Nürtingen nach Metzingen, an der großen Kreuzung in Stadtmitte (Lindenplatz) Richtung Tübingen/Reutlingen/Freizeitgelände abbiegen auf die Reutlinger Str.

▶ STRENESSE

Strenesse AG
72555 Metzingen / Lindenplatz 3
Tel. (07123) 72000 / strenesse.de

Die Strenesse AG mit Sitz im süddeutschen Nördlingen ist eine selbstständige deutsche Designermarke, die sich einen anerkannten Platz in der internationalen Modeszene geschaffen hat. Die Damenmode wird vorwiegend in Deutschland, Italien und Osteuropa gefertigt, die Herrenmode weitgehend in Italien.

Waren: Damenoberbekleidung wie Mäntel, Jacken, Blazer, Hosen, Kostüme, Blusen, Pullover, Jeans, Coordinates etc. sowie Herrenoberbekleidung wie Anzüge, Sakkos, Jacken, Hosen, Mäntel, Hemden etc., außerdem Accessoires wie Schuhe, Taschen etc.

Ersparnis: durchschnittlich ca. 40%

Zeiten: Mo. bis Fr. 10.00-20.00 Uhr, Sa. 9.00-20.00 Uhr

Hinweise: es ist ausschließlich die Vorjahreskollektion erhältlich

Weg: Metzingen liegt ca. 40 km südlich von Stuttgart, A 8 Ausfahrt Wendlingen auf die B 313 über Nürtingen nach Metzingen, an der großen Kreuzung (Lindenplatz) in Stadtmitte ist die Firma nicht zu übersehen

▶ TOMMY HILFIGER

Tommy Hilfiger Outlet
72555 Metzingen / Mühlstr. 3
Tel. (07123) 94480 / hilfiger.com

Waren: sportlich-chice Oberbekleidung für Damen, Herren und Kinder, Sportswear, Jeans und Accessoires, Marke Tommy Hilfiger

Ersparnis: ca. 30% zum Ladenpreis

Zeiten: Mo. bis Fr. 10.00-20.00 Uhr, Sa. 9.00-20.00 Uhr

72555 Metzingen

Hinweise: es ist ausschließlich die Vorjahreskollektion erhältlich

Weg: Metzingen liegt ca. 40 km südlich von Stuttgart, A 8 Ausfahrt Wendlingen auf die B 313 über Nürtingen nach Metzingen, hier Richtung Zentrum zum Lindenplatz, die Mühlstr. ist vom Lindenplatz aus zu Fuß erreichbar, sie befindet sich im Bereich der vielen Outlets

▶ TRIUMPH

Triumph International AG
72555 Metzingen / Mühlstr. 2
Tel. (07123) 165803 / triumph-international.de

Das Unternehmen wurde im Jahr 1886 als Miederhersteller in Heubach gegründet. In über 100 Jahren hat sich die Firma aus den bescheidenen Anfängen einer klassischen schwäbischen Korsettwaren-Manufaktur zu einem multinationalen Unternehmen entwickelt, das bis heute noch in Privatbesitz ist.

Waren: Unter- und Nachtwäsche für Damen und Herren wie Schlafanzüge, Nachthemden, Unterhemden, Bodys, Slips, BH's sowie Bademoden, Jugend- und Hausbekleidung und Sportbekleidung, Marken Triumph, BeeDees, Night & Home, Amourette, Triaction, BeHappy, Slipi und Sloggi

Ersparnis: durchschnittlich ca. 30%

Zeiten: Mo. bis Sa. 9.30-20.00 Uhr

Weg: Metzingen liegt ca. 40 km südlich von Stuttgart, A 8 Ausfahrt Wendlingen auf die B 313 über Nürtingen nach Metzingen, an der großen Kreuzung (Lindenplatz) in Stadtmitte Richtung Tübingen/Reutlingen/Freizeitgelände abbiegen, nach ca. 30 m links in die Mühlstr.

▶ WINDSOR

Windsor Damen- und Herrenbekleidung GmbH
72555 Metzingen / Reutlinger Str. 36
Tel. (07123) 380909 / windsor.de

Die Windsor GmbH hat ihren Ursprung 1889 als Hersteller hochwertiger Businesskleidung für Herren. 1960 spezialisierte sich das Unternehmen erstmalig unter heutigem Namen auf die Herstellung von Herrenanzügen und -mänteln. 1977 wird die windsor-Damenkollektion ins Leben gerufen. 1991 wird das Designerlabel JOOP! in Lizenz genommen sowie das Label clothcraft eingeführt. Die Kollektion windsor steht für einen klassisch zeitlosen Stil mit höchstem Anspruch an Material und Verarbeitung.

Waren: hochwertige Oberbekleidung, für Damen Anzüge, Kostüme, Blazer, Röcke, Hosen, Strickwaren, Jacken und Mäntel, für Herren Anzüge, Sakkos, Hosen, Mäntel, Jacken, Hemden und Krawatten, Marke Windsor

Ersparnis: bei aktueller Ware ca. 20-30%, bei herabgesetzter Ware bis zu 50%

72574 Bad Urach

Zeiten: Mo. bis Fr. 10.00-20.00 Uhr, Sa. 9.00-20.00 Uhr

Weg: Metzingen liegt ca. 40 km südlich von Stuttgart, A 8 Ausfahrt Wendlingen auf die B 313 über Nürtingen nach Metzingen, an der großen Kreuzung in Stadtmitte (Lindenplatz) Richtung Tübingen/Reutlingen/Freizeitgelände abbiegen auf die Reutlinger Str.

▶ WOLFORD

Wolford Deutschland GmbH
72555 Metzingen / Reutlinger Str. 49-53
Tel. (07123) 726373 / wolford.com

Die Firma Wolff & Co. KG wurde im Jahre 1949 in Bregenz am Bodensee gegründet. Mit einer eigenen Färberei und Formerei wurde noch im selben Jahr, als Nylon auch in Europa Einzug hielt, die Herstellung von Nylonstrümpfen aufgenommen. Ein Jahr später wurde die Marke Wolford erstmals als geschütztes Warenzeichen registriert. Wolford arbeitet bis heute ausschließlich mit Rundstrickmaschinen, die es ermöglichen nahtlose Produkte herzustellen. Heute ist Wolford auf die Herstellung und den Vertrieb qualitativ hochwertiger Strümpfe, Strumpfhosen, Bodies, Bademode und Wäsche spezialisiert. Die heutige Wolford AG unterhält internationale Tochtergesellschaften und vertreibt ihre Markenware in rund 60 Ländern.

Waren: Strümpfe, Strumpfhosen, Strickwaren und Bodies, für Damen und Herren, Marke Wolford

Ersparnis: durchschnittlich ca. 30%

Zeiten: Mo. bis Fr. 10.00-20.00 Uhr, Sa. 9.00-20.00 Uhr

Weg: Metzingen liegt ca. 40 km südlich von Stuttgart, A 8 Ausfahrt Wendlingen auf die B 313 über Nürtingen nach Metzingen, an der großen Kreuzung in Stadtmitte (Lindenplatz) Richtung Tübingen/Reutlingen/Freizeitgelände abbiegen auf die Reutlinger Str.

72574 Bad Urach

▶ CHRISTL

Gebr. Götz GmbH & Co. KG / Christl-Moden
72574 Bad Urach / Im Unterwässer 5
Tel. (07125) 14025

Waren: Blusen, Pullover, Mäntel, Kostüme, Kleider, Röcke, Blazer, Jacken, Hosen und Unterwäsche für Damen, Kinderbekleidung, Schuhe

Ersparnis: ca. 25%, Restposten und 1B-Ware sind noch etwas günstiger

Zeiten: Mo. bis Fr. 9.00-18.00 Uhr, Sa. 9.00-13.00 Uhr

Hinweise: der Verkauf befindet sich im 2. Stock des Fabrikgebäudes, nur Mäntel und Jacken sind aus eigener Produktion

Weg: A 8 Stuttgart-Ulm Ausfahrt Wendlingen, über Metzingen nach Bad Urach, im Ort geht Unterwässer direkt von der Hauptstraße ab

72622 Nürtingen

▶ KEMPEL

K-L Sportswear Trading GmbH
72574 Bad Urach / Im Unterwässer 5
Tel. (07125) 14993 / kempel.de

Waren: Herrenoberbekleidung wie Hosen, Jeanshosen, Jacken, Blousons, Sakkos, Lederjacken, Mäntel, Hemden, T-Shirts, Pullover, Westen, Sweat-Shirts etc., Marken Camel, Stones, Berufsbekleidung Marke Works

Ersparnis: bis zu 25%

Zeiten: Mo. bis Fr. 9.00-18.00 Uhr, Sa. 9.00-13.00 Uhr

Hinweise: Lagerverkauf, keine eigene Herstellung

Weg: A 8 Stuttgart-Ulm Ausfahrt Wendlingen über Nürtingen und Metzingen nach Bad Urach, im Ort auf der Stuttgarter Straße bleiben, weiter stadteinwärts und an der zweiten Abzweigung rechts in „Im Unterwässer", die Firma befindet sich auf dem Fabrikgelände „Götz"

72622 Nürtingen

▶ COMAZO

Tricosi Hersteller-Verkauf
72622 Nürtingen / Max-Eyth-Str. 21
Tel. (07022) 211227 / comazo.de

Die Comazo GmbH + Co. KG ist ein großes deutsches Wäsche-Unternehmen. In eigener, vollstufiger Produktion werden Damen-, Herren- und Kinderwäsche sowie Sport-Funktionsunterwäsche hergestellt und verkauft. Der Stammsitz des Unternehmens befindet sich in Albstadt.

Waren: Unterwäsche für Damen und Herren aus Baumwolle, Seide oder Kunstfaser, Herrenwäsche Marke Comazo, auch zugekaufte T-Shirts, Sweat-Shirts und Socken

Ersparnis: ca. 30-40%, unterschiedlich je nach Artikel

Zeiten: Mo. bis Fr. 9.00-18.30 Uhr, Sa. 9.00-14.00 Uhr

Hinweise: teilweise ist auch sehr günstige 2. Wahl erhältlich

Weg: A 8 Stuttgart-Ulm Ausfahrt Wendlingen auf die B 313 nach Nürtingen, dort befindet sich die Firma am Ortsausgang Richtung Neuffen gegenüber der „Nürtinger Zeitung", von der Neuffener Str. links in die Carl-Benz-Str., dann wieder links in die Max-Eyth-Str.

72636 Frickenhausen

▶ HAUBER

Hauber Internationale Mode GmbH / Minus-Fabrikverkauf
72622 Nürtingen / Bahnhofstr. 2
Tel. (07022) 705-0 oder 38863 (Minus-Markt) / hauber.de

Waren: hochwertige Damenoberbekleidung wie z.B. Jacken, Westen, Kleider, Röcke, Hosen, Blusen, Pullover

Ersparnis: ca. 40% bei regulärer Ware, Restposten sind erheblich günstiger

Zeiten: Mo. bis Fr. 10.00-18.30 Uhr, Do. bis 20.00 Uhr, Sa. 9.00-14.30 Uhr

Hinweise: Verkauf im 1. Stock des Fabrikgebäudes, es sind nur 1B-Ware, Musterteile, Warenretouren und Artikel der Vorsaison erhältlich

Weg: A 8 Stuttgart-Ulm Ausfahrt Wendlingen nach Nürtingen, dort befindet sich die Firma nahe dem Bahnhof und der Post in einem alten Fabrikgebäude gegenüber vom „Kaufhaus Hauber"

72636 Frickenhausen

▶ KETTENBACH

Kettenbach GmbH
72636 Frickenhausen / Carl-Zeiss-Str. 4
Tel. (07022) 405930 / kettenbach-strumpf.de

Waren: komplette Herren-Socken Kollektion, Damen-Feinstrümpfe und -Strumpfhosen-Kollektion, außerdem Wolsey Kollektion und pierre cardin paris

Ersparnis: ca. 30-50%

Zeiten: Di. bis Fr. 10.00-16.00 Uhr

Weg: Frickenhausen liegt ca. 25 km südöstlich von Stuttgart, A 8 Stuttgart-Ulm Ausfahrt Wendlingen über Nürtingen nach Frickenhausen, hier am Ortsanfang die erste Straße links in die Maybachstr., und dann nach ca. 300 m die dritte Straße links in die Carl-Zeiss-Str.

72762 Reutlingen

▶ SCHNIZLER

Eugen Schnizler GmbH & Co. KG
72762 Reutlingen / Gratwohlstr. 5
Tel. (07121) 514830 / schnizler.de

Waren: sehr große Auswahl an Wäsche und Strickwaren für Babys und Kinder wie z.B. T-Shirts, Sweat-Shirts, Pullover, Leggins,

72768 Reutlingen

Jogginganzüge, Unterwäsche, Hosen, Anoraks, Schlafsäcke etc., hauptsächlich in den Gr. 50/56-128, vereinzelt auch bis Gr. 176

Ersparnis: durchschnittlich ca. 30%, günstige Angebote bei 2. Wahl

Zeiten: Mo. und Fr. 14.00-17.30 Uhr, Di. bis Do. 10.00-12.00 Uhr und 14.00-17.30 Uhr, Sa. 10.00-12.00 Uhr

Hinweise: ca. 2x jährl. (Frühjahr/Herbst) findet zusätzlich jeweils 2 Tage lang, meist an einem Fr. und Sa., ein großer Sonderverkauf mit besonderen Angeboten zu besonders günstigen Preisen statt, genaue Termine erfragen

Weg: A 8 Stuttgart-Ulm Ausfahrt Wendlingen, über Nürtingen und Metzingen nach Reutlingen, Firma dort im Zentrum nahe „Bosch" und hinter „Gummi-Reiff"

72764 Reutlingen

▶ ENGEL

Engel GmbH
72764 Reutlingen / Albstr. 38
Tel. (07121) 387877 / engel-natur.de

Engel produziert seit 1982 Textilien aus unbehandelten Naturfasern. Die Wäscheartikel sind hautverträglich und ohne chemisch unnötige Hilfsstoffe hergestellt. Die Firma ist ein vom Intern. Verband der Naturtextilwirtschaft e.V. zertifiziertes Unternehmen und produziert in Deutschland.

Waren: Wäsche und Bekleidung für Babys und Kinder aus Naturfasern wie z.B. Strampler, Unterwäsche, Strumpfhosen, Overalls, Nachtwäsche, Windeln, Wäsche für Frühgeborene, Unterwäsche für Damen und Herren

Ersparnis: durchschnittlich ca. 25%, bei 2. Wahl und 1B-Ware bis zu 50%

Zeiten: Mo. bis Mi. 9.00-12.30 Uhr, Do. und Fr. 9.00-18.00 Uhr

Hinweise: es sind Sonderposten und Lagerüberhänge sowie 2. Wahl und 1B-Ware erhältlich

Weg: Reutlingen liegt südlich von Stuttgart, dort Richtung Ziegelei, die Firma befindet sich in der Nähe vom Hallenbad, im Gewerbepark Echazufer in der Nähe vom Arbeitsamt

72768 Reutlingen

▶ BAUER

Heinz Bauer Manufakt GmbH
72768 Reutlingen Oferdingen / In der Vorstadt 22/1
Tel. (07121) 620626 / heinzbauer.com

72770 Reutlingen

Das Unternehmen wurde im Jahr 1960 gegründet. Aus einer Leidenschaft für das Cabriofahren entstand die Idee für eine Cabrio-Jacke die speziell auf die Bedürfnisse von Cabriofahrern zugeschnitten ist. Insbesondere durch seine Marke „Original Cabrio" hat sich das schwäbische Unternehmen auch über deutsche Grenzen hinaus einen Namen gemacht.

Waren: hochwertige Lederjacken für Damen und Herren, speziell für Cabrio-Fahrer, außerdem dazu passende Accessoires wie Caps und Handschuhe

Ersparnis: durchschnittlich ca. 35%

Zeiten: Mi. bis Fr. 11.00-18.00 Uhr, Sa. 10.00-13.00 Uhr

Hinweise: separater Verkaufsraum, teilweise ist auch 2. Wahl erhältlich, außerdem ist auch Handelsware erhältlich

Weg: Oferdingen liegt ca. 5 km nördlich vom Reutlinger Zentrum, über Rommelsbach kommend befindet sich die Firma gleich am Ortseingang, ist auch ausgeschildert, der Firmeneingang ist etwas zurückgesetzt

72770 Reutlingen

▶ LES CORPS

Heinrich Sauer GmbH & Co. KG / Strickwarenfabrikation
72770 Reutlingen Betzingen / Heppstr. 135
Tel. (07121) 54086

Die Heinrich Sauer GmbH wurde 1947 gegründet. Zu Beginn wurden Socken und Strumpfhosen hergestellt. Anfang der 70er Jahre begann die Firma mit der Fertigung von Strickpullovern. Diese sind in Deutschland, Österreich und der Schweiz mit den Logos der Kunden oder dem eigenen Markennamen LES CORPS erhältlich.

Waren: Socken, Strumpfhosen, Pullover für Damen, Herren und Kinder, Strickjacken, T-Shirts, Sweat-Shirts, Hemden

Ersparnis: je nach Artikel unterschiedlich, durchschnittlich ca. 30%

Zeiten: Di. bis Fr. 14.00-18.00 Uhr

Hinweise: kleiner Verkaufsraum im Untergeschoss, oftmals gibt es Angebote zum halben Preis, teilweise ist auch sehr günstige 2. Wahl erhältlich

Weg: die Firma befindet sich in Reutlingen Richtung Wannweil im Stadtteil Betzingen, dort leicht zu finden

▶ REIFF

Reiff Strickwaren GmbH
72770 Reutlingen Gönningen / Hauptstr. 10
Tel. (07072) 7274 / reiff-strick.de

72793 Pfullingen

Die Firma ist seit über 25 Jahren vor allem im Bereich Naturtextilien tätig und war anfangs spezialisiert auf Erstlingsjäckchen. Heute wird in der 3. Generation von der Mustererstellung bis zum fertigen Produkt alles im eigenen Hause produziert.

Waren: Naturtextilien für Babys, z.B. Wickelartikel wie Windelhosen, Wickeltücher, Wickelsäckchen, Accessoires wie Babyfäustel, Häubchen und Schühchen, außerdem Walkartikel wie Jacken, Kapuzenjacken und Overalls, Marke Reläx

Ersparnis: preisgünstige Angebote, 2. Wahl ist besonders preiswert

Zeiten: Mo. bis Do. 7.30-16.30 Uhr, Fr. 7.30-11.30 Uhr

Hinweise: der Verkauf erfolgt im angegliederten Ladengeschäft, teilweise ist auch 2. Wahl erhältlich

Weg: von Reutlingen ca. 10 km in südlicher Richtung über Bronnweiler nach Gönningen, dort befindet sich die Firma direkt an der Hauptstr.

▶ STURM

Sturm strick-chic GmbH / Strickwarenfabrik
72770 Reutlingen Gönningen / Matheus-Wagner-Str. 40
Tel. (07072) 7224

Waren: Babybekleidung Gr. 50-104 wie z.B. Spieler, Strampler, Overalls, Jogginganzüge, T-Shirts etc., auch Naturtextilien, Marke Sturm, außerdem Kinderstrickwaren bis Gr. 164 wie z.B. Jeans, Anoraks etc., Marke Tempest

Ersparnis: ca. 30-40%, unterschiedlich je nach Artikel

Zeiten: Di. und Do. 8.30-12.00 Uhr und 13.30-16.30 Uhr

Hinweise: Verkauf von Einzelmuster, Regulärware, Sonderposten und 1B-Modellen

Weg: Gönningen liegt ca. 10 km südwestlich von Reutlingen in Richtung Sonnenbühl, dort am Ortsanfang nach ca. 200 m links

72793 Pfullingen

▶ ERIMA

Erima Sportbekleidungs GmbH
72793 Pfullingen / Carl-Zeiss-Str. 10
Tel. (07121) 342-0 oder -239 (Fabrikverkauf) / erima.de

Erima ist eine der führenden Marken Europas für Mannschafts- und Vereinsausstattungen. Erima wurde im Jahr 1900 gegründet und ist damit einer der ältesten Sportbekleidungs-Hersteller der Welt. Seit 1976 gehört Erima zum adidas-Konzern.

Waren: Sport- und Freizeitbekleidung für Teamsportarten wie Fuß-, Hand- und Volleyball, z.B. Trainingsanzüge, Shorts, Schiedsrichter- und

72805 Lichtenstein

Torwartbekleidung, T-Shirts, Sweat-Shirts, Polo-Shirts, Regenjacken und -hosen, Winterjacken, Kinderbekleidung, Taschen, Marke erima

Ersparnis: bis zu 50% möglich

Zeiten: Di. bis Fr. 9.00-18.00 Uhr, Sa. 9.00-14.00 Uhr

Hinweise: es sind 2. Wahl-, Einzel- und Musterteile, Auslaufmodelle sowie Waschproben erhältlich

Weg: Pfullingen liegt südlich von Stuttgart bei Reutlingen, die Firma befindet sich im Industriegebiet von Pfullingen in der Nähe vom „Marktkauf"

72805 Lichtenstein

▶ TUTTI PALETTI

s. Seite 635

Emil Heinz GmbH & Co. KG / tutti paletti Kindermoden
72805 Lichtenstein Unterhausen / Stettenstr. 3
Tel. (07129) 9273-0 oder -19 (Fabrikverkauf) / tuttipaletti.com

Die Marke tutti paletti steht für modisch bis trendige Kindermode. Die Herstellung der Produkte erfolgt hauptsächlich in eigenen Werken. Das tutti paletti-Team verbindet über 60 Jahre Erfahrung in der Kindermode-Branche.

Waren: Baby- und Kinderbekleidung wie z.B. Kleider, Pullover, T-Shirts, Sweat-Shirts, Hosen, Gr. 56-176, Marken tutti paletti, tutti mini, Active World

Ersparnis: bei 1. Wahl ca. 25%, bei 2. Wahl bis zu 50%

Zeiten: Mo. bis Do. 9.00-11.30 Uhr und 13.00-17.00 Uhr, Fr. 9.00-11.30 Uhr

Hinweise: es ist auch 2. Wahl erhältlich

Weg: von Reutlingen auf der B 312 über Pfullingen nach Lichtenstein-Unterhausen, von Pfullingen kommend in Unterhausen die 1. Straße links abbiegen

72827 Wannweil

▶ HIPP

Christian Hipp Strickwarenfabrik GmbH & Co. KG
72827 Wannweil / Auf der Steinge 3-5
Tel. (07121) 54011 / hippgmbh.de

Waren: Baby- und Kinderbekleidung wie z.B. Strampler, Strickjacken, Strümpfe, Schlafanzüge, Pullover, T-Shirts, Sweat-Shirts, Leggins

73266 Bissingen a. d. Teck

etc., hauptsächlich bis Gr. 128, teilweise auch bis Gr. 176, Lätzchen, Badetücher

Ersparnis: preisgünstiges Warenangebot

Zeiten: Mo. bis Fr. 9.00-12.00 Uhr und 14.30-17.30 Uhr

Hinweise: der Verkaufsraum befindet sich im Untergeschoss, teilweise ist auch 2. Wahl erhältlich, nicht alle Artikel sind aus eigener Herstellung

Weg: von Stuttgart auf der B 27 Richtung Tübingen, bei Kirchentellinsfurt links ab nach Wannweil, dort befindet sich die Firma mitten im Ort beim Bahnhof

73037 Göppingen

▶ WISSMACH

Wissmach Modefilialen GmbH
73037 Göppingen / Holzheimer Str. 8
Tel. (07161) 950500 / wissmach.com

Waren: Damenoberbekleidung aller Art in den Gr. 36-46 wie z.B. Hosen, Blazer, Blusen, Hosen, Röcke, Kleider, T-Shirts, Polo-Shirts, Pullover, Westen und Jacken, außerdem Schals, Tücher, Schuhe und Taschen

Ersparnis: teilweise bis zu 50%, besonders preiswert sind Restposten, B-Ware und Musterkollektionen

Zeiten: Mo. bis Sa. 9.00-19.00 Uhr

Weg: A 8 Stuttgart-Ulm Ausfahrt Kichheim Teck-Ost nach Göppingen, hier befindet sich die Firma direkt an der B10 Abfahrt Göppingen-Mitte, im Industriegebiet beim Märklin-Museum

73266 Bissingen a. d. Teck

▶ LAFUMA

Lafuma Group GmbH
73266 Bissingen a. d. Teck / Fabrikstr. 35
Tel. (07023) 9511-0 / lafuma.de

Waren: Outdoor-Bekleidung für Damen, Herren und Kinder wie z.B. Daunenjacken, Doppeljacken, Fleecebekleidung, Hosen und Westen, außerdem Rucksäcke, Schlafsäcke, Schuhe und Campingartikel, Marken Lafuma, Bigpack und Le Chameau

Ersparnis: ca. 30-60%, zusätzliche Preisreduzierung während den Schlussverkaufszeiten

73326 Deggingen

Zeiten:	Do. und Fr. 13.00-19.00 Uhr, Sa. 10.00-16.00 Uhr
Weg:	A 8 Stuttgart-Ulm Ausfahrt Kirchheim Teck-Ost über Dettingen Richtung Bissingen, nach Nabern gleich die erste Straße rechts Richtung Bissingen, nach dem Ortseingang von Bissingen die zweite Straße links in die Fabrikstr. einbiegen, die Firma befindet sich am Ende der Straße auf der linken Seite

73326 Deggingen

▶ ELSIWA

Elsiwa Konfektions GmbH
73326 Deggingen / Königstr. 36
Tel. (07334) 4342

Waren:	Damenblusen, Herrenhemden, Röcke, Krawatten
Ersparnis:	ca. 30% im Durchschnitt
Zeiten:	Mo. und Mi. 13.00-17.00 Uhr, Di., Do., Fr. 9.00-12.00 Uhr und 14.00-18.00 Uhr, Sa. 9.00-12.00 Uhr
Hinweise:	die Verkaufsräume befinden sich im Untergeschoss, teilweise ist auch 2. Wahl erhältlich
Weg:	A 8 Stuttgart-Ulm Ausfahrt Mühlhausen auf die B 466 Richtung Geislingen nach Deggingen, dort befindet sich die Firma direkt an der B 466 unterhalb der Shell-Tankstelle

73431 Aalen

▶ PELO

s. Seite 637

Pelo Men's Fashion GmbH & Co. KG
73431 Aalen / Ulmer Str. 80
Tel. (07361) 5704-37 / pelo.de

Das Unternehmen wurde 1870 von Hermann Pellens und Johannes Loick in Berlin mit dem Einstieg in die Krawatten- und Schalproduktion gegründet. Aus den beiden Anfangsbuchstaben der Inhabernamen wird der noch heute bestehende Markenname Pelo. Heute bietet das Unternehmen eine breit gefächerte Produktpalette.

Waren:	große Auswahl an Herren-Pullovern, Pullunder, Strickjacken, T-Shirts, Polo-Shirts, Krawatten, Schals und Gürtel, außerdem Zukaufware für Herren wie Hosen, Freizeitjacken, Jeans und Hemden sowie für Damen und Herren Tag- und Nachtwäsche, Taschentücher und Socken
Ersparnis:	ca. 20-40% bei selbst hergestellten Artikeln, zusätzliche Reduzierungen während Sommer- und Winterschlussverkauf

73540 Heubach

Zeiten:	Di. bis Fr. 10.00-12.30 Uhr und 13.30-19.00 Uhr, Sa. 10.00-14.00 Uhr
Hinweise:	teilweise ist auch 2. Wahl erhältlich
Weg:	von Ulm auf der A 7 kommend Ausfahrt Aalen/Oberkochen nach Aalen, von Unterkochen kommend befindet sich die Firma am Ortseingang auf der linken Seite

Bekleidung

73485 Unterschneidheim

▶ BALBACH

Heinz Balbach KG / Kleiderfabrik
73485 Unterschneidheim / Freibuck 8
Tel. (07966) 424

Waren:	Damenoberbekleidung aller Art wie z.B. Röcke, Hosen, Blusen, Blazer und Kleider für Damen
Ersparnis:	ca. 30% im Durchschnitt
Zeiten:	Mo. bis Fr. 9.00-12.00 Uhr und 13.00-17.00 Uhr
Hinweise:	gelegentlich ist auch 2. Wahl erhältlich
Weg:	A 7 Ausfahrt Ellwangen über Röhlingen und Zöbingen nach Unterschneidheim, dort befindet sich die Firma im Industriegebiet Freibuck, gegenüber dem „Ford"-Autohaus

73540 Heubach

▶ SUSA

s. Seite 637

Susa-Vertriebs GmbH & Co.
73540 Heubach / Helmut-Hörmann-Str. 6-10
Tel. (07173) 182-0 / susa-vertrieb.de

Waren:	Miederwaren, Wäsche und Bademoden für Damen, Marke Création Susa
Ersparnis:	es sind sehr günstige Angebote erhältlich
Zeiten:	Mo., Mi., Fr. 13.30-17.00 Uhr, Di. und Do. 9.30-12.00 Uhr und 13.30-17.00 Uhr
Hinweise:	separater Verkaufsraum rechts an der Hofeinfahrt
Weg:	Heubach liegt ca. 10 km östlich von Schwäbisch Gmünd, B 29 Schwäbisch Gmünd-Aalen bei Böbingen abbiegen nach Heubach, in Heubach am Kreisverkehr Richtung Stadtmitte, nach ca. 300 m scharf links abbiegen

73568 Durlangen

▶ TRIUMPH

Triumph International AG
73540 Heubach / Fritz-Spießhofer-Str.
Tel. (07173) 666-0 / triumph-international.de

Das Unternehmen wurde im Jahr 1886 als Miederhersteller in Heubach gegründet. In über 100 Jahren hat sich die Firma aus den bescheidenen Anfängen einer klassischen schwäbischen Korsettwaren-Manufaktur zu einem multinationalen Unternehmen entwickelt, das bis heute noch in Privatbesitz ist.

Waren: Unter- und Nachtwäsche für Damen und Herren wie Schlafanzüge, Nachthemden, Unterhemden, Bodys, Slips, BH's etc. sowie Bademoden, Jugend- und Hausbekleidung und Sportbekleidung, Marken Triumph, BeeDees, Night & Home, Amourette, Triaction, BeHappy, Slipi und Sloggi

Ersparnis: durchschnittlich ca. 30%

Zeiten: Mo. bis Fr. 10.00-18.00 Uhr, Sa. 10.00-16.00 Uhr

Hinweise: weitere Verkaufsstellen in der Nähe befinden sich in:
73540 Heubach, Mögglingerstr., Tel. (07173) 666-835, geöffnet Mo. bis Do. 10.00-12.00 Uhr und 14.30-17.30 Uhr, Fr. 10.00-13.30 Uhr, hier ist die Auswahl jedoch nicht ganz so groß
73431 Aalen, Industriestr. 57 (im Gewerbegebiet), Tel. (07361) 561-20, geöffnet Mo. bis Fr. 10.00-18.00 Uhr, Sa. 10.00-16.00 Uhr

Weg: B 29 Schwäbisch Gmünd-Aalen, bei Böbingen links abbiegen nach Heubach, von hier Richtung Rosenstein, die Firma ist auch ausgeschildert

73568 Durlangen

▶ BINI

s. Seite 639

Franke GmbH
73568 Durlangen / Jahnstr. 7
Tel. (07176) 6033 / franke-bini.de

Waren: Bekleidung für Babys und Kinder von 0-10 Jahre wie Strampler, Hosen, Jacken, Pullis, Strickwaren etc., Marke bini, außerdem Stoffe und Nähzubehör

Ersparnis: günstige Angebote

Zeiten: Mo. bis Fr. 10.00-12.00 Uhr, Do. 14.00-16.00 Uhr, jeden 1. Sa. im Monat 10.00-12.00 Uhr

Hinweise: es sind hauptsächlich Überproduktionen, die Vorjahreskollektion und 2. Wahl erhältlich

73655 Plüderhausen

Weg: von Stuttgart über die B 14 auf die B 29 nach Schwäbisch Gmünd, dort links ab auf die B 298 Richtung Schwäbisch Hall nach Durlangen, im Ort die 1. Straße links, wenn die Vorfahrtsstraße links abbiegt geradeaus weiter, dann die nächste Straße links

73650 Winterbach

▶ HAHN

Peter Hahn „Fundgrube"
73650 Winterbach / Bahnhofplatz 1
Tel. (07181) 708-207 / peterhahn.de

1960 wurde die Peter Hahn-Gesellschaft für den Vertrieb von Reformhausprodukten in Bad Niedernau gegründet. Heute ist das Unternehmen ein Spezialversender einer Damen- und Herren-Kollektion sowie eines Wäsche- und Heimtextilien-Sortiments im gehobenen Qualitäts- und Preissegment. Markenhersteller und Ateliers fertigen ihre Modelle für Peter Hahn in feinen Naturqualitäten.

Waren: Oberbekleidung für Damen wie z.B. Mäntel, Jacken, Kostüme, Westen, Blusen, Kleider, Hosen, Röcke, Pullover, T-Shirts, Sweat-Shirts etc., für Herren Sakkos und Hemden, außerdem Wäsche und Heimtextilien

Ersparnis: teilweise bis zu 50% bei Sonderangeboten und 2. Wahl der Vorjahreskollektion

Zeiten: Mo. bis Fr. 9.30-19.00 Uhr, Sa. 9.30-16.00 Uhr

Hinweise: nur Verkauf von 2. Wahl und Artikeln aus dem Vorjahres-Katalog; eine weitere Verkaufsstelle befindet sich in:
73660 Urbach, K.-Hornschuch-Str. 67, Tel. (07181) 9969516,
Do. und Fr. 9.00-18.00 Uhr, Sa. 9.00-14.00 Uhr, Warenangebot und Preise sind identisch

Weg: Winterbach liegt ca. 20 km östlich von Stuttgart an der B 29 Richtung Schorndorf, die Firma befindet sich nicht zu verfehlen direkt beim Bahnhof, sie ist mit „Fundgrube" ausgeschildert

73655 Plüderhausen

▶ KÜBLER

Paul H. Kübler Bekleidungswerk GmbH & Co.
73655 Plüderhausen / Jakob-Schüle-Str. 11-25
Tel. (07181) 8003-0 / kuebler-bekleidung.de

Die Kübler-Gruppe produziert mit über 600 Mitarbeitern im In- und Ausland hochwertige Work Fashion und Hosen; Kübler Berufskleidung, Kempel work & fashion und ascari.

Waren: Berufsbekleidung wie z.B. Latzhosen, Bundhosen, Jacken, Overalls und Mäntel, außerdem Jeanswear wie z.B. modische Damen-Jeans und -Jacken, Herren-Jeans, Marken Kübler und ascari

73770 Denkendorf

Ersparnis:	durchschnittlich ca. 30-40%
Zeiten:	Mo. bis Fr. 14.00-18.00 Uhr, Sa. 8.30-12.00 Uhr
Hinweise:	kleines Ladengeschäft, es ist auch 2. Wahl erhältlich
Weg:	Plüderhausen liegt östlich von Stuttgart an der B 29 Richtung Schwäbisch Gmünd, dort befindet sich die Firma mitten im Ort an der Hauptstraße, in der Nähe vom Bahnhof neben „Lidl"

73770 Denkendorf

▶ ROMMEL

E. Rommel GmbH & Co. KG / Strickwarenfabrik
73770 Denkendorf / Hohenheimer Str. 44
Tel. (0711) 344016

Waren:	Pullover, Westen, Zweiteiler für Damen und Herren mittleren Alters
Ersparnis:	ca. 40%
Zeiten:	Mo., Mi., Fr. 14.00-17.30 Uhr
Hinweise:	der Verkauf befindet sich im Untergeschoss des Wohnhauses gegenüber der Fabrik, ist auch angeschrieben (Anschrift: Klostermühle 2)
Weg:	A 8 Stuttgart-Ulm Ausfahrt Esslingen nach Denkendorf, die Firma befindet sich dort Richtung Freibad

74252 Massenbachhausen

▶ FISCHER

R. Fischer & Söhne GmbH & Co. KG / Strickwarenfabrik
74252 Massenbachhausen / Vogelsangstr. 6
Tel. (07138) 999-0 / fischer-u-soehne.de

Waren:	Pullover für Damen und Herren, Strickwesten, Sweat-Shirts, T-Shirts, Hemden, Hosen, Garne
Ersparnis:	50% und mehr möglich, 2. Wahl ist besonders günstig
Zeiten:	ca. 4-5x jährl., meist an einem Fr. und Sa. sowie in der darauf folgenden Woche, genaue Termine und Zeiten erfragen
Hinweise:	wenn man seine Anschrift hinterlässt wird man über die Verkaufszeiten schriftlich informiert
Weg:	Massenbachhausen liegt ca. 10 km westlich von Heilbronn, A 6 Ausfahrt Bad Rappenau über Fürfeld nach Massenbachhausen, dort befindet sich die Firma am Ortsende Richtung Schwaigern, nicht zu übersehen

74360 Ilsfeld

74348 Lauffen am Neckar

▶ BUECKLE

s. Seite 641

**Bueckle company GmbH
74348 Lauffen am Neckar / Im Brühl 32/1
Tel. (07133) 108-0 / bueckle.de**

Das vor 70 Jahren im schwäbischen Lauffen gegründete Unternehmen steht für modernste Fertigungstechniken und ein gutes Preis-/Leistungsverhältnis. Bueckle gehört europaweit zu den führenden Herstellern von klassischen, sportiven und modischen Strickwaren.

Waren: hochwertige Damen- und Herrenbekleidung wie z.B. Pullover, Westen, Polo-Shirts, Sweat-Shirts, T-Shirts, Anzüge, Hosen, Jacken, Hemden, Krawatten, Tagwäsche und Socken

Ersparnis: ca. 30-50%

Zeiten: Mi. bis Fr. 10.00-20.00 Uhr, Sa. 9.00-16.00 Uhr

Hinweise: 2. Wahl-Ware und Musterteile sind an gekennzeichneten Ständern erhältlich, eine Kinderspielecke ist vorhanden

Weg: A 81 Stuttgart-Heilbronn Ausfahrt Mundelsheim nach Kirchheim, von hier auf die B 27 nach Lauffen, die Firma befindet sich unterhalb des Lauffener Bahnhofs im Gewerbegebiet „Unter Ainer Weg", Im Brühl verläuft parallel zur Bahnlinie

74360 Ilsfeld

▶ JOKER

**Joker Jeans Jürgen Bernlöhr GmbH
74360 Ilsfeld / Sälzerstr. 6
Tel. (07143) 87360 / joker-jeans.de**

Waren: große Auswahl an Jeans- und Sportswearhosen, Jeansjacken und -westen sowie Gürtel für Damen, Herren und Kinder, Marke Joker

Ersparnis: bei 1. Wahl ca. 30%, bei 1B-Ware und 2. Wahl bis 50%

Zeiten: Mi. und Fr. 14.00-18.30 Uhr, Sa. 9.00-14.00 Uhr

Hinweise: großer Verkaufsraum mit vielen Umkleidekabinen, es ist auch viel günstige 2. Wahl vorhanden

Weg: A 81 Stuttgart-Heilbronn Ausfahrt Ilsfeld, Richtung Ilsfeld, nach ca. 300 m rechts einbiegen ins Industriegebiet-Nord, einfach zu finden

74379 Ingersheim

74379 Ingersheim

▶ OLYMP

Tracta Textilvertriebsgesellschaft mbH
74379 Ingersheim / Freiberger Str. 26
Tel. (07142) 64886 / olymp-hemden.de

Das Unternehmen wurde im Jahr 1951 gegründet. Heute ist OLYMP eine erfolgreiche Hemdenmarke im europäischen Markt. Neben Hemden werden auch hochwertige Seidenkrawatten, modische City-Outfits, Casuals und Polos produziert.

Waren: klassische und sportliche Hemden sowie Schlafanzüge für Herren, gelegentlich einige wenige Damenblusen, Marke Olymp, außerdem Polo-Shirts, Pullover, Socken und Krawatten

Ersparnis: ca. 30-40%, je nach Artikel

Zeiten: Mo. bis Fr. 9.00-18.30 Uhr, Sa. 9.00-16.00 Uhr

Hinweise: vereinzelt ist auch 2. Wahl erhältlich

Weg: A 81 Stuttgart-Heilbronn Ausfahrt Pleidelsheim, durch Pleidelsheim nach Ingersheim, am Ortsende links Richtung Ludwigsburg/Freiberg, dann die 1. Querstraße rechts ins Gewerbegebiet in den Gröninger Weg, die nächste wieder rechts ist die Freiberger Str.

74564 Crailsheim

▶ HOHENSTEIN

Karl Hohenstein GmbH
74564 Crailsheim / Gaildorfer Str. 29
Tel. (07951) 9119-19 (Werksverkauf)

Waren: große Auswahl an Lederbekleidung für Damen, Herren und Kinder wie Mäntel, Jacken, Blousons, Röcke, Hosen und Ledermützen, teilweise auch sehr exklusive Artikel

Ersparnis: ca. 30-50%, bei Sonderaktionen z.B. auf Musterteile sind 50% und mehr möglich

Zeiten: Mo. bis Fr. 9.00-12.00 Uhr und 13.00-18.00 Uhr, Sa. 9.00-13.00 Uhr

Hinweise: großer Verkaufsraum, Sonderanfertigungen und Reparaturen sind möglich

Weg: A 6 Heilbronn-Nürnberg Abfahrt Crailsheim-Satteldorf, in Crailsheim-Mitte Richtung Gaildorf, die Firma befindet sich gegenüber vom „Baumarkt Eberl"

74653 Künzelsau

74575 Schrozberg

▶ FASHION OUTLET SCHROZBERG

Fashion Outlet Schrozberg
74575 Schrozberg / Windmühlenstr. 11
Tel. (07935) 72690-0 / fo-schrozberg.de

Waren: Oberbekleidung, Wäsche, Schuhe und Taschen der Marken Sioux, Tom Tailor, Betty Barclay, Con-ta, Naturana, Marc Picard, Bodenschatz, Pioneer, Drews Stoffe und andere

Ersparnis: günstige Angebote

Zeiten: Mo. bis Fr. 9.30-18.00 Uhr, Sa. 9.30-13.30 Uhr

Weg: Schrozberg liegt an der B 290 zwischen Crailsheim und Bad Mergentheim, in Schrozberg befindet sich die Verkaufsstelle direkt an der Hauptstraße nach Niederstetten, im ehemaligen Sioux-Gebäude

74613 Öhringen

▶ RATHGEBER

s. Seite 641

Karl Rathgeber GmbH
74613 Öhringen / Am Römerbad 23
Tel. (07941) 3018 / rathgeber-moden.de

Waren: Miederwaren, als Schnürmieder, Korselett (mit Brustteil), Leibbinde, Hüftgürtel/Hüfthalter, auch nach Maß, Marke Ronda-Mieder, außer-dem zugekaufte Oberbekleidung für Damen ab 40 der Marken Doris Streich, Lebek, Gelco und Finn Karelia sowie Stoffe

Ersparnis: ca. 30%, bei Sonderposten über 50%

Zeiten: Mo. bis Fr. 8.30-12.30 Uhr und 13.00-17.00 Uhr, Mo. und Mi. bis 18.00 Uhr

Hinweise: nur die Miederwaren sind aus eigener Herstellung

Weg: Öhringen liegt ca. 25 km nordöstlich von Heilbronn, A 6 Heilbronn-Nürnberg Ausfahrt Öhringen, nach der Aral-Tankstelle an der 3. Ampel drei mal links abbiegen, dann bis Ende Sackgasse

74653 Künzelsau

▶ MUSTANG

Jeans Depot Künzelsau GmbH
74653 Künzelsau / Würzburger Str. 48
Tel. (07940) 9252-0 / mustang.de

75443 Ötisheim

Vor langer Zeit wurde in der kleinen Künzelsauer Näherei L. Hermann die erste Jeans außerhalb Amerikas produziert. Heute heißt dieses Familienunternehmen MUSTANG und ist eine führende Jeansmarke in Europa. Seitdem hat das Unternehmen nicht nur Stoff für viele Hosen verarbeitet, sondern auch viel Stoff für Geschichten produziert. Geschichten von abenteuerlichen Tauschgeschäften und großen Deals. Geschichten von 300 Hosen beim ersten Auftrag und von bis zu 23.000 Hosen täglich.

Bekleidung

Waren: sehr große Auswahl an Jeans und Freizeitbekleidung aller Art, z.B. Hosen, Hemden, Blusen, Jacken, Anoracks, T-Shirts, Sweat-Shirts, Pullover, Gürtel, Rucksäcke, Mützen etc., Marke Mustang

Ersparnis: bei Restposten und 2. Wahl 50% und mehr gegenüber normaler 1. Wahl-Ware

Zeiten: Mo. bis Fr. 9.00-20.00 Uhr, Sa. 9.00-18.00 Uhr

Hinweise: große Verkaufsräume, es sind nur 2. Wahl und Restposten erhältlich, kein direkter Fabrikverkauf des Herstellers; eine weitere Verkaufsstelle mit gleichem Warenangebot befindet sich in:
74743 Seckach, Waidachshofer Str. 25, Tel. (06292) 95105, geöffnet Mo. bis Fr. 9.30-19.00 Uhr, Sa. 9.30-16.00 Uhr

Weg: A 6 Heilbronn-Nürnberg Ausfahrt Kupferzell auf die B 19 nach Künzelsau, dort befindet sich das „Jeans Depot" im Industriegebiet-West, ist auch ausgeschildert

75443 Ötisheim

▶ TOFF TOGS

s. Seite 645

Toff ToGs Lybwylson GmbH
75443 Ötisheim / Schlattstr. 61
Tel. (07041) 81187-0 oder -31 (Lagerverkauf) / toff-togs.de

Waren: hochwertige Kindermode aller Art in den Gr. 86-176, z.B. Kleider, Hosen, Jeans, Westen, Jacken, Pullover, T-Shirts, Sweat-Shirts etc., hauptsächlich für Mädchen, aber auch für Jungen

Ersparnis: bis zu 30%, besonders preiswert sind 2. Wahl, Retouren- und Überhangware

Zeiten: Mo. bis Fr. 10.00-17.00 Uhr, Sa. 10.00-14.00 Uhr

Hinweise: für Kinder ist eine Spielmöglichkeit vorhanden

Weg: Ötisheim liegt ca. 10 km nordöstlich von Pforzheim, in Ötisheim ist die Firma im Industriegebiet Schlatt/Waldäcker leicht zu finden

76297 Stutensee

76185 Karlsruhe

▶ ERES

Wilhelm Blicker GmbH & Co. KG
76185 Karlsruhe / Wattstr. 15
Tel. (0721) 9735-0 / blicker.de

Das Unternehmem wurde im Jahr 1919 gerürdet und entwickelte sich zum Spezialisten für Wollmäntel und Trenchcoats. Seit 1975 gehört das Unternehmen zur F. W. Brinkmann GmbH aus Herford.

Waren: Oberbekleidung für Damen und Herren, hauptsächlich Mäntel und Sportswear, Marke Eres, außerdem auch Zukaufware der Marken Bugatti, Burberry, Cavallo und Van Laak

Ersparnis: günstige Angebote

Zeiten: Mi. bis Fr. 12.00-18.00 Uhr, Sa. 10.00-14.00 Uhr

Weg: A 5 Ausfahrt Karlsruhe-Mitte auf die B 10 Richtung Landau, hier die Abfahrt Mannheim/Neureut nehmen (B 36) und immer geradeaus, an der 7. Ampel links abbiegen und die nächste Möglichkeit rechts in die Wattstr.

76297 Stutensee

▶ MELL

s. Seite 645

Pullover Mell / Strickwarenfabrik
76297 Stutensee Blankenloch / Am Hasenbiel 17
Tel. (07244) 945599 / pullovermell.de

Die Firma Mell befindet sich seit 1967 in Stutensee Blankenloch-Büchig. Im Jahr 1987 wurde im Industriegebiet Blankenloch-Nord der neue Hauptbetrieb bezogen. 1994 wurde das Ladengeschäft in Blankenloch umgebaut und 1991 in Herxheim eine weitere Filiale eröffnet. 1998 ist die Filiale Bad Herrenalb eröffnet worden

Waren: Wirk- und Strickwaren aller Art für Damen und Herren wie z.B. Pullover, Strickjacken, Strickwesten, T-Shirts, Sweat-Shirts etc.

Ersparnis: ca. 20-40%, preisgünstige Angebote, besonders bei 2. Wahl

Zeiten: Mo. bis Fr. 9.30-18.30 Uhr, Sa. 9.30-16.00 Uhr

Hinweise: weitere Verkaufsstellen mit jeweils ähnlichen Öffnungszeiten:
76863 Herxheim, Am Kleinwald 2a (Gewerbegebiet),
   Tel. (07276) 1227;
76332 Bad Herrenalb, Im Kloster 41 (Fußgängerzone),
   Tel. (07083) 525542, hier ist von März bis Oktober zusätzlich So. 13.00-17.00 Uhr geöffnet

Weg: Stutensee liegt ca. 10 km nordöstlich von Karlsruhe, von dort kommend am Hauptfriedhof vorbei Richtung Bruchsal, die Firma befindet sich im Gewerbegebiet-Nord, gegenüber „Aldi"

77709 Wolfach

77709 Wolfach

▶ WÜRTZ

Ralf Würtz GmbH / Hut- und Mützenfabrik
77709 Wolfach / Friedrichstr. 5
Tel. (07834) 869613

Waren: Strohhüte, Strandhüte, Trachtenhüte, Karnevalshüte, Freizeithüte, Mützen, Accessoires

Ersparnis: unterschiedlich je nach Artikel, günstige Angebote

Zeiten: Mo. bis Do. 8.00-12.00 Uhr, Fr. 8.00-15.00 Uhr

Hinweise: Lagerverkauf, teilweise ist auch 2. Wahl erhältlich

Weg: von Freudenstadt in südlicher Richtung auf der B 294 über Alpirsbach und Schiltach nach Wolfach, dort befindet sich die Firma hinter der „Freien Tankstelle"

77933 Lahr

▶ BONACELLI

s. Seite 647

Bonacelli Moda GmbH
77933 Lahr / Lotzbeckstr. 47
Tel. (07821) 9364-0 / bonacelli.de

Waren: Herrenoberbekleidung wie Anzüge, Sakkos, Hosen etc. der Marke Bonacelli, außerdem Handelsware wie Krawatten, Hemden, Socken, Jacken, Mäntel, Pullover, sowie Damenoberbekleidung wie Mäntel, Jacken, Blazer, Blusen, Hosen etc.

Ersparnis: bei 1. Wahl ca. 30%, bei 2. Wahl bis zu 50%

Zeiten: Mo. bis Fr. 10.00-19.00 Uhr, Sa. 10.00-16.00 Uhr

Hinweise: teilweise sind auch sehr günstige Auslaufmodelle erhältlich

Weg: Lahr liegt ca. 20 km südlich von Offenburg, A 8 Karlsruhe-Basel Ausfahrt Lahr Richtung Lahr, nicht abbiegen in das Industriegebiet, erst rechts abbiegen Richtung Stadion und gleich wieder rechts den Zubringer überqueren, dann beim E-Werk in den Hof rein

78604 Rietheim-Weilheim

▶ HERMKO

s. Seite 649

Hermann Koch GmbH & Co. KG / Trikotwarenfabrik
78604 Rietheim-Weilheim / Dürbheimer Str. 38/1
Tel. (07424) 2929 / hermko.de

79244 Münstertal

Waren:	Unterwäsche aus Baumwolle und Micro-Modal für Damen, Herren und Kinder, außerdem eine kleine Auswahl an Nachtwäsche, Damen bis Gr. 68/70 und Herren bis Gr. 14
Ersparnis:	durchschnittlich ca. 35%, besonders preiswert sind 2. Wahl-Artikel (große Auswahl)
Zeiten:	Mo. bis Fr. 8.00-12.00 Uhr und 13.30-17.30 Uhr, Sa. 9.00-13.00 Uhr
Weg:	Rietheim-Weilheim liegt ca. 5 km nördlich von Tuttlingen an der B 14 Richtung Spaichingen, die Firma befindet sich in Rietheim, von Tuttlingen kommend nach dem Ortsschild die erste Straße rechts einbiegen und anschließend vor der Brücke links in die Dürbheimer Str.

78662 Bösingen

▶ GERBI

Hosenfabrikation Gerd Bippus
78662 Bösingen / Grabenstr. 2
Tel. (07404) 420

Waren:	Jeans-, Cord- und Baumwollhosen für Damen und Herren, Strickwaren für Damen und Herren
Ersparnis:	unterschiedlich, günstige Angebote
Zeiten:	Mo. bis Fr. 9.00-12.00 Uhr und 14.00-18.00 Uhr, Sa. 9.00-12.00 Uhr
Hinweise:	nur die Hosen sind aus eigener Herstellung, davon ist teilweise auch 2. Wahl erhältlich
Weg:	A 81 Stuttgart-Singen Ausfahrt Rottweil auf die B 462 nach Dunningen, hier rechts nach Bösingen, dort befindet sich die Firma im Industriegebiet

79244 Münstertal

▶ SCHIESSER

Schiesser AG
79244 Münstertal / Dietzelbachstr. 1
Tel. (07636) 7889730 / schiesser.de

Im Jahr 1875 begann Jacques Schiesser in einem ehemaligen Tanzsaal in Radolfzell mit der Produktion von Trikotwäsche. Heute ist Schiesser ein Marktführer der deutschen Wäschespezialisten und entwickelt sich immer stärker vom Produktions- zum internationalen Marketing- und Vertriebsunternehmen.

79576 Weil am Rhein

Waren:	Tag- und Nachtwäsche für Damen, Herren und Kinder wie z.B. Unterwäsche und Schlafanzüge, außerdem Freizeit- und Schwimmbekleidung
Ersparnis:	durchschnittlich ca. 25%, Musterteile, 2. Wahl und Auslauf-modelle sind besonders günstig
Zeiten:	Mo. bis Fr. 10.00-18.00 Uhr, Sa. 10.00-16.00 Uhr, im Winter Sa. 10.00-16.00 Uhr
Weg:	A 5 Ausfahrt Bad Krozingen, über Bad Krozingen und Staufen nach Münstertal, hier gleich am Ortsanfang die erste Möglichkeit links einbiegen in die Dietzelbacher Str.

79576 Weil am Rhein

▶ BIG STAR

Big Star Jeans GmbH / Factory Outlet
79576 Weil am Rhein Friedlingen / Blauenstr. 1
Tel. (07621) 791814 / bigstarjeans.com

Waren:	Oberbekleidung wie z.B. Jeans-Hosen, Jeans-Hemden, Jacken, Lederjacken, Stoffhosen, Pullover, T-Shirts, Sweat-Shirts etc., Gürtel, Schuhe, Stiefel
Ersparnis:	bei Restposten und 2. Wahl bis zu 50%
Zeiten:	Mo. bis Fr. 10.00-19.00 Uhr, Sa. 9.00-18.00 Uhr
Hinweise:	es sind ausschließlich 2. Wahl-Artikel, Restposten und Auslaufmodelle erhältlich
Weg:	Weil am Rhein liegt an der Schweizer Grenze bei Basel, dort befindet sich die Firma im Ortsteil Friedlingen, an der Rückseite der Firma Toys „R" Us

▶ CARHARTT

Carhartt The Outlet
79576 Weil am Rhein Friedlingen / Colmarer Str. 2
Tel. (07621) 422039-0 / carhartt.de

Waren:	Sports- und Funwear für Damen und Herren wie Hosen, Hemden, Jacken, T-Shirts, Sweat-Shirts etc.
Ersparnis:	teilweise 50% und mehr möglich
Zeiten:	Mo. bis Fr. 11.00-19.00 Uhr, Sa. 10.00-18.00 Uhr
Hinweise:	ausschließlich Verkauf von 2. Wahl-Waren, Restposten und Auslaufmodellen

79725 Laufenburg

Weg: Weil am Rhein liegt an der Schweizer Grenze bei Basel, dort befindet sich die Firma im Ortsteil Friedlingen, schräg gegenüber „Rhein-Center"

79689 Maulburg

▶ BURLINGTON

Arlington GmbH & Co. KG
79689 Maulburg / In der Teichmatt 14
Tel. (07622) 68446-0 oder -12 (Betriebsladen) / burlington.de

Burlington wurde 1977 durch die Einführung der Argyle Socks in Europa quasi über Nacht zur Marke. Besonders in den 80ger Jahren durften die typischen Karo-Socken mit dem unverwechselbaren Clip zu keinem Popper-Outfit fehlen. Das Karo Design entstammt ursprünglich dem Tartan des schottischen Campbell Clans mit seinem Oberhaupt „Duke of Agyll". Seit 1999 bietet Burlington neben Strumpfwaren für Damen und Herren auch eine komplette Männer-Kollektion mit Jacken, Shirts, Pants, Unterwäsche und Accessories an.

Waren: hochwertige Socken für Damen, Herren und Kinder, außerdem Kniestrümpfe und Feinstrickstrumpfhosen sowie Jacken, Pullover und Pullunder hauptsächlich für Herren, Marken Burlington, Kunert und Hudson

Ersparnis: durchschnittlich ca. 35%, im „Schnäppchenmarkt" teilweise bis zu 70% möglich

Zeiten: Mo. bis Fr. 9.00-18.00 Uhr, Sa. 9.00-14.30 Uhr

Hinweise: es ist hauptsächlich 1B-Ware erhältlich; alle 2 Monate findet jeden 1. Fr. im Monat 9.00-18.00 Uhr und jeden 1. Sa. im Monat 9.00-13.30 Uhr findet ein zusätzlicher „Schnäppchenmarkt" statt, hier sind sehr günstige Retouren- und Musterartikel sowie Fehlerware erhältlich

Weg: Maulburg liegt an der B 317 zwischen Lörrach und Schopfheim, von Maulburg Richtung Steinen vor dem Ortsausgang links in die Hauptstr. einbiegen und anschließend nach knapp 100 m sofort wieder rechts in „In der Teichmatt", die Firma befindet sich hinter „Aldi"

79725 Laufenburg

▶ MARYAN

Maryan Beachwear Group GmbH & Co. /
Mieder u. Badeanzugfabrik
79725 Laufenburg / Gewerbestr. 1
Tel. (07763) 20265 / maryanbeachwear.de

79822 Titisee-Neustadt

Das Familienunternehmen mit Produktions- und Tochtergesellschaften im Ausland ist seit über 50 Jahren spezialisiert auf trendiges Design sowie ausgefeilte Cup-Größen. Viermal jährlich kommen neue Modelle in den Handel.

Bekleidung

Waren: Bade- und Strandbekleidung aller Art für Damen, Badehosen für Herren, Marken maryan melhorn, Charmline und Lidea

Ersparnis: preisgünstiges Warenangebot

Zeiten: ab ca. Mitte Mai bis Mitte Juli wird verkauft was noch im Lager ist, meist Mo. bis Fr. 9.00-18.00 Uhr, Sa. 9.00-12.00 Uhr, genaue Termine und Zeiten erfragen

Hinweise: teilweise ist auch 2. Wahl erhältlich

Weg: Laufenburg liegt an der B 34 zwischen Waldshut und Bad Säckingen, von Waldshut kommend über Hauenstein nach Laufenburg, vor der Bahnlinie rechts in die Gewerbestr., das Firmengebäude ist auch nicht zu übersehen

79822 Titisee-Neustadt

▶ NOVILA

Novila GmbH & Co. KG
79822 Titisee-Neustadt / Freiburger Str. 15
Tel. (07651) 9200-0 / novila.de

Die Geschichte von Novila begann 1946 in Titisee-Neustadt im Hochschwarzwald. Von Anfang an wurde höchste Qualität in Material und Verarbeitung zur Firmenphilosophie erkoren. Ausgewählte Webereien und Strickereien aus Europa liefern beste Zutaten, die die Firma zu edler Tag- und Nachtwäsche verarbeitet. Heute hat sich Novila weltweit als exklusive Marke für Tag- und Nachtwäsche aus Baumwolle, Seide, Viskose und Leinen positioniert.

Waren: hochwertige Tag- und Nachtwäsche für Damen und Herren wie Schlafanzüge, Nachthemden und Hausmäntel, aus reiner Baumwolle, Seide, Viscose, Leinen u.a., Marke Novila

Ersparnis: ca. 30% im Durchschnitt

Zeiten: Mo. bis Fr. 10.00-12.00 und 14.00-17.00 Uhr, Sa. 10.00-12.00 Uhr

Hinweise: separater Verkaufsraum im Vorbau der Fabrikationshalle, teilweise ist auch 2. Wahl erhältlich

Weg: Titisee-Neustadt liegt an der B 31 Freiburg-Donaueschingen, Abfahrt Neustadt-West nach Neustadt, nach den Fahnen der Firma „Okal-Fertighäuser" rechts einbiegen, die Firma befindet sich in einem langgestreckten Gebäude auf der linken Seite, gegenüber dem „Ford"-Autohaus

80335 München

▶ TRIUMPH

**Triumph International AG / Triumph FOC
80335 München / Marsstr. 46
Tel. (089) 5111-80 oder -4784 (Outlet) / triumph-international.de**

Das Unternehmen wurde im Jahr 1886 als Miederhersteller in Heubach gegründet. In über 100 Jahren hat sich die Firma aus den bescheidenen Anfängen einer klassischen schwäbischen Korsettwaren-Manufaktur zu einem multinationalen Unternehmen entwickelt, das bis heute noch in Privatbesitz ist.

Waren:	Unter- und Nachtwäsche für Damen und Herren wie Schlafanzüge, Nachthemden, Unterhemden, Bodys, Slips, BH's sowie Bademoden, Jugend- und Hausbekleidung und Sportbekleidung, Marken Triumph, BeeDees, Night & Home, Amourette, Triaction, BeHappy, Slipi und Sloggi
Ersparnis:	bei 1. Wahl bis zu ca. 20%, bei 2. Wahl, Auslaufartikeln und Musterteilen teilweise bis zu 70%
Zeiten:	Mo. bis Fr. 9.00-18.00 Uhr, Sa. 10.00-16.00 Uhr
Hinweise:	es ist keine Probiermöglichkeit vorhanden
Weg:	in München befindet sich die Firma in der Nähe vom Hauptbahnhof, vom Hauptbahnhof auf der Dachauer Str. Richtung Stiglmaierplatz, dann die erste größere Straße links ab ist die Marsstr., die Firma befindet sich gegenüber vom „Bayerischen Rundfunk"

80807 München

▶ HALLHUBER

**Hallhuber GmbH
80807 München / Taunusstr. 49
Tel. (089) 3562410 / hallhuber.de**

Die Entwicklung der Marke Hallhuber begann im Jahr 1980. Seit 2000 gehört Hallhuber zum italienischen Konzern Stefanel.

Waren:	junge und klassische Damen- und Herrenoberbekleidung aller Art, vom T-Shirt bis zum Mantel, außerdem Schuhe und Accessoires
Ersparnis:	ca. 20-40%
Zeiten:	Mo. bis Di. 11.00-18.30 Uhr, Mi. bis Fr. 11.00-20.00 Uhr, Sa. 11.00-18.30 Uhr
Hinweise:	es sind vorwiegend Artikel der Vorjahreskollektionen sowie Restposten, 2. Wahl-Ware, Produktionsüberhänge und Musterkollektionen erhältlich, außerdem sind auch Waren anderer Hersteller erhältlich

80939 München

Weg: A 99 Ausfahrt München-Neuherberg auf die Ingolstädter Str. Richtung Zentrum München, nach knapp 5 km rechts ab auf den Frankfurter Ring und nach weiteren ca. 100 m gleich wieder rechts in den Taunusring

80939 München

▶ RENA LANGE

M. Lange & Co. GmbH
80939 München / Lindberghstr. 3
Tel. (089) 90939110 / renalange.com

Waren: hochwertige Damenoberbekleidung wie Jacken, Blusen, Shirts, Hosen, Shorts und Kleider, außerdem Accessoires wie Taschen und Gürtel, Marke Rena Lange

Ersparnis: ca. 50-60%

Zeiten: Di. bis Fr. 10.00-19.00 Uhr, Sa. 10.00-17.00 Uhr

Hinweise: es ist ausschließlich die Vorjahreskollektion erhältlich

Weg: die Firma befindet sich ca. 5 km nördlich vom Zentrum im Euro-Industriepark, erreichbar auch über die A 9 Ausfahrt München-Frankfurter Ring, ca. 500 m nach der Ausfahrt rechts in die Lilienthalallee und nach weiteren ca. 400 m nach der Eisenbahnlinie rechts in die Lindberghstr.

81829 München

▶ AIGNER

s. Seite 651

Etienne Aigner AG / Aigner Lagerverkauf
81829 München / Karl-Schmid-Str. 13
Tel. (089) 991901-0 oder -70 / etienneaigner.de

Aigner ist eine exklusive, internationale Marke für Damen und Herren in den Bereichen Leder, Fashion und Accessoires. Das Monogramm aus dem Namen Aigner, umgesetzt in Form eines Hufeisens, ist ein signifikantes Erkennungszeichen. Design, Produktentwicklung und ein Großteil der Fertigung erfolgen in Italien.

Waren: Damen- und Herrenbekleidung sowie Lederwaren und Accessoires wie Taschen, Gepäck, Gürtel, Geldbörsen, Schuhe, Tücher, Krawatten, Schirme, Modeschmuck, Uhren, Uhrenarmbänder, Brillen und Kosmetika, komplettes Aigner-Programm

Ersparnis: bei 1. Wahl ca. 30%, bei 2. Wahl 50% und mehr möglich, trotzdem nicht billig

Zeiten: Mo. bis Fr. 9.30-18.00 Uhr, Sa. 10.00-16.00 Uhr

82152 Planegg

Hinweise: es sind ausschließlich Artikel der Vorsaison, Musterkollektionen, Sonderproduktionen und Artikel mit kleinen Fehlern erhältlich

Weg: die Verkaufsstelle befindet sich ca. 5 km östlich vom Zentrum München, A 94 Ausfahrt München-Am Moosfeld auf den Schatzbogen in das Industriegebiet, die zweite Straße links ab ist die Karl-Schmid-Str.

82065 Baierbrunn

▶ TIMBERLAND

Timberland Outlet Store
82065 Baierbrunn Buchenhain / Höllriegelskreuther Weg 3
Tel. (089) 79360390 / timberland.com

Waren: hochwertige Outdoor-Bekleidung und Schuhe für Damen und Herren, z.B. Jacken, Lederjacken, Hosen, Jeans, Pullover, T-Shirts, Sweat-Shirts, Hemden, Blusen, Unterwäsche, Mützen, Handschuhe, Boots, Sandalen sowie Gürtel, Taschen, Koffer etc., Marke Timberland

Ersparnis: ca. 30-70%, es finden auch immer wieder Sonderaktionen statt, z.B. 2 Hosen für EUR 50,-

Zeiten: Mo. bis Fr. 10.00-18.30 Uhr, Do. 10.00-20.00 Uhr, Sa. 10.00-16.00 Uhr

Hinweise: es sind nur die Vorjahreskollektion sowie Musterkollektionen und Einzelteile erhältlich, zeitweise eingeschränkte Auswahl

Weg: Baierbrunn liegt ca. 10 km südlich von München an der B 11 Richtung Wolfratshausen, dort befindet sich die Firma in Buchenhain, sie ist auch ausgeschildert

82152 Planegg

▶ MARC O'POLO

Marc O'Polo Factory Outlet
82152 Planegg Martinsried / Lena-Christ-Str. 46
Tel. (089) 8576895 / marc-o-polo.de

Als die Schweden Rolf Lind und Göte Huss und der Amerikaner Jerry O'Sheets 1967 in Stockholm das Modelabel Marc O'Polo aus der Taufe hoben wollten sie jungen Leuten eine unkomplizierte Mode bieten. Marc O'Polo entwickelte sich zum Vorreiter der Casualwear in Europa. Das Baumwoll-Sweatshirt mit dem Marc O'Polo-Logo wurde ihr Markenzeichen und gleichzeitig ein großer Erfolg.

Waren: Damen-, Herren- und Kinderbekleidung von sportiv bis modern casual wie z.B. Hemden, Hosen, Pullover, Jacken, Jeans, T-Shirts, Sweat-Shirts, Leggins und Gürtel

82166 Gräfelfing

Ersparnis: bis zu ca. 30% bei 1. Wahl-Artikeln, bei 2. Wahl und Artikeln der Vorsaison ca. 30-70%

Zeiten: Mo. bis Fr. 10.00-20.00 Uhr, Sa. 10.00-18.00 Uhr

Hinweise: es sind nur Artikel der Vorjahreskollektionen sowie Restposten, 2. Wahl-Ware, Produktionsüberhänge und Musterkollektionen erhältlich

Weg: vom Zentrum München auf der Würmtalstr. Richtung Gräfeling, vor Gräfeling links ins Gewerbegiet Martinsried, die nächste Straße wieder links, die Firma befindet sich im letzten Haus vor der Kurve, der Eingang an der Rückseite des Gebäudes

82166 Gräfelfing

▶ FASHION OUTLET

fashion outlet GmbH
82166 Gräfelfing / Kleinhadernerweg 6
Tel. (089) 89839500 / fashionoutlet.de

Die fashion outlet GmbH organisiert seit nunmehr 10 Jahren für internationale Textilhersteller den Direktverkauf von aktuellen Kollektionen, Überproduktionen, Ware aus der Vorsaison sowie aktuellen Musterteilen.

Waren: sehr große Auswahl an Markenmode für Damen, Herren und Kids wie Oberbekleidung, Schuhe, Accessoires, Unterwäsche und Wein, ständig wechselndes Angebot und sehr große Auswahl an Markenmode für Damen und Herren sowie Taschen und Accessoires, das Gesamtangebot umfasst über 20.000 Teile

Ersparnis: je nach Artikel und Marke unterschiedlich, teilweise bis zu 70%

Zeiten: Mo. bis Fr. 9.00-20.00 Uhr, Sa. 9.00-18.00 Uhr

Hinweise: Fabrikverkauf von internationalen Herstellerfirmen wie Gin Tonic, Cavita, Frank Eden, Seidensticker, Enzo Lorenzo u.v.m. sowie Überhängen von über 20 Nobelboutiquen

Weg: an der A 96, direkt an der Ausfahrt Gräfelfing die 1. Straße links, die Verkaufsstelle befindet sich im 1. Stock des "Rewe-Marktes"

82291 Mammendorf

▶ ARIELLA

s. Seite 651

Ariella GmbH
82291 Mammendorf / Ahornstr. 18
Tel. (08145) 86-0 / ariella.de

Waren: Bade- und Strandbekleidung für Damen, außerdem Ski- und Freizeitbekleidung, Snowboardbekleidung sowie Radsport-

83101 Rohrdorf

bekleidung für Damen und Herren wie Radlerhosen, Trikots und Westen, Marken ariella

Ersparnis: ca. 30% im Durchschnitt

Zeiten: Mo. und Di. 9.00-13.00 Uhr, Mi. bis Fr. 9.00-18.00 Uhr, Sa. 9.00-14.00 Uhr

Hinweise: kleiner Verkaufsraum, es sind ausschließlich Musterteile, Überproduktionen der vergangenen Saisons und 2. Wahl-Artikel erhältlich

Weg: Mammendorf liegt ca. 8 km nordwestlich von Fürstenfeldbruck, A 8 Ausfahrt Dachau/FFB auf die B 471, Abfahrt FFB-Mitte auf die B 2 Richtung Augsburg, in Mammendorf nach dem Ortsschild die 1. Straße rechts, dann die nächste links ist die Ahornstr., die Firma befindet sich neben dem „Minimal-Markt"

83022 Rosenheim

▶ MAIER

Strickerei Georg Maier GmbH & Co. KG
83022 Rosenheim / Klosterweg 7
Tel. (08031) 33625 / georg-maier.de

Das Unternehmen wurde im Jahr 1947 gegründet und hat sich von Anfang an auf hochwertige, robuste und klassische Strickqualität spezialisiert. Heute beliefert die Firma über 300 Modefachgeschäfte in Deutschland, Österreich, der Schweiz und Holland.

Waren: modische und klassische Strickwaren wie z.B. Pullover, T-Shirts, Jacken, Janker etc.

Ersparnis: unterschiedlich, durchschnittlich ca. 30%

Zeiten: jeden ersten Fr. im Monat 10.00-15.00 Uhr, jedoch nicht wenn der Do. davor ein Feiertag ist

Hinweise: es sind hauptsächlich 2. Wahl und Überhänge erhältlich

Weg: A 8 München-Salzburg Ausfahrt Rosenheim auf die B 15 nach Rosenheim, dort befindet sich die Firma im Zentrum in der Nähe der „Loretto-Wiese"

83101 Rohrdorf

▶ WEGA

Wega GmbH / Bekleidungsfabrik
83101 Rohrdorf Thansau / Fabrikstr. 19-23
Tel. (08031) 2753-0 / wega-fashion.de

83451 Piding

Waren:	Damenoberbekleidung wie Jacken, Mäntel, Blousons, Blazer, Kostüme, Hosenanzüge, Landhausmode, für Damen ab 40
Ersparnis:	bei 1. Wahl ca. 30%, bei 2. Wahl ca. 50%
Zeiten:	Mo. bis Do. 7.30-15.30 Uhr, Fr. 7.30-12.00 Uhr
Hinweise:	gelegentlich finden zusätzl. Sonderverkäufe mit nochmals reduzierten Preisen statt, dann ist zusätzl. auch Fr. nachmittags geöffnet, genaue Termine erfragen
Weg:	von München auf der A 8 Richtung Salzburg, Ausfahrt Rohrdorf Richtung Thansau, dort befindet sich die Firma im Industriegebiet, nicht zu verfehlen

83451 Piding

▶ ADIDAS

s. Seite 663

adidas AG / adidas Outlet Store
83451 Piding / Lattenbergstr. 6
Tel. (08651) 714613 / adidas.com

Den Namen adidas als Firmenbezeichnung gibt es seit 1948. Als Produktnamen wählte Firmengründer Adi Dassler die beiden ersten Silben seines Vor- und Zunamens. Ein Jahr später meldete er die Drei Streifen als Markenzeichen an. 1989 wurde der Konzern in eine AG umgewandelt und 1995 an die Börse gebracht. Mit den Marken adidas (Sportschuhe, -bekleidung und Zubehör), TaylorMade (Golfschläger, -bälle und -zubehör), Mavic (Fahrradkomponenten), erima (Sporttextilien) und Reebok hat die adidas AG ein umfassendes Markenportfolio in der Sportartikelindustrie.

Waren:	sehr große Auswahl an Sportschuhen und Sportbekleidung aller Art, Produktpalette nach Themen aufgebaut: Fitness, Running, Tennis, Golf, Training, Fußball, Basketball, Sportswear, Outdoor, Schwimmen, Trekkingschuhe, Taschen
Ersparnis:	ca. 30-70%
Zeiten:	Mo. bis Fr. 10.00-19.00 Uhr, Sa. 9.00-18.00 Uhr
Hinweise:	es sind Sonderposten, Lagerüberhänge, Muster, Auslaufartikel und 2. Wahl-Ware erhältlich
Weg:	A 8 München-Salzburg kurz vor der Grenze nach Österreich Ausfahrt Piding/Bad Reichenhall, das Outlet befindet sich gleich nach der Ausfahrt direkt neben „Burger King"

84137 Vilsbiburg

▶ THE BEST

s. Seite 651

Baumstark Mode Vertriebs GmbH
84137 Vilsbiburg / Frontenhausener Str. 64
Tel. (08741) 929842

84364 Bad Birnbach

Waren: Jeansbekleidung aller Art für Damen und Herren, hauptsächlich Hosen, auch Cord- und Stoffhosen, aber auch einige Röcke, Jacken, Westen, Hemden sowie Stoffe und Stoffreste

Ersparnis: günstige Angebote

Zeiten: Mi. bis Fr. 9.00-18.00 Uhr, Sa. 10.00-15.00 Uhr

Weg: Vilsbiburg liegt ca. 15 km südöstlich von Landshut an der B 299, aus Richtung Landshut kommend im Zentrum von Vilsbiburg in der Ortsmitte links abbiegen Richtung Frontenhausen auf die Frontenhausener Str.

84175 Gerzen

▶ ERLMEIER

Erlmeier & Co. / Lederbekleidungswerk
84175 Gerzen / Schloßparkstr. 9
Tel. (08744) 8914

Waren: Lederbekleidung wie z.B. Jacken, Hosen, Röcke etc., hauptsächlich Trachtenledermode/Folklorestil, außerdem Motorradjacken und Jeans, Marken Erlmeier Countrystyle und Erlmeier Leatherstyle

Ersparnis: durchschnittlich ca. 30-40%

Zeiten: Mo. bis Do. 8.00-11.00 Uhr und 13.00-17.00 Uhr, Fr. bis 15.00 Uhr, Sa. 9.00-13.00 Uhr

Hinweise: nur die Trachtenstilmode, Motorradjacken sowie Jeans sind aus eigener Herstellung

Weg: A 92 Ausfahrt Landshut-Nord auf die B 299 Richtung Vilsbiburg, bei Geisenhausen links über Dietelskirchen nach Gerzen, die Firma ist dort nicht zu verfehlen

84364 Bad Birnbach

▶ KIRSCHNER

s. Seite 653

Ludwig Kirschner / Lederbekleidungsfabrik
84364 Bad Birnbach Asenham / Kößlarner Str. 1
Tel. (08563) 472 / leder-kirschner.de

1925 wurde die Firma als Haut- und Fellhandel gegründet. 1950 Beginn der Fertigung von Ledertrachtenhosen und -jacken für Damen und Herren. Heute wird der Familienbetrieb in der 3. Generation weiter geführt.

Waren: sportive, elegante und trachtige Lederbekleidung wie Jacken, Hosen, Westen, Röcke und Mäntel, Lederhosen aller Art für Erwachsene und Kinder, Lammfellbekleidung, Spezialität:

84428 Buchbach

handgestickte bayerische Trachtenhosen für Damen, Herren und Kinder

Ersparnis: ca. 30% im Durchschnitt

Zeiten: Mo. bis Fr. 8.00-11.30 Uhr und 12.30-17.00 Uhr, Sa. 9.00-12.00 Uhr

Hinweise: gelegentlich sind sehr günstige 2. Wahl-Artikel erhältlich, es wird auch viel zugekaufte Ware angeboten

Weg: von Passau auf der A 3 kommend Ausfahrt Pocking, auf die B 388 Richtung Pfarrkirchen, bei Bad Birnbach links abbiegen nach Asenham, die Firma befindet sich gleich am Ortseingang

84428 Buchbach

▶ COUNTRY LINE

**Country Line Trachtenmoden GmbH
84428 Buchbach Ranoldsberg / Herrnbergstr. 6
Tel. (08086) 9301-0 / country-line.de**

Die Firma Country Line Trachtenmoden GmbH wurde 1986 gegründet. Damals wurde die erste Damen-Trachtenkollektion entworfen und auf der Modewoche in München vorgestellt. Stimmige Kollektionen, gute Qualitäten und ein gutes Preis-/Leistungsverhältnis haben die Firma unter die Top 30 der Branchen-Leader gebracht. Pro Saison werden zwei Haupt- und zwei Zwischenkollektionen erstellt.

Waren: Trachten- und Landhausmode wie z.B. Dirndl, Lederhosen, Blusen, Kleider, Jacken, Hosen, Hemden etc. für Damen und Herren, aber auch für Kinder

Ersparnis: ca. 30-40%, 2. Wahl ist besonders preiswert

Zeiten: Mo. bis Fr. 9.00-17.00 Uhr

Hinweise: große Präsentation in zwei Räumen

Weg: von Vilsbiburg auf der B 388 Richtung Taufkirchen, in Velden links ab nach Buchbach, dort links nach Ranoldsberg, die Firma befindet sich am Ortsausgang Richtung Oberbergkirchen, sie ist nicht schwer zu finden

85055 Ingolstadt

▶ BÄUMLER

**Bäumler AG
85055 Ingolstadt / Friedrich-Ebert-Str. 86
Tel. (0841) 505-0 / baeumler.com**

Die Hans Bäumler Gruppe wurde 1934 von Hans Bäumler gegründet. 1979 erfolgt die Unterzeichnung des Lizenzvertrages mit Dior. Dieser Vertrag stellt die Weichen für weitere Lizenzvereinbarungen mit internationalen Designerhäusern wie Pierre Cardin,

85055 Ingolstadt

Valentino Uomo, Louis Feraud, Emanuel Ungaro, Yves Saint Laurent, Dormeuil, Pierre Balmain und schließlich 1998 Claude Montana. Heute ist die Bäumler-Gruppe einer der größten europäischen Anzugspezialisten.

Waren: hochwertige Herrenbekleidung wie z.B. Anzüge, Sakkos, Mäntel, Jacken, Hemden, Hosen, Pullover, Pullunder, T-Shirts, Polo-Shirts, Krawatten, Socken und Gürtel, Marken Bäumler, Louis Féraud, Kaiser Design und Pierre Cardin

Ersparnis: bei 1. Wahl ca. 30-40%, bei 2. Wahl über 50%

Zeiten: Mo. bis Fr. 9.00-18.00 Uhr, Sa. 9.00-16.00 Uhr

Hinweise: 2x jährl. (meist Frühj./Herbst) findet ein zusätzlicher Sonderbelegschaftsverkauf statt, genaue Termine erfragen

Weg: von München auf der A 9 kommend Ausfahrt Ingolstadt-Nord, Richtung Stadtmitte auf die Goethestr. bis die Friedrich-Ebert-Str. kreuzt, rechts einbiegen, der Verkauf befindet sich auf dem Werksgelände

▶ ROSNER - CINQUE - ROY ROBSON

Rosner GmbH & Co.
85055 Ingolstadt / Hermann-Paul-Müller-Str. 17
Tel. (0841) 501-0 oder 58064 (Rosner) und 3708805 (Cinque) /
rosner.de

Das Bekleidungsunternehmen Rosner wurde im Jahr 1967 von Rudolf Rosner in Kösching gegründet. Produziert wurde hochmodische Bekleidung für Damen und Herren, anfangs nur Hosen später Jacken, Mäntel, Anzüge, Strick und Outfits. Im Jahre 1975 zog das Unternehmen nach Ingolstadt, wo es bis heute seinen Hauptsitz hat. Neben Ingolstadt in Deutschland wird für Rosner unter anderem in Italien, Portugal, Rumänien, Ungarn, Kroatien und der Türkei produziert. Heute ist die rosner-Kollektion in vielen europäischen Ländern erhältlich.

Waren: hochwertige Oberbekleidung für Damen, Herren und Kinder wie z.B. Hemden, Hosen, Röcke, Blusen, Kleider, Kostüme, Pullover, T-Shirts, Sweat-Shirts, Polo's, Anzüge, Mäntel, Blazer, Westen, Sakkos, Lederjacken, Strümpfe, Krawatten, Gürtel u.v.m., Marken Rosner, Roy Robson und Cinque

Ersparnis: ca. 30% im Durchschnitt

Zeiten: Mo. bis Fr. 9.30-19.00 Uhr, Sa. 9.00-18.00 Uhr, Juni bis August Sa. 9.00-16.00 Uhr

Hinweise: 2. Wahl-Artikel sind im 1. OG erhältlich

Weg: A 9 München-Nürnberg Ausfahrt Ingolstadt-Nord Richtung Stadtmitte, 1. Straße rechts in die Römerstr., nach der Linkskurve noch vor dem Industriegebiet rechts in die Schölnhammerstr., wiederum die nächste rechts ist die Hermann-Paul-Müller-Str., die Firmen sind auch ausgeschildert

85551 Kirchheim

85551 Kirchheim

▶ **BOGNER**

s. Seite 653

Bogner Outlet
85551 Kirchheim Heimstetten / Am Werbering 5
Tel. (089) 43606-670 / bogner.com

Waren: für Damen und Herren Sportbekleidung für Ski-, Tennis-, Golf-, Wander-, Rad- und Badesport sowie Oberbekleidung wie Jacken, Hosen, Röcke, Kombinationen, Blusen, Sakkos, Anzüge, Pullover, T-Shirts, Sweat-Shirts etc., Marke Bogner

Ersparnis: durchschnittlich ca. 30%

Zeiten: Mo. bis Fr. 10.00-18.00 Uhr, Sa. 10.00-16.00 Uhr

Hinweise: es sind nur Lagerüberhänge, 2A-Ware und Vorsaisonartikel erhältlich, nicht die aktuelle Kollektion;
eine weitere Verkaufsstelle befindet sich in:
80993 München, Triebstr. 36-38, Tel. (089) 14728601, geöffnet Mo. bis Fr. 9.30-18.00 Uhr und Sa. 9.30-16.00 Uhr

Weg: Heimstetten liegt ca. 15 km östlich vom Stadtzentrum München, A 94 Ausfahrt Feldkirchen-Ost nach Heimstetten, nach der Unterführung der A 99 links in die Weißenfelder Str. einbiegen, die nächste rechts ist „Am Werbering", die Firma befindet sich am Ende der Sackgasse

85560 Ebersberg

▶ **BERWIN & WOLFF**

Berwin & Wolff AG
85560 Ebersberg / Anzinger Str. 8
Tel. (08092) 82430 / berwin.de

Waren: große Auswahl an Landhaus- und Trachtenmode für Damen wie Dirndl, Blusen, Röcke, Hosen, Mieder und Shirts, außerdem Kinder-Landhausmode für Mädchen

Ersparnis: bei aktueller Ware ca. 10-15%, bei herabgesetzter Ware bis zu ca. 60% möglich

Zeiten: Fr. 10.00-16.00 Uhr, Sa. 10.00-14.00 Uhr, in der Sommerzeit bis ca. Oktober zusätzlich auch Mi. 10.00-15.00 Uhr

Hinweise: es sind vorwiegend Modelle aus den vorangegangenen Saisons erhältlich

Weg: Ebersberg liegt ca. 16 km östlich von München, A 94 München-Passau Ausfahrt Forstinning, rechts Richtung Ebersberg und

85716 Unterschleißheim

nach ca. 8 km am Ortsanfang von Ebersberg beim Kreisverkehr rechts ins Gewerbegebiet abbiegen, dann neben „Aldi" rechts das nächste Haus

85609 Aschheim

▶ SALEWA

Salewa Sportgeräte GmbH
85609 Aschheim / Saturnstr. 63
Tel. (089) 90993-0 / salewa.de

Das Unternehmen wurde im Juli 1935 in München gegründet. Zu den Anfangsprodukten gehörten u.a. Ledertreibriemen und Pferdegeschirre. Während der Kriegsjahre stellte die Firma verschiedene Leder- und Textilprodukte, erste Rucksäcke mit Stahlrohrgestell und Haselnuss-Skistöcke her. Mit der großen Nachfrage nach Skistöcken im Winter 1952/53 gelingt Salewa im Sportbereich erstmals ein Durchbruch. Und woher kommt der Name Salewa? Von SAttler LEder WAren.

Waren: Outdoor- und Trekkingbekleidung aller Art für Damen und Herren wie Jacken, Westen, Hosen, Hemden, Shirts und Fleecebekleidung, keine Schuhe, teilweise auch für Kinder, außerdem Skibekleidung sowie Zelte, Rucksäcke, Schlafsäcke und Kletterzubehör, Marke Salewa

Ersparnis: bis zu 50%, bei 2. Wahl auch mehr

Zeiten: Do. 9.00-18.00 Uhr, außerdem findet ca. 2-3x jährl. ein zusätzlicher Sonderverkauf jeweils 3-4 Tage lang statt, genaue Termine erfragen, man kann sich auch in eine Kundenliste aufnehmen lassen, dann wird man über die Verkaufstermine informiert

Weg: Aschheim liegt nordöstlich vom Zentrum München an der A 99, Ausfahrt Aschheim/Ismaning auf die Ismaninger Str. nach Aschheim, ca. 500 m nach Ortsbeginn links in die Industriestr., dann die zweite rechts ist die Saturnstr.

85716 Unterschleißheim

▶ MORE & MORE

More & More AG
85716 Unterschleißheim / Carl-von-Linde-Str. 32
Tel. (089) 31770508 / more-and-more.com

Waren: junge Mode für Damen und Kinder, z.B. Röcke, Hosen, Pullover, T-Shirts, Sweat-Shirts, Mäntel, Jacken, Blusen, Blazer und Kleider, außerdem Schuhe und Taschen

Ersparnis: ca. 50% und mehr möglich, teils auch zusätzliche Sonderangebote, z.T. aber auch nicht reduziert

Zeiten: Mo. bis Fr. 10.00-19.00 Uhr, Sa. 9.00-17.00 Uhr

86161 Augsburg

Hinweise: es sind hauptsächlich Kollektionsteile, Artikel der letzten Saison sowie Musterteile erhältlich

Weg: Unterschleißheim liegt ca. 15 km nördlich von München, A 92 Ausfahrt Lohhof in das Gewerbegebiet, hier befindet sich die Firma über dem Baumarkt

86161 Augsburg

▶ LEMBERT

K & R Lembert KG / Hutfabrik
86161 Augsburg / Haunstetter Str. 49
Tel. (0821) 259900 / hutfabrik-lembert.de

Das traditionelle Familienunternehmen ist seit 1861 in Augsburg ansässig und produziert jegliche Art von Hüten und Kopfbedeckungen. Eine Besonderheit ist die Spezialanfertigung von Einzelstücken.

Waren: hochwertige Hüte in versch. Farben und Qualitäten für Damen und Herren, z.B. Berg- und Wanderhüte, Trachten- und Kostümhüte, Sport- und Straßenhüte, Jagd- und Schützenhüte, außerdem Sommer- und Strohhüte für Damen und Kinder sowie Tücher, Schals und Stirnbänder

Ersparnis: ca. 30-50%

Zeiten: Mo. bis Do. 7.00-15.00 Uhr

Hinweise: der Verkauf befindet sich im Fabrikgebäude, wo der kleine Pavillon steht, Einzelanfertigung nach Kundenwunsch ist möglich

Weg: A 8 Ausfahrt Augsburg-West, durch die Stadtmitte Richtung Haunstetten auf der Haunstetter Str., die Firma ist auch ausgeschildert

86399 Bobingen

▶ LANGER

Strickwarenfabrik Franz Langer
86399 Bobingen / Augsburger Str. 36
Tel. (08234) 3044

Waren: Schals, Mützen, Stirnbänder, hauptsächlich für Kinder

Ersparnis: ca. 30% im Durchschnitt

Zeiten: Di. bis Do. 8.00-12.00 Uhr und 13.00-16.00 Uhr, Fr. 8.00-12.00 Uhr

Hinweise: kein eingerichteter Privatverkauf, im Keller werden Produktionsreste sowie 2. Wahl verkauft

86720 Nördlingen

Weg: Bobingen liegt südlich von Augsburg an der B 17a Richtung Landsberg, dort befindet sich die Firma an der Hauptstraße durch den Ort

86609 Donauwörth

▶ KÄTHE KRUSE

s. Seite 655

Käthe Kruse Puppen GmbH
86609 Donauwörth / Alte Augsburger Str. 18
Tel. (0906) 706780 / kaethekrusepuppe.de

Käthe Kruse ist die älteste und wohl traditionsreichste deutsche Puppenmanufaktur. Seit fast 100 Jahren setzt die Spielzeugmanufaktur auf aufwendige Handarbeit. Bis heute hat die Käthe Kruse Puppe hat viele Freunde, Liebhaber und Sammler in der ganzen Welt gefunden.

Waren: Bekleidung für Mädchen und Babys der Marke Käthe Kruse, Funky, Petit Bateau, Timberland und McNeil, außerdem Babyspielzeug, Bettwäsche und Stoffe; Achtung: keine Puppen!

Ersparnis: unterschiedlich, günstige Angebote

Zeiten: Fr. 10.00-18.00 Uhr, Sa. 10.00-14.00 Uhr

Hinweise: teilweise eingeschränkte Auswahl, es sind nicht immer alle Größen erhältlich

Weg: Donauwörth liegt ca. 35 km nördlich von Augsburg, aus Richtung Augsburg kommend befindet sich die Firma am Ortseingang neben der Shell-Tankstelle

86720 Nördlingen

▶ STRENESSE

Strehle GmbH & Co. KG / Strenesse Group
86720 Nördlingen / Gewerbestr. 10
Tel. (09081) 807-0 oder -220 (Factory Outlet) / strenesse.com

Die Unternehmensgründung erfolgte im Jahr 1949 mit der Firma Strehle KG. Die Entstehung und Entwicklung des Namens und der Kollektion Strenesse erfolgte 1970. Bis heute hat sich die Marke einen anerkannten Platz in der internationalen Modeszene geschaffen.

Waren: hochwertige Damenoberbekleidung wie Kleider, Kostüme, Blazer, Mäntel, Jacken, Röcke, Hosen, Jeans, Blusen, T-Shirts, Pullover, Bademoden, Mützen, Gürtel, Schuhe, Taschen etc.

Ersparnis: durchschnittlich ca. 40%, bei Schlussverkäufen bis 60%

Zeiten: Di. und Mi. 10.00-18.00 Uhr, Do. und Fr. 10.00-20.00 Uhr, Sa. 10.00-17.00 Uhr

86972 Altenstadt

Hinweise: separater Verkaufsraum mit Umkleidekabinen, es sind nur Muster- und Kollektionsteile sowie 2. Wahl erhältlich

Weg: von Ulm auf der A 7 kommend Ausfahrt Aalen/Westhausen auf die B 29 nach Nördlingen, dort vom Stadtzentrum nordöstlich in Richtung Wemding, die Firma befindet sich linker Hand im Industriegebiet, ca. 3 km außerhalb von Nördlingen

86972 Altenstadt

▶ ELBEO

s. Seite 655

V1 GmbH / Werksverkauf Altenstadt
86972 Altenstadt / Niederhofener Str. 10
Tel. (08861) 2567901 / elbeo.de

Waren: Damenfeinstrümpfe und -strickstrümpfe, außerdem Strümpfe, Socken, Strumpfhosen und Unterwäsche für Damen und Herren, Marken Bellinda, Elbeo, Bi und Nur Die, außerdem T-Shirts und Nachtwäsche sowie ein kleines Angebot an Jogginghosen und Herrenhemden

Ersparnis: durchschnittlich bis zu ca. 25%, vereinzelt bis zu 70%

Zeiten: Mo. bis Fr. 9.00-18.00 Uhr, Sa. 9.00-13.00 Uhr

Hinweise: Barverkauf in einem separaten Verkaufsraum

Weg: Altenstadt liegt an der B 17 zwischen Füssen und Landsberg, ca. 3 km westlich von Schongau, dort befindet sich die Firma neben der Kaserne im Gewerbegebiet, Umgehungsstraße Abfahrt Altenstadt, dann im Kreisverkehr gleich die 1. Straße rechts

87509 Immenstadt

▶ HUDSON KUNERT

s. Seite 657

Fashion Outlet Center Bau 5 /
Herstellerverkauf Bau 5 der Kunert AG
87509 Immenstadt / Julius-Kunert-Str. 44
Tel. (08323) 12-275 / kunert-group.de

Die Kunert Group ist einer der führenden Strumpfhersteller in Europa mit der international bekannten Familienmarke Hudson und der Premiummarke Kunert.

Waren: Feinstrumpfhosen, -Strümpfe und -Söckchen, Strickstrumpfhosen, -Kniestrümpfe und -Socken für Damen, Herren und Kinder, Marken Kunert und Hudson, außerdem Helly Hansen Sport- und Freizeitmode, Levi's-Artikel, Schiesser Unterwäsche und Babybekleidung sowie Artikel von Ding Dong, Roeckl, Chiemsee, BUSH, U.S.S. America, Madonna und Hucke

87527 Sonthofen

Ersparnis:	bis zu 70% bei Auslaufmodellen und Artikeln 2. Wahl
Zeiten:	Mo. bis Fr. 10.00-18.30 Uhr, Sa. 10.00-16.00 Uhr
Hinweise:	große Verkaufsräume über 4 Ebenen, mit eigener Gastronomie
Weg:	ab Autobahnkreuz Allgäu auf der B 19 Richtung Oberstdorf-Immenstadt, ab Immenstadt Richtung Lindau auf der B 308, die Firma befindet sich an der Ortsdurchfahrt Richtung Bühl, der Verkauf auf der rechten Seite

87527 Sonthofen

▶ AUTHENTIC KLEIN

Authentic Klein GmbH & Co. KG
87527 Sonthofen Binswangen / Imberger Str. 17
Tel. (08321) 67244-0 / authentic-klein.de

Das Unternehmen wurde im Jahr 1949 in Sonthofen gegründet. Schwerpunkt war und ist bis heute die Fertigung von Sport- und Freizeitkleidung.

Waren:	Sportbekleidung für Damen und Herren wie z.B. Sport- und Freizeitanzüge aus Microfaser, Jogginganzüge aus Baumwolle, Hosen, Shorts, Bermudas, Anoraks, Wanderjacken, im Winter auch Skibekleidung
Ersparnis:	unterschiedlich, durchschnittlich ca. 20-30%
Zeiten:	Mo. bis Fr. 9.30-18.00 Uhr, Sa. 9.30-13.00 Uhr
Hinweise:	teilweise ist auch 2. Wahl erhältlich
Weg:	von Kempten i. Allg. auf der B 19 über Immenstadt nach Sonthofen, die Firma befindet sich in Binswangen an der Straße Richtung Imberg

▶ ERGEE

Ergee GmbH
87527 Sonthofen / Hindelanger Str. 33
Tel. (08321) 8010 / ergee.de

Das Unternehmen wurde 1901 in Sachsen unter dem Namen Edwin Rössler Gelenau Erzgebirge gegründet. Im Strickstrumpf-Segment gehört Ergee in Österreich und in Deutschland zu den Marktführern. Im Feinstrumpfbereich zählt Ergee zu den vier größten Anbietern. Die Konzernzentrale befindet sich heute in Schrems in Österreich. Produktionsstätten befinden sich in Österreich und Tschechien.

Waren:	Strumpfwaren aller Art für Damen, Herren und Kinder wie Socken, Strumpfhosen und Strümpfe, außerdem Mützen, Schals, Handschuhe, Stirnbänder
Ersparnis:	ca. 30-40% je nach Artikel
Zeiten:	Mo. bis Fr. 9.30-18.00 Uhr, Sa. 10.00-13.00 Uhr

87527 Sonthofen

Hinweise:	gut sortierter Verkaufsraum, teilweise sind auch günstige 2. Wahl und Auslaufmodelle erhältlich
Weg:	von Kempten i. Allg. auf der B 19 über Immenstadt nach Sonthofen, hier befindet sich die Firma schräg gegenüber der Eissporthalle

▶ SEIDENSTICKER

Seidensticker GmbH / Factory Outlet Store
87527 Sonthofen / Burgsiedlung 1
Tel. (08321) 674350 / seidensticker.de

Das Unternehmen wurde 1919 von Walter Seidensticker in Bielefeld gegründet. Ab 1935 wurden neben der Hemdenproduktion auch Nachtwäsche und ab den 1950er Jahren auch Blusen hergestellt. Aus der Hemdenmarke Seidensticker hat sich die Seidensticker Gruppe entwickelt. Zu ihr gehören neben der Traditionsmarke Seidensticker weitere acht bekannte Eigenmarken und sieben Lizenzen für Hemden, Blusen und Nachtwäsche. Das Unternehmen beschafft und vertreibt weltweit.

Waren:	große Auswahl an Herrenhemden, Damenblusen, Damenoberbekleidung, Hosen und Nachtwäsche für Damen und Herren, T-Shirts, Krawatten und Frotteewaren, Marken Seidensticker, Jacques Britt, Dornbusch, Jobis, Otto Kern, Camel Active, Alpenland und Joop
Ersparnis:	durchschnittlich ca. 30%, bei 2. Wahl und Einzelstücken bis zu 50%
Zeiten:	Mo. bis Fr. 10.00-18.00 Uhr, Sa. 9.30-14.00 Uhr
Hinweise:	der Eingang zum Werksverkauf befindet sich gleich rechts neben dem Haupteingang, direkt bei „Obi"
Weg:	von Kempten i. Allg. auf der B 19 über Immenstadt nach Sonthofen, dann auf die B 308 Richtung Hindelang, kurz vor dem Ortsende links abbiegen, die Firma ist auch ausgeschildert

▶ WISSMACH

Wissmach Modefilialen GmbH
87527 Sonthofen / Hochstr. 5
Tel. (08321) 68676 / wissmach.com

Waren:	Damenoberbekleidung aller Art in den Gr. 36-46 wie z.B. Hosen, Blazer, Blusen, Hosen, Röcke, Kleider, T-Shirts, Polo-Shirts, Pullover, Westen und Jacken, außerdem Schals, Tücher, Schuhe und Taschen
Ersparnis:	teilweise bis zu 50%, besonders preiswert sind Restposten, B-Ware und Musterkollektionen
Zeiten:	Mo. bis Fr. 9.00-19.00 Uhr, Sa. 9.00-16.00 Uhr

87782 Unteregg

Weg: von Kempten i. Allg. auf der B 19 über Immenstadt nach Sonthofen, hier befindet sich die Firma direkt in der Fußgängerzone

87719 Mindelheim

▶ KUNERT

Kunert AG
87719 Mindelheim / Trettachstr. 2
Tel. (08261) 1261 / kunert.de

Die Hudson-Kunert Gruppe ist ein führender europäischer Hersteller von Bein- und Oberbekleidung mit international bekannten Marken wie Kunert, Hudson und Burlington.

Waren: Socken, Strümpfe, Strumpfhosen, Leggins, Fleece-Shirts, Pullover, für Damen, Herren und Kinder, außerdem Unterwäsche für Damen und Herren

Ersparnis: ca. 30-40%, je nach Artikel

Zeiten: Mo. bis Fr. 9.00-18.00 Uhr, Sa. 9.00-13.00 Uhr

Hinweise: Detailverkauf, es ist auch 2. Wahl erhältlich

Weg: Mindelheim liegt westlich von München, auf der A 96 über Landsberg nach Mindelheim, in Mindelheim-Rimpel rechts in das Industriegebiet, dort die 2. Straße rechts und nach ca. 500 m in die Trettachstr.

87782 Unteregg

▶ FAUSTMANN

Hut- und Mützenfabrik Gunther Faustmann
87782 Unteregg / Mindeltalstr. 23
Tel. (08269) 411 / faustmann.org

Waren: große Auswahl an Hüten und Mützen aller Art, für Damen modische, klassische und elegante Hüte, für Herren Stoff- und Filzhüte, Sportmützen, Baseball Caps sowie Handschuhe und Schals

Ersparnis: bei 1. Wahl ca. 25%, bei 2. Wahl bis zu 50%

Zeiten: Mo. bis Fr. 8.00-12.00 Uhr und 13.00-17.00 Uhr, Sa. 9.00-12.00 Uhr

Hinweise: teilweise ist auch 2. Wahl erhältlich

88161 Lindenberg

Weg: auf der B 16 Mindelheim Richtung Kaufbeuren bei Dirlewang rechts abbiegen nach Unteregg, dort befindet sich die Firma am Ortseingang, ist groß beschildert

88161 Lindenberg

▶ MAYSER

Mayser GmbH & Co. KG
88161 Lindenberg i. Allgäu / Bismarckstr. 2
Tel. (08381) 507-0 / mayser.de

Seit 200 Jahren ist Mayser ein Qualitätsbegriff in der Hutbranche im In- und Ausland. Im Jahr 1800 gründete Leonhard Mayser in Ulm eine Hutmanufaktur, in einer Zeit in der dem Hut als Statussymbol und als Schutz eine herausragende Rolle in der Gesellschaft zukam. Die Hutkollektionen werden seitdem ständig weiterentwickelt und den wechselnden Bedürfnissen des Marktes angepasst. Die Kopfbedeckungen werden in Lindenberg kreiert und zum großen Teil in eigenen Produktionsstätten hergestellt.

Waren: große Auswahl an Hüten und Mützen für Damen und Herren wie z.B. Straßenhüte, Strohhüte, Trachtenhüte, Sonnenhüte, Regenhüte und Sportmützen

Ersparnis: bei 1. Wahl ca. 30-40%, bei 2. Wahl ca. 50%

Zeiten: Mo. bis Fr. 9.00-12.30 Uhr und 14.00-16.30 Uhr, Do. bis 18.00 Uhr, Sa. 9.00-13.00 Uhr

Hinweise: der Verkauf befindet sich im Gebäude neben der Fabrik

Weg: von Lindau auf der B 308 Richtung Immenstadt nach Lindenberg, hier befindet sich die Firma vor dem Bahnhof, gegenüber vom Kaufmarkt

88171 Weiler-Simmerberg

▶ BIRITA

Binder-Rist GmbH & Co. KG / Strickwarenfabrik
88171 Weiler-Simmerberg / Jakob-Lang-Str. 2
Tel. (08387) 1023 / binder-rist.de

Das Unternehmen wurde 1924 von Fritz Binder-Rist gegründet und ist bis heute ein Familienunternehmen geblieben. Schon damals wurden Strickwarenbekleidung aller Art hergestellt und direkt an den Verbraucher verkauft.

Waren: Damenoberbekleidung wie Pullover, Jacken, T-Shirts, Sweat-Shirts und Kleider, Marken birita women's knitwear und Licenca, Herrensticklinie disc 2000, außerdem Strickwolle

Ersparnis: durchschnittlich ca. 30%

Zeiten: Di., Do., Fr. 9.00-12.00 Uhr und 14.00-18.00 Uhr

88353 Kißlegg

Hinweise: nicht alle Artikel sind aus eigener Herstellung, teilweise sind auch günstige Auslaufserien und Kollektionsmuster erhältlich

Weg: Weiler-Simmerberg liegt an der B 308 zwischen Lindau und Immenstadt, dort befindet sich die Firma direkt am alten Bahnhof und Busbahnhof in Weiler, großes Jugendstilgebäude

88316 Isny

▶ VEITH

Fanny Veith Allgäuer Bergstrumpf GmbH
88316 Isny / Leutkircher Str. 39/41
Tel. (07562) 4572 / veith-socks.de

Das Unternehmen befasst sich seit 40 Jahren mit der Herstellung von Socken für Alpinismus, Tracht und Trekking im Handstricklook. Gefertigt werden Podukte mit einem besonders hohem Wollanteil, um somit einen hohen Tragekomfort und besondere Langlebigkeit der Produkte gewährleisten zu können.

Waren: Sportsocken, Trachtenstrümpfe, Bundhosenstrümpfe und Trekkingsocken für Damen, Herren und Kinder

Ersparnis: durchschnittlich ca. 35%, 2. Wahl und Restposten sind noch günstiger

Zeiten: Mo. bis Fr. 8.00-12.00 Uhr und 13.30-18.00 Uhr

Weg: Isny liegt an der B 12 zwischen Kempten und Lindau, an der Strecke zwischen Isny Richtung Leutkirch nach einem großen, grünen Haus links einbiegen, dann befindet sich die Firma im zweiten Haus auf der rechten Seite

88353 Kißlegg

▶ SPEIDEL

Speidel GmbH
88353 Kißlegg / Erlenweg 8
Tel. (07563) 91050 / speidel-lingerie.de

Gegründet wurde das Familienunternehmen im Jahr 1952. Zunächst wurden in Lohnarbeit Strickwaren hergestellt, später spezialisierte man sich auf die Produktion von Damenwäsche. Heute zählt das Unternehmen in der Nähe von Tübingen insgesamt rund 500 Mitarbeiter, davon ca. 300 in einem hochmodernen Betrieb in Ungarn.

Waren: Unterwäsche für Damen wie z.B. Bodies, Slips, BH's, Unterhemden, Leggins etc., für Herren Slips, Boxershorts, Unterhemden und Schlafanzüge der Marken Speidel, Götzburg, Ceceba und Tom Tailor

Ersparnis: durchschnittlich ca. 20%, 2. Wahl ist noch günstiger

Zeiten: Mo. bis Fr. 9.00-18.00 Uhr, Sa. 9.00-13.00 Uhr

88422 Bad Buchau

Hinweise:	der Verkaufsraum befindet sich im Werksgebäude, es sind auch 2. Wahl und Auslaufmodelle erhältlich
Weg:	von Wangen i. Allg. auf der B 18 Richtung Memmingen, vor Waltershofen links ab nach Kißlegg, gleich nach dem Ortseingang die 1. Straße rechts einbiegen, die Firma befindet sich im 1. Gebäude auf der linken Seite

88422 Bad Buchau

▶ GÖTZBURG

s. Seite 659

Götzburg Wäsche GmbH / Götzburg Outlet
88422 Bad Buchau / Schussenriederstr. 20
Tel. (07582) 926047 / goetzburg.de

Das Unternehmen produziert seit über 100 Jahren hochwertige Tag- und Nachtwäsche für Damen und Herren und ist auf dem nationalen und internationalen Wäschemarkt präsent.

Waren:	große Auswahl an Tag-, Nacht- und Funktionswäsche (teilweise auch in Übergrößen), Bademoden, T-Shirts, Hemden, Sport- und Freizeitanzüge sowie Sweat-Shirts für Damen, Herren und Kinder, u.a. Marken Götzburg, Margret, Ceceba, Xotox, Tom Tailor, Speidel etc.
Ersparnis:	ca. 30-50%
Zeiten:	Mo. bis Fr. 9.00-18.00 Uhr, Sa. 9.00-13.00 Uhr
Weg:	Bad Buchau liegt zwischen Riedlingen und Bad Schussenried, am Ortsausgang von Riedlingen zunächst Richtung Biberach, dann rechts ab Richtung Bad Buchau, hier befindet sich das Outlet in der Ortsmitte

88499 Riedlingen

▶ GÖNNER

s. Seite 661

Buntwirkerei Gustav Gönner GmbH & Co. KG
88499 Riedlingen / Gammertinger Str. 33
Tel. (07371) 9366-0 / goenner.de

Mitte des letzten Jahrhunderts machte sich Gönner einen Namen mit der Fertigung von Schmucktextilien. Heute fertigt Gönner in einer der modernsten Produktionsstätten Europas feine Strickmode, die höchsten Ansprüchen gerecht wird.

Waren:	Pullover, Strickjacken, Kombinationen, Shirts, Blusen, Hosen und Röcke für Damen, außerdem Pullover für Herren und Kinder, Marken Gönner und AG Andrea Gönner, es sind nur Saisonüberhänge, 2. Wahl- und Musterteile sowie Einzelmuster und Restposten erhältlich

89415 Lauingen

Ersparnis:	ca. 40-50%, Musterkollektionen sind noch preiswerter
Zeiten:	Mo. bis Sa. 9.00-18.00 Uhr
Hinweise:	weitere Verkaufsstellen befinden sich in: 87480 Weitnau-Hofen, Am Werkhof 4, Tel. (08375) 929701, Mo. bis Fr. 10.00-18.00 Uhr und Sa. 10.00-16.00 Uhr; 91350 Gremsdorf b. Höchstadt, Gewerbepark 1, Tel. (07371) 9366-0, Mo. bis Fr. 9.00-19.00 Uhr und Sa. 9.00-16.00 Uhr; 95100 Selb, Vielitzer Str. 26, Mo. bis Fr. 9.00-18.00 Uhr und Sa. 9.30-16.00 Uhr
Weg:	Riedlingen liegt auf der Schwäbischen Alb zwischen Sigmaringen und Biberach a. d. Riß, von Stuttgart kommend der B 312 folgen, in Riedlingen Richtung Gammertingen abbiegen bis zum Kreisverkehr, dort befindet sich die Firma, der Eingang zum Fabrikverkauf ist ausgeschildert

89165 Dietenheim

▶ RELI

Reli-Strumpffabrik M. Litzinger
89165 Dietenheim / Auwaldstr. 13
Tel. (07347) 7438

Waren:	Strumpfhosen, Leggings, Söckchen, Kniestrümpfe, Socken und (Venen-) Stulpen für Babys, Kinder, Damen und Herren, außerdem Strickbündchen für Handschuhe
Ersparnis:	bei 2. Wahl und Auslaufmodellen bis zu 40%
Zeiten:	Mo. bis Fr. 9.00-12.00 Uhr und 14.15-18.00 Uhr
Hinweise:	kleiner Verkaufsraum, Sonderanfertigungen für Gruppen und Vereine sind möglich
Weg:	A 7 Ulm-Kempten Ausfahrt Illertissen, über die Zubringerausfahrt Illertissen Süd-West nach Dietenheim, nach der Tankstelle am Ortseingang rechts ab in den Grenzweg

89415 Lauingen

▶ BI

s. Seite 661

V1 GmbH / Bi Shopping Store
89415 Lauingen / Johann-Röhm-Str. 17
Tel. (09072) 921540

89558 Böhmenkirch

Waren:	Strümpfe, Strumpfhosen, Socken, Stützstrümpfe und -strumpfhosen, Leggins, Unterwäsche, Nachtwäsche, Miederwaren, Marken Bi, Pierre Cardin und Schöller, Herrenhemden
Ersparnis:	durchschnittlich bis zu ca. 25%, vereinzelt bis zu 70%
Zeiten:	Mo. bis Fr. 9.00-18.00 Uhr, Sa. 9.30-13.00 Uhr
Hinweise:	Verkauf von 1B-Waren, Restposten und Retourenwaren
Weg:	A 8 Ausfahrt Ulm/Leipheim auf die B 16 Richtung Donauwörth, in Lauingen befindet sich die Firma direkt an der B 16 neben dem „Opel"-Händler

89558 Böhmenkirch

▶ LANG

Lang GmbH / Fabrik modischer Strickwaren
89558 Böhmenkirch Treffelhausen / Roggentalstr. 62
Tel. (07332) 9615-0 / lang-strickwaren.de

Waren:	Strickwaren hauptsächlich für Damen, aber auch für Herren wie z.B. Pullover, Pullunder, Jacken, Westen
Ersparnis:	ca. 30-40%, unterschiedlich je nach Artikel
Zeiten:	Mo. bis Fr. 9.00-12.00 Uhr und 13.00-17.00 Uhr
Hinweise:	separater Verkaufsraum, es ist auch 2. Wahl erhältlich
Weg:	B 10 Göppingen Richtung Geislingen, bei Süßen links ab auf die B 466 Richtung Heidenheim, ca. 3 km vor Böhmenkirch rechts ab nach Treffelhausen, die Firma befindet sich am Ortsanfang auf der linken Seite

90411 Nürnberg

▶ PUMA

s. Seite 663

Puma AG
90411 Nürnberg / Klingenhofstr. 70
Tel. (0911) 5272910 / puma.de

Die Unternehmensgeschichte von Puma beginnt im Jahr 1924 mit der Gründung der „Gebrüder Dassler Schuhfabrik" in Herzogenaurach. Mit der Gründung der „Puma Schuhfabrik Rudolf Dassler" im Jahr 1948 erfolgt die Einführung des „Atom", des ersten Puma-Fußballschuhs. Im ersten Fußballspiel nach dem Zweiten Weltkrieg trugen mehrere Spieler der Deutschen Nationalmannschaft Puma-Schuhe, darunter auch der Torschütze des ersten Nachkriegstores Herbert Burdenski. Bis heute errangen viele bekannte Sportler große sportliche Erfolge mit Puma-Sportausrüstungen. Wie z.B. Boris Becker, der 1985 als Jüngster, erster Ungesetzter und erster Deutscher Wimbledon mit Puma-Schuhen und -Schläger gewann.

91052 Erlangen

Waren: große Auswahl an Sport- und Freizeitschuhen, Baby-, Kinder- und Fußballschuhen, außerdem Lifestyle-Schuhe und -Textilien, Baby- und Kindertextilien, Sportbekleidung wie T-Shirts und Sweat-Shirts sowie Sporttaschen, Sportbälle, Tennisschläger etc.

Ersparnis: ca. 30-70%

Zeiten: Mo. bis Fr. 9.00-18.00 Uhr, Sa. 9.00-15.00 Uhr

Hinweise: gute Parkmöglichkeiten

Weg: A 3 Ausfahrt Nürnberg-Nord auf die B 2 Richtung Nürnberg, an der 3. Ampel links in die Schafhofstr. einbiegen, dann rechts über die Bennostr. in die Klingenhofstr.

90513 Zirndorf

▶ GUDRUN SJÖDEN

Gudrun Sjödén GmbH / Gudrun Sjödéns Outlet
90513 Zirndorf / Fürther Str. 33
Tel. (0911) 9606922 / gudrunsjoeden.de

Waren: Damenoberbekleidung wie Hosen, Röcke, Kleider, Blusen, T-Shirts, Pullover, Westen, Mäntel, Jacken und Accessoires, außerdem Heimtextilien wie Tischdecken, Badvorleger, Geschirrtücher, Kissen etc., viele farbenfrohe Artikel, Marke Gudrun Sjödén

Ersparnis: ca. 25-50%, außerdem gibt es im Outlet Monat für Monat ein ganz besonderes Extra-Angebot (siehe auch Internetseite)

Zeiten: Mo. bis Fr. 10.00-19.00 Uhr, Sa. 10.00-18.00 Uhr

Hinweise: es ist nur Gudrun-Mode aus früheren Kollektionen erhältlich

Weg: A 73 Ausfahrt Fürth-Poppenreuth über Fürth nach Zirndorf, aus dieser Richtung kommend erreicht man Zirndorf auf der Fürther Str.

91052 Erlangen

▶ VIA APPIA

s. Seite 663

Via Appia Mode-GmbH / Factory Store
91052 Erlangen / Kurt-Schumacher-Str. 16
Tel. (09131) 9994-211 / via-appia-mode.de

Das Unternehmen produziert seit über 25 Jahren qualitativ hochwertige Strick- und Shirtmode für Damen. In Lizenz werden auch Pullover und Shirts für das Designerlabel Otto Kern produziert. Beliefert werden weltweit über 1.500 Einzelhandelsunternehmen.

91074 Herzogenaurach

Waren:	hochwertige Damenoberbekleidung im Strick- und Shirtbereich in den Gr. 36-54, z.B. Mäntel, Jacken, Pullover, Shirts und Hosen, Marken Via Appia und b2 by via appia, außerdem auch Retourenware der Marke Otto Kern
Ersparnis:	ca. 30-40%, zu Saisonschluss sind alle Teile nochmals bis zu ca. 50% reduziert
Zeiten:	Mo. bis Fr. 9.30-19.00 Uhr, Sa. 9.00-16.00 Uhr
Hinweise:	es sind Kollektionsmuster, 1. und 2. Wahl-Artikel, Überhänge, Rest- und Sonderposten erhältlich; unter (09131) 9994-0 kann kostenlos ein Infoflyer angefordert werden
Weg:	A 3 Nürnberg-Würzburg Ausfahrt Tennenlohe auf die B 4 Richtung Erlangen, Abfahrt Erlangen-Ost/Gräfenberg auf die Kurt-Schumacher-Str., die Firma befindet sich im Gewerbegebiet Röthelheimpark gegenüber dem „Obi-Baumarkt"

91074 Herzogenaurach

▶ **ADIDAS**

s. Seite 663

adidas AG / adidas Factory Outlet
91074 Herzogenaurach / Olympiaring 2
Tel. (09132) 842000 / adidas.com

Den Namen adidas als Firmenbezeichnung gibt es seit 1948. Als Produktnamen wählte Firmengründer Adi Dassler die beiden ersten Silben seines Vor- und Zunamens. Ein Jahr später meldete er die Drei Streifen als Markenzeichen an. 1989 wurde der Konzern in eine AG umgewandelt und 1995 an die Börse gebracht. Mit den Marken adidas (Sportschuhe, -bekleidung und Zubehör), TaylorMade (Golfschläger, -bälle und -zubehör), Mavic (Fahrradkomponenten), erima (Sporttextilien) und Reebok hat die adidas AG ein umfassendes Markenportfolio in der Sportartikelindustrie.

Waren:	riesengroße Auswahl an Sportschuhen und Sportbekleidung, auch für Kinder und Jugendliche, Produktpalette übersichtlich nach Themen aufgebaut: Fitness, Running, Tennis, Golf, Training, Fußball, Basketball, Sportswear, Outdoor, Schwimmen, Trekkingschuhe, Brillen, Taschen
Ersparnis:	ca. 30-70%
Zeiten:	Mo. bis Mi. 9.00-19.00 Uhr, Do. und Fr. 9.00-20.00 Uhr, Sa. 8.00-18.00 Uhr
Hinweise:	futuristisches Gebäude mit ca. 2.000 qm Verkaufsraum, Bistro, Ruhezone und Wickelraum, ausreichend Umkleidekabinen und Parkplätze, es sind Sonderposten, Lagerüberhänge, Muster, Auslaufartikel und 2. Wahl-Ware erhältlich, es wird keine Ware der aktuellen Kollektion angeboten
Weg:	Herzogenaurach liegt ca. 20 km nordwestlich von Nürnberg, A 3 Nürnberg-Würzburg Ausfahrt Frauenaurach/Herzogenaurach auf

91074 Herzogenaurach

die Nordumgehungsstraße und nach ca. 2 km die erste Straße rechts, über den Kreisverkehr, dann kommt man direkt zum Outlet

▶ NIKE

Nike Factory Store
91074 Herzogenaurach / Zeppelinstr. 1
Tel. (09132) 745280 / nike.com

Waren: große Auswahl an Sportschuhen sowie Sport- und Freizeitmode aller Art für Damen, Herren und Kinder, außerdem Accessoires wie Taschen, Caps, Socken, Fußbälle etc.

Ersparnis: mindestens 30%, teilweise auch mehr

Zeiten: Mo. bis Mi. 9.00-19.00 Uhr, Do. und Fr. 9.00-20.00 Uhr, Sa. 9.00-18.00 Uhr

Hinweise: es sind ausschließlich Artikel aus vorangegangenen Saisons sowie B-Ware und Musterteile erhältlich

Weg: Herzogenaurach liegt ca. 20 km nordwestlich von Nürnberg, A 3 Ausfahrt Frauenaurach Richtung Herzogenaurach, auf die Nordumgehungsstraße und dann die zweite Straße rechts einbiegen, ist auch ausgeschildert

▶ PUMA

s. Seite 663

Puma - outlet herzo
91074 Herzogenaurach / Zeppelinstr. 2
Tel. (09132) 74170 / puma.de

Modernes Outlet mit großer Auswahl auf ca. 1.300 qm Verkaufsfläche. Sehr stark im Lifestyle.

Waren: große Auswahl an Sport- und Freizeitschuhen für Fußball, Jogging, Trekking und Winter, auch Baby- und Kinderschuhe, außerdem Sportbekleidung für Jogging, Aerobic und Freizeit sowie Baby- und Kinderbekleidung, außerdem Sporttrikots, Sporttaschen, Fußbälle etc.

Ersparnis: ca. 30-70%, bei Einzelstücken teilweise noch mehr

Zeiten: Mo. bis Mi. 9.00-19.00 Uhr, Do. und Fr. 9.00-20.00 Uhr, Sa. 8.00-18.00 Uhr

Hinweise: große Parkplätze auch für Busse

Weg: Herzogenaurach liegt ca. 20 km nordwestlich von Nürnberg, A 3 Ausfahrt Frauenaurach Richtung Herzogenaurach, auf die Nordumgehungsstraße und dann die zweite Straße rechts einbiegen, ist auch ausgeschildert

91077 Neunkirchen

91077 Neunkirchen

▶ NABER

s. Seite 665

Naber Damen- und Brautmoden
91077 Neunkirchen / Industriestr. 2
Tel. (09134) 9917-0 oder -18 (Verkauf) / nabermoden.de

Das Unternehmen wurde im Jahr 1951 in Nürnberg gegründet und hat seit 1960 seinen Sitz in Neunkirchen am Brand. Heute besitzt die Firma 6 Verkaufsfilialen in Nordbayern.

Waren: Damenoberbekleidung wie Blusen, Röcke, Mäntel, Jacken, Blazer, Kostüme, Stoffhosen und Shirts, außerdem Braut- und Bräutigammoden sowie Kommunionkleider, auch Zweiteiler und Abendkleidung

Ersparnis: durchschnittlich ca. 30%; Preisbeispiele: Blusen und Hosen ab EUR 2,50 sowie Brautkleider ab EUR 150,-, Zukaufware ist kaum preiswerter

Zeiten: Mo. bis Fr. 9.00-18.00 Uhr, Sa. 9.00-14.00 Uhr

Hinweise: teilweise ist auch 2. Wahl vorhanden, außerdem ist viel Zukaufware erhältlich

Weg: A 73 Ausfahrt Erlangen, über Erlangen, Uttenreuth und Dormitz nach Neunkirchen, dort befindet sich die Firma im Industriegebiet

91171 Greding

▶ REEBOK

Reebok Outlet Store
91171 Greding / An der Autobahn 2
Tel. (08463) 6422-0 / reebok.de

Waren: große Auswahl an Sportbekleidung und -schuhen für Damen, Herren und Kinder, z.B. Running- und Turnschuhe, Jacken, Pullover, Sporttaschen u.v.m., Marke Reebok

Ersparnis: ca. 30-50%

Zeiten: Mo. bis Fr. 10.00-19.00 Uhr, Sa. 9.00-17.00 Uhr

Hinweise: es ist nur die Vorjahreskollektion erhältlich, 2x jährl. zum Kollektionswechsel (Frühjahr/Herbst) findet ein zusätzlicher Zeltverkauf statt, hier ist alles nochmals reduziert, genaue Termine erfragen

Weg: Greding liegt an der A 9 Ingolstadt-Nürnberg, die Firma befindet sich direkt an der Autobahnausfahrt Greding, oberhalb von „McDonalds"

91217 Hersbruck

▶ CARL GROSS

s. Seite 665

Création Gross GmbH & Co. KG
91217 Hersbruck / Houbirgstr. 7
Tel. (09151) 736-0 / carlgross.de

Die Marke Carl Gross ist im gehobenen Fachhandel zu finden und steht für Eleganz und Tragekomfort bei erschwinglichen Preisen. Die junge Linie „CG" bietet modisch-sportive Bekleidung für Freizeit und Business.

Waren: für Herren Anzüge, Sakkos, Hosen, Gürtel, Jeans, Mäntel, Hemden, Pullover, Jersey, Schuhe, Socken und Krawatten

Ersparnis: ca. 30-50%

Zeiten: Mi. bis Fr. 10.00-19.00 Uhr, Sa. 10.00-15.00 Uhr

Weg: von Nürnberg auf der A 9 kommend Ausfahrt Lauf/Hersbruck, rechts abbiegen auf die B 14 in Richtung Hersbruck bis Abfahrt Hersbruck Süd, nach der Abfahrt rechts abbiegen und an der nächsten Ampel links, dann immer geradeaus Richtung „Carl Gross", ist auch beschildert

91242 Ottensoos

▶ JOY

Joy-Sportswear GmbH
91242 Ottensoos / Bräunleinsberg 16
Tel. (09123) 9410-0 / joy-sportswear.de

Seit mehr als zwei Jahrzehnten produziert das Unternehmen sportive Mode mit hohem Qualitätsanspruch.

Waren: Jogging- und Freizeitmode für Damen und Herren wie Jacken, Hosen und Hemden, Sortiment auch für Kinder, außerdem Laufbekleidung der Marke Tao

Ersparnis: ca. 30-50%

Zeiten: 2x jährl. (meist im Juni und November) jeweils ca. 3 Tage lang Sonderverkauf, genaue Termine erfragen

Hinweise: es sind hauptsächlich Restposten, Musterteile und 2. Wahl erhältlich

Weg: A 9 Nürnberg-Bayreuth, Ausfahrt Lauf/Hersbruck, auf die B 14 Richtung Hersbruck, nach ca. 3 km rechts nach Ottensoos, dort befindet sich die Firma im Gewerbegebiet an der B 14

91257 Pegnitz

91257 Pegnitz

▶ PAMPOLINA

Maria Hohe GmbH & Co. KG / Hohe Modelle
91257 Pegnitz / Hauptstr. 28
Tel. (09241) 919352 oder 722-0 / pampolina.de

Das Unternehmen wurde im Jahr 1958 gegründet und exportiert heute in alle europäischen sowie arabischen Länder, nach Japan, in die USA, die GUS-Staaten, nach China sowie in viele andere Länder.

Waren: hauptsächlich Kinderbekleidung für Mädchen in den Gr. 68-172 für Babys, Kids und Teens Marke Pampolina, außerdem Mode für Girls Marke Pje sowie Streetwear und Sportswear für Juniors, Kids und Girls Marke Check In

Ersparnis: ca. 20-50%

Zeiten: Mo. bis Fr. 9.00-18.00 Uhr, Sa. 9.00-12.00 Uhr

Hinweise: es ist ausschließlich 2. Wahl erhältlich, kleines Ladengeschäft mit Umkleidekabinen, Zahlung mit EC-Karte ist nicht möglich

Weg: A 9 Nürnberg-Hof Ausfahrt Pegnitz/Grafenwöhr auf die B 2 nach Pegnitz, hier befindet sich der 2. Wahl-Laden in der Stadtmitte in der Nähe vom Marktplatz, gegenüber dem „Schlecker-Markt"

91301 Forchheim

▶ WEBER & OTT

Weber & Ott AG
91301 Forchheim / Konrad-Ott-Str. 1
Tel. (09191) 83-251 / weberundott.de

Das Unternehmen wurde im Jahr 1834 gegründet und produziert seit 1874 in Forchheim. Heute fungiert die Weber & Ott AG als Holding-Gesellschaft. Das Geschäft konzentriert sich auf modische Damenoberbekleidung und klassische Herrenhemden.

Waren: große Auswahl an Damen- und Herrenoberbekleidung wie Hemden, Hosen, Blusen, Pullover, T-Shirts, Schlafanzüge, Marken Toni Dress, Wappen, Sayyes und Libero sowie Passport (zugekauft)

Ersparnis: bei 1. Wahl ca. 30%, bei 2. Wahl ca. 50%

Zeiten: Mo. bis Fr. 9.00-18.00 Uhr, Sa. 9.00-14.00 Uhr

Hinweise: nicht alle Artikel sind aus eigener Herstellung

Weg: A 73 von Nürnberg Richtung Bamberg Ausfahrt Forchheim-Süd nach Forchheim, dort befindet sich die Firma direkt hinter dem Bahnhof

91350 Gremsdorf

91330 Eggolsheim

▶ FAHRHANS

s. Seite 665

Karl Fahrhans / Strickwarenfabrik
91330 Eggolsheim / Josef-Kolb-Str. 15
Tel. (09545) 9494-0 / fahrhans.com

Die Strickwarenfabrik Fahrhans wurde 1949 von Karl Fahrhans gegründet. Heute ist die Firma in ganz Deutschland als Spezialversender über Katalog für Damenstrickmode bekannt. Die Firma beliefert ausschließlich die Privatkundin.

Waren: Strickwaren und Oberbekleidung für Damen wie z.B. Pullover, Pullunder, Westen, Blusen, T-Shirts, Röcke, Hosen etc., es sind auch 2. Wahl, Sonderposten und Überproduktionen erhältlich

Ersparnis: günstige Angebote, bei Restposten und 2. Wahl teilweise 50% und mehr möglich

Zeiten: Mo. bis Fr. 9.00-17.00 Uhr, Sa. 9.00-12.00 Uhr

Hinweise: mehrere Verkaufsräume, es finden oftmals Modepräsentationen statt, ein Sofort-Änderungsservice ist vorhanden, die Waren sind auch im Versand erhältlich

Weg: von Bamberg auf der A 73 Richtung Nürnberg, Ausfahrt Buttenheim nach Eggolsheim, dort befindet sich die Firma hinter der Schule, ist auch ausgeschildert

91350 Gremsdorf

▶ S.OLIVER

s.Oliver Outlet
91350 Gremsdorf / Gewerbepark 1
Tel. (09193) 508940 / s.oliver.de

Angefangen hat alles 1969 in einem kleinen Ladenlokal in Würzburg. Bis heute entstand daraus ein international erfolgreiches Marken-Unternehmen.

Waren: junge Mode für Sie und Ihn Marke s.Oliver wie z.B. T-Shirts, Sweat-Shirts, Jeans, Hemden, Blusen, Hosen, Röcke, Pullover, Socken, Blazer, Jacken, Westen, Schuhe, Gürtel u.v.m., kleine Auswahl an Kindermode Marke Oliver Twist

Ersparnis: bei Restposten und 2. Wahl bis zu 60%

Zeiten: Mo. bis Fr. 9.30-19.00 Uhr, Sa. 9.00-16.00 Uhr, 1. Sa. im Monat und Adventssamstage 9.00-18.00 Uhr

Hinweise: es sind ausschließlich 2. Wahl-Waren und Retouren mit kleinen Fehlern erhältlich

91567 Herrieden

Weg: A 3 Nürnberg-Würzburg Ausfahrt Höchstadt-Ost Richtung Höchstadt nach Gremsdorf, hier befindet sich die Firma direkt an der Abfahrt bei der BP-Tankstelle

91567 Herrieden

▶ CARLO COLUCCI

Carlo Colucci Vertriebs GmbH
91567 Herrieden / Am Eichelberg 1
Tel. (09825) 82-740 / carlo-colucci.com

Das Unternehmen wurde im Jahr 1951 in Herrieden gegründet, startete mit der Produktion von Unterwäsche und begann 1956 mit gestrickter Damenmode. Anfang der 80er Jahre wurde unter dem Namen Carlo Colucci eine Herren-Strickkollektion lanciert und 1989 folgte unter gleichem Namen eine Strickkollektion für Damen.

Waren: große Auswahl an Oberbekleidung und Unterwäsche für Damen und Herren wie Pullover, Hosen, Jeans, Westen, Röcke, Hemden, T-Shirts, Polo-Shirts, Socken etc., Marke Carlo Colucci

Ersparnis: ca. 20% bei 1. Wahl, bei 2. Wahl und Musterteilen bis zu 40%

Zeiten: Mo. bis Fr. 9.00-18.00 Uhr, Do. bis 20.00 Uhr, Sa. 9.00-18.00 Uhr

Weg: Herrieden liegt an der A 6 Nürnberg-Heilbronn, Ausfahrt Herrieden, dort befindet sich die Firma direkt an der Autobahnausfahrt im Industriegebiet neben der Aral-Tankstelle

92237 Sulzbach-Rosenberg

▶ HILTL

Fritz Hiltl Hosenfabrik GmbH & Co.
92237 Sulzbach-Rosenberg / Asamstr. 6
Tel. (09661) 57-0 / hiltl.de

Seit 1955 macht Hiltl Hosenmode vom Besten. Dafür ist Hiltl kein Material zu kostbar und kein Arbeitsschritt zuviel. Wo es die Qualität einer Hose verlangt, wird bei Hiltl auch heute noch von Hand geschnitten oder genäht. Wo Maschinen dieselbe Arbeit kostengünstiger und exakter machen können, setzt Hiltl Maschinen ein. Das Rezept von Hiltl ist: Hosen wie vom Maßschneider zu vernünftigen Preisen.

Waren: hochwertige Herrenhosen in Wolle und Baumwolle, auch Jeanshosen, außerdem eine kleine Auswahl an Damenhosen

Ersparnis: durchschnittlich ca. 30%

Zeiten: Do. 14.00-16.00 Uhr, Sa. 9.00-14.00 Uhr

Weg: von Nürnberg auf der A 6 kommend Ausfahrt Sulzbach-Rosenberg, von der Autobahn kommend nicht gleich in das erste Werk sondern weiter geradeaus und vorbei an „Obi", durch die Unterführung der Bahnlinie durch und die zweite Straße links in die Asamstr. einbiegen

92540 Altendorf

92533 Wernberg-Köblitz

▶ STÖHR

Walter Stöhr GmbH
92533 Wernberg-Köblitz / Feistelberger Str. 19
Tel. (09604) 2263 / stoehr-knitwear.com

Waren: Handschuhe, Schals, Mützen und Stirnbänder für Damen, Herren, Kinder und Babys, gelegentlich auch einige Pullover und Jacken

Ersparnis: günstige Angebote, besonders bei 2. Wahl

Zeiten: Mo. bis Do. 8.00-15.00 Uhr, Fr. 8.00-14.30 Uhr

Hinweise: teilweise ist auch 2. Wahl erhältlich

Weg: Wernberg-Köblitz liegt nördlich von Regensburg an der A 93, dort befindet sich die Firma in Oberköblitz

92536 Pfreimd

▶ MAC

Mac Mode GmbH & Co. KGaA
92536 Pfreimd Weihern
Tel. (09606) 414 / mac-mode.com

Mac wurde im Jahr 1973 in Wald-Roßbach in der Nähe von Regensburg gegründet. Das Unternehmen setzte von Anfang an ausschließlich auf die Hose mit dem Ergebnis, dass man über die Jahre zu einer erfolgreichen Mischung aus modischer Kreativität und Beständigkeit gefunden hat.

Waren: Jeans- und Stoffhosen für Damen und Herren, Marke Mac

Ersparnis: ca. 40-50%, je nach Artikel

Zeiten: Mo. bis Fr. 9.00-18.00 Uhr, Sa. 9.00-13.00 Uhr

Weg: Pfreimd liegt ca. 25 km südlich von Weiden an der A 93 Richtung Regensburg, Ausfahrt Pfreimd in den Ortsteil Weihern, hier befindet sich die Firma direkt an der Hauptstraße

92540 Altendorf

▶ FIFTY FIVE

Josef Baumann und Sohn GmbH & Co. KG / Bekleidungsfabrik
92540 Altendorf / Am Wasser 4
Tel. (09675) 91161 / hosen-baumann.de

Das Unternehmen wurde 1932 gegründet und wird heute in der dritten Generation geleitet.

92703 Krummennaab

Waren:	Jeans- und Freizeithosen aller Art für Damen und Herren, Stretchhosen, außerdem Berufsbekleidung, Damen- und Herrenpullover, Herrenhemden
Ersparnis:	ca. 30-40%
Zeiten:	Mo. bis Sa. 9.00-12.30 Uhr
Weg:	von Regensburg auf der A 93 kommend, Ausfahrt Nabburg Richtung Neunburg nach Altendorf, an der Raiffeisenbank rechts abbiegen, nach ca. 100 m links in die Straße Am Wasser einbiegen

92703 Krummennaab

▶ WEIDNER

Sportmodenfabrik Rudolf Weidner GmbH
92703 Krummennaab / Schulstr. 5
Tel. (09682) 2289 / weidner-sportmoden.de

s. Seite 667

Waren:	Aktiv- und Freizeit-Sportbekleidung für Ski, Tennis, Wandern, Snowboard, Outdoor, Jagd und Golf
Ersparnis:	ca. 40% bei regulärer Ware, 2. Wahl ist noch günstiger
Zeiten:	Do. 17.00-20.00 Uhr, Sa. 9.00-13.00 Uhr
Hinweise:	es ist auch 2. Wahl erhältlich
Weg:	A 93 Ausfahrt Falkenberg auf die B 299 nach Krummennaab, an der kath. Kirche vorbei, die nächste Straße rechts ist die Schulstr.

93049 Regensburg

▶ BÄUMLER

Bäumler AG
93049 Regensburg / Dr.-Leo-Ritter-Str. 2
Tel. (0941) 3075799 / baeumler.com

Waren:	Herrenoberbekleidung wie Anzüge, Sakkos, Hosen, Westen, Hemden und Mäntel, Marken Pierre Cardin, Kaiser Design, Bäumler und Féraud
Ersparnis:	ca. 30-40%, unterschiedlich je nach Artikel
Zeiten:	Mo. bis Fr. 10.00-18.30 Uhr, Sa. 10.00-16.00 Uhr
Weg:	A 3 Ausfahrt Prüfening, dann links abbiegen, an der nächsten Ampel rechts in die Lilienthalstr., dann die nächste Querstr. links in die Dr.-Leo-Ritter-Str. einbiegen

93128 Regenstauf

93077 Bad Abbach

▶ PALM BEACH

Palm Beach Bademoden Wolfgang Pauli
93077 Bad Abbach Oberndorf / Am unteren Weinberg 13
Tel. (09405) 9595-0 / palm-beach-club.de

Das Unternehmen wurde im Jahr 1971 gegründet und wurde als Ausrüster bei Miss- und Mister-Wahlen in ganz Europa bekannt.

Waren: Bademoden für Damen, Herren und Kinder wie Badehosen, Badeanzüge, Bikini und Bademäntels, teilweise auch einige Shorts, Leggins, Radlerhosen, T-Shirts und Bodys

Ersparnis: bis zu 40% möglich

Zeiten: Anfang März bis Ende August Mo. bis Fr. 9.00-18.00 Uhr, Sa. 9.00-13.00 Uhr, ansonsten nur Fr. 9.00-18.00 Uhr

Hinweise: eine weitere Verkaufsstelle befindet sich in:
93167 Falkenstein Völling, Schellmühl 6, Tel. (09462) 5281, geöffnet März bis Sept. Mo. und Fr. 9.00-18.00 Uhr, Di. bis Do. 9.00-17.00 Uhr, Sa. 9.00-12.00 Uhr

Weg: Bad Abbach liegt ca. 10 km südlich von Regensburg, auf der B 16 von Regensburg kommend vor Bad Abbach rechts ab nach Oberndorf

93128 Regenstauf

▶ PHÖNIX

Success + Mode Vertriebs GmbH
93128 Regenstauf / Pfälzerstr. 1
Tel. (09402) 93520 / phoenix-fashion.com

Waren: Hosen, Sakkos, Blousons, Mäntel und Sportbekleidung für Herren, Collection Phönix

Ersparnis: preisgünstige Angebote, 2. Wahl ist besonders preiswert

Zeiten: Mo. bis Do. 13.00-16.00 Uhr, Fr. 13.00-15.00 Uhr

Hinweise: auch Verkauf von 2. Wahl, Überproduktion und Restposten

Weg: Regenstauf liegt ca. 15 km nördlich von Regensburg an der A 93, von der Autobahn kommend befindet sich die Firma am Ortseingang auf der rechten Seite

93192 Wald

93192 Wald

▶ MAC

Mac Mode GmbH & Co. KGaA
93192 Wald Roßbach / Bahnhofstr. 1
Tel. (09463) 8550 / mac-mode.com

Mac wurde im Jahr 1973 in Wald-Roßbach in der Nähe von Regensburg gegründet. Das Unternehmen setzte von Anfang an ausschließlich auf die Hose mit dem Ergebnis, dass man über die Jahre zu einer erfolgreichen Mischung aus modischer Kreativität und Beständigkeit gefunden hat.

Waren: Jeans-, Cord- und Stoffhosen für Damen und Herren, Marke Mac, außerdem eine geringe Auswahl an Jeans-Jacken, -Röcken und -Westen, T-Shirts, Stoffen und Gürteln

Ersparnis: ca. 40-50%, Preisbeispiele: Jeans in 1. Wahl für 35,- EUR, in 2. Wahl für 28,- EUR und mit Fehlern 9,- EUR

Zeiten: Mo. bis Fr. 10.00-18.00 Uhr, Sa. 9.00-13.00 Uhr

Weg: Wald-Roßbach liegt ca. 20 km nordöstlich von Regensburg an der B 16 Richtung Roding, dort befindet sich die Firma in Ortsmitte beim Bahnhof

94036 Passau

▶ ETERNA

Eterna Mode AG
94036 Passau / Medienstr. 12
Tel. (0851) 9816-0 / eterna.de

Die Firma eterna wurde 1863 in Wien gegründet. Den Durchbruch erzielte der Hemden- und Blusenhersteller mit dem 1981 gestarteteten bügelfreien Excellent-Programm. Das Unternehmen gehört heute zur Ahlers AG.

Waren: große Auswahl an klassischen Herrenhemden und Damenblusen, auch eine Übergrößen-Kollektion von Blusen, außerdem Krawatten

Ersparnis: ca. 25%

Zeiten: Mo. bis Fr. 9.00-18.00 Uhr, Sa. 10.00-14.00 Uhr

Hinweise: kleiner Verkaufsraum, es ist ausschließlich 2. Wahl erhältlich

Weg: von Passau in Richtung Fürstenzell befindet sich die Firma im Gewerbegebiet Sperrwies, hier ist sie auch ausgeschildert, erreichbar auch von der A 3 Ausfahrt Passau-Mitte, das Gewerbegebiet ist ebenso ausgeschildert

94060 Pocking

94060 Pocking

▶ CHARMOR

Charmor Vertriebs GmbH & Co. KG
94060 Pocking / Bgm.-Schönbauer-Str. 13
Tel. (08531) 91640 / charmor.de

Charmor wurde im Jahr 1938 gegründet und gehört somit zu den ältesten deutschen Wäscheherstellern. Heute gehört die Firma zu den führenden deutschen Markenunternehmen von Damen- und Herrennachtwäsche sowie Homewear.

Waren:	Nachtwäsche für Damen wie z.B. Unterhemden, Slips, Bodies, Nachthemden, Schlafanzüge, Hausanzüge und Morgenröcke, Marke charmor, außerdem Nachtwäsche für Herren, Marke Marcato
Ersparnis:	durchschnittlich ca. 35%
Zeiten:	von Dezember bis März Mo. bis Fr. 12.00-17.00 Uhr, ansonsten Mo. bis Fr. 9.00-17.00 Uhr, falls Fr. nachmittags nicht viel los ist wird manchmal auch schon früher geschlossen
Hinweise:	hauptsächlich sind 1B- und Musterteile erhältlich
Weg:	von Passau auf der A 3 kommend Ausfahrt Pocking auf die B 12 nach Pocking, hier im Zentrum links ab auf die Füssinger Str. Richtung Bad Füssing und nach ca. 200 m den zweiten Kreisverkehr nach links verlassen in die Bgm.-Schönbauer-Str., die Firma befindet sich gleich neben „Obi"

▶ WINKLHOFER

s. Seite 667

Krawattenfabrik Winklhofer
94060 Pocking / Füssinger Str. 4
Tel. (08531) 4521 / krawattenfabrikation.de

Vor 40 Jahren machte sich H. Sarne daran, den Stoff für Krawatten zuzuschneiden. Anschließend nähte seine Frau die Krawatten fertig. Der Tüftler erfand die beidseitig tragbare Krawatte, für die er bereits damals das Patent hatte. Auch heute noch wird in Pocking produziert. 15 Arbeitsgänge sind erforderlich bis aus einem Stück Stoff eine Krawatte entsteht.

Waren:	große Auswahl an Krawatten, Krawattenschals, Fliegen, Tücher und Schals aus Microfaser, Baumwolle, reiner Seide und Kaschmir
Ersparnis:	durchschnittlich ca. 40%
Zeiten:	Mo. bis Fr. 8.00-12.00 Uhr und 13.00-17.00 Uhr, Sa. 9.30-12.00 Uhr
Hinweise:	teilweise ist auch 2. Wahl erhältlich
Weg:	von Passau in südlicher Richtung auf der B 12 Richtung Simbach nach Pocking, dort befindet sich die Firma am Ortsausgang Richtung Bad Füssing, direkt am zweiten Kreisverkehr

94078 Freyung

94078 Freyung

▶ ANOLICK

Anolick GmbH
94078 Freyung / Am Bahnhof 12
Tel. (08551) 4020 / anolick.de

Im Jahr 1978 wurde das Unternehmen zur Fertigung hochwertiger Blusen und Hemden gegründet. Dank der Qualität wurden bald bekannte Modeunternehmen auf Anolick aufmerksam und lassen dort bis heute auch die kompliziertesten Teile ihrer Kollektionen fertigen. Daneben entwickelte das Unternehmen auch eine eigene Kollektion, die unter dem Markennamen Gerano in ausgesuchten Geschäften zu finden ist.

Waren: Hosen, Röcke und Blusen für Damen, auch einige Herrenhemden, Pullover, T-Shirts etc., keine junge Mode

Ersparnis: ca. 40-50%, je nach Artikel

Zeiten: Mo. bis Fr. 9.00-18.00 Uhr, Sa. 9.00-13.00 Uhr

Hinweise: nur Hemden und Blusen sind aus eigener Herstellung, davon ist vereinzelt auch 2. Wahl erhältlich

Weg: von Passau auf der B 12 nach Freyung, dort befindet sich die Firma ca. 200 m nach der Post, im Gewerbegebiet unterhalb vom Bahnhof

94127 Neuburg

▶ TRIXI SCHOBER

Bekleidungsfabrik Alois Schober / Trixi Schober
94127 Neuburg Neukirchen / Hauptstr. 48
Tel. (08502) 9139-0 / trixi-schober.de

Waren: Damenoberbekleidung wie z.B. hochwertige Mäntel, Jacken, Kostüme, Blusen, Röcke, Hosen, Kleider, Anzüge und Shirts

Ersparnis: ca. 30% im Durchschnitt, 2. Wahl- und Sonderposten sind besonders preiswert

Zeiten: Mo. bis Fr. 9.00-12.00 Uhr und 13.00-17.00 Uhr

Hinweise: ca. 4x jährl. findet ein zusätzlicher Stoffresteverkauf statt, dann meist Sa. 9.00-13.00 Uhr, genaue Termine erfagen

Weg: Neukirchen liegt ca. 10 km südlich von Passau, A 3 Ausfahrt Passau-Süd nach Neukirchen, dort befindet sich die Firma am Ortseingang auf der linken Seite

94424 Arnstorf

▶ BETTY BARCLAY

**Montana GmbH & Co. KG / Unternehgmensgruppe Betty Barclay
94424 Arnstorf / Mariakirchener Str. 32
Tel. (08723) 9700-152 / bettybarclay.de**

Bereits in den 40er Jahren existierte die damalige Teenager-Kollektion Betty Barclay in den USA. Jedes Jahr wurde eine Miss „Betty Barclay" gewählt, die durch ganz Amerika reiste und auf Modenschauen den jungen Mädchen die neuen Modelle der Betty Barclay-Kollektion vorführte. Anfang der 50er Jahre kam die Kollektion Betty Barclay erstmalig nach Deutschland und wurde zunächst in Lizenz hergestellt. Schon bald erlangte die Kollektion, damals auch hier noch eine Teenager-Kollektion, einen hohen Bekanntheitsgrad. Heute werden die Betty Barclay-Kollektionen und Lizenzprodukte in über 50 Ländern der ganzen Welt geliefert.

Waren: Oberbekleidung für Damen wie Jacken, Blazer, Shorts, Hosen, Jeans, Shirts, Röcke, Strickjacken, Tops etc., Marke Betty Barclay, gesamte Kollektion von sportiv bis Business, außerdem auch Schuhe sowie die Kollektionen Vera Mont und Gil Bret

Ersparnis: bis zu 40% möglich, Artikel der vergangenen Saison sind besonders preiswert

Zeiten: Mo. bis Fr. 10.00-18.00 Uhr, Sa. 9.00-13.00 Uhr

Weg: A 92 München-Deggendorf Ausfahrt Landau/Isar auf die B 20 Richtung Burghausen bis Simbach/Landau und hier links ab nach Arnstorf, in Arnstorf befindet sich die Firma an der Ortsausgangsstraße Richtung Mariakirchen

95032 Hof

▶ LE-GO

**Le-go Bekleidungswerke KG
95032 Hof / Am Wiesengrund 20
Tel. (09281) 750-0 / le-gobw.de**

Die Le-go Bekleidungswerke zählen zu den größten und leistungsfähigsten Bekleidungsunternehmen in Deutschland mit mehreren tausend Mitarbeitern im In- und Ausland. Von Hof aus werden Kunden in mehr als 20 Ländern betreut und beliefert.

Waren: Kostüme, Kleider, Blusen, Röcke, Jacken, Hosen und Strickmode für Damen sowie Hemden, Hosen, Jacken, Sakkos, Mäntel und Anzüge für Herren, außerdem Trachtenmode, Marken Kendzia, Kohlhaas, Création Camilla und Dresdner Herrenmode

Ersparnis: bei Restposten und 2. Wahl 50% und mehr möglich

Zeiten: Mo. bis Fr. 9.00-19.00 Uhr, Sa. 9.00-16.00 Uhr

Hinweise: der Kleinverkauf erfolgt in einem separaten Verkaufsraum auf dem Fabrikgelände, es ist auch 2. Wahl erhältlich

95138 Bad Steben

Weg: A 9 Bayreuth-Berlin Ausfahrt Hof auf die B 15 nach Hof, dort befindet sich die Firma in Richtung Moschendorf direkt auf der Strecke

95138 Bad Steben

▶ SINGER

Max Singer / DOB-Fabrikation
95138 Bad Steben / Gustav-Ludwig-Str. 22
Tel. (09288) 217

Waren: Damenoberbekleidung wie Kleider, Röcke, Blusen, Blazer, Jacken und Hosenanzüge

Ersparnis: immer preisgünstige Angebote, 2. Wahl ist besonders preiswert

Zeiten: Mo. bis Do. 8.00-12.00 Uhr und 13.00-16.00 Uhr, Fr. 8.00-12.00 Uhr

Hinweise: separater Verkaufsraum mit Kabinen, das Angebot wechselt entsprechend der Produktion

Weg: A 9 Bayreuth-Berlin Ausfahrt Berg/Bad Steben, über Issigau nach Bad Steben, dort befindet sich die Firma beim Bahnhof

95183 Töpen

▶ FABER

Ernst Faber GmbH
95183 Töpen / Isaar 54
Tel. (09295) 9151-0 / faber-knitwear.de

Das Unternehmen ist seit 1947 international als Strickspezialist tätig und produziert noch heute in Töpen.

Waren: hochwertige Strickwaren aller Art für Damen wie z.B. Röcke, Jacken und Pullover, außerdem zugekaufte Blusen und T-Shirts

Ersparnis: durchschnittlich ca. 40%

Zeiten: Mo. bis Do. 8.00-16.00 Uhr, Fr. 8.00-12.00 Uhr

Weg: Töpen liegt ca. 10 km nördlich von Hof, A 72 Ausfahrt Hof/Töpen auf die B 2 nach Töpen, dort links ab in den Ortsteil Isaar

95213 Münchberg

▶ HAMMER

Hammer Mode GmbH
95213 Münchberg / Kirchenlamitzer Str. 71
Tel. (09251) 441-105 / hammer-fashion.de

95233 Helmbrechts

Das Unternehmen wurde 1955 durch Wilhelm Preisenhammer gegründet. Die Unternehmensgruppe Hammer Fashion gehört heute in Deutschland zu den bedeutenden Anbietern von hochwertiger Damenmode. Sie hat sich vom führenden Rockspezialisten zum Komplettanbieter modisch-sportiver Damenoberbekleidung entwickelt und vertreibt ihre Kollektion unter der Marke Hammer über den Modefachhandel in ganz Europa. Darüber hinaus werden Einzelhändler in Kanada und in einigen arabischen Ländern beliefert.

Waren: große Auswahl an Damenoberbekleidung von Hammer aus der aktuellen Saison, außerdem zugekaufte Schuhmode, Dessous, Damen- und Kindermode sowie Wohnaccessoires und Geschenkartikel

Ersparnis: ca. 30%, bei Einzelstücken bis zu 50%, zugekaufte Artikel sind kaum günstiger

Zeiten: Mo. bis Fr. 11.00-18.00 Uhr, Sa. 10.00-16.00 Uhr

Hinweise: teilweise sind auch 2. Wahl sowie Artikel der Vorsaison erhältlich

Weg: A 9 Bayreuth-Berlin Ausfahrt Münchberg, durch Münchberg, die Firma ist am Ortsausgang Richtung Rehau/Gewerbegebiet-Ost nicht zu verfehlen, ist groß angeschrieben

95233 Helmbrechts

▶ FRAAS

V. Fraas AG & Co. / Weberei und Wirkerei
95233 Helmbrechts Wüstenselbitz / Kulmbacher Str. 208
Tel. (09252) 7030 / fraas.com

Das Unternehmen wurde im Jahr 1880 von Valentin Fraas mit der Produktion von Grubenhalstüchern, Kopftüchern, Plaids und Umschlagtüchern gegründet. Heute ist V. Fraas ein weltweit führender Hersteller textiler Accessoires mit Niederlassungen in New York, London, Paris, Toronto und Hongkong und hat seinen Firmensitz in Wüstenselbitz im Frankenwald. Bis zu 10 Mio. Schals werden bei V. Fraas im Jahr hergestellt.

Waren: Schals aus Schurwolle, Acryl, Baumwolle und Kaschmir, Tücher, Decken aus Baumwolle, Wolle und Kaschmir, außerdem Accessoires wie Handschuhe, Taschen, Gürtel, Krawatten und Modeschmuck, Marken Valentin Fraas, Cashmink, Cotiera, Carpe Diem, Casa Nostra

Ersparnis: ca. 30-50%

Zeiten: Mo. bis Fr. 11.00-18.00 Uhr, Sa. 10.00-13.00 Uhr

Hinweise: separater Verkaufsraum

Weg: A 9 Bayreuth-Berlin Ausfahrt Münchberg-Nord Richtung Helmbrechts, in Helmbrechts auf der Umgehungsstraße Richtung Kulmbach und nach ca. 2 km links Richtung Kulmbach/Wüstenselbitz abbiegen, der Fabrikverkauf befindet sich am Ortseingang auf der rechten Seite

95448 Bayreuth

95448 Bayreuth

▶ ARENA

arena Deutschland GmbH
95448 Bayreuth / Bernecker Str. 73
Tel. (0921) 850318 / arenainternational.com

Waren: Schwimmsportbekleidung und Bademoden für Erwachsene und Kinder, Zubehör wie Schwimmbrillen und -kappen etc. und Freizeitbekleidung Marke arena, außerdem Handschuhe und Winteraccessoires Marke Reusch sowie Funktionsjacken, Fleeceteile und Freizeitbekleidung Marke U.S. Coastline

Ersparnis: ca. 20-50%, besonders günstig sind Musterkollektionsteile

Zeiten: Di. und Mi. 12.00-18.00 Uhr, Do. und Fr. 10.00-18.00 Uhr, Sa. 9.00-14.00 Uhr

Hinweise: ständig wechselnde Aktionsangebote

Weg: Bayreuth liegt an der A 9 zwischen Nürnberg und Hof, Ausfahrt Bayreuth-Nord Richtung Stadtmitte, an der 1. Ampel links, nach ca. 150 m befindet sich die Firma auf der linken Seite (Industriegebiet-Ost, Einfahrt bei Firma „Siba Bautenschutz")

95463 Bindlach

▶ SCHIESSER

Schiesser AG
95463 Bindlach / Stöckigstr. 2
Tel. (09208) 570461 / schiesser.de

Im Jahr 1875 begann Jacques Schiesser in einem ehemaligen Tanzsaal in Radolfzell mit der Produktion von Trikotwäsche. Heute ist Schiesser ein Marktführer der deutschen Wäschespezialisten und entwickelt sich immer stärker vom Produktions- zum internationalen Marketing- und Vertriebsunternehmen.

Waren: Tag- und Nachtwäsche für Damen, Herren und Kinder wie z.B. Unterwäsche und Schlafanzüge, außerdem Freizeit- und Schwimmbekleidung

Ersparnis: durchschnittlich ca. 25%, Musterteile, 2. Wahl und Auslaufmodelle sind besonders günstig, immer auch zusätzliche Sonderaktionen

Zeiten: Mo. bis Fr. 10.00-17.00 Uhr, Sa. 10.00-13.00 Uhr

Hinweise: man kann eine VIP-Kundenkarte beantragen, dann wird man rechtzeitig über 3-4x jährl. stattfindende Sonderaktionen (nochmals zusätzlich ca. 30% auf alles) informiert, diese Karte gilt auch in allen anderen Schiesser-Outlets

95632 Wunsiedel

Weg: Bindlach liegt ca. 5 km nordöstlich von Bayreuth an der A 9 Richtung Hof, A 9 Ausfahrt Bayreuth-Nord nach Bindlach, hier befindet sich die Firma nahe der Bahnlinie, von der Bahnhofstr. in die Stöckigstr. abbiegen

95511 Mistelbach

▶ SIGIKID

H. Scharrer & Koch GmbH & Co. KG / sigikid-store
95511 Mistelbach / Am Wolfsgarten 8
Tel. (09201) 70-0 oder -90 / sigikid.de

Sigikid ist ein internationales Unternehmen mit einer über 150-jährigen Geschichte. Das Unternehmen wurde 1856 in der oberfränkischen Stadt Bayreuth gegründet und ist noch heute ein Familienunternehmen, das in den letzten Jahren mit seinem Produktprogramm zahlreiche Auszeichnungen gewonnen hat.

Waren: Oberbekleidung für Kinder (Gr. 68-164), z.B. T-Shirts, Sweat-Shirts, Kleider, Jacken, Hosen, Jeans etc., außerdem Plüschspielwaren und Puppen, Marke sigikid, alles ausschließlich Auslaufware, ältere Kollektionen und 2. Wahl

Ersparnis: bei Auslaufware, älteren Kollektionen und 2. Wahl durchschnittlich ca. 30%

Zeiten: Mi. bis Fr. 10.00-18.00 Uhr, Sa. 10.00-14.00 Uhr

Hinweise: großer Verkaufsladen direkt auf dem Werksgelände; in den Store ist ein Shop integriert, in dem das aktuelle Sortiment (Mode und Spielwaren) von sigikid zu den regulären Handelspreisen erhältlich ist

Weg: Mistelbach liegt ca. 5 km südwestlich von Bayreuth, von Bayreuth kommend befindet sich die Firma am Ortsausgang von Mistelbach nicht zu verfehlen direkt an der Hauptstraße auf der linken Seite

95632 Wunsiedel

▶ HÖFER

Arthur Höfer Strumpffabrik
95632 Wunsiedel / Katharinenstr. 10
Tel. (09232) 2308

Waren: Trachten-, Kniebundstrümpfe und Frotteesocken, Strumpfhosen und Strümpfe für Damen, Herren und Kinder, Herrenunterwäsche, Schlafanzüge, Pullover, Jacken, T-Shirts

Ersparnis: je nach Artikel unterschiedlich, durchschnittlich ca. 30%

95643 Tirschenreuth

Zeiten: Mo. bis Do. 8.30-12.00 Uhr und 14.00-16.00 Uhr, Mi. nachm. geschl., Fr. bis 16.00 Uhr

Hinweise: nur Strümpfe und Strumpfhosen werden selbst hergestellt, davon ist auch sehr günstige 2. Wahl erhältlich

Weg: von Bayreuth über die B 303 Richtung Marktredwitz nach Wunsiedel, dort über die Schlachthausbrücke, nach 50 m in die Einbahnstraße

95643 Tirschenreuth

▶ HATICO

s. Seite 669

**T.O.C. Textil Outlet Center /
Hatico-Wäschefabriken Hans Tischler GmbH
95643 Tirschenreuth / Bahnhofstr. 23
Tel. (09631) 607-0 / hatico.de**

Hatico wurde im Jahr 1947 in Tirschenreuth gegründet. Heute gehören zur Firmengruppe die Hatico Wäschefabriken GmbH mit den Kollektionslinien Hatico men's shirts, Hatico Super Cotton bügelfrei und pure h.tico, außerdem die Key West Modevertriebs GmbH (gegr. 1994) mit den Key West Shirts sowie die H.I.S. Shirts (gegr. 1999), die in Lizenz Herrenhemden und Damenblusen fertigt.

Waren: Herrenhemden, T-Shirts, Sweat-Shirts, Pullover, Anzüge, Jeans, Socken, Krawatten, Gürtel, Marken Hatico, pure, Key West und H.I.S., auch einige Damenblusen

Ersparnis: Preisbeispiel: Hemden 1. Wahl von EUR 15,- bis 20,- und Hemden 2. Wahl ab EUR 9,-

Zeiten: Mo. bis Fr. 9.00-18.00 Uhr, Sa. 9.00-13.00 Uhr

Weg: A 93 Ausfahrt Falkenberg auf die B 299 nach Tirschenreuth, die Firma befindet sich in Ortsmitte beim Bahnhof, direkt neben der Post

95686 Fichtelberg

▶ MÜLLER

**A. Müller u. Söhne GmbH & Co. / Web- u. Wirkwarenfabrik
95686 Fichtelberg / Schulstr.
Tel. (09272) 405**

Waren: Damenunterwäsche in Kunstseide, Perlon und Feinripp, gelegentlich auch etwas Herrenunterwäsche

Ersparnis: durchschnittlich ca. 35%

Zeiten: Mo. bis Do. 8.00-15.00 Uhr, gelegentlich auch Fr. 8.00-12.00 Uhr, sicherheitshalber vorher nachfragen

96052 Bamberg

Hinweise:	teilweise ist auch 2. Wahl erhältlich
Weg:	A 9 Nürnberg-Hof Ausfahrt Bad Berneck auf die B 303 Richtung Marktredwitz nach Fichtelberg, die Firma befindet sich dort mitten im Ort, nicht schwer zu finden

95707 Thiersheim

▶ VOITH

Voith Sportswear GmbH & Co.
95707 Thiersheim / Marktredwitzer Str. 18
Tel. (09233) 7736-0 oder -18 (Fabrikverkauf) / voith-online.de

Das Unternehmen besteht bereits seit 1949 im Oberfränkischen Thiersheim. Die Marke „Voith" ist eine hochwertige und attraktive Freizeitmodenkollektion.

Waren:	Nicki-, Velours- und Freizeitanzüge für Damen, Jogging-, Velours- und Kuranzüge für Herren, Einzelhosen für Damen und Herren, Gymnastikbekleidung für Damen und Kinder, keine junge Mode
Ersparnis:	ca. 30% im Durchschnitt
Zeiten:	Mo. bis Fr. 9.00-12.00 Uhr und 14.00-16.30 Uhr
Hinweise:	gelegentlich ist auch 2. Wahl erhältlich
Weg:	von Marktredwitz auf der A 93 Richtung Hof nach erreicht man nach ca. 10 km Thiersheim, hier befindet sich die Firma gegenüber dem Renault-Autohaus, sie ist auch ausgeschildert

96052 Bamberg

▶ GREIFF

s. Seite 671

Greiff Mode GmbH & Co. KG
96052 Bamberg / Memmelsdorfer Str. 250
Tel. (0951) 405-0 oder -278 (Outlet) / greiff.de

Greiff zählte in den 70er Jahren zu den größten Herrenbekleidungs-Ausstattern. Der Name Greiff steht seit vielen Jahrzehnten für klassische Herrenbekleidung, Gastro-, Service- und Berufsbekleidung sowie Corporate Wear für Damen und Herren.

Waren:	Gastro- und Servicebekleidung, Cuisine- und Bistrobekleidung, Corporate Wear sowie Workwear aus eigener Produktion, außerdem zugekaufte Oberbekleidung für Damen und Herren wie Anzüge, Kostüme, Kleider, Hosen, Hemden, Blusen, Jacken und Accessoires
Ersparnis:	bei Artikeln aus eigener Produktion ca. 30-40%, bei zugekauften Artikeln ca. 10-20%
Zeiten:	Mo. bis Fr. 9.30-19.00 Uhr, Sa. 9.00-16.00 Uhr

96132 Schlüsselfeld

Weg: A 73 Nürnberg-Schweinfurt Ausfahrt Memmelsdorf, auf die Memmelsdorfer Str. Richtung Bamberg, die Firma befindet sich nach ca. 300 m auf der linken Seite, der Werksverkauf ist auch ausgeschildert

96132 Schlüsselfeld

▶ PUMA

s. Seite 663

Puma AG / Puma Shop Elsendorf
96132 Schlüsselfeld Elsendorf / Rudolf-Daßler-Str. 1
Tel. (09552) 9330-77 / puma.de

Die Unternehmensgeschichte von Puma beginnt im Jahr 1924 mit der Gründung der „Gebrüder Dassler Schuhfabrik" in Herzogenaurach. Mit der Gründung der „Puma Schuhfabrik Rudolf Dassler" im Jahr 1948 erfolgt die Einführung des „Atom", des ersten Puma-Fußballschuhs. Im ersten Fußballspiel nach dem Zweiten Weltkrieg trugen mehrere Spieler der Deutschen Nationalmannschaft Puma-Schuhe, darunter auch der Torschütze des ersten Nachkriegstores Herbert Burdenski. Bis heute errangen viele bekannte Sportler große sportliche Erfolge mit Puma-Sportausrüstungen. Wie z.B. Boris Becker, der 1985 als Jüngster, erster Ungesetzter und erster Deutscher Wimbledon mit Puma-Schuhen und -Schläger gewann.

Waren: große Auswahl an Sport- und Freizeitschuhen, Baby-, Kinder- und Fußballschuhen, außerdem Lifestyle-Schuhe und -Textilien, Baby- und Kindertextilien, Sportbekleidung wie T-Shirts und Sweat-Shirts sowie Sporttaschen, Sportbälle, Tennisschläger etc.

Ersparnis: ca. 30-70%

Zeiten: Mo. bis Fr. 9.00-18.00 Uhr, Sa. 9.00-14.00 Uhr

Hinweise: sehr gute Parkmöglichkeiten auch für Busse

Weg: A 3 Würzberg-Nürnberg Ausfahrt Schlüsselfeld, hinter der Aral-Tankstelle rechts Richtung Wachenroth/Höchstadt abbiegen nach Elsendorf, hier der Beschilderung in das Industriegebiet folgen

96231 Bad Staffelstein

▶ LEKRA

Ralf Krappmann GmbH
96231 Bad Staffelstein / Bischof-von-Dinkel-Str. 12
Tel. (09573) 9656-0 / lekra.de

Das Unternehmen wurde im Jahr 1990 gegründet und beliefert heute Fachgeschäfte, Versender und Bekleidungshäuser mit entsprechenden Abteilungen hauptsächlich in Deutschland, aber auch im europäischen Ausland.

Waren: Lederbekleidung aller Art, auch Trachten-/Landhausmode, wie Mäntel, Jacken, Westen, Hosen, Röcke und Hemden für Damen und Herren, kleines Angebot auch für Kinder, außerdem Schuhe, Gürtel und Tücher

96317 Kronach

Ersparnis: je nach Artikel, günstige Angebote

Zeiten: Mo. bis Fr. 9.00-18.00 Uhr, Sa. 9.00-12.00 Uhr

Hinweise: mehrere Verkaufsräume, Damen und Herren getrennt

Weg: Bad Staffelstein liegt an der B 173 ca. 30 km nördlich von Bamberg in Richtung Lichtenfels, von Lichtenstein auf der B 173 kommend die 1. Ausfahrt Staffelstein nehmen, die Firma ist am Ortseingang nicht zu übersehen, hinter „Aldi"

96279 Weidhausen

▶ KNAUER

Alfred Knauer KG / Strickwarenfabrik
96279 Weidhausen / Gartenstr. 20
Tel. (09562) 7988 / knauer-strickmoden.de

Die Firma produziert seit 1953 modische Strickware für Sie und Ihn. Zum Saisonauftakt im März und September werden Modeschauen der neuesten Kollektionen veranstaltet.

Waren: Strickmode für Damen (Gr. 36-54) wie Pullover, Jacken, Westen, Hosen und Röcke, für Herren (Gr. 46-64) Pullover, Jacken, Pullunder und Westen, außerdem sind auch zugekaufte Artikel anderer Hersteller erhältlich

Ersparnis: durchschnittlich ca. 20%, Einzel- und Musterteile sind besonders preiswert

Zeiten: Mo. bis Fr. 9.00-18.00 Uhr, Sa. 9.00-13.00 Uhr

Hinweise: ein Änderungsservice befindet sich im Haus, Röcke können auf Wunschlänge gefertigt werden

Weg: B 303 Coburg-Kronach über Sonnefeld nach Weidhausen, die Firma befindet sich in Weidhausen am Ortsausgang Richtung Lettenreuth, sie ist auch ausgeschildert

96317 Kronach

▶ HOAL

T.O.C. Textil Outlet Center / Hoal Bekleidung GmbH
96317 Kronach Knellendorf / Gundelsdorfer Str. 14
Tel. (09261) 61803 / fedola.de/toc

Waren: Herrenhosen aus Wolle und Baumwolle, incl. Jeans, außerdem Herrenhemden, Herrenstrickwaren, T-Shirts, Gürtel und Krawatten sowie Herren-, Damen- und Kinderwäsche, Damenhosen und -blusen, Kinder- und Babykleidung u.a. der Marke Kanz

96328 Küps

Ersparnis:	bei Eigenprodukten ca. 30%
Zeiten:	Mo. bis Fr. 10.00-12.30 Uhr und 13.30-18.00 Uhr, Sa. 10.00-13.00 Uhr
Hinweise:	von Hosen sind teilweise auch 1B-Artikel erhältlich, es sind auch zugekaufte Artikel anderer Hersteller erhältlich
Weg:	aus Richtung Nürnberg/Bamberg kommend auf der B 173 bis Kronach, am Ortseingang auf die B 85 Richtung Ludwigstadt nach Knellendorf, hier befindet sich die Firma direkt nach dem Ortsschild auf der rechten Seite

96328 Küps

▶ BÜTTNER

Leder-Büttner GmbH & Co. KG / Lederbekleidungsfabrik
96328 Küps Johannisthal / Alte Schulstr. 26
Tel. (09264) 995666

Waren:	hochwertige Lederbekleidung für Damen und Herren wie z.B. Jacken, Mäntel, Blousons, Hosen, Röcke
Ersparnis:	ca. 30% im Durchschnitt
Zeiten:	Mo. bis Do. 9.00-12.00 Uhr und 13.00-17.00 Uhr, Fr. 9.00-14.00 Uhr, Sa. 9.00-12.00 Uhr
Weg:	von Kronach auf der B 173 Richtung Lichtenfels liegt Johannisthal ca. 2 km vor Küps, in Johannisthal verläuft die Alte Schulstr. parallel zur Bahnlinie

▶ SEIDEL

Seidel Ledermode KG
96328 Küps Johannisthal / Lerchenfeld 30
Tel. (09264) 969-0 / seidel-ledermode.de

Das mittelständische Unternehmen besteht seit 1965. In Johannisthal wird überwiegend die Entwicklung und die Kollektionsgestaltung vorgenommen. Die Produktion erfolgt in Lohnbetrieben in Deutschland sowie in Tochterfirmen im benachbarten Ausland. Der Kundenkreis umfasst Modehäuser, Boutiquen, Fach- und Einzelhändler sowie Großkonzerne in der gesamten EU und im amerikanischen und asiatischen Raum.

Waren:	hochwertige Lederbekleidung für Damen und Herren, vorwiegend in Velours- und Nappaleder aber auch in Leinen in Verbindung mit Lederapplikationen, vom Trachtenanzug über Lederkostüme bis hin zu extravaganten Blazern
Ersparnis:	unterschiedlich, günstige Angebote
Zeiten:	Mo. bis Do. 8.00-16.00 Uhr, Fr. 8.00-12.00 Uhr

97215 Uffenheim

Hinweise: separater Verkaufsraum, es sind auch preisreduzierte Einzel-/ Kollektionsteile erhältlich, nicht alles ist aus eigener Herstellung

Weg: von Kronach auf der B 173 Richtung Lichtenfels liegt Johannisthal ca. 2 km vor Küps, dort befindet sich die Firma am Ortsende Richtung Küps

97076 Würzburg

▶ FRANKONIA

Frankonia Jagd Hofmann GmbH & Co. KG
97076 Würzburg Rottendorf / Ohmstr. 1
Tel. (0931) 2876200 / frankonia.de

Was im Jahre 1907 zunächst als regionaler Handel mit Waffen, Munition und Jagdbedarfswaren begann entwickelte sich im Laufe der Zeit zu einem überregionalen Komplettanbieter für Jäger und Schützen mit einem Ausrüstungssortiment und dazugehöriger Funktionsbekleidung. Heute ist das Unternehmen ein bedeutender Jagdausrüster und auch über die Grenzen Deutschlands hinaus bekannt.

Waren: Jäger- und Trachtenmode für Damen und Herren, auch Lederbekleidung und Schuhe, außerdem eine kleine Auswahl an Kinderbekleidung, nicht alles ist aus eigener Herstellung wie z.B. sportive Artikel von Tommy Hilfiger, Bogner etc.

Ersparnis: bei 2. Wahl und Auslaufartikeln bis zu 60%

Zeiten: Mo. bis Fr. 10.00-18.00 Uhr, Sa. 10.00-16.00 Uhr

Hinweise: es sind nur Restposten oder Einzelstücke aus dem Bekleidungs- und Jagdsortiment aus früheren Katalogen erhältlich; ca. 2x jährl. findet im Ortsteil Rottendorf ein zusätzlicher Sonderverkauf statt, genaue Termine erfragen

Weg: die Firma befindet sich im Gewerbegebiet Würzburg-Ost, erreichbar auch über die Autobahnausfahrt Rottendorf, dann Richtung Würzburg und nach ca. 8 km links in das Industriegebiet direkt in die Ohmstr.

97215 Uffenheim

▶ REICHART

Reichart Blusen GmbH
97215 Uffenheim / Bad Windsheimer Str. 3
Tel. (09842) 98130 / reichart-blusen.de

Gegründet wurde die Firma Reichart im Jahre 1966 von Hans Reichart, zunächst als Produzent von Nachtwäsche. Reichart spezialisierte sich dann ab 1984 mit eigenen Kollektionen auf die Produktion von Damenblusen. Mittlerweile werden sowohl in Uffenheim als auch seit 1990 in Portugal mit modernstem Maschinenpark mehrere hunderttausend Damenblusen und Kombinationen produziert.

97228 Rottendorf

Waren:	hochwertige Blusen aller Art wie z.B. Spitzenkragenblusen, Schößchenblusen etc., Tops, Shirts, außerdem Pullover, Damenhosen, T-Shirts, Herrenhemden, Strümpfe
Ersparnis:	ca. 30% bei regulärer Ware, 2. Wahl ist noch günstiger
Zeiten:	Di. bis Fr. 9.00-12.00 Uhr und 14.00-18.00 Uhr, Sa. 9.00-12.00 Uhr
Hinweise:	großer Verkaufsraum mit Kinderspielecke
Weg:	von Würzburg auf der A 7 kommend Ausfahrt Uffenheim-Langensteinach, in Uffenheim befindet sich die Firma am Ortsausgang in Richtung Bad Windsheim, gegenüber „Lidl"

97228 Rottendorf

▶ S.OLIVER

s.Oliver Bernd Freier GmbH & Co. KG
97228 Rottendorf / Edekastr. 3
Tel. (09302) 309-0 oder -6492 (Verkaufsstelle) / s.oliver.de

Angefangen hat alles 1969 in einem kleinen Ladenlokal in Würzburg. Bis heute entstand daraus ein international erfolgreiches Marken-Unternehmen.

Waren:	junge Mode für Sie und Ihn Marke s.Oliver wie z.B. T-Shirts, Sweat-Shirts, Jeans, Hemden, Blusen, Hosen, Röcke, Pullover, Socken, Blazer, Jacken, Westen, Schuhe, Gürtel u.v.m., kleine Auswahl an Kindermode Marke Oliver Twist
Ersparnis:	bei Restposten und 2. Wahl bis zu 50%
Zeiten:	Mo. bis Fr. 10.00-19.00 Uhr, Sa. 9.00-16.00 Uhr
Hinweise:	ausschließlich Verkauf von 2. Wahl-Waren und Retouren mit kleinen Fehlern
Weg:	von Würzburg ca. 5 km auf der B 8 nach Rottendorf, dort befindet sich die Firma im Gewerbegebiet, sie ist hier gut ausgeschildert

97274 Leinach

▶ ULLA

Ulla Miederfabrik / G. Weidauer Vertriebs-GmbH
97274 Leinach / Zellinger Str. 26
Tel. (09364) 80913 / ulla.de

Die Firma Weidauer wurde im Jahr 1948 in Leinach bei Würzburg gegründet und ist heute ein weltweit agierendes Unternehmen. Schwerpunkte sind neben Deutschland Europa, die USA, Australien, Neuseeland und Japan. Bis heute ist der Firmenstammsitz in Leinach auch zentraler Produktionsort.

Waren:	Miederwaren, Dessous, BH's, kleinere Auswahl an Bademoden, Schlafanzügen und Nachthemden

97359 Schwarzach

Ersparnis: teilweise sind sehr günstige Angebote erhältlich

Zeiten: Mo. bis Fr. 9.00-18.00 Uhr, Sa. 9.00-14.00 Uhr

Hinweise: nicht alle Artikel sind aus eigener Herstellung

Weg: Leinach liegt ca. 15 km nordwestlich von Würzburg, dort befindet sich die Firma an der Straße Richtung Zellingen, nach der neuen Eisenbahnbrücke auf der rechten Seite

97359 Schwarzach

▶ MINX

Minx Mode Accessoires GmbH
97359 Schwarzach / Gewerbering Nord 4
Tel. (09324) 903441 / minx-mode.de

Waren: Damenoberbekleidung wie lange und kurze Röcke, Hosen, Kleider, Westen, Blazer, Mäntel, Blusen, Pullover, Größen 34-54, Marken Minx und Sallie Sahne

Ersparnis: ca. 40-60% möglich, trotzdem nicht billig

Zeiten: Mo. bis Fr. 10.00-19.00 Uhr, Sa. 10.00-16.00 Uhr

Hinweise: es sind nur Artikel der Vorjahressaison erhältlich

Weg: Schwarzach liegt östlich von Würzburg an der A 3 Richtung Nürnberg, Ausfahrt Schwarzach, danach rechts auf die B 22 Richtung Bamberg, nach ca. 1 km links in das Gewerbegebiet

▶ RENE LEZARD

René Lezard Mode GmbH
97359 Schwarzach Stadtschwarzach / Industriestr. 6
Tel. (09324) 302-0 / rene-lezard-fabrikverkauf.de

Das Unternehmen wurde 1978 gegründet und ist heute ein führendes deutsches Modelabel. Die Kollektionen sind in den René Lezard Exclusive-Shops sowie im gehobenen Fachhandel erhältlich. Es werden nur italienische Spitzenstoffe in eigenen und ausgewählten Produktionsstätten im In- und Ausland verwendet. Die Produkte werden weltweit exportiert.

Waren: hochwertige Damen- und Herrenbekleidung wie Hosen, Jacken, Sakkos, Blousons, Anzüge, Mäntel, Lederjacken, Röcke, Kleider, Kostüme, Blazer, Pullover, Hemden, Blusen, T-Shirts, Sweat-Shirts, Polo-Shirts, Jeans, Krawatten, Gürtel, Schuhe, Taschen etc.

Ersparnis: bei 1. Wahl ca. 30-40%, bei 2. Wahl bis 50%

Zeiten: Mo. bis Mi. 10.00-18.00 Uhr, Do. und Fr. 10.00-20.00 Uhr, Sa. 9.00-17.00 Uhr

97469 Gochsheim

Hinweise: es sind nur 2. Wahl und 1. Wahl der Vorjahres- und Musterkollektionen erhältlich; 2x jährl. (meist im April/Oktober jeweils an einem Fr. und Sa.) finden zusätzliche Sonderverkäufe mit nochmals reduzierten Preisen statt, genaue Termine erfragen

Weg: A 3 Würzburg-Nürnberg Ausfahrt Schwarzach nach rechts in Richtung Volkach, nach Hörblach auf die B 22 in Richtung Bamberg abbiegen, Schwarzach umfahren, am Ortsende an der Kreuzung nach links (Gewerbegiet) und dann sofort wieder rechts ab

▶ S.OLIVER

**s.Oliver Direktverkauf
97359 Schwarzach Stadtschwarzach / Gewerbering 3
Tel. (09324) 980403 / s.oliver.de**

Angefangen hat alles 1969 in einem kleinen Ladenlokal in Würzburg. Bis heute entstand daraus ein international erfolgreiches Marken-Unternehmen.

Waren: junge Mode für Sie und Ihn Marke s.Oliver wie z.B. T-Shirts, Sweat-Shirts, Jeans, Hemden, Blusen, Hosen, Röcke, Pullover, Blazer, Jacken, Westen, Schuhe, Gürtel u.v.m., kleine Auswahl an Kindermode Marke Oliver Twist

Ersparnis: ca. 25% bei der aktuellen Kollektion, ansonsten bis zu 50%, vereinzelt auch mehr

Zeiten: Mo. bis Mi. 10.00-19.00 Uhr, Do. und Fr. 10.00-20.00 Uhr, Sa. 9.00-17.00 Uhr

Hinweise: es ist ausschließlich 1. Wahl, teilweise auch die aktuelle Kollektion erhältlich

Weg: A 3 Würzburg-Nürnberg Ausfahrt Schwarzach nach rechts in Richtung Volkach, nach Hörblach auf die B 22 in Richtung Bamberg abbiegen, Schwarzach umfahren, am Ortsende an der Kreuzung nach links in das Gewerbegiet

97469 Gochsheim

▶ EISEND

**Eisend Kids
97469 Gochsheim / Atzmannstr. 4
Tel. (09721) 62081 / eisend-kids.com**

Waren: Kinderbekleidung wie T-Shirts, Blusen, Hosen, Kleider, Röcke, alles nur für Mädchen

Ersparnis: teilweise bis zu 50%, 2. Wahl und Auslaufmodelle sind noch günstiger

97633 Höchheim

Zeiten: jeweils am 1. Fr. und Sa. im Monat, und zwar Fr. 13.00-16.30 Uhr, Sa. 9.00-12.00 Uhr, während Urlaubszeiten können sich die Verkaufszeiten ändern

Weg: Gochsheim liegt ca. 5 km südlich von Schweinfurt an der A 70, von der Autobahn kommend befindet sich die Firma am Ortsausgang auf der rechten Seite

97475 Zeil

▶ SCHIESSER

Schiesser AG
97475 Zeil / Sander Str. 3
Tel. (09524) 3038333 / schiesser.de

Im Jahr 1875 begann Jacques Schiesser in einem ehemaligen Tanzsaal in Radolfzell mit der Produktion von Trikotwäsche. Heute ist Schiesser ein Marktführer der deutschen Wäschespezialisten und entwickelt sich immer stärker vom Produktions- zum internationalen Marketing- und Vertriebsunternehmen.

Waren: Tag- und Nachtwäsche für Damen, Herren und Kinder wie z.B. Unterwäsche und Schlafanzüge, außerdem Freizeit- und Schwimmbekleidung

Ersparnis: durchschnittlich ca. 25%, Musterteile, 2. Wahl und Auslaufmodelle sind besonders günstig, immer auch zusätzliche Sonderaktionen

Zeiten: Mo. bis Fr. 10.00-18.00 Uhr, Sa. 10.00-16.00 Uhr

Weg: A 70 Bamberg-Schweinfurt Ausfahrt Eltmann auf die B 26 nach Zeil, in Zeil links ab Richtung Sand, die Firma befindet sich direkt am Bahnübergang, im erbelle-Outlet

97633 Höchheim

▶ HORSY

Horsy-Jeans GmbH / Bekleidungsfabrik
97633 Höchheim Gollmuthhausen / Heidweg 1
Tel. (09764) 259

Waren: Jeans- und Baumwollhosen für Damen und Herren, Stoffe, Zubehör wie Nähfaden und Reißverschlüsse

Ersparnis: ca. 30% im Durchschnitt, Preise von EUR 25,- bis 40,-

Zeiten: Mo. bis Mi. 9.00-16.00 Uhr, Do. und Fr. 9.00-18.00 Uhr, Sa. 8.00-12.30 Uhr

Weg: Höchheim liegt ca. 20 km östlich von Bad Neustadt a. d. Saale, die Firma befindet sich von Saal kommend am Ortseingang von Gollmuthhausen, leicht zu finden

97657 Sandberg

▶ SANDBERG

Sandberg Bekleidungs GmbH
97657 Sandberg / Kreuzbergstr. 133
Tel. (09701) 228 / sandberg-trachten.de

Das Unternehmen produziert seit vielen Jahren hochwertige Herrrentrachten in eigener Fertigung und beliefert ausschließlich den Fachhandel.

Waren: Trachtenmode für Herren im klassisch konservativen Stil wie Janker, Hemden, Anzüge, Sakkos und Hosen, gelegentlich auch etwas für Damen

Ersparnis: ca. 30-40%, unterschiedlich je nach Artikel

Zeiten: Mo. bis Fr. 9.00-16.00 Uhr, Sa. 9.00-12.00 Uhr

Hinweise: nur die Herrenartikel werden selbst hergestellt

Weg: von Bad Neustadt auf der B 279 nach Bischofsheim, dort links ab nach Sandberg, die Firma ist im Ort nicht zu verfehlen, sie ist auch ausgeschildert

99988 Diedorf

▶ ROGO

Thüringer Strümpfe Produktions GmbH /
Rogo Strumpf- und Textilshop
99988 Diedorf / Wendehäuser Str. 1
Tel. (036024) 570758 / rogo-struempfe.de

Die Anfänge des Unternehmens gehen zurück bis in das Jahr 1731. Als eine der ältesten Strumpffabriken der Welt ist Rogo heute ein Produzent für das gesamte Strumpfsortiment. Unter den Markennamen Your Label, Luc und Rogo wird ein komplettes Strumpfsortiment vom Babystrumpf bis zur Feinstrumpfhose angeboten.

Waren: Strumpfwaren aller Art für Damen, Herren und Kinder wie z.B. Söckchen, Socken, Kniestrümpfe, Strumpfhosen, Feinstrumpfwaren, außerdem auch zugekaufte Unterwäsche

Ersparnis: 50% und mehr möglich, 1B-Ware ist besonders preiswert

Zeiten: Mo. bis Fr. 14.30-17.30 Uhr

Hinweise: es ist auch viel 1B-Ware erhältlich

Weg: Diedorf liegt ca. 30 km nördlich von Eisenach und ca. 15 km westlich von Mühlhausen, dort befindet sich die Firma am Ortsausgang Richtung Wendehausen, in der Nähe vom Sportplatz

Glas-, Keramik- und Porzellanwaren

03159 Döbern

▶ LAUSITZER GLASHÜTTE

s. Seite 591

Lausitzer Glashütte AG
03159 Döbern / Ringstr. 26
Tel. (035600) 29-0 oder -243 (Werksverkauf) /
glashuette-doebern.de

Die Glashütte Döbern ist im südöstlichsten Teil des Bundeslandes Brandenburg gelegen. Der Produktionsbetrieb befindet sich an einem historischen Standort, der über eine 130-jährige Glasmachertradition verfügt. Hier werden 24%ige Bleikristallartikel hergestellt. Die Produktpalette besteht aus mehr als 2.000 Artikeln. Die Glashütte exportiert ca. 75% ihrer Produkte, hauptsächlich in die USA.

Waren: mundgeblasene Kelchgläser, Römer, Vasen und Schalen, handgepresste Vasen, Schalen und Aschenbecher, massive Kerzenhalter und Figuren, Geschenkartikel u.v.m., teils veredelt durch Schliff und Gravur, Kollektion Dresden Crystal, Frankonia u.a., außerdem Handelsware wie z.B. Porzellan

Ersparnis: bis zu 50%, besonders preiswert sind 2. Wahl und Sonderposten

Zeiten: Mo. bis Fr. 9.00-18.00 Uhr, Sa. und So. 10.00-16.00 Uhr

Hinweise: der Verkauf erfolgt im Werksladen auf dem Werksgelände, werktags (samstags nach Absprache) werden Hüttenführungen angeboten

Weg: Döbern liegt ca. 40 km südöstlich von Cottbus an der B 115, in Döbern ist die Firma gut ausgeschildert

04860 Torgau

04860 Torgau

▶ VILLEROY & BOCH

Villeroy & Boch Faiencerie Torgau GmbH
04860 Torgau / Hafenstr. 2-4
Tel. (03421) 740178 / villeroy-boch.com

Waren: Kaffee-, Tee- und Tafelservices, Speiseservices, Porzellanwaren, Gläser, Bestecke etc.

Ersparnis: durchschnittlich ca. 30%, Sonderangebote sind noch preiswerter

Zeiten: Mo. bis Fr. 9.30-18.00 Uhr, Sa. 9.30-15.00 Uhr

Hinweise: es ist ausschließlich 2. Wahl erhältlich

Weg: Torgau liegt ca. 50 km nordöstlich von Leipzig an der B 87, dort befindet sich die Firma nahe der Elbe, von Leipzig kommend vor der Elbbrücke rechts einbiegen, das Werk ist nicht zu übersehen

06925 Annaburg

▶ ANNABURG PORZELLAN

Annaburg Porzellan GmbH
06925 Annaburg / Torgauer Str. 60
Tel. (035385) 32-0 oder -128 (Werksverkauf) /
annaburg-porzellan.de

Im Jahr 1874 wurde in Annaburg der Grundstein für die heutige Annaburg Porzellan GmbH gelegt. Das Unternehmen durchlief seitdem Höhen und Tiefen, viele Veränderungen und einige Besitzerwechsel. 1992 wurde der Betrieb durch die Ceraplan GmbH übernommen.

Waren: Porzellanartikel aller Art wie Serviceporzellan, Bistroporzellan, Buffetporzellan, Kaffeebecher, Badporzellan, Kindergeschirr sowie Geschenkartikel wie z.B. Vasen, Kerzenständer etc.

Ersparnis: durchschnittlich ca. 30-40%, 2. Wahl ist besonders preiswert

Zeiten: Mo. bis Fr. 10.00-18.00 Uhr, Sa. 10.00-13.00 Uhr

Hinweise: den Besuchern des Werks stehen ein Porzellan-Museum, ein Porzellan-Café sowie eine Porzellan-Malschule, in der man sein eigenes Porzellan unter fachkundiger Leitung selbst gestalten kann, zur Verfügung

Weg: A 9 Ausfahrt Coswig auf die B 187 über Coswig und Lutherstadt Wittenberg bis Jessen, dann rechts ab nach Annaburg, hier befindet sich die Firma nicht zu verfehlen direkt an der Hauptstraße

07336 Könitz

▶ KÖNITZ

Könitz Porzellan GmbH
07336 Könitz / Bahnhofstr. 2
Tel. (036732) 344-0 / mug-company.com

Die Ursprünge des Unternehmens gehen zurück bis in das Jahr 1909. In Laufe seiner wechselvollen Geschichte hat sich die Firma bis heute zu einem global orientierten „Becherspezialisten" entwickelt.

Waren: große Auswahl an Kaffee- und Teebecher sowie Espresso- und Cappuccino-Tassen mit vielen verschiedenen, bunten, modernen und trendigen Motiven

Ersparnis: durchschnittlich ca. 30%

Zeiten: Mo. bis Fr. 9.00-17.00 Uhr, 1. Sa. im Monat 9.00-12.00 Uhr

Hinweise: es sind hauptsächlich Überproduktionen und Fehlerware erhältlich

Weg: A 4 Frankfurt-Dresden Ausfahrt Weimar über Bad Berka, Rudolstadt und Saalfeld nach Könitz, die Bahnhofstr. ist die Hauptstraße durch den Ort

07407 Rudolstadt

▶ VOLKSTEDTER PORZELLAN

Aelteste Volkstedter Porzellanmanufaktur GmbH
07407 Rudolstadt Volkstedt / Breitscheidstr. 7
Tel. (03672) 4802-0 / seltmann-weiden.com

Die Gründung der Aeltesten Volkstedter Porzellanmanufaktur geht zurück auf das Jahr 1760. Sie ist damit die älteste heute noch produzierende Manufaktur Thüringens, deren kunstvolle Figuren heute bei Liebhabern hohes Ansehen genießen und im Antiquitätenhandel Höchstpreise erzielen. Das Unternehmen gehört heute zur Firmengruppe Porzellanfabriken Christian Seltmann.

Waren: kunstvoll gearbeitete Prozellanfiguren wie z.B. Spitzenfiguren mit detailgetreu gearbeiteten Kleidungsstücken, Musikanten, Kutschenmodelle, Amoretten, Reiter-, Soldaten- und Tierfiguren, Schachspiele, exclusiver Weihnachts- und Frühjahrsschmuck, Leuchter und Tafelaufsätze

Ersparnis: durchschnittlich ca. 25%

Zeiten: Mo. bis Fr. 10.00-17.00 Uhr, von Mai bis Okt. auch Sa. 10.00-14.00 Uhr

Hinweise: es ist 2. Wahl mit kleinen Schönheitsfehlern erhältlich

07768 Kahla

Weg: Rudolstadt liegt ca. 30 km südlich von Weimar, dort befindet sich die Firma im Ortsteil Volkstedt nicht zu übersehen an der Hauptstraße

07768 Kahla

▶ KAHLA PORZELLAN

s. Seite 593

Kahla Porzellan GmbH
07768 Kahla / Christian-Eckardt-Str. 38
Tel. (036424) 79-279 / kahlaporzellan.com

Im Jahr 1844 begann der Kaufmann Christian Jacob Eckardt in Kahla mit der Herstellung von Tassen, Pfeifen und Puppenköpfen aus Porzellan. Von diesen Anfängen über eine Aktiengesellschaft seit 1888 und die Steuerung des Kombinates Feinkeramik zu DDR-Zeiten bis in die freie Marktwirtschaft war der Weg wechselvoll. 1994 startete Kahla eine Erneuerung des Firmenprofils und der Produktionsstätten. Durch eine designorientierte Produktentwicklung und modernste Technologien hat sich Kahla zum größten Porzellanhersteller in Thüringen entwickelt. Heute werden über 50 Länder mit Kahla Porzellan beliefert.

Waren: klassisches Geschirr in traditionellen Formen und Dekoren sowie Porzellan für junge Leute, z.B. Tassen, Dosen, Kannen, Vasen, Bierkrüge, Geschenkartikel etc.

Ersparnis: ca. 30-40%, je nach Artikel

Zeiten: Mo. bis Sa. 9.30-18.00 Uhr

Hinweise: separater Verkaufsraum, es ist überwiegend 2. Wahl erhältlich

Weg: Kahla liegt an der B 88 von Jena nach Rudolstadt, auch erreichbar über die A 4 Ausfahrt Jena-Göschwitz/Kahla, in Kahla ist die Firma nicht zu verfehlen, sie ist auch ausgeschildert

07819 Triptis

▶ TRIPTIS PORZELLAN

Triptis-Porzellan GmbH
07819 Triptis / Geraer Str. 51
Tel. (036482) 82-0 / triptis-porzellan.com

In Thüringen entwickelte sich im Laufe der Jahrhunderte eine Porzellantradition die weltberühmt wurde. Triptis Porzellan kommt aus Thüringen. Im Jahr 1998 wurde die Marke Lengsfeld Rhön, im Jahr 1999 Freiberg/Sachsen und im Jahr 2000 Eschenbach und Winterling übernommen.

Waren: Haushalts- und Geschenkartikel aus Porzellan wie z.B. Kaffee-, Tee- und Tafelservices in vielen Formen und Dekoren, Gedecke, Kindergeschirr sowie Einzelartikel, außerdem Artikel der Marken Winterling und Eschenbach

Ersparnis: bis zu 50%; Preisbeispiel: Kindergeschirr (flacher und tiefer Teller sowie Tasse jeweils mit Motiv) im Geschenkkarton für 10,- EUR;

23569 Lübeck

	außerdem finden ca. 4x jährl. sog. Kiloverkäufe statt (1 kg weiß für 2,50 EUR und 1 kg bunt für 5,- EUR), genaue Termine erfragen
Zeiten:	Mo. bis Fr. 9.00-17.00 Uhr, Sa. 9.00-13.00 Uhr
Hinweise:	separater Werkshop, es sind nur Restbestände und Artikel aus dem aktuellen Katalog mit kleinen Fehlern erhältlich
Weg:	Triptis liegt ca. 50 km südwestlich von Gera, direkt an der A 9, dort befindet sich die Firma am Ortsende an der B 281 in Richtung Gera, ist gut ausgeschildert

10623 Berlin

▶ KPM

**KPM Königliche Porzellan-Manufaktur Berlin GmbH /
Manufakturverkauf im Berlin-Pavillon
10623 Berlin Tiergarten / Wegelystr. 1
Tel. (030) 39009-0 oder -215 (Manufakturverkauf) / kpm-berlin.de**

Preußenkönig Friedrich der Große gab der Königlichen Porzellan-Manufaktur 1763 Namen und Zeichen: das königsblaue Zepter. Seitdem entstanden in jeder Epoche stilprägende Porzellane. Da jedes Stück von Hand gearbeitet wird ist auch jedes ein Unikat. Jedes KPM-Porzellan wird mit dem königsblauen Zepter signiert. Ist ein Stück bemalt, erhält es zudem eine rote, grüne oder blaue Malereimarke. Alle Bemalungen sind mit dem Kürzel des jeweiligen Malers versehen. Anhand der Markentafel erkennt man aus welcher Zeit das KPM-Porzellan stammt.

Waren:	hochwertige Kaffee- und Speiseservices sowie Platten, Schalen, Schüsseln, Körbe etc., außerdem Geschenkartikel wie z.B. Vasen, Dosen und Figuren
Ersparnis:	bei 1. Wahl kaum, bei 2. Wahl und Auslaufmodellen günstige Angebote (bis zu 20%)
Zeiten:	Mo. bis Sa. 10.00-18.00 Uhr
Weg:	die Firma befindet sich westlich vom Stadtzentrum in Tiergarten, nahe dem „S-Bahnhof Tiergarten" und hinter dem Dorint-Hotel

23569 Lübeck

▶ VILLEROY & BOCH

**Villeroy & Boch AG / Geschirr-Center
23569 Lübeck Dänischburg / Dänischburger Landstr.
Tel. (0451) 201371**

Waren:	Kaffee-, Tee- und Tafelservices, Speiseservices, Porzellanwaren, Gläser, Vasen etc., außerdem Bestecke in Silber und Edelstahl
Ersparnis:	durchschnittlich ca. 25%

26316 Varel

Zeiten:	Mo. bis Fr. 9.00-18.00 Uhr, Sa. 9.00-14.00 Uhr
Hinweise:	großer Verkaufsraum, es sind immer auch 2. Wahl und Sonderposten erhältlich
Weg:	Dänischburg liegt nordöstlich vom Zentrum Lübeck, Autobahnausfahrt Dänischburg zuerst rechts dann links, nahe der großen Fabrikkamine, die Firma ist auch gut ausgeschildert, Einfahrt beim „Sanitärwerk"

26316 Varel

▶ FRIESLAND

Porzellanfabrik Friesland GmbH & Co. KG
26316 Varel Rahling / Rahlinger Str. 23
Tel. (04451) 17-0 / friesland-porzellan.de

Waren:	große Auswahl an Kaffee-, Tee-, Mokka- und Tafelservices, außerdem Gläser und Geschenkartikel
Ersparnis:	ca. 20-40%, je nach Artikel, Kiloverkauf: EUR 6,-/kg
Zeiten:	Mo. bis Fr. 10.00-17.00 Uhr, Sa. 10.00-13.00 Uhr
Hinweise:	das Ladengeschäft befindet sich neben dem Werk, es ist nur 2. Wahl erhältlich
Weg:	A 29 Oldenburg-Wilhelmshaven Ausfahrt Varel-Bockhorn, links ab Richtung Bockhorn, ca. 3 km vor Bockhorn hinter der Tankstelle rechts, der Beschilderung „Porzellanfabrik Friesland" folgen

34431 Marsberg

▶ RITZENHOFF

RC Ritzenhoff Cristal AG / Ritzenhoff Factory Outlet
34431 Marsberg Westheim / Kasseler Str. 7
Tel. (02994) 889-88 / ritzenhoff.de

Das Unternehmen wurde im Jahr 1904 gegründet und ist heute ein führender Hersteller von Trinkgläsern. Neben den bekannten Ritzenhoff Designgläsern werden täglich auch ca. 90.000 Gläser für Brauereien und Getränkehersteller in der ganzen Welt gegossen.

Waren:	Keramikartikel wie Kaffeetassen, Teebecher, Espresso- und Cappuccinosets, Kindermilchgläser, Teller, Porzellandosen, Salz- und Pfefferstreuer, Vasen u.v.m., außerdem Glasartikel wie Getränkegläser aller Art und Vasen sowie Leuchten und Geschenkartikel, alles in bunten, farbenfrohen Designs

37699 Fürstenberg

Ersparnis: preisgünstiges Warenangebot, die älteren Kollektionen sind besonders preiswert

Zeiten: Mo. bis Fr. 11.00-18.00 Uhr, Sa. 11.00-16.00 Uhr

Weg: A 44 Kassel-Dortmund Ausfahrt Marsberg auf die B 7 (Kasseler Str.), die Firma befindet sich in Marsberg direkt an dieser Hauptstraße durch den Ort

36460 Merkers

▶ **WALLENDORFER PORZELLAN**

s. Seite 601

Wallendorfer Porzellanmanufaktur GmbH
36460 Merkers / Planstr. C 2 / Am Porzellanwerk
Tel. (036969) 5399-0 / wallendorfer-porzellan.de

Waren: große Auswahl an Fine Bone China Artikeln, Porzellanwaren aller Art, auch Kaffee-, Tafel- und Teeservices sowie Becher, außerdem Gläser, Vogelnisthöhlen aus Keramik und Geschenkartikel

Ersparnis: günstige Angebote, Restposten sind besonders preiswert

Zeiten: Di., Do., Fr. 10.00-17.00 Uhr

Weg: von Eisenach in südlicher Richtung über Dorndorf nach Merkers, hier befindet sich die Firma im Industrie- und Gewerbepark

37699 Fürstenberg

▶ **FÜRSTENBERG PORZELLAN**

Porzellanmanufaktur Fürstenberg
37699 Fürstenberg / Meinbrexener Str. 2
Tel. (05271) 401-0 / fuerstenberg-porzellan.com

Die Porzellanmanufaktur Fürstenberg wurde vor mehr als 250 Jahren in Fürstenberg an der Weser von Herzog Carl I. von Braunschweig gegründet. Seitdem gehört sie nicht nur zu den traditionsreichsten Produktionsbetrieben Niedersachsens, sondern zählt auch zu den ältesten und renommiertesten Porzellanherstellern Europas.

Waren: hochwertiges Geschirr- und Zierporzellan, Geschirrserien und Geschenkartikel wie z.B. Vasen, Schalen, Dosen, Figuren etc. in 1. und 2. Wahl

Ersparnis: bei 1. Wahl kaum, ca. 30-50% bei 2. Wahl-Artikeln sowie Einzelstücken und Sonderauflagen

Zeiten: (Januar-März) Di. bis Sa., (April-Mitte Oktober) Di. bis So. und Feiertage, (Mitte Oktober-Weihnachten) Di. bis Sa. und Adventssonntage, jeweils 10.00-18.00 Uhr

38895 Derenburg

Hinweise: der Werksverkauf "Porzellan im Schloss" sowie das manufaktureigene, einzige Porzellanmuseum Norddeutschlands befinden sich im historischen Schlosshof der Manufaktur

Weg: Fürstenberg liegt am Rande des Naturparks Solling-Vogler, am östlichen Ufer der Weser direkt an der Deutschen Märchenstraße zwischen Beverungen und Höxter, die Manufaktur befindet sich nicht zu verfehlen am Ortseingang

38895 Derenburg

▶ HARZKRISTALL

Glasmanufaktur Harzkristall GmbH & Co. KG
38895 Derenburg / Im freien Felde 5
Tel. (039453) 680-0 / harzkristall.de

s. Seite 603

Im Oktober 2004 geht die bis dahin staatliche Glasmanufaktur in private Hände über und kurze Zeit darauf wird der neu gestaltete Glasmarkt eröffnet.

Waren: mundgeblasene Glaswaren aller Art wie Vasen, Schalen, Leuchten und Glastierchen, außerdem zugekaufte Geschenkartikel und Weihnachtsbaumschmuck

Ersparnis: ca. 20-30%, je nach Artikel, extra Sonderposten 2. Wahl

Zeiten: Mo. bis So. 10.00-18.00 Uhr

Hinweise: auf Anfrage sind Hüttenführungen für Gruppen möglich

Weg: Derenburg liegt zwischen Wernigerode und Halberstadt, die Glashütte befindet sich ca. 2 km außerhalb von Derenburg, gut zu erkennen an den großen Schornsteinen

55122 Mainz

▶ ZWIESEL KRISTALLGLAS

Zwiesel Kristallglas Werksverkauf
55122 Mainz / Hattenbergstr. 10
Tel. (06131) 66-3558 / zwiesel-werksverkauf.de

s. Seite 611

Das Unternehmen wurde im Jahr 1872 als Tafelglasfabrik „Annathal" gegründet. Heute produziert Schott Zwiesel ca. 60 Mio. Kristallgläser in Werken in Zwiesel und in Husinec/Tschechien und liefert in über 70 Länder weltweit. Schott Zwiesel produziert Gläser für jedes Getränk, jeden Stil und jeden Anlass.

Waren: hochwertige Gläser in großer Auswahl, z.B. Kelchgläser, Bechergläser, geschliffene Kristallgläser, Karaffen, Dekanter, Haushaltsglas wie Schalen, Schüsseln, Vasen (auch mundgeblasen), Leuchter sowie Geschenkartikel aus Kristall, Marken Schott Zwiesel, Jenaer Glas und Esprit

Ersparnis: ca. 30% bei regulärer Ware, Restposten sind erheblich günstiger

63636 Brachttal

Zeiten:	Mo. bis Fr. 10.00-18.00 Uhr, Sa. 10.00-16.00 Uhr
Hinweise:	es sind auch 2. Wahl sowie günstige Auslaufmodelle und Restposten erhältlich, ebenso reduzierte Tchiboartikel
Weg:	die Firma befindet sich im Stadtteil Mombach, Ecke Bismarck-Platz neben „Aldi"

56203 Höhr-Grenzhausen

▶ RASTAL

s. Seite 611

Rastal GmbH & Co. KG
56203 Höhr-Grenzhausen / Lindenstr. 18
Tel. (02624) 16-166 / rastal.com

Rastal ist ein 1919 gegründetes Familienunternehmen und erhielt seine Bekanntheit durch die Exclusivglas-Idee in der Getränkeindustrie. Heute gilt das Unternehmen als Marktführer im Bereich dekorierter Glas- und Keramikartikel.

Waren:	Glasartikel, teilweise auch aus Keramik wie z.B. Trinkgläser, Glasserien, Exclusivgläser, Karaffen, Bowlen, Schalen, Vasen, Kerzenständer, Back- und Auflaufformen, Geschenkartikel etc., Marke Rastal
Ersparnis:	durchschnittlich ca. 30%
Zeiten:	Mo. bis Fr. 9.00-18.00 Uhr, Sa. 9.00-13.00 Uhr
Hinweise:	Verkaufsladen beim Werk, teilweise ist auch 2. Wahl im Angebot
Weg:	Höhr-Grenzhausen liegt an der A 48, ca. 20 km nordöstlich von Koblenz, die Lindenstr. ist eine Parallelstraße zur Autobahn, die Firma ist nicht zu übersehen

63636 Brachttal

▶ WÄCHTERSBACH

s. Seite 619

Wächtersbacher Keramik Otto Friedrich Fürst zu Ysenburg und Büchingen GmbH
63636 Brachttal / Fabrikstr. 12
Tel. (06053) 801-0 oder -22 (Werksverkauf) / waechtersbach.com

Das Unternehmen wurde im Jahr 1832 unter dem Namen Waechtersbacher Steingutfabrik gegründet und begann mit der Herstellung keramischer Gebrauchsgegenstände. Die in der Manufaktur hergestellten Geschirre wurden bald zu einem Qualitätsbegriff. Damals wie heute kennzeichnen innovatives Design vereint mit traditioneller Handwerkskunst die Produkte der Waechtersbacher Keramik.

Waren:	Haushalts- und Geschenkartikel aus Keramik wie z.B. Kaffee- und Tafelservices, Brottöpfe, Backformen, Schüsseln, Platten, Tassen, Becher, Spardosen, Blumentöpfe, Kerzenständer, Vasen etc.

65929 Frankfurt

Ersparnis: durchschnittlich ca. 40%

Zeiten: Mo. bis Fr. 9.00-18.00 Uhr, Sa. 9.30-13.00 Uhr, zusätzlich findet ca. 2x jährl. jeweils 3 Tage lang von Do. bis Sa. ein großer Sonderverkauf statt, bei dem es 50% auf die Fabrikpreise gibt, genaue Termine erfragen

Hinweise: es sind auch sehr günstige 2. und 3. Wahl, Restposten und Auslaufmodelle in der „Fundgrube" erhältlich, beim Verkaufsraum befindet sich auch ein kleines Werksmuseum

Weg: A 66 von Frankfurt kommend Ausfahrt Bad Orb/Wächtersbach auf die B 276 nach Schlierbach Brachtal, die Fabrikstr. geht mitten im Ort rechts ab, die Firma ist auch ausgeschildert

65929 Frankfurt

▶ HÖCHSTER PORZELLAN

Höchster Porzellanmanufaktur GmbH
65929 Frankfurt Höchst / Bolongarostr. 186
Tel. (069) 300902-0 / hoechster-porzellan.de

1746 erteilte der Mainzer Erzbischof und Kurfürst Johann Friedrich Carl von Ostein der Manufaktur in Höchst am Main das Gründungsprivileg, die damit die zweitälteste Porzellanmanufaktur in Deutschland ist. Zeitgenössische Porzellankunst sowie deren konsequente Weiterentwicklung drücken sich in der besonderen Schönheit und Wertigkeit Höchster Porzellans aus. Kenner zählen Höchster Porzellan zu den Spitzenleistungen der europäischen Porzellankunst.

Waren: hochwertige Porzellanartikel wie z.B. Services, Vasen, Schalen, handbemalte Figuren und Geschenkartikel, teilweise auch in 2. Wahl

Ersparnis: günstige Angebote, trotzdem nicht billig

Zeiten: Mo. bis Fr. 11.00-17.00 Uhr, Sa. 10.00-13.00 Uhr

Hinweise: eine weitere Verkaufsstelle (Ladengeschäft) befindet sich in der Palleskestr. 32, Tel. (069) 3009040, geöffnet Mo. bis Fr. 9.30-18.00 Uhr und Sa. 9.30-14.00 Uhr

Weg: die Firma befindet sich südwestlich vom Stadtzentrum Frankfurt in Höchst

66693 Mettlach

▶ VILLEROY & BOCH

Villeroy & Boch AG / Factory Outlet Mettlach
66693 Mettlach / Freiherr-v. Stein-Str. 4-6
Tel. (06864) 2031 / villeroy-boch.de

71634 Ludwigsburg

Waren:	große Auswahl an Porzellan, Glas, Kristall, Besteck, Geschenkartikeln und Accessoires sowie einen ganzjährig geöffneten Weihnachtsshop, es sind hauptsächlich 2. Wahl und Sonderposten erhältlich, aber alles aktuelle Ware
Ersparnis:	mindestens 30% gegenüber der unverbindlichen Preisempfehlung, Sonderangebote und Auslaufmodelle sind bis zu 70% reduziert
Zeiten:	Mo. bis Fr. 9.30-19.00 Uhr, Sa. 9.30-18.00 Uhr
Hinweise:	ein weiteres Factory Outlet befindet sich in: 66787 Wadgassen, Saarstr. 20, Tel. (06834) 4002-40, geöffnet Mo. bis Fr. 9.30-19.00 Uhr, Sa. 9.00-16.00 Uhr
Weg:	Mettlach liegt an der B 51 zwischen Saarburg und Merzig, nordwestlich von Saarbrücken, dort befindet sich die Firma in der Stadtmitte im Mettlach Outlet Center

71634 Ludwigsburg

▶ LUDWIGSBURG PORZELLAN

Porzellan-Manufaktur Ludwigsburg GmbH
71634 Ludwigsburg / Im Schloß
Tel. (07141) 975040 / ludwigsburger-porzellan.de

Im Vergleich zum industriell produzierten „Scherben" entsteht Porzellan in der Manufaktur Ludwigsburg noch immer in reiner Handarbeit. Jedes Stück Ludwigsburger Porzellan wird von Hand geformt, bossiert, verputzt und anschließend freihand bemalt, ohne Schablonen oder Druckvorlagen. Die Porzellan-Manufaktur mit Sitz im Residenzschloss Ludwigsburg zählt zu den bedeutendsten in Europa.

Waren:	hochwertiges Qualitätsporzellan mit Handmalerei, Service-Porzellan wie z.B. Geschirre, Kaffee-, Tee-, Tafel- und Mokkaservices, außerdem Zierporzellan wie Sammelteller, Schalen, Vasen, Figuren etc.
Ersparnis:	bei 1. Wahl keine, bei 2. Wahl ca. 30%
Zeiten:	Mo. bis Fr. 9.30-17.30 Uhr, Sa. 10.00-13.00 Uhr
Hinweise:	2x jährl. finden jeweils 2 Tage lang sog. 2. Wahl-Sonderverkaufstage statt, meist im April und November, genaue Termine erfragen
Weg:	von Stuttgart aus auf der B 27 nach Ludwigsburg, hier der Beschilderung „Schloss" folgen bis direkt in den Schlosshof, durch den Innenhof des Schlosses gelangt man in die Verkaufsgalerie

73430 Aalen

73430 Aalen

▶ **SCHOTT**

s. Seite 637

Schott Glas / Z-Glas-Vertriebs GmbH
73430 Aalen / Schleifbrückenstr. 8
Tel. (07361) 680802 / schott.com

Waren: hochwertige Gläser in großer Auswahl, z.B. Kelchgläser, Bechergläser, geschliffene Kristallgläser, Karaffen, Dekanter, Haushaltsglas wie Schalen, Schüsseln, Vasen (auch mundgeblasen), Leuchter sowie Geschenkartikel aus Kristall, Marken Schott Zwiesel und Jenaer Glas, auch reduzierte Tchibo-Artikel

Ersparnis: durchschnittlich ca. 30%

Zeiten: Mo. bis Fr. 9.00-18.00 Uhr, Sa. 9.00-13.00 Uhr

Weg: von Ulm auf der A 7 kommend Ausfahrt Aalen/Oberkochen nach Aalen, im Zentrum von Aalen auf die Bahnhofstr. Richtung Wasseralfingen, die Schleifbrückenstr. kreuzt die Bahnhofstr. kurz nach dem Zentrum

77709 Wolfach

▶ **DOROTHEENHÜTTE**

Dorotheenhütte Wolfach Bertiebs- GmbH
77709 Wolfach / Glashüttenweg 4
Tel. (07834) 8398-0 / dorotheenhuette.de

Die Dorotheenhütte (ehemals Barthmann Cristall) wurde im Jahr 1947 gegründet und bietet heute eine ca. 2.500 Artikel umfassende Kollektion eleganter Trinkgläser, Karaffen, Vasen und Geschenkartikel in höchster Qualität. In alter handwerklicher Tradition wird vor den Augen der Besucher das bei 1.400 °C geschmolzene Bleikristall mundgeblasen und von Hand geschliffen. Neben Glasblasen bietet das angeschlossene Museum einen Streifzug durch die Geschichte des Glases.

Waren: mundgeblasene Trinkgläser, handgeschliffen nach alten böhmischen und schlesischen Motiven, moderne, mundgeblasene Trinkgläser, Karaffen, Krüge und Vasen, geschliffene Überfangrömer und -vasen in versch. Farben sowie diverse Dekorations- und Geschenkartikel

Ersparnis: ca. 20-40%, Auslaufmodelle und Restposten sind besonders preiswert

Zeiten: Gläserland und Weihnachtsdorf Mo. bis So. 9.00-17.30 Uhr, von Januar bis April ist Sonn- und Feiertags geschlossen, Glashütte und Glasmuseum ganzjährig Mo. bis So. 9.00-16.30 Uhr

79656 Wehr

Hinweise: Führungen durch die Glasbläserei finden immer Mo. um 11.00 Uhr sowie Do. und So. um 14.00 Uhr statt, für Gruppen nach Voranmeldung sind Führungen auch zu anderen Zeiten möglich

Weg: von Offenburg auf der B 33 Richtung Haslach/Hausach/Wolfach, die Hütte liegt gleich nach dem Ortseingang von Wolfach auf der linken Seite

77736 Zell

▶ ZELLER KERAMIK

zeller keramik Betriebs GmbH
77736 Zell a. Harmersbach / Hauptstr. 2
Tel. (07835) 786-0 / zeller-keramik.de

Die zeller keramik mit ihrer über 200jährigen Geschichte steht heute wie einst für hochwertige Qualitätsarbeit. Eine Spezialität ist die Kombination von Handmal- und Dekorationstechnik. Neben dem Kultdekor „Hahn und Henne" haben auch Dekore wie „Favorite" oder „Alt Straßburg", welche seit über 100 Jahren gefertigt werden, inzwischen Sammlerstatus erreicht. In meisterlicher Tradition entstehen daneben junge, moderne Dekore.

Waren: Kaffee- und Tafelservices, Kuchenplatten, Schalen, Dosen, Kannen nebst zugehörender Tischwäsche, Servietten und Dekorationsartikel, Kindergeschirr, Namensbecher etc., auch aus der „Hahn und Henne"-Kollektion, es ist ausschließlich 2. Wahl erhältlich

Ersparnis: ca. 30-40%, unterschiedlich je nach Artikel

Zeiten: Mo. bis Fr. 9.00-17.30 Uhr, Sa. 9.00-16.00 Uhr, von April bis Sept. auch So. 9.30-17.00 Uhr

Hinweise: jeden Mo. und Mi. ab 14.00 Uhr ist eine Werksbesichtigung für Gruppen nach vorheriger Anmeldung möglich, eine Besichtigung der Keramikmalerei ist Fr. und Sa. ab 13.00 Uhr möglich

Weg: A 5 Karlsruhe-Basel Ausfahrt Lahr auf die B 415 über Lahr und Biberach nach Zell, die Firma befindet sich im 1. Fabrikgebäude auf der linken Seite, der Verkaufsraum auf dem Betriebsgelände

79656 Wehr

▶ WECK

J. Weck GmbH & Co. KG
79656 Wehr Öflingen / Wehratalstr. 3
Tel. (07761) 935-0 / weck.de

Fast jeder kennt die Weck-Einkochgläser, oder einfach Weck-Gläser genannt, die in vielen Haushalten zum Einkochen verwendet werden. Im Januar 1900 gründeten Johann Weck und Georg van Eyck im südbadischen Öflingen die Firma J. Weck & Co. und vertrieben Einkochgläser, Einkochringe, Einkochtöpfe und Einkochzubehör.

92637 Weiden

Im Laufe der Zeit kamen noch weitere Produktgruppen hinzu wie z.B. Glassteine im Bereich Bauglas, leicht zu handhabende Einkochgläser im Bereich Haushaltskonservenglas sowie Kerzenlicht- und Verpackungsglas.

Waren: Einkochsortiment und Einmachgläser in allen Größen und Zubehör wie Ringe, Töpfe etc., komplettes Weck-Sortiment, außerdem emaillierte und Edelstahl-Töpfe

Ersparnis: ca. 20-30%

Zeiten: Mo. bis Do. 8.15-12.00 Uhr und 13.30-16.00 Uhr, Fr. 8.15-11.30 Uhr

Weg: Wehr liegt an der B 518 zwischen Bad Säckingen und Schopfheim, von Wehr nach Öflingen kommend ist die Firma direkt an der Hauptstraße nicht zu übersehen

92637 Weiden

▶ SELTMANN

Porzellanfabriken Christian Seltmann GmbH
92637 Weiden / Chr.-Seltmann-Str. 59-67
Tel. (0961) 204-115 (Werksverkauf) / seltmann-weiden.com

Die Seltmann Unternehmensgruppe umfaßt 8 Werke mit rund 2.000 Beschäftigten. Das Seltmann Stammhaus wurde 1910 in Weiden/Opf. errichtet. Später kamen die Werke Krummennaab (1939) und Erbendorf (1940) und in den 60er Jahren die 1794 gegründete „Königlich privilegierte Porzellanfabrik Tettau" dazu. 1990 wurden drei Manufakturen für figürliche Porzellankunst in Thüringen dazugewonnen: die „Aelteste Volkstedter Porzellanmanufaktur GmbH" (gegr. 1762), die „Unterweissbacher Werkstätten für Porzellankunst GmbH" (gegr. 1882) und die „Porzellanmanufaktur Scheibe-Alsbach" (gegr. 1835). Seit Oktober 1995 bereichert die „Porzellanmanufactur Plaue GmbH" (gegr. 1817) das Sortiment.

Waren: modernes und traditionelles Haushaltsporzellan wie Tafel-, Kaffee- und Teeservices, Espresso- und Cappucinotassen, außerdem Auflauf- und Backformen, Terrinen, Schüsseln, Gratinierschalen, Pastetentöpfchen und Reisschalen sowie Geschenkserien wie Zierporzellan, Vasen, Schalen, Leuchter, Dosen etc.

Ersparnis: ca. 20-30%, bei Sonderposten bis zu 50% und mehr

Zeiten: Mo. bis Fr. 9.00-17.00 Uhr, Sa. 9.00-13.00 Uhr

Hinweise: eine weitere Verkaufsstelle befindet sich ca. 25 km entfernt in: 92681 Erbendorf, Bahnhofstr. 25, Tel. (09682) 18260431, geöffnet Mo. bis Fr. 9.00-17.00 Uhr, Sa. 9.00-12.00 Uhr

Weg: A 93 Ausfahrt Weiden-West auf die Christian-Seltmann-Str. Richtung Stadtmitte, nach ca. 1 km befindet sich die Firma auf der rechten Seite

92648 Vohenstrauß

▶ ARZBERG

s. Seite 667

Arzberg-Porzellan GmbH
92648 Vohenstrauß / Johann-Seltmann-Str. 8
Tel. (09651) 91499 / arzberg-porzellan.de

Im Jahr 1993 fusionierten die drei mittelständischen Porzellanhersteller Schirnding, Kronester und Johann Seltmann Vohenstrauß zur SKV-Porzellan-Union GmbH. Im August 2000 kam die Marke Arzberg dazu. Es entstand die SKV-Arzberg-Porzellan GmbH, die sich mit der traditionsreichen Designmarke Arzberg positioniert hat. Die Marke Arzberg ist Synonym für formschönes Porzellan mit zeitgemäßem und zeitbeständigem Designanspruch.

Waren: Haushaltsporzellan wie Speiseservices, Hotelgeschirr, Geschenkartikel wie z.B. Ascher und Vasen, Marken Arzberg und Schirnding

Ersparnis: ca. 35-50%

Zeiten: Mo., Di., Do. 9.00-12.00 Uhr und 14.00-16.00 Uhr, Mi. und Fr. 9.00-12.00 Uhr

Weg: A 93 Ausfahrt Wernberg-Köblitz auf die B 14 über Wieselrieth nach Vohenstrauß, von dort Richtung Weiden

92660 Neustadt

▶ NACHTMANN

F. X. Nachtmann Bleikristallwerke GmbH
92660 Neustadt / Zacharias-Frank-Str. 7
Tel. (09602) 30-0 oder -1176 (Werksverkauf) / nachtmann.de

1834 erfolgte die Firmengründung im Bayerischen Wald. Seit der Jahrhundertwende befindet sich die Firmenzentrale in Neustadt an der Waldnaab, mit Zweigwerken in Weiden, Riedlhütte, Spiegelau, Frauenau und Amberg. Im Laufe der Zeit hat sich das ursprüngliche Einzelunternehmen zu einer Ausweitung der Geschäftsfelder und einem Unternehmensverbund unter der Obhut der Nachtmann Crystal AG gewandelt. Die Nachtmann-Gruppe bietet mit Ihren Marken Nachtmann, Marc Aurel und Spiegelau Echtkristall eine breit gefächerte Angebotspalette für jede Geschmacks- und Stilrichtung. Nachtmann steht für Eleganz und Traditionelles, während Marc Aurel immer dem Trend auf der Spur ist.

Waren: hochwertige Artikel aus Kristall und Bleikristall wie Trinkglasgarnituren, Karaffen, Likörservices, Weingläser, Teller, Schalen, Glasfiguren, Leuchter sowie saisonbedingte Kollektionen etc., Marken Nachtmann, Marc Aurel, Amaris

Ersparnis: bei 1. Wahl kaum, bei 2. Wahl ca. 40% und mehr

Zeiten: Mo. bis Fr. 10.00-18.00 Uhr, Sa. 10.00-16.00 Uhr

Hinweise: im Nebengebäude sind 2. Wahl und Messemuster von Wand-, Steh-, Tisch- und Pendelleuchten aus Bleikristall in Verbindung mit Messing- und Chromteilen der Nachtmann Leuchtendesign

92729 Weiherhammer

GmbH erhältlich, Tel. (09602) 4667, geöffnet Mo. bis Do. 8.00-12.00 Uhr und 13.00-17.00 Uhr, Fr. bis 15.00 Uhr

Weg: Neustadt liegt an der B 15 zwischen Weiden und Tirschenreuth, A 93 Ausfahrt Neustadt und im Kreisverkehr Richtung Neustadt, in Neustadt den Wegweisern „Nachtmann" folgen

92729 Weiherhammer

▶ BAYERN ZINN

Bayern Zinn GmbH / Zinngießerei
92729 Weiherhammer / Etzenrichter Str. 16
Tel. (09605) 1324 / bayernzinn.de

Waren: Porzellan-, Zinn- und Keramikgeschenkartikel wie z.B. Bierkrüge, Zinnkrüge, Teller, Gläser

Ersparnis: günstige Angebote

Zeiten: Mo. bis Fr. 8.00-16.30 Uhr

Hinweise: gelegentlich ist auch 2. Wahl erhältlich, nicht alles ist aus eigener Herstellung

Weg: Weiherhammer liegt ca. 10 km südwestlich von Weiden, dort befindet sich die Firma im Industriegebiet zwischen Weiherhammer und Etzenricht

93471 Arnbruck

▶ WEINFURTNER

Weinfurtner - Das Glasdorf
93471 Arnbruck / Zellertalstr. 13
Tel. (09945) 94110 / weinfurtner.de

Ursprünglich als kleine Glasschleiferei gegründet hat sich die Firma inzwischen zu einem ganzen Dorf entwickelt. Glas in seiner ganzen Vielfalt ist hier erlebbar. Zwei Glashütten die auch zur Besichtigung geöffnet sind und verschiedenste Werkstätten sowie Ausstellungen können den Besucher auch mehrere Tage begeistern.

Waren: große Auswahl an Glas- und Porzellanwaren aller Art, exklusive Leuchten und Kronleuchter in 24 Karat Vergoldung und mit Swarovski-Strass- bzw. Hochbleikristall-Behang, hochwertige Kerzenständer und Geschenkartikel sowie Pokale, Glasunikate, Kerzenleuchter, Uhren etc. Marken Goldcrystal, Arc, glas-oskar

Ersparnis: ca. 30%, 2. Wahl und Auslaufartikel sind am preiswertesten

Zeiten: Mo. bis Fr. 9.00-18.00 Uhr, Sa. 9.00-16.00 Uhr, 1. Mai bis 14. Okt. zusätzl. So. und Feiertage 10.00-16.00 Uhr

94227 Zwiesel

Hinweise: eine Besichtigung der Glashütte, der Schleiferei und der Malerei ist möglich, auch Sonderanfertigungen versch. Artikel sind möglich

Weg: A 3 Nürnberg-Regensburg-Passau Ausfahrt Bogen, über St. Englmar und Viechtach nach Arnbruck, hier ist das Glasdorf nicht zu verfehlen

94227 Zwiesel

▶ AMBIENTE KRISTALL

Ambiente Kristall Zwiesel GmbH
94227 Zwiesel / Frauenauer Str. 110
Tel. (09922) 1660 / ambiente-zwiesel.de

Fast 50 Jahre Erfahrung und Know-How in der Glaserstellung, der Glasverarbeitung und in der Glasveredelung zeichnen die Ambiente Kristall Zwiesel GmbH aus. Die Firma versteht sich als Anbieter hochwertiger Geschenkartikel aus Glas für den klassischen Facheinzelhandel, Kauf- und Warenhäuser, Blumengeschäfte sowie Veredler und Versender.

Waren: Geschenkartikel aus Bleikristall, mundgeblasen, handgeschliffen, wie Goldglasserien, Trinkgläser, Vasen, Schalen etc.

Ersparnis: durchschnittlich ca. 25%, 2. Wahl ist besonders preiswert

Zeiten: Mo. bis Fr. 9.00-18.00 Uhr, Sa. 9.00-15.00 Uhr, während der Saison (z.B. Ferienzeiten) auch So. und Feiertage 11.00-15.00 Uhr

Hinweise: an Wochentagen ist eine Besichtigung der Bläserei möglich

Weg: A 3 Ausfahrt Deggendorf auf die B 11 über Regen nach Zwiesel, Umgehungsstraße Abfahrt Stadtmitte, die Firma befindet sich am Ortsanfang

▶ HUTSCHENREUTHER

Rosenthal Studio-Haus GmbH / Hutschenreuther Shop
94227 Zwiesel / Theresienthal 27
Tel. (09922) 80150 / rosenthal.de

Die traditionsreiche deutsche Porzellanmarke Hutschenreuther wurde im Jahr 1814 gegründet und im Jahr 2000 von der Rosenthal AG übernommen. Die Rosenthal AG ist ein eigenständiges Unternehmen innerhalb der Waterford Wedgwood Holding, dem weltweit größten Anbieter von Produkten für die Tischkultur.

Waren: Speise- und Kaffeeservices, Bestecke, Trinkgläser, Kunstfiguren, Geschenkartikel, großer Saisonmarkt, Marken Hutschenreuther, Thomas und Arzberg

Ersparnis: ca. 35-50%, unterschiedlich je nach Artikel

94227 Zwiesel

Zeiten: Mo. bis Fr. 9.30-18.00 Uhr, Sa. 9.30-15.00 Uhr, ab Mai bis Ende Oktober auch an Sonn- und Feiertagen 9.30-16.00 Uhr

Hinweise: es sind nur 2. Wahl-Artikel und Auslaufkollektionen erhältlich

Weg: A 3 Regensburg-Passau Ausfahrt Deggendorf auf die B 11 über Regen nach Zwiesel, dort auf der Umgehungsstraße Zwiesel-Nord abfahren Richtung Stadtmitte, nach ca. 100 m rechts

▶ NACHTMANN

Kristallerie Nachtmann GmbH
94227 Zwiesel / Theresienthal 51
Tel. (09922) 609617 / nachtmann.de

Waren: hochwertige Kristall-Glaswaren aller Art wie Kelche, Schalen, Vasen, Platten, Trinkgläser etc.

Ersparnis: durchschnittlich ca. 30-40%, 2. Wahl und Restposten sind besonders preiswert

Zeiten: Mo. bis Fr. 9.30-18.00 Uhr, Sa. 9.30-14.00 Uhr, Anfang Mai bis Ende Okt. auch So. und Feiertag 10.00-16.00 Uhr

Weg: A 3 Ausfahrt Deggendorf auf die B 11 über Regen nach Zwiesel, Abfahrt Zwiesel-Nord auf der Umgehungsstraße, die Firma befindet sich an der Straße Richtung Theresienthal

▶ ZWIESEL KRISTALLGLAS

s. Seite 667

Zwiesel Kristallglas AG / Werksverkauf Zwiesel
94227 Zwiesel / Dr.-Schott-Str. 35
Tel. (09922) 98-0 oder -249 (Verkauf) /
zwieselkristallglas-werksverkauf.com

Das Unternehmen wurde im Jahr 1872 als Tafelglasfabrik „Annathal" gegründet. Heute produziert Schott Zwiesel ca. 60 Mio. Kristallgläser in Werken in Zwiesel und in Husinec/Tschechien und liefert in über 70 Länder weltweit. Schott Zwiesel produziert Gläser für jedes Getränk, jeden Stil und jeden Anlass.

Waren: hochwertige Gläser in großer Auswahl, z.B. Kelchgläser, Bechergläser, geschliffene Kristallgläser, Karaffen, Dekanter, Haushaltsglas wie Schalen, Schüsseln, Vasen (auch mundgeblasen), Leuchter sowie Geschenkartikel aus Kristall, Marken Schott Zwiesel, Zwiesel 1872 und Jenaer Glas

Ersparnis: günstige Angebote, besonders in 1B-Qualität und Sonderposten

Zeiten: Mo. bis Fr. 9.30-18.00 Uhr, Sa. 9.30-16.00 Uhr, So. Juli bis Mitte Oktober 11.00-16.00 Uhr

Hinweise: der Werksverkauf ist Teil der Zwiesel Kristallglas Arkaden mit 7 Fachgeschäften. Die Firmen Möve und Schuh Manz-Fortuna haben auf dem Gelände ebenfalls ihre günstigen Werksverkäufe

94249 Bodenmais

angesiedelt. In der Glasmacherstube kann man zu einem sehr günstigen Preis herzhafte Küche genießen oder bei der Bäckerei Bachmaier leckere Backwaren kaufen und Kaffee trinken

Weg: A 3 Ausfahrt Deggendorf auf die B 11 über Regen nach Zwiesel, Abfahrt Zwiesel-Süd auf die Regener Str., die Angerstr., an der 2. Ampel links in die Dr.-Schott-Str. (Richtung Bahnhof/ Richtungsweiser Schornsteine)

94249 Bodenmais

▶ ARZBERG

s. Seite 669

Arzberg-Porzellan GmbH
94249 Bodenmais / Bahnhofstr. 72
Tel. (09924) 902437 / arzberg-porzellan.de

Der Name der Marke Arzberg, deren Geschichte bis ins Jahr 1887 zurück reicht, steht seit Jahrzehnten für Design, Ästhetik und Qualität. Arzberg hat immer die Formgebung seiner Produkte in den Mittelpunkt seiner Unternehmenspolitik gestellt.

Waren: Haushaltsporzellan wie Speiseservices, Kochgeschirr, Figuren, Geschenkartikel wie z.B. Ascher und Vasen, Gläser, Marken Arzberg und Hutschenreuther

Ersparnis: ca. 35-50%

Zeiten: Mo. bis Fr. 10.00-18.00 Uhr, Sa. 10.00-16.00 Uhr, von Mai bis Okt. auch So. 10.00-15.00 Uhr

Hinweise: es ist nur 2. Wahl erhältlich

Weg: A 3 Regensburg-Passau Ausfahrt Deggendorf auf die B 11 über Patersdorf nach Bodenmais, hier befindet sich die Firma im Zentrum am Ende der Bahngleise, nahe der Kur- und Gemeindeverwaltung und neben der Apotheke

▶ JOSKA

Joska Kristall GmbH & Co. KG / Waldglashütte
94249 Bodenmais / Am Mosbach 1
Tel. (09924) 779-0 oder -124 / joska.com

In den Glasschmelzhäfen der Joska-Waldglashütte wird täglich eine Tonne Glas mit einer der modernsten Glasschmelzanlagen Europas geschmolzen und verarbeitet.

Waren: große Auswahl an Kristallartikeln wie Trinkglasgarnituren, Schalen, Dekantier- und Likörkaraffen, Schüsseln, Vasen, Pokale, Figuren, Schmuck und Geschenkartikel, außerdem Kronleuchter, Wohnraumleuchten und Wanduhren, nicht alles ist aus eigener Herstellung

Ersparnis: günstige Angebote, 2. Wahl und Restposten sind besonders preiswert

94258 Frauenau

Zeiten:	Mo. bis Fr. 9.15-18.00 Uhr, Sa. 9.15-17.00 Uhr, von Mai bis Okt. auch am So. und an Feiertagen 10.00-16.00 Uhr
Hinweise:	angegliedertes Ladengeschäft, ein Einblick in die Glasbläserei ist nach Terminvereinbarung möglich; eine weitere Verkaufsstelle befindet sich in der Arberseestr., geöffnet Mo. bis Fr. 10.00-17.00 Uhr und Sa. 10.00-14.00 Uhr
Weg:	A 3 Ausfahrt Deggendorf auf die B 11 über Patersdorf nach Bodenmais, dort befindet sich die Firma im Industriegebiet

Glas/Porzellan

▶ ROSENTHAL

Rosenthal Shop
94249 Bodenmais / Kötztinger Str. 36
Tel. (09924) 905056 / rosenthal.de

Im Jahr 1879 erfolgte die Gründung der Porzellanfabrik Ph. Rosenthal & Co., Erkersreuth bei Selb. Heute ist Rosenthal ein eigenständiges Unternehmen innerhalb der Waterford Wedgwood Holding, dem weltweit größten Anbieter von Produkten für die Tischkultur. Die Porzellanfertigung erfolgt in Selb und Speichersdorf, die Möbelfertigung in Espelkamp. Heute hat Rosenthal weltweit über 2.000 Mitarbeiter.

Waren:	Speise- und Kaffeeservices, Bestecke, Trinkgläser, Kindergeschirr, Geschenkartikel, Marken Rosenthal, Rosenthal Studio-Line, Versace, Thomas und Bulgari
Ersparnis:	bei 1. Wahl keine, bei 2. Wahl und Auslaufkollektionen zwischen ca. 35 und 50%
Zeiten:	Mo. bis Fr. 9.30-18.00 Uhr, Sa. 9.30-16.00 Uhr, von Mai bis Oktober ist auch So. 12.00-16.00 Uhr geöffnet
Hinweise:	es sind auch viel 2. Wahl-Artikel und eine große Auswahl an Auslaufserien erhältlich
Weg:	A 3 Regensburg-Passau Ausfahrt Deggendorf auf die B 11 über Patersdorf nach Bodenmais, im Ort Richtung Arnbruck, dann befindet sich die Firma am Ortsausgang auf der rechten Seite

94258 Frauenau

▶ EISCH

Glashütte Valentin Eisch KG
94258 Frauenau / Am Steg 7
Tel. (09926) 189-0 / eisch.de

Die Glashütte Eisch besteht seit 1946 und befindet sich seitdem ausschließlich im Familienbesitz. Der größte Teil der Produkte wird in reiner Handarbeit gefertigt und durch Schliff, Gravur und Malerei veredelt. Daneben werden maschinell gefertigte Trinkglasserien angeboten. Beliefert wird der Facheinzelhandel in Deutschland, Europa und Übersee.

94518 Spiegelau

Waren:	hochwertige mundgeblasene Trinkglasserien, Dekantier Karaffen, Accessoires und Geschenkartikel
Ersparnis:	preisgünstige Angebote, bei 2. Wahl und Restposten bis zu 50%
Zeiten:	Mo. bis Fr. 9.00-18.00 Uhr, Sa. 9.00-16.00 Uhr, in der Saison von Mai bis Okt. auch So. 10.00-16.00 Uhr
Hinweise:	es sind hauptsächlich 2. Wahl und Restposten erhältlich, bei einer Hüttenführung kann die traditionelle, handwerkliche Herstellungsweise der Gläser verfolgt werden
Weg:	A 3 Ausfahrt Deggendorf auf die B 11, über Regen und Zwiesel nach Frauenau, dort ist die Firma gut ausgeschildert

▶ POSCHINGER

Glashütte Freiherr von Poschinger
94258 Frauenau / Moosauhütte 12
Tel. (09926) 9401-34 / poschinger.de

Waren:	hochwertige Trinkglasgarnituren aus Kristallglas, Farbkelche, Vasen, Flaschen, Tisch- und Hängelampen, Öllichter, Krüge und Geschenkartikel
Ersparnis:	ca. 30-40%, je nach Artikel
Zeiten:	Mo. bis Fr. 10.30-16.00 Uhr, Sa. 10.30-14.30 Uhr, von Juni bis Oktober Mo. bis Fr. 10.30-18.00 Uhr, Sa. und So. 10.30-14.30 Uhr
Hinweise:	separater Werksladen, hauptsächlich sind 2. Wahl sowie Auslaufmodelle in 1. Wahl erhältlich
Weg:	im Bayerischen Wald über Regen und Zwiesel nach Frauenau, hier in Ortsmitte vor den Bahngleisen links einbiegen

94518 Spiegelau

▶ SPIEGELAU KRISTALL

Kristallglasfabrik Spiegelau GmbH
94518 Spiegelau / Hauptstr. 2-4
Tel. (08553) 2400 / spiegelau.com

Die Kristallglasfabrik Spiegelau wurde im Jahre 1521 das erste Mal urkundlich erwähnt. Die Marke Spiegelau ist weltweit ein Synonym für Weinprofi-Serien in Spitzenqualität, deren Funktionalität und Ästhetik höchste Degustations-Anforderungen erfüllen. In Zusammenarbeit mit den berühmtesten Sommeliers und Connaisseurs werden Formen und Funktion der Gläser perfekt miteinander verbunden und sorgen damit für eine weltweite Anerkennung dieser Markenprodukte.

Waren:	Trinkglasgarnituren, Krüge, Karaffen und Kelchgläser sowie Geschenkartikel aus Kristallglas, teilweise auch handgefertigt
Ersparnis:	bei Restposten und 2. Wahl bis zu 40%

94566 St. Oswald

Zeiten: Mo. bis Fr. 9.30-18.00 Uhr, Sa. 9.30-16.00 Uhr, von Juli bis Sept. auch So. und Feiertag 11.00-16.00 Uhr

Hinweise: 5 Verkaufsräume, hauptsächlich sind 2. Wahl und Sonderposten erhältlich, es werden auch Glashüttenführungen angeboten

Weg: B 85 Passau Richtung Regen, bei Eppenschlag abbiegen nach Spiegelau, dort befindet sich die Firma etwas außerhalb Richtung Grafenau

94566 St. Oswald

▶ NACHTMANN

F. X. Nachtmann Bleikristallwerke GmbH
94566 St. Oswald Riedlhütte / Glashüttenstr. 1
Tel. (08553) 2530 / nachtmann.de

Der Glasmacher Michael Nachtmann gründete im Jahr 1834 das Unternehmen F. X. Nachtmann. Dieses entwickelte sich im Laufe der Zeit zu einem der größten und modernsten Unternehmen der deutschen Glas- und Bleikristallindustrie. Bis heute überzeugt Glas aus dem Hause Nachtmann durch seine Brillanz, den anhaltenden Klang und das bedeutsame Gewicht des Bleikristalls.

Waren: hochwertige Artikel aus Kristall und Bleikristall wie Trinkglasgarnituren, Karaffen, Likörservices, Weingläser, Teller, Schalen, Glasfiguren, Leuchter sowie saisonbedingte Kollektionen etc., Marken Nachtmann, Marc Aurel, Amaris, es ist hauptsächlich 2. Wahl erhältlich

Ersparnis: ca. 30-40%, je nach Artikel

Zeiten: Mo. bis Fr. 10.00-18.00 Uhr, Sa. 9.00-13.00 Uhr

Hinweise: die Verkaufsstelle befindet sich direkt neben dem Werk, Werksführungen sind nach telefonischer Vereinbarung möglich

Weg: von Passau auf der B 85 Richtung Regen bei Schönberg abbiegen über Grafenau nach Riedlhütte, hier ist die Firma gut ausgeschildert

95100 Selb

▶ HUTSCHENREUTHER

Hutschenreuther Shop
95100 Selb / Hutschenreuther-Platz 2
Tel. (09287) 804-0 / rosenthal.de

Die traditionsreiche deutsche Porzellanmarke Hutschenreuther wurde im Jahr 1814 gegründet und im Jahr 2000 von der Rosenthal AG übernommen. Die Rosenthal AG ist ein eigenständiges Unternehmen innerhalb der Waterford Wedgwood Holding, dem weltweit größten Anbieter von Produkten für die Tischkultur.

95100 Selb

Waren:	Speise- und Kaffeeservices, Bestecke, Trinkgläser, Kunstfiguren, Geschenkartikel, großer Saisonmarkt, Marken Hutschenreuther, Thomas und Arzberg
Ersparnis:	ca. 35-50%, unterschiedlich je nach Artikel
Zeiten:	Mo. bis Fr. 9.30-18.00 Uhr, Sa. 9.00-15.00 Uhr
Hinweise:	es sind nur 2. Wahl-Artikel und eine große Auswahl an Auslaufserien erhältlich, großer Schnäppchenmarkt in der „Fundgrube" (-107) mit Sonder- und Restposten sowie Ergänzungsteilen ausgelaufener Porzellanserien, in unmittelbarer Nähe befinden sich das Industriemuseum sowie das Deutsche Porzellanmuseum
Weg:	Selb liegt an der B 15 zwischen Marktredwitz und Rehau, Abfahrt Selb-Nord, an der 1. Ampel links und nach der Bahnunterführung rechts, nach ca. 500 m befindet sich die Firma auf der rechten Seite, der Beschilderung „Werksverkauf Hutschenreuther" folgen

▶ ROSENTHAL

Rosenthal Shop
95100 Selb / Philip-Rosenthal-Platz 1
Tel. (09287) 72-490 / rosenthal.de

Im Jahr 1879 erfolgte die Gründung der Porzellanfabrik Ph. Rosenthal & Co., Erkersreuth bei Selb. Heute ist Rosenthal ein eigenständiges Unternehmen innerhalb der Waterford Wedgwood Holding, dem weltweit größten Anbieter von Produkten für die Tischkultur. Die Porzellanfertigung erfolgt in Selb und Speichersdorf, die Möbelfertigung in Espelkamp. Heute hat Rosenthal weltweit über 2.000 Mitarbeiter.

Waren:	Speise- und Kaffeeservices, Bestecke, Trinkgläser, Kindergeschirr, Geschenkartikel, großer Saisonmarkt, Marken Rosenthal, Rosenthal Studio-Line, Versace, Thomas und Bulgari
Ersparnis:	ca. 35-50%, unterschiedlich je nach Artikel
Zeiten:	Mo. bis Fr. 9.30-18.00 Uhr, Sa. 9.00-15.00 Uhr
Hinweise:	es sind nur 2. Wahl-Artikel und eine große Auswahl an Auslaufkollektionen erhältlich, außerdem finden viele Sonderveranstaltungen wie z.B. Vorführungen von Porzellanmalern statt
Weg:	Selb liegt an der B 15 zwischen Marktredwitz und Rehau, Abfahrt Selb-Nord, an der 1. Ampel links und nach der Bahnunterführung rechts, nach ca. 500 m befindet sich die Firma auf der rechten Seite, die Firma ist auch ausgeschildert

▶ VILLEROY & BOCH

Villeroy & Boch / Factory Outlet Selb
95100 Selb / Vielitzer Str. 26
Tel. (09287) 9980-70 / factory-in.de

95168 Marktleuthen

Das „Factory In" ist auf dem Gelände der ehemaligen Heinrich Porzellan GmbH entstanden. Unter seinem Dach haben sich mehrere Unternehmen angesiedelt. Neben Villeroy & Boch, die hier ein Factory Outlet betreiben, bieten hier auch die Firmen Möve und Koziol einen Werksverkauf an.

Waren: gesamtes aktuelles Sortiment von Villeroy & Boch an Porzellan, Glas und Kristall, Besteck, Accessoires sowie die Home Collection wie Kleinmöbel, Kissen, Tischwäsche etc. in 2. Wahl

Ersparnis: ca. 20-50%, 2. Wahl-Artikel, Restposten und Auslaufdekore sind noch preiswerter

Zeiten: Mo. bis Fr. 9.00-18.00 Uhr, Sa. 9.30-15.00 Uhr

Hinweise: separate Verkaufsräume für die Fundgrube

Weg: Selb liegt an der A 93 zwischen Marktredwitz und Rehau, von der A 93 kommend Ausfahrt Selb-West, an der 2. Ampel links abbiegen und an der nächsten Ampel rechts abbiegen (Kreuzung am „BRK-Heim"), angrenzend am „BRK" liegt das „Factory In"

95168 Marktleuthen

▶ HEINRICH WINTERLING

**Heinrich Winterling GmbH & Co. KG / Porzellanfabrik
95168 Marktleuthen / Am Bahnhof 1
Tel. (09285) 1278 / heinrich-winterling-marktleuthen.de**

Die Porzellanfabrik Heinrich Winterling zählt zu den renommierten Porzellanfabriken Deutschlands. Sämtliche Teile werden in Deutschland produziert und bieten eine Vielfalt an Formen und Dekoren. Modernes Design und zeitlose Schönheit kennzeichnen die trendgerechte Kollektion. Zu den Kunden zählen Warenhäuser, Versandhäuser, Grossisten, Möbelhäuser, Werbeartikelhändler und Sonderanbieter im Inland und Ausland.

Waren: Kaffee-, Tee- und Tafelgeschirre, Geschenkartikel, von Kindergeschirren über Sammlertassen und Mokkatassen bis Weihnachtsartikel

Ersparnis: durchschnittlich ca. 30-40%

Zeiten: Mo. bis Fr. 9.00-17.00 Uhr, Sa. 9.00-12.00 Uhr

Hinweise: großer Verkaufsraum direkt im Anschluss an die Fabrik, es sind 2. Wahl-Artikel, Auslaufgeschirre, Sonderposten in Fehlware dekoriert und weiss erhältlich

Weg: Marktleuthen liegt im Zentrum des Fichtelgebirges an der Landstraße 2176 zwischen Wunsiedel und Hof, A 9 Ausfahrt Gefrees/Kirchenlamitz oder A 93 Ausfahrt Marktleuthen nach Marktleuthen, hier befindet sich die Firma direkt am Bahnhof

95469 Speichersdorf

95173 Schönwald

▶ PROFITABLE

**BHS tabletop AG /
ProfiTable Werksverkauf Porzellanfabrik Schönwald
95173 Schönwald / Rehauer Str. 44-54
Tel. (09287) 56-2345 / bhs-tabletop.de**

Das Unternehmen ist ein Weltmarktführer für Profi-Porzellan und verkauft pro Jahr im In- und Ausland mehr als 40 Mio. Geschirre.

Waren: große Auswahl an Gastronomie-Geschirr aller Art, in weiß und mit Dekor, Marken Bauscher, Tafelstern und Schönwald, außerdem Trinkgläser und Glasaccessoires, Bestecke, Tischwäsche und vieles mehr von weiteren Herstellern

Ersparnis: preisgünstiges Warenangebot, besonders günstig sind Auslaufmodelle und Artikel in der „Fundgrube"

Zeiten: Mo. bis Fr. 9.00-18.00 Uhr, Sa. 9.00-13.00 Uhr

Hinweise: die Haupt-Porzellanartikel sind in Einheiten zu jeweils 6 Stück verpackt

Weg: Schönwald liegt ca. 20 km südöstlich von Hof, A 93 Ausfahrt Schönwald nach Schönwald, so erreicht man den Ort direkt auf der Rehauer Str.

95469 Speichersdorf

▶ ROSENTHAL

**Rosenthal Shop
95469 Speichersdorf / Dresdner Str. 11
Tel. (09275) 60-276 / rosenthal.de**

Im Jahr 1879 erfolgte die Gründung der Porzellanfabrik Ph. Rosenthal & Co., Erkersreuth bei Selb. Heute ist Rosenthal ein eigenständiges Unternehmen innerhalb der Waterford Wedgwood Holding, dem weltweit größten Anbieter von Produkten für die Tischkultur. Die Porzellanfertigung erfolgt in Selb und Speichersdorf, die Möbelfertigung in Espelkamp. Heute hat Rosenthal weltweit über 2.000 Mitarbeiter.

Waren: Speise- und Kaffeeservices, Bestecke, Trinkgläser, Kindergeschirr, Geschenkartikel, großer Saisonmarkt, Marken Rosenthal, Rosenthal Studio-Line, Versace, Thomas und Bulgari

Ersparnis: ca. 35-50%, je nach Artikel, monatlich wechselnde Aktionen und Angebote

Zeiten: Mo. bis Fr. 9.30-18.00 Uhr, Sa. 9.00-15.00 Uhr

Hinweise: es sind nur 2. Wahl-Artikel und Auslaufkollektionen erhältlich

95632 Wunsiedel

Weg: Speichersdorf liegt ca. 25 km südöstlich von Bayreuth an der B 22, in Speichersdorf ist der „Rosenthal-Shop" ausgeschildert, Eingang über die Danziger Str.

95632 Wunsiedel

▶ RETSCH

Retsch Porzellan GmbH
95632 Wunsiedel / Egerstr. 132
Tel. (09232) 972-115 / retscharzberg.de

Die Porzellanfabrik Retsch besteht seit 1891. Eine Spezialität der Firma war damals das sogenannte Durchbruchporzellan. Aufgrund ständig steigender Nachfrage nahm man Kaffee-, Tafel-, Tee- und Moccaservices, Gedecke sowie Geschenkartikel in das Sortiment auf, die auch heute noch den Schwerpunkt der Fertigung bilden. Jährlich werden ca. 6 Mio. Teile Porzellan produziert, wovon ca. 60% in Deutschland verkauft werden und der Rest hauptsächlich in EU-Länder exportiert wird.

Waren: große Auswahl an Kaffee- und Speiseservices, Cappuccinotassen, Pastateller, Gebäckschalen, Porzellanvasen, Zierdosen in weiß und dekoriert, Porzellan- und Keramikfiguren, Geschenkartikel aus Glas und Keramik

Ersparnis: ca. 30-40%, 2. Wahl ist besonders preiswert

Zeiten: Mo. bis Fr. 9.00-18.00 Uhr, Sa. 9.00-14.00 Uhr

Hinweise: großer Verkaufsraum, 2. Wahl-Artikel, Restposten und Sonderangebote sind immer erhältlich

Weg: Wunsiedel liegt nordöstlich von Bayreuth an der B 303 nach Marktredwitz, B 303 Abfahrt Wunsiedel-Stadtmitte auf die Luisenburgstr., diese geht über in die Jean-Paul-Str., von hier geht die Egerstr. rechts ab

95643 Tirschenreuth

▶ HUTSCHENREUTHER

Huschenreuther Shop
95643 Tirschenreuth / Mitterteicher Str. 19
Tel. (09631) 4594 / rosenthal.de

Die traditionsreiche deutsche Porzellanmarke Hutschenreuther wurde im Jahr 1814 gegründet und im Jahr 2000 von der Rosenthal AG übernommen. Die Rosenthal AG ist ein eigenständiges Unternehmen innerhalb der Waterford Wedgwood Holding, dem weltweit größten Anbieter von Produkten für die Tischkultur.

Waren: Speise- und Kaffeeservices, Bestecke, Trinkgläser, Kunstfiguren, Geschenkartikel, Marken Hutschenreuther und Arzberg

Ersparnis: ca. 35-50%, unterschiedlich je nach Artikel

95679 Waldershof

| Zeiten: | Mo. und Do. 9.00-18.00 Uhr, Di., Mi., Fr. 10.00-18.00 Uhr, Sa. 9.00-15.00 Uhr |

Zeiten: Mo. und Do. 9.00-18.00 Uhr, Di., Mi., Fr. 10.00-18.00 Uhr, Sa. 9.00-15.00 Uhr

Hinweise: es sind nur 2. Wahl-Artikel und eine Auswahl an Auslaufkollektionen erhältlich

Weg: Tirschenreuth liegt an der B 15 zwischen Mitterteich und Weiden, der Shop befindet sich an der Straße Richtung Mitterteich am Ortsausgang auf der linken Seite neben einem Einkaufszentrum

95659 Arzberg

▶ ARZBERG

s. Seite 671

Arzberg-Porzellan GmbH
95659 Arzberg / Jakobsburg 1
Tel. (09233) 408-0 / arzberg-porzellan.de

Im Jahr 1993 fusionierten die drei mittelständischen Porzellanhersteller Schirnding, Kronester und Johann Seltmann Vohenstrauß zur SKV-Porzellan-Union GmbH. Im August 2000 kam die Marke Arzberg dazu. Es entstand die SKV-Arzberg-Porzellan GmbH, die sich mit der traditionsreichen Designmarke Arzberg positioniert hat. Die Marke Arzberg ist Synonym für formschönes Porzellan mit zeitgemäßem und zeitbeständigem Designanspruch.

Waren: Haushaltsporzellan wie Speiseservices, Hotelgeschirr, Figuren, Geschenkartikel wie z.B. Ascher und Vasen, Glas, Marken Arzberg und Schirnding, teilweise auch Hutschenreuther

Ersparnis: ca. 35-50%

Zeiten: Mo. bis Fr. 10.00-18.00 Uhr, Sa. 9.00-13.00 Uhr

Hinweise: separater Schnäppchenmarkt

Weg: von Marktredwitz auf der B 303 ca. 8 km in nordöstlicher Richtung nach Arzberg, dort ist der Verkauf ausgeschildert

95679 Waldershof

▶ ROSENTHAL

Rosenthal Shop
95679 Waldershof / Havilandstr. 62
Tel. (09231) 701-161 / rosenthal.de

Im Jahr 1879 erfolgte die Gründung der Porzellanfabrik Ph. Rosenthal & Co., Erkersreuth bei Selb. Heute ist Rosenthal ein eigenständiges Unternehmen innerhalb der Waterford Wedgwood Holding, dem weltweit größten Anbieter von Produkten für die Tischkultur. Die Porzellanfertigung erfolgt in Selb und Speichersdorf, die Möbelfertigung in Espelkamp. Heute hat Rosenthal weltweit über 2.000 Mitarbeiter.

Waren: Speise- und Kaffeeservices, Bestecke, Trinkgläser, Kindergeschirr, Geschenkartikel, Marken Rosenthal, Rosenthal Studio-Line, Versace und Thomas, außerdem Rosenthal-Hotelporzellan

95691 Hohenberg

Ersparnis: ca. 35-50%, je nach Artikel, monatlich wechselnde Aktionen und Angebote

Zeiten: Mo. bis Fr. 10.00-16.00 Uhr

Hinweise: es sind nur 2. Wahl-Artikel und eine Auswahl an Auslaufkollektionen erhältlich, zeitweise findet auch ein Sonderverkauf mit preiswerter Kiloware statt, dann meist bei verlängerten Öffnungszeiten

Weg: A 93 Ausfahrt Marktredwitz-Süd Richtung Waldershof, am Ortseingang an der 1. Ampel rechts, nach ca. 500 m befindet sich der Shop auf der rechten Seite

95691 Hohenberg

▶ HUTSCHENREUTHER

Huschenreuther Shop
95691 Hohenberg / Eger / Schirndinger Str. 10
Tel. (09233) 713059 / rosenthal.de

Die traditionsreiche deutsche Porzellanmarke Hutschenreuther wurde im Jahr 1814 gegründet und im Jahr 2000 von der Rosenthal AG übernommen. Die Rosenthal AG ist ein eigenständiges Unternehmen innerhalb der Waterford Wedgwood Holding, dem weltweit größten Anbieter von Produkten für die Tischkultur.

Waren: Speise- und Kaffeeservices, Bestecke, Trinkgläser, Kunstfiguren, Geschenkartikel, Marken Hutschenreuther und Arzberg

Ersparnis: ca. 35-50%, je nach Artikel

Zeiten: Mo. bis Fr. 10.00-18.00 Uhr, Sa. 9.00-15.00 Uhr

Hinweise: es sind nur 2. Wahl-Artikel und Auslaufkollektionen erhältlich

Weg: von Marktredwitz auf der B 303 über Schirnding nach Hohenberg, mitten im Ort auf der linken Seite auf ein großes Schild „Hutschenreuther" achten

95706 Schirnding

▶ ARZBERG

Arzberg-Porzellan GmbH
95706 Schirnding / Fabrikweg 41
Tel. (09233) 403-127 (Werksverkauf) / arzberg-porzellan.de

Im Jahr 1993 fusionierten die drei mittelständischen Porzellanhersteller Schirnding, Kronester und Johann Seltmann Vohenstrauß zur SKV-Porzellan-Union GmbH. Im August 2000 kam die Marke Arzberg dazu. Es entstand die SKV-Arzberg-Porzellan GmbH, die sich mit der traditionsreichen Designmarke Arzberg positioniert hat. Die Marke Arzberg ist Synonym für formschönes Porzellan mit zeitgemäßem und zeitbeständigem Designanspruch.

96231 Bad Staffelstein

Waren:	Haushaltsporzellan wie Speiseservices, Hotelgeschirr, Figuren, Geschenkartikel wie z.B. Ascher und Vasen, Glas, Marken Arzberg und Schirnding
Ersparnis:	ca. 35-50%
Zeiten:	Mo. bis Fr. 9.00-18.00 Uhr, Sa. 9.00-13.00 Uhr
Weg:	von Marktredwitz auf der B 303 über Arzberg nach Schirnding, die Firma ist dort ab Ortsmitte ausgeschildert

95707 Thiersheim

▶ KÖNIG

König Porzellan GmbH
95707 Thiersheim / Am Steinbühl 4-8
Tel. (09233) 7730-0 / koenig-porzellan.de

Waren:	Geschenkartikel aus Porzellan wie z.B. Bierkrüge, Becher, Vasen, Glocken, Dosen, Zahnputzbecher, WC-Bürstenständer
Ersparnis:	unterschiedlich je nach Artikel, günstige Angebote
Zeiten:	Mo. bis Do. 8.00-12.00 Uhr und 13.00-16.00 Uhr, Fr. 8.00-14.00 Uhr
Hinweise:	vereinzelt ist auch 2. Wahl zu finden
Weg:	von Marktredwitz auf der B 15 Richtung Hof nach erreicht man nach ca. 10 km Thierstein, gleich am Ortseingang rechts abbiegen, ist auch beschildert

96231 Bad Staffelstein

▶ KAISER

Kaiser Porzellan-Manufaktur Staffelstein GmbH & Co. KG
96231 Bad Staffelstein / Auwaldstr. 8
Tel. (09573) 336-181 / kaiser-porzellan.com

Das Unternehmen wurde 1872 gegründet. Heute wird bei Kaiser Porzellan in der 5. Generation in bewährter Tradition und langjähriger Erfahrung der empfindliche Werkstoff Porzellan perfekt verarbeitet. Das Ergebnis ist hohe Qualität der Produkte und Harmonie im Design.

Waren:	großes Angebot an hochwertigen Porzellanwaren wie z.B. Speise-, Kaffee- und Tafelservices, Platten, Schüsseln, Schalen, Vasen, Porzellanrosen, hochwertige Kunstfiguren teilweise limitiert u.v.m., viele Stilrichtungen mit unterschiedlichen Dekoren, es sind 1., vorwiegend jedoch 2. Wahl erhältlich
Ersparnis:	ca. 50% bei Artikeln mit kleinen Schönheitsfehlern, Auslaufserien sind noch preiswerter

96264 Altenkunstadt

Zeiten:	Mo. bis Fr. 10.00-18.00 Uhr, Sa. 10.00-14.00 Uhr
Hinweise:	großer Verkaufsraum links vom Eingang, mit Schnäppchenmarkt, Museum und Kinderparadies, Fertigungsvorführungen sind möglich
Weg:	B 173 Bamberg-Kronach Ausfahrt Bad Staffelstein-Ost, rechts abbiegen und dem Frankenring etwa 2,5 km über zwei Kreisverkehrkreuzungen hinweg folgen, nach dem Überqueren der Eisenbahnlinie und der Auwaldstr. nach links auf die Auwaldstr. einbiegen, nach ca. 500 m links auf den Werksverkaufsparkplatz

96264 Altenkunstadt

▶ BMF

BMF Besteck- und Metallwarenfabrik
96264 Altenkunstadt / Mainbrücke 3
Tel. (09572) 875 / bmfbestecke.de

Die BMF Besteck- und Metallwarenfabrik wurde 1908 in Solingen, dem „Mekka" der deutschen Besteckindustrie, gegründet. Bis heute entwickelte sich das Unternehmen zu einem anerkannten Anbieter klassischer Bestecke, produziert sein Sortiment praktisch ausschließlich in Deutschland und hat sich auf die Belieferung des Besteck-Fachhandels sowie auf die Ausstattung im Gastronomiebereich spezialisiert.

Waren:	klassisches Bestecksortiment, auch Kinderbestecke, außerdem großes Besteck-Zubehörsortiment wie Spaghettilöffel, Zangen etc., auch Geschenkartikel aus Edelstahl
Ersparnis:	durchschnittlich ca. 30-40%, 2. Wahl ist am günstigsten
Zeiten:	Mo. bis Fr. 9.00-12.00 Uhr und 13.00-17.00 Uhr
Weg:	Altenkunstadt liegt an der B 289 zwischen Kulmbach und Lichtenfels, von Kulmbach kommend bei Burgkunstadt links Richtung Altenkunstadt, unter der Brücke durch und danach gleich links abbiegen

96317 Kronach

▶ ROSENTHAL

Rosenthal Shop
96317 Kronach / Industriestr. 48
Tel. (09261) 627816 / rosenthal.de

Im Jahr 1879 erfolgte die Gründung der Porzellanfabrik Ph. Rosenthal & Co., Erkersreuth bei Selb. Heute ist Rosenthal ein eigenständiges Unternehmen innerhalb der Waterford Wedgwood Holding, dem weltweit größten Anbieter von Produkten für die Tischkultur. Die Porzellanfertigung erfolgt in Selb und Speichersdorf, die Möbelfertigung in Espelkamp. Heute hat Rosenthal weltweit über 2.000 Mitarbeiter.

96355 Tettau

| Waren: | Speise- und Kaffeeservices, Bestecke, Trinkgläser, Kindergeschirr, Geschenkartikel, Marken Rosenthal, Rosenthal Studio-Line, Versace und Thomas |

Ersparnis: ca. 35-50%, unterschiedlich je nach Artikel

Zeiten: Mo. bis Fr. 10.00-18.00 Uhr, Sa. 10.00-15.00 Uhr

Hinweise: es sind nur 2. Wahl-Artikel und Auslaufkollektionen erhältlich

Weg: Kronach liegt an der B 173 zwischen Bamberg und Hof, in Kronach befindet sich der „Rosenthal Shop" im Industriegebiet

96328 Küps

▶ LINDNER

Lindner Porzellanfabrik KG
96328 Küps / Bamberger Str. 9
Tel. (09264) 595

Die Porzellanmanufaktur wurde 1929 gegründet. Lindner Porzellan ist geschätzt wegen seiner Härte, wegen seines metallischen Klangs und wegen des kühlen, seidig glänzenden Tons seiner Glasur. Das Porzellan wird mit einem sehr hohen Handarbeitsanteil hergestellt, jedes Porzellanteil durchläuft in der Fertigung viele Hände.

Waren: große Auswahl an Porzellanservices, außerdem Porzellanuhren, Porzellanspiegel, Porzellanlüster, Porzellanvasen, Porzellanschalen, Pokale, Krüge, Vasen, Porzellanausgießer, Porzellanweihnachts- und osterschmuck, Porzellanbilder, Porzellankugeln, Geschenkartikel aus Porzellan, Porzellanfiguren und vieles mehr

Ersparnis: bei Restposten und 2. Wahl bis zu 40%

Zeiten: Mo. bis Do. 9.00-12.00 Uhr und 13.00-16.00 Uhr, Fr. 9.00-12.00 Uhr

Hinweise: eine weitere Verkaufsstelle befindet sich in:
96317 Kronach, Melchior-Otto-Platz 2, Tel. (09261) 20222,
geöffnet Mo. 11.00-18.00 Uhr und Sa. 9.00-13.00 Uhr,
auch hier ist nur 2. Wahl erhältlich

Weg: Küps liegt an der B 173 zwischen Kronach und Lichtenfels, dort befindet sich die Firma Richtung Ortsmitte, gegenüber der Kirche

96355 Tettau

▶ KÖNIGLICH TETTAU

Porzellanfabrik Tettau GmbH / Werksverkauf Königlich Tettau
96355 Tettau / Fabrikstr. 1
Tel. (09269) 9802-0 / seltmann-weiden.com

96472 Rödental

Schon Anfang des 19. Jahrhunderts galt feinstes Tettau-Porzellan bei Hofe als Ausdruck vollendeter Tischkultur. Dank seiner exzellenten Gestaltung und Verarbeitung erlebt die Freude an Porzellan mit dem Tettau-Löwen eine Renaissance. Die Gründung des Unternehmens erfolgte 1794. Somit ist die Königlich privilegierte Porzellanfabrik Tettau die älteste Porzellanfabrik in Bayern. Heute gehört sie zur Firmengruppe Porzellanfabriken Christian Seltmann.

Waren: wertvolle Tafel- und Kaffeegeschirre, exklusive Geschenkartikel und erlesener Weihnachtsschmuck, Dekore im Zeichen des gekrönten Tettau-Löwen, von königlich-klassisch bis edel-elegant

Ersparnis: ca. 25% bei 1. Wahl, 50% und mehr bei 2. Wahl

Zeiten: Mo. bis Fr. 9.00-17.00 Uhr, Sa. 9.00-13.00 Uhr

Hinweise: teilweise ist auch 2. Wahl erhältlich

Weg: von Kronach auf der B 85 in nördlicher Richtung über Rothenkirchen, Buchbach und Langenau nach Tettau, die Firma befindet sich dort nicht zu übersehen bei der Evang. Kirche

▶ RÖSLER

Rösler Porzellan und Kunststoffe GmbH & Co. KG
96355 Tettau Schauberg / Langenauer Str. 2
Tel. (09269) 78-0 / roesler-porzellan.de

1712 als Farbenfabrik gegründet, erfolgt 1818 die Umwandlung in eine Porzellan- oder Fayencefabrik. 1968 begann die Geschirrfertigung. Heute verfügt das mittelständische Familienunternehmen über einen hochmodernen Maschinenpark und eine enorme Bandbreite unterschiedlicher Produktlinien und Herstellungsverfahren.

Waren: Kaffee- und Speiseservices, Gourmetporzellan, Kaffeebecher, feuerfeste Auflaufformen, Geschenkartikel

Ersparnis: preisgünstige Angebote, besonders bei 2. Wahl

Zeiten: Mo. bis Do. 8.00-15.45 Uhr, Fr. 8.00-13.00 Uhr

Hinweise: separater Verkaufsraum, es ist auch 2. Wahl erhältlich; manchmal ist nicht alles vorrätig, es liegen aber Prospekte aus, woraus auch bestellt werden kann

Weg: von Kronach in nördlicher Richtung auf der B 85, über Rothenkirchen und Buchbach nach Schauberg, dort ist die Firma nicht zu verfehlen

96472 Rödental

▶ GOEBEL

W. Goebel Porzellanfabrik GmbH & Co. KG
96472 Rödental / Coburger Str. 7
Tel. (09563) 92-0 oder -681 (Werksverkauf) / goebel.de

98724 Lauscha

Seit Beginn ihrer Gründung im Jahre 1871 entwirft und fertigt die W. Goebel Porzellanfabrik in Rödental kunsthandwerklich hergestellte Gegenstände. Alle Goebel-Produkte werden in aufwändiger Handarbeit und unter hohen Qualitätsanforderungen gestaltet, geformt und bemalt. Heute zählt Goebel zählt zu den Marktführern der Branche weltweit und ist in Deutschland im figürlichen Segment führend.

Waren: Figuren, Geschirr und Wohnschmuck aus Porzellan, Feinsteingut und anderen Materialien, außerdem Gebrauchsartikel wie Gläser, Geschirr, Schalen, Kerzenständer, Bierkrüge, Geschenkartikel etc. auch von versch. andereren Herstellern, die M. J. Hummel-Figuren sind nur in 1. Wahl zu normalen Ladenpreisen erhältlich

Ersparnis: bei 1. Wahl keine, im Schnäppchenladen auf Goebel-Artikel bis zu 50%, einzelne Sonderangebote sind teilweise noch preiswerter

Zeiten: Mo. bis Fr. 9.00-17.00 Uhr, Sa. 9.00-13.00 Uhr

Hinweise: Verkaufsstelle gegenüber vom Hauptwerk, der Schnäppchenladen befindet sich im 1. Stock, teilweise ist auch 2. Wahl erhältlich

Weg: Rödental liegt ca. 5 km nordwestlich von Coburg, dort befindet sich die Firma nicht zu übersehen am Ortseingang, sie ist auch ausgeschildert

98724 Lauscha

▶ FARBGLASHÜTTE

**Farbglashütte Lauscha GmbH
98724 Lauscha / Str. des Friedens 46
Tel. (036702) 281-0 oder -25 (Werksverkauf) /
farbglashuette.de**

Waren: großes Angebot an Glas-, Weihnachts- und Dekorationsartikeln, große Auswahl an Gläser, Teller und Tischdekoration sowie Weihnachtsdekorationsartikel, von der einfachen Christbaum-Glaskugel bis hin zum leuchtenden Wandgehänge

Ersparnis: günstige Angebote, besonders bei 2. Wahl und Artikeln der Vorjahresproduktion

Zeiten: Mo. bis Fr. 10.00-18.00 Uhr, Sa. und So. 10.00-17.00 Uhr

Weg: Lauscha liegt ca. 15 km nördlich von Sonneberg im Thüringer Wald, von Sonneberg kommend erreicht man Lauscha auf der Bahnhofstr., die im weiteren Verlauf im Zentrum in die Str. des Friedens übergeht

98739 Lichte

98739 Lichte

▶ LICHTE PORZELLAN

s. Seite 675

Lichte Porzellan GmbH
98739 Lichte / Sonneberger Str. 75
Tel. (036701) 688-0 / lichteporzellan.de

Die Lichte Porzellan GmbH wurde im Jahr 1994 gegründet, blickt aber an ihrem Standort auf eine geschichtliche Entwicklung seit 1822 zurück. Sie ist heute Hersteller von Zier- und Gebrauchsporzellan in modernen und traditionellen Formen in Südthüringen, einer traditionsreichen Porzellangegend.

Waren: Zier- und Gebrauchsporzellan wie Vasen, Übertöpfe, Dosen, Schalen, Leuchter, traditionelle und moderne Kaffee- und Mokkaservices, hochwertiges Kobaltsammelgedeck, Sammeltassen, Kaffeebecher, Spardosen, Porzellanflaschen, Wandteller, traditionelle Großfiguren, Weihnachtssortimente

Ersparnis: ca. 20-30%

Zeiten: Mo. bis Fr. 9.00-17.30 Uhr, Sa. 10.30-16.00 Uhr

Hinweise: es ist auch 2. Wahl erhältlich, Werksführungen sind für Gruppen ab 10 Personen nach Voranmeldung möglich

Weg: Lichte liegt an der B 281 zwischen Saalfeld und Eisfeld, dort befindet sich die Firma direkt an der Hauptstraße

▶ WALLENDORFER PORZELLAN

Wallendorfer Porzellanmanufaktur GmbH
98739 Lichte Wallendorf / Kirchweg 1
Tel. (036701) 60287 oder 69141 (Boutique) /
wallendorfer-porzellan.de

Den traditionellen Manufakturcharakter hat sich die Wallendorfer Porzellanmanufaktur bis heute erhalten. Was 1764 mit der handwerklichen Herstellung von Kaffee-, Tee- und Schokoladenservices begann, und ab 1785 um figürliche Darstellungen ergänzt wurde, umschreibt auch heute noch zusammen mit verschiedenen Zier- und Körbchenserien das Produktionsprogramm der Wallendorfer Porzellanmanufaktur. Geblieben ist der handwerkliche Herstellungsprozess.

Waren: große Auswahl an Fine Bone China Artikeln sowie Kaffee-, Tee- und Tafelgeschirre, von Kindergeschirren über Sammeltassen, Mokkatassen und aktuelle Saisonartikel, außerdem Geschenkartikel

Ersparnis: durchschnittlich ca. 20%, 2. Wahl-Artikel, Auslaufgeschirre, Sonderposten und Fehlware, dekoriert oder weiß, sind zu besonders günstigen Preisen erhältlich

Zeiten: Mo. bis Fr. 10.00-17.00 Uhr, Sa. 10.00-14.00 Uhr

Weg: Lichte liegt an der B 281 zwischen Saalfeld und Eisfeld, dort befindet sich die Firma in Wallendorf

98743 Lippelsdorf

▶ WAGNER & APEL

Wagner & Apel GmbH / Porzellanfiguren
98743 Lippelsdorf / Ortsstr. 44
Tel. (036701) 61071 / wagner-apel.de

Mit der Porzellanherstellung begonnen hat die Firma im Jahr 1877 in einer kleinen Lippelsdorfer Waldfabrik. Mit dem Verkauf von kleinen Figuren machte sich das Unternehmen im Laufe der wechselhaften Geschichte einen Namen in aller Welt. Noch heute leiten die Nachfahren des Unternehmensgründers die Geschicke der Manufaktur.

Waren: handgefertigtes figürliches Zierporzellan aller Art, z.B. Tier- und Vogelplastiken, Kinderfiguren, dekorative Weihnachts- und Osterartikel, Geschenkartikel wie Vasen, Gefäße, Leuchter, Salz- und Pfefferstreuer etc.

Ersparnis: günstige Angebote, besonders bei 2. Wahl

Zeiten: Mo. bis Fr. 8.00-17.00 Uhr, Sa. und So. nur nach Vereinbarung

Hinweise: alter Porzellanbrennofen, eine Besichtigung ist möglich, tägliche Führungen um 11.00 Uhr und 14.00 Uhr

Weg: Lippelsdorf liegt an der B 281 zwischen Saalfeld und Eisfeld, von Saalfeld kommend ca. 2 km nach Schmiedefeld links ab Richtung Gräfenthal nach Lippelsdorf, hier ist die Firma auch ausgeschildert

98744 Unterweißbach

▶ UNTERWEISSBACHER PORZELLAN

Unterweißbacher Werkstätten für Porzellankunst GmbH
98744 Unterweißbach / Oberweißbacher Str. 7-10
Tel. (036730) 22341 / seltmann-weiden.com

Die Geschichte der Unterweißbacher Werkstätten für Porzellankunst beginnt im Jahre 1882. Heute zählt sie weltweit zu den berühmtesten Manufakturen für exquisite Porzellankunst, in der Handarbeit noch großgeschrieben wird. Das Unternehmen gehört heute zur Firmengruppe Porzellanfabriken Christian Seltmann.

Waren: kunstvoll gearbeitete Prozellanfiguren wie z.B. Spitzenfiguren mit detailgetreu gearbeiteten Kleidungsstücken, Jagd- und Harlekin-Gruppen, exclusiver Weihnachts- und Frühjahrsschmuck, Schalen, Vasen und Teller mit der für Unterweißbach typischen Blumenmalerei

Ersparnis: durchschnittlich ca. 25%

Zeiten: Mo. bis Fr. 9.00-17.00 Uhr, von Mai bis Oktober auch Sa. und So. 10.00-15.00 Uhr

99444 Blankenhain

Hinweise: teilweise ist auch 2. Wahl erhältlich

Weg: von Rudolstadt über Bad Blankenburg nach Unterweißbach, dort befindet sich die Firma am Ortsende Richtung Oberweißbach im letzten Gebäude auf der rechten Seite

99444 Blankenhain

▶ WEIMAR PORZELLAN

Weimar Porzellan GmbH
99444 Blankenhain / Christian-Speck-Str. 5
Tel. (036459) 60-0 oder -194 (Fabrikverkauf) /
weimar-porzellan.de

Qualitätsporzellan im Service- und Geschenkartikelbereich mit traditionellem Anspruch in hoher Veredlung zu fertigen, das ist das Anliegen des Unternehmens seit nunmehr 200 Jahren. Dabei stehen hochwertige Vergoldungs- und Kobaltdekore für das gewachsene internationale Image dieser Produkte, wobei ebenfalls aktuelle Trends und die Anforderungen moderner Tischkultur berücksichtigt werden.

Waren: Tafel- und Kaffeeservices, Sammel- und Mokkatassen, Geschenkserien, hauptsächlich Zierporzellan, außerdem Tischwäsche, Gläser und Kerzen sowie erzgebirgische Schnitz- und Handwerkskunst

Ersparnis: ca. 30%, 2. Wahl ist besonders preiswert

Zeiten: Mo. bis Fr. 9.00-18.00 Uhr, Sa. 9.00-16.00 Uhr

Hinweise: das Ladengeschäft befindet sich auf dem Werksgelände; ca. 2x jährl. finden zusätzlich sog. „Weiße Wochen" statt, hier sind weiße Porzellanteile besonders günstig, genaue Termine erfragen

Weg: Blankenhein liegt südlich von Weimar, A 4 Ausfahrt Weimar auf die B 85 Richtung Rudolstadt, ca. 15 km über Bad Berka nach Blankenhain, hier befindet sich die Firma am Ortsausgang Richtung Erfurt

Möbel

06862 Rosslau

▶ PINO

pino Küchen GmbH
06862 Rosslau Mühlstedt / Dorfstr. 56
Tel. (034901) 66460 / pino.de

Pino ist die Einstiegsmarke im Alno-Konzern und bietet mit mehreren Programmen und versch. Frontfarben ein modernes Sortiment, das schwerpunktmäßig im unteren Preissegment angesiedelt ist.

Waren:	Küchenmöbel in 2. Wahl, Auslaufmodelle, Warenretouren etc.
Ersparnis:	ca. 30-40%
Zeiten:	Di. und Do. 16.00-20.00 Uhr, Fr. 14.00-18.00 Uhr, Sa. 9.00-12.00 Uhr
Weg:	Rosslau liegt ca. 5 km nördlich von Dessau, A 9 Ausfahrt Coswig auf die B 187 über Klieken nach Rosslau, hier im Zentrum rechts ab über Meinsdorf nach Mühlstedt, hier ist die Firma leicht zu finden

21029 Hamburg

▶ GARPA

Garpa Garten & Park Einrichtungen GmbH
21029 Hamburg Bergedorf / Brookdeich 40
Tel. (04152) 925200 / garpa.de

Waren:	Gartenmöbel wie Bänke, Stühle, Tische, Deck Chairs und Liegen aus Teak und anderen wetterfesten Materialien, außerdem Schirme und Accessoires
Ersparnis:	günstige Angebote
Zeiten:	Do. 12.00-19.00 Uhr
Hinweise:	es sind keine 1A-Waren erhältlich

26219 Bösel

Weg: Bergedorf liegt ca. 15 km östlich vom Zentrum Hamburg, A 25 Ausfahrt Hamburg-Bergedorf auf den „Curslacker Neuer Deich" Richtung Zentrum, nach ca. 800 m direkt nach dem Industriegebiet rechts auf den „Neuer Weg" und nach weiteren ca. 300 m wiederum rechts in „Brookdeich"

26219 Bösel

▶ FM-BÜROMÖBEL

FM Büromöbelwerk Franz Meyer GmbH
26219 Bösel / Glaßdorfer Str. 24
Tel. (04494) 92500 / fm-bueromoebel.de

Waren: Büromöbel, Schrankwände, Container, Kopier- und Faxgerätewagen, Bürostühle, Empfangsanlagen

Ersparnis: bei Neuware je nach Auftragsvolumen, bei Ausstellungsstücken, Messeware, Vorserienmodellen und Austauschware teilweise bis zu 50%

Zeiten: Mo. bis Do. 8.00-12.30 Uhr und 13.00-17.00 Uhr, Fr. bis 14.00 Uhr

Weg: Bösel liegt ca. 25 km südwestlich von Oldenburg und ca. 6 km östlich von Friesoythe, von Cloppenburg kommend vor dem Bahnübergang rechts einbiegen

31515 Wunstorf

▶ KETTLER

nistac Metallwarenfabrik Heinz Kettler GmbH & Co. KG
31515 Wunstorf Bokeloh / Cronsbostel 5
Tel. (05031) 704460 / nistac.de

Im Jahre 1964 kaufte der Unternehmer Heinz Kettler (Spielwaren, Fahrräder, Sportgeräte, Gartenmöbel) aus Nordrhein-Westfalen das Unternehmen. In den folgenden Jahren wurden Gartenmöbel, Gartenmöbeltextilien und eine Vielzahl von Halbteilen für Kettler und andere Unternehmen der Kettler-Gruppe hergestellt. Heute fertigen ca. 200 Mitarbeiter weiterhin Gartenmöbel und zusätzlich seit 1996 Möbel für den jungen Bereich „nistac Wohnkonzepte".

Waren: Gartenklapptische und -stühle, Terrassenpolsterliegen, Hollywoodschaukeln, Sonnenschirme, Büromöbel, Schülerschreibtische, Stehpulte, Garderoben sowie weitere Produkte der Marken Kettler, nistac und Herlag; da manche Artikel unregelmäßig angeboten werden, am besten vorab telefonisch nach deren Verfügbarkeit erkundigen

Ersparnis: preisgünstige Angebote, bei 2. Wahl ca. 20-40%

32423 Minden

Zeiten:	Di. bis Do. 10.00-16.00 Uhr, Fr. 11.00-18.00 Uhr, Sa. 9.00-13.00 Uhr, während der Saison finden ca. 2x zusätzliche Sonderverkaufstage statt, genaue Termine erfragen
Hinweise:	der Verkauf erfolgt in einer Lagerhalle, es sind nur 2. Wahl und Auslaufmodelle erhältlich
Weg:	A2 aus Richtung Hannover Abfahrt Wunstorf/Luthe auf die B 441 Richtung Wunstorf, durch Wunstorf Richtung Stolzenau auf der B 441, dann der Beschilderung nach Bokeloh folgen, nach dem Ortsausgang Wunstorf halblinks Richtung Bokeloh abbiegen, das Firmengelände liegt direkt am Ortseingang rechts

32257 Bünde

▶ MÜNCHOW

Münchow Polstermöbel GmbH & Co. KG
32257 Bünde / Dünner Str. 8-12
Tel. (05223) 4088 / muenchow-polstermoebel.de

Waren:	Polstermöbel aller Art in Stil und Moderne, Ruhe- und Fernsehsessel, Sofas und Sitzgruppen, einige wenige Tische, Stühle, Kleinmöbel
Ersparnis:	ca. 20% im Durchschnitt, günstige Angebote bei Ausstellungsstücken
Zeiten:	Mo. bis Fr. 9.30-13.00 Uhr und 14.00-18.00 Uhr, Sa. 10.00-14.00 Uhr, langer Sa. 10.00-16.00 Uhr
Hinweise:	Fertigung nach Wunsch ist möglich, teilweise sind auch günstige Ausstellungsstücke erhältlich
Weg:	A 30 Osnabrück-Hannover Ausfahrt Hiddenhausen auf die Herforder Str. Richtung Bünde, an der 5er-Kreuzung halb rechts in die Brunnenallee und bis zum Ende folgen, dann links und an der nächsten Ampel rechts Richtung Stift Quernheim, nach der größeren Brücke befindet sich die Firma auf der rechten Seite

32423 Minden

▶ DRABERT

Samas Deutschland GmbH & Co. KG
32423 Minden / Cammer Str. 17
Tel. (0571) 3850-0 / drabert.de

Das Unternehmen wurde im Jahr 1889 gegründet und begann 1920 mit der Produktion und Fertigung der ersten Drehstühle. Seitdem arbeitet die Firma an der Optimierung des dynamischen Sitzens zum Vorteil der Menschen am Arbeitsplatz.

33378 Rheda-Wiedenbrück

Waren:	Büromöbel aller Art wie z.B. Bürodrehstühle, Besucher- und Mehrzweckstühle, Tische und Tischsysteme sowie Regale und Sideboards, u.a. auch Marke Martin Stoll
Ersparnis:	Preise je nach Zustand
Zeiten:	Mo. bis Do. 13.00-17.00 Uhr, Fr. 9.00-15.00 Uhr
Hinweise:	es sind ausschließlich Einzel- und Musterstücke, Retourenware und 2. Wahl-Artikel erhältlich
Weg:	A 2 Dortmund Ausfahrt Bad Eilsen und an der Ampel links auf die B 83 Richtung Minden, an der Abfahrt Minden Ost auf die B 482 Richtung Nienburg, anschließend Abfahrt Minden Ost auf die Karlstr. Richtung Minden und dann links in die Cammer Str.

33378 Rheda-Wiedenbrück

▶ INTERLÜBKE

interlübke Gebr. Lübke GmbH & Co. KG / Möbelfabrik
33378 Rheda-Wiedenbrück / Nonenstr. 3
Tel. (05242) 12-1 / interluebke.de

Die Geschichte von interlübke beginnt im Jahr 1937. Mit dem Ziel Schlafzimmermöbel in einer bis dahin nicht gekannten Qualität herzustellen machen sich Hans und Leo Lübke als Gebrüder Lübke selbständig. Im Jahr 1963 kommt der Endlosschrank interlübke auf den Markt. In den folgenden Jahrzehnten wird das Angebot umfassend erweitert. Zu den Schlafzimmern kommen Wohn-, Ess- und Arbeitszimmer-Programme hinzu. Heute exportiert interlübke in mehr als 30 Länder.

Waren:	Schlafzimmermöbel, Wohnzimmermöbel, Schrankwände, Einzelmöbel, Marke interlübke
Ersparnis:	teilweise bis zu 70% möglich
Zeiten:	ca. 3-4x jährl. 2. Wahl-Verkauf zusammen mit der Firma COR, oftmals sind nur wenige Einzelstücke erhältlich, zwischendurch auch Verkauf von Fotoaktionsmöbeln, genaue Termine erfragen, diese stehen auch vorher in der lokalen Presse
Hinweise:	es sind nur Möbel mit leichten Transportbeschädigungen sowie Fotostücke, Rest- und Auslaufmodelle erhältlich; die Möbel müssen sofort bezahlt und mitgenommen werden
Weg:	A 2 Dortmund-Hannover Ausfahrt Rheda-Wiedenbrück auf die B 6 Richtung Herzebrock-Clarholz, nach ca. 500 m die B 6 verlassen und über die Gütersloher Str. und die Wilhelmstr. Richtung Bahnhof Rheda, gleich nach der Bahnlinie links in den Bosfelder Weg und nach ca. 500 m wieder links in die Nonenstr.

33729 Bielefeld

33397 Rietberg

▶ SUDBROCK

**Sudbrock GmbH Möbelwerk
33397 Rietberg Bokel / Sudeschweg
Tel. (05244) 9800-0 / sudbrock.de**

Der Handwerksbetrieb wurde in den 20er Jahren gegründet und fertigte hochwertige Möbel bis hin zu kompletten Aussteuern. Später wurde auf Serienfertigung umgestellt, und man spezialisierte sich auf die Produktion von Dielenmöbeln. Heute wird ein breit gefächertes Programm gefertigt, das auch im europäischen Ausland angeboten wird.

Waren:	Garderobensysteme, Wohnmöbel, Dielenmöbel, Schuhschränke, Kommoden, Regalsysteme, Stollenwände, Kleiderschränke, Schreibtische, Betten, Büromöbel, Schlafzimmer, Jugendzimmer, Ess- und Speisezimmer, Kleinmöbel
Ersparnis:	bis zu 50% bei Messe- und Fotomodellen, Prototypen, Restposten, Auslaufmodellen und Modellen aus einer Überproduktion
Zeiten:	Fr. 15.00-18.00 Uhr, Sa. 9.00-13.00 Uhr
Hinweise:	separater Verkaufsraum (Zugang über den Sudeschweg) neben der Ausstellungshalle, die Artikel können nur gegen Bezahlung im Fabrikshop abgeholt werden, Lieferungen sind nicht möglich
Weg:	A 2 Dortmund-Hannover Ausfahrt Rheda-Wiedenbrück, weiter auf die B 64 Richtung Rietberg bis zur Kreuzung mit dem Hinweisschild „Bokel", hier rechts in die Straße „Zur Flammenmühle" und weiter bis zur Ortseinfahrt Bokel, rechts in die Bokeler Str. und nach ca. 1 km links in die Brunnenstr.

33729 Bielefeld

▶ KAUFELD

**Hans Kaufeld GmbH
33729 Bielefeld Brake / Grafenheider Str. 20
Tel. (0521) 7700101 / hans-kaufeld.de**

Das Unternehmen bevorzugt die Herstellung in einer Manufaktur. Die handwerkliche Tradition zeigt im Ergebnis kein Serienerzeugnis, sondern ein echtes Unikat. Es entsteht aus sorgfältiger Stoffauswahl in europäischen Webereien, aus der traditionellen Handarbeit von Anzeichnern, Zuschneidern, Nähern, Schreinern und Polstern. Das Design orientiert sich nicht an kurzfristigen Modeeinflüssen.

Waren:	Polstermöbel aller Art, Ledergarnituren, außerdem Polsterstoffe, Tische und Leuchten
Ersparnis:	unterschiedlich, günstige Angebote
Zeiten:	Do. und Fr. 13.00-18.00 Uhr, Sa. 10.00-14.00 Uhr

35066 Frankenberg/Eder

Hinweise: es sind hauptsächlich Warenretouren, Ausstellungs- und Messemodelle sowie Prototypen erhältlich

Weg: Brake liegt nordöstlich vom Zentrum Bielefeld, von Bielefeld kommend am Ortseingang die 1. Straße links einbiegen

35066 Frankenberg/Eder

▶ THONET

s. Seite 601

Thonet GmbH / Thonet Factory Outlet
35066 Frankenberg/Eder / Friedrichstr. 16
Tel. (06451) 508-0 / thonet.eu

Thonet gilt weltweit als Pionier des Möbeldesigns. Ab 1819 produzierte Michael Thonet eigene Entwürfe in dem von ihm entwickelten, neuen Verfahren der Bugholz-Verarbeitung und baute einen weltweiten Vertrieb dafür auf. In den 30er Jahren des letzten Jahrhunderts wurde die Produktpalette erweitert durch Stahlrohrmöbel, Modelle von Mart Stam, Marcel Breuer, und Mies van der Rohe, die in enger Verbindung mit dem Bauhaus standen. Heute fertigt Thonet die Klassiker aus Bugholz und Stahlrohr sowie neue Produkte von namhaften Designern.

Waren: hochwertige Sitzmöbel und Klassiker wie Bugholzstühle, Kaffeehausstuhl, klassische Stahlrohr-Freischwinger, Stahlrohr-Sessel, auch Tische und Gartenmöbel, von den Klassikern aus Bugholz und Stahlrohr bis zu aktuellen Entwürfen

Ersparnis: ca. 20-40%, je nach Modell

Zeiten: Mo. bis Do. 9.00-12.00 Uhr und 14.00-16.00 Uhr, ca. 2x jährl. (Frühjahr und Herbst) finden zusätzliche Wochenendverkäufe jeweils an einem Sa. und So. mit besonders großem Angebot statt, genaue Termine erfragen

Hinweise: es sind ausschließlich Messe- und Ausstellungsstücke sowie Fotomuster und 2. Wahl-Modelle mit kleinen Gebrauchsspuren erhältlich, wenn man eine größere Anzahl gleicher Stühle sucht sollte man sicherheitshalber vorher nachfragen

Weg: A 485 bis zum Gießener Nordkreuz, dann auf der B 3 über Marburg und auf der B 252 Richtung Korbach bis Frankenberg, hier Richtung Bahnhof orientieren und dann der Beschilderung folgen

37688 Würgassen

▶ SOLLING

Solling Möbel
37688 Würgassen / Feldstr. 6
Tel. (05273) 7392 / solling-moebel.de

Das Unternehmen hat mit Gartenmöbeln Erfahrung seit 1924. Durch eine UV-beständige Lackierung des Holzes bleiben die Möbel über viele Jahre in einem gepflegten Zustand.

42929 Wermelskirchen

Waren:	Buchen- und Robinienmöbel für Garten, Terrasse, Balkon und Wintergarten sowie Holzliegestühle, außerdem Polsterauflagen für die Sessel und Bänke
Ersparnis:	durchschnittlich ca. 20%
Zeiten:	März bis August Mo. bis Fr. 9.00-18.00 Uhr, Sa. 9.00-14.00 Uhr
Weg:	A 44 Dortmund-Kassel Ausfahrt Warburg/Beverungen auf die B 241 Richtung Beverungen nach Würgassen, hier auf der Hauptstraße bleiben und die 4. Straße links einbiegen, dann anschließend sofort wieder rechts in die Feldstr.

37697 Lauenförde

▶ KETTLER-HERLAG

**Herlag Holzwarenfabrik GmbH & Co. /
37697 Lauenförde / Meintestr. 17
Tel. (05273) 21173 / kettler.net**

Kettler ist in Deutschland, Europa und weltweit eine führende Marke für Sport- und Fitnessgeräte, Tischtennis-Tische, Freizeitmöbel, Fahrräder und Outdoor-Kinderspielzeuge. Herlag-Garten- und Kindermöbel und Herlag-Kinderwagen sind unter dem Dach der Freizeit Marke Kettler vereint.

Waren:	hochwertige Garten-, Balkon- und Terrassenmöbel aus Holz und Kunststoff, Marke Kettler, Kinder- und Jugendzimmermöbel wie Betten, Reisebetten, Laufställe, Hochstühle, alles aus Holz sowie Kinderwagen, Marke Herlag, außerdem Dreiräder, Roller, Schaukeln und Rutschen, Marke Kettler
Ersparnis:	durchschnittlich ca. 25%
Zeiten:	Di. bis Fr. 13.30-17.30 Uhr, Sa. 9.00-12.30 Uhr
Hinweise:	es sind nur 2. Wahl-, Messe- und Ausstellungsstücke erhältlich
Weg:	Lauenförde liegt an der B 241 bei Beverungen, in Lauenförde stadtauswärts auf der B 241 und noch vor der Bahnbrücke rechts in die Meintestr., der Beschilderung „Herlag" folgen

42929 Wermelskirchen

▶ POSSEIK

**Posseik Möbelfabriken GmbH
42929 Wermelskirchen / Industriestr. 8
Tel. (02196) 9500-0 / posseik.de**

Das Unternehmen wurde im Jahr 1947 zunächst als kleine Bau- und Möbelschreinerei gegründet. 1959 legten die Firmeninhaber den Grundstein zur industriellen Fertigung. Heute ist Posseik ein mittelständisches Möbelfabrikationsunternehmen und produziert in 4 Betrieben in Deutschland.

45699 Herten

Waren: Mitnahmemöbel wie Mehrzweckschränke, Schreibtische, Büromöbel, Anbauwände, Systemmöbel sowie Klein- und Phonomöbel und Badmöbel aller Art

Ersparnis: ca. 20-30%, Auslaufmodelle und 2. Wahl sind besonders preiswert

Zeiten: Mo. bis Do. 8.00-12.00 Uhr und 12.30-15.45 Uhr, Fr. 8.00-12.00 Uhr, Mi. und Fr. 14.00-17.00 Uhr gibt es einen zusätzlichen Schnäppchenmarkt mit besonders günstigen Musterteilen

Hinweise: der Verkaufsraum befindet sich im Untergeschoss, am besten im Verkauf läuten

Weg: Wermelskirchen liegt ca. 5 km südlich von Remscheid, A 1 Köln-Dortmund Ausfahrt Wermelskirchen, im Zentrum auf die Berliner Str. (B 51) Richtung Radevormwald und am Ortsausgang nach dem Überqueren der Bahnlinie rechts ins Industriegebiet

45699 Herten

▶ VERHOLT

Verholt GmbH
45699 Herten / Hohewardstr. 317
Tel. (02366) 9333-0 / verholt.de

Die Firma produziert alle Artikel ausschließlich in Herten. Für alle Modelle werden nur ausgewählte und nach allen Richtlinien vorgegebene Materialien verwendet.

Waren: Polstermöbel wie funktionelle Zweisitzer, Schlafsofas und Sessel, außerdem Jugendzimmerauflagen wie Federkernmatratzen mit unterschiedlichen Umbauten sowie Sitzsäcke

Ersparnis: durchschnittlich ca. 30%

Zeiten: jeden 1. Sa. im Monat 9.00-12.30 Uhr

Weg: die Firma befindet sich südlich vom Zentrum Herten zwischen Herten und Herne im Industriegebiet Herten-Süd, erreichbar auch über die A 42 Ausfahrt Herne-Wanne Richtung Herten, nach ca. 1 km rechts in das Industriegebiet, nach weiteren ca. 300 m kreuzt die Hohewardstr.

48231 Warendorf

▶ VOLMER

Volmer Polstermöbel
48231 Warendorf / Splieterstr. 33-35
Tel. (02581) 9335-0 / volmer-polstermoebel.de

56751 Polch

Das Unternehmen produziert seit nahezu 25 Jahren Polstermöbel im westfälischen Warendorf. Hier befinden sich alle Abteilungen wie Verwaltung, Produktentwicklung, Näherei, Gestellbau, Polsterei sowie der Versand, der Kunden in Deutschland, den Beneluxstaaten, Österreich und der Schweiz beliefert.

Waren: Polstermöbel wie Schlafsofas, Doppelliegen und Sitzgarnituren, außerdem Sitzsäcke, Sitzkissen, Schlafsessel und Schlafhocker sowie Boxspringbetten und Diners-Sitzbanksysteme

Ersparnis: bis zu 50% nur bei Ausstellungsstücken, Messe- und Fotomustern

Zeiten: Mo. bis Fr. 8.00-17.00 Uhr oder nach Vereinbarung

Weg: Warendorf liegt ca. 25 km östlich von Münster an der B 64 Richtung Rheda-Wiedenbrück, in Warendorf befindet sich die Firma im Gewerbegebiet-Ost, gegenüber vom „Hit"-Markt

48739 Legden

▶ VINKELAU

Clemens Vinkelau GmbH
48739 Legden / Deipenbrock 39
Tel. (02566) 1077 / vinkelau.de

Waren: hochwertige Eichenmöbel und Landhausmöbel wie Essgruppen, Tische, Stühle, Garderoben, Anbauwände, Sekretäre, Schränke, Schlafzimmermöbel, Schreibtische, Standuhren, Vitrinen, Anrichten, Truhen, Kleinmöbel etc., alles Massivholz, hauptsächlich in Eiche

Ersparnis: ca. 30% im Durchschnitt

Zeiten: Mo. bis Fr. 8.30-12.30 Uhr und 14.00-18.00 Uhr, Sa. 9.00-13.00 Uhr

Hinweise: Fertigung nach Maß ist möglich

Weg: A 31 Ausfahrt Legden/Ahaus auf die B 474 nach Legden, dort befindet sich die Firma an der Straße Richtung Heek

56751 Polch

▶ ADRIAN

W. Adrian GmbH / Polstermöbel- und Matratzenfabrik
56751 Polch / Im Rotental 6-8
Tel. (02654) 8817970

Waren: hauptsächlich Polstermöbel sowie Sitzgarnituren, Tische und Matratzen

Ersparnis: teilweise sind sehr günstige Angebote erhältlich

Zeiten: Mo. bis Fr. 9.00-18.00 Uhr, Sa. 9.00-14.00 Uhr

59457 Werl

Hinweise: Verkauf von Einzel- und Ausstellungsstücken im Lager/Ausstellungsraum

Weg: A 48 Ausfahrt Polch Richtung Polch, im 1. Kreisverkehr der Hauptrichtung folgen und anschließend die erste Möglichkeit rechts in Im Rotental

59457 Werl

▶ KETTLER

Heinz Kettler GmbH & Co. KG
59457 Werl / Neuwerk 1
Tel. (02922) 82091 / kettler.net

Kettler ist in Deutschland, Europa und weltweit eine führende Marke für Sport- und Fitnessgeräte, Tischtennis-Tische, Freizeitmöbel, Fahrräder und Outdoor-Kinderspielzeuge. Seit der Gründung im Jahr 1949 wurden bei Kettler so bekannte und beliebte Produkte wie das Kettcar, das erste für den Breitensport geeignete Aluminium-Fahrrad oder auch die seit Jahrzehnten bewährte wetterfeste Tischtennisplatte entwickelt und produziert.

Waren: Garten- und Freizeitmöbel wie Tische, Stühle, Liegen, Auflagen, Gartenspielgeräte wie Wippen und Rutschen, Spielgeräte wie Dreiräder und Kettcars, außerdem Trimm- und Fitnessgeräte sowie Solarien der Marke Kettler, außerdem Freizeit- und Kindermöbel sowie Kinderwagen der Marke Herlag

Ersparnis: durchschnittlich ca. 10-40%

Zeiten: Mo. bis Fr. 13.00-18.00 Uhr, Sa. 9.00-13.00 Uhr

Hinweise: es sind nur 2. Wahl, Auslaufartikel und Sonderposten erhältlich, jahreszeitliche Änderungen des Warenangebots sind möglich; eine weitere Verkaufsstelle befindet sich ca. 30 km entfernt in: 59174 Kamen, Henry-Everling-Str. 2, Tel. (02307) 974252, geöffnet Di. bis Fr. 11.30-18.00 Uhr, Sa. 9.00-14.00 Uhr

Weg: Werl liegt zwischen Arnsberg und Hamm an der A 445, Ausfahrt Werl-Nord auf die B 63 Richtung Werl, nach ca. 1 km links in das Gewerbegebiet Neuwerk, dort befindet sich die Firma gegenüber „McDonalds"

67547 Worms

▶ SCHÄRF

Schärf Büromöbel GmbH
67547 Worms / Mainzer Str. 183
Tel. (06241) 4003-0 / schaerf-office.com

Das Unternehmen ist ein bedeutender Büromöbelhersteller in Deutschland und gehört seit 1994 zur niederländischen Samas-Gruppe.

72172 Sulz

Waren: Büromöbel aller Art, allerdings keine Bürostühle

Ersparnis: Preise je nach Zustand der Möbel, teilweise ca. 60-70%

Zeiten: Mo. bis Fr. 8.00-17.00 Uhr, besser allerdings nach Terminabsprache

Hinweise: es sind ausschließlich 2. Wahl-Artikel erhältlich

Weg: vom Zentrum Worms auf der B 9 Richtung Mainz, die Firma befindet am Ortsausgang im Industriegebiet direkt an der B 9 (Mainzer Str.)

71726 Benningen

▶ WINKLE

Erich Winkle Polsterbetten KG
71726 Benningen / Ludwigsburger Str. 91
Tel. (07144) 997-0 / winkle-sleepline.de

Das Unternehmen wurde 1952 gegründet. Neben dem Stammwerk in Benningen wurde im Zuge der ständigen Produkterweiterungen im Jahr 1991 in Langenhessen in der Nähe von Zwickau ein neuer Firmensitz gegründet. Mit modernstem Maschinenpark produziert das Unternehmen hier im 2-Schichtsystem täglich 800 Matratzen und seit 1999 auch hochwertige Wasserbetten.

Waren: Polsterliegen, Polsterbetten, Wasserbetten und Funktionssofas, von der einfachen Polsterliege bis hin zum aufwendigen Komfort-Wasserbett in vielen Größen und Breiten, außerdem Lattenroste, Matratzen, Jugendzimmerauflagen und Kissen

Ersparnis: ca. 30-40%, unterschiedlich je nach Artikel

Zeiten: Sa. 9.00-13.00 Uhr

Hinweise: auch Verkauf von 2. Wahl-Ware, Muster- und Ausstellungsstücken; unter der Woche hat nicht immer jemand Zeit für eine Beratung, dazu ist der Samstag besser geeignet

Weg: A 81 Stuttgart-Heilbronn Ausfahrt Pleidelsheim über Murr nach Benningen, hier befindet sich die Firma an der Hauptstraße nach Ludwigsburg hinter der Shell-Tankstelle

72172 Sulz

▶ WÖSSNER

Wössner GmbH
72172 Sulz / Hartensteinstr. 25
Tel. (07454) 74-0 / woessner.de

Das Unternehmen feierte 2006 sein 100jähriges Firmenjubiläum. Heute ist die Firma Wössner auf die Entwicklung und Herstellung von Essplätzen spezialisiert und exportiert nach Österreich, in die Schweiz, nach Belgien, Holland, Frankreich und Luxemburg.

72202 Nagold

Waren:	Speisezimmermöbel wie Tische, Stühle, Vitrinen, Büffets und Eckbänke, in Stilrichtungen von Tradition-Klassik über Landhaus bis zu Modern
Ersparnis:	ca. 30-50%
Zeiten:	Do. und Fr. 13.00-18.00 Uhr, Sa. 8.00-13.00 Uhr
Hinweise:	es sind ausschließlich Prototypen, Ausstellungsstücke, Auslaufmodelle oder sonstige Rücknahmen sowie 2. Wahl-Artikel erhältlich, keine Neuware, die Möbel müssen selbst abgeholt werden
Weg:	A 81 Stuttgart-Singen Ausfahrt Sulz Richtung Sulz, über den Kreisverkehr und danach links in das Industriegebiet Sulz-Kastell

Möbel

72202 Nagold

▶ ROLF BENZ

Polstershop GmbH
72202 Nagold / Brunnenstr. 12
Tel. (07452) 1092 / polstershop-nagold.de

Waren:	Ausstellungs-, Photo- und Messestücke von hochwertigen Polstermöbeln der Firma Rolf Benz, z.B. Sofas, Sessel und Stühle in Stoff und Leder, auch Couchtische und Esstische
Ersparnis:	es sind sehr günstige Angebote erhältlich, ca. 30-50%
Zeiten:	Mo. bis Fr. 9.30-13.00 Uhr und 14.00-18.00 Uhr, Sa. 9.30-15.30 Uhr
Hinweise:	der Verkauf befindet sich im Untergeschoss einer ca. 800 qm großen Lagerhalle, es ist auch 2. Wahl erhältlich, gegen Aufpreis ist Lieferung ins Haus möglich
Weg:	A 81 Stuttgart-Singen Ausfahrt Herrenberg auf die B 28 nach Nagold, von dort Richtung Horb, rechts einbiegen in die Talstr. und von dort in die Brunnenstr., die Firma befindet sich direkt neben dem Eingang zum Messegelände, an der Beschilderung „Messe" orientieren

72221 Haiterbach

▶ KLENK

Karl Klenk Möbelfabrik GmbH
72221 Haiterbach / Industriestr. 34
Tel. (07456) 93820 / klenk-collection.de

72401 Haigerloch

Waren: hochwertige Möbel für Wohnzimmer, Schlafzimmer, Jugendzimmer und Büro

Ersparnis: ca. 30-50%

Zeiten: Mo. bis Fr. 9.00-12.00 Uhr und 13.30-18.00 Uhr

Hinweise: ständig wechselndes Angebot, es sind nur Messemöbel und Ausstellungsstücke erhältlich

Weg: A 81 Stuttgart-Singen Ausfahrt Rottenburg über Mötzingen, Iselshausen und Unterschwandorf nach Haiterbach, hier ca. 2 km den Ort durchfahren bis zum Industriegebiet und dann die erste Möglichkeit rechts in die Industriestr.

72379 Hechingen

▶ BEST

Best Freizeitmöbel GmbH
72379 Hechingen / Lotzenäcker 2
Tel. (07471) 619-0 / best-freizeitmoebel.de

Das Unternehmen bietet aus einer Hand eine der umfassendsten Freizeitmöbel-Kollektionen, mit einer breiten Palette hochwertiger Gartenmöbelserien, Polsterauflagen und umfangreichem Zubehörprogramm. Die eigene Produktion und die jahrzehntelange Erfahrung garantieren beste Qualität.

Waren: Freizeit-/Gartenmöbel aus Aluminium, Stahlrohr und Kunststoff, auch Campingmöbel, außerdem Polsterauflagen und Zubehör wie Tischdecken, Schutzhüllen, Aufbewahrungsboxen, Hussen, Balkonsichtschutz etc.

Ersparnis: günstige Angebote, besonders bei 2. Wahl

Zeiten: von ca. März bis ca. Sept./Okt. Mo. bis Fr. 9.00-18.30 Uhr, Sa. 9.00-16.00 Uhr

Hinweise: teilweise ist auch 2. Wahl erhältlich

Weg: Hechingen liegt an der B 27 zwischen Tübingen und Balingen, dort befindet sich die Firma im Industriegebiet Richtung Bodelshausen

72401 Haigerloch

▶ FLAIZ

Flaiz Polstermöbel GmbH / Polstermöbel- und Matratzenfabrik
72401 Haigerloch Gruol / Angelstr. 32
Tel. (07474) 95340 / flaiz.de

72469 Meßstetten

Waren: Polstermöbelgruppen, Einzelsofas und Sessel mit und ohne Funktion, außerdem Polsterbetten, Matratzen, Bettrahmen sowie Stühle und Tische für Privat- und Objekteinrichtungen

Ersparnis: preisgünstiges Warenangebot

Zeiten: Mo. bis Fr. 9.00-12.00 Uhr und 13.00-18.30 Uhr, Sa. 9.00-13.00 Uhr

Hinweise: nicht alle Artikel werden selbst hergestellt, trotzdem „Fabrikrabatt", Fertigungen nach Kundenwünschen sind möglich

Weg: A 81 Stuttgart-Singen Ausfahrt Empfingen auf die B 463 Richtung Haigerloch, nach ca. 6 km von der Umgehungsstraße von Haigerloch rechts ab in den Ortsteil Gruol, hier im Ort die erste Straße links ab in die Angelstr.

72469 Meßstetten

▶ INTERSTUHL

Interstuhl Büromöbel GmbH & Co. KG
72469 Meßstetten Tieringen / Neue Str. 26
Tel. (07436) 871-0 oder 9108411 (Sitzmöbel Shop) / interstuhl.de

Waren: große Auswahl an Bürositzmöbeln aller Art, mit Bezugsstoffen wie Textilien, Leder und Netzgewebe

Ersparnis: preisgünstiges Warenangebot

Zeiten: Do. und Fr. 13.30-18.30 Uhr

Hinweise: es sind ausschließlich 2. Wahl-Artikel, Warenretouren, Restposten, Überproduktionen, Messemöbel und Ausstellungsstücke erhältlich

Weg: A 81 Stuttgart-Singen Ausfahrt Rottweil auf die B 27 vorbei an Rottweil nach Schömberg, hier rechts ab über Ratshausen und Hausen am Tann nach Tieringen

73278 Schlierbach

▶ DIMA

dima Freizeitmöbel GmbH
73278 Schlierbach / Dieselstr. 6
Tel. (07021) 7276-0 / dima-freizeitmoebel.de

Waren: hochwertige Garten- und Freizeitmöbel aus Holz, Holz/Alu, Eisen, Edelstahl oder Teak wie z.B. Sessel, Liegen, Tische, Bänke, außerdem Accessoires wie Sonnenschirme, Polster, Abdeckhauben und Pflegemittel

73525 Schwäbisch Gmünd

Ersparnis: durchschnittlich ca. 25%

Zeiten: Mo. bis Fr. 13.00-18.00 Uhr, Sa. 9.00-13.00 Uhr

Hinweise: Ausstellungshalle, es sind ausschließlich Auslaufmodelle und 2. Wahl erhältlich

Weg: A 8 Stuttgart-Ulm Ausfahrt Kirchheim-Ost auf die B 297 nach Schlierbach, dort befindet sich die Firma im Industriegebiet, sie ist auch ausgeschildert

73431 Aalen

▶ ERLAU

s. Seite 637

Erlau AG
73431 Aalen / Erlau 16
Tel. (07361) 595-0 / erlau.com

Waren: Terrassen-, Garten- und Freizeitmöbel inklusive Gesundheits- und Sonnenliegen aus Drahtgitter oder hochwertigem Kunststoff, außerdem ein großes Sortiment an Sitz- und Liegepolstern

Ersparnis: bis zu 40%

Zeiten: 1. März bis 30. September Mo. bis Fr. 13.00-18.00 Uhr, Sa. 9.00-14.00 Uhr

Weg: von Stuttgart auf der B 29/19 kommend Abfahrt Aalen-Süd Richtung Heidenheim und am Kreisverkehr geradeaus, nach ca. 100 m links durch die Unterführung und den Hinweisschildern folgen, oder A 7 Ausfahrt Aalen-Oberkochen durch Ebnat nach Unterkochen und nach der Gefällstrecke rechts Richtung Aalen, nach dem Ortsschild Aalen befindet sich die Firma auf der linken Seite

73525 Schwäbisch Gmünd

▶ SCHIPS

Eugen Schips GmbH & Co. / Polstermöbelfabrik
73525 Schwäbisch Gmünd / Goethestr. 65
Tel. (07171) 927720 / schips-polstermoebel.de

Das Unternehmen wurde im Jahr 1932 gegründet und spezialisierte sich am Anfang auf die Fertigung, Restaurierung und Aufpolsterung von Matratzen und Polstermöbeln. Seit 1970 spezialisierte man sich auf die Fertigung von Polstermöbeln, die nach eigenen Entwürfen und von Grund auf gefertigt wurden.

Waren: Polstermöbel wie Sitzgruppen und Sessel, außerdem zugekaufte Tische und Matratzen

Ersparnis: je nach Artikel, günstige Angebote

73550 Waldstetten

Zeiten: Mo. bis Fr. 9.00-18.00 Uhr, Sa. 9.00-13.00 Uhr

Hinweise: es sind auch günstige Auslaufmodelle erhältlich

Weg: von Stuttgart in östlicher Richtung auf der B 29 über Schorndorf nach Schwäbisch Gmünd, dort befindet sich die Firma in der Nähe vom Stadtpark und dem Arbeitsamt, Parkmöglichkeiten im Hof

73550 Waldstetten

▶ LEICHT

Leicht Küchen AG
73550 Waldstetten / Gmünder Str. 70
Tel. (07171) 402-0 oder -277 (Wohnkaufhaus / Abholmarkt) /
leicht.de

Waren: Küchenmöbel, komplette Küchen und Einzelteile, hauptsächlich Ausstellungsstücke, Messemodelle, Warenretouren etc., außerdem Elektrogeräte

Ersparnis: bei Küchenmöbel ca. 40-60%

Zeiten: Do. und Fr. 13.30-18.00 Uhr, Sa. 8.00-12.00 Uhr

Weg: Waldstetten liegt ca. 5 km südlich von Schwäbisch Gmünd, aus dieser Richtung kommend befindet sich die Firma am Ortseingang direkt an der Hauptstraße

74670 Forchtenberg

▶ HENKEL

Richard Henkel GmbH / Stahlrohrmöbelfabrik
74670 Forchtenberg Ernsbach / Forchtenberger Str. 46
Tel. (07947) 91800 / richard-henkel.de

Das Unternehmen wurde im Jahr 1922 gegründet und entwickelte 1949 die patentierte Gesundheitsliege, die heute in vielen führenden Kur- und Schwimmbädern Europas zu finden ist. Das Unternehmenskonzept wurde 1999 im Rahmen des Umweltpreises Baden-Württemberg ausgezeichnet.

Waren: Gesundheits-Sitzliege Henkel Ideal, Sonnenliegen, Sitzstühle, Barstühle und -tische, oftmals eingeschränkte Auswahl

Ersparnis: bis zu 50% bei 1. Wahl, 2. Wahl ist noch preiswerter

Zeiten: Mo. bis Fr. 7.00-12.00 Uhr und 13.00-16.15 Uhr

Hinweise: teilweise ist auch 2. Wahl erhältlich

77839 Lichtenau

Weg: A 81 Heilbronn-Würzburg Ausfahrt Möckmühl über Lampoldshausen und Sindringen nach Ernsbach, dort befindet sich die Firma am Ortseingang, im 1. Gebäude auf der linken Seite

74921 Helmstadt-Bargen

▶ MWH

MWH Metallwerk Helmstadt GmbH
74921 Helmstadt-Bargen / Bahnhofstr. 2
Tel. (07263) 91400 oder 40691 / mwh-gartenmoebel.de

Die Metallwerk Helmstadt GmbH ist ein Unternehmen der Firmengruppe Heinz Kettler. Die Firma entwickelt, produziert und vertreibt wetterfeste Gartenmöbel und Objektmöblierungs-Systeme.

Waren: wetterfeste Gartenmöbel aus Metall, teilweise mit Holz kombiniert, wie z.B. Sessel, Tische, Bänke, Liegen und Hocker, außerdem Schirme und Polsterauflagen, Marken MWH, Royal Garden, Form und Sonntex

Ersparnis: unterschiedlich je nach Artikel

Zeiten: ab Februar bis ca. Ende Sept. Mo. bis Fr. 9.00-18.30 Uhr, Sa. 9.00-14.00 Uhr

Hinweise: Lagerhalle, es sind nur 2. Wahl-Artikel und Sonderposten erhältlich

Weg: A 6 Heilbronn-Mannheim Ausfahrt Sinsheim auf die B 292 nach Helmstadt, die erste Abfahrt Richtung Industriegebiet/Helmstadt-Bargen, der Werksverkauf befindet sich vor der Bahnlinie auf der rechten Seite

77839 Lichtenau

▶ SIEGER

Sieger GmbH & Co. / Freizeitmöbel
77839 Lichtenau / Landstr. 67
Tel. (07227) 509-0 / sieger-gmbh.de

Sieger ist in Deutschland und europaweit eine der führenden Marken für Freizeitmöbel. Die Artikel sind u.a. im Fachhandel, in Möbelhäusern, Gartencentern, Bau- und Freizeitmärkten und Kaufhäusern erhältlich.

Waren: Garten- und Freizeitmöbel aus Vollkunststoff sowie aus Aluminium in Kombination mit Teakholz, Garten- und Campingmöbel aus Stahlrohr, umfangreiches Tischsortiment, auch Polsterauflagen

Ersparnis: teilweise sind sehr günstige Angebote erhältlich

83026 Rosenheim

Zeiten: jeweils an einem Sa. in den Monaten Mai bis Juli, meistens von 7.00-12.00 Uhr, die genauen Termine werden jeweils in der regionalen Presse veröffentlicht oder diese telefonisch erfragen

Hinweise: nur Verkauf von Auslaufmodellen, 2. Wahl, Warenretouren und Überhangposten

Weg: A 5 Karlsruhe-Basel Ausfahrt Bühl nach Lichtenau, hier im Zentrum auf die B 36 Richtung Rheinau in den Ortsteil Scherzheim, hier befindet sich die Firma am Ortsanfang direkt an der Hauptstraße

83026 Rosenheim

▶ WERNDL

Steelcase Werndl AG
83026 Rosenheim / Oberaustr. 6
Tel. (08031) 405-390 / gebrauchte-bueroeinrichtung.de

Seit 1999 gehört Werndl zum Steelcase-Konzern, dem größten Büro- und Objekteinrichtungs-Hersteller der Welt, und firmiert seit Ende 2001 unter Steelcase Werndl AG.

Waren: Büromöbel aller Art wie Tischprogramme, Schränke, Regale, Container, Stühle, Trennwände etc.

Ersparnis: ca. 20% bei Neuware, bis zu 70% bei Teilen mit kleinen Transportschäden, Ausstellungsstücken oder Überproduktionen

Zeiten: Mo. bis Fr. 10.00-18.00 Uhr

Hinweise: bundesweite Lieferung und Montage ist nach Absprache möglich

Weg: A 8 München-Salzburg Ausfahrt Bad Aibling Richtung Rosenheim, in Pang links ab über Hohenofen nach Rosenheim, die Firma befindet sich im Industriegebiet West, die Oberaustr. verläuft hier parallel zur Bahnlinie

84416 Taufkirchen

▶ HIMOLLA

Himolla Polstermöbelwerk GmbH
84416 Taufkirchen / Schloßfeldstr.
Tel. (08084) 25-0 / himolla.com

Die himolla-Gruppe ist seit über 50 Jahren in Bayern beheimatet und heute einer der bedeutendsten und leistungsfähigsten Polstermöbel- hersteller Europas.

Waren: hochwertige Polstermöbel aller Art, Liegesessel, Sofas, Garnituren, Tische

Ersparnis: durchschnittlich ca. 50% und mehr

Zeiten: Mo. bis Fr. 12.45-17.00 Uhr, Sa. 9.00-13.00 Uhr

90556 Cadolzburg

Hinweise: der Verkauf erfolgt im „ZV-Lager" auf dem Werksgelände, es ist hauptsächlich Retourenware und 2. Wahl erhältlich, die Zustellung im Nahbereich ist möglich

Weg: Taufkirchen liegt ca. 25 km südlich von Landshut, hier befindet sich die Firma am Ortseingang im Gewerbegebiet

88630 Pfullendorf

▶ ALNO

Alno Möbelwerke GmbH & Co. KG
88630 Pfullendorf / Hesselbühl 22
Tel. (07552) 21-0 oder -3318 (Verkauf) / alno.de

Das Unternehmen entstand 1958 in Pfullendorf aus einer Schreinerei. Heute verfügt die Alno AG neben den Fabriken am Stammsitz in Pfullendorf, wo Einbauküchen der Marke Alno hergestellt werden, über 4 weitere produzierende Tochtergesellschaften in Deutschland.

Waren: große Auswahl an Einzelschränken und Arbeitsplatten, außerdem Zubehör und Elektrogeräte wie Herde, Backöfen, Kühl-/Gefrierkombinationen u.v.m.

Ersparnis: günstige Angebote

Zeiten: Di., Do., Fr. 9.30-17.30 Uhr, Sa. 8.30-13.00 Uhr

Hinweise: 2. Wahl-Verkauf von Artikeln die trotz kleiner Fehler in Form und Funktion einwandfrei sind

Weg: Pfullendorf liegt ca. 20 km südlich von Sigmaringen, dort von der Stadtmitte Richtung Überlingen, der Verkauf befindet sich im Industriegebiet-Ost

90556 Cadolzburg

▶ HAUSEL

Hausel Massivholzmöbel GmbH & Co. KG
90556 Cadolzburg / Pfannenstielstr. 6
Tel. (09103) 7909-0 / hausel.de

Seit 1892 produziert die Firma Hausel Massivholzmöbel. Es begann mit der handwerklichen Herstellung von Kleinmöbeln. Im Jahre 1992 bringt Hausel die erste Eckbank auf den Markt und entwickelte sich zu einem führenden Lieferanten für individuelle Speisezimmer im Massivholzmöbelsektor.

Waren: hochwertige Massivholzmöbel aller Art in Buche, Kernbuche, Fichte, Eiche, Ahorn, Kirsche und Nußbaum für Diele, Wohnen, Essen und Arbeiten

Ersparnis: günstige Angebote, teilweise bis zu 50%

Zeiten: Mo. bis Fr. 8.00-17.00 Uhr, Sa. 10.00-13.00 Uhr

96465 Neustadt

Hinweise: es sind hauptsächlich 1B- und Retourenwaren, Ausstellungs- und Messemodelle sowie Falschlieferungen erhältlich

Weg: von Würzburg oder Nürnberg kommend auf die B 8 nach Cadolzburg, nach dem Ortsschild von Cadolzburg die 3. Straße links und nach ca. 1 km rechts abbiegen in das Gewerbegebiet Egersdorf

96465 Neustadt

▶ FISCHER

Polstermöbel Ewald Fischer / Inh. Gerhard Naß
96465 Neustadt / Mühlenstr. 29
Tel. (09568) 86951

Waren: Polstermöbel aller Art, Restauration und Neuaufpolsterung, Gastronomiebestuhlung

Ersparnis: preisgünstiges Warenangebot

Zeiten: Mo. bis Do. 8.00-18.00 Uhr, Fr. 8.00-17.00 Uhr, Sa. 8.00-12.00 Uhr

Hinweise: Maßanfertigung nach Kundenwunsch ist möglich

Weg: von Lichtenfels kommend nach dem Kreisverkehr und dem „Pirelli-Werk" an der 1. Ampel links in die Mühlenstr.

96482 Ahorn

▶ LEIPOLD

Emil Leipold GmbH / Kindermöbel
96482 Ahorn / Alte Str. 1
Tel. (09561) 27000 / leipold.de

Waren: Stubenwagen, Bollerwagen, Babywiegen, Tragetaschen, Hängekörbe und Nostalgiewagen, außerdem Bettsets, Schlafsäcke, Kissen, Decken, Wickelauflagen und Krabbeldecken, auch Kinderzimmermöbel und Zubehör für Taufe und sonstige Festlichkeiten, teilweise aber eingeschränkte Auswahl

Ersparnis: gering, nur 2. Wahl ist bis zu 25% preiswerter

Zeiten: Mo. bis Do. 9.00-12.00 Uhr und 13.00-16.00 Uhr, Fr. 9.00-12.00 Uhr

Hinweise: separater Verkaufsraum, teilweise ist auch 2. Wahl erhältlich

Weg: Ahorn liegt ca. 3 km südlich von Coburg, die Alte Str. ist dort die Hauptstraße

97840 Hafenlohr

97840 Hafenlohr

▶ PAIDI

Paidiwerk Heinrich Renkl GmbH & Co. KG
97840 Hafenlohr / Bahnhofstr.
Tel. (09391) 501-0 / paidi.de

Das heute über die Grenzen Deutschlands hinaus bekannte Paidiwerk entstand 1935. Ein Paidi-Bett verließ die Werktore zum ersten Mal 1936. Der Name dieses ersten Produktes war bereits Programm - paidi = auf griechisch „dem Kinde" - und wurde auch zum Firmennamen. Heute befindet sich die Möbelproduktion am Stammsitz im nordbayerischen Hafenlohr und in Kolbuszowa (Polen). Paidi exportiert mittlerweile seine Kinderzimmer, Bett-Textilien und Jugendmöbel auch in das benachbarte Ausland.

Waren: Baby-, Kinder- und Jugendmöbel wie z.B. Kinderbetten, Hochbetten, Kleiderschränke, Wickelkommoden, Regale, Schreibtische, Truhen, Bänke, Hochstühle, Kinderdrehstühle, Kinderbettmatratzen etc.

Ersparnis: je nach Mangel, durchschnittlich ca. 30-40%

Zeiten: Mo. bis Fr. 9.00-12.30 Uhr und 13.00-17.00 Uhr, Sa. 8.30-13.00 Uhr

Hinweise: es sind ausschließlich 2. Wahl-Artikel, Entwicklungs- und Auslaufmodelle, Messe- und Fotostudiomodelle sowie Warenrücknahmen erhältlich

Weg: von Würzburg auf der A 3 kommend Ausfahrt Marktheidenfeld Richtung Lohr nach Hafenlohr, dort befindet sich der Verkauf im 2. Wahl-Lager im Gewerbegebiet, direkt im alten Bahnhofsgebäude

Spielwaren, Sportartikel

06526 Sangerhausen

▶ MIFA

Mitteldeutsche Fahrradwerke AG
06526 Sangerhausen / Thomas-Müntzer-Str. 1
Tel. (03464) 537-384 / mifa.de

Nach der Werksgründung im Jahr 1907 begannen die Mitteldeutschen Fahrradwerke MIFA erstmals mit dem Bau von Fahrrädern und Fahrradteilen. Es waren vor allem die Alltagstauglichkeit und die Solidität der MIFA-Fahrräder, die die Kunden überzeugten. Heute ist die MIFA AG in Deutschland und in weiten Teilen Westeuropas tätig.

Waren: Fahrräder aller Art, City-Bikes, Cruiser, Touren- und Sportfahrräder, Trekkingbikes, MTBs und ATBs sowie Full-Suspension-Bikes und Kinderräder, Fahrräder von 12" bis 28", außerdem Fahrradteile und -zubehör, Marken Mifa und Germatec

Ersparnis: ca. 15-20%, teilweise günstigere Angebote

Zeiten: Mo. bis Fr. 9.00-18.00 Uhr, Sa. 9.00-13.00 Uhr

Hinweise: Fahrrad-Shop neben dem Werk, direkt gegenüber der Feuerwehr

Weg: Sangerhausen liegt an der B 80 zwischen Halle und Nordhausen, dort befindet sich die Firma an der B 80 in Richtung Nordhausen

06628 Bad Kösen

▶ KÖSEN / SILKE

Kösener Spielzeug Manufaktur GmbH
06628 Bad Kösen / Naumburger Str. 13
Tel. (034463) 61363 / koesener.de

Das Unternehmen wurde 1912 von Käthe Kruse als Käthe Kruse Puppenwerkstätten gegründet. Lange handwerkliche Tradition ist die Grundlage für die Kösener Spielzeug Manufaktur. Wichtig sind dem Unternehmen naturgetreues Aussehen, gute Verarbeitung und hoher Spielwert der in liebevoller Handarbeit hergestellten Produkte. Alle Plüsch- und Stofftiere werden nach wie vor in Bad Kösen hergestellt.

09575 Eppendorf

Waren:	hochwertige Plüschtiere aller Art und Größen, naturgetreu und aufwendig verarbeitet, waschbar, z.B. Bären, Pferdchen, Eichhörnchen, Igel, Mäuse, Rehe, Füchse etc., zum Spielen und Sammeln, aber auch Plüschtiere aus Frottee und Baumwolle für Kleinkinder, Marken Kösen und Silke
Ersparnis:	ca. 20%
Zeiten:	Mo. bis Fr. 10.00-18.00 Uhr, Sa. 10.00-17.00 Uhr, So. 11.00-17.00 Uhr, in den Wintermonaten Sa. und So. bis 16.00 Uhr
Hinweise:	gegen eine Schutzgebühr werden auch Kataloge verschickt
Weg:	Bad Kösen liegt ca. 7 km südwestlich von Naumburg an der B 87 Richtung Eckartsberga, von Naumburg kommend befindet sich die Firma am Ortseingang von Bad Kösen auf der rechten Seite im Einkaufszentrum „Ritterbad-Carré"

09526 Olbernhau

▶ HESS

s. Seite 593

Hess Spielzeug GmbH
09526 Olbernhau / Grünthaler Str. 112
Tel. (037360) 737-0 / hess-spielzeug.de

Die Firma wurde 1990 gegründet und verkauft heute ihre Produkte weltweit.

Waren:	Holzspielwaren für Babys und Kleinkinder wie z.B. Rasseln, Schnullerketten, Greiflinge, Clipfiguren für z.B. Kinderwagen, Wagenketten, Kinderbettenschmuck, Schaukelpferde, Trapeze, Bodengeräte, Messlatten etc.
Ersparnis:	teilweise sind sehr günstige Angebote erhältlich
Zeiten:	Mo. bis Fr. 9.00-18.00 Uhr, zeitweise auch Sa. 10.00-13.00 Uhr
Hinweise:	teilweise sind auch günstige 2. Wahl und Auslaufartikel erhältlich
Weg:	Olbernhau liegt südlich von Chemnitz, direkt an der tschechischen Grenze, dort befindet sich die Firma mitten im Ort, Richtung Seiffen auf der rechten Seite

09575 Eppendorf

▶ RÜLKE

Rülke Holzspielzeug GmbH
09575 Eppendorf Kleinhartmannsdorf / Dorfstr. 47
Tel. (037293) 771-0 / ruelke-gmbh.de

Im Jahr 1887 wurde die Puppenmöbelfabrik Hermann Rülke KG in Kleinhartmannsdorf gegründet. Seit dieser Zeit werden in Kleinhartmannsdorf Puppenmöbel produziert. Die Produktpalette veränderte sich von Zeit zu Zeit, u.a. wurden während

32584 Löhne

des 2. Weltkrieges Holzsohlen produziert, aber Puppenstubenmöbel gehörten immer zum Sortiment. Mit der Reprivatisierung 1991 wurde eine zeitgemäße Produktlinie, die guten Spielwert mit anspruchsvollem Design verbindet, aufgebaut.

Waren: Holzspielwaren wie Puppenhäuser und Puppenstubenmöbel, außerdem Puppenhauszubehör, Spielhäuser, Spielpuppen und Zubehör, Spielkisten sowie Kaspertheater, Tafeln, Wurfspiele und Puppenmöbel für ca. 40 cm große Puppen

Ersparnis: unterschiedlich, günstige Angebote

Zeiten: Mo. bis Fr. 7.00-16.00 Uhr

Weg: von Chemnitz auf der B 173 Richtung Freiberg, in Oederan rechts ab nach Kleinhartmannsdorf, dort befindet sich die Firma nicht zu verfehlen mitten im Ort

32584 Löhne

▶ BIKE-PLANTAGE

Bike-Plantage GmbH
32584 Löhne Gohfeld / Alter Postweg 190
Tel. (05732) 688640 / bike-plantage.de

Waren: Fahrräder für Damen und Herren wie Sport-, Komfort- und Trekkingräder, Citybikes, MTB-Räder, auch Räder für Kinder und Jugendliche, Marken Panther, Göricke, Bauer, Pegasus etc.

Ersparnis: preisgünstige Angebote, ca. 20%

Zeiten: Di. und Fr. 15.00-18.00 Uhr, Sa. 9.00-13.00 Uhr

Hinweise: es sind ausschließlich 2. Wahl-Räder der Pantherwerke erhältlich

Weg: A 30 Osnabrück Richtung Hannover Ausfahrt Dr. Löhne auf die B 61, unter der Brücke durch und danach gleich rechts ab, dann kommt man auf den Alten Postweg, hier orientieren nach „Pantherwerke"

33378 Rheda-Wiedenbrück

▶ PROPHETE

Prophete GmbH & Co. / Fahrradfabrik
33378 Rheda-Wiedenbrück / Lindenstr. 49
Tel. (05242) 4108-0 / prophete.de

Die Firma Prophete wurde 1908 in Halle an der Saale gegründet. Seit den 70er Jahren beliefert die vom Großhandel zur Produktion erwachsene Firma SB-Warenhäuser und Verbrauchermärkte, was bis heute deutlich ausgebaut werden konnte.

47906 Kempen

Waren:	Fahrräder wie City-, Touren- und Trekkingräder, Mountain-Bikes etc. für Damen, Herren und Kinder, Fahrradzubehörteile, Motorroller, Marken Prophete, Mountec, Konbike, Konsul
Ersparnis:	günstige Angebote, besonders bei 2. Wahl
Zeiten:	Mo. bis Fr. 9.00-12.00 Uhr und 13.00-16.45 Uhr, Sa. 9.00-12.00 Uhr
Hinweise:	jeden 1. Sa. im Monat findet ein sog. Lagerabverkauf statt, die Preise sind aber nicht unbedingt günstiger als sonst
Weg:	A 2 Dortmund-Hannover Ausfahrt Rheda-Wiedenbrück auf die B 6 Richtung Herzebrock-Clarholz, nach ca. 500 m die B 6 verlassen auf die Gütersloher Str. Richtung Bahnhof Rheda und nach weiteren ca. 500 m links in die Lindenstr.

35516 Münzenberg

▶ ERNESTO TOYS

Ernesto Toys by EWH Design
35516 Münzenberg Gambach / Butzbacher Str. 6
Tel. (06033) 71722 / ernestotoys.de

Seit über 3 Jahrzehnten steht Ernestos Holzspielzeug aus Butzbach für Qualität, Design und beste handwerkliche Verarbeitung nach alter Tradition, in mehr als über 60 Ländern der Erde.

Waren:	große Auswahl an Holzspielwaren aller Art für Kinder wie Schaukelpferde und viele andere Schaukeltiere, außerdem Kugelbahnen, Rasseln, Nachziehtiere, Burgen, Holzautos, Parkhäuser, Lernspielzeug u.v.m., insgesamt 68 verschiedene Artikel
Ersparnis:	durchschnittlich ca. 50%
Zeiten:	Mo. bis Fr. 10.00-16.00 Uhr, Sa. 10.00-13.00 Uhr
Hinweise:	teilweise ist auch 2. Wahl mit z.B. kleinen Transportschäden erhältlich
Weg:	Münzenberg liegt südlich von Gießen an der A 45 Richtung Hanau, Ausfahrt Münzenberg auf die B 488 über Ober-Hörgem nach Gambach, die Firma befindet sich im Industriegebiet Münzenberg-Gambach hinter „Norma"

47906 Kempen

▶ VELO-SPORT

Velo-Sportartikelfabrik Bruckmann GmbH & Co. KG
47906 Kempen / Am Selder 4-6
Tel. (02152) 4078 / velo-bruckmann.de

48159 Münster

Das Unternehmen wurde im Jahr 1922 gegründet und entwickelte sich bis heute zu einem Spezialisten für Zubehör für den Zweirad- und Reha-Markt.

Waren: Regenschutzbekleidung für Rad- und Motorradfahrer, Zubehör wie Taschen, Sattelbezüge, Regenhüllen, Regenschutz-Abdeckhauben für Fahrrad und Motorrad sowie Helme

Ersparnis: durchschnittlich ca. 15-20%

Zeiten: Mo. bis Fr. 9.00-17.00 Uhr, Sa. 10.00-13.00 Uhr

Hinweise: nicht alles ist aus eigener Herstellung, die Artikel sind auch im Versand erhältlich, ein Katalog kann anfordert werden

Weg: Kempen liegt ca. 15 km nordwestlich von Krefeld, A 40 Ausfahrt Kempen, noch vor Kempen links ab auf die Ortsumfahrung und nach ca. 1,5 km rechts ab auf den Schautesweg in das Industriegebiet Selder, nach weiteren ca. 800 m rechts in Am Selder, die Firma befindet sich gegenüber der Firma „De Beukelaer"

48159 Münster

Spiel/Sport

▶ **PINOLINO**

Pinolino Kinderträume GmbH
48159 Münster / Sprakeler Str. 397
Tel. (0251) 23929-0 oder -18 (Lagerverkauf) / pinolino.de

Das Unternehmen entwickelt, produziert und vertreibt seit 1997 eine breite Palette von Kindermöbeln, Accessoires und Spielwaren. Produziert wird in in drei eigenen Werken in Kronstadt, Siebenbürgen.

Waren: großes Sortiment an Kindermöbeln und Accessoires, z.B. Kinderbetten, Deckbetten, Maratzen, Wiegen, Hochstühle, Kindersitzgruppen, Schutzgitter und Schlafsäcke, außerdem Spielwaren wie z.B. Schaukelpferde, Kaufläden, Werkbank, Puppenwagen etc.

Ersparnis: ca. 30-40%, in der „Schnäppchenecke" finden sich besonders preiswerte Angebote

Zeiten: Fr. 10.00-18.00 Uhr, Sa. 10.00-16.00 Uhr

Hinweise: es sind überwiegend 2. Wahl-Artikel, Muster-, Ausstellungs- und Messestücke, Restposten, Auslaufware und Sonderangebote erhältlich

Weg: A 1 Ausfahrt Münster-Nord in Richtung Münster und an der 4. Ampel links in den York-Ring Richtung Osnabrück, dann an der 2. Ampel wieder links in die Grevener Str., die im weiteren Verlauf in die Sprakeler Str. übergeht, nach dem Überqueren der Bahnlinie sieht man rechter Hand bereits die Firma

49692 Cappeln

▶ MEYER

Engelbert Meyer GmbH / Fahrradfabrik
49692 Cappeln Sevelten / Hauptstr. 31
Tel. (04471) 94660

Waren: Fahrräder aller Art wie z.B. Trekking-, Touren- und Holland-Räder, keine MTB's

Ersparnis: durchschnittlich ca. 25%

Zeiten: Mo. bis Fr. 7.00-12.00 Uhr und 13.00-17.00 Uhr, August bis März Mo. bis Do. 7.00-17.00 Uhr, Fr. 7.00-12.00 Uhr

Hinweise: innerhalb von ca. 1-2 Wochen werden auch individuelle Wünsche berücksichtigt

Weg: A 1 Osnabrück-Bremen Ausfahrt Cloppenburg auf die B 72 Richtung Cloppenburg, bei Westeremstek links ab über Cappeln nach Sevelten

53424 Remagen

▶ SCHAUFF

Fahrradfabrik Schauff GmbH & Co. KG
53424 Remagen / Güterbahnhof 16
Tel. (02642) 22910 / schauff.de

Seit 1932 werden von der Firma Schauff Fahrräder und deren Komponenten konstruiert, entwickelt und produziert, seit 1945 in Remagen/Rhein.

Waren: hochwertige Touren-, Trekking-, Mountain-, City- und Rennräder, Tandems, Marke Schauff

Ersparnis: ca. 20% bei 2. Wahl und Auslaufmodellen, 1. Wahl ist kaum reduziert

Zeiten: Mo., Mi. bis Fr. 14.00-19.00 Uhr, Sa. 10.00-16.00 Uhr

Hinweise: Ladengeschäft, teilweise sind auch 2. Wahl-Räder mit kleinen Lackschäden erhältlich

Weg: A 61 Ausfahrt Sinzig, nach Remagen, dort befindet sich die Firma schräg gegenüber vom Bahnhof in einer Lagerhalle, nicht zu übersehen durch Schilder und Fahnen, direkt neben „McDonalds"

72072 Tübingen

72072 Tübingen

▶ PUSTEFIX

Dr. Rolf Hein GmbH & Co. KG
72072 Tübingen Kilchberg / Bahnhofstr. 29
Tel. (07071) 791005 / pustefix.de

Waren: Pustefix-Seifenblasen und Spiele sowie Fanartikel

Ersparnis: günstige Angebote

Zeiten: Mo. bis Do. 7.00-12.30 Uhr und 13.00-16.30 Uhr, Fr. 7.00-12.00 Uhr

Weg: A 81 Stuttgart-Singen Ausfahrt Herrenberg auf die B 28 Richtung Reutlingen nach Tübingen, in Tübingen rechts abbiegen Richtung Rottenburg a. Neckar vorbei an Weilheim nach Kilchberg, hier befindet sich die Firma am Ortsausgang im Industriegebiet

72555 Metzingen

▶ UHLSPORT

uhlsport GmbH
72555 Metzingen / Reutlinger Str. 24
Tel. (07123) 910153 / uhlsport.de

Die uhlsport GmbH ist Fußball-Komplettanbieter. Das Unternehmen exportiert weltweit in über 50 Länder und hat in Frankreich eine hundertprozentige Tochtergesellschaft vor Ort.

Waren: Fußballartikel wie Torwarthandschuhe, Fußballschuhe, Bälle, Trikots, Hosen, Stutzen, Trainings- und Freizeitanzüge

Ersparnis: bei Auslaufartikeln, Einzelstücken und Musterteilen teilweise 50% unter der unverbindlichen Preisempfehlung

Zeiten: Mo. bis Fr. 10.00-18.30 Uhr, Sa. 10.00-14.00 Uhr

Hinweise: es sind hauptsächlich Musterteile, Nullserien und Einzelstücke erhältlich

Weg: A 8 Stuttgart-München Ausfahrt Nürtingen auf die B 313 über Nürtingen nach Metzingen, hier rechts auf die Ulmer Str. und anschließend rechts auf die Reutlinger Str., die Verkaufsstelle befindet sich zwischen Lindenplatz und Rathaus

▶ VAUDE

Vaude Outlet / Galizia Fashion Plaza
72555 Metzingen / Mühlstr. 2
Tel. (07123) 925698 / vaude.de

72584 Hülben

Die Outdoor-Firma Vaude wurde 1974 gegründet. Was als kleiner Familienbetrieb anfing, wuchs innerhalb von über 25 Jahren zu einer Firma mit ca. 180 Mitarbeitern in Deutschland und ca. 1600 weltweit. Vaude steht mit seinen Produkten für hochwertige Qualität, Funktionalität und innovative Technik. Um für die große Produktpalette Experten an der Hand zu haben, hat Vaude in den letzten Jahren verschiedene Firmen übernommen, darunter beispielsweise Lucky, den Spezialisten für alpintechnische Geräte.

Waren: Outdoor-Ausrüstung und -Bekleidung wie Rucksäcke, Schlafsäcke, Radbekleidung, Sportbekleidung, Regenbekleidung, Anoraks, Pullover, Schuhe, Bergsteige- und Trekkingausstattung, Zelte, Skiausrüstung

Ersparnis: ca. 20-70%

Zeiten: Mo. bis Fr. 9.30-20.00 Uhr, Sa. 9.00-20.00 Uhr

Hinweise: es sind nur Auslaufartikel, d.h. Artikel der letzten Kollektionen, Musterkollektionen und 2. Wahl-Artikel erhältlich

Weg: Metzingen liegt ca. 40 km südlich von Stuttgart, A 8 Ausfahrt Wendlingen auf die B 313 über Nürtingen nach Metzingen, hier Richtung Zentrum zum Lindenplatz, die Mühlstr. ist vom Lindenplatz aus zu Fuß erreichbar, der Ausschilderung zum Galizia Fashion Plaza folgen

72584 Hülben

▶ BECK

Christof Beck Spielwaren GmbH
72584 Hülben / Uracher Str. 7
Tel. (07125) 5131 / holzspielzeug-beck.de

Waren: große Auswahl an Holzspielwaren wie z.B. Laufbahnen, Kugelbahnen, Parkhäuser, Verkehrszeichen, Geschicklichkeitsspiele, Kreisel, Jo-Jos, Kaufladen-Zubehör etc., teilweise mit Naturfarben bemalt, außerdem auch etwas Handelsware

Ersparnis: ca. 30% im Durchschnitt, die Handelsware ist kaum günstiger

Zeiten: Mo. bis Fr. 8.00-11.30 Uhr und 14.00-17.00 Uhr, Do. bis 19.00 Uhr, Sa. 9.00-12.30 Uhr

Hinweise: es ist hauptsächlich 2. Wahl mit kleinen Schönheitsfehlern erhältlich

Weg: A 8 Stuttgart-Ulm Ausfahrt Wendlingen, über Nürtingen und Neuffen nach Hülben, dort befindet sich die Firma an der Ortsdurchgangsstraße, der Verkauf erfolgt in der umgebauten Turnhalle

73119 Zell

73119 Zell

▶ OSTHEIMER

Margarete Ostheimer GmbH
73119 Zell u. Aichelberg / Daimlerstr. 7
Tel. (07164) 94200 / ostheimer.de

Die Margarete Ostheimer GmbH blickt auf eine über 60-jährige Firmengeschichte zurück und ist heute ein erfolgreiches Unternehmen in der Holzspielzeugbranche. Ihre Spielwaren sind ein Markenartikel geworden, der für pädagogisch wertvolles Spielzeug steht und sich auch als Sammlerartikel großer Beliebtheit erfreut.

Waren: Holzspielwaren für Kinder von 2 bis 8 Jahre wie Figuren und Tiere, auch Märchenfiguren, Waldtiere, Bauernhaus, Krippenstall etc.

Ersparnis: ca. 25% im Durchschnitt

Zeiten: Mo. und Fr. 9.30-12.30 Uhr und 14.00-17.00 Uhr, Di. und Do. 14.00-17.00 Uhr, Mi. 9.30-12.30 Uhr, Sa. 10.00-13.00 Uhr, im August meist ca. 3 Wochen lang Betriebsferien, in den Sommermonaten meist Di. 9.00-12.30 Uhr, Do. 14.00-17.00 Uhr, Sa. 10.00-13.00 Uhr, ab 1. September bis Weihnachten verlängerte Öffnungszeiten, am besten genaue Zeiten erfragen

Hinweise: sog. 2. Wahl-Laden in dem nur 2. Wahl erhältlich ist

Weg: A 8 Stuttgart-Ulm Ausfahrt Aichelberg nach Zell, im Ort Richtung Hattenhofen die vorletzte Straße rechts einbiegen, die Firma befindet sich im Gewerbegebiet Raubis

74912 Kirchardt

▶ CLEMENS

Clemens Spieltiere GmbH / Spielwarenherstellung
74912 Kirchardt / Waldstr. 34
Tel. (07266) 1774 / clemens-spieltiere.de

Das Unternehmen hat über 60 Jahre Erfahrung in der Herstellung von Teddybären.

Waren: Plüschspieltiere aller Art, hauptsächlich Sammlerteddybären, Kuscheltiere

Ersparnis: ca. 30% im Durchschnitt

Zeiten: Mo. bis Do. 8.00-16.00 Uhr, Fr. 8.00-14.00 Uhr

Hinweise: unterschiedlich, teilweise günstige Angebote

Weg: A 6 Ausfahrt Sinsheim-Steinfurt auf die B 39 nach Kirchardt, im Ort befindet sich die Firma kurz vor dem Ortsausgang Richtung Bad Rappenau auf der rechten Seite

86159 Augsburg

78054 Villingen-Schwenningen

▶ TIPP-KICK

Edwin Mieg oHG / Sportspielefabrik
78054 Villingen-Schwenningen / Dickenhardtstr. 55
Tel. (07720) 855880 / tipp-kick.de

Waren: Tipp-Kick Fußballspiele (Versionen Standard, Star-Set, Cup, Top-Set, Stadion, Pro-Stadion), Tischbeine für Pro-Stadion, Zubehör wie Pro-Kicker, Keeper, Timer, Star-Keeper, Netztore-Set, Bälle-Set, alle Kicker, Fanartikel wie T-Shirt, Sweat-Shirt, Rucksack, Pin

Ersparnis: unterschiedlich, günstige Angebote, teilweise bis zu 30%

Zeiten: Mo. bis Do. 8.00-12.00 Uhr und 14.00-16.30 Uhr, Fr. 8.00-12.00 Uhr

Weg: A 81 Stuttgart-Singen Ausfahrt Villingen-Schwenningen auf die B 27 Richtung Bad Dürrheim bis die B 523 kreuzt, an dieser Kreuzung rechts, die Firma befindet sich in der Nähe vom Eisstadion, der Beschilderung ins Industriegebiet folgen

86159 Augsburg

▶ HOLZTIGER

s. Seite 653

Holztiger Spielwaren GmbH
86159 Augsburg / Memmingerstr. 10
Tel. (0821) 4444606 / holztiger.de

Waren: Holzspielwaren für Kinder wie z.B. Tiere, Bäume, Krippenfiguren, Märchenfiguren, Indianer, auch Bauernhöfe, Ställe, Ritterburg, Arche, Zoo, Zirkus etc., außerdem auch Spielwaren anderer Hersteller

Ersparnis: bei 2. Wahl-Artikeln ca. 30-40%, Auslaufmodelle sind noch preiswerter, die Artikel anderer Hersteller sind kaum günstiger

Zeiten: von September bis April Mo. bis Fr. 9.00-13.00 Uhr und 14.00-17.00 Uhr, von Mai bis August Mo. bis Fr. 10.00-13.00 Uhr und 14.00-16.00 Uhr, von Oktober bis Dezember auch Sa. 10.00-14.00 Uhr

Weg: A 8 Stuttgart-München Ausfahrt Augsburg-West auf die B 17 Richtung Augsburg/Landsberg, an der 9. Ausfahrt (Kongresshalle/Alte Universität) abfahren und an der Ampel links auf die Eichleitner Str., anschließend die zweite Straße rechts ist die Memminger Str.

86368 Gersthofen

86368 Gersthofen

▶ DEUTER

s. Seite 653

Deuter Sport und Leder GmbH
86368 Gersthofen / Siemensstr. 1
Tel. (0821) 4987-125 / deuter.com

Das Unternehmen wurde im Jahr 1898 durch Hans Deuter gegründet. Um die Jahrhundertwende wurde die königlich-bayrische Post mit dem Gesamtbedarf an Briefbeuteln und Säcken beliefert. Seit über 100 Jahren gibt es auch Deuter Rucksäcke, mit denen seit vielen Jahren auch Expeditionen statt finden. Zur Entwicklung der Rucksäcke stehen der Firma erfahrene Bergführer zur Seite.

Waren: Deuter-Rucksäcke für Hiking, Trekking, Alpine, Bike, Freizeit und Familie sowie Schlafsäcke, außerdem Koffer, Taschen, Brief- und Handtaschen, Reisegepäck, Sporttaschen und Kleinlederwaren, Marken Deuter, Lcredi, Pappilon, Knirps, Birkenstock, Bulaggi, Oxmox u.a.

Ersparnis: ca. 25-30% bei eigenen Artikeln, bei zugekauften Artikeln gering

Zeiten: Di. und Do. 8.00-16.00 Uhr

Hinweise: im sog. „2. Wahl-Shop" sind auch günstige Musterteile erhältlich, es ist auch viel Zukaufware erhältlich

Weg: Gersthofen liegt ca. 5 km nördlich von Augsburg, A 8 Ausfahrt Augsburg-West nach Gersthofen, dort befindet sich die Firma im Industriegebiet Nord

88069 Tettnang

▶ VAUDE

s. Seite 657

Vaude Sport GmbH & Co. KG / Vaude Outlet
88069 Tettnang Obereisenbach / Siggenweilerstr.
Tel. (07542) 5306-0 / vaude.de

Die Outdoor-Firma Vaude wurde 1974 gegründet. Was als kleiner Familienbetrieb anfing, wuchs innerhalb von über 25 Jahren zu einer Firma mit ca. 180 Mitarbeitern in Deutschland und ca. 1600 weltweit. Vaude steht mit seinen Produkten für hochwertige Qualität, Funktionalität und innovative Technik. Um für die große Produktpalette Experten an der Hand zu haben, hat Vaude in den letzten Jahren verschiedene Firmen übernommen, darunter beispielsweise Lucky, den Spezialisten für alpintechnische Geräte.

Waren: Outdoor-Ausrüstung und -Bekleidung wie Rucksäcke, Schlafsäcke, Radbekleidung, Sportbekleidung, Regenbekleidung, Anoraks, Pullover, Schuhe, Bergsteige- und Trekkingausstattung, Zelte, Skiausrüstung

Ersparnis: ca. 20-70%

Zeiten: Do. 14.00-19.30 Uhr, Fr. 12.00-19.30 Uhr, Sa. 10.00-16.00 Uhr

Hinweise: es sind nur Auslaufartikel, d.h. Artikel der letzten Kollektionen, Musterkollektionen und 2. Wahl-Artikel erhältlich

Weg: Tettnang liegt an der B 467 zwischen Ravensburg und Lindau, von Tettnang nach Obereisenbach

89537 Giengen

▶ STEIFF

Margarete Steiff GmbH / Spielwarenfabrik
89537 Giengen / Margarete-Steiff-Platz
Tel. (07322) 1311 / steiff.de

Die Margarete Steiff GmbH ist ein weltbekannter Hersteller hochwertiger Teddybären und Plüschtiere für den Spielwaren-, Sammler- und Geschenkbereich. Steiff „Knopf im Ohr" ist eine der bekanntesten und ältesten Marken. Bei Sammlern und Liebhabern erzielen antiquarische Steiff-Artikel Höchstpreise.

Waren: große Auswahl an Teddybären und sonstigen Plüschspielwaren, Puppen, Handspielfiguren, Marke Knopf im Ohr, jedoch kein komplettes Warensortiment

Ersparnis: in der Fundgrube ca. 25% bei regulärer Ware, bei 2. Wahl ca. 30-60% möglich, trotzdem nicht billig

Zeiten: Mo. bis So. 9.30-19.00 Uhr

Hinweise: Erlebnismuseum „Die Welt von Steiff" mit Erlebnischarakter und Schaufertigung, die Fundgrube mit 2. Wahl-Artikel befindet sich ca. 200 m entfernt in der gleichen Straße

Weg: von Ulm auf der A 7 kommend, Ausfahrt Giengen/Herbrechtingen, in Giengen befindet sich die Firma in der Stadtmitte beim Bahnhof, sie ist auch ausgeschildert

90431 Nürnberg

▶ BAUER

Heinrich Bauer GmbH & Co. KG
90431 Nürnberg / Hans-Bunte-Str. 2
Tel. (0911) 32452-0 / bauer-spielwaren.de

Waren: Spielwaren aller Art, z.B. Plüschtiere, Spielfiguren-Sets, Holzspielzeug, Automodelle, Motorradmodelle, RC-Modelle, aufblasbare Sommerartikel, Inliners, Skateboards, Rollschuhe, Spielzeugpistolen, Karnevalartikel etc., Marken Bauer, Maisto, Schrödel u.a.

Ersparnis: gering

90513 Zirndorf

Zeiten: Mo. bis Fr. 8.00-9.30 Uhr, 10.00-12.30 Uhr und 13.00-16.00 Uhr, Fr. 8.00-9.30 Uhr und 10.00-13.00 Uhr

Hinweise: es sind hauptsächlich Musterteile erhältlich, längst nicht das komplette Sortiment

Weg: A 73 Richtung Autobahnende Ausfahrt Nürnberg-Westring in das die Autobahn angrenzende Industriegebiet, hier ist die Firma auch ausgeschildert

90513 Zirndorf

▶ PLAYMOBIL

geobra Brandstätter GmbH & Co. KG
90513 Zirndorf / Brandstätterstr. 2-10
Tel. (0911) 9666-0 / playmobil.de

Mit der Markteinführung des System-Spielzeugs Playmobil im Jahr 1974 entwickelte sich die Firma rasch zum umsatzstärksten deutschen Spielzeughersteller. Bis heute bevölkern ca. 2 Mrd. Figuren Kinderzimmer auf der ganzen Welt.

Waren: komplettes Playmobil-Programm, auch Ersatzteile

Ersparnis: keine, nur Sonderangebote und Auslaufmodelle sind etwas preiswerter

Zeiten: Mo. bis So. 9.00-19.00 Uhr

Hinweise: dem Ladengeschäft ist ein FunPark (geeignet für Kinder ab ca. 3 Jahre, Eintritt EUR 5,-) angegliedert

Weg: A 7 Ausfahrt Nürnberg-Kleinreuth Richtung Großhabersdorf/Zirndorf auf die Rothenburger Str., bei Leichendorf links in das Gewerbegebiet, dann wieder links und nach ca. 200 m erreicht man das Ladengeschäft, man kann auch der Beschilderung „FunPark" folgen

90765 Fürth

▶ STORKY TOYS

s. Seite 663

Storky Toys GdbR
90765 Fürth Stadeln / An der Waldschänke 3
Tel. (0911) 7876214

Waren: Spielwaren der Marken Simba, Dickie, Big, Eichhorn, Noris, Schuco und Tamiya wie BIG Bobby-Car mit Zubehör, Traktoren, Sandkästen, Spielgeräte, Schlitten, Baby-Spielzeuge, Holzspielwaren, Plüschtiere, R/C-Autos, Puppen, Bastel- und Kreativspielwaren, Brettspiele, Bücher, Partygeschirr u.v.m.

92676 Eschenbach

Ersparnis:	ca. 15-25%, Sonderposten und Angebote sind besonders preiswert
Zeiten:	Mo. bis Fr. 9.00-18.00 Uhr, Sa. 9.00-14.00 Uhr
Weg:	A 73 Ausfahrt Fürth/Ronhof Richtung Stadtmitte, an der zweiten Kreuzung rechts ab auf die Erlanger Str. Richtung Stadeln und anschließend nach ca. 1,7 km rechts in „An der Waldschänke"

90766 Fürth

▶ FERBEDO

Ferdinand Bethäuser GmbH & Co. KG
90766 Fürth / Siemensstr. 35
Tel. (0911) 97340-0 / ferbedo.de

Waren:	Kinderfahrzeuge wie Go-Carts, Fahrräder, Dreiräder, Roller, Rutscher und Tretfahrzeuge
Ersparnis:	ca. 20%, 2. Wahl ist noch etwas günstiger
Zeiten:	Mo. bis Do. 8.00-12.00 Uhr und 12.30-15.30 Uhr, Fr. 8.00-11.30 Uhr
Weg:	Fürth liegt ca. 5 km nordwestlich von Nürnberg, A 73 Ausfahrt Nürnberg/Fürth auf die B 8 (Nürnberger Str.) nach Fürth, ca. 4 km auf der B 8 bleiben und nach der Eisenbahnlinie links in das Industriegebiet

92676 Eschenbach

▶ KOCH

Spielwarenfabrik Hugo Koch
92676 Eschenbach / Pressather Str. 18
Tel. (09645) 300 / hugokoch.de

Spielwaren von Hugo Koch sind bekannt seit 1894 als ein besonderes Geschenk. Die Firma erstellt auch für viele Unternehmen Werbeartikel und Sonderanfertigungen nach deren Vorlagen und Wünschen.

Waren:	Plüschtiere aller Art und Größen, z.B. Bären aller Art, Hunde, Katzen, Mäuse u.v.m., außerdem limitierte Teddys sowie mit Plüsch überzogene Schaukelpferde, Holzautos und Handspielfiguren
Ersparnis:	durchschnittlich ca. 40%
Zeiten:	Mo. bis Fr. 8.00-16.00 Uhr
Hinweise:	separater Verkaufsraum vorhanden

Weg: Eschenbach liegt an der B 470 zwischen Weiden und Auerbach, dort leicht zu finden, am Haus befindet sich ein großes Schild

93462 Lam

▶ HEROS

**Holzspielwarenfabrik Hermann Rossberg GmbH & Co. KG
93462 Lam / Arberstr. 72
Tel. (09943) 9405-0 / heros-toys.de**

Die Spielwarenmarke Heros gibt es seit 1948. Noch heute befindet sich der Firmensitz der Firma Rossberg mit Verwaltung und Produktion in Lam, von wo aus die Holzspielwaren weltweit vertrieben werden.

Waren: Holzspielwaren wie z.B. Holzbausteine, Holzfahrzeuge, Holzschienenbahn, Bauernhöfe, Constructor, Klopf- und Werkbänke, Kugelbahnen, Holzpuzzle, Lernspielzeuge, Tafeln, Displays, Spiele und Spiele-Zubehör, Marke Heros

Ersparnis: ca. 20-30%

Zeiten: Mo. bis Fr. 9.00-12.30 Uhr und 14.00-18.00 Uhr, Mi. nachmittag geschl., Sa. 9.00-13.00 Uhr

Weg: Lam liegt ca. 15 km östlich von Kötzting, in Lam befindet sich der Werksverkauf am Ortseingang direkt nach der ersten Brücke gegenüber den Fabrikationshallen der Firma Rossberg, ist auch groß ausgeschildert und nicht zu verfehlen

93468 Miltach

▶ NEMMER

**Nemmer Holzspielwaren GmbH
93468 Miltach / Bahnhofstr. 45
Tel. (09944) 863 / nemmer.de**

Die Nemmer GmbH ist ein Unternehmen mit eigener Entwicklung, Herstellung und Vertrieb und blickt auf über 50 Jahre Erfahrung zurück. Sämtliche Produkte werden im eigenen Haus gefertigt.

Waren: große Auswahl an Holzspielwaren aller Art wie Holzbausteine, Fahrzeuge, Tiere, Werkzeuge, Werkbänke, Murmelbahnen, Stelzen, Leiterwagen, Schaukelpferd, Zählrahmen, Schiebetiere, Kegelspiel, Wandtafel, Stand-Wendetafel, Spiel-Haus, Marktstand, Messlatte u.v.m.

Ersparnis: ca. 30-40%

Zeiten: Mo. bis Do. 9.00-12.00 Uhr und 14.00-16.00 Uhr, Fr. 9.00-15.00 Uhr, Sa. 9.00-12.00 Uhr

96237 Ebersdorf

Hinweise: es sind immer auch günstige 2. Wahl, Sonder- und Auslaufmodelle erhältlich

Weg: Miltach liegt an der B 85 zwischen Cham und Regen, dort befindet sich die Firma direkt beim Bahnhof

96114 Hirschaid

▶ TEDDY

Teddy Hermann GmbH
96114 Hirschaid / Amlingstadter Str. 6
Tel. (09543) 9161 / teddy-hermann.de

Das Unternehmen wurde vor ungefähr 100 Jahren gegründet und hat sich im Lauf der Zeit speziell bei der Herstellung von Teddybären und weichgestopften Plüschtieren einen weltweiten Ruf erworben hat.

Waren: Plüschtiere aller Art, hauptsächlich Teddybären, aber auch viele andere Tiere, Marke Teddy Original

Ersparnis: ca. 30-40%, unterschiedlich je nach Artikel

Zeiten: Di. und Do. 12.30-16.30 Uhr

Hinweise: kleiner Verkaufsraum beim Hauptgebäude, teilweise ist auch 2. Wahl erhältlich

Weg: Hirschaid liegt ca. 10 km südöstlich von Bamberg an der A 73 Richtung Nürnberg, Ausfahrt Hirschaid, im Ort befindet sich die Firma gegenüber vom Bahnhof, an der Ortsausgangsstraße Richtung Amlingstadt

96237 Ebersdorf

▶ ROBA

s. Seite 671

roba Baumann GmbH
96237 Ebersdorf / Feldstr. 2
Tel. (09562) 9221-0 / roba-kinderwelt.de

Das Unternehmen wurde im Jahr 1927 gegründet. Aus Holz wurden Weinbutten und Fässer gefertigt. Seit 1952 werden auch Spielwaren produziert. Bekannt geworden ist roba u. a. durch Kasperle, Verkaufsstände, Puppenhäuser und Schreibtafeln. Heute ist roba ein international tätiges Unternehmen und einer der führenden Hersteller von Möbeln, Spielwaren und Accessoires für Kinder in Deutschland.

Waren: Kindermöbel wie Kinderzimmer, Abenteuer- und Stockbetten, Lauf- und Türgitter, Hochstühle etc., außerdem Holzspielwaren wie Tafeln, Sitzgruppen, Sandkästen, Puppenhäuser, Schaukelpferd etc. sowie Accessoires wie Textilien, Wickeltasche, Kindertrage, Babywippe etc.

Ersparnis: durchschnittlich ca. 30%

96465 Neustadt

Zeiten: Mo. bis Do. 9.00-18.00 Uhr, Fr. 9.00-16.00 Uhr, 1. und 2. Sa. im Monat 9.00-12.00 Uhr

Hinweise: es ist hauptsächlich 2. Wahl erhältlich

Weg: Ebersdorf liegt ca. 10 km südöstlich von Coburg an der B 303 Richtung Kronach, die Firma befindet sich direkt an der Abfahrt der Bundesstraße, sie ist gut ausgeschildert und nicht zu übersehen

96465 Neustadt

▶ ALTHANS

Althans GmbH & Co. KG / Plüschtierfabrik
96465 Neustadt Birkig / Horber Str. 4
Tel. (09568) 92260 / althans.de

Die Firma Althans ist ein mittelständisches Unternehmen der Spielwarenindustrie. Durch innovative Produkte und bewährte Qualität hat sie sich auf den inländischen und ausländischen Märkten einen Namen gemacht. Aber nicht nur der klassische Spielwarenhandel zählt zu den Kunden, sondern auch Werbeagenturen sowie Industrieunternehmen die das Plüschtier als Werbemittel entdeckt haben.

Waren: Plüschtiere aller Art wie z.B. Teddys, Pandas, Koalas, Hunde, Katzen, Mäuse, Waldtiere u.v.m., Sammlerbären aus Mohair in limitierter und handsignierter Auflage sowie Geschenkartikel aus Plüsch, Marken Althans Club, Althans Nostalgie und Ninis

Ersparnis: preisgünstiges Warenangebot

Zeiten: Mo. bis Do. 8.00-12.00 Uhr und 13.00-15.30 Uhr, Fr. 8.00-12.00 Uhr

Hinweise: teilweise sind auch günstige Sonderposten erhältlich

Weg: von Coburg über Rödental Richtung Neustadt, vor Haarbrücken rechts ab nach Birkig, hier ist die Firma ausgeschildert

▶ LISSI BÄTZ

Lissi Bätz GmbH / Spielwarenfabrik
96465 Neustadt Wildenheid / Hutstr. 31
Tel. (09568) 2166-67 / lissi.com

Waren: große Auswahl an Puppen, Babypuppen, Charakterpuppen, Sammlerpuppen und Plüschtieren

Ersparnis: ca. 30-40%, unterschiedlich je nach Artikel

Zeiten: Mo. bis Do. 8.00-12.00 Uhr und 13.00-17.00 Uhr, Fr. 8.00-12.00 Uhr

96472 Rödental

Weg: von Coburg über Rödental nach Neustadt, hier links ab nach Wildenheid, dort befindet sich die Firma beim Sportplatz, ist ausgeschildert

▶ ROLLY TOYS

Rolly Toys Franz Schneider GmbH & Co. KG / Spielwarenfabrik
96465 Neustadt / Siemensstr. 13-19
Tel. (09568) 856-0 / rollytoys.de

Das Familienunternehmen wurde durch seine Stehauf-Clowns bekannt. Es wird alles für „Kleinbauern" zum nachspielen hergestellt. Die Qualität der Artikel und der Service sind weltbekannt.

Waren: Kinder-Tretfahrzeuge mit Freilauf und Bremse, Traktoren und Anhänger, Dreirad-Fahrzeuge, Dreiräder, Roller, Baby-Cars, Schaukeltiere, Sandspielartikel wie Schaufel, Rechen, Sandformen und Eimersets, außerdem Schubkarre aus Kunststoff, Stehaufclown, Schwimmtiere etc.

Ersparnis: ca. 30-40%, unterschiedlich je nach Artikel

Zeiten: Mo. bis Do. 8.00-12.00 Uhr und 13.00-16.00 Uhr, Fr. 8.00-12.00 Uhr

Hinweise: teilweise ist auch 2. Wahl erhältlich

Weg: von Coburg in nordöstlicher Richtung über Rödental nach Neustadt, dort befindet sich die Firma neben dem Spielzeugmuseum

96472 Rödental

▶ ENGEL

Engel-Puppen GmbH
96472 Rödental Mönchröden / Mönchrödener Str. 55
Tel. (09563) 1237 / engel-puppen.com

Engel-Puppen ist mit ihrem über 100-jährigen Bestehen die älteste Puppenfabrik am Ort des Firmensitzes, Rödental im Norden Bayerns. Obwohl die Firma zu den Kleinunternehmen in der Branche gehört, findet man ihre Puppen in vielen Ländern der Welt. Die Produktpalette umfasst fast alle Puppentypen die es gibt, von der kleinen preiswerten Spielpuppe aus Vinyl, über Trachtenpuppen und Nostalgie-Sammlerpuppen bis zur wertvollen Künstlerpuppe aus Porzellan in limitierter Auflage.

Waren: hochwertige Spiel- und Sammerpuppen aus eigener Fertigung sowie Sammlerpuppen von Schildkröt, Käthe Kruse, Heidi Ott u.a., außerdem von anderen Herstellern Kinderspielzeug aller Art, Porzellanpuppen, Plüschtiere, Puppenmöbel, Holzspielwaren, Puppen- und Kinderporzellan, Weihnachtsengel, erzgebirgische Holzkunst u.v.m.

96476 Bad Rodach

Ersparnis: je nach Artikel unterschiedlich, viele Sonderangebote, durchschnittlich ca. 20%

Zeiten: Mo. bis Do. 9.00-12.00 Uhr und 13.00-16.30 Uhr, Fr. 9.00-12.00 Uhr

Hinweise: vereinzelt teilweise ist auch 2. Wahl erhältlich, eine Besichtigung der Puppenproduktion ist nach Vereinbarung möglich

Weg: von Coburg über Rödental nach Mönchröden, dort befindet sich die Firma direkt an der Hauptstraße auf der linken Seite

96476 Bad Rodach

▶ JAKO-O

Jako-O GmbH - Wehrfritz GmbH
96476 Bad Rodach / Coburger Str. 16
Tel. (09564) 929100 / jako-o.de

Jako-O gibt es seit 1987 und gehört zur Haba-Firmenfamilie, die seit über 60 Jahren für Kinder Produkte entwickelt und herstellt.

Waren: große Auswahl an Beschäftigungsspielen, Holzspielwaren, Kindermöbel, Bastelmaterial, Kaufladenzubehör u.v.m., Artikel der Marken Jako-O, Wehrfritz und Haba; in der Fundgrube ständig wechselndes Angebot (kein Komplettsortiment)

Ersparnis: bei 1. Wahl sehr gering, bis zu 40% günstiger sind nur Artikel in der Fundgrube im 1. Stock (Rücksendungen, 2. Wahl- und Auslaufartikel)

Zeiten: Mo. bis Fr. 9.00-18.00 Uhr, Sa. 9.00-15.00 Uhr

Hinweise: mehrmals jährlich finden zusätzliche Sonderverkäufe mit nochmals reduzierten Preisen statt, genaue Termine erfragen

Weg: Bad Rodach liegt ca. 15 km nordwestlich von Coburg, die Firma befindet sich von Coburg kommend ca. 100 m nach dem Ortseingang auf der rechten Seite

96515 Sonneberg

▶ DICKIE

Dickie Spielzeug GmbH & Co.
96515 Sonneberg / Mittlere Motschstr. 9
Tel. (03675) 73330 / dickietoys.com

Das Unternehmen wurde 1982 gegründet und gehört heute zu den Marktführern der Branche. Aus kleinen Anfängen heraus entwickelte sich das Spielwarensortiment der Simba-Dickie-Group auf heute mehr als 3.000 Artikel die in Deutschland, Italien, Tschechien, Bulgarien und China produziert werden. In der Firmenzentrale in Fürth werden fast alle Ideen geschmiedet und die Entwürfe dazu ausgearbeitet.

96523 Steinach

Waren: große Auswahl an Spielwaren der Marken Simba, Dickie, Schuco, Eichhorn, Noris wie z.B. Puppen, Plüschtiere, Baby- und Kleinkinderspielwaren, Autorennbahnen, ferngesteuerte Autos, Spiele u.v.m.

Ersparnis: unterschiedlich je nach Artikel, durchschnittlich ca. 30%

Zeiten: Mo. bis Fr. 10.00-18.00 Uhr, Sa. 9.00-14.00 Uhr

Hinweise: separater Verkaufsraum, es ist verbilligte 1. Wahl erhältlich, aber auch Sonderposten und 2. Wahl

Weg: Sonneberg liegt ca. 20 km nordöstlich von Coburg, von dort über Rödental und Neustadt nach Sonneberg, hier befindet sich die Firma im Gewerbegebiet Mittlere Motsch, direkt neben der Automodellrennstrecke, ist auch ausgeschildert

▶ PLÜTI NOVA

Plüti nova GmbH
96515 Sonneberg / Juttastr. 8
Tel. (03675) 89290 / plueti-nova.de

Die Firma ist hervorgegangen aus einem traditionsreichen Sonneberger Spielwarenbetrieb, der Anfang des letzten Jahrhunderts gegründet wurde. Nach Zulieferungen in der Spielzeugfertigung wurden in den 30er Jahren Puppen produziert. 1959 ist die Produktion vollkommen auf Plüschspielwaren umgestellt worden. 1990 wurde das Unternehmen reprivatisiert und firmiert seitdem unter dem Namen Plüti nova GmbH.

Waren: große Auswahl an Plüschtieren, z.B. Haustiere aller Art vom Huhn bis zum Pferd, Waldtiere wie Fuchs und Reh, Wildtiere wie Löwen, Tiger, Elefanten, Affen, Krokodile und Nilpferde, eine Mini-Serie in der Gr. 20-25 cm sowie eine Trend-Mini-Serie in der Gr. 15-20 cm

Ersparnis: teilweise sind günstige Angebote erhältlich

Zeiten: Mo. bis Fr. 9.00-16.00 Uhr

Hinweise: oftmals muss geklingelt werden damit geöffnet wird

Weg: von Coburg über Rödental und Neustadt nach Sonneberg, dort befindert sich die Firma in der Nähe des Bahnhofs am Anfang der Fußgängerzone

96523 Steinach

▶ MAROLIN

s. Seite 673

Richard Mahr GmbH
96523 Steinach / Räumstr. 35
Tel. (036762) 32310 / marolin.de

96528 Effelder

Die Tradition des Werkstoffes Papiermaché geht bis in die Mitte des 19. Jahrhunderts zurück. Die dafür entwickelten Rezepturen galten damals wie heute als streng gehütetes Betriebsgeheimnis jeder Firma. Die Firma Richard Mahr ein Beispiel dafür, dass auch im Zeitalter der Hochtechnologien alte handwerkliche Traditionen ihren Bestand haben. Aufträge aus allen Ländern der Euopäischen Union sowie aus Nordamerika zeugen von der großen Nachfrage nach den Figuren. Liebhaber und Sammler aus aller Welt schätzen die feine Detaillierung und Farbgebung der Figuren aus Papiermaché.

Waren: Weihnachtskrippen und Osterartikel aus Papiermaché wie Krippenfiguren, Engelfiguren, Heilige und Zubehör, außerdem naturgetreue und handbemalte Spieltiere und Figuren aus Kunststoff wie z.B. Zootiere, Haustiere, Waldtiere, Ritter und Indianer sowie Zubehör

Ersparnis: Preise erheblich unter vergleichbarer Einzelhandelsware

Zeiten: Mo. bis Fr. 9.00-17.30 Uhr

Weg: Steinach liegt ca. 10 km nördlich von Sonneberg, von Sonneberg kommend befindet sich die Firma gleich am Ortseingang auf der linken Seite, sie ist auch ausgeschildert

▶ PLAHO

Frör Plaho Vertriebs GmbH
96523 Steinach / Räumstr. 10
Tel. (036762) 30666 / plaho.de

Das Unternehmen produziert gegenwärtig über 200 verschiedene Holz- und Kunststoffspielwarenartikel für Kinder ab einem Jahr und liefert diese Spielwaren an Kunden in der ganzen Welt.

Waren: Holzspielzeuge wie z.B. Holzgreiflinge für die Kleinsten, Puppenmöbel, Holzfahrzeuge, Spielwelten und Artikel für das Rollenspiel der Kinder, außerdem Kunststoffspielzeuge wie z.B. Parkgaragen, Fahrzeuge, Rollenspielzeug und diverses Sommerspielzeug für draußen

Ersparnis: teilweise bis zu 50%

Zeiten: Mo. bis Do. 7.00-15.30 Uhr, Fr. 7.00-11.00 Uhr

Weg: Steinach liegt ca. 10 km nördlich von Sonneberg, von Sonneberg kommend am Ortseingang nicht der abknickenden Vorfahrtsstraße folgen sondern geradeaus, dann sieht man die Firma schon

96528 Effelder

▶ SPIELKO

Spielko GmbH
96528 Effelder / Sonneberger Str. 31
Tel. (036766) 22611 / spielko.de

97228 Rottendorf

Waren:	Plüschtiere, Handspielpuppen mit Holzköpfen, Handspieltiere aus Plüsch

Ersparnis: preisgünstiges Warenangebot

Zeiten: Mo. bis Do. 7.00-12.00 Uhr und 13.00-15.30 Uhr, Fr. 7.00-12.45 Uhr

Weg: Effelder liegt ca. 15 km nordöstlich von Coburg, an der B 89 zwischen Sonneberg und Eisfeld, in Effelder befindet sich die Firma an der Ortsdurchgangstraße bei der Feuerwehr

96528 Rauenstein

▶ SCHILDKRÖT

Schildkröt-Puppen und Spielwaren GmbH
96528 Rauenstein / Reitgasse 10
Tel. (036766) 80040 / schildkroet.de

Die Firma Schildkröt-Puppen wurde 1873 in Mannheim gegründet. 1896 wurde die erste Puppe aus Celluloid produziert. Schildkröt ist der älteste Puppenhersteller, der von 1896 bis heute durchgehend Puppen produziert. Seit 1993 ist die Firma Schildkröt in Rauenstein bei Sonneberg/Thüringen ansässig. Sonneberg war früher das größte Zentrum der Spielwarenherstellung weltweit.

Waren: hochwertige Spielpuppen, auch eine Klassik-Kollektion, außerdem Künstlerpuppen sowie limitierte Sammlerbären mit Holzwolle handgestopft

Ersparnis: bei 1. Wahl-Artikeln so gut wie keine, günstige Angebote bei Auslaufmodellen und 2. Wahl-Artikeln

Zeiten: Mo. bis Fr. 9.00-12.00 Uhr und 13.00-16.00 Uhr, Sa. 13.00-16.00 Uhr, in den Monaten Januar und Februar ist an Samstagen geschlossen

Hinweise: an das Firmenmuseum angeschlossenes kleines Ladengeschäft mit einem Puppen- und Plüschsortiment

Weg: Rauenstein liegt ca. 10 km nordwestlich von Sonneberg, von Sonneberg Richtung Eisfeld über Effelder-Rauenstein und Grümpen nach Rauenstein, ab Ortsmitte ist die Reitgasse gut zu finden

97228 Rottendorf

▶ PROPHETE

Prophete Fahrradmontage GmbH
97228 Rottendorf / Schießhausstr. 11
Tel. (09302) 3070 / prophete.de

97318 Kitzingen

Die Firma Prophete wurde 1908 in Halle an der Saale gegründet. In den 70er Jahren belieferte die vom Großhandel zur Produktion erwachsene Firma SB-Warenhäuser und Verbrauchermärkte. Bis heute konnte ein deutlicher Ausbau der Bedeutung in der deutschen SB- und Baumarktlandschaft erreicht werden.

Waren:	Fahrräder wie z.B. Touren- und Trekkingräder, Mountain-Bikes etc. für Damen, Herren und Kinder, Fahrradzubehörteile, Motorroller, Marken Prophete, Mountec, Konbike, Konsul
Ersparnis:	günstige Angebote, besonders bei 2. Wahl
Zeiten:	Mo. bis Fr. 9.00-12.00 Uhr und 13.00-16.30 Uhr, Sa. 9.00-12.00 Uhr
Hinweise:	es sind hauptsächlich 2. Wahl und Auslaufmodelle erhältlich, meist am 1. Sa. im Monat finden zusätzliche 2. Wahl-Verkäufe statt, genaue Termine erfragen
Weg:	von Würzburg ca. 5 km auf der B 8 nach Rottendorf, dort befindet sich die Firma im Gewerbegebiet, ist dort ausgeschildert

97318 Kitzingen

▶ ECKERT

Eckert GmbH / Werk für Kinderausstattung
97318 Kitzingen / Armin-Knab-Str. 27-33
Tel. (09321) 393-0 / eckert-gmbh.com

Waren:	für Babys bis ca. 3 Jahre Bettwäsche, Badewannen, Windeleimer, Töpfe, Regenverdecke, Fußsäcke, Schirmchen, Bauchtragen, Tragetücher, Wickelauflagen, Krabbeldecken, Matratzen, Spielzeug, Sicherheitsartikel, Schnuller, Mückennetze, Sprechanlagen u.v.m., keine Bekleidung und Kinderwagen
Ersparnis:	bei 2. Wahl und Auslaufmodellen 50% und mehr
Zeiten:	Mi. und Do. 13.00-16.00 Uhr, Fr. 9.00-13.00 Uhr
Hinweise:	der Verkaufsladen befindet sich direkt am Werk
Weg:	A 7 Ausfahrt Biebelried/Kitzingen, auf der B 8 durch Kitzingen über die neue Mainbrücke, danach an der 2. Ampel rechts Richtung Sickershausen, die nächste Straße wieder rechts ist die Armin-Knab-Str., nach ca. 300 m befindet sich der Werksverkauf auf der linken Seite gegenüber der „BayWa"

99887 Georgenthal

▶ STEINER

Steiner GmbH / Spielwarenfabrik
99887 Georgenthal / Bahnhofstr. 40
Tel. (036253) 48866 / steiner-pluesch.de

99887 Georgenthal

In dem 1889 gegründeten Familienbetrieb werden schön gestaltete Plüschtiere in bester Verarbeitung handgefertigt. Auch Sondermodelle nach Kundenwünschen werden in den unterschiedlichsten Ausführungen entwickelt und gefertigt.

Waren: große Auswahl an Plüschtieren aller Art, vom kleinen Kätzchen bis zum Riesenelefanten, weichgestopfte Kuscheltiere, Großtiere mit Stahlgestell, Schlaf- und Liegetiere, Schwing- und Schaukeltiere, aufwendig gearbeitete Künstlerbären aus Mohairplüsch

Ersparnis: ca. 25% im Durchschnitt

Zeiten: Mo. bis Fr. 8.00-18.00 Uhr, Sa. 9.00-13.00 Uhr

Hinweise: separater Verkaufsraum, auch Reparaturen von Plüschtieren sind möglich

Weg: A 4 Erfurt-Eisenach Ausfahrt Gotha, auf die B 247 bis Hohenkirchen, hier rechts ab nach Georgenthal, dort befindet sich die Firma in Ortsmitte in der Nähe vom Bahnhof

Schmuck, Uhren

55743 Idar-Oberstein

▶ GOTTLIEB

s. Seite 611

Louis Gottlieb & Söhne GmbH
55743 Idar-Oberstein / Nahestr. 42
Tel. (06781) 205-0 / edelstein-erlebniswelt.de

Die Firma Gottlieb wurde 1899 in Idar-Oberstein gegründet. Von Anfang an wurde Schmuck produziert und im Laufe der Jahre entwickelte sich das Unternehmen unter anderem zur bedeutendsten Schmuck-Galvanik der Region. Die Firma verfügt heute über eine Produktionsfläche von ca. 3.500 qm. Im Jahr 2000 wurde hier das 1. Factory Outlet für Schmuck, Edelsteine und Mineralien in Deutschland eingerichtet. Mit der Firma Gottlieb stellen hier über 30 Schmuck- und Edelsteinunternehmen aus.

Waren:	komplette Schmuckpalette, Gold-, Silber-, Diamant-, Edelstein- und Modeschmuck, geschliffene Edelsteine, Perlen, Gold-, Silber- und Steinketten, Mineralien, Drusen, Esoterische Steine, Steinfiguren, Edelsteinobjekte, Skulpturen
Ersparnis:	ca. 20-50%
Zeiten:	Mo. bis Fr. 9.00-18.00 Uhr, Sa. 10.00-18.00 Uhr
Hinweise:	Schmuckreparaturen und Anfertigungen in der eigenen Werkstatt sind möglich
Weg:	A 62 Ausfahrt Birkenfeld auf die B 41 über Birkenfeld nach Idar-Oberstein, nach dem Ortsschild an 2. Ampel rechts zum Bahnhof, hier geht die Nahestr. ab (große breite Straßenabbiegung, die aber stark abfällt und deshalb schwer zu sehen ist, auch Zufahrt zu einem Parkhaus)

70190 Stuttgart

60323 Frankfurt

▶ PERLEN & SCHMUCKCENTER

s. Seite 617

**Perlen & Schmuckcenter
60323 Frankfurt Westend / Friedrichstr. 23, Ecke Liebigstr. 33
Tel. (069) 717172 / schmuckcenter-frankfurt.de**

Das Perlen & Schmuckcenter ist ein seit 40 Jahren in Frankfurt-Westend etabliertes Familienunternehmen, als Importeur, Hersteller, Großhändler und Lieferant für Großkonzerne mit Edelsteinen, Diamanten, Perlen- und Goldschmuck. Es gibt auch eine extra Abteilung für den Direktverkauf.

Waren: Zucht-, Südsee-, Tahiti-, China- und Süßwasserperlen, lose Perlen, Stränge, Ketten, Armbänder, Ringe, Ohrschmuck, riesiges Schließensortiment, Änderungen aller Art, Goldschmuck 585 und 750 von standard bis hochwertig für Damen, Herren und Kinder, Manschettenknöpfe

Ersparnis: teilweise bis 50%

Zeiten: Mo. bis Fr. 10.00-18.00 Uhr, Sa. 10.00-14.00 Uhr

Hinweise: Parkplätze im Hof, Einfahrt Liebigstr.; Kreditkarten werden akzeptiert; Sonderposten für Wiederverkäufer (siehe auch Anzeige auf 1. Umschlaginnenseite)

Weg: Bockenheimer Landstr. Richtung „Alte Oper", links in die Liebigstr., die Firma befindet sich an der Ecke Liebigstr./Friedrichstr.

70190 Stuttgart

▶ LANGANI

**langani mit der schwarzen Perle GmbH + Co. KG
70190 Stuttgart / Stöckachstr. 53
Tel. (0711) 26886-0 / langani.de**

Zauberhafte Kollektionen entstehen in der Manufaktur langani. In kleinen Auflagen handgefertigt ist jedes Stück geprägt durch handwerkliche Perfektion. Farben und Materialien werden gefühlvoll ausgesucht und aufeinander abgestimmt, manche eventuell eingefärbt, bemalt, strukturiert oder verformt. So werden Modetrends in den zeitlos schönen Schmuck umgesetzt.

Waren: hochwertiger Modeschmuck wie z.B. Halsketten, Ohrringe und Armreifen

Ersparnis: ca. 20-30%, je nach Artikel unterschiedlich

Zeiten: jeden 1. Mi. im Monat 17.00-20.00 Uhr, jeden 1. Fr. im Monat 14.00-17.00 Uhr, im Januar und im August ist allerdings geschlossen, bei Feiertagen verschieben sich die Termine

Hinweise: es sind hauptsächlich Sondermodelle, Dekorations- und Ausstellungsstücke sowie Modenschau- und Pressemodelle erhältlich. Außerdem Schmuckstücke aus früheren Kollektionen, Einzelteile und Schmuckstücke mit kleinen Fehlern oder Schmuckteile die nicht ganz farbecht oder nickelfrei sind

Weg: die Firma befindet sich im Zentrum von Stuttgart nahe dem SWR, vom Hauptbahnhof Richtung Bad Cannstatt der Ausschilderung SWR folgen, der Werkstattverkauf befindet sich in der Stöckachstr. 53 A im Hinterhaus, erreichbar über den Hofeingang von Haus Nr. 55

72555 Metzingen

▶ DYRBERG/KERN

Dyrberg/Kern A/S
72555 Metzingen / Reutlinger Str. 63
Tel. (07123) 962642 / dyrbergkern.com

Waren: hochwertige, handgefertigte Schmuckwaren, Uhren und Brillen hauptsächlich für Damen, teilweise auch für Herren

Ersparnis: durchschnittlich ca. 30-40%, trotzdem nicht billig

Zeiten: Mo. bis Fr. 10.00-20.00 Uhr, Sa. 9.00-20.00 Uhr

Hinweise: es ist ausschließlich Ware der Vorsaison erhältlich

Weg: Metzingen liegt ca. 40 km südlich von Stuttgart, A 8 Ausfahrt Wendlingen auf die B 313 über Nürtingen nach Metzingen, an der großen Kreuzung (Lindenplatz) in Stadtmitte Richtung Tübingen/Reutlingen/Freizeitgelände abbiegen auf die Reutlinger Str.

▶ SWATCH

Swatch Outlet Store
72555 Metzingen / Reutlinger Str. 63
Tel. (07123) 9102164 / swatch.de

Waren: große Auswahl an modischen Uhren aller Art für Damen und Herren, außerdem etwas Schmuck

Ersparnis: ca. 30% zum Ladenpreis

Zeiten: Mo. bis Fr. 10.00-20.00 Uhr, Sa. 9.00-20.00 Uhr

Hinweise: es sind ausschließlich ältere Modelle erhältlich

Weg: Metzingen liegt ca. 40 km südlich von Stuttgart, A 8 Ausfahrt Wendlingen auf die B 313 über Nürtingen nach Metzingen, an der großen Kreuzung in Stadtmitte (Lindenplatz) Richtung Tübingen/Reutlingen/Freizeitgelände abbiegen auf die Reutlinger Str.

78098 Triberg

75417 Mühlacker

▶ BÖHRINGER

s. Seite 643

Wilhelm Böhringer Schmuckwaren
75417 Mühlacker / Industriestr. 14
Tel. (07041) 6309

Waren: Ringe, Ohrringe, Goldschmuck, Ketten, Armbänder

Ersparnis: je nach Artikel, günstige Angebote

Zeiten: Mo., Di., Do., Fr. 9.00-12.00 Uhr und 14.00-18.00 Uhr, Mi. und Sa. 9.00-12.00 Uhr

Weg: A 8 Stuttgart-Karlsruhe Ausfahrt Pforzheim-Ost auf die B 10 nach Mühlacker, dort befindet sich die Firma im Industriegebiet

76185 Karlsruhe

▶ RIES

Ries GmbH & Co. KG / Schmuckgalerie
76185 Karlsruhe / Daimlerstr. 5a
Tel. (0721) 97221-0 / ries-schmuck.de

Waren: Gold- und Silberschmuck, Perlen

Ersparnis: teilweise sind sehr günstige Angebote erhältlich

Zeiten: Mo. bis Fr. 12.00-18.00 Uhr, Sa. 11.00-15.00 Uhr

Weg: auf der A 8 kommend Ausfahrt Karlsruhe-Mitte Richtung Landau, wiederum abfahren Richtung Neureut/Mannheim, dann nach der 5. Ampel links und nach weiteren 50 m rechts

78098 Triberg

▶ HERR

Hubert Herr GmbH & Co. KG / Uhrenfabrik und Holzschnitzerei
78098 Triberg / Hauptstr. 8
Tel. (07722) 4268 / hubertherr.de

Seit Beginn des 19. Jahrhunderts werden Herr-Kuckucksuhren hergestellt. Aus einer kleinen Werkstatt entwickelte sich die Firma zu einem weltbekannten und führenden Unternehmen von Qualitäts-Kuckucksuhren. Alles wird am Firmensitz in Triberg im Schwarzwald hergestellt. Als einziger Hersteller fertigt die Firma die Werke, Gehäuse und Schnitzereien. Sämtliche Modelle sind aus echtem Holz hergestellt und handgeschnitzt.

Waren: Original Schwarzwälder Kuckucksuhren, aus echtem Holz und handgeschnitzt, in versch. Größen und Preislagen

78112 St. Georgen

Ersparnis: unterschiedlich, günstige Angebote

Zeiten: Mo. bis Fr. 7.30-12.00 Uhr und 13.30-16.30 Uhr

Weg: Triberg liegt an der B 500 zwischen Furtwangen und St. Georgen, dort befindet sich die Firma direkt an der Hauptstraße

78112 St. Georgen

▶ STAIGER

Kundo Staiger GmbH / Uhrenfabrik
78112 St. Georgen / Bundesstr. 10
Tel. (07724) 948479

Waren: Pendel-, Kuckucks-, Wand- und Armbanduhren und Wecker, auch Funkuhren

Ersparnis: preisgünstige Angebote

Zeiten: Mo. bis Fr. 9.00-13.30 Uhr und 14.00-18.00 Uhr, Sa. 9.00-12.00 Uhr

Hinweise: separates Ladengeschäft

Weg: St. Georgen liegt nordöstlich von Freiburg im Schwarzwald, in St. Georgen befindet sich die Firma direkt an der B 33 Richtung Triberg, ist auch ausgeschildert

78120 Furtwangen

▶ WEHRLE

Uhrenkabinett Wehrle / Uhrenfabrik
78120 Furtwangen / Lindenstr. 2
Tel. (07723) 5324 / uhrenkabinett-wehrle.de

Waren: große Auswahl an Armbanduhren, Wanduhren, Wecker, Kuckucksuhren, Schmuck etc., teilweise auch Fremdfabrikate

Ersparnis: nur bei Eigenprodukten ca. 30%, Handelsware ist nicht preiswerter

Zeiten: Mo. bis Fr. 9.00-12.30 Uhr und 14.30-18.00 Uhr, Sa. 9.00-13.00 Uhr

Hinweise: separates Ladengeschäft

Weg: Furtwangen liegt im Schwarzwald ca. 20 km westlich von Villingen-Schwenningen, dort befindet sich die Firma gegenüber vom „Deutschen Uhrenmuseum"

78713 Schramberg

78564 Wehingen

▶ TITANIUM

s. Seite 647

Viktor Hegedüs GmbH / Titanium-Fabrikverkauf
78564 Wehingen / Siemensstr. 8
Tel. (07426) 9494-0 oder -11 / titanschmuck.com

Waren: hochwertiger Titanschmuck (eigene Fertigung in großer Auswahl) in edeltrendigem Design wie Fingerringe, Ohrstecker, Nasenstecker, Körper- und Halsschmuck, absolut hautverträglich, eigene Schmuckideen können als Unikate umgesetzt werden, außerdem Partner- und Trauringe aus Titan und Edelstahl

Ersparnis: ca. 20-30%, Sonderposten und Musterteile bis zu 50%

Zeiten: Di. 15.00-20.00 Uhr, Do. und Fr. 15.00-18.00 Uhr, Sa. 10.00-13.00 Uhr

Weg: Wehingen liegt ca. 12 km östlich von Rottweil, in Wehingen Richtung Deilingen und direkt nach der Tankstelle links in die Wörthstr. einbiegen, kurz geradeaus und dann gleich wieder rechts in die Siemensstr.

78713 Schramberg

▶ JUNGHANS

Junghans Uhren GmbH
78713 Schramberg / Tösstr. 53
Tel. (07422) 18-0 / junghans.de

Der Einsatz sowohl traditioneller als auch neuester Uhrentechnologien bilden seit der Gründung des Unternehmens im Jahre 1861 die Basis für die Erfolgsgeschichte von Junghans und verleihen der Marke eine herausragende Stellung am internationalen Markt.

Waren: Armbanduhren hauptsächlich für Damen und Herren, auch einige Kinderuhren, Funkuhren, Solaruhren, Quartzuhren, Wecker, Großuhren, Time & Weather, Marke Junghans

Ersparnis: preisgünstige Angebote, ansonsten ca. 30%

Zeiten: Mo. bis Fr. 9.00-18.00 Uhr, Sa. 9.00-16.00 Uhr

Hinweise: es sind hauptsächlich 2A- und 3A-Waren mit z.B. kleinen Kratzern etc. erhältlich

Weg: A 8 Stuttgart-Singen Ausfahrt Rottweil auf die B 462 nach Schramberg, hier Richtung Hornberg und nach dem Tunnel die 2. Straße rechts in die Lauterbacher Str., dann die 3. Straße rechts ist die Tösstr., das Werk ist ab Ortsmitte auch ausgeschildert

87600 Kaufbeuren

87600 Kaufbeuren

▶ MIKOLASCH

Ferdinand Mikolasch / Schmuck- und Metallwarenfabrik
87600 Kaufbeuren Neugablonz / Hüttenstr. 24
Tel. (08341) 6329 / mikolasch.com

Die Firma Ferdinand Mikolasch ist seit über 55 Jahren eine weltweit bekannte Schmuck-, Ketten-, Druckguss- und Metallwarenfabrik. Sie ist Hersteller von hochwertigem Modeschmuck, Werbeartikeln, Halbfabrikaten und Sonderanfertigungen. In modernen und flexiblen Fertigungsstätten mit eigenem Werkzeugbau, Galvanik etc. werden auch spezielle Kundenwünsche realisiert. Die große Angebotspalette umfasst über 10.000 Artikel. Alle Erzeugnisse werden im eigenen Hause hergestellt.

Waren: qualitativ hochwertiger Modeschmuck, Armbänder, Armreifen, Anhänger, Broschen, Colliers, Ohrclips, Ringe etc.

Ersparnis: bis zu 50% möglich

Zeiten: Mo. bis Do. 8.00-12.00 Uhr und 13.00-17.00 Uhr, Fr. 8.00-12.00 Uhr

Hinweise: persönliche Beratung durch fachkundiges Personal

Weg: Neugablonz liegt zwischen Kempten und Landsberg i. Allgäu, A 96 Abfahrt Kaufbeuren, im Kreisverkehr Richtung Neugablonz, dann auf der Sudetenstr. bis zur Kreuzung und links in die Hüttenstr., die Firma befindet sich an der nächsten Kreuzung Ecke Grünwalder Str. (Eingang), schräg gegenüber der Firma „Swarovski"

Haushaltswaren und -geräte

08312 Lauter

▶ SCHWERTER EMAIL

Omeras GmbH
08312 Lauter / Hauptstr. 21
Tel. (03771) 56740

Waren: Email- und Edelstahlgeschirre, Spülen aus Email und Edelstahl, Simmertöpfe, Fondues, Woks, Raclettes, Schnellkochtöpfe sowie elektr. Küchengeräte und Zubehör etc.

Ersparnis: bis zu 50% möglich

Zeiten: Mo. bis Fr. 11.00-17.00 Uhr

Hinweise: es ist hauptsächlich 2. Wahl erhältlich, aber meist nur mit kleinsten Fehlern

Weg: Lauter liegt ca. 30 km südöstlich von Zwickau an der B 101 zwischen Schneeberg und Schwarzenberg, von Schwarzenberg kommend am Postamt rechts runter

28309 Bremen

▶ WILKENS

s. Seite 597

Wilkens & Söhne GmbH
28309 Bremen Hemelingen / Hemelinger Bahnhofstr.
Tel. (0421) 4103-204 / wilkensundsoehne.com

Das Unternehmen wurde 1810 durch Martin Heinrich Wilkens gegründet, fusionierte 1969 mit der Bremer Silberwaren AG (BSF) und wurde 1995 durch die Zwilling J. A. Henckels AG übernommen. Seit Anfang 2006 ist das Unternehmen wieder eigenständig. Manche Sterling und versilberte Besteckmuster werden seit über 100 Jahren in Bremen produziert.

Waren: Bestecke und Tafelgeräte aus Silber, versilbert und Edelstahl, Küchenmesser, Glas- und Porzellanartikel, Kochgeschirr,

36452 Fischbach

Haushaltswaren, Maniküre, Schmuck, Geschenkartikel etc., Marken Wilkens, BSF, Zwilling, Berndes, Seltmann Weiden, Nachtmann, Alfi u.a.

Ersparnis: ca. 50% bei 2. Wahl und Auslaufartikeln

Zeiten: Mo. bis Do. 10.00-16.00 Uhr, Fr. 10.00-18.00 Uhr, Sa. 10.00-14.00 Uhr

Hinweise: Werksladen neben der Firmeneinfahrt, es sind hauptsächlich 2. Wahl und Auslaufartikel erhältlich

Weg: auf der A 1 kommend Ausfahrt Bremen-Hemelingen, in Bremen befindet sich der Verkauf mitten im Stadtteil Hemelingen, gegenüber der Firma „Coca-Cola"

36452 Fischbach

▶ **BAF**

BAF Industrie und Oberflächentechnik GmbH
36452 Fischbach / Umpfenstr. 18
Tel. (036966) 78-0 / baf-fischbach.de

Die Firma BAF Industrie- und Oberflächentechnik GmbH mit Sitz in Fischbach befindet sich an einem Industriestandort mit Tradition. Bereits seit mehr als 80 Jahren werden in Fischbach Haushaltsartikel der verschiedensten Art produziert. Bis heute kommen aus Fischbach Produkte mit gutem Namen und hervorragender Qualität. Diese Verpflichtung läßt auch die Firma BAF in den Geschäftsbereich Haushaltswarensortiment einfließen.

Waren: Töpfe und Pfannen aus Aluminium und Alu-Handguss sowie Edelstahl, Bräter, Küchenhelfer wie Schneebesen, Schöpfkelle, Bratenwender etc.

Ersparnis: durchschnittlich ca. 30%

Zeiten: Mo. bis Fr. 8.00-16.30 Uhr, ca. 4x jährl. finden zusätzliche Samstagsverkäufe mit teilweise besonderen Angeboten statt, genaue Termine erfragen

Hinweise: Werksverkauf mit Ausstellung, teilweise sind auch 2. Wahl und günstige Schnäppchen erhältlich

Weg: Fischbach/Rhön liegt an der B 285 zwischen Mellrichstadt und Dorndorf, in Fischbach ist die Firma nicht zu übersehen

41748 Viersen

▶ **JÄGER**

s. Seite 603

Silberwarenfabrik Jäger GmbH & Co. KG
41748 Viersen / Gerberstr. 43-49
Tel. (02162) 16106 / silberwarenfabrik-jaeger.de

42651 Solingen

Das Unternehmen ist ein traditioneller Besteckhersteller seit 1923. Im Laufe der Zeit erfolgte eine Erweiterung des Betätigungfeldes auf die Besteckversilberung. Anfang der 90er Jahre wurde auf eine vollautomatisierte Versilberungsanlage für die Serienproduktion umgestellt. Mit der installierten Versilberungs-Kapazität entwickelte sich die Firma zum größten Lohnversilberer für Bestecke in Europa.

Waren: Bestecke aller Art der Marken Jäger, Wilkens, Robbe & Berking, Auerhahn, Christofle etc. in Edelstahl, versilbert und Sterlingsilber

Ersparnis: Preisbeispiel: 70-tlg. Besteck 18710 Edelstahl ab EUR 340,- und in 100 g-hartglanzversilbert ab EUR 740,-, die Aufarbeitung und Neuversilberung von Besteck ist bis zu 60% günstiger als ein eventueller Neukauf

Zeiten: Mo. bis Fr. 12.30-16.30 Uhr

Hinweise: separater Lagerverkaufsraum auf dem Fabrikgelände, die Firma bietet auch die Reparaturmöglichkeit von Bestecken an wie Klingen erneuern und schärfen sowie alte Klingen neu einsetzen

Weg: A 61 Ausfahrt Viersen auf die B 7 Richtung Zentrum, im Zentrum links ab über die Bahnschienen, die Firma befindet sich im Industriegebiet in der Nähe vom Schlachthof

42651 Solingen

▶ GIESEN & FORSTHOFF

**Giesen u. Forsthoff GmbH & Co. KG / Schneidwaren
42651 Solingen / Baumstr. 36-38
Tel. (0212) 22286-0 / gf-solingen.de**

Seit über 75 Jahren ist das Unternehmen Spezialist in der Herstellung von hochwertigen Friseur- und Maniküre-Artikeln aller Art, sowohl für den Profi als auch für den allgemeinen Bedarf. Die Artikel werden weltweit exportiert.

Waren: Haarscheren aller Art, Hundescheren, Haut- und Nagelscheren, Haut- und Nagelzangen, Pinzetten, Nagelfeilen, Maniküre-Instrumente, Rasiermesser, Taschenmesser, Maniküre-Etuis und Multifunktionswerkzeuge

Ersparnis: ca. 30% im Durchschnitt

Zeiten: Mo. bis Do. 8.00-16.00 Uhr, Fr. 8.00-14.00 Uhr

Hinweise: gelegentlich ist auch 2. Wahl erhältlich

Weg: A 46 Ausfahrt Haan-Ost Richtung Zentrum Solingen, im Zentrum von der Goerdelerstr. links ab auf die Wupperstr. und nach ca. 400 m sofort nach dem Überqueren der Bahnlinie rechts in die Baumstr., die Firma befindet sich nahe dem Amtsgericht

42653 Solingen

42653 Solingen

▶ EICKER

s. Seite 605

Schneidwarenfabrik Wilhelm Eicker
42653 Solingen Gräfrath / Tersteegenstr. 25
Tel. (0212) 38284-0 / eicker.com

Die Firma wurde im Jahr 1928 von Wilhelm Eicker gegründet und zählt heute zu einem der weltweit führenden Hersteller von Berufsmessern. Sämtliche Spezialmesser werden auf modernsten Maschinen gefertigt, die den höchsten Qualitätsstandard garantieren.

Waren: Berufsmesser aller Art wie Profi-Messer, Kochmesser, Fleisch- und Wurstgabeln, Hackmesser, Industrie-Messer und Wetzstähle, außerdem Haushaltsmesser wie z.B. Brot- und Wurstmesser

Ersparnis: preisgünstige Angebote

Zeiten: Mo. bis Fr. 10.00-12.00 Uhr und 14.00-16.00 Uhr

Hinweise: gelegentlich ist auch günstige 2. Wahl erhältlich

Weg: von Düsseldorf auf der A 46 kommend Ausfahrt Haan-Ost Richtung Solingen-Zentrum, vorbei am Stadtteil Gräfrath und fast am Ende des sich an Gräfrath anschließenden Industriegebiets links in die Tersteegenstr., die Firma befindet sich nahe der Firma „Haribo"

▶ GEHRING

Gehring Schneidwaren GmbH
42653 Solingen Gräfrath / Tersteegenstr. 37-39
Tel. (0212) 258420 / gehring-schneidwaren.de

Gegründet wurde die Firma Gehring Schneidwaren im Jahr 1956. Wichtigster Produktionsbereich war anfangs das Schleifen geschmiedeter Klingen. Bald entwickelte sich das Unternehmen mehr und mehr zu einem reinen Besteck- und Messerhersteller. Heute produziert die Firma vom Gemüsemesser bis zum Küchenhelfer, von modernen Geschenkartikeln bis hin zum klassischen Tafelbesteck eine große Palette unterschiedlicher Schneidwaren.

Waren: Haushaltsmesser aller Art, z.B. Brotmesser, Fleischmesser, Gemüsemesser, Kochmesser, Küchenschere, Käsemesser, Schälmesser, Tortenmesser und Wetzstahl, außerdem Berufs- und Kochmesser, Messerblöcke sowie Bestecke und Geschenkartikel, Marke Gehring

Ersparnis: bis zu 30%, bei Sonderaktionen und Auslaufmodellen bis zu 50%

Zeiten: Mo. bis Do. 10.00-16.00 Uhr, Fr. 10.00-14.30 Uhr

Weg: von Düsseldorf auf der A 46 kommend Ausfahrt Haan-Ost Richtung Solingen-Zentrum, vorbei am Stadtteil Gräfrath und fast am Ende des sich an Gräfrath anschließenden Industriegebiets links in die Tersteegenstr.

42655 Solingen

42655 Solingen

▶ HERDER

Otto Herder Manicure GmbH & Co. KG
42655 Solingen / Hossenhauser Str. 24
Tel. (0212) 814054 / herder-manicure.de

Otto Herder Manicure ist ein Hersteller von Produkten für Maniküre und Pediküre sowie von kompletten Maniküresets mit Firmensitz in Solingen. Die Firma bietet Qualiät aus Solingen zu wettbewerbsfähigen Preisen und arbeitet mit der Erfahrung von mehr als 75 Jahren kombiniert mit der neuesten Herstellungstechnik und High-Tech-Maschinen.

Waren: hochwertige Maniküresets in allen Variationen und Größen sowie Einzelteile davon, Manikurescheren wie Nagel- und Hautscheren, außerdem Nagelknipser, Pinzetten, Feilen, Zangen, Haarschneidescheren etc., auch Profi-Sets

Ersparnis: die Preise liegen deutlich unter vergleichbarer Einzelhandelsware

Zeiten: Mo. bis Do. 8.00-12.00 Uhr und 14.00-18.00 Uhr, Fr. 8.00-12.00 Uhr

Hinweise: der Verkauf findet im Büro statt

Weg: A 3 Düsseldorf-Köln Ausfahrt Solingen Richtung Zentrum zunächst auf der Elberfelder Str., diese geht über in die Landwehrstr. und anschließend in die Aufderhöher Str., am Ende der Aufderhöher Str. links in Nöhrenhauser Str., die dann in die Hossenhauser Str. übergeht

▶ WÜSTHOF

Ed. Wüsthof Dreizackwerk
42655 Solingen / Kronprinzenstr. 49
Tel. (0212) 2067-0 / wuesthof.de

Das Unternehmen existiert bereits seit 1814 und ist heute einer der führenden Hersteller von hochwertigen Schneidwaren für Hobby- und Profiköche.

Waren: große Auswahl an geschmiedeten Messern aller Art für Hobby- und Profiköche, über 200 versch. Typen

Ersparnis: günstige Angebote, besonders bei B-Ware

Zeiten: Mo. bis Fr. 8.00-13.00 Uhr

Weg: A 46 Ausfahrt Haan-Ost Richtung Solingen, auf der Wuppertaler Str. (B 224) vorbei an Gräfrath und an der großen Gabelung wo die Focher Str. rechts abgeht, ca. 1,5 km nach dieser Gabelung geht die Kronprinzenstr. an der nächsten großen Kreuzung rechts ab

Haushalt

42657 Solingen

▶ ZWILLING

Zwilling J. A. Henckels AG
42657 Solingen / Grünewalder Str. 14-22
Tel. (0212) 882-292 / zwilling.de

Die Geschichte der Marke Zwilling beginnt im Jahr 1731, als der Solinger Messermacher Peter Henckels den heute weltweit bekannten Zwilling als Schutzmarke in die Solinger Messermacher Rolle eintragen läßt. Leitgedanke war immer, dem Kunden beste Produkte und besten Service zur Verfügung zu stellen. Heute ist das Unternehmen neben seinem Stammsitz in Solingen in den wichtigsten Industrieländern wie z.B. den USA und Japan mit Tochtergesellschaften vertreten. Die Produkte des Hauses werden weltweit in über 100 Ländern verkauft.

Waren: große Auswahl an Messern und Küchengeräten, Scheren aller Art, Produkte für Manicure und Pedicure, Manicure-Etuis, Taschenmesser, Bestecke und Geschenkartikel

Ersparnis: bei 1. Wahl keine, bei 2. Wahl und Auslaufartikeln ca. 30%

Zeiten: Mo. bis Fr. 9.30-19.00 Uhr, Sa. 9.30-14.00 Uhr

Hinweise: Verkaufsshop mit separatem Schnäppchenmarkt, hier sind 2. Wahl- und Auslaufartikel erhältlich

Weg: A 3 Düsseldorf-Köln Ausfahrt Solingen/Langenfeld auf die B 229 nach Solingen-Wiescheid und dem Verlauf der Straße ca. 7 km folgen, die Firma befindet sich direkt an der B 229, noch vor der Bahnlinie, Parkplatz und Pförtner befinden sich an der Rückseite des Werks

42659 Solingen

▶ BURGVOGEL

Karl Bahns GmbH / Stahlwarenfabrik
42659 Solingen / Burger Landstr. 60
Tel. (0212) 42131 / burgvogel.de

Das Unternehmen wurde im Jahr 1949 in Solingen gegründet und wird heute in der dritten Generation geführt. Die hochwertigen Burgvogel-Produkte, deren Qualität auf der Verwendung von bestem Stahl und der langjährigen Erfahrung beruhen, werden inzwischen in die ganze Welt vertrieben.

Waren: Haushaltsmesser wie z.B. Küchenmesser, Gemüsemesser, Aufschnittmesser, Käsemesser und Brotmesser, teilweise mit Aufhängeloch, außerdem Berufsmesser wie Koch- und Fleischermesser, Marken Burgvogel und Goldsiegel

Ersparnis: ca. 30-40%, unterschiedlich je nach Artikel

Zeiten: Mo. bis Do. 7.00-17.00 Uhr, Fr. 7.00-14.00 Uhr, Sa. 9.00-13.00 Uhr

Hinweise: teilweise ist auch 2. Wahl erhältlich

42719 Solingen

Weg: A 1 Ausfahrt Wermelskirchen Richtung Solingen-Burg, dem Straßenverlauf bis ins Tal folgen und an der T-Kreuzung links Richtung Solingen, nach der Busschleife auf der rechten Seite rechts auf die Burger Landstr. und dem Straßenverlauf noch ca. 4 km folgen

42699 Solingen

▶ DORKO

Dorko Stahlwarenfabrik Dorten GmbH & Co.
42699 Solingen Merscheid / Dahl 31-35
Tel. (0212) 330906 / dorko.de

Der Ursprung des heutigen Unternehmens war eine im Jahre 1920 in Solingen-Merscheid gegründete Rasiermesserfabrik. Bald folgte eine Vergrößerung des Sortiments um weitere Artikel der Stahlwarenindustrie. Betriebsvergrößerungen führten zu einer Ausdehnung der Herstellung auf Scheren, Rasiergeräte, Hand- und Fußpflegeinstrumente. Noch heute ist die Herstellung von Rasiermessern eine Spezialität.

Waren: Haarscheren, Rasiermesser, Streichriemen und Abziehsteine, Nagelfeilen und Maniküreinstrumente, Pinzetten und Nagelknipser

Ersparnis: ca. 30-40%, unterschiedlich je nach Artikel

Zeiten: Mo. bis Do. 10.00-12.00 Uhr und 14.00-16.00 Uhr, Fr. bis 15.00 Uhr

Hinweise: kein eingerichteter Privatverkauf, evtl. vorher anrufen

Weg: A 3 Düsseldorf-Köln Ausfahrt Solingen/Langenfeld auf die B 229 Richtung Solingen, nach ca. 1,5 km an der großen Gabelung links Richtung Ohlig, vor Ohlig rechts nach Merscheid und hier am Ortsausgang Richtung Gönrath rechts in in den Kyllmannweg, der in Dahl übergeht

42719 Solingen

▶ KRUPS

Krups GmbH
42719 Solingen Wald / Nümmener Feld 10
Tel. (0212) 387-1 / krups.de

Waren: Elektro-Haushaltsgeräte wie z.B. Kaffee- und Espressomaschinen, Toaster, Wasserkocher, Eierkocher, Rührgeräte, Mixer, Küchenwaagen, Allesschneider, Stab- und Handmixer, Dosenöffner, Elektromesser, Haartrockner etc., auch Moulinex-Geräte

Ersparnis: ca. 20%, bei B-Ware bis zu 30%

Zeiten: Mo. bis Fr. 8.30-16.30 Uhr, Do. bis 18.00 Uhr

48282 Emsdetten

Hinweise: es sind hauptsächlich 1. Wahl-Artikel erhältlich, teilweise aber auch B-Ware wie z.B. Artikel mit fehlender Verpackung

Weg: A 46 Ausfahrt Haan-Ost Richtung Solingen, auf der Wuppertaler Str. (B 224) vorbei an Gräfrath und an der großen Gabelung rechts auf die Focher Str. Richtung Wald, danach die zweite Möglichkeit wiederum rechts in Nümmerner Feld, die Firma ist auch ausgeschildert

48282 Emsdetten

▶ EMSA

Emsa GmbH
48282 Emsdetten / Grevener Damm 215-225
Tel. (02572) 13-0 / emsa.de

Das Unternehmen wurde im Jahr 1949 gegründet und ist heute einer der größten europäischen Anbieter von Haushaltswaren mit vielfältigen Produkten für das tägliche Leben.

Waren: große Auswahl an Haushaltsartikeln, z.B. Isolierflaschen und -kannen, Kuchenbutler, Rührschüsseln, Mess- und Mixbecher, Frischhaltedosen, Mikrowellengeschirr, Trockenvorrat-Dosen, Dosenöffner, Tisch-Accessoires u.v.m., außerdem Balkonkästen, Blumentöpfe, Vasen und Gießkannen, Marke emsa

Ersparnis: ca. 20-30%

Zeiten: Mo. bis Mi. 11.00-17.30 Uhr, Do. 11.00-19.00 Uhr, Fr. 10.00-15.00 Uhr, Sa. 10.00-13.00 Uhr

Weg: A 1 Ausfahrt Greven auf die B 481 Richtung Emsdetten bis zum Ortseingangsschild Emsdetten, nach ca. 200 m befindet sich die Firma auf der linken Seite

48317 Drensteinfurt

▶ KOCHSTAR

s. Seite 605

Merten & Storck GmbH / Stanz- und Emaillierwerk
48317 Drensteinfurt / Am Ladestrang 1
Tel. (02508) 9909-38 / kochstar.de

Im Jahre 1904 gründeten Paul Storck aus Soest und Franz Merten aus Ascheberg das Stanz- und Emaillierwerk Merten & Storck mit Sitz in Drensteinfurt. Die Firma wurde bekannt durch die Herstellung von Töpfen, Pfannen, Glühwein- und Einkochautomaten unter dem Markennamen „kochstar". Heute gilt das Unternehmen als größter Hersteller von emaillierten Kochgeschirren in Deutschland und als weltweit größter Hersteller elektrischer Einkochautomaten.

Waren: Töpfe, Pfannen, Einkoch- und Entsafterautomaten, Party- und Alugussgeschirre

56235 Ransbach-Baumbach

Ersparnis: durchschnittlich ca. 50%

Zeiten: Fr. 9.00-18.00 Uhr, Sa. 9.00-13.00 Uhr

Hinweise: separater Verkaufsraum mit Kochzeile zum Ausprobieren sowie eine Schnäppchenhalle sind vorhanden, teilweise sind auch 2. Wahl-Artikel, Restposten und Musterteile erhältlich, Betriebsbesichtigungen von Gruppen sind auf Anfrage möglich

Weg: A 1 Dortmund-Münster Ausfahrt Ascheberg auf die B 58 nach Drensteinfurt, an der Tankstelle rechts in die Konrad-Adenauer-Str., dieser bis zur Abbiegung in Richtung „Industriegebiet Riether Str." folgen, vor den Bahngleisen links auf den Ladestrang, dann der Ausschilderung „Werksverkauf" folgen

55743 Idar-Oberstein

▶ FISSLER

s. Seite 611

Fissler GmbH
55743 Idar-Oberstein / Hauptstr. 30
Tel. (06781) 403-120 / fissler.de

Seit 1845 ist das traditionsreiche Unternehmen Fissler in Idar-Oberstein zu Hause. 1892 erfindet Fissler z.B. die fahrbare Feldküche, die sog. „Gulaschkanone". Aus dem Handwerksbetrieb wurde ein innovatives Weltunternehmen, das heute international für Qualitätsprodukte „Made in Germany" steht. Zahlreiche Produkte erhielten internationale Auszeichnungen und Prädikate für Design und Funktion.

Waren: hochwertige Kochgeschirr-Serien, Pfannen, Schnellkochtöpfe, Bräter, Woks, Küchenhelfer und Messer, teilweise auch in 2. Wahl

Ersparnis: ca. 20-25%

Zeiten: Mo. bis Fr. 10.00-18.00 Uhr, Sa. 10.00-14.00 Uhr

Hinweise: eine weitere Verkaufsstelle mit gleichem Warenangebot befindet sich in:
55768 Hoppstädten-Weiersbach Neubrücke, Fisslerstr. 1 (im Pförtnerhaus), Tel. (06781) 403-556, geöffnet Mo. bis Fr. 9.00-17.00 Uhr

Weg: A 62 Ausfahrt Birkenfeld auf die B 41 über Birkenfeld nach Idar-Oberstein, hier befindet sich das Ladengeschäft mitten in Idar direkt an der Hauptstraße

56235 Ransbach-Baumbach

▶ KERAMIKINSEL

Die Keramikinsel GmbH
56235 Ransbach-Baumbach / Hermann-Geisen-Str. 75
Tel. (02624) 949513 / diekeramikinsel.de

56377 Nassau

Die Keramikinsel ist ein Zusammenschluss von 9 Keramikfirmen aus dem Westerwald, die gemeinsam einen Werksverkauf betreiben.

Waren: keramische Produkte, z.B. Dekokeramik wie Tierfiguren, Gebäckdosen, Vasen und Kerzenhalter, außerdem Teekannen, Kaffeetassen und Essgedeck aus Steinzeug, Töpfe/Bräter aus Naturton zum Garen (Römertopf) sowie andere Gebrauchs- und Zierkeramikartikel

Ersparnis: günstige Angebote

Zeiten: Mo. bis Fr. 10.00-18.00 Uhr, Sa. 10.00-16.00 Uhr sowie an vielen Sonntagen von 11.00-16.00 Uhr

Weg: A 48 Ausfahrt Höhr-Grenzhausen und an der 1. Kreuzung rechts Richtung Bendorf, nach ca. 100 m befindet sich auf der linken Seite „Die Keramikinsel"

56377 Nassau

▶ LEIFHEIT

Leifheit AG
56377 Nassau / Lahn / „Fußgängerzone"
Tel. (02604) 9770 / leifheit.com

Mit den bekannten Marken Leifheit, Soehnle und Dr. Oetker Backgeräte im Unternehmensbereich Haushalt ist die Leifheit AG einer der führenden europäischen Anbieter von nichtelektrischen Haushaltsgeräten. Die Marken stehen für innovative Produkte mit hohem Gebrauchsnutzen und wegweisendem Design. Bekannte Marken gehören auch im Bad-Bereich zur Leifheit AG. Mit Kleine Wolke, spirella und Meusch werden bei Badtextilien und Accessoires Design- und Qualitätstrends im Markt gesetzt.

Waren: große Auswahl an Haushaltsartikeln von Leifheit, Dr. Oetker, Kleine Wolke und Spirella wie Boden- und Fensterwischgeräte, Eimer, Staubtücher, Wäschespinnen, Leitern, Badezimmergarnituren, Duschvorhänge, Backutensilien, Wasserfilter, Bügelbretter etc.

Ersparnis: bei 1. Wahl ca. 20-40%, bei 2. Wahl bis zu 75%

Zeiten: Mo. bis Fr. 10.00-18.00 Uhr, Sa. 9.00-13.00 Uhr

Hinweise: es sind auch günstige 2. Wahl-Artikel und Auslaufserien erhältlich

Weg: Nassau liegt zwischen Limburg und Koblenz, das Ladengeschäft befindet sich in der Fußgängerzone in der Innenstadt

58540 Meinerzhagen

▶ NOWA

Aluminiumgießerei Alfred Herzog
58540 Meinerzhagen / Auf der Koppel 5
Tel. (02354) 4737

58809 Neuenrade

Waren: Alu-Gusspfannen, Grillpfannen, Bräter, Kasserollen, Fischpfannen, Töpfe

Ersparnis: preisgünstige Angebote, 2. Wahl ist besonders preiswert

Zeiten: Mo. bis Fr. 9.00-16.00 Uhr

Weg: A 45 Siegen-Hagen Ausfahrt Meinerzhagen, die 1. Straße links Richtung Olpe, dann die 2. Straße rechts, dort befindet sich die Firma neben dem Autohaus, im Industriegebiet Schwenke

58579 Schalksmühle

▶ AMT

AMT Gastroguss GmbH
58579 Schalksmühle / Glörstr. 20-22
Tel. (02355) 508313 / gastroguss.de

Die Firma AMT Gastroguss ist seit Jahren als Hersteller hochwertiger Aluminium-Kochgeschirre bekannt. Bisher ausschließlich Zulieferer für große Händler unter deren Namen ist die Firma nunmehr mit eigenem Markennamen und Logo am Markt vertreten. Alle gefertigten Töpfe und Pfannen sind gleichermaßen für Profis wie für private Haushalte geeignet. Das Unternehmen ist offizieller Ausstatter und Sponsor der Deutschen Köche-Nationalmannschaft.

Waren: Guss-Kochgeschirre in versch. Größen und Formen wie Bratpfannen, Schmorpfannen, Eckpfannen, Bratentöpfe, Fleischtöpfe, Bräter, Induktionsgeschirr, Großraumpfannen und Zubehör

Ersparnis: bis zu 50%, je nach Artikel

Zeiten: Mo. bis Do. 8.00-16.00 Uhr, Fr. 8.00-15.00 Uhr

Hinweise: es ist ausschließlich 2. Wahl (z.B. kleine Lunker im Boden) erhältlich, meist das komplette Sortiment

Weg: A 45 Ausfahrt Lüdenscheid-Nord Richtung Lüdenscheid, an der Ampel rechts Richtung Hagen/Schalksmühle bis Spormecke, hier links Richtung Schalksmühle bis zur T-Kreuzung, rechts Richtung Hagen/Halver bis nach Dahlerbrück, in der zweiten Rechtskurve links Richtung Breckerfeld, nach dem Bahnübergang sind es noch ca. 450 m bis zur Firma

58809 Neuenrade

▶ PUS-GUSS

PuS-Guss Metallwaren GmbH
58809 Neuenrade / Schöntaler Weg 30
Tel. (02392) 62015 / pus-guss.de

Die Firma PuS-Guss wurde 1983 gegründet und ist eine Kokillengießerei mit sauerländischer Tradition. Hergestellt wird Kokillenguss von der Größe eines Geldstückes

59757 Arnsberg

bis zur Riemenscheibengröße mit einem Gewicht von 30 kg. Auch Bratpfannen und Kuchenformen gehören zum Produktionsprogramm.

Waren: Töpfe, Pfannen, Bräter, Kuchenformen wie Kranz- und Napfkuchenformen

Ersparnis: unterschiedlich, ca. 30-35%; Preisbeispiel: Pfanne flach 28 cm für EUR 19,-

Zeiten: Mo. bis Fr. 8.30-16.00 Uhr

Hinweise: teilweise ist auch 2. Wahl erhältlich

Weg: A 45 Olpe-Hagen Ausfahrt Lüdenscheid, über Werdohl nach Neuenrade, dort befindet sich die Firma in der Nähe vom Bahnhof, sie ist auch ausgeschildert

59757 Arnsberg

▶ BERNDES

s. Seite 615

Heinrich Berndes Haushaltstechnik GmbH & Co. KG
59757 Arnsberg / Wiebelsheidestrasse 9
Tel. (02932) 475-0 oder 941790 (Werksverkauf) / berndes.de

Berndes hat sich auf die Produktion von Kochgeschirr spezialisiert und stellt seit 1921 Qualitätsprodukte her. Solide, funktionale Produkte mit einem umfassenden Sortiment, beliebten Klassikern und hochwertigen modernen Antihaftversiegelungen.

Waren: Kochgeschirr wie Töpfe und Pfannen aus versch. Materialien, außerdem Küchenhelfer, Mühlen, Schneidwaren, Abfalleimer, Brotkästen, Aufbewahrungsbehälter, Porzellan, Bestecke u.v.m., neben den Eigenprodukten Berndes sind auch Artikel der Firmen Friesland (Porzellan), Zwilling (Schneidwaren) u.a. erhältlich

Ersparnis: ca. 30-50%

Zeiten: Mo. bis Fr. 10.00-18.00 Uhr, Sa. 10.00-14.00 Uhr

Hinweise: es sind nur 2. Wahl-Artikel, Restposten und Auslaufartikel erhältlich

Weg: A 46 Ausfahrt Arnsberg-Rathausplatz, über die Ruhrbrücke und danach rechts über den Bahnübergang, am Bahnhof vorbei und wieder rechts in den Holzener Weg, am Industriegebiet rechts in die Wiebelsheidestr. und ab dem Hauptwerk „Berndes" dem Straßenverlauf noch ca. 1 km folgen

59846 Sundern

▶ SEVERIN

A. Severin GmbH & Co. / Elektrogerätefabrik
59846 Sundern / Am Brühl 27
Tel. (02933) 9820 / severin.de

65582 Diez/Lahn

Was im Jahr 1892 mit einer kleinen Schmiede im sauerländischen Sundern begann ist heute ein angesehenes Markenunternehmen in Deutschland. Severin liefert heute Geräte in mehr als 70 Länder.

Waren: elektrische Haushaltsgeräte wie Babyflaschenwärmer, Bügeleisen, Toaster, Haartrockner, Heizkissen, Kaffeeautomaten, Mixer, Mikrowellen, Toastofen, Waffeleisen, Hörncheneisen, Brotbackautomaten, Dampfgarer, Fritteusen, Reiskocher, Grillgeräte, Fondue, Wok, Entsafter u.v.m.

Ersparnis: ca. 30% im Durchschnitt

Zeiten: Mo. bis Do. 8.00-12.00 Uhr und 13.30-15.30 Uhr, Fr. 8.00-12.00 Uhr

Hinweise: angegliedertes Ladengeschäft, teilweise ist auch 2. Wahl erhältlich

Weg: Sundern liegt ca. 15 km südlich von Arnsberg, dort befindet sich die Firma in Richtung Eslohe, sie ist nicht zu übersehen

63069 Offenbach

▶ KRUPS-ROWENTA-TEFAL

GSD-Shop
63069 Offenbach / Sprendlinger Landstr. 180
Tel. (069) 8504-493

Waren: Elektro-Haushaltsgeräte aller Art der Marken Krups, Rowenta und Tefal wie z.B. Kaffee- und Espressomaschinen, Toaster, Wasserkocher, Eierkocher, Rührgeräte, Mixer, Küchenwaagen, Allesschneider, Stab- und Handmixer, Dosenöffner, Elektromesser etc.

Ersparnis: ca. 30-40%

Zeiten: Mo. bis Mi. 9.00-12.00 Uhr und 13.00-16.00 Uhr, Do. bis 17.30 Uhr, Fr. 9.00-13.00 Uhr

Hinweise: es sind ausschließlich B-Ware und 2. Wahl-Artikel mit z.B. fehlendem oder beschädigtem Karton erhältlich, alle Artikel sind jedoch voll funktionsfähig und haben die volle Garantie

Weg: vom Zentrum Offenbach Richtung Dreieich/Offenbacher Kreuz kommt man am Stadtrand auf der Sendlinger Landstr. durch das Industriegebiet, die Firma befindet sich im 1. OG des Gebäudes

65582 Diez/Lahn

▶ KAISER BACKFORM

W. F. Kaiser & Co. GmbH
65582 Diez/Lahn / Industriestr. 14-18
Tel. (06432) 915-0 / kaiser-backform.de

71144 Steinenbronn

Das Unternehmen wurde im Jahr 1919 in Beierfeld/Erzgebirge gegründet und expandierte schnell zum mittelständischen Unternehmen. Heute produziert kaum jemand mehr Springformen und ein breiteres Sortiment an Backformen und Backzubehör.

Waren: Backformen und -bleche aller Art, Ausstechformen für Ostern und Weihnachten, Backzubehör wie Topf- und Teigschaber, Koch- und Teiglöffel, Grill- und Backpinsel sowie Schneebesen, außerdem zugekaufte WMF-Artikel und Alfi-Isolierkannen

Ersparnis: ca. 30% im Durchschnitt

Zeiten: Mo. bis Do. 9.00-12.00 Uhr und 15.00-18.00 Uhr, Fr. 12.00-18.00 Uhr, Sa. 10.00-13.00 Uhr

Hinweise: es sind hauptsächlich 2A-Artikel und Sonderposten erhältlich

Weg: A 3 Mainz-Koblenz Ausfahrt Limburg-Nord auf die B 54 Richtung Zentrum Limburg, von hier weiter auf der B 417 Richtung Diez, nach Überqueren der zwei Bahnlinien rechts in die Industriestr. einbiegen

71144 Steinenbronn

▶ SIRIUS

s. Seite 623

Krafft's Koch-Kollektion GmbH
71144 Steinenbronn / Max-Eyth-Str. 3
Tel. (07157) 7017 / krafftskochkollektion.de

Bei der Auswahl der Materialien für die hergestellten Produkte stehen Kupfer, Gusseisen und Aluminium im Vordergrund, weil sie bessere Materialeigenschaften besitzen als Edelstahl. Ausgezeichnet durch bessere Wärmeleitfähigkeit und Wärmeverteilung, weniger Energieverbrauch und lange Haltbarkeit. Das Unternehmen stellt seit über 20 Jahren die Sirius Kupfer Kollektion her. Die Sirius Kupfer Serie wird noch immer in Handarbeit hergestellt, am Standort Baden-Württemberg.

Waren: große Auswahl an Kochgeschirren aus Kupfer wie z.B. Pfannen, Kochtöpfe, Kasserollen, Schüsseln, Bräter, Woks, Auflaufformen, Fonduetopf, Wasserkessel, Vorratsdosen u.v.m., Serie Sirius, außerdem gleiches Sortiment in Edelstahl, Aluminium und Gusseisen

Ersparnis: alle Artikel zu Großhandelspreisen

Zeiten: Mo. bis Fr. 9.00-12.00 Uhr und 14.00-17.00 Uhr, Sa. 9.00-12.00 Uhr

Hinweise: nur die Artikel aus Kupfer sind aus eigener Herstellung, es sind 2. Wahl-Artikel, Retouren und Auslaufmodelle erhältlich

Weg: Steinenbronn liegt ca. 20 km südlich vom Zentrum Stuttgart an der B 27 in Richtung Tübingen/Reutlingen, in Steinenbronn befindet sich die Firma im Gewerbegebiet-Ost

71665 Vaihingen/Enz

71364 Winnenden

▶ GIESSER

Johannes Giesser Messerfabrik GmbH
71364 Winnenden / Waiblinger Str. 5
Tel. (07195) 1808-0 / giesser.de

Bereits 1865 wurden in Winnenden von Gottlob Giesser die ersten Messer hergestellt und verkauft. Bis heute hat sich Giesser Messer einen Spitzenplatz in der Fertigung von Schneidwaren für die lebensmittelverarbeitende Industrie erarbeitet. Hauptzielgruppen der Produkte sind Fleisch und Fisch verarbeitende Betriebe und die Gastronomie. Die Messer werden aufgrund ihrer hohen Qualität von Profis auf der ganzen Welt verwendet.

Waren: Messer, Scheren, Taschenmesser und Zubehör, komplettes Giesser-Sortiment

Ersparnis: günstige Angebote, 2. Wahl-Artikel sind besonders preiswert

Zeiten: Do. 10.00-12.30 Uhr und 16.00-18.30 Uhr, Fr. 15.00-18.00 Uhr, Sa. 10.00-12.00 Uhr

Weg: A 6 Ausfahrt Kupferzell auf die B 14 nach Winnenden, der Werksverkauf befindet sich direkt an der B 14 (Waiblinger Str.), Parkplätze befinden sich im Hof

71665 Vaihingen/Enz

▶ FAKIR

s. Seite 625

Fakir-Hausgeräte GmbH
71665 Vaihingen/Enz / Industriestr. 6
Tel. (07042) 912-0 oder -157 (Fabrikverkauf) / fakir.de

Waren: Elektro-Haushaltsgeräte wie Bodenstaubsauger, Combisauger, Beutellosstaubsauger, Akkusauger, Handstaubsauger, Staub- und Wassersauger, Bohnergeräte, Dampfreiniger, Bügelstationen, Klima- und Luftreinigungsgeräte, Ventilatoren und Heizgeräte

Ersparnis: teilweise bis zu 60%, ständig neue Aktionen

Zeiten: Mo. bis Do. 8.00-12.00 Uhr und 12.30-16.30 Uhr, Fr. 8.00-12.00 Uhr

Hinweise: Ausstellungsraum mit Schnäppchenmarkt, es sind ausschließlich 2. Wahl-Geräte sowie Auslaufmodelle und Restposten erhältlich

Weg: A 81 Ausfahrt Stgt.-Zuffenhausen auf die B 10 Richtung Vaihingen/Enz bis Enzweihingen, durch Vaihingen/Enz nach Kleinglattbach, hier der Durchgangsstraße folgen, vor der Bahnbrücke rechts Richtung Ortsmitte und nach 20 m wieder rechts ins Industriegebiet, Eingang „Kundendienst"

72213 Altensteig

72213 Altensteig

▶ AUERHAHN

Auerhahn Bestecke GmbH
72213 Altensteig / Postplatz 2
Tel. (07453) 9468-0 / auerhahn-bestecke.de

Die Firma Auerhahn besteht seit 1870 und ist einer der erfahrensten Besteckanbieter weltweit. Auerhahn-Produkte überzeugen durch hohe Materialstärken, beste Verarbeitungsqualität, gutem Preis-/Leistungsverhältnis sowie individuellem Design.

Waren: große Auswahl an Bestecken aller Art, Besteck- und Servierteile, Besteck-Geschenke und Kinderbestecke, in Edelstahl, versilbert und in Sterlingsilber, außerdem Tisch- und Wohnaccessoires

Ersparnis: ca. 20-50%

Zeiten: Mo. bis Fr. 9.00-12.00 Uhr und 14.30-18.00 Uhr, Sa. 9.00-12.30 Uhr

Hinweise: es sind nur Artikel in 2A-Qualität erhältlich

Weg: A 81 Stuttgart-Singen Ausfahrt Herrenberg auf die B 28 über Herrenberg und Nagold nach Altensteig, das Verkaufslokal befindet sich im Zentrum direkt an der B 28

73312 Geislingen

▶ WMF

WMF Württembergische Metallwarenfabrik AG
73312 Geislingen a. d. Steige / Eberhardstr.
Tel. (07331) 25-1 oder -8870 (Fischhalle) / wmf.de

Das 1853 gegründete Unternehmen versteht sich als Anbieter von Markenprodukten die in Gestaltung, Qualität und Gebrauchsnutzen höchsten Ansprüchen gerecht werden. WMF-Produkte findet der Verbraucher im gehobenen Facheinzelhandel, in führenden Warenhäusern, bei ausgewählten Versendern und in firmeneigenen Filialen. Das Unternehmen gehört weltweit auch zu den führenden Ausstattern guter Restaurants, gepflegter Hotels und qualitätsbewusster Großverpfleger. WMF unterhält modernste Fertigungsstätten für Bestecke, Kochgeschirre, Tafelgeräte, Schneidwaren und Kaffeemaschinen.

Waren: sehr große Auswahl an Haushaltswaren aller Art wie z.B. Bestecke, Tafelgeräte, Kochgeschirre, Töpfe, Tortenplatten, Pfannen, Schüsseln, Küchen- und Serviergeräte, Haushaltsmesser, Gläser, Küchenhilfsgeräte, Kaffeemaschinen, Thermoskannen, Wasserkessel etc., Marke WMF

Ersparnis: durchschnittlich ca. 30%

Zeiten: Mo. bis Fr. 9.30-18.00 Uhr, Sa. 9.30-16.00 Uhr

Hinweise: sehr großer Verkaufsraum, ist mit „Fischhalle" ausgeschildert, es sind nur 2A-Waren erhältlich

74939 Zuzenhausen

Weg: Geislingen liegt an der B 10 zwischen Göppingen und Ulm, dort befindet sich die Firma nicht zu übersehen direkt an der B 10, Parkmöglichkeiten sind ab der B 10 ausgeschildert

73333 Gingen

▶ BUCHSTEINER

Johannes Buchsteiner GmbH & Co. KG
73333 Gingen / Lindenstr. 17-22
Tel. (07162) 40960 / buchsteiner.de

Waren: sehr große Auswahl an Kunststoffartikeln für den Haushalt wie z.B. Klickboxen-Programm, Gefrierdosen und -beutel, Körbe, Tischdecken, Spätzlespressen, Backformen, Trinkflaschen, Messbecher etc., außerdem Spielwaren von „spiel-gut", Dekoartikel, Geschenkartikel

Ersparnis: ca. 20% bei regulärer Ware, bei 2. Wahl und Restposten bis 50%

Zeiten: Mo. bis Fr. 9.30-12.30 Uhr und 14.30-17.30 Uhr

Hinweise: auch Verkauf von 2. Wahl- und Fremdartikeln in der „Fundgrube"

Weg: Gingen liegt an der B 10 zwischen Göppingen und Geislingen, im Ort einbiegen Richtung Bahnhof, nach der Filsbrücke rechts

74939 Zuzenhausen

▶ LEIFHEIT

Leifheit AG
74939 Zuzenhausen / Friedrich-Ruschitzka-Str. 1
Tel. (06226) 52-0 / leifheit.de

Im Jahr 1959 gründeten Ingeborg und Günter Leifheit die Leifheit KG in Nassau. Heute ist die Leifheit AG mit den bekannten Marken Leifheit, Soehnle und Dr. Oetker Backgeräte einer der führenden europäischen Anbieter von nicht elektrischen Haushaltsgeräten. Leifheit konzentriert sich vorwiegend auf den europäischen Markt und hat zahlreiche internationale Niederlassungen. Bekannte Marken im Bad-Bereich wie Kleine Wolke, spirella und Meusch setzen Design- und Qualitätstrends und nehmen eine führende Position in Europa ein.

Waren: Bügeltische, Wäschetrockner, -ständer, -sammler, Beistell- und Servierwagen, Haushaltsleitern, Kleiderständer, Regalsysteme, Computertische, Tritthocker, Badeteppiche, Backformen, Marken Leifheit, Soehnle, Dr. Oetker Backgeräte, Kleine Wolke, spirella und Meusch

Ersparnis: unterschiedlich, durchschnittlich ca. 30%

Zeiten: Mo. und Mi. 14.00-18.00 Uhr, Sa. 9.00-13.00 Uhr

79232 March

Hinweise:	der Verkauf befindet sich in einer Halle auf dem Werksgelände, es ist auch 2. Wahl vorhanden, teilweise sind nur Einzelstücke erhältlich
Weg:	Zuzenhausen liegt südöstlich von Heidelberg an der B 45 Richtung Sinsheim, in Zuzenhausen ist die Firma im Gewerbegebiet nicht zu übersehen

79232 March

▶ RUN GUSS

Run Guss GmbH
79232 March Buchheim / Am Untergrün 4
Tel. (07665) 92270 / runguss.com

Waren:	Bratpfannen, Gusspfannen, Töpfe, Bräter und Backformen aus Aluminiumguss
Ersparnis:	bei 1. Wahl ca. 15%, bei 2. Wahl ca. 30%
Zeiten:	Mo. bis Do. 8.00-12.00 Uhr und 13.00-16.00 Uhr, Fr. 8.00-12.00 Uhr
Hinweise:	2. Wahl ist nur gelegentlich erhältlich
Weg:	March liegt ca. 10 km nordwestlich von Freiburg an der A 5 Karlsruhe-Basel, Ausfahrt Freiburg-Nord nach March, dort befindet sich die Firma im Ortsteil Buchheim

79872 Bernau

▶ SLG

SLG Kunststoff-Fabrik und Formenbau GmbH
79872 Bernau Unterlehen / Todtmooser Str. 72
Tel. (07675) 350 / slg-kunststoff.de

Vor 25 Jahren begann das Unternehmen in einem alten Fabrikgebäude in Görwihl/Tiefenstein mit drei Spritzgießmaschinen die Produktion von Kunststoffteilen. Heute stellt das Unternehmen mit 25 Spritzgießmaschinen rund 1.200 verschiedene technische Teile her.

Waren:	hauptsächlich Kunststoffartikel aller Art für den Wohn- und Küchenbedarf, außerdem Keramikmesser, Uhren und Wecker, Tabletts und Tischsets, Holzspielwaren und Geschenkartikel
Ersparnis:	ca. 30-40%, je nach Artikel
Zeiten:	Mo. bis Fr. 8.00-12.00 Uhr
Weg:	B 317 Todtnau-Schönau, vor Schönau links abbiegen nach Bernau, dort befindet sich die Firma im Gewerbegebiet Gässle, im 1. Gebäude auf der linken Seite nach der Albbrücke

87616 Marktoberdorf

85221 Dachau

▶ EURAS

**Euras Elektro Forschungs- und Produktionsgesellschaft mbH
85221 Dachau / Robert-Bosch-Str. 11
Tel. (08131) 296-0 / euras-online.de**

Waren: Akku-Handscheinwerfer und -Kindertaschenlampen, Akku-Handstaubsauger, außerdem eine Küchenmaschine mit umfangreichem Zubehör sowie eine Haar-Trockenhaube

Ersparnis: preisgünstige Angebote

Zeiten: Mo. bis Do. 7.00-12.00 Uhr und 13.00-16.00 Uhr

Weg: Dachau liegt ca. 15 km nordwestlich vom Stadtzentrum München, dort befindet sich die Firma etwas versteckt im Industriegebiet, der Eingang befindet sich im Hinterhof

87616 Marktoberdorf

▶ RÖSLE

**Rösle GmbH & Co. KG
87616 Marktoberdorf / Johann-Georg-Fendt-Str. 38
Tel. (08342) 912-0 oder -211 / roesle.de**

Die Ursprünge des Unternehmens gehen zurück bis in das Jahr 1888. Seit 1993 werden ausschließlich Haushalts- und Küchengeräte unter der Handelsmarke Rösle gefertigt. Neben dem Profi-Programm für den Gastro-Bereich ebenso ein umfassendes Programm an hochwertigen Küchengeräten für den anspruchsvollen Privathaushalt mit insgesamt rund 900 verschiedenen Artikeln.

Waren: Küchengeräte und -werkzeuge aller Art aus Edelstahl für den Haushalt und die Gastronomie wie z.B. Töpfe, Schüsseln, Pfannen, Dosen, Streuer, Siebe, Mühlen, Küchenlöffel u.v.m., nahezu das komplette Rösle-Sortiment

Ersparnis: bei 1B-Ware ca. 20-30%, bei 2. Wahl ca. 50-70%

Zeiten: Mo. bis Fr. 10.00-18.00 Uhr, Sa. 10.00-14.00 Uhr

Hinweise: es sind hauptsächlich 1B- und 2. Wahl-Waren erhältlich

Weg: Marktoberdorf liegt ca. 25 km östlich von Kempten, aus Richtung Kempten auf der B 472 kommend durch den Ortsteil Thalhofen nach Marktoberdorf und nach der Tankstelle links in die Johann-Georg-Fendt-Str., das Firmengelände befindet sich gegenüber dem „V-Markt"

88499 Riedlingen

88499 Riedlingen

▶ SILIT

**Silit-Werke GmbH & Co. KG
88499 Riedlingen / Neufraer Str. 6
Tel. (07371) 189-1220 / silit.de**

Im Jahr 1920 wurden die ersten Universalkochgeschirre unter der Marke Silitstahl produziert. Seit Jahrzehnten steht die Marke Silit für Qualität in der Küche auf höchstem Niveau. Von der Erfindung des Sicomatic bis hin zu Silargan-Kochgeschirren hat Silit die Welt des Kochens entscheidend geprägt. Moderne Technologien, konsequente Produktentwicklung, Innovationen und ständige Qualitätskontrollen machen Silit zu einem international führenden Kochgeschirrhersteller.

Waren: Schnellkochtöpfe Sicomatic, Kochgeschirre und Pfannen aus Silargan, Edelstahl Rostfrei und Silitstahl, außerdem Wok, Bräter, Fondue, Küchenhelfer, Küchenwerkzeuge sowie Mühlen, Marke Silit, außerdem von den Marken Alfi und Auerhahn eine Auswahl an Bestecken, Isoliergefäßen und Geschenkartikeln

Ersparnis: ca. 30% im Durchschnitt

Zeiten: Mo. bis Fr. 9.00-18.00 Uhr, Sa. 9.00-14.00 Uhr

Hinweise: eine weitere Verkaufsstelle befindet sich in:
89331 Burgau, Greisbacher Str. 6, Tel. (08222) 412340, geöffnet Mo. bis Fr. 9.00-18.00 Uhr, Sa. 9.00-15.00 Uhr

Weg: der Silit Werksladen liegt in Riedlingen neben dem Hauptgebäude direkt an der B 311 Ulm-Sigmaringen

89331 Burgau

▶ PETRA

**petra-electric Peter Hohlfeldt GmbH & Co. KG
89331 Burgau Unterknöringen / Greisbacher Str. 6
Tel. (08222) 4004-140 / petra-electric.de**

petra-electric gestaltet, konstruiert und produziert im eigenen Haus in Deutschland.

Waren: Haushaltskleingeräte wie Kaffee-Padmaschinen, Kaffeeautomaten, Kaffeemühlen, Wasserkocher, Toaster, Mixer, Eierkocher, Raclettes, Grillgeräte, Woks, Fondues, Einkochautomaten, Waffelautomaten, Haartrockner, Curler, Babykostwärmer, Babyphone, Sprudelbäder, Massagegeräte, Infrarotleuchten, Akupunkturgeräte etc.

Ersparnis: ca. 30% im Durchschnitt

Zeiten: Mo. bis Fr. 9.00-18.00 Uhr, Sa. 9.00-15.00 Uhr

Hinweise: die Verkaufsstelle wird auch „MarkenTreff an der B 10" genannt, denn auf dem gleichen Gelände in den ehemaligen Fabrikations-

91550 Dinkelsbühl

hallen von petra-electric befinden sich auch Verkaufsstellen der Firmen Silit (Kochgeschirr), Manz Fortuna (Schuhe) und Gönner (Strickwaren)

Weg: A 8 Ulm-Augsburg Ausfahrt Burgau, auf der B 10 durch Burgau durchfahren nach Unterknöringen, der Werksverkauf liegt direkt an der B 10 in Unterknöringen

91217 Hersbruck

▶ FACKELMANN

s. Seite 665

Fackelmann GmbH & Co. KG
91217 Hersbruck / Nürnberger Str. 92
Tel. (09151) 811-0 / fackelmann.de

Die Firma wurde 1948 von Sebastian Fackelmann als Handelsvertretung für Eisen- und Haushaltswaren gegründet. 1958 wurden Herstellung und Vertrieb selbst übernommen. Die ersten Haushaltsartikel waren aus Holz, doch schon bald wurde die Fertigung auf Kunststoffverarbeitung ausgeweitet. 1963 wurde die Holzverarbeitung in Richtung Badmöbel ausgedehnt. Hier hat sich die Firma zum Marktführer im Bereich der Bau- und Heimwerkermärkte entwickelt.

Waren: Haushaltswaren und Badezimmermöbel, z.B. Küchenhelfer, Backformen, Bestecke, Messer sowie Badezimmer-Schränke, Spiegel und Spiegelschränke, komplette Waschplätze, Staubsaugerbeutel, Marken Fackelmann, Sieger, Nirosta, Gam, Top Filter

Ersparnis: 50% und mehr möglich

Zeiten: jeden 1. Fr. im Monat 12.00-16.00 Uhr

Hinweise: es sind ausschließlich Auslaufartikel, Waren mit kleinen Fehlern, Ausstellungsstücke und Artikel mit angebrochenen Verpackungen etc. erhältlich

Weg: von Nürnberg auf der A 9 kommend Ausfahrt Lauf/Hersbruck auf die B 14 nach Hersbruck, der Schnäppchenmarkt befindet sich auf dem Bahnhofsgelände rechts der Pegnitz

91550 Dinkelsbühl

▶ ROMMELSBACHER

Rommelsbacher ElektroHausgeräte GmbH
91550 Dinkelsbühl / Rudolf-Schmidt-Str. 18
Tel. (09851) 5758-0 / rommelsbacher.de

Das Unternehmen wurde im Jahr 1928 gegründet und hat sich bis heute zum Spezialisten für elektrische Einzel- und Doppelkochtafeln mit dem weltweit größten Programm entwickelt. Das mittelständische Familienunternehmen bietet außerdem ein umfangreiches Programm weiterer elektrischer Haushaltsgeräte, die sich durch Qualität und ansprechendes Design auszeichnen.

95691 Hohenberg

Waren: elektrische Haushaltsgeräte wie Kochplatten, Einbaukochmulden, Grillgeräte, Einkochautomaten, Dörrer, Tauchsieder, Babyflaschenwärmer, Gaskocher, Warmhalteplatten, Raclettegeräte, Kleinbacköfen und einen Espressokocher, Marke Rommelsbacher

Ersparnis: ca. 20-30%

Zeiten: Mo. bis Fr. 10.00-12.00 Uhr und 13.00-17.00 Uhr

Weg: A 6 Nürnberg-Heilbronn Ausfahrt Feuchtwangen-Nord auf die B 25 über Feuchtwangen nach Dinkelsbühl, hier auf der Hauptstaße bleiben und vor dem Ortsende nach Überqueren der Bahnlinie links in die Wassertrüdinger Str. und sofort wieder links in die Rudolf-Schmidt-Str.

95691 Hohenberg

▶ DIBBERN

B. T. Dibbern GmbH & Co. KG
95691 Hohenberg / Freundschaft 1
Tel. (09233) 407209 / dibbern.de

Waren: Porzellangeschirr Fine Bone China und Solid Color, z.B. Teller, Tassen, Krüge, Kannen, Schalen, Schüsseln, Platten etc., außerdem Glaswaren wie Trinkgläser aller Art, Schalen und Vasen

Ersparnis: durchschnittlich ca. 35%

Zeiten: Mo. bis Fr. 10.00-18.00 Uhr, Sa. 10.00-15.00 Uhr

Hinweise: es sind ausschließlich 2. Wahl-Artikel mit meist nur ganz kleinen Fehlern erhältlich

Weg: Hohenberg liegt im Fichtelgebirge, ca. 35 km südöstlich von Hof, A 93 Ausfahrt Marktredwitz-Nord auf die B 303 über Arzberg nach Hohenberg an der Eger, hier befindet sich die Firma ca. 150 m nach dem Ortsbeginn auf der linken Seite

96129 Strullendorf

▶ STEBA

s. Seite 671

Steba Elektrogeräte GmbH & Co. KG
96129 Strullendorf / Pointstr. 2
Tel. (09543) 449-0 / steba.com

Seit 1920 produziert das Unternehmen Elektrogeräte in zuverlässiger Qualität. Durch innovatives Styling erfreuen sich die Produkte großer Beliebtheit im modernen Haushalt.

97877 Wertheim

Waren:	Elektrogeräte wie z.B. Back-/Grillautomaten, Mini-Backofen, Kontaktgrills, Multi-Snack-Grill, Raclettegeräte, Friteusen, Eierkocher, Warmhalteplatte, Waffelautomaten
Ersparnis:	ca. 30% im Durchschnitt
Zeiten:	Di. bis Do. 8.00-12.00 Uhr und 12.30-15.00 Uhr
Hinweise:	nur 2. Wahl-Verkauf, die Geräte sind technisch aber einwandfrei
Weg:	Strullendorf liegt ca. 10 km südöstlich von Bamberg, A 73 Ausfahrt Bamberg-Süd nach Strullendorf, dort befindet sich die Firma gegenüber vom Bahnhof

96515 Sonneberg

▶ GLEN DIMPLEX

Glen Dimplex Deutschland GmbH
96515 Sonneberg / Otto-Bergner-Str. 28
Tel. (03675) 8790 / glendimplex.de

Die Glen Dimplex Gruppe gehört zu den weltweit führenden Herstellern von elektrischen Heizungen, Hausgeräten und Kühltechnik. Ihre Produkte sind unter eigenständigen Marken in den nationalen und internationalen Märkten etabliert.

Waren:	Elektro-Haushaltsgeräte wie z.B. Eio-Bodenstaubsauger, ewt-Heizgeräte, außerdem Grills und Kaffeemaschinen
Ersparnis:	teilweise bis zu 50%
Zeiten:	Di. bis Do. 11.00-16.00 Uhr
Hinweise:	es ist ausschließlich 2. Wahl erhältlich, die Artikel sind jedoch voll funktionsfähig
Weg:	Sonneberg liegt ca. 20 km nordöstlich von Coburg, von dort Richtung Köppelsdorf, beim Bahnhof rechts runter

Haushalt

97877 Wertheim

▶ ALFI

alfi Zitzmann GmbH / Commercial Center
97877 Wertheim Bestenheid / Ferdinand-Friedrich-Str. 9
Tel. (09342) 877-470 / alfi.de

alfi - dieser Name steht für eine international führende Marke im Bereich hochwertiger Isoliergefäße und Designartikel rund um Tisch und Küche. Gegründet wurde alfi im Jahr 1914. Bereits 1918 wurde die Isolierkanne Juwel gefertigt, die es noch heute in abgeänderter Form gibt. Ferner stellt alfi die bekannte Kugel-Isolierkanne her.

Waren:	Isolierkannen, -flaschen und -gefäße, Flaschenkühler, Eiseimer, Shaker, Edelstahl-Obstkörbe und -Flaschenträger, Küchenhelfer u.v.m., Marke alfi, außerdem Haushaltswaren aller Art der

98693 Ilmenau

Marken WMF, Silit, Auerhahn, Spiegelau, Leonardo, Nordtek und Seltmann Weiden

Ersparnis: bei Eigenprodukten durchschnittlich ca. 30%

Zeiten: Mo. bis Fr. 9.00-18.00 Uhr, Sa. 10.00-14.00 Uhr

Hinweise: es sind ausschließlich 2A-Waren und Sonderserien erhältlich, Betriebsführungen auf Anfrage sind möglich

Weg: A 3 Würzburg-Frankfurt Ausfahrt Wertheim, von Wertheim in Richtung Miltenberg nach Bestenheid, dort befindet sich die Firma im Industriegebiet 1

98693 Ilmenau

▶ HERO

Hero-Design
98693 Ilmenau / Am Eichicht 1
Tel. (03677) 461940 / hero-design.de

Waren: Haushaltsporzellan, komplette Services, Einzelteile, Glas, Keramik, Vasen, umfangreiches Sortiment in allen Formen und mit vielen Dekoren von Graf von Henneberg Porzellan

Ersparnis: günstige Angebote, Weißporzellan ist besonders preiswert

Zeiten: Mo. bis Fr. 10.00-18.00 Uhr, Sa. 10.00-13.00 Uhr

Hinweise: Mo. 10.00-18.00 Uhr findet in der Lagerhalle ein Sonderverkauf von Weißporzellan für 3,- Euro/Kilo statt, Verpackungsmaterial muss mitgebracht werden

Weg: Ilmenau liegt ca. 35 km südlich von Erfurt, A 71 Ausfahrt Ilmenau-Ost auf die B 87 in Richtung Ilmenau, direkt am Ortseingang an der 1. Ampelkreuzung links

Textil- und Bettwaren

01237 Dresden

▶ DRESDNER SPITZEN

Dresdner Gardinen- und Spitzenmanufaktur
01237 Dresden / Breitscheidstr. 78
Tel. (0351) 2048-0 / dresdnerspitzen.com

Die Dresdner Gardinen- und Spitzenmanufaktur wurde im Jahr 1884 gegründet und ist heute eine der ältesten Spitzenmanufakturen in Europa

Waren: Spitzenbänder und Gardinenstoff als Meterware, Spitzstoffe, Fertiggardinen, zugekaufte Ware wie z.B. Blusen, Unterwäsche

Ersparnis: teilweise bis zu 50%

Zeiten: Mo. bis Do. 9.30-18.00 Uhr, Fr. 9.30-12.00 Uhr

Hinweise: kleine Verkaufsstelle auf dem Werksgelände

Weg: die Firma befindet sich südöstlich vom Zentrum, nahe der S-Bahnstation Dobritz, über die Lassallestr. in die Breitscheidstr. (Industriegebiet)

02779 Großschönau

▶ DAMINO

Damino GmbH / Weberei-Ausrüstung-Konfektion
02779 Großschönau / Waltersdorfer Str. 2
Tel. (035841) 311-0 / damino.de

Das Unternehmen beginnt Anfang des 19. Jh. als Bleicherei von Textilien und wird im Lauf der Zeit zu einem hoch modernen Textilbetrieb ausgebaut. Heute ist die Damino in die Daungruppe integriert und gehört somit zu Deutschlands größtem Textilkonzern.

Waren: Bett-, Tisch- und Küchenwäsche sowie Handtücher aus Baumwolle, Halbleinen, Reinleinen, Mischgewebe und Synthetik, außerdem Meterware

04758 Oschatz

Ersparnis: durchschnittlich ca. 40%

Zeiten: Mo. bis Fr. 9.00-18.00 Uhr, Sa. 9.00-16.00 Uhr

Hinweise: separates Ladengeschäft, es ist immer auch günstige 2. Wahl erhältlich

Weg: Großschönau liegt ca. 10 km westlich von Zittau, dort befindet sich die Firma an der Straße Richtung Waltersdorf auf der rechten Seite

▶ FROTTANA

Frottana-Textil GmbH & Co. KG
02779 Großschönau / Waltersdorfer Str. 54
Tel. (035841) 8245 / frottana.de

Die Frottana Textil GmbH & Co. KG ist der erste Frottierhersteller Deutschlands und wurde 1856 gegründet. Heute produziert das Unternehmen vielfältigste Frottierware in erstklassiger Qualität. Mit modernster Technik werden Handtücher, Bademäntel und Badteppiche hergestellt.

Waren: Frottiertücher, Badeteppiche, Badegarnituren, Bademäntel für Damen, Herren und Kinder, Hand- und Badetücher, Saunatücher, Waschhandschuhe, Tischwäsche, Marken Frottana und Möve, außerdem zugekaufte Bettwaren

Ersparnis: ca. 30%, bei Restposten und 2. Wahl bis zu 50%

Zeiten: Mo. bis Fr. 9.00-18.00 Uhr, Sa. 9.00-16.00 Uhr

Hinweise: separates Ladengeschäft neben dem Verwaltungsgebäude, es ist auch günstige 1B-, 2. und 3. Wahl sowie Kiloware erhältlich

Weg: Großschönau liegt ca. 10 km westlich von Zittau, am Ortseingang von Großschönau über die Bahnlinie auf die Straße Richtung Waltersdorf, gleich nach der Bahnlinie befindet sich der Verkauf direkt gegenüber der Gaststätte „Deutsche Eiche"

04758 Oschatz

▶ F.A.N.

f.a.n. Frankenstolz Schlafkomfort H. Neumeyer GmbH & Co. /
Steppdecken- und Matratzenfabrik
04758 Oschatz / Hangstr. 19-37
Tel. (03435) 6708-30 / frankenstolz.de

Das Unternehmen ist einer der bedeutendsten Heimtextilhersteller Europas. Es produziert in fünf Werken und stellt täglich ca. 35.000 Stoppteile her die weltweit vertrieben werden.

Waren: Steppdecken, Tagesdecken, Kissen, Daunendecken, Bettwäsche, Schlafsäcke sowie Federkern- und Latexmatratzen

08132 Mülsen

Ersparnis: ca. 20-30%

Zeiten: Mo., Mi. und Fr. 13.00-17.30 Uhr, Di. und Do. 9.00-17.30 Uhr, Sa. 9.00-13.00 Uhr

Weg: Oschatz liegt zwischen Dresden und Leipzig, erreichbar auch über die A 14 Ausfahrt Leisnig über Mügeln nach Oschatz, hier im Zentrum auf die B 6 Richtung Dahlen und nach ca. 2,5 km rechts ab nach Merkwitz, hier im Zentrum rechts ab auf die Hangstr.

06108 Halle/Saale

▶ TEXTILMANUFAKTUR

Staatliche Textil- und Gobelinmanufaktur Halle GmbH / Burg Giebichenstein
06108 Halle/Saale / Puschkinstr. 19
Tel. (0345) 2024934 / textilmanufaktur.de

Aus einem kleinen Betrieb für Weberei, Täschnerei und Fahnenstickerei entstand 1961 eine Werkstatt, die Textil- und Gobelinmanufaktur. Sie diente als Ausbildungsstätte für Absolventen der Burg Giebichenstein, Hochschule für Kunst und Design Halle.

Waren: handgewebte Tischdecken, Tischläufer, Kissenhüllen, Vorhänge, Gardinen, Gobelins, handgeknüpfte Bodenteppiche

Ersparnis: ca. 30%, die alte Kollektion ist noch etwas günstiger, trotzdem hochpreisige Artikel

Zeiten: Mo. bis Do. 8.00-15.30 Uhr, Fr. 8.00-12.30 Uhr

Hinweise: Fabrikführungen ab 10 Personen sind möglich (Erw. EUR 2,50 und Kinder EUR 1,50);
ein weiterer Laden mit reduziertem Warenangebot befindet sich in:
06114 Halle, Burgstr. 2, Tel. (0345) 2021629, Mo. bis Fr. 10.00-18.00 Uhr, Sa. 10.00-16.00 Uhr, hier beträgt die Ersparnis ca. 25%

Weg: A 14 Ausfahrt Halle/Peißen auf die B 100, am Wasserturm rechts halten, rechts abbiegen in die Ludwig-Wucherer-Str., an der 3. Kreuzung links in die Puschkinstr.

08132 Mülsen

▶ WEBEREI MÜLSEN

Jaquardweberei Mülsen GmbH
08132 Mülsen St. Jacob / St. Jacober Hauptstr. 134
Tel. (037601) 2337

Waren: Stoffe aller Art, auch Meterware, außerdem verarbeitete Fertigprodukte wie Bettwäsche, Tischwäsche, Gardinen

08223 Falkenstein

Ersparnis: preisgünstiges Warenangebot

Zeiten: Mo. bis Fr. 9.30-17.30 Uhr

Hinweise: es sind hauptsächlich Überproduktionen erhältlich

Weg: Mülsen St. Jakob liegt ca. 5 km östlich von Zwickau an der B 173 Richtung Chemnitz, dort befindet sich die Firma mitten im Ort, nahe der Sparkasse und dem Rathaus

08223 Falkenstein

▶ STICKPERLE

s. Seite 593

**Stickperle Produktions- und Handelsges. mbH
08223 Falkenstein / Gewerbering 17
Tel. (03745) 6147 / stickperle.de**

Waren: hauptsächlich Plauener Spitzendecken sowie Tischwäsche, Stickereien, Taschentücher

Ersparnis: durchschnittlich ca. 30%

Zeiten: Mo. bis Do. 8.00-16.30 Uhr, Fr. 8.00-15.30 Uhr

Hinweise: große Lagerhalle mit Regalen, teilweise ist auch 2. Wahl erhältlich

Weg: A 72 Hof Richtung Zwickau, Abfahrt Plauen-Ost auf die B 169 Richtung Falkenstein, dort befindet sich die Firma im Gewerbegebiet am Ortseingang, direkt an der Aral-Tankstelle

08309 Eibenstock

▶ FUNKE

**Funke Stickerei GmbH
08309 Eibenstock / Weststr. 10
Tel. (037752) 2078 oder 679021 (Betriebsverkauf) /
funke-stickerei.de**

Der traditionelle Stickereibetrieb wurde im Jahr 1916 gegründet. Hauptproduktion war die Herstellung von klassischen Wäschestickereien. Nach und nach wurden die Sortimente und Techniken erweitert. Heute werden auf traditionellen Großstickmaschinen sowie auf computergesteuerten Stickautomaten hochwertigste Erzeugnisse hergestellt. Eine Spezialität der Firma sind nach Kundenwunsch gefertigte Abzeichen, Embleme, Firmenlogos, Wimpel, Fahnen und Fahnenbände.

Waren: große Auswahl an hochwertiger bestickter Tischwäsche wie z.B. Decken, Läufer, Kleinteile und Kissen, außerdem Taschentücher, Weihnachts- und Osterdecken, auch Echte Plauener Spitze

Ersparnis: ca. 30%, bei 2. Wahl bis zu 70%

Zeiten: Mo. bis Fr. 8.00-12.00 Uhr und 12.30-16.00 Uhr, Sa. 9.00-12.00 Uhr

09575 Eppendorf

Hinweise: Betriebsbesichtigungen (ab 15 Personen) sind nach Voranmeldung Mo. bis Sa. ganztägig möglich; direkt neben der Firma befindet sich das größte Stickereimuseum Deutschlands mit Maschinen aus den Anfängen der Stickerei

Weg: Eibenstock liegt ca. 25 km südlich von Zwickau, an der B 283 zwischen Aue und Klingenthal, in Eibenstock befindet sich die Firma direkt hinter dem Stickereimuseum

08541 Neuensalz

▶ TEGELER

Plauener Spitzenfabrikation Gustav Tegeler
08541 Neuensalz / Zum Plom 17
Tel. (03741) 4164-0 / stick-textil.de

Das Unternehmen wurde 1866 von Gustav Tegeler als eine der ersten Plauener Firmen zur Produktion der weltbekannten „Plauener Spitze" gegründet. Die „Plauener Spitze" ist eine weltweit bekannte Marke. Im Jahr 1900 bekam sie auf der Weltausstellung in Paris dafür eine Goldmedaille. Das Unternehmen fertigt noch heute mit hoher handwerklicher Präzision dieses begehrte Textilprodukt.

Waren: Plauener Spitzen, bestickte Gardinen und Fertigkonfektion, klassische Plauener Wickeldecken, Tapisserie- und Spitzendecken, Macramé-Sockel und Schmalspitzen, Raffrollos

Ersparnis: teilweise bis zu 50%

Zeiten: Mo. bis Do. 8.00-16.00 Uhr, Fr. 8.00-13.00 Uhr

Weg: Neuensalz liegt ca. 7 km östlich vom Zentrum Plauen direkt an der A 72, Ausfahrt Plauen-Ost Richtung Neuensalz, nach ca. 600 m links Richtung Gewerbegebiet, dann die 2. Straße links Richtung Gewerbegebiet-Nord, die Firma befindet sich nach ca. 500 m auf der rechten Seite

09575 Eppendorf

▶ PFEILER

Pfeiler Wäschetradition OHG
09575 Eppendorf / Bahnhofstr. 3
Tel. (037293) 7790-0 / waeschetradition-eppendorf.de

Die Firma wurde 1995 als ein Nachfolgebetrieb der „Planet Wäschekonfektions GmbH" gegründet und beliefert den Bettenfachhandel in Deutschland, Österreich, der Schweiz, Holland, Belgien und Luxemburg.

Waren: Bettwäsche, Kinderbettwäsche, Bettüberwürfe, Schlafdecken, Kimonos, Tischdecken, Tücher und weitere Accessoires, außerdem Stoffreste zum Selbstnähen

Ersparnis: teilweise bis zu 50%

19417 Warin

Zeiten:	Mo. bis Do. 8.30-17.00 Uhr, Fr. 8.30-16.30 Uhr
Hinweise:	separater Verkaufsraum im Fabrikgebäude, Sonderanfertigungen im Sondermaß oder Stickerei von Namenszügen sind möglich
Weg:	Eppendorf liegt ca. 25 km östlich von Chemnitz, zwischen Zschopau und Brand-Erbisdorf, in Eppendorf befindet sich die Firma am Busbahnhof

19417 Warin

▶ MALIE

MALIE Mecklenburgisches Matratzenwerk GmbH
19417 Warin / Gewerbegebiet 1
Tel. (038482) 631-0 / malie-matratzen.de

Malie ist ein Matratzenfabrikant aus Mecklenburg und wurde in den 30iger Jahren gegründet. Seit 1994 verfügt das Unternehmen über eine der modernsten Fertigungslinien Deutschlands. Die Firma ist außerdem Anbieter einer umfangreichen Kollektion von Lattenrahmen und führt ein aktuelles Polsterbetten-Programm.

Waren:	Federkern-, Taschenfederkern-, Kaltschaum- und Latexmatratzen, außerdem Lattenroste und Bettwaren, Schonerdecken und Nackenstützkissen
Ersparnis:	ca. 30-50%
Zeiten:	Mo. bis Do. 13.00-17.00 Uhr, Fr. 11.00-15.00 Uhr, Sa. 9.00-12.00 Uhr
Hinweise:	es sind hauptsächlich Messemuster, Einzelstücke und Überproduktionen erhältlich
Weg:	Warin liegt ca. 20 km südöstlich von Wismar, A 20 Ausfahrt Zurow auf die B 192 nach Warin, hier befindet sich die Firma im Gewerbegebiet, zwei große weiße Hallen

20539 Hamburg

▶ HWF

Hamburger Wollfabrik GmbH
20539 Hamburg / Brandshofer Deich 52
Tel. (040) 787845 / hamburger-wollfabrik.de

Waren:	große Auswahl an Hand- und Maschinenstrickgarnen aus Kaschmir, Merino, Mohair, Seide, Angora, Baumwolle und Chenille auf Spulen, in versch. Qualitäten und Farbtönen, ca. 300 versch. Grundgarne in jeweils rund 200 Farbtönen, außerdem Zubehör und Strickhefte
Ersparnis:	ca. 30-70%, unterschiedlich je nach Artikel

Textil-/Bettwaren

27721 Ritterhude

Zeiten:	Mo. bis Fr. 10.00-17.00 Uhr, Sa. 10.00-13.00 Uhr
Hinweise:	separates Ladengeschäft direkt vor dem Hauptgebäude
Weg:	in Hamburg erreicht man die Firma mit der Buslinie 107 vom Berliner Tor oder Veddeler Bahnhof bis Station Billhorner Röhrendamm, oder mit dem Bus bis Station „Rothenburgsort"

25462 Rellingen

▶ MORGENSTERN

Morgenstern GmbH
25462 Rellingen / Industriestr. 8
Tel. (04101) 590059 / morgenstern-shop.de

Waren:	wechselndes, umfangreiches Sortiment an moderner Bettwäsche, Bademänteln, Handtüchern, Geschenkartikeln u.v.m. für Damen, Herren und Kinder
Ersparnis:	ca. 25-60%
Zeiten:	Mi. bis Fr. 11.00-17.00 Uhr
Hinweise:	erhältlich sind Waren mit kleinen Fehlern, Überhänge und Auslaufdessins
Weg:	A 23 Hamburg-Pinneberg Ausfahrt Halstenbek/Krupunder rechts Richtung Industriegebiet Hermann-Löns-Weg, hier links in die Industriestr. einbiegen, die Firma befindet sich an der rechten Straßenseite, der Fabrikverkauf ist dem Zentrallager angeschlossen

27721 Ritterhude

▶ JANETZKY

Erhard Janetzky Steppdeckenfabrik GmbH
27721 Ritterhude / Deltastr. 12
Tel. (04292) 40091 / janetzky-steppdecken.de

Die Firma Janetzky wurde 1945 gegründet. Es werden hauptsächlich hochwertige Tagesdecken und Daunendecken gefertigt.

Waren:	Bettwaren wie Tagesdecken, Daunendecken, Seidendecken und Allergiker-Decken, außerdem Zukaufware wie Matratzen, Lattenroste und Bettwaren
Ersparnis:	bis zu 50% bei Eigenprodukten, je nach Artikel
Zeiten:	Mo. bis Do. 9.00-17.00 Uhr, Fr. 9.00-16.00 Uhr
Weg:	Ritterhude liegt ca. 15 km nördlich von Bremen, A 27 Ausfahrt Bremen-Burglesum nach Ritterhude, dort befindet sich die Firma im Gewerbepark

Textil-/Bettwaren

28759 Bremen

28759 Bremen

▶ KLEINE WOLKE

Kleine Wolke Textilgesellschaft mbH & Co. KG
28759 Bremen Grohn / Fritz-Tecklenborg-Str. 3
Tel. (0421) 6261-0 / kleine-wolke.de

Die Geschichte des Unternehmens begann im Jahr 1793 als Netz- und Tauwerkfabrik. Nach dem 2. Weltkrieg wurde die Produktion auf Webteppiche und Vorleger aus Sisal und Wolle erweitert. In den frühen 70er Jahren des letzen Jahrhunderts wurde eine Betriebsanlage zum Tuften und Färben von Badteppichen installiert. Der Mode für's Bad-Bereich wurde erweitert um Produktionsstätten für Duschvorhänge und Sicherheitseinlagen. Das Unternehmen wurde mit dem Markennamen Kleine Wolke ein Marktführer im Bereich Badezimmertextilien.

Waren: Badezimmerteppiche, Duschvorhänge, Wannen- und Duscheinlagen, Frottierwaren, Marke Kleine Wolke, außerdem Bügeltische, Wäschetrockner, Leitern und div. Haushaltsartikel der Marke Leifheit sowie einige Lampen Marke Brilliant

Ersparnis: bis zu 40%, günstig sind vor allem Auslaufmodelle und Fehlerware

Zeiten: von Mai bis Ende August Do. 10.00-18.00 Uhr, von Sept. bis Anfang Mai Do. 15.00-18.00 Uhr und Sa. 10.00-13.00 Uhr, zusätzlich große Sonderverkäufe, meist an einem Sa. 1x vor Ostern und 2x vor Weihnachten, genaue Termine erfragen, stehen auch in der lokalen Presse

Hinweise: es sind hauptsächlich 2. Wahl, Warenretouren etc. erhältlich, meist komplettes Programm

Weg: Grohn liegt nordwestlich von Bremen an der A 27, Ausfahrt Bremen-Burglesum Richtung Grohn, im Ort ist die Firma gut ausgeschildert

30419 Hannover

▶ PARADIES

Paradies GmbH
30419 Hannover Marienwerder / Merkurstr. 9
Tel. (0511) 27870 / paradies.de

Das Unternehmen wurde 1854 in Neukirchen-Vluyn am Niederrhein gegründet und wird heute in 5. Generation von der Familie Kremers geführt. Paradies gehört heute zu den führenden Bettwaren-Herstellern Europas. Paradies-Produkte werden durch ihren hohen qualitativen Standard nicht nur in Europa, sondern auch in Nord- und Südamerika sowie im Vorderen Orient und Asien sehr geschätzt.

Waren: Bettwaren aller Art wie Einzieh- und Unterdecken, Deckbetten, Kopfkissen, Matratzen und Lattenroste, Marke Paradies, außerdem Handtücher, Bademäntel und Nachtwäsche

Ersparnis: je nach Artikel unterschiedlich, ca. 30%

32584 Löhne

Zeiten: Mo. bis Mi. 14.00-17.00 Uhr, Do. 12.00-18.00 Uhr, Fr. 14.00-18.00 Uhr, Sa. 10.00-13.00 Uhr

Hinweise: der Werksladen befindet sich neben dem Büro, sofern das Tor geschlossen ist an der Sprechanlage anmelden

Weg: A 2 Abfahrt Hannover-Herrenhausen auf die B 6 Richtung Nienburg, nach dem Möbelhaus „Hesse" die 1. Straße links einbiegen, über die Autobahnbrücke und dann die nächste Straße links in die Merkurstr., hier befindet sich die Firma am Ende der Straße

31785 Hameln

▶ VORWERK

Vorwerk & Co. Teppichwerke GmbH & Co. KG
31785 Hameln / Kuhlmannstr. 11
Tel. (05151) 103-0 / vorwerk-teppich.de

Seit über 100 Jahren gehören die Vorwerk Teppichwerke als rechtlich selbständige Tochter zum Familienkonzern Vorwerk & Co. mit Sitz in Wuppertal. Die Firma ist Anbieter von qualitativ hochwertigen Teppichböden im mittleren und hohen Preisbereich mit dem Schwerpunkt auf Velours.

Waren: große Auswahl an hochwertigen Teppichböden, ausschließlich Auslegware, auch viele Restposten, Marke Vorwerk

Ersparnis: ca. 30-40% bei 1. Wahl, ca. 60% bei 2. Wahl und Restposten

Zeiten: Mo. bis Fr. 10.00-18.00 Uhr, 1. Sa. im Monat 10.00-14.00 Uhr

Hinweise: der Verkauf befindet sich auf dem Firmengelände, es sind hauptsächlich 2. Wahl und Restposten erhältlich

Weg: Hameln liegt ca. 40 km südwestlich von Hannover, in Hameln befindet sich die Firma im Industriegebiet Süd nahe der Bahnlinie

32584 Löhne

▶ MKM

mkm-Matratzen Kwiatkowski GmbH & Co. KG
32584 Löhne Gohfeld / Gohfelder Str. 21
Tel. (05731) 40044 / mkm-matratzen.de

Das Unternehmen wurde im Jahr 1955 gegründet. 1980 wurden die ersten Spezialmatratzen mit einer sich in Bad Oeynhausen befindlichen Orthopädie-Klinik entwickelt. Heute ist die Firma ein Spezialist für hochwertige, orthopädische Matratzen. Auf Wunsch werden auch alle möglichen Sondermaße gefertigt.

Waren: Latex-, Kaltschaum-, Viscoschaum-, Federkern- und Taschenfederkernmatratzen, alle in unterschiedlichen Ausstattungen wie Liegefläche fest, softig, weich, Bezüge abnehmbar und waschbar,

Textil-/Bettwaren

33397 Rietberg

Antiallergie-Ausstattung usw., außerdem Polsterbetten, Lattenroste und Bettwaren

Ersparnis: unterschiedlich, ca. 25% je nach Artikel

Zeiten: Mo. bis Fr. 8.00-17.00 Uhr, Sa. 10.00-13.00 Uhr

Weg: A 30 Osnabrück Richtung Hannover, Abfahrt Gohfeld/Werste Richtung Werste bis zum Betonwerk, danach rechts ab und die nächste wieder rechts, die Firma befindet sich im Industriegebiet (Brückenstr.)

33397 Rietberg

▶ TRAUMWELT

**Traumwelt W. Lonsberg GmbH & Co. KG /
Bettfedern- und Matratzenfabrik
33397 Rietberg / Detmolder Str. 1
Tel. (05244) 5252 / traumwelt.biz**

Das mittelständige Unternehmen fertigt seit über 50 Jahren auf handwerkliche Weise ein qualitativ hochwertiges Programm an textilen Betten im modernen oder klassischen Bereich. Eine Spezialität sind Boxspring-Hotelbetten.

Waren: Matratzen aller Art (Federkern, Latex, Kaltschaum), Lattenroste, Polster- und Boxspringbetten, Bettwaren wie Einziehdecken, Kopfkissen und orthopädische Kissen, außerdem zugekaufte Bettwäsche und Stoffe

Ersparnis: ca. 30-40%

Zeiten: Mo. bis Fr. 8.00-12.00 Uhr und 14.00-18.00 Uhr

Hinweise: der Ausstellungsraum befindet sich neben dem Empfang

Weg: A 2 Abfahrt Rheda-Wiedenbrück auf die B 64 Richtung Paderborn, nach Rietberg abzweigen, hier befindet sich die Firma im Ortsteil Neuenkirchen, an der Straße Richtung Kaunitz

33602 Bielefeld

▶ DELIUS

**Delius GmbH
33602 Bielefeld / Goldstr. 16-18
Tel. (0521) 543322 / deliustextiles.de**

Die Firma fertigt seit 1722 Textilien, immer am Standort Deutschland, heute an den Standorten Bielefeld, Krefeld und Spenge. Delius ist weltweit als Premiumlieferant für Heimtextilien bekannt.

Waren: Dekorations- und Polsterstoffe, Gardinen, DOB-Stoffe, Futterstoffe, Funktionsstoffe wie Sonnenschutzgewebe, Tarndruckstoffe

36110 Schlitz

und Dachbahnen, außerdem medizinische Textilien für Hausstaubmilben-Allergiker und Neurodermitis-Patienten, Marken Delius, Delistar, Delius-Contract und Delimed

Ersparnis: ca. 50%, teilweise bis zu 75%

Zeiten: Mo. bis Fr. 11.00-19.00 Uhr, Sa. 10.00-18.00 Uhr

Hinweise: es sind nur Muster, Sonderposten und 2. Wahl-Artikel erhältlich; eine weitere Verkaufsstelle befindet sich im Ortsteil Jöllenbeck, Vilsendorfer Str. 50, Tel. (05206) 910730, geöffnet Mo. bis Fr. 14.00-18.00 Uhr und Sa. 10.00-13.00 Uhr

Weg: die Firma befindet sich in der Stadtmitte von Bielefeld, nahe der „IHK", schräg gegenüber der Reformierten Kirche

34466 Wolfhagen

▶ BÄRENSCHLAF

Schlafprofi GmbH / Matratzenfabrik
34466 Wolfhagen / Bunsenstr. 28
Tel. (05692) 9877-0 / schlafprofi.com

Das Unternehmen wurde im Jahre 1920 von Emil Klute im westfälischen Hagen gegründet. Das produzierende Drahtwerk stellte damals in erster Linie Federkerne für Matratzen her und entwickelte sich im Laufe der Jahre zu einem der führenden Hersteller von Matratzen, Lattenrosten, Einziehdecken, Kissen, Boxspring- und Polsterbetten. Seit 1965 ist die Klute GmbH in Wolfhagen ansässig. Der dortige Verwaltungs- und Produktionsstandort wurde im Laufe der Jahre um zwei Matratzenfabriken erweitert, eine davon in Crimmitschau und die andere im litauischen Vievis.

Waren: Kaltschaum- und Latexmatratzen, auch in Überbreiten, außerdem Lattenroste sowie Steppdecken, Kissen, Polsterbetten und Boxspringbetten, Marke Bärenschlaf-International

Ersparnis: teilweise sind sehr günstige Angebote erhältlich

Zeiten: Mo. bis Fr. 9.00-12.00 Uhr und 14.00-17.00 Uhr, Sa. 10.00-12.30 Uhr

Weg: Wolfhagen liegt ca. 20 km westlich von Kassel, A 44 Ausfahrt Zierenberg auf die B 251 nach Wolfhagen, auf der Hauptstraße durch Wolfhagen und am Ortsausgang rechts in das Industriegebiet, hier ist die Firma nicht zu verfehlen

36110 Schlitz

▶ LANGHEINRICH

Langheinrich GmbH & Co. KG / Weberei Ausrüstung Konfektion
36110 Schlitz / Bahnhofstr. 40
Tel. (06642) 87-0 oder 960899 (Laden) / langheinrich.de

36341 Lauterbach

Das Textilunternehmen wurde im Jahr 1832 in Schlitz gegründet. Seitdem hat es ein Stück Geschichte deutscher Webkunst geschrieben. Der Name Langheinrich steht noch heute für herausragende Qualität.

Waren:	hochwertige Tisch- und Bettwäsche, Hand- und Geschirrtücher sowie Meterware, außerdem einige wenige Damennachthemden und Schlafanzüge, Frottierwaren, Marken Langheinrich und Kaepple
Ersparnis:	ca. 40-50% bei regulärer Ware, 2. Wahl ist noch günstiger, vielfach ist auch günstige Kiloware erhältlich
Zeiten:	Mo. bis Fr. 9.00-12.00 Uhr und 14.00-17.00 Uhr, Sa. 9.00-12.00 Uhr
Weg:	Schlitz liegt ca. 25 km nördlich von Fulda, A 7 Ausfahrt Hünfeld/Schlitz nach Schlitz, auf der Hauptstraße bleibend kommt man direkt auf die Bahnhofstr., die Verkaufsstelle befindet sich gegenüber von „Lidl" und „Aldi"

36341 Lauterbach

▶ WENZEL & HOOS

Wenzel & Hoos GmbH / Leinenweberei Opel
36341 Lauterbach / Lauterstr. 48
Tel. (06641) 9624-22 / wenzel-hoos.de

Die Firma Opel verarbeitet seit 180 Jahren Naturfasern, Leinen und Baumwolle zu hochwertiger Tischwäsche.

Waren:	Tischdecken, Tischläufer, Tischsets und Spitzen, auch Meterware und Stoffreste in Leinen, Halbleinen und Synthetiks sowie Küchenhand- und Geschirrtücher
Ersparnis:	bei 1. Wahl-Ware gering, bei 2. Wahl-Ware und Restposten bis zu 50% möglich
Zeiten:	Mo. bis Fr. 8.00-12.00 Uhr und 13.00-16.00 Uhr
Hinweise:	separate Verkaufsräume im 2. Stock des Bürogebäudes, gelegentlich ist auch 2. Wahl erhältlich
Weg:	Lauterbach liegt ca. 25 km nordwestlich von Fulda, aus Richtung Alsfeld kommend an der ersten Ampel links auf die Umgehungsstraße, an der zweiten Ampel geradeaus, nach ca. 50 m unmittelbar vor der Lauterbrücke Einfahrt links zu „Opel Heimtex"

37235 Hessisch Lichtenau

▶ OPTIMA

Optima Schlafsysteme Schubert GmbH / Matratzenfabrik
37235 Hessisch Lichtenau Quentel / Akazienweg 9-11
Tel. (05602) 93670 / optima-matratzen.de

41334 Nettetal

Waren:	fast alle Matratzensorten in versch. Größen, außerdem Betteinsätze, auch motorbetrieben sowie Bettzubehör
Ersparnis:	teilweise sind sehr günstige Angebote erhältlich
Zeiten:	Mo. bis Fr. 8.00-17.00 Uhr, Do. bis 18.00 Uhr, Sa. 10.00-13.00 Uhr
Weg:	Hessisch Lichtenau liegt ca. 20 km südöstlich von Kassel, von Kassel auf der B 7 kommend über Kaufungen und Fürstenhagen nach Quentel, hier im Zentrum links in „Pfarrsteg" und nach ca. 200 m rechts in den Akazienweg, die Firma ist dann nicht zu verfehlen

38300 Wolfenbüttel

▶ BRAUNSCHWEIGER BETTFEDERN

Braunschweigische Bettfedernfabrik GmbH
38300 Wolfenbüttel / Bahnhofstr. 6
Tel. (05331) 43657

Waren:	Bettdecken, Daunenbetten, Einziehdecken, Kissen, Sonderanfertigungen sind möglich, außerdem zugekaufte Matratzen und Lattenroste
Ersparnis:	durchschnittlich 25%
Zeiten:	Mo. bis Fr. 9.00-12.00 Uhr und 14.00-17.00 Uhr
Hinweise:	der Verkauf befindet sich in einem kleinen Ladengeschäft auf dem Firmengelände
Weg:	Wolfenbüttel liegt südlich von Braunschweig, A 395 Ausfahrt Wolfenbüttel-Nordwest Richtung Zentrum/Bahnhof, die Firma befindet sich direkt hinter dem Bahnhof

41334 Nettetal

▶ EM-ES-TE

Franz Peters Bettwäschefabrik
41334 Nettetal / Lötsch 24
Tel. (02153) 97649-0 / em-es-te-peters.de

Waren:	reichhaltiges Angebot an Bettwäsche aus Baumwolle, Biber und Satin, auch für Kinderbetten
Ersparnis:	ca. 20-30% je nach Artikel
Zeiten:	Mo. bis Do. 13.00-16.00 Uhr
Hinweise:	teilweise sind nur herabgesetzte Einzelteile sowie 2. Wahl erhältlich

Textil-/Bettwaren

42277 Wuppertal

Weg: A 61 Mönchengladbach Richtung Venlo Abfahrt Nettetal nach Klinkhammer, hier rechts ab auf die Dülkener Str. Richtung Breyell, nach ca. 1 km rechts ab in „Lötsch"

42277 Wuppertal

▶ VORWERK

Vorwerk & Co. Teppichwerke GmbH & Co. KG
42277 Wuppertal Wichlinghausen / Am Diek 52
Tel. (0202) 5644988 / vorwerk-teppich.de

Seit über 100 Jahren gehören die Vorwerk Teppichwerke als rechtlich selbständige Tochter zum Familienkonzern Vorwerk & Co. mit Sitz in Wuppertal. Die Firma ist Anbieter von qualitativ hochwertigen Teppichböden im mittleren und hohen Preisbereich mit dem Schwerpunkt auf Velours.

Waren: große Auswahl an hochwertigen Teppichböden, ausschließlich Auslegware, viele Restposten, Marke Vorwerk

Ersparnis: ca. 30-40% bei 1. Wahl, ca. 60% bei 2. Wahl und Restposten

Zeiten: Mo. bis Do. 10.00-12.30 Uhr und 13.30-18.00 Uhr, Fr. bis 17.30 Uhr, 1. Sa. im Monat 10.00-14.00 Uhr

Hinweise: separates Ladengeschäft auf dem Werksgelände, es sind hauptsächlich 1B-Ware und Restposten erhältlich

Weg: A 46 Ausfahrt Wichlinghausen, an der 1. Kreuzung links in die Müggenburgstr., geradeaus weiter auf die Kreuzstr., diese weiter bis zum Ende und dann links, nach ca. 20 m rechts in die Hofeinfahrt

45257 Essen

▶ COLSMAN

Ursula Demmer
45257 Essen Kupferdreh / Hinsbecker Löh 10
Tel. (0201) 4864439 / colsman.de

Texil-/
Bettwaren

Waren: Bekleidungs- und Futterstoffe aller Art, von versch. Herstellern wie Gebr. Colsman, Hil-Tex und Hilco

Ersparnis: zum Teil sind sehr günstige Angebote erhältlich

Zeiten: Mo. und Di. 9.30-13.00 Uhr, Do. und Fr. 13.00-17.30 Uhr, oder nach Vereinbarung

Hinweise: teilweise ist auch günstige 1B-Ware erhältlich

Weg: Kupferdreh liegt südlich von Essen an der B 227 Richtung Velbert, in Kupferdreh befindet sich die Firma im Industriegebiet Nord an der Ruhr, auf dem Fabrikgelände „Gebr. Colsman"

46325 Borken

46325 Borken

▶ BIERBAUM

Bierbaum Textilwerke GmbH & Co. KG
46325 Borken / Gelsenkirchener Str. 11
Tel. (02861) 948-01 oder -172 (Werksverkauf) / bierbaum.de

Die Bierbaum Unternehmensgruppe ist seit über 100 Jahren erfolgreich in der Herstellung von textilen Konsumgütern und Technologieprodukten für Handel und Industrie tätig. Heute steht der Name Bierbaum für eine international tätige Unternehmensgruppe mit Niederlassungen in Deutschland, Polen, der Schweiz und der Türkei.

Waren: Bettwäsche, Wohndecken, Kinderdecken und Matratzenschoner Marke Bierbaum, außerdem Bettwäsche und Wohndecken Marke Irisette sowie Reinigungstücher aller Art Marke Flinka

Ersparnis: bis zu 40% möglich

Zeiten: Mo. bis Fr. 13.00-18.30 Uhr

Weg: A 31 Ausfahrt Borken auf die B 67 nach Borken, kurz vor Borken abfahren auf die Straße „Landwehr", immer geradeaus und nach ca. 2 km links einbiegen auf den Ramsdorfer Postweg Richtung Beckenberg, nach weiteren ca. 900 m links auf die Gelsenkirchener Str.

▶ DORMISETTE

Wilhelm Wülfing GmbH & Co. KG / Weberei
46325 Borken / Boumannstr. 1
Tel. (02861) 8004-0 / wilh-wuelfing.de

Das Unternehmen wurde im Jahr 1885 gegründet und befindet sich bis heute in Familienbesitz. Produziert wird noch immer am Standort Deutschland im Stammwerk in Borken. Wülfing-Produkte haben sich in zahlreichen Ländern der Erde etabliert und finden sich in allen Handelssegmenten, vom Fachgeschäft über den Versandhandel bis zum Discounter.

Waren: hochwertige Bettwäsche in unterschiedlichen Qualitäten, Spannbetttücher und Matratzenschutzartikel, Marken Dormisette, Wonny und Bibett (Kinder- und Jugendbettwäsche)

Ersparnis: preisgünstige Angebote, besonders bei 2. Wahl

Zeiten: Di., Mi., Sa. 9.00-13.00 Uhr, Do. und Fr. 13.00-18.00 Uhr

Weg: A 31 Abfahrt Schermbeck auf die B 70 Richtung Raesfeld/Borken nach Borken, die B 70 auf den Nordring verlassen und nach ca. 1 km links ab auf die Burloer Str., dann nach weiteren ca. 300 m rechts in die Boumannstr.

46354 Südlohn

46354 Südlohn

▶ SÜDLOHNER FROTTIER

Südlohner Frottierweberei GmbH & Co.
46354 Südlohn / Eschstr. 14
Tel. (02862) 7101 / suedlohner.de

Die Geschichte der Südlohner Frottierweberei reicht zurück bis in das Jahr 1896. Seinerzeit wurden glatte Gewebe produziert. Heute werden die hergestellten Frottierwaren, aber auch die Bett- und Tischwäsche, zu hochwertigen Geschenken veredelt. Sie werden in attraktiven Verpackungen, kunstvoll verarbeitet zu originellen Figuren oder Dekorationen, für viele Anlässe angeboten. Auch werden in der alten Weberei Tischdecken jeder Art nach Maß gefertigt.

Waren:	Frottierwaren wie Handtücher, Badetücher, Bademäntel und Waschlappen, auch ein Kinderprogramm, außerdem zugekauftes Bett-, Tisch- und Küchenprogramm
Ersparnis:	günstige Angebote
Zeiten:	Mo. bis Fr. 9.00-18.00 Uhr, Sa. 9.00-12.30 Uhr
Weg:	Südlohn liegt an der B 70 zwischen Borken und Stadtlohn, in Südlohn der Ramsdorfer Str. bzw. der Bahnhofstr. folgen und nach dem Modehaus „Hollad" rechts auf die Eschstr.

46395 Bocholt

▶ HERDING

s. Seite 605

Klaus Herding GmbH
46395 Bocholt / Industriestr. 1
Tel. (02871) 284-300 / chb.de

Die Firma Herding wurde im Jahr 1918 gegründet. Spezialisiert hatte sich das Unternehmen stets auf die Produktion von sog. Rauhartikeln wie etwa Schlafdecken oder Betttuchbiber. Seit 1957 erfolgte sukzessive die Einführung des Kinder- und Jugendprogrammes. Die Hauptartikel im Sortiment sind seitdem Bettwäsche und Schlafdecken. Eine besondere Exclusivität haben hierbei die Lizenzartikel, wobei die Disney-Lizenz ebenfalls kontinuierlich seit 1957 im Angebotsprogramm vertreten ist. Die Weberei, Rauherei und Konfektion bilden die Bestandteile der eigenen Produktion.

Waren:	Baby Best-Decken, Bettwäsche, Betttücher, Himmel, Nestchen, Wickelauflagen, Einziehdecken und Flachkissen, Comic & Co.-Kollektionen mit Bettwäsche, Schlafdecken und Kissen von Themen wie z.B. Tabaluga, Janosch, Sendung mit der Maus, Pokémon, Disney, Sesamstraße, Digimon etc.
Ersparnis:	ca. 50% im Durchschnitt
Zeiten:	Mo., Mi., Fr. 9.30-12.30 Uhr, Do. 12.00-17.00 Uhr
Hinweise:	hauptsächlich sind 1B-Ware, Restposten und Auslaufmodelle erhältlich

46395 Bocholt

Weg: A 3 Oberhausen Richtung Emmerich Ausfahrt Hamminkeln auf die B 473 nach Bocholt, hier am Ortsbeginn rechts ab auf die B 67 und anschließend Richtung Bahnhof, die Industriestr. befindet sich in der Nähe vom Bahnhof

▶ IBENA

Ibena Textilwerke Beckmann GmbH
46395 Bocholt / Industriestr. 7-13
Tel. (02871) 287-0 / ibena.de

Ibena ist seit Jahren auf dem Gebiet der Heimtextilien ein renommierter und traditionsreicher Anbieter, spezialisiert auf Wohndecken und Bettwäsche mit passenden Accessoires. Das Programm ist modisch ausgerichtet und offeriert ein dem aktuellen Wohntrend entsprechendes Design.

Waren: Wohn- und Schlafdecken aus unterschiedlichen Materialien, außerdem Bettwäsche und Bettwaren wie Steppbetten, Unterbetten, Kissen, Nackenpolster und -rollen, Marken Ibena, Bugatti, s.Oliver und Vita

Ersparnis: ca. 30%, bei 2. Wahl auch mehr

Zeiten: Mo. bis Fr. 10.00-17.00 Uhr, Sa. 10.00-13.00 Uhr

Weg: A 3 Oberhausen Richtung Emmerich Ausfahrt Hamminkeln auf die B 473 nach Bocholt, hier am Ortsbeginn rechts ab auf die B 67 und anschließend Richtung Bahnhof, die Industriestr. befindet sich in der Nähe vom Bahnhof, der Verkauf bei Tor 3

▶ VIKTORIA

Viktor Busch GmbH / Matratzenfabrik
46395 Bocholt Mussum / Händelstr. 19
Tel. (02871) 7081

Waren: Federkern-, Taschenfederkern-, Schaumstoff- und Latexmatratzen, Marke Viktoria

Ersparnis: ca. 30% im Durchschnitt

Zeiten: Mo. bis Fr. 9.00-12.30 Uhr und 14.00-18.00 Uhr, jeden 1. und 3. Sa. im Monat 10.00-13.00 Uhr

Hinweise: häufig sind auch Mustermatratzen oder Matratzen mit Auslaufstoffen erhältlich

Weg: A 3 Oberhausen Richtung Emmerich Ausfahrt Hamminkeln auf die B 473 Richtung Bocholt, noch vor Ortsbeginn rechts ab in den Vennweg Richtung Industriegebiet Siegeheide, hier ist die Firma auch ausgeschildert

47506 Neukirchen-Vluyn

47506 Neukirchen-Vluyn

▶ PARADIES

Paradies GmbH / Steppdeckenfabrik
47506 Neukirchen-Vluyn / Rayener Str. 14
Tel. (02845) 203-248 / paradies.de

Das Unternehmen wurde 1854 in Neukirchen-Vluyn am Niederrhein gegründet und wird heute in 5. Generation von der Familie Kremers geführt. Paradies gehört heute zu den führenden Bettwaren-Herstellern Europas. Paradies-Produkte werden durch ihren hohen qualitativen Standard nicht nur in Europa, sondern auch in Nord- und Südamerika sowie im Vorderen Orient und Asien sehr geschätzt.

Waren: Bettwaren aller Art wie Einzieh- und Unterdecken, Deckbetten, Kopfkissen, Matratzen und Lattenroste, Marke Paradies, außerdem Handtücher, Bademäntel und Nachtwäsche

Ersparnis: unterschiedlich, durchschnittlich ca. 30%

Zeiten: Mo. bis Mi. 14.00-17.00 Uhr, Do. 11.00-13.00 Uhr und 14.00-18.00 Uhr, Fr. 14.00-18.00 Uhr, Sa. 10.00-13.00 Uhr

Hinweise: teilweise ist auch 2. Wahl erhältlich

Weg: Neukirchen-Vluyn liegt ca. 20 km westlich von Duisburg, A 40 Ausfahrt Neukirchen-Vluyn nach Vluyn und hier im Zentrum über den Leineweberplatz und Schulplatz in die Rayener Str.

47647 Kerken

▶ LUTZE & NAGELS

Weberei Lutze & Nagels
47647 Kerken Nieukerk / Kleine Bleiche 20-26
Tel. (02833) 2025

Waren: Tischdecken in allen Formen und Größen, aus Damast, Leinen und mit Stickereien, außerdem Frottier-Handtücher sowie Seiden- und Baumwollkissen

Ersparnis: durchschnittlich ca. 35%

Zeiten: Mo. bis Fr. 9.00-17.00 Uhr, Sa. 9.00-13.00 Uhr

Hinweise: separater Verkaufsraum beim Versand, Maßanfertigung ist möglich, nicht alle Artikel sind aus eigener Herstellung

Weg: aus Richtung Moers auf der A 2 kommend Abfahrt Kerken auf die B 9 über Aldekerk nach Kerken, hier die B 9 Richtung Ortsmitte verlassen und über die Bahnlinie in den Ortsteil Nieukerk, hier in den Beginenweg bis Kleine Bleiche kreuzt

48485 Neuenkirchen

48431 Rheine

▶ RZ DYCKHOFF

RZ Dyckhoff GmbH / Frottierweberei u. -wirkerei
48431 Rheine / Hauenhorster Str. 131-143
Tel. (05971) 4008-0 / dyckhoff24.de

Das Unternehmen wurde im Jahr 1948 in Rheine gegründet. Die Dyckhoff GmbH hat sich über Jahrzehnte auf die Produktion von Frottier konzentriert und ist heute der einzige deutsche Hersteller, der sowohl Web- als auch Wirkfrottier herstellt.

Waren:	Frottierwaren wie z.B. Bettwäsche, Betttücher und Bademäntel, außerdem zugekaufte Nachtwäsche, Unterwäsche und Socken
Ersparnis:	ca. 25-35%, je nach Artikel
Zeiten:	Mo. 13.00-16.00 Uhr, Di. und Mi. 10.00-16.30 Uhr, Do. 13.00-18.00 Uhr, Fr. 13.00-16.00 Uhr, Sa. 10.00-12.00 Uhr
Hinweise:	es ist auch 2. Wahl erhältlich
Weg:	von Osnabrück über die A 30 Richtung Rheine, Ausfahrt Rheine-Altenrheine, durch Rheine Richtung Hauenhorst

48477 Hörstel

▶ BODET & HORST

Bodet u. Horst GmbH & Co. KG
48477 Hörstel / Rheiner Str. 59
Tel. (05459) 93130 oder 9513 (Laden) / bodet-horst.de

Das Unternehmen verlagerte 2001 seine gesamte Produktion nach Elterlein im westsächsischen Erzgebirge, einer seit Jahrhunderten traditionsreichen Region im Textilbereich. In Hörstel befindet sich weiterhin das Lager. Über 80% der produzierten Stoffe gehen in den Export nach USA, Südamerika und Asien.

Waren:	Matratzenbezugsstoffe, Nicki-, Velours- und Plüschstoffe, Frotteestoffe und Bettwäschestoffe
Ersparnis:	unterschiedlich, günstige Angebote
Zeiten:	Mo. bis Fr. 8.30-12.00 Uhr und 14.00-18.00 Uhr
Weg:	A 30 Osnabrück Richtung Rheine Abfahrt Hörstel, durch Hörstel durch Richtung B 65, die Firma befindet sich direkt an der B 65

Textil-/Bettwaren

48485 Neuenkirchen

▶ HECKING

Hecking Deotexis GmbH
48485 Neuenkirchen / Alphons-Hecking-Platz 2-8
Tel. (05973) 64-0 / deotexis.de

48565 Steinfurt

Waren:	Indigo-Stoffe sowie Stoffe aus Baumwolle und Baumwollmischgewebe für Hosen, Hemden und Blusen, außerdem Stoffreste
Ersparnis:	unterschiedlich, je nach Menge und Stoff
Zeiten:	Mo. bis Mi. 10.00-12.00 Uhr und 14.00-16.00 Uhr
Hinweise:	es ist auch günstige 2. Wahl im Angebot
Weg:	Neunkirchen liegt an der B 70 zwischen Steinfurt und Rheine

48565 Steinfurt

▶ KOCK

Arnold Kock Textil GmbH / Weberei
48565 Steinfurt / Altenberger Str. 316
Tel. (02552) 48-0 / a-kock.de

Die Firma ist ein international tätiges Textilunternehmen mit einer über 175-jährigen Kompetenz in Textilien und weltweiten Produktionsmöglichkeiten.

Waren:	große Auswahl an Heimtextilien in verschiedenen Größen, Farben und Mustern, u.a. Bettwäsche, Tischwäsche, Küchenwäsche und Frottier, außerdem Dekostoffe und Bademäntel, Marken KBC, night & day, Schiesser-Home und Schloss Holte
Ersparnis:	durchschnittlich ca. 40%, je nach Artikel unterschiedlich
Zeiten:	Mo. bis Fr. 10.00-18.00 Uhr, Sa. 10.00-14.00 Uhr
Hinweise:	der Verkauf erfolgt im Ladengeschäft hinter dem Pförtnerhaus, es sind auch 2. Wahl, Fehlware und Restposten im Angebot
Weg:	A 1 Ausfahrt Münster-Nord auf die B 54 vorbei an Altenberge Richtung Steinfurt, die B 54 abfahren Richtung Nordwalde und nach ca. 200 m gleich wieder links Richtung Borghorst, im weiteren Verlauf kommt man auf die Altenberger Str.

▶ SEESTERN FROTTIER

Borghorster Frottierweberei Reygers GmbH & Co.
48565 Steinfurt Borghorst / Flaßkamp 15
Tel. (02552) 9332-0 / borghorster.com

Die Firma ist eine mittelständische Frottierweberei im westlichen Münsterland. Neben Frottierwaren wird über weltweite Importe nahezu das gesamte Heimtextilienprogramm angeboten.

Waren:	Frottierwaren wie Handtücher, Küchentücher, Badetücher und Bademäntel, außerdem zugekaufte Tischdecken, Bettwäsche, Schlafdecken etc.
Ersparnis:	bei 1. Wahl ca. 30-40%, 2. Wahl ist noch preiswerter
Zeiten:	Mo. bis Fr. 9.30-12.00 Uhr und 14.30-18.00 Uhr

50189 Elsdorf

Weg: B 54 Münster Richtung Steinfurt, bei Borghorst abfahren ins Gewerbegebiet Flaßkamp, dort ist die Firma ausgeschildert

48691 Vreden

▶ BIERBAUM

Bierbaum Textilwerke GmbH & Co. KG
48691 Vreden / Ottensteiner Str. 2
Tel. (02564) 9318-0 oder -36 (Werksverkauf) / bierbaum.de

Waren: Bettwäsche, Kissenhüllen, Wohndecken und Tischdecken, außerdem Putztücher, Stoffe als Meterware u.v.m.

Ersparnis: bis zu 40% möglich

Zeiten: Mo. bis Fr. 13.00-18.30 Uhr

Weg: von Stadtlohn kommend an der Dea-Tankstelle geradeaus bis es nur noch rechts oder links weitergeht, hier nach rechts abbiegen, noch ca. 300 m bis zur Firma

49419 Wagenfeld

▶ WAGENFELDER SPINNEREI

Wagenfelder Spinnereien GmbH
49419 Wagenfeld / Maschweg 3
Tel. (05444) 501-0 / wagenfelder.de

Waren: große Auswahl an Garnen, Wolle, Stoffen, Tischdecken, auch Teppichknüpfwolle

Ersparnis: durchschnittlich ca. 40%

Zeiten: Mo. 13.30-16.30 Uhr, Mi. 13.30-16.30 Uhr

Hinweise: separates Ladengeschäft, es ist auch 2. Wahl erhältlich

Weg: Wagenfeld liegt ca. 50 km nordöstlich von Osnabrück, der Verkaufsladen befindet sich in der Ortsmitte von Wagenfeld an der Hauptstraße in einem roten Ziegelsteingebäude gegenüber dem Textilhaus „Scheland"

50189 Elsdorf

▶ MFO

Matratzen Factory Outlet AG
50189 Elsdorf / Max-Planck-Str. 1
Tel. (02274) 9229-0 / mfo-ag.de

52078 Aachen

Die Matratzen Factory Outlet AG geht aus der Bettina Matratzenfabrik GmbH hervor. Diese blickt auf eine lange Tradition zurück. Sie wurde im Jahre 1929 in Nordrhein-Westfalen als Matratzenwerk gegründet und beschert seitdem seinen Kunden unter stetig wachsenden Qualitätsstandards einen erholsamen Schlaf.

Waren: Federkern-, Taschenfederkern-, Kaltschaum- und Latexmatratzen, Lattenroste, Bettwaren und Zubehör, alle Artikel sind auch in Übergrößen bevorratet

Ersparnis: ca. 25-40%

Zeiten: Mo. bis Fr. 10.00-19.00 Uhr, Sa. 9.30-18.00 Uhr

Hinweise: das Unternehmen betreibt deutschlandweit mehr als 150 Factory-Outlets

Weg: A 61 Ausfahrt Bergheim/Elsdorf auf die B 55 Richtung Elsdorf, nach ca. 3 km die zweite Einfahrt links in das Gewerbegebiet Elsdorf, am Kreisverkehr geradeaus

52078 Aachen

▶ BECKER

Wilhelm Becker GmbH & Co. KG / Tuchfabrik
52078 Aachen Brand / Niederforstbacher Str. 80-84
Tel. (0241) 52970 / becker-gruppe.de

Das Unternehmen wurde im Jahr 1927 am traditionellen Textilstandort Aachen gegründet und hat sich zu einem führenden Partner der internationalen Bekleidungs- und Modebranche entwickelt. Heute produziert die Tuchfabrik Wilhelm Becker mit über 1.000 Mitarbeitern jährlich ca. 18. Millionen lfd. Meter Gewebe.

Waren: Stoffe für Damen- und Herrenbekleidung, Futterstoffe, teilweise auch Oberbekleidung für Damen und Herren

Ersparnis: ca. 30% bei regulärer Ware, Restposten und 2. Wahl sind erheblich günstiger

Zeiten: Mo. bis Mi., Fr. 9.00-13.00 Uhr und 14.00-18.30 Uhr, Sa. 9.00-13.00 Uhr

Hinweise: separater Verkaufsladen, Zugang über den Fabrikeingang

Weg: A 44 Ausfahrt Aachen-Brand auf die Trierer Str. Richtung Brand, an der 7. Ampel rechts in die Hochstr. einbiegen, diese geht über in die Niederforstbacher Str.

55232 Alzey

▶ GESKA

Geska Bettwarenfabrik GmbH & Co. KG
55232 Alzey / Albiger Str. 3
Tel. (06731) 4980-0 / geska.de

57539 Fürthen

Die Firma Geska Bettwarenfabrik GmbH & Co. KG wurde im Jahre 1921 gegründet. Angefangen als reine Wollspinnerei wurde das Produktprogramm im Laufe der Jahre immer wieder verändert und den jeweiligen Marktsituationen angepasst.

Waren: Daunendecken, Synthetikdecken, Naturhaardecken, Kopfkissen, Bettwaren für Kinder, Matratzen, Luftbettmatratzen aeromat, Lattenroste, Wasserbetten, Wasserbett-Textilien wie Spannauflagen und -tücher

Ersparnis: ca. 30-40%, je nach Artikel

Zeiten: Di. bis Do. 10.00-18.00 Uhr, Fr. 10.00-16.00 Uhr, Sa. 10.00-13.00 Uhr, außerhalb der Öffnungszeiten Termine nach Vereinbarung

Weg: von Ludwigshafen auf der A 61 kommend Ausfahrt Alzey, Richtung Stadtmitte, an der 1. Ampel bei der Aral-Tankstelle rechts, dann gleich wieder links, die Einfahrt ganz hoch in den Hof fahren

56307 Dernbach

▶ MANK

Alfred Mank GmbH
56307 Dernbach / Ringstr. 60
Tel. (02689) 9415-0 / mank.de

Im Jahr 1932 begann Firmengründer Alfred Mank mit der Produktion von Untersetzerdeckchen. Heute stellt das Unternehmen hochwertige Tissue und Paper Accessoires her und unterhält als global agierendes Unternehmen Produktionsstätten in aller Welt.

Waren: Tischdecken, Servietten, Tassendeckchen, Untersetzer, Tischsets und Reinigungstücher aus Tissue und Papier

Ersparnis: günstige Angebote, besonders bei 2. Wahl

Zeiten: Di. und Do. 9.00-18.00 Uhr

Weg: A 3 Frankfurt-Köln Ausfahrt Dierdorf und im Kreisel die 2. Ausfahrt Richtung Dernbach, an der T-Kreuzung links Richtung Industriegebiet Urbacher Wald, hier auf die Ringstr., nach ca. 200 m befindet sich die Firma auf der rechten Seite, die Verkaufsstelle im Gebäude vor den Werkshallen

57539 Fürthen

▶ HAPA

Hans Pauly GmbH / HaPa Wohntextilien
57539 Fürthen / Siegstr. 25
Tel. (02682) 6152

Das Unternehmen wurde im Jahr 1967 in Hamm als Konfektionsbetrieb für Wohntextilien gegründet. Nach und nach wurde die Produktion nach Polen verlegt. Zum Abnehmerkreis des heutigen Familienunternehmens zählen in Deutschland,

63814 Mainaschaff

Österreich und der Schweiz Warenhauskonzerne, SB-Warenhäuser, Baumärkte, Fachgeschäfte und Versender.

Waren: große Auswahl an Wohntextilien wie Tischdecken, Zierdeckchen, Kissenhüllen, Stuhlkissen, Dekorationsschals, Frottierwaren, Stoffe, Marke HaPa

Ersparnis: bis zu 40% möglich

Zeiten: Mo. bis Fr. 10.00-12.00 Uhr und 14.00-17.00 Uhr

Weg: A 4 Köln-Olpe Ausfahrt Reichshof/Bergneustadt Richtung Waldbröl auf die B 256, zwischen Windeck-Rosbach und Hamm/Sieg in Au vor der Siegbrücke scharf links Richtung Fürthen, nach ca. 1,5 km befindet sich das Firmengebäude auf der linken Seite

63814 Mainaschaff

▶ F.A.N.

**f.a.n. Frankenstolz Schlafkomfort H. Neumeyer GmbH & Co. /
Steppdecken- und Matratzenfabrik
63814 Mainaschaff / Industriestr. 1-3
Tel. (06021) 708-0 / frankenstolz.de**

Das Unternehmen ist einer der bedeutendsten Heimtextilhersteller Europas. Es produziert in fünf Werken und stellt täglich ca. 35.000 Stoppteile her die weltweit vertrieben werden.

Waren: Steppdecken, Tagesdecken, Kissen, Daunendecken, Bettwäsche, Schlafsäcke sowie Federkern- und Latexmatratzen

Ersparnis: ca. 20-30%

Zeiten: Mo. bis Fr. 9.00-17.30 Uhr, Sa. 9.00-13.00 Uhr

Weg: A 3 Aschaffenburg Richtung Seligenstadt, Abfahrt Aschaffenburg-West Richtung Mainaschaff, die Firma befindet sich gegenüber dem „Mainparksee"

Textil-/
Bettwaren

66693 Mettlach

▶ BASSETTI

**Bassetti Factory Outlet
66693 Mettlach / Marktplatz 8-10
Tel. (06864) 9119810 / bassetti.de**

Waren: hochwertige Haustextilien wie Bettwäsche, Tischwäsche, Plaids, Kissen, Tagesdecken, Vorhänge, Teppiche, Handtücher und Bademäntel, Marken Bassetti, Lacoste, Laura Ashley und Zucchi

Ersparnis: ca. 30-60% unter der unverbindl. Preisempfehlung

67377 Gommersheim

Zeiten:	Mo. bis Fr. 9.30-18.00 Uhr, Sa. 9.00-14.00 Uhr
Hinweise:	es sind ausschließlich Produkte der Vorjahreskollektion in 1. Wahl und teilweise auch in 2. Wahl erhältlich
Weg:	Mettlach liegt an der B 51 zwischen Saarburg und Merzig, nordwestlich von Saarbrücken, aus Richtung Merzig auf der B 51 kommend vor der Überquerung der Saar rechts in die Eichenlaubstr., danach gleich wieder rechts in das Mettlach Outlet Center

67165 Waldsee

▶ STEIN

Stein GmbH / Matratzen- und Polsterwarenfabrik
67165 Waldsee / Pfalz / Neuhofener Str. 116
Tel. (06236) 1023 / stein-waldsee.de

Waren:	Schaumstoffmatratzen, Latexmatratzen, Federkernmatratzen, Wasserkernmatratzen und Kinderbettmatratzen, außerdem Lattenroste, Matratzenschoner, Kopfkissen, Federbetten und Polstermöbel
Ersparnis:	teilweise sind sehr günstige Angebote erhältlich
Zeiten:	Mo. bis Fr. 8.00-18.00 Uhr, Sa. 10.00-13.00 Uhr
Hinweise:	an diversen Samstagen findet ein sog. Schnäppchenmarkt mit nochmals reduzierten Preisen statt, genaue Termine erfragen, außerdem kann man auch eigene Möbel aufpolstern lassen
Weg:	Waldsee liegt ca. 10 km südlich vom Zentrum Ludwigshafen, A 61 Ausfahrt Schifferstadt/Böhl-Iggelheim Richtung Schifferstadt nach Waldsee, nach ca. 300 m nach den Partnerschaftsplatz links in die Neuhofener Str. Richtung Neuhofen, nach ca. 1 km befinden sich auf der rechten Seite die Ausstellungsräume

67377 Gommersheim

▶ APART

Apart GmbH / Apart Store
67377 Gommersheim / Kirchstr. 32
Tel. (06327) 9748-0 oder -28 (Store) / apart.de

Der Familienbetrieb wurde 1964 gegründet. Für die Kollektion aus Dekostoffen, feiner Tischwäsche und edlen Kissen sind kleine Webereien und Textildruckereien in Norditalien und Frankreich Lieferanten der hochwertigen Stoffqualitäten. Die Konfektionierung erfolgt am Produktionsstandort Gommersheim, wo 80 Mitarbeiter mit großer Sorgfalt die Stoffe zuschneiden und vernähen.

69245 Bammental

Waren:	Kissenbezüge, Tischdecken, Servietten, Dekostoffe, Wohnaccessoires, Bettwäsche und Stoffreste, Marken Apart, Asa und Bassetti
Ersparnis:	bei der aktuellen Kollektion bis zu 30%, bei Auslaufkollektionen bis zu 50% und bei Restposten sowie 2. Wahl bis zu 70%
Zeiten:	Mo. bis Fr. 9.00-19.00 Uhr, Do. bis 20.00 Uhr, Sa. 10.00-16.00 Uhr
Hinweise:	großer Verkaufsraum, nicht alles ist aus eigener Herstellung
Weg:	A 65 Landau Richtung Ludwigshafen, Abfahrt Neustadt-Süd, auf die B 39 Richtung Speyer, in Geinsheim abbiegen nach Gommersheim, ab Ortseingang beschildert

69245 Bammental

▶ GEFI

Gefi-Matratzen und Polsterwaren GmbH
69245 Bammental / Industriestr. 17-19
Tel. (06223) 9516-0 / gefi-matratzen.de

Das Unternehmen produziert seit über 40 Jahren Matratzen und Bettrahmen für alle Gebrauchsbereiche.

Waren:	Federkern- und Taschenfederkernmatratzen, Poly- und Kaltschaummatratzen sowie Latexmatratzen, außerdem Bettrahmen, Bettgestelle und Bettwaren wie Nackenstützkissen, Filzschoner und Steppdecken
Ersparnis:	ca. 20% unter vergleichbarer Einzelhandelsware
Zeiten:	Mo. bis Fr. 8.00-12.00 Uhr und 14.00-18.00 Uhr, Sa. 9.00-13.00 Uhr
Hinweise:	separater Ausstellungsraum, die Fertigung erfolgt nur auf Bestellung
Weg:	Bammental liegt südöstlich von Heidelberg, die Firma befindet sich dort im Industriegebiet schräg gegenüber vom Eisenlager

Textil-/
Bettwaren

70327 Stuttgart

▶ CENTA-STAR

Nord Feder GmbH & Co. KG
70327 Stuttgart / Augsburger Str. 275
Tel. (0711) 30505-0 / centa-star.de

Die Marke Centa-Star ist rund 40 Jahre alt und gehört zur Stuttgarter Nord Feder-Gruppe, einem der führenden Bettwarenherstellern in Deutschland. Das 1968 als Tochter eines skandinavischen Konzerns gegründete Unternehmen wurde 1991 nach dem Konkurs der Muttergesellschaft durch die Mitarbeiter übernommen. Diese führen das Unternehmen mit Hilfe von Investoren auch heute. Centa-Star Betten und Kissen findet man im Bettenfachgeschäft und in den Fachabteilungen der Möbel- und Warenhäuser.

71364 Winnenden

Waren: Federn-, Daunen- und Faser-Bettdecken, Kopf- und Nackenstützkissen sowie Unterbetten in allen gängigen Größen, Marke Centa-Star

Ersparnis: ca. 30-50% auf Artikel mit kleinen Schönheitsfehlern, Auslaufmodelle, Restposten und 1B-Ware, reguläre Ware ist nicht günstiger

Zeiten: Fr. 14.00-18.00 Uhr, Sa. 9.00-13.00 Uhr

Weg: A 8 Stuttgart-München Ausfahrt Wendlingen auf die B 10 Richtung Stuttgart, Ausfahrt Obertürkheim und nach der zweiten Brücke links ab, immer geradeaus nach Untertürkheim, unter zwei Eisenbahnbrücken durch bis zur Augsburger Str.

71063 Sindelfingen

▶ LEIBFRIED

Mia Vinken KG / Fabrikverkauf I. C. Leibfried
71063 Sindelfingen / Bahnhofstr. 18
Tel. (07031) 8663-49

Waren: Dekostoffe, Gardinen, Handarbeitsstoffe, Damaste, Weihnachtsdecken

Ersparnis: ca. 20%, 2. Wahl ist besonders preiswert

Zeiten: Mo., Mi., Fr. 9.00-12.00 Uhr, Di. und Do. 9.00-13.00 Uhr und 14.00-17.00 Uhr

Hinweise: Eingang im Hof, separater Verkaufsraum im Untergeschoss

Weg: Sindelfingen liegt ca. 15 km südöstlich vom Zentrum Stuttgart, A 81 Stuttgart-Singen Ausfahrt Sindelfingen, immer geradeaus bis linker Hand das „Daimler-Werk" sichtbar ist, an dieser Kreuzung rechts in die Bahnhofstr. einbiegen

71364 Winnenden

▶ PARADIES

Paradies GmbH
71364 Winnenden / Brückenstr. 9
Tel. (07195) 18060 / paradies.de

Das Unternehmen wurde 1854 in Neukirchen-Vluyn am Niederrhein gegründet und wird heute in 5. Generation von der Familie Kremers geführt. Paradies gehört heute zu den führenden Bettwaren-Herstellern Europas. Paradies-Produkte werden durch ihren hohen qualitativen Standard nicht nur in Europa, sondern auch in Nord- und Südamerika sowie im Vorderen Orient und Asien sehr geschätzt.

71726 Benningen

Waren:	Bettwaren aller Art wie Einzieh- und Unterdecken, Deckbetten, Kopfkissen, Matratzen und Lattenroste, Marke Paradies, außerdem Handtücher, Bademäntel und Nachtwäsche
Ersparnis:	je nach Artikel unterschiedlich, ca. 30%
Zeiten:	Mo. und Di. 14.00-17.00 Uhr, Mi. 9.30-13.00 Uhr und 14.00-17.00 Uhr, Do. 9.30-13.00 Uhr und 14.00-18.00 Uhr, Fr. 14.00-18.00 Uhr, Sa. 9.30-13.00 Uhr
Hinweise:	der Verkauf erfolgt im Fabrikgebäude
Weg:	auf der B 14 von Stuttgart kommend am Ortsbeginn von Winnenden neben „AEG"

71726 Benningen

▶ BRECKLE

Emil Breckle GmbH / Matratzenfabrik
71726 Benningen / Krautlose
Tel. (07144) 843090 / breckle.de

Das Unternehmen wurde 1932 als kleiner Polsterbetrieb im schwäbischen Benningen von Emil Breckle gegründet. Heute werden in Breckle-Werken in Bietigheim (Baden-Württemberg), Northeim (Niedersachsen) und Weide (Thüringen) in kompletter Eigenproduktion Matratzen hergestellt. In eigenen Schreinereien werden Polsterbetten und Lattenroste produziert, während ein Breckle-Werk in Seelbach (Schwarzwald) auf Steppbetten spezialisiert ist.

Waren:	Federkern-, Taschenfederkern-, Latex- und Kaltschaummatratzen, Polsterbetten, Bettrahmen, Decken und Kissen in versch. Ausführungen (z.B. für Allergiker) u.v.m., hauptsächlich Ware mit kleinen Transportschäden
Ersparnis:	je nach Artikel unterschiedlich, durchschnittlich ca. 25-30%
Zeiten:	Do. 15.00-18.00 Uhr, Fr. 10.00-12.00 Uhr und 14.00-18.00 Uhr, Sa. 9.00-13.00 Uhr, während der Betriebsferien im Sommer und im Dez. ist geschlossen, genaue Termine erfragen
Weg:	A 81 Stuttgart-Heilbronn Ausfahrt Pleidelsheim, Richtung Marbach/Ludwigsburg nach Benningen, in Benningen vor der Neckarbrücke rechts abbiegen ins Industriegebiet Krautlose

Textil-/
Bettwaren

72116 Mössingen

▶ CENTA-STAR

Centa-Star GmbH
72116 Mössingen / Theodor-Heuss-Str. 24
Tel. (07473) 23123 / centa-star.de

72393 Burladingen

Die Marke Centa-Star ist rund 40 Jahre alt und gehört zur Stuttgarter Nord Feder-Gruppe, einem der führenden Bettwarenhersteller in Deutschland. Das 1968 als Tochter eines skandinavischen Konzerns gegründete Unternehmen wurde 1991 nach dem Konkurs der Muttergesellschaft durch die Mitarbeiter übernommen. Diese führen das Unternehmen mit Hilfe von Investoren auch heute. Centa-Star Betten und Kissen findet man im Bettenfachgeschäft und in den Fachabteilungen der Möbel- und Warenhäuser.

Waren: Federn-, Daunen- und Faser-Bettdecken, Kopf- und Nackenstützkissen sowie Unterbetten in allen gängigen Größen, Marke Centa-Star

Ersparnis: ca. 20% bei regulärer Ware, ca. 30-50% bei Artikeln mit kleinen Schönheitsfehlern, Auslaufmodellen, Restposten und 1B-Ware

Zeiten: Mo. bis Fr. 8.00-17.00 Uhr

Weg: Mössingen liegt ca. 15 km südlich von Tübingen an der B 27 Richtung Hechingen, die Firma befindet sich ca. 5 km südöstlich von Mössingen im Ortsteil Thalheim

72336 Balingen

▶ KONTEX

**Kontex Christian Konz e.K. Inh. Jürgen Konz / Textilwarenfabrik
72336 Balingen Frommern / Heckäckerstr. 3
Tel. (07433) 34067 / funny-clean.de**

Waren: Mikrofaserprodukte wie Kosmetik- und Massagehandschuh, Sport- und Fitnesstuch, Bade- und Handtuch, Bademantel, Baby-Badetuch, Reinigungshandschuh und -tuch, Brillentuch, Marke Funny Clean, außerdem Nacht- und Freizeitwäsche, Jogginganzüge und Unterwäsche für Damen, Herren und Kinder

Ersparnis: ca. 30%, preisgünstige Angebote

Zeiten: Mo. bis Do. 8.00-11.00 Uhr und 13.00-17.15 Uhr, Fr. 8.00-13.00 Uhr

Hinweise: es ist auch günstige 2. Wahl erhältlich

Weg: von Balingen Richtung Albstadt nach Dürrwangen, die Firma befindet sich dort gegenüber der Pflanzenschule, von Albstadt kommend das erste Gebäude auf der linken Seite

72393 Burladingen

▶ TREND

**trend Gardinen + Zubehörfabrik A. Haiber
72393 Burladingen Starzeln / Johanniterstr. 10
Tel. (07477) 9277-0 / trend-gardinen.de**

72401 Haigerloch

Waren: Gardinenstoffe und Raffrollostoffe, außerdem Zubehör wie z.B. textile Gardinenbänder und Kunststoffteile für die Fensterdekoration

Ersparnis: ca. 30-40%, 2. Wahl-Artikel und Sonderposten sind besonders preiswert

Zeiten: Mo. bis Fr. 8.30-11.30 Uhr und 13.30-16.30 Uhr

Weg: Burladingen liegt an der B 32 von Tübingen in Richtung Sigmaringen, in Burladingen befindet sich die Firma im Ortsteil Starzeln, von Killer kommend gleich am Ortseingang rechts in die Neue Str. und nach ca. 150 m wieder rechts in die Johanniterstr.

72401 Haigerloch

▶ DORIS MEYER

s. Seite 629

Doris Meyer GmbH & Co. KG
72401 Haigerloch Karlstal
Tel. (07474) 6909-0 / doris-meyer.de

Der Bettwäsche-Hersteller ist ein mittelständisches Unternehmen zwischen Schwäbischer Alb und dem Schwarzwald und kann auf eine über 150 Jahre alte Textiltradition zurückblicken.

Waren: große Auswahl an Jersey-Bettwäsche in uni und in vielen Desings und Größen, außerdem dazu passende Spannbetttücher, in den Wintermonaten auch in Nicky-Velours, es ist auch Handelsware erhältlich

Ersparnis: ca. 30-40% bei Eigenprodukten

Zeiten: Mo. bis Fr. 10.00-12.00 Uhr und 13.30-17.00 Uhr, Sa. 10.00-12.30 Uhr

Hinweise: weitere Verkaufsstellen mit ähnlichem Warenangebot befinden sich in:
79189 Bad Krotzingen, Im Unteren Stollen 5, geöffnet Mo. bis Fr. 9.00-18.00 Uhr, Sa. 9.00-14.00 Uhr
75365 Calw-Wimberg, Ostlandstr. 5, Fr. 9.00-18.30 Uhr, Sa. 9.00-16.00 Uhr
53604 Bad Honnef, Lohfelder Str. 33, geöffnet Mo. bis Fr. 10.00-18.00 Uhr, Sa. 10.00-16.00 Uhr

Weg: A 81 Stuttgart-Singen Ausfahrt Empfingen nach Haigerloch, von dort Richtung Bad Imnau nach Karlstal, hier befindet sich die Firma nicht zu verfehlen direkt an der Hauptstraße

Textili-/
Bettwaren

72555 Metzingen

72461 Albstadt

▶ MR-CREATION

Maute + Renz Textil GmbH
72461 Albstadt Tailfingen / Goethestr. 86
Tel. (07432) 9780-0 / mr-creation.de

Waren: modische Maschenstoffe für Homewear- und Freizeitbekleidung, Wäsche und Lingerie sowie Kinderbekleidung

Ersparnis: ca. 30-50%, je nach Artikel

Zeiten: Mo. bis Fr. 14.00-17.30 Uhr

Weg: Albstadt liegt auf der Schwäbischen Alb zwischen Balingen und Sigmaringen an der B 463, dort durch Ebingen über Truchtelfingen nach Tailfingen, so kommt man direkt auf die Goethestr. (Hauptstraße)

72555 Metzingen

▶ GAENSLEN & VÖLTER

Gaenslen & Völter GmbH & Co. KG / fashionable fabrics
72555 Metzingen / Sonnentalstr.1 /
Ecke Friedrich-Herrmann-Str. 3
Tel. (07123) 165-260 (Laden) / gaenslen-voelter.de

Gaenslen & Völter ist Tuchmacher seit über 100 Jahren und liefert seine Stoffe an hochwertige Damen- und Herrenkonfektionäre im In- und Ausland.

Waren: über 100 Arten hochwertiger Stoffe für Damen- und Herrenbekleidung, Loden, Cashmere, Seiden-Leinen, Wolle, Alpaca und Merinowolle, außerdem Fertigbekleidung aus eigenen Stoffen die von namhaften Herstellern gefertigt wird

Ersparnis: ca. 30-80%, unterschiedlich je nach Artikel

Zeiten: Di. bis Fr. 13.00-18.30 Uhr, Sa. 10.00-16.00 Uhr

Weg: die Firma befindet sich im Zentrum von Metzingen, der Fabrikschornstein mit der Aufschrift „GV" ist nicht zu übersehen

▶ MÖVE

Möve Frottana Textil GmbH & Co. KG
72555 Metzingen / Wilhelmstr. 54
Tel. (07123) 165525 / moeve.de

Möve produziert seit 1927 qualitativ hochwertige Frottierprodukte an einem Standort, der als die Wiege der deutschen Frottierwebekunst gilt. Die Produktionsstätte in Großschönau in Sachsen zählt nach dem Zusammenschluss der Marken Möve und Frottana Anfang der 90er Jahre zu den modernsten Frottierbetrieben der Welt.

72589 Westerheim

Waren: hochwertige Frottierwaren aller Art wie Frottiertücher, Badeteppiche, Badegarnituren, Bademäntel für Damen, Herren und Kinder, Hand- und Badetücher, Saunatücher, Waschhandschuhe und Tischwäsche, außerdem zugekaufte Bettwaren

Ersparnis: ca. 25-50%

Zeiten: Mo. bis Fr. 10.00-20.00 Uhr, Sa. 9.00-20.00 Uhr

Weg: Metzingen liegt ca. 40 km südlich von Stuttgart, von Stuttgart auf der B 312 kommend Abfahrt Metzingen Richtung Stadtmitte auf der Stuttgarter Str., diese geht noch vor dem Lindenplatz über in die Wilhelmstr.

72589 Westerheim

▶ KNEER

Kneer GmbH / Wäschefabrik
72589 Westerheim / Falkenstr. 2
Tel. (07333) 806-0 / kneer.com

Seit über 25 Jahren ist die Wäschefabrik Kneer als Spezialist rund ums Spannbetttuch bekannt. Heute bietet Kneer unter dem Motto „Kultur der Nacht" enorm viele Farben und unterschiedlichste Materialien an, auf Wunsch auch in Sondergrößen.

Waren: Spannbetttücher in Jersey, Frottee und Feinbiber, Bettbezüge in Jersey und Satin, Kinderbettwäsche in Baumwolle mit lustigen Motiven und dazu passende Spannbetttücher, Natur-Bettwaren, Accessoires wie Kissenbezüge, Nackenrollenbezüge, Baby-Nestchen und Schlaf-Socken

Ersparnis: 50% und mehr möglich

Zeiten: Di. und Fr. 14.00-17.30 Uhr, Sa. 14.00-16.00 Uhr

Hinweise: sämtliche Artikel haben kleine Schönheitsfehler

Weg: A 8 Stuttgart-Ulm Ausfahrt Mühlhausen, über Wiesensteig nach Westerheim, in Ortsmitte Richtung Donnstetten, am Ortsausgang die letzte Straße rechts hoch

Textil-/Bettwaren

72766 Reutlingen

▶ GROSANA

Groll GmbH & Co. KG / Matratzenfabrik
72766 Reutlingen / Hohenschildstr. 5
Tel. (07121) 1641-0 / grosana.de

Die Firma wurde 1949 gegründet und begann mit der Produktion und dem Vertrieb von Putztextilien, womit Ende der 60er Jahre eine führende Position in Süddeutschland erreicht werden konnte und die Ware europaweit vertrieben wurde. Anfang der 80er Jahre wurde die Produktion nach und nach vollständig auf die Verarbeitung von

73054 Eislingen

Schaumstoff umgestellt. Erste größere Aufmerksamkeit in der Bettwarenbranche wurde durch die Entwicklung einer, selbst nach heutigen Maßstäben, höchst anspruchsvollen Kindermatratze erzielt. Heute stellt das Unternehmen mit das fortschrittlichste Kaltschaummatratzensortiment der Branche her.

Waren: Komfortschaummatratzen, Nackenstützkissen und Matze Kindermatratzen, außerdem Lattenroste und Seniorenkomfortrahmen, Marke Grosana

Ersparnis: ca. 25% bei Matratzen

Zeiten: Mo. bis Fr. 9.30-18.30 Uhr, Sa. 9.30-13.30 Uhr

Hinweise: nur Schaumstoffmatratzen werden selbst hergestellt, davon ist die Herstellung individueller Formen möglich

Weg: Reutlingen liegt ca. 30 km südlich von Stuttgart, der Verkauf befindet sich nahe dem Bahnhof Reutlingen-Sondelfingen

▶ STARLINE

Ernst Beck GmbH
72766 Reutlingen Mittelstadt / Riedericher Str. 80
Tel. (07127) 814216 / gardinenbeck.de

Das 1948 durch Ernst Beck in Reutlingen gegründete Unternehmen befasst sich seit nunmehr über 50 Jahren mit der Veredelung von Stoffen für den Heimtextilbereich. Die kontinuierliche Entwicklung und das innovative Produktmanagement haben dazu beigetragen, dass das Unternehmen heute mit zu den Marktführern in seinem Segment zählt.

Waren: große Auswahl an gewebten und bedruckte Gardinen- und Dekostoffen in unterschiedlichen Materialien, Ausbrennergardinen, außerdem Bettwäsche, Marken Starline und collection ernst beck

Ersparnis: günstiges Warenangebot, bei Restposten und 2. Wahl bis zu 50%

Zeiten: Mo. bis Fr. 9.30-18.00 Uhr, Sa. 9.00-12.00 Uhr

Weg: Reutlingen liegt ca. 30 km südlich von Stuttgart, von Stuttgart auf der B 27 Richtung Tübingen/Reutlingen, Ausfahrt Metzingen auf die B 312, dann Abfahrt Riederich nach Mittelstadt, kurz nach dem Ortseingang befindet sich die Firma in einem hellen Fabrikgebäude auf der linken Seite

73054 Eislingen

▶ SCHLAFGUT / WOHNGUT

Adam Matheis GmbH & Co. / Textilwerke
73054 Eislingen / Weilerbachstr.
Tel. (07161) 80020 / matheis-textilgruppe.de

Die Produktion der Firma Matheis erfolgt in eigenen Werken in Deutschland, der Türkei und Zypern.

73061 Ebersbach

Waren:	Bettwäsche und Betttücher aus Baumwolle, Jersey und Satin, außerdem Handtücher, Tischwäsche, Dekostoffe und Vorhangstoffe, Reste auf kg-Basis, Marken schlafgut und wohngut
Ersparnis:	durchschnittlich ca. 35%, bei Auslaufdessins, Restposten und 2. Wahl bis zu 50%, zugekaufte Ware ist nicht preiswerter
Zeiten:	Mo. bis Fr. 14.00-18.00 Uhr
Hinweise:	Verkauf im angegliederten Ladengeschäft; eine weitere Verkaufsstelle befindet sich in: 72379 Hechingen, Kasernenstr. 12, Tel. (07471) 9333-12 (Werksladen), geöffnet Mo. bis Fr. 14.00-18.00 Uhr, Do. bis Sa. 9.00-12.00 Uhr
Weg:	Eislingen liegt ca. 5 km nach Göppingen an der B 10 Richtung Geislingen, in Eislingen befindet sich die Firma im Industriegebiet gegenüber von „Marktkauf"

73061 Ebersbach

▶ EUROFOAM

Eurofoam Deutschland GmbH
73061 Ebersbach / Fils / Stuttgarter Str. 49-53
Tel. (07163) 15-0 oder -228 (Laden) / euro-foam.com

Die Firma produziert seit über 40 Jahren PU-Schaumstoffe für die Möbel-, Matratzen- und Fahrzeugindustrie. Die Eurofoam-Gruppe ist heute der größte PU-Weichschaumhersteller in Europa.

Waren:	Barverkauf von Schaumstoffen und Schaumstoffzuschnitten, Sitzkissen, Matratzen, Nackenkissen sowie viscoelastischen Produkten, Marken Comfort Bultex, EMC und Viscoline
Ersparnis:	preisgünstige Angebote
Zeiten:	Di., Mi., Sa. 9.00-12.00 Uhr, Do. 15.00-18.00 Uhr
Hinweise:	der Verkaufsraum befindet sich neben dem Pförtner, es sind hauptsächlich Restposten erhältlich
Weg:	Ebersbach liegt ca. 35 km östlich von Stuttgart, direkt an der B 10 zwischen Plochingen und Göppingen, dort befindet sich die Firma nicht zu verfehlen am Ortsausgang in Richtung Reichenbach

73079 Süßen

▶ SCHOELLER + STAHL

Schoeller Süssen GmbH
73079 Süßen / Bühlstr. 14
Tel. (07162) 93050-0 / schoeller-und-stahl.de

73240 Wendlingen

Seit über 150 Jahren sind die Firmen Schoeller Eitorf AG und Kammgarnspinnerei Süssen Gebr. Stahl GmbH & Co. im Handstrickgarnmarkt zuhause. 1997 wurden die Handstrickgarn- und Handarbeitsaktivitäten der beiden Firmen unter dem Dach der Schoeller Spinnereigruppe gebündelt und in der neu gegründeten Vertriebsgesellschaft Schoeller Süssen GmbH zusammengefasst.

Waren: große Auswahl an Handstrickgarnen in versch. Qualitäten, alles zum Stricken und Häkeln sowie einige Stoffe, Marken Schoeller + Stahl, Alwo, Schaffhauser Wolle und Austermann, teilweise auch etwas Kinderbekleidung

Ersparnis: 50% und mehr möglich

Zeiten: Mo. und Di. 13.00-16.00 Uhr, Mi. 9.00-16.00 Uhr, Do. 13.00-18.00 Uhr

Hinweise: separater Werksverkaufsladen, teilweise sind auch günstige Rest- und Sonderposten erhältlich

Weg: Süßen liegt an der B 10 zwischen Göppingen und Geislingen, von der B 10 kommend nach der Filsbrücke rechts hoch

73240 Wendlingen

▶ LUXORETTE

s. Seite 637

Luxorette Haustextilien GmbH
73240 Wendlingen / Schäferhauser Str. 2
Tel. (07024) 946-0 oder -199 (Fabrikverkauf) / luxorette.de

Luxorette ist ein auf dem deutschen Markt eingeführter Markenartikel hoher Qualität, der in der westlichen EU hergestellt wird. Luxorette-Bettwäsche erhält man im Bettwäsche-Fachhandel.

Waren: Bettwäsche, auch in Übergrößen, in Mako-Satin, Interlock Jersey und Brokat-Damast, Spannbetttücher, Handtücher, Tischwäsche und Taschentücher sowie Stoffreste und Meterware, außerdem Unterwäsche und textile Geschenke, Marke Luxorette

Ersparnis: durchschnittlich ca. 25%

Zeiten: Mo. bis Fr. 9.00-18.00 Uhr, Sa. 9.00-12.00 Uhr

Hinweise: großer Verkaufsraum, teilweise ist auch 1B-Ware erhältlich

Weg: A 8 Stuttgart-Ulm Ausfahrt Wendlingen auf die B 313, auf der rechten Spur bleiben und sofort wieder abfahren, dann an der 1. Ampel links und an der 2. Ampel rechts, die nächste Möglichkeit wieder rechts auf die DB-Brücke, dann links abbiegen und danach die 2. Möglichkeit rechts in den „Gewerbepark Otto"

Textil-/Bettwaren

73275 Ohmden/Teck

73275 Ohmden/Teck

▶ ELO

s. Seite 637

Elo Steppdecken und Matratzen Liebrich GmbH
73275 Ohmden/Teck / Fabrikstr. 3
Tel. (07023) 90056-0 / elo-betten.com

Elo besteht seit über 50 Jahren und ist ein schwäbisches Produktionsunternehmen für hochwertige Bettwaren sowie ein Natur-Programm in Stepp-Bettwaren und Matratzen-Artikeln. Es werden mit ca. 25 Mitarbeiterinnen und Mitarbeitern in Ohmden/Teck zwei umfangreiche Programme rund ums Schlafen produziert.

Waren: große Auswahl an Steppbetten, Daunendecken, Kopfkissen und Matratzen in unterschiedlichen Materialien und Bezügen, auch ein Kinderprogramm, außerdem Lattenroste und Zubehör wie Bettwäsche, Schoner, Schonbezüge sowie Molton-Auflagen, Marken elo-Noblesse, elo-Kamelflaumhaar, elo-Silkana u.a.m.

Ersparnis: durchschnittlich ca. 30%

Zeiten: Di. bis Fr. 14.00-18.00 Uhr, 1. Sa. im Monat 10.00-13.00 Uhr

Hinweise: es sind auch günstige Auslaufmodelle und 2. Wahl erhältlich

Weg: A 8 Stuttgart-Ulm Ausfahrt Aichelberg nach Ohmden, hier befindet sich die Firma an der Straße Richtung Kirchheim/Teck am Ortsausgang, sie ist im Ort auch ausgeschildert

73433 Aalen

▶ BRAUN

Braun GmbH & Co. / Bekleidungsfabrik
73433 Aalen Wasseralfingen / Hofwiesenstr. 25
Tel. (07361) 71344 / braun-bekleidungsfabrik.de

Textil-/
Bettwaren

Waren: hauptsächlich Bekleidungsstoffe, kaum Fertigwaren, wenn dann hauptsächlich Umstandsmoden, teilweise auch einige T-Shirts, Röcke und Blusen für Damen

Ersparnis: sehr günstige Angebote

Zeiten: Di. und Do. 14.00-18.00 Uhr, Mi. 9.00-12.00 Uhr

Hinweise: bei Umstandsmoden ist auch günstige 2. Wahl erhältlich

Weg: A 7 Ulm Richtung Ellwangen, Abfahrt Aalen-Westhausen auf die B 29 Richtung Aalen nach Wasseralfingen, die Firma befindet sich dort in der Nähe vom „Talschulzentrum"

73441 Bopfingen

▶ ASTE

aste-Landwehr Textil GmbH
73441 Bopfingen / Industriestr. 10
Tel. (07362) 7034 / aste-landwehr.com

Im Jahr 1929 wurde in Bopfingen eine mechanische Weberei gegründet. Diese entwickelte sich zu einer Produktionsstätte, die alle Möglichkeiten der textilen Fertigung erlaubte. Die Konzentration der Entwicklungsarbeit auf Möbelstoffe brachte weltweit Erfolge. In internationalen Häusern werden heute Stoffe aus Bopfingen angeboten. Durch die Übernahme der Aste Möbelstoffkollektionen 2001 erweiterte sich das Angebot an Stoffen für den hochwertigen Objektbereich. Zu den Kunden heute zählen Textilverlage und die möbelproduzierende Industrie.

Waren: große Auswahl an hochwertigen Möbelstoffen aller Art

Ersparnis: ca. 30-40%, Preise: EUR 10,- bis 30,-/lfm (Breite 1,40 m)

Zeiten: Mo. bis Do. 9.00-12.00 Uhr und 13.00-16.00 Uhr, jeden 1. Sa. im Monat 9.00-14.00 Uhr

Hinweise: es sind immer auch günstige Restposten und 2. Wahl erhältlich

Weg: A 7 Ulm-Würzburg Ausfahrt Aalen/Westhausen auf die B 29 Richtung Nördlingen nach Bopfingen, ca. 800 m nach Ortsende Bopfingen rechts ins Industriegebiet, im Industriegebiet die 2. Einfahrt auf der rechten Seite nehmen

73660 Urbach

▶ IRISETTE

Irisette GmbH & Co. KG
73660 Urbach / Konrad-Hornschuch-Str. 67
Tel. (07181) 880873

Waren: Bettwäsche und Tischdecken Marke Irisette, Bademäntel und -tücher Marke Möve, Hemden Marke Seidensticker, Unterwäsche Marke Ceceba, außerdem Polo-Shirts und Stoffe

Ersparnis: ca. 30% im Durchschnitt

Zeiten: Mo. bis Fr. 9.00-12.30 Uhr und 14.00-17.00 Uhr, Sa. 9.00-13.00 Uhr

Hinweise: es sind auch günstige 1B- und Auslaufteile erhältlich

Weg: von Stuttgart auf der B 29 über Schorndorf nach Urbach, die Firma befindet sich im Industriegebiet in der Nähe vom Bahnhof

73770 Denkendorf

73770 Denkendorf

▶ OBJECT CARPET

s. Seite 639

Object Carpet GmbH
73770 Denkendorf / Rechbergstr. 19
Tel. (0711) 3402-0 / object-carpet.com

Waren: Teppichboden von der Rolle (Breite 4 m) und von Stapeln, 1. und 2. Wahl, Restposten, auslaufende Kollektionen, Sonderfarben und Sonderdessins

Ersparnis: bis zu 60% möglich, Preise ca. EUR 10,- bis 15,-/qm

Zeiten: Do. und Fr. 14.00-18.00 Uhr, Sa. 9.00-13.00 Uhr

Hinweise: Verkauf ab Lager direkt zum Mitnehmen, Ketteln auf Anfrage, Samstags keine Zuschnittmöglichkeit

Weg: A 8 Stuttgart-Ulm Ausfahrt Esslingen nach Denkendorf, nach dem Ortseingang von Denkendorf den Kreisverkehr Richtung Industriegebiet Rechbergstr. verlassen, das Outlet befindet sich am Ende der Straße

74599 Wallhausen

▶ SCHOPPEL

s. Seite 641

Hohenloher Wolle GmbH
74599 Wallhausen / Trifftshäuser Str. 5
Tel. (07955) 3007 / schoppel-wolle.de

Das Unternehmen verkauft seit über 20 Jahren Handstrickgarne in der ganzen Welt. Produziert wird in Lohnbetrieben in Italien, Frankreich, Belgien, Tschechien und Slowenien, wobei die Konfektion und Endaufmachung in Wallhausen durchgeführt wird.

Waren: große Auswahl an Handstrickgarnen aller Art, Sockenwolle, Effektgarne, Strickgarne aus reiner Wolle, Handstrickgarn mit Wolle, außerdem Strickanleitungen, Strickpackungen und Zubehör

Ersparnis: ca. 30-50%, bei der aktuellen Kollektion nicht so hoch, Produktionsreste und -überhänge sind besonders preiswert

Zeiten: Mo., Di., Fr. 14.00-17.00 Uhr, Do. 14.00-18.00 Uhr, Sa. 9.00-12.00 Uhr

Weg: Wallhausen liegt an der B 290 zwischen Bad Mergentheim und Crailsheim, A 6 Ausfahrt Crailsheim auf die B 290 Richtung Bad Mergentheim nach Wallhausen, nach dem Ortsschild die erste Straße rechts Richtung Trifftshausen, die Verkaufsstelle befindet sich im ersten Haus auf der linken Seite

77704 Oberkirch

77652 Offenburg

▶ LUXORETTE

s. Seite 645

Luxorette Haustextilien GmbH
77652 Offenburg / Wilhelm-Bauer-Str. 12
Tel. (0781) 282-34 / luxorette.de

Luxorette ist ein auf dem deutschen Markt eingeführter Markenartikel hoher Qualität, der in der westlichen EU hergestellt wird. Luxorette-Bettwäsche erhält man im Bettwäsche-Fachhandel.

Waren: Bettwäsche, auch in Übergrößen, in Mako-Satin, Interlock Jersey und Brokat-Damast, Spannbetttücher, Frottierwaren, Handtücher, Tischwäsche und Taschentücher sowie Stoffreste und Meterware, außerdem Unterwäsche und textile Geschenke, Marke Luxorette

Ersparnis: durchschnittlich ca. 25%

Zeiten: Mo. bis Mi. 9.00-12.00 Uhr, Do. und Fr. 9.00-12.00 Uhr und 14.00-17.00 Uhr

Hinweise: der Verkauf befindet sich in den Räumen der „Spinnerei Offenburg GmbH"

Weg: A 5 Karlsruhe-Basel Ausfahrt Offenburg, nach dem Ortsschild Offenburg an der 3. Ampel links in die Kronenstr., dann rechts in die Wilhelm-Bauer-Str. einbiegen

77704 Oberkirch

▶ APELT

s. Seite 647

Alfred Apelt GmbH
77704 Oberkirch / An der Rench 2
Tel. (07802) 807-0 / apeltstoffe.de

Das Unternehmen wurde 1951 gegründet und wurde bekannt mit den Markentischdecken „Barbara" und den Deko- und Gardinenstoffen „Apelt-Stoffe".

Waren: Haus- und Heimtextilien wie z.B. Tischdecken (Marke Barbara Collection), Dekorationsstoffe und Webgardinen (Marke Apelt), außerdem Möbel- und Kleiderstoffe

Ersparnis: durchschnittlich ca. 30%

Zeiten: Mo. bis Fr. 9.00-12.00 und 14.00-18.00 Uhr

Hinweise: teilweise sind auch günstige 2. Wahl und Restposten erhältlich

Weg: A 5 Abfahrt Appenweier auf die B 28 Richtung Freudenstadt, in Oberkirch Richtung Ödsbach vor der Renchbrücke links einbiegen, Sackgasse

78591 Durchhausen

▶ DUKAL

Dukal Wäschefabrikations- und Vertriebs GmbH
78591 Durchhausen / Stiergasse 10
Tel. (07464) 1336 / dukal.de

Waren: hauptsächlich Bettwaren wie z.B. Frottee- und Jersey-Spannbetttücher, Bettwäsche, Kopfkissen und Keilkissen, außerdem Bettvorlagen, Wollartikel und Stoffreste

Ersparnis: ca. 30% im Durchschnitt

Zeiten: Mo. bis Do. 9.00-12.00 Uhr und 14.00-16.30 Uhr, Fr. 9.00-12.00 Uhr

Hinweise: die Waren sind auch im Versand erhältlich, teilweise ist auch 2. Wahl vorhanden

Weg: A 81 Stuttgart-Singen Ausfahrt Villingen-Schwenningen über Trossingen nach Durchhausen, dort nach der Kirche die 1. Straße rechts einbiegen, die Firma ist an der Hauptstr. ausgeschildert

79215 Elzach

▶ SCHÄFER

Schwarzwald Schäfer GmbH /
Werksverkauf der Elzacher Matratzen GmbH
79215 Elzach / Am Risslersberg 29
Tel. (07682) 80320 / schwarzwald-schaefer.de

Die Firma Schwarzwald Schäfer GmbH wurde 1976 gegründet. Sie ging aus dem kleinen Werksverkauf der Elza-Textilwerk Gebr. Dufner KG, jetzt Elzacher Matratzen GmbH, hervor.

Waren: Federkern- und Taschenfederkernmatratzen, Kaltschaum- und Volllatexmatratzen sowie Kindermatratzen, auch Lattenroste, außerdem zugekaufte Oberbetten und Kissen mit versch. Füllungen und Größen, Matratzenauflagen, Wolldecken, Plaids, Bettfelle, Babyfelle und Spannbetttücher

Ersparnis: preisgünstiges Warenangebot, die zugekauften Artikel sind kaum preiswerter

Zeiten: Mo. bis Fr. 8.30-12.00 Uhr und 14.00-17.30 Uhr, Do. bis 18.30 Uhr, Sa. 9.00-12.00 Uhr

Weg: Elzach liegt an der B 294 nördlich von Freiburg, in Elzach der B 294 folgen bis zur ersten Kreuzung, hier rechts ab Richtung Yach und am Elzacher Bahnhof vorbei, nach ca. 200 m der Beschilderung folgen und links ab zum Firmengelände

79541 Lörrach

79539 Lörrach

▶ NORTHERN GOOSE

OBB Oberbadische Bettfedernfabrik GmbH
79539 Lörrach Tumringen / Mühlestr. 54
Tel. (07621) 15200 / obb.de

Das Unternehmen wurde im Jahr 1900 gegründet. 1970 erfolgte die Entwicklung des später weltweit patentierten und in vielen Ländern in Lizenz hergestellten Regina-Kopfkissens. Damit wurde die OBB, bis dahin ein Bettfedernverarbeitungsbetrieb, um eine Fertigbettenproduktion erweitert. 1975 erfolgte die Übernahme der irisette-Markenlizenz. Das Unternehmen zählt heute zu den modernsten Bettfedernfabriken.

Waren: Bettwaren mit Naturprodukt, Federn und Daunen gefüllt wie z.B. Kopfkissen, Nackenstützkissen, Vierjahreszeitendecken, Steppdecken und Einziehdecken, Marken Northern Goose, Blue Goose, Irisette, Regina und Medima

Ersparnis: teilweise bis zu 40%

Zeiten: Mo., Di., Fr. 10.00-12.00 Uhr und 14.00-17.00 Uhr, Do. bis 18.00 Uhr, von Okt. bis März auch jeden 1. Sa. im Monat 9.00-12.00 Uhr

Hinweise: separater Verkaufsraum, es sind auch günstige 2. Wahl, Restposten und Auslaufmodelle erhältlich

Weg: von Lörrach in Richtung Haagen, ca. 100 Meter vor dem Möbelhaus, große Fahnen an der Straße

79541 Lörrach

▶ LAUFFENMÜHLE

Lauffenmühle GmbH
79541 Lörrach Haagen / Beim Haagensteg 4
Tel. (07621) 584-0 / lauffenmuehle.de

Waren: Bekleidungsstoffe aller Art wie z.B. für Jeans, Freizeit- und Sportbekleidung, nur gefärbte, keine bedruckten Stoffe

Ersparnis: ca. 30%

Zeiten: Mo. bis Fr. 9.00-16.30 Uhr

Hinweise: es ist nur 2. Wahl erhältlich

Weg: Lörrach liegt ca. 10 km nordöstlich von Basel an der B 317 Richtung Schopfheim, in Haagen befindet sich die Firma beim Bahnhof

Textil-/Bettwaren

79664 Wehr

79664 Wehr

▶ BRENNET

Brennet AG
79664 Wehr / Im Hammer 1
Tel. (07762) 8009-472 / brennet.de

Die Brennet AG ist ein führender Hersteller buntgewebter und stückgefärbter, modischer Bekleidungsstoffe für die internationale Bekleidungsindustrie. In weltweit über 50 Märkten ist die Firma für international renommierte Konfektionsunternehmen tätig.

Waren: Bettwäsche und Spannbetttücher, außerdem Hemden in versch. Dessins und Blusen sowie Unterwäsche für Damen und Herren, auch Stoffe als Meterware zum kg-Preis

Ersparnis: bis zu 50%, 1B-Ware und Restposten sind besonders preiswert

Zeiten: Di., Do., Fr. 9.00-12.00 Uhr und 14.00-18.00 Uhr, Mi. und Sa. 9.00-13.00 Uhr

Hinweise: weitere Verkaufsstellen befinden sich in:
79713 Bad Säckingen, Basler Str. 65, Tel. (07761) 5697-572, geöffnet Mo. bis Fr. 9.00-12.00 Uhr und 13.00-18.00 Uhr, Mi. bis 13.00 Uhr und Sa. 9.00-13.00 Uhr
79618 Rheinfelden, Zähringerstr. 5, Tel. (07623) 718984, geöffnet Di., Do., Fr. 10.00-12.30 Uhr und 15.00-18.00 Uhr, Mi. und Sa. 10.00-12.30 Uhr

Weg: Wehr liegt an der B 518 zwischen Schopfheim und Bad Säckingen, die Firma befindet sich in der Ortsmitte von Wehr, „Im Hammer" geht an der Kreuzung Hauptstr./Schopfheimer Str. ab

79669 Zell

▶ IRISETTE

Irisette GmbH & Co. KG
79669 Zell Atzenbach / Zur Alten Spinnerei 1
Tel. (07625) 924305 / irisette.de

Das Unternehmen Irisette wurde vor mehr als 50 Jahren gegründet. Seit 1994 gehört die Marke Irisette zur Bierbaum Unternehmensgruppe.

Waren: Bettwäsche und Tischdecken Marke Irisette, Bademäntel und -tücher Marke Möve, Hemden Marke Seidensticker, Unterwäsche Marke Ceceba, außerdem Stoffe

Ersparnis: ca. 20-30%, Zukaufware ist kaum preiswerter

Zeiten: Mo. bis Fr. 9.00-12.30 Uhr und 14.00-18.00 Uhr, Sa. 9.00-13.00 Uhr, von Ende März bis Oktober ist auch über Mittag geöffnet

79843 Löffingen

Hinweise: eine weitere Verkaufsstelle mit gleichem Warenangebot befindet sich in:
79677 Schönau Brand, Brand 24, Tel. (07673) 1060, gleiche Öffnungszeiten (an der B 317 südlich von Schönau in Richtung Schopfheim, auf der linken Seite auf der grünen Wiese)

Weg: B 317 Schopfheim-Schönau Abfahrt Zell-Nord, nach dem Tunnel links Richtung Zell-Nord, danach rechts den Berg hoch, dann sieht man die Firma schon von weitem

79689 Maulburg

▶ SÜD BETTFEDERN

Bettfedernfabrik Süd GmbH
79689 Maulburg / Alemannenstr. 33
Tel. (07622) 2760

Waren: Bettfedern, Daunen, Betten, Kissen

Ersparnis: preisgünstige Angebote

Zeiten: Mo. bis Fr. 8.00-12.00 Uhr

Weg: von Lörrach auf der B 317 nach Maulburg, die Firma befindet sich im Industriegebiet-West

79843 Löffingen

▶ FORMESSE

Formesse Wäschefabrik Rupp GmbH & Co. KG
79843 Löffingen / Sägestr. 1
Tel. (07654) 9112-0 / formesse.de

Die Firma Rupp existiert seit 1947. Die Marke Formesse steht für gleich bleibende Qualität auf hohem Niveau. Zu den Kunden zählen hauptsächlich Bettenfachgeschäfte, Möbelhäuser, der Versand- und Wasserbettenfachhandel.

Waren: Bettwäsche und Spannbetttücher in versch. Größen, aus Baumwolle in Jersey und Satin, außerdem Matratzenschonbezüge sowie Bezüge für Kissen und Nackenrollen

Ersparnis: durchschnittlich ca. 30%

Zeiten: 1. Mi. im Monat 14.00-16.30 Uhr

Hinweise: es ist hauptsächlich 2. Wahl erhältlich

Weg: Löffingen liegt an der B 31 zwischen Donaueschingen und Titisee-Neustadt, die Firma befindet sich dort in der Nähe vom Bahnhof in Richtung Rötenbach rechts nach den Bahngleisen

82152 Planegg

82152 Planegg

▶ **BASSETTI**

Bassetti Factory Outlet
82152 Planegg Martinsried / Lochhamer Str. 4
Tel. (089) 8958280 / bassetti.de

Waren: hochwertige Haustextilien wie Bettwäsche, Tischwäsche, Plaids, Kissen, Tagesdecken, Vorhänge, Teppiche, Handtücher und Bademäntel, Marken Bassetti, Lacoste, Laura Ashley und Zucchi

Ersparnis: ca. 30-60%

Zeiten: Mo. bis Fr. 9.30-18.00 Uhr, Sa. 9.00-14.00 Uhr

Hinweise: es sind ausschließlich Produkte der Vorjahreskollektion in 1. Wahl und teilweise auch in 2. Wahl erhältlich

Weg: Planegg liegt ca. 15 km südwestlich vom Zentrum München bei Gräfeling, in Planegg befindet sich das Outlet im Ortsteil Martinsried links neben der Kreissparkasse in der Nähe des Penny-Marktes

84137 Vilsbiburg

▶ **ZOLLNER**

Zollner GmbH & Co. / Weberei - Wäschefabrik
84137 Vilsbiburg / Veldener Str. 4
Tel. (08741) 306-0 / zollner-textil.de

Die Firma wurde 1883 gegründet und ist heute Spezialist für die textile Hotel- und Klinikausstattung.

Waren: Hotelwäschebedarf wie Bett-, Frottier- und Tischwäsche, z.B. Daunendecken, Einziehdecken, Kopfkissen, Handtücher, Tischdecken, Servietten, Geschirrtücher, Küchenschürzen etc., außerdem Berufsbekleidung für Gastronomie, Ärzte und Schwestern, Marke Zollner

Ersparnis: bis zu 50%, Rest- und Sonderposten bis zu 75%

Zeiten: Mo. bis Do. 7.30-12.00 Uhr und 13.00-16.30 Uhr, Fr. 7.30-12.00 Uhr

Weg: Vilsbiburg liegt ca. 20 km südlich von Landshut, die Firma befindet sich in Vilsbiburg in der Innenstadt

88239 Wangen

85604 Zorneding

▶ **APART**

Apart GmbH / Apart Store
85604 Zorneding / Georg-Wimmer-Ring 3
Tel. (08106) 996420 / apart.de

Der Familienbetrieb wurde 1964 gegründet. Für die Kollektion aus Dekostoffen, feiner Tischwäsche und edlen Kissen sind kleine Webereien und Textildruckereien in Norditalien und Frankreich Lieferanten der hochwertigen Stoffqualitäten. Die Konfektionierung erfolgt am Produktionsstandort Gommersheim, wo 80 Mitarbeiter mit großer Sorgfalt die Stoffe zuschneiden und vernähen.

Waren: große Auswahl an Kissenbezügen, Tischdecken, Servietten, Dekostoffe, Wohnaccessoires und Bettwäsche, Marken Apart und Asa

Ersparnis: bei der aktuellen Kollektion bis zu 30%, bei Auslaufkollektionen bis zu 50% und bei Restposten sowie 2. Wahl bis zu 70%

Zeiten: Mo. bis Fr. 9.00-18.00 Uhr, Sa. 10.00-16.00 Uhr

Hinweise: großer Verkaufsraum, nicht alles ist aus eigener Herstellung

Weg: Zorneding liegt ca. 20 km westlich vom Zentrum München, A 99 Ausfahrt Haar auf die B 304 nach Zorneding, hier befindet sich die Firma im Industriegebiet Zorneding-West

87616 Marktoberdorf

▶ **MOMM**

Wäschefabrik Marktoberdorf GmbH
87616 Marktoberdorf / Füssener Str. 26
Tel. (08342) 1277

Waren: Bettwäsche aller Art, Spannbetttücher, Handtücher, Geschirrtücher, Waschlappen und Tischwäsche

Ersparnis: ca. 30%, bei 2. Wahl bis zu 50%

Zeiten: Mo. bis Fr. 8.30-12.00 Uhr und 14.00-16.00 Uhr

Weg: Marktoberdorf liegt zwischen Kaufbeuren und Füssen, ca. 25 km östlich von Kempten, die Firma befindet sich von der Stadtmitte ausgehend an der Straße Richtung Füssen

88239 Wangen

▶ **LUXORETTE**

s. Seite 659

Luxorette Haustextilien GmbH
88239 Wangen / Ausrüstung 1 - 20
Tel. (07522) 76-0 oder -37 (Fabrikverkauf) / luxorette.de

88400 Biberach

Luxorette ist ein eingeführter Markenartikel hoher Qualität, der in der westlichen EU hergestellt wird. Luxorette-Bettwäsche erhält man im Bettwäsche-Fachhandel.

Waren: Bettwäsche, auch Übergrößen, in Mako-Satin und Interlock Jersey sowie Spannbetttücher, außerdem Handtücher, Tischwäsche und Taschentücher sowie Stoffreste und Meterware, Marke Luxorette

Ersparnis: durchschnittlich ca. 25%

Zeiten: Mi. und Fr. 10.00-18.00 Uhr

Hinweise: der Verkauf befindet sich in den Räumen der „Melchior Textil GmbH" / „Neue Textilveredelung Wangen GmbH"

Weg: A 96 Ausfahrt Wangen-West nach Wangen, in Wangen an der 3. Kreuzung links Richtung Isny, nach ca. 500 m erneut nach links zur „Neuen Textilveredlung Wangen GmbH" (NTW), der Fabrikverkauf befindet sich im Untergeschoss der alten Villa

88400 Biberach

▶ GERSTER

Gustav Gerster GmbH & Co. / Gardinen- und Posamentenwerk
88400 Biberach a. d. Riß / Memminger Str. 18
Tel. (07351) 586-0 oder -500 / gerster.com

Seit mehr als 100 Jahren sind Gardinen und Posamenten aus dem schwäbischen Biberach in allen Ländern dieser Welt zuhause. Heute gehört Gerster in der Gardinen- und Posamenten-Branche zu einem der führenden Unternehmen Europas.

Waren: Gardinen wie z.B. Web- und bedruckte Gardinen, Stick- und Jacquard-Gardinen sowie Bistro-Gardinen, außerdem Gardinenstoffe und eine großen Auswahl an Posamenten wie Bändern, Borten, Fransen, Spitzen und Quasten, auch Gardinenzubehör

Ersparnis: 40% und mehr möglich, 2. Wahl ist besonders günstig

Zeiten: Mo. bis Do. 8.00-17.00 Uhr, Fr. 8.00-16.00 Uhr

Hinweise: die Verkaufsstelle befindet sich auf dem Firmengelände, beim Pförtner melden, Gardinenfertigung nach Maß ist möglich

Weg: Biberach a. d. Riß liegt ca. 40 km südwestlich von Ulm, in Biberach befindet sich die Firma an der Straße Richtung Memmingen auf der rechten Seite, gegenüber vom Freibad

89150 Laichingen

▶ EDELMANN

Edelmann & Co. / Wäschefabrik
89150 Laichingen / Gartenstr. 6
Tel. (07333) 5058

91413 Neustadt/Aisch

Waren: Bettwäsche, Tischwäsche, Küchenwäsche, Frottierwäsche, Daunen- und Wolldecken, Gardinen, Berufskleidung, Matratzen

Ersparnis: durchschnittlich ca. 30-40%

Zeiten: Mo. bis Fr. 7.30-12.00 Uhr und 13.30-17.00 Uhr

Weg: A 8 Stuttgart-Ulm Ausfahrt Merklingen nach Laichingen, im Ort nach der „Bäckerei Mangold" rechts einbiegen

▶ WÄSCHEKRONE

s. Seite 661

**Wäschekrone GmbH & Co. KG / Weberei und Wäschefabrik
89150 Laichingen / Hirschstr. 98
Tel. (07333) 804-0 oder -884 (Fabrikverkauf) / waeschekrone.de**

Wäschekrone wurde 1960 durch sieben Laichinger Webereien und Wäschefabriken in Laichingen, einem bekannten Textilzentrum auf der Schwäbischen Alb, gegründet. Sämtliche Artikel werden international vertrieben.

Waren: große Auswahl an Bett-, Tisch- und Frottierwäsche sowie Matratzen und Bettwaren, außerdem Taschentücher, Sofakissen, Heimdecken, Plaids, Küchenwäsche, Schürzen, Bademäntel etc., Marken Wäschekrone und viele andere

Ersparnis: bei Eigenprodukten durchschnittlich ca. 25%

Zeiten: Mo. bis Fr. 9.00-18.00 Uhr, Sa. 9.00-13.00 Uhr

Hinweise: es ist auch viel Zukaufware erhältlich

Weg: A 8 Stuttgart-Ulm Ausfahrt Merklingen nach Laichingen, Richtung Zentrum vorbei an der Shell-Tankstelle und nach dem Ortsbeginn die erste Möglichkeit rechts in die Hirschstr.

91413 Neustadt/Aisch

▶ ESTELLA

**Estella Ateliers GmbH
91413 Neustadt/Aisch / Josef-Kühnl-Weg 1-3
Tel. (09161) 660-15 / estella.de**

Aus einer 1948 gegründeten Lohnstickerei gingen im Jahr 1979 die Marken FBF Frankenbett und Estella hervor. Unter dem Markennamen Estella wird der textile Fachhandel mit hochwertiger Bettwäsche beliefert. Im fränkischen Neustadt laufen die administrativen und logistischen Fäden von Estella zusammen. Zu Estella zählen auch zwei Stella-Konfektionsbetriebe in Polen bzw. in Tschechien.

Waren: moderne Bettwäsche aller Art, in Mako-Satin, Mako-Jersey, Edelflanell und Frottier, auch Jersey-Spannbetttücher, Kinderbettwäsche sowie Kissen, Produktlinien Estella, Sara Hamilton und Happy Hours

Ersparnis: preisgünstiges Warenangebot

91578 Leutershausen

Zeiten: Mo. bis Fr. 9.30-18.00 Uhr, Do. bis 20.00 Uhr, Sa. 9.30-16.00 Uhr

Weg: Neustadt/Aisch liegt ca. 25 km nordwestlich von Fürth, erreichbar auch über die A 3 Ausfahrt Höchstadt-Ost auf die B 470 nach Neustadt/Aisch, kurz nach dem „Mercedes"-Autohaus auf der rechten Seite aber vor der Bahnunterführung rechts in den Josef-Kühnl-Weg einbiegen

91578 Leutershausen

▶ TVU

TVU Textilveredlungsunion GmbH & Co. KG
91578 Leutershausen / Bahnhofstr. 17
Tel. (09823) 9550 / tvu.de

Die TVU Textilveredlungsunion in Leutershausen ist einer der größten Garnveredler Europas. Das Färben von Garnen, sowohl von Natur- als auch Kunstfasern, sind die Aufgabenschwerpunkte. Die Kunden sind Webereien, Großhändler sowie Hersteller von technischen Textilien im In- und Ausland.

Waren: große Auswahl an Hand- und Maschinenstrickgarnen, Strumpfwolle und Häkelgarnen in unterschiedlichen Farben und Stärken, außerdem Strickstoffe mit kleinen Fehlern sowie Zubehör wie Strick- und Häkelnadeln in verschiedenen Stärken

Ersparnis: durchschnittlich ca. 25%, bei Sonderangeboten und 2. Wahl-Ware mit kleinen Schönheitsfehlern bis zu 60% und mehr

Zeiten: Di. 11.00-18.30 Uhr

Weg: auf der A 6 aus Richtung Nürnberg kommend Ausfahrt Aurach, nach links Richtung Ansbach, in Neunstetten nach links Richtung Leutershausen, nach 7 km in Leutershausen dem Wegweiser „TVU Textilveredlungsunion" folgen, Eingang gegenüber Schwimmbad/Schule

92526 Oberviechtach

▶ MÜLLER

Müller & Söhne Homefashion GmbH & Co. KG /
Web- und Wirkwarenfabrik
92526 Oberviechtach / Am Bahnhof 4
Tel. (09671) 9211-0 oder 300398 / webwarenfabrik.de

Das Unternehmen wurde im Jahr 1896 in Asch gegründet. 1946 erfolgte der Produktionsbeginn in Oberviechtach.

Waren: Gardinen, Übergardinen, Dekostoffe, Gardinenzubehör, Tischdecken und Kissen, außerdem Damenblusen

Ersparnis: durchschnittlich ca. 30%, 2. Wahl ist besonders preiswert

95119 Naila

Zeiten:	Mo. bis Fr. 8.30-12.30 Uhr und 13.30-18.00 Uhr, Sa. 9.30-12.00 Uhr
Weg:	Oberviechtach liegt in der Oberpfalz an der B 22, aus Richtung Teunz kommend die B 22 verlassen Richtung Zentrum Oberviechtach und nach ca. 500 m rechts in Eigelsberger Str., nach weiteren ca. 100 m wiederum rechts in „Am Bahnhof"

95028 Hof

▶ CASHMERE SHOP

s. Seite 669

Eagle Products Textil GmbH
95028 Hof / Landwehrstr. 48
Tel. (09281) 81913-0 oder -33 (Cashmere Shop) /
dercashmereshop.de

Eagle Products gibt es seit über 100 Jahren. Ursprung war ein im Jahr 1893 gegründeter Betrieb. Heute stehen Eagle Products für hochwertige Mode- und Wohnaccessoires aus Naturfasern. Diese werden nach wie vor in der traditionellen Textilregion Oberfranken produziert.

Waren:	Decken aus Lammwolle, Mohair und Cashmere, Überwürfe und Plaids, Wohn- und Schlafdecken, Rascheldecken, außerdem Accessoires wie Schals, Tücher, Seidentücher, Stolen, Poncho's, Mützen, Handschuhe etc.
Ersparnis:	ca. 30-40%
Zeiten:	Mo. bis Do. 14.00-17.00 Uhr, Fr. 9.00-12.00 Uhr
Hinweise:	es sind nur 1B-Ware, Musterteile und Auslaufmodelle aus früheren Kollektionen erhältlich
Weg:	A 9 Richtung Berlin, Abfahrt Hof auf die B 15 Richtung Hof/Hauptbahnhof, am Hauptbahnhof der Verkehrsführung folgen und nach dem Rondell links, danach rechts, dann wieder links und die nächste rechts in die Landwehrstr., nach ca. 50 m erreicht man das Fabrikgelände

95119 Naila

▶ MUNZERT

Gebr. Munzert GmbH & Co. / Weberei
95119 Naila Marlesreuth / Ernst-Richard-Funke-Str. 17-19
Tel. (09282) 3090 / munzert.de

Das Unternehmen wurde im Jahr 1925 gegründet und beginnt mit 8 Webstühlen die Produktion von Kleiderstoffen und Damasten. Heute werden auf 76 Jacquard-Webmaschinen Möbelbezugs- und Dekorationsstoffe für den weltweiten Vertrieb gefertigt.

Waren:	große Auswahl an Möbel- und Dekorationsstoffen, außerdem Handelsware wie Bettwäsche, Frottierwaren und Tischwäsche

95126 Schwarzenbach

Ersparnis: ca. 30-40%, je nach Artikel

Zeiten: Mo. bis Fr. 9.30-17.30 Uhr, Sa. 9.30-13.00 Uhr

Hinweise: teilweise ist auch günstige Fehlerware erhältlich

Weg: Naila liegt ca. 20 km östlich von Hof, A 9 Ausfahrt Naila/Selbitz auf die B 173 über Selbitz Richtung Naila, dort links ab nach Marlesreuth, hier befindet sich die Firma an der Hauptstraße gleich am Ortsanfang

95126 Schwarzenbach

▶ REINGRUBER

Fritz Reingruber GmbH & Co. KG
95126 Schwarzenbach a. d. Saale / Brunnengasse 1-3
Tel. (09284) 9600 / reingruber.de

Waren: große Auswahl an Gardinen- und Dekostoffen, z.B. Fertigdeko-Schals, Schiebepaneele, Raffrollos etc.

Ersparnis: preisgünstiges Warenangebot

Zeiten: Mo. bis Fr. 8.00-12.00 Uhr und 13.30-18.00 Uhr

Hinweise: eine weitere Werksverkaufsstelle befindet sich in:
08606 Oelsnitz, Bachstr. 51, Tel. (037421) 481-0, geöffnet Mo. bis Fr. 8.30-18.00 Uhr

Weg: Schwarzenbach liegt ca. 10 km südlich von Hof , A 93 Ausfahrt Rehau-Süd auf die B 289 nach Schwarzenbach, die Brunnengasse verläuft westlich vom Zentrum am Stadtrand

95176 Konradsreuth

▶ MEIKO

meiko Textil GmbH
95176 Konradsreuth / Alte Hofer Str. 4
Tel. (09292) 550 / meiko-textil.de

Die Firma meiko Textil GmbH fertigt seit 1971 Reinigungsprodukte für den Privathaushalt und für den professionellen Reinigungsbereich. In diesem Segment ist das Unternehmen mit fast 50% Exportanteil weltweit tätig. Mit 5 Werken gehört die Firma heute zu den leistungsstärksten Anbietern von Reinigungstextilien aller Art.

Waren: Reinigungstücher aller Art, z.B. Scheuertücher, Wischtücher, Spültücher, Staub- und Poliertücher, synthetische Fenstertücher, Thermovlies-Bodentücher, Geschirrtücher, Microfasertücher, Handtücher, Schwammtücher, Mop-Bezüge, Haushaltsschwämme, Topfreiniger u.v.m.

Ersparnis: unterschiedlich, günstige Angebote

95233 Helmbrechts

Zeiten:	Mo. 8.00-12.00 Uhr
Hinweise:	teilweise ist auch 2. Wahl erhältlich
Weg:	A 9 Bayreuth Richtung Berlin, Abfahrt Hof, nach ca. 1 km rechts ab Richtung Konradsreuth, im Ort links ab auf die Alte Hofer Str. Richtung Pirk und Richtung Flugplatz

95197 Schauenstein

▶ FROHN

Frohn GmbH / Heimtextilienweberei
95197 Schauenstein / Hofer Str. 41-43
Tel. (09252) 9911-0 / frohn-textil.de

Das Unternehmen wurde 1955 gegründet und produzierte anfangs überwiegend Baumwollgewebe. In den 70er Jahren wurde Frohn als Hersteller qualitativ hochwertiger Chenillestoffe bekannt. In den 80er Jahren zählte Frohn zu den Pionieren im Transferdruck bei Dekostoffen.

Waren:	große Auswahl an Stoffen aller Art mit vielen unterschiedlichen Dessins, z.B. Transparents, Dekostoffe, Tischdeckenstoffe, Kissenhüllen und Objektstoffe
Ersparnis:	ca. 25-30% im Durchschnitt
Zeiten:	Mo. bis Do. 8.00-12.00 Uhr und 13.00-16.00 Uhr, Fr. 8.00-12.00 Uhr
Hinweise:	separater Verkaufsraum, teilweise ist auch 2. Wahl erhältlich
Weg:	Schauenstein liegt westlich von Hof, A 9 Nürnberg-Berlin Abfahrt Hof-West, über Leupoldsgrün nach Schauenstein, dort befindet sich die Firma gleich am Ortseingang, in der Nähe vom Fußballplatz

95233 Helmbrechts

▶ RAUSCH

G. Rausch & Söhne / Weberei
95233 Helmbrechts Wüstenselbitz / Parkstr. 5
Tel. (09252) 1008 / rausch-und-soehne.de

Die Anfänge des Unternehmens gehen zurück bis in das Jahr 1927. Damals wurden Anzug- und Kleiderstoffe, Taschentücher und Drehergewebe hergestellt. In den 50er Jahren erfolgte der Wechsel zur Webgardine. Dazu kam eine Tischdecken-Kollektion mit Makramee-Spitzen. Anfang der 80er Jahre kam eine kleine Leinenkollektion dazu, die sich inzwischen zum Standbein entwickelt hat. „Bayrisch Leinen" ist zu einem Qualitätsbegriff geworden.

Waren:	Vorhänge, Tischdecken, Tischläufer, Kissen und Kleinteile, Tischdecken auch in Sondergrößen, außerdem Tischwäsche aus edlen Makrameespitzen, alles im Landhausstil gehalten

95478 Kemnath

Ersparnis: durchschnittlich ca. 30%, je nach Artikel

Zeiten: Mo. bis Fr. 9.00-12.00 Uhr und 13.00-17.00 Uhr, Sa. 9.00-12.00 Uhr

Hinweise: der Kleinverkauf befindet sich im 1. Stock des Gebäudes

Weg: A 9 Bayreuth-Berlin, Abfahrt Münchberg-Nord, Richtung Helmbrechts, durch Helmbrechts Richtung Wüstenselbitz, im Ort ist die Firma gut ausgeschildert

95478 Kemnath

▶ FISCHER

Fischer Textil GmbH
95478 Kemnath / Alte Amberger Str. 8
Tel. (09642) 461

Waren: Stoffe, Wirkstoffe, Strickstoffe und Wäschestoffe

Ersparnis: preisgünstiges Warenangebot

Zeiten: Mo. und Do. 13.00-16.00 Uhr

Weg: Kemnath liegt ca. 25 km östlich von Bayreuth, A 9 Ausfahrt Bayreuth-Süd auf die B 22 über Speichersdorf nach Kemnath, nach dem Ortseingang die zweite Straße rechts einbiegen (Amberger Str.)

95691 Hohenberg

▶ FEILER

Ernst Feiler GmbH / Frottier- und Chenille-Weberei
95691 Hohenberg / Eger / Greimweg 4
Tel. (09233) 77280 / feiler.de

Den Grundstein des Unternehmens legte Ernst Feiler im Jahr 1928 im Sudetenland. Damals stellten 15 Heimweber gemusterte Chenillegewebe und hochwertige Frottierprodukte auf Holzwebstühlen her. 1948 wurde das Unternehmen am jetzigen Standort Hohenberg in Oberfranken neu gegründet. Aus der kleinen, leistungsstarken Weberei wurde ein solides mittelständisches Familienunternehmen. Heute ist Feiler weltweit der führende Hersteller, der buntgemusterte Chenille produziert und verarbeitet. Die Fertigung der Produkte erfolgt ausschließlich am Standort in Hohenberg.

Waren: Frottierwaren vom Handtuch bis zum Bademantel aus edler buntgewebter Chenille oder feinem Frottier/Chenille-Mix, außerdem Baby- und Kinderartikel wie Bademäntel, Lätzchen, Handtücher und Waschlappen sowie Accessoires wie Kosmetiktaschen, Schminktäschchen, Chenille-Bags etc.

Ersparnis: ca. 30-40%, 2. Wahl ist noch günstiger

Zeiten: Mo. bis Fr. 10.00-18.00 Uhr, Sa. 9.00-13.00 Uhr

96247 Michelau

Hinweise: kleiner Verkaufsraum im Untergeschoss, es ist hauptsächlich 2. Wahl erhältlich

Weg: von Marktredwitz auf der B 303 über Schirnding nach Hohenberg am Ortsbeginn die 1. Straße rechts einbiegen, dann geradeaus über die Kreuzung in den Greimweg

96132 Schlüsselfeld

▶ F.A.N.

**f.a.n. Frankenstolz Schlafkomfort H. Neumeyer GmbH & Co. / Steppdecken- und Matratzenfabrik
96132 Schlüsselfeld Aschbach / Sandweg 8
Tel. (09555) 9240 / frankenstolz.de**

Das Unternehmen ist einer der bedeutendsten Heimtextilhersteller Europas. Es produziert in fünf Werken und stellt täglich ca. 35.000 Steppteile her die weltweit vertrieben werden.

Waren: Steppdecken, Tagesdecken, Kissen, Daunendecken, Bettwäsche, Schlafsäcke, Federkern- und Latexmatratzen

Ersparnis: bei 2. Wahl und Auslaufartikeln bis zu 50%

Zeiten: Mo. 9.00-13.00 Uhr, Fr. 13.00-18.00 Uhr, Sa. 9.00-13.00 Uhr

Weg: A 3 Würzburg-Nürnberg Ausfahrt Schlüsselfeld über Schlüsselfeld nach Aschbach, dort am Ortsanfang links hoch

96247 Michelau

▶ ZELLNER

**M. Zellner GmbH / Weberei
96247 Michelau / Gutenbergstr. 11
Tel. (09571) 97970 / zellner-textil.de**

Waren: große Auswahl an Möbelstoffen aller Art für z.B. Polstermöbel, Stühle, Raumteiler etc. in Webvelours, Wirkvelours und Flachgewebe in Jacquard- und Schaftmusterung, Bahnbreite meist 140 cm

Ersparnis: teilweise 50% und mehr möglich, besonders bei 2. Wahl und Auslaufstoffen, Preise zwischen EUR 10,- und 20,-/lfd. m

Zeiten: Mo. bis Do. 8.00-12.00 Uhr und 13.00-17.00 Uhr, Fr. 8.00-13.00 Uhr

Hinweise: weitere Verkaufsstellen befinden sich in:
71063 Sindelfingen, Paul-Zweigart-Str. 12, Tel. (07031) 875643
80797 München, Schleißheimer Str. 181a, Tel. (089) 30005121
83026 Rosenheim, Klepperstr. 1, Tel. (08031) 470419

96328 Küps

90478 Nürnberg, Findelwiesenstr. 3, Tel. (0911) 452407
93057 Regensburg, Isarstr. 17, Tel. (0941) 4672212

Weg: Michelau liegt an der B 173 zwischen Lichtenfels und Kronach, B 173 Ausfahrt Michelau, wenn man den Ort in Richtung Norden durch fährt kommt man in die Gutenbergstr.

96328 Küps

▶ ZÖLLNER

Julius Zöllner GmbH
96328 Küps Schmölz / Kaullache 4
Tel. (09264) 8070 oder -62 (Fabrikverkauf) / julius-zoellner.de

Waren: Kindermatratzen, Stepp- und Daunenbetten sowie textile Ausstattungen für das Kinderbett, außerdem Kinderbetten und Wickelkommoden sowie Bollerwagen, Schlafsäcke, Badeutensilien, Spielzeug und sonstige Accessoires für Babies und Kinder, teilweise eingeschränkte Auswahl

Ersparnis: durchschnittlich ca. 25%

Zeiten: Mi. und Fr. 14.00-18.00 Uhr, Sa. 9.00-13.00 Uhr

Hinweise: gelegentlich ist auch günstige 2. Wahl erhältlich

Weg: von Coburg auf der B 303 Richtung Kronach vor Mitwitz rechts abbiegen nach Küps-Schmölz, von Küps kommend befindet sich die Firma gleich am Ortseingang von Schmölz auf der linken Seite

96450 Coburg°

▶ DEHLER

s. Seite 673

Gustav Dehler GmbH / Matratzenfabrik
96450 Coburg Neuses / Glender Str. 5
Tel. (09561) 85670 / matratzen-dehler.de

Die Ursprünge von Matratzen-Dehler gehen zurück bis in das Jahr 1893. Im Lauf der Zeit entwickelte sich die Firma zur Patentmatratzenfabrik mit stetigem Wachstum. Heute entstehen mit modernen Maschinen Matratzen für nahezu jeden Bereich. Die Palette reicht von der guten und preiswerten bis zur aufwendigen Matratze für Gesundheitsbewusste.

Waren: Matratzen aller Art wie Federkern-Matratzen, Taschenfederkern-Matratzen, Latex-Matratzen, Kaltschaum- und Schaumstoff-Matratzen, auch in Sondergrößen sowie Kindermatratzen, außerdem Lattenroste und Kopfkissen

Ersparnis: teilweise bis zu 50%, auch Sonderangebote

97778 Fellen

Zeiten: Mo. bis Fr. 8.00-17.00 Uhr

Hinweise: die Matratzen sind aus eigener Herstellung

Weg: von Bamberg auf der B 4 nach Coburg, die Firma befindet sich im Ortsteil Neuses im Industriegebiet, Abfahrt Neuses-Bertelsdorf

97475 Zeil

▶ ERBELLE

s. Seite 675

Erbelle GmbH
97475 Zeil a. Main / Sander Str. 3
Tel. (09524) 8224-0 / erbelle.de

Das Unternehmen Erbelle GmbH, welches aus der Erba AG hervorging, blickt heute auf eine über 100jährige Geschichte zurück. Im Jahr 1890 wurde das Erba-Werk in Zeil am Main gegründet. Heute gehört die Erbelle GmbH zur HK Holding AG, Neustadt/Aisch.

Waren: Bettwäsche in Maco-Satin oder in Interlock-Jersey, modisch bedruckt, in unterschiedl. Größen, Marke Erbelle, außerdem zugekaufte Vorhänge, Tischwäsche und Frottierwaren wie Hand- und Badetücher, Bademäntel, Topflappen, Geschirrtücher und Stoffreste sowie Matratzen und Lattenroste

Ersparnis: durchschnittlich 30-40% bei Bettwaren

Zeiten: Mo. bis Fr. 10.00-18.00 Uhr, Sa. 10.00-16.00 Uhr

Hinweise: teilweise ist von Bettwaren auch 2. Wahl erhältlich

Weg: A 70 Bamberg-Schweinfurt Ausfahrt Eltmann auf die B 26 nach Zeil, in Zeil links ab Richtung Sand, die Firma befindet sich direkt am Bahnübergang

97778 Fellen

▶ SPESSARTTRAUM

Spessarttraum Alexander Pflugbeil /
Bettfedern- und Daunendeckenfabrik
97778 Fellen Rengersbrunn / Barbarossastr. 34-36
Tel. (09356) 9913-0 / spessarttraum.de

Die Firma Spessarttraum wurde im Jahr 1958 gegründet und produziert individuell auf Kundenwünsche abgestimmte Produkte, entweder in größeren Stückzahlen mit Unterstützung eines modernen Maschinenparks, aber zunehmend auch in handwerklicher Atelierfertigung für hochwertige Decken. Heute produziert das Unternehmen täglich zwischen 1.500 und 2.000 Teile unterschiedlichster Kollektionen.

Waren: Bettwaren wie z.B. Zudecken in unterschiedlichen Ausführungen sowie die dazu passenden Kopfkissen, auch ein Kinderprogramm, außerdem Sofakissen, Rundkissen und Nackenrollen in versch. Größen, auch zugekaufte Matratzen

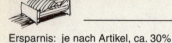

97778 Fellen

Ersparnis: je nach Artikel, ca. 30%

Zeiten: Mo. bis Do. 7.00-12.00 Uhr und 12.30-16.15 Uhr, Fr. 7.00-12.00 Uhr

Hinweise: gelegentlich ist auch 2. Wahl erhältlich

Weg: Rengersbrunn liegt ca. 50 km nordöstlich von Aschaffenburg, die Firma befindet sich in Rengersbrunn in der Nähe der Kirche

Textil-/
Bettwaren

Kosmetika, Reinigungsmittel

12681 Berlin

▶ KALODERMA

Berlin Cosmetics GmbH & Co. KG
12681 Berlin Marzahn / Bitterfelder Str. 12
Tel. (030) 9308-527 / berlin-cosmetics.de

Die Firmengeschichte beginnt im Jahr 1954, als aus vielen kleinen kosmetischen Fabriken und Labors im damaligen sowjetischen Sektor von Berlin der VEB Kosmadon gegründet wurde. Die Produktion umfasste die gesamte Kosmetikpalette von Shampoos über Duftwässer und Cremes, größtenteils in Handarbeit. In den 50er und 60er Jahren wurden vorrangig Parfüms, Shampoos und „Schminken" hergestellt. In den 80er Jahren wurden die Markenartikel „Koivo" und „Indra" in das Programm aufgenommen. 1997 wurde die Berlin Cosmetics gegründet und das Sortiment erheblich erweitert.

Waren: große Auswahl an dekorativer Kosmetika wie Lippenstifte, Lippenpflegestifte, Nagellack, Augenkosmetika, Haarkosmetika, außerdem Körperpflegemittel sowie Dusch- und Badeprodukte, Deodorant, Parfum etc., Marken Kaloderma, Koivo, Soirée, Atoll, Idris und Indra

Ersparnis: ca. 20-25%

Zeiten: Mo. bis Do. 9.00-14.00 Uhr und 15.00-18.00 Uhr, Fr. 9.00-14.00 Uhr

Weg: die Firma befindet sich östlich vom Stadtzentrum im Stadtteil Marzahn, S-Bahnstation Raoul-Wallenberg-Str., die Bitterfelder Str. geht von der B 158 ab, die Firma befindet sich gegenüber „McDonalds"

16303 Schwedt/Oder

▶ VELIND

Velind Aerosol GmbH
16303 Schwedt/Oder / Passower Chaussee 111
Tel. (03332) 4508816 / velind.de

Waren: große Auswahl an Pflegeprodukten aller Art für Auto, Freizeit und Haushalt, z.B. Autopolitur, Cockpitpfleger, Kettenöl, Rostlöser, Grillanzünder, Möbelpolitur, Schuhpflegemittel, Imprägnierspray, Reinigungsbenzin, Abflussfrei, Backofen- und Grillreiniger, Glasreiniger u.v.m.

Ersparnis: gering, günstige Angebote

Zeiten: Mi. 13.00-15.00 Uhr

Weg: Schwedtr liegt nordöstlich von Berlin an der Grenze zu Polen, auf der A 11 aus Richtung Berlin kommend von der Ausfahrt Joachimsthal über Angermünde und Pinnow nach Schwedt, hier befindet sich die Firma nördlich vom Zentrum in der Nähe der Bahnlinie

21481 Lauenburg

▶ BERRYWELL

BEA Intensive Kosmetik GmbH
21481 Lauenburg / Industriestr. 20
Tel. (04153) 5509-0

Das Unternehmen wurde 1986 gegründet und entwickelte sich von der kleinen Shampoofabrik zum internationalen Kosmetik-Unternehmen. Heute werden Kunden in Deutschland und in über 20 Ländern weltweit beliefert.

Waren: Haarkosmetikartikel wie Shampoos, Haarfestiger, Haarspray, Haarspülungen, Haarkuren, Anti-Schuppen-Tonikum, Tönungen, Haar-Gel, Glimmer- und Glitter-Gel, außerdem Schaumbäder, Duschgel, Hand and Nail Creme etc., Marke berrywell

Ersparnis: preisgünstiges Warenangebot

Zeiten: Mo. bis Do. 8.00-16.00 Uhr, Fr. 8.00-12.00 Uhr

Weg: Lauenburg liegt südöstlich von Hamburg an der Elbe, an der B 5 zwischen Geesthacht und Boizenburg, in Lauenburg befindet sich die Firma im Industriegebiet, sie ist zu erkennen am Gebäude mit den blauen Dächern

44575 Castrop-Rauxel

▶ REINEX

Reinex-Chemie GmbH & Co. KG
44575 Castrop-Rauxel / Am Westring 216
Tel. (02305) 29005 / reinex-chemie.de

Das Unternehmen betreibt seit 1967 die Produktion und den Handel mit Körperpflege- und Haushaltspflegemitteln. Heute ist Reinex als kompetenter Lieferant für Reinigungs- und Körperpflegeartikel in Deutschland und auch in der Schweiz, Österreich und vielen osteuropäischen Staaten bekannt.

Waren:	Schaumbäder, Shampoos, Seifen, Parfüm, Haarpflegemittel, Spülmittel, Allzweckreiniger, Abfluss- und WC-Reiniger, Waschpulver u.v.m., Marken Reinex (Haushaltspflege), Regina (Körperpflege), Cado Mat (Wäschepflege), Reginaplast (Wundpflaster), Elite (Möbelpflege) und Reinex Pack (Haushaltsartikel)
Ersparnis:	durchschnittlich ca. 40%
Zeiten:	Mo. 9.00-13.00 Uhr und Di. 13.00-17.00 Uhr
Hinweise:	Verkauf ab Lager, es sind auch 2. Wahl- und Restposten erhältlich
Weg:	A 42 Abfahrt Castrop-Rauxel-Bladenhorst, links unter der Autobahn durch und immer geradeaus bis zum Honda-Autohändler, der Werksverkauf befindet sich in der Halle hinter dem Autohändler

52220 Stolberg

▶ DALLI

s. Seite 611

Dalli-Werke GmbH & Co. KG
52220 Stolberg / Zweifaller Str. 120
Tel. (02402) 8900 / dalli-group.com

Die Dalli-Werke sind ein über 150 Jahre altes Familienunternehmen mit Sitz in Stolberg/Rhld. Das Unternehmen zählt zu den führenden Herstellern hochwertiger Handelsmarken von Wasch- und Geschirrspülmitteln, Haushaltsreinigern sowie Haar- und Körperpflegeprodukten. Neben den eigenen Marken wie dalli und Evidur werden Handelsmarken für die größten Handelsketten in Deutschland und Europa hergestellt.

Waren:	Wasch-, Putz- und Reinigungsmittel wie Voll-, Fein- und Colorwaschmittel, Teppich- und Polsterreiniger, Backofen- und Grillreiniger, Kernseifen u.v.m., Marken Dalli, Glix und Evidur, außerdem Duft- und Pflegeserien wie Tabac Original, Culture by Tabac, Tabac Man, Nonchalance, Betty Barclay Woman und s.Oliver
Ersparnis:	durchschnittlich ca. 35%, es sind auch viele Sonderangebote erhältlich

59494 Soest

Zeiten:	Mi. und Do. 13.00-18.00 Uhr, Fr. 12.00-18.00 Uhr, Sa. 9.00-12.30 Uhr
Weg:	aus Richtung Köln auf der A 4 kommend bis Autobahnkreuz Aachen, auf die A 44 Richtung Lüttich/Liège bis Ausfahrt Aachen-Brand, hier rechts ab auf die Trierer Str. und an der 6. Ampel links ab auf die Freunder Landstr. Richtung Stolberg, geradeaus bis Ende Finkensiefstr., kurz vor der Gabelung links zur Firmeneinfahrt

59494 Soest

▶ BÜBCHEN

Bübchen-Werk Ewald Hermes Pharmazeutische Fabrik GmbH
59494 Soest / Coesterweg 37
Tel. (02921) 706-0 / buebchen.de

Die Geschichte von Bübchen begann mit einem Baby, das Blähungen hatte. Der Gründer und Drogist Ewald Hermes mischte im Jahr 1940 für seinen Sohn den ersten „Bübchen Beruhigungstee". Aus der praktischen Notwendigkeit entstand im Laufe der Jahre eines der führenden Unternehmen für Babypflege.

Waren:	Bübchen-Pflegeprodukte für Babys, Kinder und Erwachsene wie z.B. Cremes, Plege Lotion, Wind und Wetter Creme, Shampoo, Massage und Pflege Öl, Marke Bübchen, außerdem vieles andere aus dem Nestlé-Sortiment
Ersparnis:	ca. 20-30%
Zeiten:	Mo., Mi., Do. 9.00-12.00 Uhr und 14.00-16.00 Uhr, Di. 9.00-12.00 Uhr, Fr. 10.30-14.00 Uhr
Weg:	A 44 Dortmund-Kassel Ausfahrt Soest-Ost auf die B 475 Richtung Soest, nach ca. 2 km abfahren auf den Opmünder Weg, dann nach ca. 1 km links ab in Lange Wende und anschließend die nächste rechts ist Coesterweg

63067 Offenbach

▶ KAPPUS

s. Seite 617

M. Kappus GmbH & Co. / Feinseifen- und Parfümeriefabrik
63067 Offenbach / Luisenstr. 42-52
Tel. (069) 829701-0 oder -15 (Seifenkiste) / kappus-seife.de

Die Firma wurde im Jahr 1848 vom Parfümverfertiger Johann Martin Kappus unter dem Namen „M. Kappus Feinseifen und Parfümeriefabrik" gegründet. Noch heute befindet sich das Unternehmen in Familienbesitz und wird in der 5. Generation geleitet. Ein zweiter Produktionsstandort befindet sich in Riesa/Sachsen. In Offenbach und Riesa werden über 400 verschiedene Seifen produziert.

68526 Ladenburg

Waren:	große Auswahl an Seifen aller Art, z.B. Teebaumölseife, Honigmilchseife, Melkfettseife, auch Tierfigurseifen, Flüssigseifen, außerdem Shampoos, Bodylotion, Gels, Duschbäder, Pflegeserien, Rasiercremes, Geschenkpackungen etc.
Ersparnis:	normale Verkaufspreise, nur Sonderangebote sind ca. 25% günstiger
Zeiten:	Mo. bis Fr. 10.30-14.00 Uhr und 14.30-17.00 Uhr
Hinweise:	die Seifenkiste (kleiner Shop) befindet sich gegenüber der Fabrik
Weg:	A 3 Offenbacher Kreuz Richtung Offenbach, Ausfahrt Kaiserlei Richtung Stadtmitte auf der Berliner Str., an der 5. Ampel rechts in die Luisenstr., nach ca. 500 m befindet sich die Firma auf der rechten Seite

68526 Ladenburg

▶ CALGON

Werksverkauf I. Bernhard
68526 Ladenburg / Dr.-Albert-Reimann-Str. 4
Tel. (06203) 932-480 / werksverkaufladenburg.de

Werksverkauf Ladenburg existiert inzwischen seit über 30 Jahren. Zwar wurde im Laufe der Zeit immer wieder umgebaut, renoviert und modernisiert, aber bei der Auswahl des Angebots wird immer auf die Qualität von Materialien und Verarbeitung sowie auf ein ausgewogenes Preis-/Leistungsverhältnis geachtet.

Waren:	Reiniger, Klarspüler und Salz für Geschirrspüler, Voll- und Feinwaschmittel sowie Weichspüler für Waschmaschinen, außerdem Herdreiniger, Toilettenpapier, Küchenrollen, Kosmetik- und Papiertaschentücher, Hautpflegemittel, Kosmetika u.v.m., Marken Calgon, Quanto, Calgonit, Hoffmann's, Airwick, Kukident, Woolite, Sagrotan, Veet, auch After Shave und Eau de Toilette Marke adidas
Ersparnis:	ca. 25% im Durchschnitt, Bruchware oder Artikel mit beschädigter Verpackung sind besonders günstig, bei Sonderangeboten bis zu 50%
Zeiten:	Mi. 10.00-17.00 Uhr
Hinweise:	der Verkauf befindet sich in einem Flachbau vor der Firma „Benckiser"
Weg:	Ladenburg liegt ca. 10 km östlich von Mannheim, A 5 Karlsruhe-Darmstadt, von der Ausfahrt Ladenburg Richtung Ilvesheim kommend kommt man direkt an der Firma vorbei, sie befindet sich zwischen der „Reckitt-Benckiser Produktion GmbH" und der „BK-Guillini"

69469 Weinheim

69469 Weinheim

▶ KLINGOL

Klingol-Chemie Hans Klinger
69469 Weinheim / Südliche Bergstr. 16
Tel. (06201) 592290 / klingol.de

Das Unternehmen befasst sich seit über 70 Jahren mit den verschiedensten Formen der betrieblichen Reinigung.

Waren: große Auswahl an Pflege- und Reinigungsmittel für Küche, Bad, WC, Waschmaschine und Auto wie z.B. Seifen, Bohnerwachs, Fußboden- und Fensterputzmittel, WC-Reiniger, Waschmittel, Autoshampoo, Felgenreiniger sowie zugekaufte Putz- und Reinigungstücher, Bürsten, Besen, Schrubber u.v.m.

Ersparnis: durchschnittlich ca. 20%

Zeiten: Mo. bis Fr. 8.00-12.00 Uhr und 13.00-16.30 Uhr

Weg: von Heidelberg auf der B 3 Richtung Weinheim liegt die Firma direkt an der B 3 am Ortseingang, gegenüber von „Marktkauf", sie ist auch ausgeschildert

70771 Leinfelden-Echterdingen

▶ SPEICK

Walter Rau GmbH & Co. / Speickwerk
70771 Leinfelden-Echterdingen / Benzstr. 9
Tel. (0711) 16130 / speickwerk.de

Firmengrundsatz war und ist, was der Firmengründer bereits 1928 festschrieb. Walter Rau hatte von Beginn an das Ziel vor Augen, „die in der Speick-Pflanze enthaltenen Inhaltsstoffe dem Menschen nutzbar zu machen". Nach diesem Grundsatz denken und arbeiten auch heute die Mitarbeiter/innen des Unternehmens. Speick-Produkte sind erhältlich in Drogerien, Drogeriemärkten, Naturwarenläden, Apotheken und Reformhäusern.

Waren: Körperpflegeprodukte aller Art wie z.B. Seifen, Duschgel, Shampoos, Cremes, Lindos Babypflege

Ersparnis: ca. 25% im Durchschnitt

Zeiten: Mi. bis Fr. 11.00-17.00 Uhr

Weg: Leinfelden-Echterdingen liegt am südlichen Stadtrand von Stuttgart, A 8 Stuttgart-Ulm Ausfahrt Stuttgart-Möhringen nach Leinfelden, hier befindet sich die Firma im Industriegebiet, hinter „Lidl"

72250 Freudenstadt

71336 Waiblingen

▶ LENHART

Rudolf Lenhart GmbH & Co. KG
71336 Waiblingen Neustadt / Am Bahnhof 1
Tel. (07151) 9870230 / lenhart.de

Als mittelständischer Familienbetrieb befindet sich die Firma Lenhart Kosmetik im fünften Jahrzehnt ihres Bestehens und exportiert heute in rund 30 Länder der Welt. Als eines der führenden Unternehmen seines Marktsegments setzt Lenhart Kosmetik auf die klassischen schwäbischen Werte: Erfindergeist, Fleiß und Perfektionsbewusstsein.

Waren: Körperpflegemittel wie Shampoo, Spülung, Styling-Gel, Haarwasser, Gesichtswasser, Sonnenschutzcreme, Dusch- und Schaumbäder, Cremeseife, Handcreme, Fußpflegespray etc., außerdem zugekaufte Reinigungsmittel wie Schmierseife, Spülmittel, Sanitärreiniger, Universalreiniger, Essigreiniger etc.

Ersparnis: preisgünstige Angebote, besonders bei 2. Wahl

Zeiten: Sa. 9.00-13.00 Uhr

Weg: Waiblingen liegt ca. 10 km nordöstlich von Stuttgart an der B 14, dort befindet sich die Firma im Industriegebiet in der Nähe der Firma „Stihl", unterhalb des Hochhauses beim Bahnhof

72250 Freudenstadt

▶ HAGNER

Heinrich Hagner GmbH & Co. / chh-cosmetic
72250 Freudenstadt Wittlensweiler / Farinastr. 1-9
Tel. (07441) 865-0 / chh-cosmetic.de

Das Unternehmen produziert und vermarktet seit über 60 Jahren Körperpflegeprodukte und Haushaltsreiniger. Heute ist die Firma mit rund 450 Einzelartikeln Partner des Handels bei der Umsetzung von Zweitmarken- und Eigenmarkenkonzepten.

Waren: Körperpflegemittel wie z.B. Badezusätze, Duschbäder, Shampoos, Cremes und Sonnenmilch, außerdem Haushaltsreiniger und -pflegemittel, Holzreiniger sowie Mittel für die Textil- und Wäschepflege

Ersparnis: bis zu 50% möglich

Zeiten: Mi. 9.30-11.30 Uhr, Fr. 13.30-16.00 Uhr

Weg: A 81 Stuttgart-Singen Ausfahrt Horb, über Horb und Dornstetten nach Wittlensweiler, hier befindet sich die Firma im Industriegebiet, bei „Aldi"

72401 Haigerloch

72401 Haigerloch

▶ VERA COSMETIC

s. Seite 627

Vera Cosmetic GmbH
72401 Haigerloch / Madertal 13
Tel. (07474) 951226 / vera-cosmetic.de

Vera Cosmetic bietet hochwertige Kosmetik-Produkte für die Behandlung und Pflege zu Hause. Die Verpackung der Produkte ist einfach, hygienisch und praktisch. Die Produkte werden nach neuesten wissenschaftlichen Erkenntnissen entwickelt und im eigenen Betrieb hergestellt. Mittelpunkt des Sortiments ist die Gesichtspflege.

Waren: hauptsächlich Gesichtspflegemittel, außerdem Serien für Körperpflege, Sonnenschutz, Herrenpflege sowie Damen- und Herrendüfte

Ersparnis: ca. 30%

Zeiten: Mo. bis Fr. 9.00-12.00 Uhr und 14.00-17.00 Uhr

Hinweise: eine weitere Verkaufsstelle mit gleichem Warenangebot befindet sich in:
71101 Schönaich, Im Vogelsang 19 (Gewerbegebiet), Tel. (07031) 655216, geöffnet Mi. und Fr. 14.00-17.00 Uhr

Weg: A 81 Stuttgart-Singen Ausfahrt Empfingen auf die B 463 nach Haigerloch, hier befindet sich die Firma im Industriegebiet Madertal, gegenüber vom Wertstoffzentrum

72555 Metzingen

▶ ENZIAN

s. Seite 631

Enzian Seifen GmbH + Co. KG
72555 Metzingen / Römerstr. 10
Tel. (07123) 171-0 / enzian-seifen.de

Die heutige Enzian Seifen GmbH + Co. KG wurde bereits 1857 im württembergischen Metzingen gegründet. Aus der ursprünglichen Dampfseifen- und Soda-Fabrik wurde das Unternehmen stets der Wandel der Zeit folgend weiterentwickelt. Die Enzian Seifenfabrik heute ist ein leistungsstarkes Unternehmen mit einem umfangreichen Herstellungsprogramm und als Lohnhersteller aller Arten von Seifen für namhafte Kosmetikfirmen in ganz Europa ein gefragter Partner.

Waren: Seifen wie Kernseifen, Pflanzenölseifen, Feinseifen, Glycerinseifen und Gallseifen, Kosmetika wie Duschgels, Shampoo, Hautcreme, Körperlotion, Cremebad und Gesichtscreme, außerdem Wasch- und Spülmittel sowie Universalreiniger, Neutralreiniger, Schmierseife u.v.m.

Ersparnis: durchschnittlich ca. 35%

Zeiten: Mi. 13.00-18.30 Uhr, Do. 9.00-12.00 Uhr und 13.00-17.00 Uhr

73054 Eislingen

Weg: A 8 Stuttgart-Ulm Ausfahrt Wendlingen auf die B 313 über Nürtingen nach Metzingen, dort befindet sich die Firma in der Nähe der Firma „Boss"

73054 Eislingen

▶ DR. SCHELLER

Dr. Scheller Cosmetics AG
73054 Eislingen / Schillerstr. 21-27
Tel. (07161) 803-0 / dr-scheller-cosmetics.de

Das Familienunternehmen wurde 1944 gegründet und entwickelte sich vom Kleinbetrieb über ein mittelständisches Unternehmen bis hin zur weltweit agierenden Aktiengesellschaft, die ihren Sitz in Europa hat. Die Dr. Scheller Cosmetics AG ist seit Jahrzehnten Experte auf dem Gebiet Haut- und Zahnpflege sowie Kosmetik.

Waren: Zahnpflegemittel wie Zahncreme, Zahnspülung und Zahnbürsten Marke DuroDont, dekorative Kosmetikartikel wie z.B. Lippenstift, Make-up und Nagellack Marke Manhattan, außerdem Naturkosmetikartikel wie Gesichtswasser, Cremes und Masken, Marke Dr. Scheller

Ersparnis: bei 1. Wahl kaum, bei 2. Wahl und Sonderposten ca. 30% und mehr

Zeiten: Mo. und Fr. 10.00-12.00 Uhr und 14.00-17.00 Uhr, Di. bis Do. 14.00-17.00 Uhr

Weg: auf der B 10 aus Richtung Geislingen kommend in Eislingen an der 1. großen Ampelkreuzung rechts, dann geradeaus über die Brücke und am Ende der Brücke links Richtung Göppingen, danach die 1. Möglichkeit links in die Schillerstr.

▶ ZELLER & GMELIN

Zeller & Gmelin GmbH
73054 Eislingen / Fils / Schlossstr. 20
Tel. (07161) 802-0 / zeller-gmelin.de

Seit 1866 hat Zeller & Gmelin Mineralölgeschichte mit gestaltet, z.B. als Benzinlieferant für die Kaisermanöver 1909. Mercedes gewann 1908 und 1909 mehrere Grand-Prix mit Divinol-Motorenöl. Die Luftschiffe von Graf Zeppelin flogen mit Divinol-Schmierstoffen um die Welt. Heute ist die Firma im Motorsport mit einer eigenen Rennserie engagiert.

Waren: Reinigungsmittel für Haushalt und Auto wie z.B. Schmierseife, Computerreinigungsmittel, Rohr- und WC-Reiniger, Fußbodenwachs, Allzweckreiniger, außerdem Divinol-Hochleistungs-Motoröle, Getriebeöle, Motorsägen-Kettenöle, Hydrauliköle, Fette sowie Scheibenfrei, Frostschutz, Autozubehör, Marken Divinol, Deha, Nokar

73207 Plochingen

Ersparnis: je nach Artikel unterschiedlich, ca. 30-40%

Zeiten: Mo., Di., Do. 12.00-13.00 Uhr, Mi. und Fr. 12.00-17.00 Uhr, Sa. 8.00-13.00 Uhr

Hinweise: der Barverkauf befindet sich im Haus neben der Hauptpforte

Weg: B 10 Stuttgart-Ulm, in Eislingen von der B 10 kommend über die Bahnbrücke, danach rechts einbiegen in die Schlossstr., ist auch beschildert

73207 Plochingen

▶ PLOCHINA

Plochina-Chemie Weiß GmbH
73207 Plochingen / Franz-Oechsle-Str. 3
Tel. (07153) 83270 / plochina-chemie.de

Die Firmengründung geht auf das Jahr 1910 als Seifenfabrik zurück. Das Hauptgeschäftsfeld damals war die Herstellung von Kern-, Schmier- und flüssiger Seife. Später kam die Herstellung von modernen Wasch- und Reinigungsmittel dazu. Heute produziert das Unternehmen HD-Reinigerpulver, Geschirreiniger für Gewerbe und Privathaushalte und Pulverprodukte für die Abwasserbehandlung sowie Flüssigprodukte als Reiniger oder chemische Hilfsstoffe.

Waren: neutrale Waschpaste „Neckargold", Reiniger für Küche und Bad „Plochina-Blitz", alle in unterschiedlichen Größen

Ersparnis: unterschiedlich je nach Artikel, günstige Angebote, bei einem Einkauf über EUR 50,- erhält man nochmals 10% Nachlass

Zeiten: Mo. bis Do. 7.00-12.00 Uhr und 13.00-16.00 Uhr, Fr. 7.00-12.00 Uhr

Hinweise: separater Verkaufsraum, an der Glocke läuten

Weg: die Firma befindet sich in Plochingen im Gewerbegebiet in Richtung Altbach, gegenüber der Firma „Bosch"

73312 Geislingen

▶ BIHLER

Emil Bihler Chem. Fabrik GmbH & Co. KG
73312 Geislingen / Heidenheimer Str. 52
Tel. (07331) 30490-0 / emil-bihler.com

Die 1911 als Wachswarenfabrik am Fuße der Schwäbischen Alb in Geislingen a. d. Steige gegründete Firma befindet sich noch heute in Familienbesitz. Von der anfänglichen Spezialisierung auf die Herstellung und Vertrieb von Schuh-, Leder- und Holzpflegemitteln entwickelte sich das Unternehmen schnell zu einem der führenden Hersteller Deutschlands von Reinigungs- und Pflegemitteln für Haushalt, Handwerk und Industrie. Die Firma ist Deutschlands größter Holzwachspasten-Hersteller.

73525 Schwäbisch Gmünd

Waren: große Auswahl an Pflegemittel für die Boden-, Teppich-, Möbel-, Stein- und Schuhpflege, außerdem Haushaltsreiniger aller Art, Sanitärreiniger, Profi-Reiniger für Gebäude und Gastronomie, Reiniger für KFZ-Pflege sowie Reinigungszubehör, Marken Rubin, Rubina, Regina, Olympia und 3-Chem

Ersparnis: durchschnittlich ca. 30%

Zeiten: Mo. bis Do. 8.00-12.00 Uhr und 13.30-17.00 Uhr, Fr. bis 16.00 Uhr

Weg: Geislingen liegt an der B 10 zwischen Ulm und Göppingen, in Geislingen befindet sich die Firma in der Nähe der „Helfenstein-Klinik"

73441 Bopfingen

▶ LUHNS

Luhns GmbH
73441 Bopfingen / Gewerbehof 27
Tel. (07362) 803-0 / luhns.de

Die Firma Luhns ist ein führender Handelsmarkenhersteller von Wasch-, Putz- und Reinigungsmitteln in Europa. Produziert wird an Standorten in Deutschland und Belgien.

Waren: Waschmittel aller Art als Pulver, Tabs und flüssig, außerdem Haushaltsreiniger aller Art wie z.B. Allesreiniger, Scheuermilch, Badreiniger, Bodenreiniger etc. sowie Geschirrspülmittel und Spezial-Reiniger, außerdem Körperpflegemittel aller Art wie z.B. Seifen, Duschmittel, Shampoos, Deodorant etc.

Ersparnis: preisgünstige Angebote

Zeiten: Di. 12.00-15.00 Uhr

Hinweise: Verkauf im Lager gegenüber der Firma, gelegentlich ist auch 2. Wahl erhältlich

Weg: A 7 Ausfahrt Aalen/Westhausen auf die B 29 Richtung Nördlingen nach Bopfingen, auf der B 29 durch Bopfingen durch und weiter Richtung Nördlingen bis zur Abzweigung Industriegebiet-Südost, gegenüber der WAP-Autowaschstation rechts und immer geradeaus bis zur Firma

73525 Schwäbisch Gmünd

▶ GRAU AROMATICS

Grau Aromatics GmbH & Co. KG / Chemische Fabrik
73525 Schwäbisch Gmünd / Bismarckstr. 4
Tel. (07171) 9114-0 / grau-aromatics.de

74936 Siegelsbach

Im Jahre 1891 gründeten Heinrich Grau und August Locher die chemische Fabrik „Grau und Locher" in Schwäbisch Gmünd. Es wurden hauptsächlich chemisch-technische Produkte hergestellt wie Lederfett, Schuhcreme, Bohnerwachs, Seifen- und Insektenpulver. Nach dem 1. Weltkrieg wurden chemisch-technische Produkte und einige Kosmetik-Artikel in das Programm aufgenommen. Nach dem 2. Weltkrieg brachte die Firma 1946 das erste deutsche Schaumbad auf den Markt. In den 1950er Jahren begann die Produktion von Riechstoffen und Parfüm-Spezialitäten sowie von Aroma Chemikalien. Seit 1979 ist „Grau Aromatics" Lieferant der Parfümerie-, Aromen-, Kosmetik-, Seifen- und Waschmittelindustrie.

Waren:	reichhaltiges Angebot an Kosmetik-, Körperpflege-, Wasch- und Reinigungsmittel, z.B. Cremes, Schampoo, Öl- und Schaumbad, Duschbad, Sonnenschutzmittel, Aftershave, Parfüm, Haarpflegemittel etc.
Ersparnis:	Preise deutlich unter vergleichbarer Einzelhandelsware
Zeiten:	Di. 9.00-12.30 Uhr, Do. 13.00-17.00 Uhr
Hinweise:	separater Verkaufsraum, es werden hauptsächlich Überproduktionen verkauft, Warenversand ist möglich, Preisliste anfordern
Weg:	B 29 Richtung Aalen, am Ortsausgang von Schwäbisch Gmünd die letzte Straße rechts einbiegen, ab hier beschildert

74936 Siegelsbach

▶ MANN & SCHRÖDER

**Mann & Schröder GmbH
74936 Siegelsbach / Hauptstr.
Tel. (07264) 807-0 / mann-schroeder.de**

Mann & Schröder wurde 1951 gegründet und zählt heute in Europa zu den führenden Herstellern von Haar- und Körperpflegeprodukten.

Waren:	kosmetische Körperpflegemittel wie z.B. Seifen, Shampoos, Zahnpasten, Deodorants, Deoroller, Badezusätze, Duschgel, Bodylotion, Duftwasser, Haarpflegemittel, Haargel, Baby-Creme, Lippenpflegestifte, Gesichtsmasken etc., außerdem Kämme, Bürsten und Haushaltsreiniger
Ersparnis:	je nach Artikel, ca. 30-50%
Zeiten:	Mo. bis Fr. 7.30-12.15 Uhr und 13.00-18.00 Uhr
Hinweise:	kleiner Verkaufsraum, es sind auch günstige Artikel mit leichten Verpackungsschäden erhältlich
Weg:	Siegelsbach liegt ca. 5 km nördlich von Bad Rappenau, die Firma befindet sich am Ortsausgang von Siegelsbach Richtung Hüffenhardt auf der linken Seite

87463 Dietmannsried

76532 Baden-Baden

▶ BIODROGA

Biodroga Cosmetic GmbH
76532 Baden-Baden / Im Rosengarten 7
Tel. (07221) 688-03 / biodroga.de

Waren: Kosmetikartikel aller Art, für Damen z.B. Reinigungsmittel für Gesicht und Körper, Masken, Hautlotion, Make up, Tages- und Nachtpflegemittel etc., für Herren z.B. Duschgel, Shampoo, Reinigungsgel mit Peelingeffekt, After Shave Balsam etc.

Ersparnis: ca. 10-15%

Zeiten: Mi. und Fr. 13.30-17.30 Uhr

Weg: A 5 Karlsruhe-Basel Ausfahrt Baden-Baden auf die B 500 Richtung Baden-Baden, nach ca. 2 km die B 500 verlassen und links ab auf die Sinzheimer Str., nach ca. 300 m entlang dem Industriegebiet an der Tankstelle links in „Im Rosengarten"

80807 München

▶ SCHNELL

s. Seite 649

Dr. Schnell Chemie GmbH
80807 München Milbertshofen / Taunusstr. 19
Tel. (089) 350608-0 / dr-schnell.de

Waren: Wasch- und Reinigungsmitteln aller Art wie z.B. Sanitärreiniger und Kalklöser Milizid, Boden- und Fensterreiniger, Grillreiniger, Handreiniger und -pflegemittel, Gläserspülmittel, Reiniger und Klarspüler für Geschirrspüler, Teppichreinigungsmittel, Mittel zur Parkettpflege und -reinigung, Wäscheweichspüler u.v.m.

Ersparnis: durchschnittlich ca. 10% und mehr

Zeiten: Mo. bis Fr. 8.00-17.00 Uhr

Hinweise: angegliederter Laden, günstig sind vor allem Großpackungen

Weg: die Firma befindet sich im Nordosten von München zwischen Schwabing und Milbertshofen, am Frankfurter Ring

87463 Dietmannsried

▶ TÖPFER

s. Seite 657

Töpfer GmbH
87463 Dietmannsried / Heisinger Str. 6
Tel. (08374) 934-0 / toepfer-gmbh.de

96342 Stockheim

Die Firma wurde 1911 in Böhlen bei Leipzig gegründet. 1923 erfolgte die Verlagerung der Produktion nach Dietmannsried. Die Philosophie von Töpfer war und ist es, in enger Zusammenarbeit mit führenden Wissenschaftlern und Ärzten Rezepte zu entwickeln oder gegen Lizenz zu übernehmen und zur Produktionsreife zu führen.

Waren: Babynahrungsmittel wie z.B. Säuglingsmilchnahrung, Folgemilch und Fertigbrei, Babypflegeprodukte wie z.B. Puder, Shampoo, Cremes und Salben, Nahrungsergänzungsmittel wie z.B. Molketrunk und Milchzucker, Erwachsenenpflegeprodukte wie z.B. Bäder, Cremes und Salben, Marken Töpfer, Lactana, Lactopriv und Bessau

Ersparnis: ca. 10-30% auf Warenretouren

Zeiten: Mo. und Fr. 8.00-12.00 Uhr und 13.00-16.00 Uhr, Di. bis Do. 8.00-12.00 Uhr

Hinweise: angegliedertes Ladengeschäft neben der Fabrik

Weg: Dietmannsried liegt ca. 10 km nördlich von Kempten an der A 7, Ausfahrt Dietmannsried, die Firma befindet sich dort direkt an der Hauptstraße

96342 Stockheim

▶ ALGI

Algi-Seifenfabrik GmbH & Co. KG
96342 Stockheim / Industriestr. 9
Tel. (09265) 998-0 / algi.de

Waren: Körperpflegemittel wie Seifen aller Art und Seifenfiguren, Flüssigseifen, Seifenparfüm, Dusch- und Schaumbäder, Shampoo, Dusch- und Badegel, auch Geschenksets

Ersparnis: unterschiedlich, günstige Angebote

Zeiten: Mo. bis Do. 6.00-15.30 Uhr, Fr. 6.00-11.15 Uhr

Hinweise: kein eingerichteter Privatverkauf

Weg: Stockheim liegt ca. 10 km nördlich von Kronach an der B 85, dort befindet sich die Firma im Industriegebiet bei „Aldi"

97199 Ochsenfurt

▶ KNEIPP

s. Seite 673

Kneipp-Werke GmbH & Co. KG
97199 Ochsenfurt Hohestadt / Johannes-Gutenberg-Str. 8
Tel. (0931) 8002-401 / kneipp.de

Das Unternehmen wurde im Jahr 1891 in Würzburg gegründet. Unter dem Markennamen Kneipp entstand eine umfassende Produktpalette an Körperprodukten, Nahrungsergänzungsmitteln und pflanzlichen Gesundheitsprodukten, die höchsten Ansprüchen genügen.

97877 Wertheim

Waren:	Körper-, Gesichts- und Fußpflegemittel wie z.B. Bodylotion, Hautöle, Massageöle, Ölbäder, Badesalze und Badetabletten, außerdem Nahrungsergänzungsmittel, pflanzliche Gesundheitsprodukte, Tees etc.
Ersparnis:	bei regulärer Ware ca. 10%, bei z.B. Warenretouren bis zu 50%, teilweise zusätzliche Sonderangebote
Zeiten:	Di., Mi., Fr. 10.00-16.00 Uhr, Do. 12.00-18.00 Uhr
Hinweise:	ca. 4x jährl. findet jeweils 3 Tage lang (meist Do. bis Sa.) ein zusätzlicher Lagerverkauf mit sehr günstigen Angeboten in 97084 Würzburg-Heidingsfeld, Winterhäuser Str. 81 statt, genaue Termine erfagen
Weg:	Ochsenfurt liegt ca. 15 km südöstlich von Würzburg, A 7 Ausfahrt Gollhofen auf die B 13 nach Ochsenfurt, hier rechts ab in die Lindhardstr., danach links in „Am Ladehof" und wieder links auf die Südtangente Richtung Winterhausen, danach links in das Gewerbegebiet Hohestadt

97877 Wertheim

▶ BELLMIRA

bellmira Cosmetic GmbH
97877 Wertheim / Otto-Schott-Str. 33
Tel. (09342) 88020 / straub-cosmetics.de

Die Straub-Cosmetics wurde 1949 in Wertheim am Main gegründet. Mit der 'Straub-Heimdauerwelle' entstand der erste Markenartikel der Firma. Heute bietet das Unternehmen seinen Kunden im In- und Ausland mehr als 500 Kosmetikprodukte.

Waren:	Körperpflegemittel aller Art, z.B. Badezusätze, Kräuterbäder, Shampoos, Seifen, Duschgel, Aftershave, Hautlotionen, Handcreme, Deoroller, Haarpflegemittel, Lippenpflegestifte etc., Marken Bettina Barty, straubal, herbaflor, Bellvita, Puramed, John Player Special und Alines
Ersparnis:	durchschnittlich ca. 35%
Zeiten:	Mo. und Mi. 8.00-11.30 Uhr und 13.00-15.30 Uhr, Fr. 8.00-11.30 Uhr
Weg:	A 3 Würzburg-Aschaffenburg Ausfahrt Wertheim, an Wertheim vorbei Richtung Miltenberg der Ausschilderung Wertheim/Bestenheid folgen, am Ortsausgang Wertheim/Bestenheid rechts in die Schwarzwaldstr., dann die 2. Straße links ist die Otto-Schott-Str.

98553 Nahetal-Waldau

▶ KERALOCK

Gebr. Ewald GmbH
98553 Nahetal-Waldau / Waldauer Berg 2
Tel. (036841) 509-0 / keralock.de

Vor über 60 Jahren begann die Firma mit der Herstellung von Naturkosmetika. Aufgrund der wachsenden Nachfrage ergänzten im Lauf der Zeit weitere Artikel die Produktpalette. Das erfolgreichste Produkt wird ein Dauerwellenpräparat auf Kaltwellbasis. Das bis dahin private Unternehmen wird zum Alleinhersteller von Dauerwellmitteln in der ehemaligen DDR. Auch große Teile Osteuropas wurden beliefert. Keralock, der Name für Dauerwellpräparate, erschien erstmals in den sechziger Jahren. Heute werden neben Haarumformungen auch Produkte für Pflege, Styling und Coloration angeboten.

Waren: Haarpflegemittel wie Color Creme, Strähnchen Blondierung, Shampoos, Kuren, Lotions und Dauerwellenprodukte, auch Körperpflegemittel, Marke Keralock

Ersparnis: ca. 15-20%

Zeiten: Mo. bis Fr. 7.30-16.15 Uhr

Hinweise: es ist ausschließlich 1. Wahl erhältlich

Weg: Nahetal-Waldau liegt in Thüringen, ca. 15 km südöstlich von Suhl an der B 4 Schleusingen-Ilmenau, von Schleusingen kommend in Hinternah rechts ab Richtung Waldau, nach dem Ortsausgang die erste Möglichkeit links in Waldauer Berg (Gewerbegebiet)

99326 Stadtilm

▶ DOMAL

domal wittol Wasch und Reinigungsmittel GmbH
99326 Stadtilm / Ilmenauer Str. 12
Tel. (03629) 6693-0 / domal.de

Waren: Waschmittel, Weichspüler, Vorwaschspray, Fleckentferner, Bodenreinigungs- und -pflegemittel, Haushaltsreiniger wie Badreiniger, Küchenreiniger, Glasreiniger, Kalklöser, Scheuermilch, Glaskeramikreiniger, WC-Reiniger, Chlorreiniger, Wischwachs u.v.m.

Ersparnis: ca. 20-30%

Zeiten: Mo. bis Fr. 9.00-18.00 Uhr

Weg: Stadtilm liegt ca. 25 km südlich von Erfurt, A 71 Ausfahrt Arnstadt-Süd über Marlishausen nach Stadtilm, hier auf die B 87 Richtung Ilmtal, die Firma befindet sich kurz vor dem Ortsausgang direkt an dieser Straße

Sonstiges

04703 Bockelwitz

▶ ZEWA

SCA Packaging Polkenberg GmbH / Verpackungswerke
04703 Bockelwitz Marschwitz / Walter-Neuberger-Str. 1
Tel. (034321) 651-0 / sca.com

Waren: Putztücher, Toilettenpapier, Papiertaschentücher, Servietten, Pappteller, Tischdekoration u.v.m., u.a. Marken Danke, Zewa, Velvet, Tena

Ersparnis: ca. 20-40%, je nach Artikel unterschiedlich, 2. Wahl ist besonders preiswert

Zeiten: Mi. 12.00-17.00 Uhr

Weg: A 14 Dresden-Leipzig Ausfahrt Leisnig über Bockelwitz und Polkenberg nach Marschwitz, hier ist die Firma nicht zu übersehen, es ist die größte Fabrik im Ort

06712 Döschwitz

▶ ZEKIWA

s. Seite 591

Zekiwa GmbH
06712 Döschwitz Hollsteitz / Industriering 7
Tel. (034425) 308-0 / zekiwa.de

Seit 150 Jahren werden in Zeitz Kinderwagen hergestellt. Bis 1989 war Zekiwa Hauptproduzent dieser Branche im gesamten osteuropäischen Raum. Heute werden wieder Zekiwa Produkte weltweit angeboten und vertrieben.

Waren: Kinderwagen aller Art, z.B. Sportwagen, Buggys, Zwillings- und Geschwisterwagen, außerdem Lauflernhilfen, Rückentragen und Puppenwagen sowie Zubehör wie Luftpumpe, Fußsäcke, Insektenschutz, Schutzhüllen, Sonnenschirme u.v.m.

Ersparnis: bei 1. Wahl gering, bei 2. Wahl oder Auslaufmodellen bis zu 40%

09526 Olbernhau

Zeiten: Mo. bis Fr. 10.00-18.00 Uhr, 1. und 3. Sa. im Monat Sa. 10.00-14.00 Uhr

Weg: Döschwitz liegt ca. 10 km westlich von Zeitz an der B 180, die Firma befindet sich im Ortsteil Hollsteitz im Gewerbegebiet direkt an der B 180

09526 Olbernhau

▶ KWO

KWO Kunstgewerbe-Werkstätten Olbernhau GmbH
09526 Olbernhau / Sandweg 3
Tel. (037360) 1610 / kwo-olbernhau.de

Die KWO Kunstgewerbe-Werkstätten Olbernhau GmbH, 1949 hervorgegangen aus einem kleinen Handwerksbetrieb der Drehteile herstellte, ist heute einer der größten Hersteller erzgebirgischer Holzkunst. Die Produktpalette umfasst die ganze Breite traditioneller Handwerkskunst aus dem Erzgebirge.

Waren: Nussknacker, Räuchermänner, Engel, Holzteddys und -osterhasen, Spieluhren, Spieldosen, Pyramiden, Leuchter, teilweise eingeschränkte Auswahl

Ersparnis: ca. 10% bei 1. Wahl, bei 2. Wahl und Ausstellungsstücken ca. 20-30%

Zeiten: Mo. bis Sa. 10.00-18.00 Uhr (15. Jan. bis 30. Sept.), Mo. bis So. 10.00-18.00 Uhr (1. Okt. bis 15. Jan.)

Hinweise: bei 2. Wahl-Artikeln keine große Auswahl

Weg: Olbernhau liegt östlich von Zwickau direkt an der tschechischen Grenze, in Olbernhau befindet sich die Firma in Ortsmitte, Richtung Seiffen nach dem „VAG-Autohaus" auf der rechten Seite

13593 Berlin

▶ SCOUT

Alfred Sternjakob GmbH & Co. KG
13593 Berlin Spandau / Wilhelmstr. 21–25
Tel. (030) 36504712 / sternjakob.de

Der Lederranzen der 60iger Jahre besaß nur ein kleines Stauvolumen und war relativ schwer. Tragekomfort und Sicherheitsausstattung waren zu dieser Zeit noch von untergeordneter Bedeutung. 1975 wurde die Marke Scout eingeführt. Der Scout hatte mehr Volumen, war leichter, verfügte über einen hohen Tragekomfort und über die erste Sicherheitsausstattung in Form von fluoreszierendem Gewebe und Schlösser mit Katzenaugen.

22527 Hamburg

Waren:	Leichtschulranzen, Sporttaschen und -beutel, Mäppchen, Freizeit-Rucksäcke, Reisetaschen, Einkaufstaschen etc., Marken Scout und 4-You
Ersparnis:	durchschnittlich ca. 35%
Zeiten:	Do. und Fr. 11.00-19.00 Uhr
Hinweise:	es sind nur Auslaufmodelle und 2. Wahl-Artikel erhältlich
Weg:	aus westlicher Richtung auf der B 5 (Heerstr.) kommend an der 2. Kreuzung links ab in die Gatower Str., anschließend an der 2. Ampel wieder links ab in die Wilhelmstr. und auf das Gelände von „Media Markt" fahren, dann der Beschilderung folgen

21509 Glinde

▶ GIES

Gies Kerzen GmbH
21509 Glinde / Beim Zeugamt 8
Tel. (040) 710007-0 / gies-kerzen.de

Waren:	Kerzen aller Art wie z.B. Stumpenkerzen, Kugelkerzen, Haushaltskerzen, Spitzkerzen, Tafelkerzen, Teelichte, Zier- und Dekokerzen, Grablichte, Oster-, Advents- und Weihnachtskerzen, Geburtstagskerzen, Altarkerzen
Ersparnis:	durchschnittlich ca. 30%
Zeiten:	Di. und Do. 9.00-16.00 Uhr, Fr. 9.00-12.00 Uhr, vor Weihnachten erweiterte Öffnungszeiten
Hinweise:	es wird hauptsächlich Ware aus Überproduktion verkauft
Weg:	Glinde liegt ca. 15 km östlich von Hamburg, A 24 Abfahrt Reinbek, abbiegen nach Glinde, die Firma befindet sich dort im Industriegebiet

22527 Hamburg

▶ PENTAX

Pentax Europe GmbH
22527 Hamburg / Julius-Vosseler-Str. 104
Tel. (040) 56192-0 / pentax.de

Waren:	hochwertige Digitalkameras, vom Einsteigermodell bis zur digitalen Spiegelreflexkamera
Ersparnis:	bis zu 30%
Zeiten:	Mo. bis Fr. 8.00-16.30 Uhr

23812 Wahlstedt

Hinweise: es sind nur wenige Monate alte Auslaufmodelle sowie Kameras deren Verpackung Schäden aufweisen erhältlich, alle Kameras funktionieren einwandfrei

Weg: A 7 Ausfahrt Hamburg-Stellingen auf die Kieler Str. Richtung Stellingen und nach ca. 500 m links ab auf den Sportplatzring, der im weiteren Verlauf in die Koppelstr. übergeht, vorbei an Hagenbecks Tierpark und anschließend rechts ab auf die Julius-Vosseler-Str.

23812 Wahlstedt

▶ PELZ

W. Pelz GmbH & Co.
23812 Wahlstedt / Willy-Pelz-Str. 9
Tel. (04554) 71-0 / pelzgroup.de

Waren: Hygieneartikel wie z.B. Verband- und Kosmetikwatte, Wattekugeln, Wattepads und -stäbchen, Polierwatte, Vlies-Windeln, Binden, Slipeinlagen

Ersparnis: preisgünstiges Warenangebot

Zeiten: Do. 13.00-16.00 Uhr, Fr. 13.00-15.00 Uhr

Hinweise: separater Verkaufsshop am Haupteingang, teilweise ist auch 2. Wahl erhältlich

Weg: Wahlstedt liegt ca. 10 km westlich von Bad Segeberg, die Firma befindet sich dort im Gewerbegebiet

27442 Gnarrenburg

▶ BRILLIANT

Brilliant AG
27442 Gnarrenburg / Brilliantstr. 1
Tel. (04763) 89-0 / brilliant-ag.com

Gegründet wurde das Unternehmen im Jahr 1951 als Brillantglashütte KG. Heute ist die Brilliant AG einer der führenden Hersteller von Wohnraumleuchten in Europa. Erhältlich sind die Produkte in den Leuchtenabteilungen der Handelspartner, z.B. in Baumärkten, Möbel- und Einrichtungshäusern sowie Fachgeschäften.

Waren: Spots/Strahler, Schreibtischleuchten, Einbauleuchten, Wand- und Deckenleuchten, Junior-Leuchten, Außenleuchten, Standleuchten, Disney-Leuchten, Leuchten-Systeme, Deckenfluter, Tischleuchten, Pendelleuchten

Ersparnis: bei Restposten und 2. Wahl bis zu 50%

30163 Hannover

Zeiten:	zur Zeit Fr. 15.00-18.00 Uhr und Sa. 9.00-12.00 Uhr, dies kann sich aber jederzeit wieder ändern, ansonsten 2x jährl. Sonderverkauf von Beleuchtungsmitteln aller Art, ca. Ende März und Ende Oktober, genaue Termine erfragen
Weg:	Gnarrenburg liegt ca. 40 km nördlich von Bremen, dort befindet sich die Firma bei Kalshöfenerberg

29410 Salzwedel

▶ YUL

Sakefa Salzwedeler Kerzenfabrik GmbH
29410 Salzwedel / Fuchsberger Str. 1
Tel. (03901) 849-6 / sakefa.de

Die Salzwedeler Kerzenfabrik Sakefa in Salzwedel ist mit ihrer Muttergesellschaft Vollmar Creationen in Wachs GmbH in Rheinbach ein großer und führender Kerzenhersteller Europas. In beiden Produktionsstätten werden Qualitätsprodukte der Marke „yul" hergestellt.

Waren:	große Auswahl an Kerzen in versch. Formen und Farben, z.B. Teelichte, Leuchter- und Spitzkerzen, Stumpenkerzen einfarbig und verziert, Votives, Schwimmkerzen, Altar- und Kirchenkerzen, Marke yul
Ersparnis:	ca. 20% im Durchschnitt
Zeiten:	Mo. bis Do. 10.00-12.30 Uhr und 13.30-16.15 Uhr, Fr. 10.00-12.30 Uhr
Hinweise:	teilweise ist auch günstige Kiloware erhältlich
Weg:	Salzwedel liegt nördlich von Wolfsburg an der B 248, in Salzwedel befindet sich die Firma im Industriegebiet

30163 Hannover

▶ PELIKAN

Pelikan Vertriebsgesellschaft mbH & Co. KG
30163 Hannover / Werftstr. 9
Tel. (0511) 6969-0 / pelikan.de

Das hannoversche Traditionsunternehmen Pelikan AG feierte im Jahr 2003 das 125-jährige Bestehen der gleichnamigen Marke. Mit einigen Produkten ist das Unternehmen seit Jahrzehnten Marktführer. Generationen von Schülern hat es mit der ersten „Schreibmaschine" ihres Lebens versorgt.

Waren:	Schreibgeräte für Schule, Jugend und Büro wie Füllfederhalter, Kugelschreiber etc. und Zubehör wie Tintenpatronen, Tintengläser, Tuschen, Kugelschreiberminen, Radierer etc., außerdem Malgeräte und Farbkästen, Wachsmalstifte und Bastelmaterial, Marke Pelikan

32108 Bad Salzuflen

Ersparnis: ca. 20-30%

Zeiten: Di. und Do. 12.30 Uhr-16.30 Uhr

Weg: A 2 Dortmund-Berlin Ausfahrt Hannover-Langenhagen, stadteinwärts auf der Vahrenwalder Str. und nach ca. 2 km links in den Niedersachenring, dann die 3. Straße links in die Linsingenstr. und an der Heilig-Geist-Kirche rechts in den Nordring, danach links in die Werftstr.

32108 Bad Salzuflen

▶ VIVA DECOR

Viva-Decor GmbH
32108 Bad Salzuflen Holzhausen / Meierweg 8
Tel. (05222) 36336-0 / viva-decor.de

Waren: Bastelfarben und -produkte wie Window Color, Serviettentechnik, Fashion Pen, Steinfarben, Terra- und Ferrofarben, Deco Pen, Kerzen Pen, Strukturpaste, Modelliercreme, Modellier Gras, außerdem Holzzubehör, Relief-Fotorahmen und Zubehör wie Schneidewerkzeuge, Keilrahmen, Pinsel etc.

Ersparnis: durchschnittlich ca. 30%

Zeiten: Mo. und Fr. 10.00-18.00 Uhr, Sa. 9.00-13.00 Uhr

Weg: Bad Salzuflen liegt ca. 10 km südöstlich von Herford an der B 239 Richtung Detmold, die Firma befindet sich direkt an der B 239 Richtung Lage/Detmold gegenüber vom Messezentrum

34414 Warburg

▶ BRAUNS HEITMANN

Brauns-Heitmann GmbH & Co. KG
34414 Warburg / Lütkefeld 15
Tel. (05641) 95-0 / brauns-heitmann.de

Waren: Haushaltspflege-Produkte wie Entfärber, Fleckentferner, Imprägniermittel und Hygieneprodukte, außerdem Bastelprodukte wie Lebensmittelfarbe, Window Color und Serviettentechnik sowie kochechte Textilfarbe Simplicol und Dekorationsartikel für die Oster-, Weihnachts-, Frühjahrs- und Herbst-/Halloweensaison

Ersparnis: ca. 50%

Zeiten: immer 4 Wochen vor Ostern und vor Weihnachten, dann jeweils Do. und Fr. 9.30-18.00 Uhr, Sa. 9.30-13.00 Uhr, genaue Termine sicherheitshalber erfragen

35708 Haiger

Weg: Warburg liegt zwischen Kasel und Paderborn, A 44 Ausfahrt Warburg und nach ca. 4 km auf der B 252 rechts ab in das Industriegebiet Warburg-West, dann den Kreisverkehr links in die Industriestr. verlassen, die im weiteren Verlauf in „Lütkefeld" übergeht

35578 Wetzlar

▶ MINOX

Minox GmbH
35578 Wetzlar / Walter-Zapp-Str. 4
Tel. (06441) 917-0 / minox.de

Waren: Digitalkameras und Kompaktkameras, Marke Minox

Ersparnis: ca. 20%

Zeiten: Mo. bis Fr. 9.00-12.00 Uhr und 13.00-17.00 Uhr

Weg: im Zentrum Wetzlar auf die Ernst-Leitz-Str., die im weiteren Verlauf in die Braunfelser Str. übergeht, Richtung Braunfels, ca. 1,5 km ab Zentrum geht rechts die Meline-Müller-Str. ab, die nach ca. 150 m in die Walter-Zapp-Str. übergeht

35708 Haiger

▶ HAILO

Hailo-Werk Rudolf Loh GmbH & Co. KG / Hailo-Shop
35708 Haiger Flammersbach / Daimlerstr. 8
Tel. (02773) 82-316 / hailo.com

Seit der Gründung im Jahre 1947 arbeitet Hailo daran, Hausfrauen und Heimwerkern die Arbeit sicherer und leichter zu gestalten. Als führender Hersteller von Steiggeräten, Produkten für die Wäschepflege und Abfallsammlern wird eine große Produktpalette angeboten. Heute werden Hailo Produkte in über 60 Länder der Welt vertrieben. Das Markenzeichen, der rote Hailo Punkt, steht für Qualität und Sicherheit.

Waren: Sprossenleitern, Gerüst-Systeme, Haushaltsleitern, Kellerregalsysteme, Wohnregale, Abfallsammler, Flaschen- und Flaschenkastenständer, Klapptritte, Bügeltische, Dampf-Bügel-Systeme u.v.m., Marke Hailo

Ersparnis: ca. 30-60%

Zeiten: Mo. bis Fr. 13.00-18.00 Uhr, Sa. 10.00-12.00 Uhr

Hinweise: teilweise sind auch günstige 2. Wahl- und Auslaufartikel sowie 1B-Ware mit Verpackungsschäden erhältlich

Weg: A 45 Siegen-Wetzlar Ausfahrt Haiger/Burbach auf die B 277 Richtung Dillenburg nach Haiger, in Haiger rechts Richtung

37276 Meinhard

Langenaubach, nach ca. 1,5 km rechts Richtung Flammersbach, dann die 2. Straße rechts einbiegen, der „Hailo-Shop" ist dann links zu sehen

37276 Meinhard

▶ FRIEDOLA

friedola Gebr. Holzapfel GmbH & Co. KG
37276 Meinhard Frieda / Goethestr. 7
Tel. (05651) 303248 / friedola.de

Die Firmengeschichte geht zurück bis in das Jahr 1888. Heute wird die friedola-Firmengruppe bereits in der 4. Generation geführt und ist mit ihren Schwesterfirmen ein Unternehmen mit einem vielfältigen Produktprogramm.

Waren:	beschichtete Tischdecken und Tischsets, Tischpolster, Wachstuch-Meterware, Dekor- und Klebefolien, Anti-Rutschmatten und Weichschaum-Bodenbeläge, Marke friedola, außerdem Freizeitartikel wie Badetiere, Planschbecken, Luftmatratzen und Schlauchboote, Marke Wehncke, auch Bema-Schwimmflügel
Ersparnis:	unterschiedlich je nach Artikel, günstige Angebote
Zeiten:	Mo. bis Fr. 10.00-18.00 Uhr
Hinweise:	der Verkauf befindet sich gegenüber vom Hauptwerk
Weg:	Meinhard-Frieda liegt an der B 249 ca. 5 km östlich von Eschwege in Richtung Wanfried, in Frieda befindet sich die Firma am Ortsausgang Richtung Schimberg

37281 Wanfried

▶ WERKMEISTER

Werkmeister GmbH
37281 Wanfried / Eschweger Str. 10
Tel. (05655) 9899-0 / werkmeister-gmbh.de

Es begann 1923 mit der Gründung eines Sanitätshauses in Eisenach. Auf dieser Grundlage entstand 1964 der Konfektionsbetrieb für medizinische Leibbinden in Wanfried. In den 70er und 80er Jahren entwickelte sich das Unternehmen als Partner der Sanitätshäuser, im besonderen als Lieferant für medizinische Leibbinden, Maßanfertigungen, Bandagen und Zubehör. Mitte der 80er Jahre wurde die Angebotspalette um Krankenpflege- und Rehaprodukte erweitert. Viele neue Produkte wurden im Markt eingeführt, u.a. Wellnessprodukte sowie ein amerikanisches Patent Namens IllumiNITE wird aufgenommen. Eine Technologie, die eine reflektierende Beschichtung von Textilien zulässt.

Waren: Wellness- und Fitnessprodukte wie Nacken-, Schlaf-, Reise- und Entspannungskissen, Rollstuhlkissen, Sitzkeilwürfel, Stillkissen u.v.m., außerdem Massageroller, Gymnastikbälle sowie Aero-

37688 Beverungen

Step, außerdem zugekaufte reflektierende Jacken, Westen und Rucksäcke, Marken Sitty und Luzi

Ersparnis: bis zu 40% möglich

Zeiten: Mo. bis Do. 8.00-18.00 Uhr, Fr. 8.00-16.00 Uhr

Hinweise: es ist ein Birkenstock-Shop angegliedert

Weg: Wanfried liegt ca. 10 km östlich von Eschwege an der B 249 Richtung Mühlhausen, die Firma befindet sich am Ortsausgang Richtung Eschwege, gegenüber „Aldi"

37318 Wahlhausen

▶ WERRATAL STÖCKE

Werratal-Stöcke GmbH
37318 Wahlhausen / Kreisstr. 3
Tel. (036087) 970-0 / gastrock.de

Im Jahre 1868 begann die Stockherstellung der Familie Gastrock in Lindewerra. Heute werden in den beiden Produktionsbetrieben Wahlhausen und Oberrieden die Produkte mit moderner Technik, traditioneller Sorgfalt und handwerklichem Geschick hergestellt.

Waren: Naturstöcke, Wander-, Jagd- und Sitzstöcke, Trink- und Vatertagsstöcke, außerdem Gehhilfen aus Holz und Metall sowie Schirme, Schirmgriffe und Schirmstöcke

Ersparnis: bis zu 50%

Zeiten: Mo. bis Fr. 8.00-16.30 Uhr

Weg: Wahlhausen liegt an der B 27 zwischen Eschwege und Witzenhausen, in Wahlhausen befindet sich die Firma nicht zu verfehlen am Ortsausgang Richtung Heiligenstadt, sie ist nicht zu übersehen durch den hohen Schornstein

37688 Beverungen

▶ WESER HOLZWAREN

Weser Holzwarenfabrik Heinrich Lutter
37688 Beverungen Würgassen / Würriger Str. 59
Tel. (05273) 7487 / weser-holzwaren.de

Das Unternehmen Weser Holzwaren wurde im Jahr 1903 gegründet. Es wurden zunächst Kastenwagen und Autokarossen gefertigt und man betätigte sich im Bootsbau. Vor einem viertel Jahrhundert wurde mit der Produktion von Gartenmöbeln begonnen, gefertigt durch sorgfältige Handwerksarbeit und unterstützt durch modernste Fertigungsanlagen.

Sonstiges

38448 Wolfsburg

Waren: Gartenmöbel aus Massivholz wie Tische, Stühle, Liegen und Sitzgruppen, außerdem Kindermöbel aus Buche massiv wie Kasten- und Sandwagen, Spielekiste, Babywagen und Tretroller

Ersparnis: preisgünstiges Warenangebot

Zeiten: Mo. bis Fr. 8.00-16.00 Uhr

Hinweise: eigene Produktion vom Stammholz bis zur Endmontage

Weg: Beverungen liegt ca. 50 km nördlich von Kassel an der B 83, die Firma befindet sich im Ortsteil Würgassen, auf der B 83 kommend über die Weserbrücke und gleich die nächste Möglichkeit rechts, über den Worthweg in die Würrigser Str., Nähe Kraftwerk

38448 Wolfsburg

▶ KAMEI

Kamei GmbH & Co. KG
38448 Wolfsburg Vorsfelde / Heinrichswinkel 2
Tel. (05363) 804-0 / kamei.de

Im Jahr 1952 präsentierte Karl Meier auf dem Genfer Automobilsalon den ersten Frontspoiler für den VW-Käfer. Weitere Zubehörteile wie Ablagen, Kofferraumabdeckung, Kopf- und Armstützen, Fußstützen sowie die erste weiche Sicherheitsblumenvase folgten. Heute liefert Kamei Auto-Zubehörteile in über 40 Länder der Erde. Heute ist Kamei ein führender Hersteller für Car Styling Produkte, praktisches Komfort-Zubehör und Dachboxensysteme.

Waren: technisch einwandfreie Auto-Dachboxen in 2. Wahl mit kleinen Schönheitsfehlern, sollte dazu noch ein Dachträgersystem benötigt werden, so ist auch dieses erhältlich, dieses aber aus Sicherheitsgründen nur in 1. Wahl

Ersparnis: bei Dachkoffern günstige Angebote

Zeiten: Mo. bis Do. 8.00-15.00 Uhr, Fr. 8.00-12.00 Uhr

Hinweise: nach vorheriger Terminabsprache können Dachboxen und Dachträgersystem auf Wunsch auch kostenlos montiert werden

Weg: Vorsfelde liegt ca. 5 km nordöstlich vom Zentrum Wolfsburg, in Vorsfelde befindet sich die Firma im Industriegebiet Sudammsbreite, an der B 188 Richtung Velpke

44628 Herne

▶ HERNER GLAS

Bernd Hoffbauer GmbH & Co. Leuchten- und Industrieglas KG
44628 Herne / Am Trimbuschhof 16-20
Tel. (02323) 50060 / hernerglas.de

47228 Duisburg

Herner Glas ist ein global tätiges Unternehmen mit mehr als 35jähriger Erfahrung in der Herstellung und der Veredelung von Beleuchtungsglas. Das Glas wird in eigenen Glashütten produziert und bearbeitet.

Waren: Lampen aller Art wie z.B. Steh-, Wohn- und Kinderzimmerlampen, außerdem Halogen-Schienensysteme, Einbauspots, Außenleuchten etc. sowie Vasen, Schalen, Windlichte, Gläser, Krüge etc., alles aus Glas

Ersparnis: durchschnittlich ca. 30-40%

Zeiten: Mo. bis Fr. 10.00-18.30 Uhr, Sa. 10.00-14.00 Uhr

Weg: A 42 Ausfahrt Herne-Horsthausen auf die Horsthauser Str. Richtung Herne, nach dem Überqueren der Bahnlinie die zweite Möglichkeit links in Am Trimbuschhof/Industriegebiet

▶ REMBERT

Pelzgerberei Rembert GmbH
44628 Herne / Pöppinghauser Str. 3
Tel. (02323) 83949 / gerberei-rembert.de

Als eine von wenigen Pelzgerbereien verfügt das Unternehmen über eine voll umfängliche Produktion in Deutschland, d.h. von der Rohhaut bis zum fertigen Endprodukt. Es werden überwiegend Schaf- und Lammfelle gegerbt und veredelt. Die fertig gearbeiteten Felle, die in den unterschiedlichsten Farben und Gerbungen hergestellt werden, gehen in den Einzel- und Großhandel oder werden für Konfektionszwecke weiterverarbeitet.

Waren: Felle und Fellartikel aller Art, z.B. Fellhausschuhe, Lammfell-Kinderwagenfußsack, Lammfelldecken, Lammfelleinlagen, Bettfelle, Bettfellunterlagen etc.

Ersparnis: günstige Angebote

Zeiten: Mo. bis Fr. 7.00-15.00 Uhr

Weg: A 42 Ausfahrt Herne-Horsthausen auf die Horsthauser Str. Richtung Pöppinghausen, im weiteren Verlauf nach dem Überqueren des Rhein-Herne-Kanals geht diese dann über in die Pöppinghauser Str.

47228 Duisburg

▶ HARK

Hark GmbH & Co. KG
47228 Duisburg Rheinhausen Hochemmerich / Hochstr. 197-213
Tel. (02065) 997-0 / hark.de

Über 35 Jahre Erfahrung haben Hark zu dem führenden Hersteller für Kamine, Kachelkamine und Kachelöfen in Deutschland gemacht. Hark verfügt über ein breites Vertriebsnetz mit über 70 eigenen Kamin-Studios und über 100 Stützpunkthändlern im ganzen Bundesgebiet und ist auch auf dem internationalen Markt mit einer Vielzahl von Vertretungen erfolgreich tätig.

47638 Straelen

Waren:	Kaminöfen, Kachelkamine, Kachelöfen, Marmorkamine, Stilfassaden, Natursteinkamine, offene Kamine, Elektrokamine, Ethanolkamine, Gaskamine, Heizeinsätze, Kaminzubehör, Ofenkacheln, Waschtische aus Marmor und Granit, Fliesen aus Marmor und Granit
Ersparnis:	ca. 30-60% bei Aktionsware, Lager- und Produktionsüberhängen, Auslaufmodellen, Einzel- und Ausstellungsmodellen, Messegeräten, Sondermodellen und Prototypen
Zeiten:	Mo. bis Fr. 9.00-18.30 Uhr, Sa. 9.00-18.00 Uhr
Hinweise:	2.000 qm Fabrikverkauf, 800 qm Lagerverkauf und eine exklusive Ausstellung mit Modellen aus der Premium-Collection direkt am Hauptwerk, über 100 kostenfreie Kundenparkplätze direkt an den Gebäuden
Weg:	A 40 Ausfahrt Duisburg-Rheinhausen, auf den Zubringer Richtung Rheinhausen (OT Hochemmerich), an der 1. Ampel links in das Gewerbegebiet Mevissen (Schauenstr.), danach die 2. Straße links in die Hochstr., hier dann immer geradeaus, die Gebäudekomplexe sind nicht zu verfehlen

47638 Straelen

▶ MÜLLER

Gebr. Müller Kerzenfabrik AG
47638 Straelen / Karl-Arnold-Str. 36
Tel. (02834) 9360-0 / mueller-kerzen.de

Müller Kerzen gehört zu den großen Kerzenherstellern in Europa mit Produktionsstandorten in Deutschland und dem Ausland. Seit über 250 Jahren werden Kerzen aller Art auf modernen Produktionsanlagen auf hohem Qualitätsniveau hergestellt und in Deutschland unter dem Markennamen Müller Kerzen vertrieben.

Waren:	große Auswahl an Kerzen in allen Formen und Farben, von der Spitzkerze bis zum Tee- und Grablicht, außerdem Duftkerzen und Kerzenfiguren wie z.B. Autos und Tiere, auch ein Oster- und Weihnachtssortiment sowie Kerzenständer und Geschenkartikel
Ersparnis:	ca. 30%, günstig ist vor allem 2. Wahl sowie Kiloware
Zeiten:	Mo. bis Fr. 9.00-18.00 Uhr, Sa. 9.30-13.00 Uhr
Hinweise:	kleines Ladengeschäft neben der Fabrik
Weg:	A 40 Ausfahrt Wankum/Grefrath links Richtung Straelen, nach der Ampel und dem Ortseingangsschild Straelen weiter geradeaus durch Zand und nach ca. 900 m links in die Karl-Arnold-Str.

48282 Emsdetten

48282 Emsdetten

▶ SCHMITZ

Schmitz-Werke GmbH & Co.
48282 Emsdetten / Hansestr. 31
Tel. (02572) 927-0 / schmitz-werke.com

Waren: drapilux-Dekostoffe und -Gardinen, swela-Freilufttextilien und markilux-Markisen, außerdem Dekorationsstoffe aus Baumwolle und aus Trevira, Markisenstoff aus Markenacryl, Gardinen und Möbelbezugsstoffe, alles als Kiloware

Ersparnis: bis zu 50%

Zeiten: Di. bis Fr. 9.00-12.00 Uhr und 13.30-17.00 Uhr

Hinweise: es sind ausschließlich 2. Wahl-Artikel, Warenretouren, Restposten und Überproduktionen erhältlich

Weg: Emsdetten liegt ca. 30 km nördlich von Münster, A 1 Ausfahrt Greven auf die B 481 nach Emsdetten, dort ist die Firma beim Grevener Damm leicht zu finden

▶ WAECO

Waeco International GmbH
48282 Emsdetten / Hollefeldstr. 63
Tel. (02572) 879-0 / waeco.de

Der Unternehmenserfolg begann im Jahr 1974 mit der mobilen Einsatzmöglichkeit von Kühlschränken. Damals noch eine Sensation, heute fast schon eine Selbstverständlichkeit für die mobile Gesellschaft.

Waren: Kühlboxen, Mini-Kühlschränke für Camping und Büro, Elektronik-Zubehör wie Spannungswandler und Ladegeräte, Autozubehör wie z.B. Funk-Fernbedienungen, Geschwindigkeitsregler, Alarmanlagen, Einparkhilfen, Mobile-Videosysteme, Navigationssysteme etc.

Ersparnis: bei B-Ware durchschnittlich ca. 30%, 1. Wahl-Artikel sind zum Katalogpreis erhältlich

Zeiten: Mo. bis Fr. 8.00-17.00 Uhr

Hinweise: erhältlich sind preislich reduzierte Einzelstücke bzw. Geräte mit leichten optischen Fehlern, alle Geräte sind technisch einwandfrei und es wird auf Technik und Funktion eine Gewährleistung von 24 Monaten übernommen

Weg: A 1 Ausfahrt Greven Richtung Rheine/Emsdetten/Greven, ca. 7 km der Straße folgen und anschließend an der Ampelkreuzung beim BMW-Autohaus rechts abbiegen in das Industriegebiet-Süd

53359 Rheinbach

53359 Rheinbach

▶ YUL

Vollmar Creationen in Wachs GmbH
53359 Rheinbach Oberdrees / Mieler Str. 38
Tel. (02226) 84-0 / vollmar.de

Mit der Fertigung von Kirchenkerzen beginnt im Jahre 1910 in Bonn eine bis heute erfolgreiche Firmengeschichte. Im Jahre 1971 wurde dem stetigen Expansionsdrang mit dem Umzug nach Rheinbach-Oberdrees Rechnung getragen. 1991 erfolgte dann die Übernahme der Salzwedeler Kerzenfabrik mit Sitz in Sachsen-Anhalt. Die Firma Vollmar Creationen in Wachs GmbH ist heute einer der führenden Kerzenproduzenten in Deutschland und Europa.

Waren: große Auswahl an Kerzen in versch. Formen und Farben, z.B. Teelichte, Leuchter- und Spitzkerzen, Stumpenkerzen einfarbig und verziert, Votives, Schwimmkerzen, Altar- und Kirchenkerzen, Marke yul

Ersparnis: ca. 20% im Durchschnitt

Zeiten: Mo. bis Do. 9.15-12.30 Uhr und 13.00-16.30 Uhr, Fr. bis 14.30 Uhr

Hinweise: teilweise ist auch günstige Kiloware erhältlich

Weg: A 61 Köln-Koblenz Abfahrt Rheinbach, durch Rheinbach nach Oberdrees, dort ist die Kerzenfabrik nicht zu übersehen

53881 Euskirchen

▶ METSÄ

s. Seite 611

Metsä Tissue GmbH / Der Kleinverkauf
53881 Euskirchen Stotzheim / Adolf-Halstrick-Str. 4
Tel. (02251) 812-0 / metsatissue.com

Die Papierwerke Halstrick GmbH wurden 1998 durch die Metsä Tissue Oyi übernommen. Metsä Tissue ist der Marktführer für Tissuepapierprodukte in den nordischen Ländern und ein bedeutender Lieferant von Tissuepapier in Mittel- und Nordeuropa. Bei Backtrennpapieren ist Metsä Tissue Marktführer in ganz Europa.

Waren: Toilettenpapier, Küchenrollen, Taschentücher, Gesichtstücher, Servietten, Tischtuchpapiere, Allzwecktücher, Geschenkpapiere etc., Marken Fasana und Mola

Ersparnis: durchschnittlich ca. 35-40%

Zeiten: Mo. bis Fr. 9.00-12.30 Uhr und 13.30-16.30 Uhr, jeden 3. Sa. im Monat 9.00-14.00 Uhr

Hinweise: fast alle Artikel sind auch in 2. Wahl erhältlich

Weg: Euskirchen liegt ca. 25 km südwestlich von Bonn, A 61 Ausfahrt Miel auf die B 56 nach Euskirchen, dort befindet sich der Kleinverkauf im Stadtteil Stotzheim im alten Bahnhof, Einfahrt bei „Tor 2"

55469 Simmern

▶ ACTIVLINE

Activline GmbH & Co. KG
55469 Simmern / Johann-Philipp-Reis-Str. 4
Tel. (06761) 9094-0 / activline.de

Waren: großes Angebot an Autositzbezügen für alle gängigen Autositze mit und ohne Sitz-Seitenairbagfunktion in verschiedenen Stoffen, Mustern und Farben, exclusive Passformbezüge individuell nach Kundenwunsch angefertigt für fast alle Fahrzeuge vom Sportwagen bis zum Van, Marke Activline

Ersparnis: preisgünstige Angebote, Musterteile, Sonderaktionen, bei 2. Wahl-Teilen bis zu 50%

Zeiten: Mo. bis Do. 8.00-16.30 Uhr, Fr. 8.00-15.00 Uhr

Hinweise: separater Verkaufsraum

Weg: A 61 Koblenz Richtung Mainz, Ausfahrt Rheinböllen auf die B 50 nach Simmern, von der B 50 rechts ab in das Industriegebiet, dann links ab auf die Argenthaler Str. und immer geradeaus bis die Johann-Philipp-Reis-Str. rechts abgeht

55543 Bad Kreuznach

▶ MEFFERT

Meffert AG / Farbwerke
55543 Bad Kreuznach / Rudolf-Diesel-Str. 12
Tel. (0671) 773-0 / meffert.com

Waren: Dispersionsfarben für Innen und Außen, Kunstharz-Lacke, Acryllacke und -farben, Holzanstriche und -lasuren, Strukturputze auf Mineral- und Kunstharzbasis, Grundierungen, Tapezier- und Renovierprodukte, Bodenbeschichtungen, Klebstoffe für Boden, Wand und Decke u.v.m.

Ersparnis: ca. 40-50%, bei Sonderposten bis zu 70%

Zeiten: Sa. 8.30-12.30 Uhr

Hinweise: der Verkauf erfolgt im Lager, bei den Artikeln handelt es sich um Rücknahmen aus Baumärkten, meist mit kleinsten Fehlern

Weg: A 61 Ausfahrt Bad Kreuznach auf die B 41 Richtung Bad Kreuznach, an der 1. Ampel geradeaus, an der nächsten Ampel links in die Michelinstr., nach ca. 500 m links durch die Eisenbahn-Unterführung, danach rechts in die Carl-Zeiss-Str, die nächste links ist die Rudolf-Diesel-Str.

58553 Halver

▶ FLORA

**FLORA Wilh. Förster GmbH & Co. KG
58553 Halver / Schmidtsiepen 3
Tel. (02353) 9117-0 / flora-online.de**

Die Firma wurde im Jahre 1875 in Halver gegründet. In den Gründungsjahren wurden Geräte für die Feld- und Gartenarbeit, Haushaltswaren, Beschläge und Feuerartikel gefertigt. Heute hat sich das Unternehmen mit dem Markennamen „FLORA" auf die Herstellung und den Vertrieb von hochwertigen Gartengeräten spezialisiert. Zur Zielgruppe gehören professionelle Anwender wie Garten- und Landschaftsbauer oder kommunale Betriebe ebenso wie anspruchsvolle Hobbygärtner.

Waren:	Laubbesen, Rechen, Hacken, Kultivatoren, Greifboys für Profis, Spaten, Schaufeln, Kleingeräte wie Blumenkellen, Unkrautstecher, Häckchen, Fugenputzer etc., Kübelroller, Kübelkarren, Obstpflücker, Schuhkratzeisen, Schneeschieber u.v.m.
Ersparnis:	bis zu 20%
Zeiten:	Mo. bis Do. 8.00-12.00 Uhr und 13.00-16.00 Uhr, Fr. 8.00-14.00 Uhr
Hinweise:	da nicht immer alle Artikel vorrätig sind sicherheitshalber vorher nachfragen, falls ein bestimmter Artikel gewünscht ist
Weg:	A 45 Ausfahrt Lüdenscheid auf die B 229 Richtung Lüdenscheid, durch Lüdenscheid Richtung Brügge, später links auf die B 54 Richtung Meinerzhagen, nach ca. 1,5 km kommt man nach Halver-Oberbrügge, hier rechts Richtung Halver, nach wenigen Kilometern erreicht man Schmidtsiepen

59494 Soest

▶ TARGA

**Targa GmbH
59494 Soest / Lange Wende 41
Tel. (02921) 99-3020 (Outlet) / targa.de**

Waren:	DVD-Recorder, Notebooks, LCD-Fernseher, TFT-Displays, HDTV-Fernseher und Digitalkameras
Ersparnis:	günstige Angebote
Zeiten:	Do. und Fr. 9.00-18.30 Uhr, Sa. 10.00-16.00 Uhr
Hinweise:	es sind ausschließlich Restposten, Testgeräte-Rückläufer und B-Waren erhältlich
Weg:	A 44 Dortmund-Kassel Ausfahrt Soest-Ost, geradeaus Richtung Industriegebiet Süd-Ost, am Ende der Straße nach ca. 2 km links abbiegen

63512 Hainburg

59872 Meschede

▶ SKS DESIGN

s. Seite 615

SKS Design Scheffer-Klute GmbH
59872 Meschede Freienohl / Gewerbegebiet Brumlingsen
Tel. (02937) 7080 / sks-design.de

Das Unternehmen wurde 1921 gegründet und wird heute in der vierten Generation geführt. Es umfasst die Einzelunternehmen SKS Metaplast, SKS Design und Schött Druckguss. Insgesamt werden ca. 700 Mitarbeiter beschäftigt.

Waren:	große Auswahl an Wohnaccessoires für Küche, Bad und Wohnbereich sowie Geschenkartikel aus Zinn, Messing, Edelstahl, Eisen und versilbertem Messing, Marken blomus und Artina
Ersparnis:	bis zu 50%
Zeiten:	Mo. bis Do. 12.30-16.00 Uhr
Hinweise:	es sind ausschließlich 2. Wahl und Restposten erhältlich
Weg:	Freienohl liegt an der B 7 zwischen Arnsberg und Meschede, dort ist das Gewerbegebiet Brumlingsen ausgeschildert

63128 Dietzenbach

▶ CHICCO

Chicco Babyausstattung GmbH
63128 Dietzenbach Steinberg / Borsigstr. 1-3
Tel. (06074) 4950 / chicco.de

Waren:	Baby- und Kinderartikel wie z.B. Kinderwagen, Buggies und Zubehör, Rückentragen, Wickelauflagen, Reisebetten, Spielsachen, Autositze, Bekleidung etc., oftmals sehr eingeschränkte Auswahl
Ersparnis:	bei 1. Wahl kaum, bei 2. Wahl und Sonderangeboten ca. 25%
Zeiten:	Mo. bis Mi. 14.00-17.00 Uhr, Sa. 10.00-13.00 Uhr
Hinweise:	separates Ladengeschäft am Werk, es findet auch ein Sommer- und Winterschlussverkauf mit günstigen Angeboten statt
Weg:	Dietzenbach liegt ca. 20 km südöstlich von Frankfurt, die Firma befindet sich in Steinberg im Industriegebiet, ist ausgeschildert

63512 Hainburg

▶ MC NEILL

Thorka GmbH
63512 Hainburg / Siemensstr. 28
Tel. (06182) 9571-0 / thorka.de

63768 Hösbach

Waren: hauptsächlich Schulranzen, Rucksäcke, Sportbeutel und Mäppchen für Kinder, außerdem Umhänge- und Laptoptaschen aus Leder, Marke McNeill

Ersparnis: günstige Angebote, besonders bei 2. Wahl-Artikeln

Zeiten: Mo. bis Do. 13.00-16.00 Uhr, jeden 1 Sa. im Monat 9.00-13.00 Uhr

Weg: Hainburg liegt ca. 20 km südöstlich von Frankfurt, die Firma befindet sich ca. 2 km südlich von Hainburg in Klein-Krotzenburg, hier am Ortsausgang Richtung Seligenstadt die letzte Straße rechts in die Daimlerstr. einbiegen, anschließend wiederum die nächste Straße rechts in die Siemensstr.

63768 Hösbach

▶ DÖRHÖFER

Fritz Dörhöfer GmbH / Schirmfabrik
63768 Hösbach / Wolfslaufstr. 2
Tel. (06021) 5923-0 / doerhoefer-gmbh.de

Das Unternehmen produziert und vertreibt seit 1903 als eine der letzten Schirmfabriken Deutschlands Sonnen- und Regenschirme.

Waren: Sonnen- und Regenschirme aller Art, Polsterauflagen, Gartenmöbel

Ersparnis: durchschnittlich ca. 25%

Zeiten: Mitte April bis August Mo. bis Fr. 8.00-17.00 Uhr, Sa. 9.30-13.00 Uhr, Sept. bis Mitte April Mo. bis Do. 8.00-12.00 Uhr und 13.00-16.00 Uhr, Fr. 8.00-12.00 Uhr

Weg: Hösbach liegt bei Aschaffenburg, von Goldbach kommend an der Kirche vorbei, an der Apotheke links hoch, am Ende der Straße an der Gabelung links, ist dann ausgeschildert

63897 Miltenberg

▶ FRIPA

Fripa Papierfabrik Albert Friedrich KG
63897 Miltenberg / Großheubacher Str. 4
Tel. (09371) 502-0 / fripa.de

Fripa produziert auf modernsten Fertigungsanlagen Hygienepapiere aller Art. Das gilt sowohl für den Bereich der Papiererzeugung, in dem 2 Papiermaschinen fast 365 Tage im Jahr rund um die Uhr laufen, als auch für die anschließende Papierverarbeitung. Am Produktionsstandort Miltenberg sichern über 300 Mitarbeiter die Versorgung der Kunden.

Waren: Hygieneartikel aus Papier wie Toilettenpapier, Küchenrollen, Papierhandtücher, Taschentücher, Putzrollen, Servietten und Müllsäcke, Marke Fripa

66693 Mettlach

Ersparnis:	durchschnittlich ca. 25%, günstige Angebote besonders bei 2. Wahl und Restposten
Zeiten:	Mi. 9.00-12.00 Uhr, Fr. 13.00-14.30 Uhr
Hinweise:	am Werk die PKW-Auffahrt nehmen
Weg:	von Aschaffenburg auf der B 469 kommend Abfahrt Amorbach Richtung Großheubach/Miltenberg-Nord, über die Mainbrücke und dann rechts Richtung Miltenberg, am Ortseingang nach der Aral-Tankstelle befindet sich rechter Hand das Firmengelände

64720 Michelstadt

▶ KOZIOL

s. Seite 623

Koziol >>ideas for friends GmbH
64720 Michelstadt / Frankfurter Str. 35-37
Tel. (06061) 72425 / koziol-factoryoutlet.de

Die Firma wurde 1927 von Bernhard Koziol in Erbach im Odenwald als Werkstatt für Elfenbeinschnitzereien gegründet. Wenig später wurden auch Artikel aus Kunststoff gefertigt. 1951 kommt die erste Schneekugel (heute Traumkugel) auf den Markt. Heute entwickeln, produzieren und verkaufen rund 200 Mitarbeiter jugendliche, zeitgemäße Geschenkartikel.

Waren:	Kunststoffaccessoires, Interieur- und Geschenkartikel wie z.B. Traumkugeln, Tischfeuerzeuge, Thermometer, Schüsseln, Bilderrahmen, CD-Ständer u.v.m., das gesamte aktuelle Koziol-Sortiment und viele Restposten
Ersparnis:	ca. 25-50%
Zeiten:	Fr. 14.00-18.00 Uhr, Sa. 10.00-18.00 Uhr, zusätzliche Sonder-öffnungszeiten erfragen
Hinweise:	Umzug geplant: Ab voraussichtlich Juli 2009 befindet sich das koziol design outlet in 64711 Erbach, Werner-von-Siemens-Str. 90, Info-Tel. (06062) 604-0
Weg:	Michelstadt liegt ca. 50 km nordöstlich von Heidelberg, von Erbach auf der B 45 kommend der Hauptstraße folgen, das Outlet befindet sich kurz vor dem Ortsausgang auf der rechten Seite (alte Koziol-Fabrik)

66693 Mettlach

▶ BRIGITTE VON BOCH

Brigitte von Boch Living GmbH / Outlet Mettlach
66693 Mettlach / Freiherr-v. Stein-Str. 20
Tel. (06864) 270096 / brigittevonboch.de

66989 Höhfröschen

Waren:	Damenmode, Schmuck, Möbel, Mode- und Wohnaccessoires, Sortiment aus dem Vorjahreskatalog
Ersparnis:	teilweise bis zu 60%
Zeiten:	Mo. bis Fr. 10.00-19.00 Uhr, Sa. 10.00-18.00 Uhr
Hinweise:	ein weiteres Outlet befindet sich in: 66802 Überherrn, Linslerhof, Tel. (06836) 80714, geöffnet Do. und Fr. 14.00-19.00 Uhr, Sa. und So. 11.00-19.00 Uhr
Weg:	Mettlach liegt an der B 51 zwischen Saarburg und Merzig, nordwestlich von Saarbrücken, in Mettlach befindet sich die Firma in der Stadtmitte im Mettlach Outlet Center

66989 Höhfröschen

▶ HEPCO & BECKER

Hepco & Becker GmbH
66989 Höhfröschen / Birkenstr. 6
Tel. (06334) 9216-0 / hepco-becker.de

Es begann im Jahr 1973 mit der Konstruktion eines geschlossenen Motorrad-Kettenkastens für die damals ungeschützt laufende Antriebskette. Anfang der 80er Jahre begann Hepco & Becker zusätzlich mit der Entwicklung und Produktion von Motorradgepäcksystemen. Heute ist Hepco & Becker ein führender deutscher Anbieter von Motorradtransportsystemen und Zubehör und liefert auch für weltbekannte Motorradmarken Zubehör für die Erstausrüstung.

Waren:	hochwertige Gepäcksysteme für Motorräder, Werkzeug- und Motorradkoffer, Motorradzubehör (außer Bekleidung), Marken Hepco & Becker und Krauser
Ersparnis:	es sind sehr günstige Angebote erhältlich
Zeiten:	Mo. bis Do. 8.00-12.00 Uhr und 13.00-16.00 Uhr, Fr. 7.00-14.30 Uhr, Sa. 8.00-11.00 Uhr, Sa. jedoch meist nur in der Saison
Hinweise:	teilweise ist auch 2. Wahl erhältlich
Weg:	von Zweibrücken auf der A 8 kommend Ausfahrt Höheischweiler nach Höhfröschen, dort befindet sich die Firma im Industriegebiet nahe dem Friedhof

67227 Frankenthal

▶ SCOUT

Alfred Sternjakob GmbH & Co. KG
67227 Frankenthal / Frankenstr. 47-55
Tel. (06233) 49010 / der-echte-scout.de

Der Lederranzen der 60iger Jahre besaß nur ein kleines Stauvolumen und war relativ schwer. Tragekomfort und Sicherheitsausstattung waren zu dieser Zeit noch von

72555 Metzingen

untergeordneter Bedeutung. 1975 wurde die Marke Scout eingeführt. Der Scout hatte mehr Volumen, war leichter, verfügte über einen hohen Tragekomfort und über die erste Sicherheitsausstattung in Form von fluoreszierendem Gewebe und Schlösser mit Katzenaugen.

Waren:	Einkaufstaschen, Rucksäcke, Reisetaschen, Mäppchen, Sporttaschen und -beutel, Leichtschulranzen Marken Scout und 4-You
Ersparnis:	durchschnittlich ca. 35%
Zeiten:	Mi. 9.30-18.00 Uhr, Do. 14.00-18.00 Uhr, zusätzliche Öffnungszeiten zu Ostern und Weihnachten, genaue Termine und Zeiten erfragen
Hinweise:	kleiner Verkaufsraum, es sind nur Auslaufmodelle und 2. Wahl-Artikel erhältlich
Weg:	A 6 Ausfahrt Ludwigshafen-Nord auf die B 9 Richtung Ludwigshafen und an der ersten Abfahrt rechts Richtung Frankenthal, nach weiteren ca. 2 km links ab weiter auf der B 9, dann die zweite Straße rechts in „Am Strandbad", die im weiteren Verlauf in die Frankenstr. übergeht

68307 Mannheim

▶ ZEWA

SCA Hygiene Products GmbH
68307 Mannheim Sandhofen / Priebuser Str.
Tel. (0621) 7780 / sca.de

Waren:	Putztücher, Toilettenpapier, Papiertaschentücher, Servietten, Pappteller, Tischdekoration u.v.m., u.a. Marken Danke, Zewa, Velvet, Tena
Ersparnis:	ca. 30% im Durchschnitt
Zeiten:	Mo., Mi., Do. 11.00-16.00 Uhr, Fr. 11.00-15.00 Uhr
Hinweise:	hauptsächlich sind Großpackungen erhältlich, meist ist auch 2. Wahl vorhanden
Weg:	A 6 Abfahrt Mannheim-Sandhofen auf die B 44 Richtung Mannheim, nach ca. 1 km rechts auf die Bürstadter Str. und nach weiteren ca. 600 m links auf die Priebuser Str., der Eingang zum Verkauf erfolgt durch Tor 3

72555 Metzingen

▶ PRINCESS

s. Seite 633

Princess Kinderwagen Straub GmbH
72555 Metzingen / Heerstr. 10
Tel. (07123) 9278-0 / princess-kinderwagen.de

74679 Weißbach

Die Ursprünge von princess gehen zurück bis ins Jahr 1866. Damals gründete Fritz Kuhn die Kinderwagenfabrik Kuhn & Söhne. 1935 übernahmen Karl und Hilde Reiff den Betrieb und konzentrierten die Produktion auf Kinder- und Puppenwagen. 1977 übernahmen Karl und Ilsa Straub das Unternehmen und stellten die Produktion völlig um, hin zum qualitativ hochwertigen Kinderwagen mit höchsten Ansprüchen an Design, Sicherheitstechnik und Komfort.

Waren: Kinderwagen, Sportwagen und Buggies aus eigener Herstellung, außerdem Handelsware anderer Hersteller wie Kinderwagen, Spielzeug, Autositze, Betten, Bettwäsche etc., fast alles für's Baby und Kind, außer Bekleidung

Ersparnis: ca. 25% bei Eigenprodukten, die Handelsware ist kaum günstiger

Zeiten: Mo. bis Fr. 10.00-18.00 Uhr, Sa. 10.00-17.00 Uhr

Weg: von Stuttgart kommend durch Metzingen durch, gleich nach der Eisenbahnbrücke links ab Richtung Neuffen, danach die erste Straße rechts einbiegen, hinter „Lidl"

74679 Weißbach

▶ HORNSCHUCH

Konrad Hornschuch AG
74679 Weißbach / Salinenstr. 1
Tel. (07947) 81-0 / hornschuch.de

Mit über 100 Jahren Marktpräsenz arbeitet das Unternehmen als Spezialist für Folien, Schaumfolien und beschichtete Trägermaterialien, vom Markenklassiker d-c-fix mit praktischen Designfolien und Tischbelägen für den Endverbraucher bis hin zu Materialien der Marke skai für zahlreiche Lösungen in der Industrie.

Waren: Tischdecken und -sets aus Kunststoff, Selbstklebefolien, Marke d-c-fix, außerdem Kunstleder, Folien und beschichteten Textilien, Marke skai sowie einige Kinderspielsachen

Ersparnis: günstige Angebote, besonders bei 2. Wahl und Sonderposten

Zeiten: Mo. 13.30-18.00 Uhr, Di. bis Fr. 8.45-12.45 Uhr und 13.30-18.00 Uhr, jeden 1. Sa. im Monat 8.45-12.00 Uhr

Hinweise: auch Verkauf von 2. Wahl, Rest- und Sonderposten

Weg: A 6 Heilbronn-Nürnberg, Ausfahrt Kupferzell auf die B 19 bis Künzelsau, von dort abbiegen nach Weißbach, der Hornschuch-Markt ist dort ausgeschildert

74731 Walldürn

▶ BOSERO

Bosero GmbH & Co. KG
74731 Walldürn / Im Barnholz 3
Tel. (06282) 928451 / bosero.com

76297 Stutensee

Waren:	große Auswahl an Kerzen aller Art, z.B. Tafelkerzen, Stumpenkerzen, Duftkerzen, Teelichte, Maxi-Teelichte, Kugelkerzen, Lampenkerzen, Grablichte, Kräuterduft- und Figurenkerzen, Mehrdochtkerzen, Festtagskerzen für z.B. Taufe und Hochzeit etc.
Ersparnis:	ca. 20-40%, 2. Wahl und Kiloware ist besonders preiswert
Zeiten:	Mo. bis Fr. 9.00-12.30 Uhr und 14.30-18.00 Uhr, Sa. 9.00-12.30 Uhr
Hinweise:	teilweise ist auch 2. Wahl sowie günstige Kiloware erhältlich
Weg:	aus Richtung Buchen (Odenwald) auf der B 27 kommend am Ortsanfang von Walldürn die erste Möglichkeit links auf die Waldstr., anschließend nach Überqueren der Eisenbahnlinie die erste Straße links einbiegen (Im Barnholz)

74862 Binau

▶ LEVIOR

s. Seite 643

Voss Bike Line GmbH
74862 Binau / Burg-Dauchstein-Str. 5
Tel. (06263) 42020 / levior.de

Die Geschichte der Marke Levior geht zurück bis ins Jahr 1904. Damit zählt sie zu den ältesten europäischen Helmmarken. Das heutige Fachhandels-Sortiment umfasst die komplette Ausrüstung für den Motorrad-, Roller-, Quad- und Kartfahrer.

Waren:	Helme und Bekleidung für Motorrad-, Roller- und Quadfahrer von Kopf bis Fuß, Leder-, Textil- und Regenbekleidungskollektion, Nierengurte, Handschuhe, Produkte mit echter Gore-Tex Membrane, außerdem auch Fahrradhelme
Ersparnis:	aktuelle Kollektion bis zu 35%, bei Auslaufmodellen und 2. Wahl-Artikeln teilweise bis zu 70 %
Zeiten:	Mo. bis Fr. 9.00-18.00 Uhr, Do. bis 20.00 Uhr (März bis Sept.), Sa. 9.00-13.00 Uhr
Hinweise:	angegliedertes Ladengeschäft, Helmsonderlackierung und Airbrush sind möglich
Weg:	Binau liegt östlich von Heidelberg, an der B 37 zwischen Eberbach und Mosbach, die Firma befindet sich im Gewerbegebiet, auf der Seite vom Bahnhof

76297 Stutensee

▶ MEIER BALLON

s. Seite 645

Meier Ballon GmbH
76297 Stutensee / Am Sohlweg 26
Tel. (07244) 720 846 / meier-ballons.de

78549 Spaichingen

Waren:	Luftballons in unterschiedlichen Größen, Formen und Farben
Ersparnis:	Preisbeispiel: Ballons mit Fehldrucken 100 Stück für EUR 2,50 und 500 Stück für EUR 10,-
Zeiten:	Mo. bis Do. 8.00-16.30 Uhr, Fr. 8.00-16.00 Uhr
Hinweise:	die Herstellung von Luftballons mit eigenem Aufdruck ist ab bestimmten Stückzahlen möglich, dauert ca. 1 Woche
Weg:	Stutensee liegt ca. 10 km nordöstlich von Karlsruhe, dort befindet sich die Firma im Industriegebiet-Nord, in einer blauen Halle

78549 Spaichingen

▶ HOGRI

s. Seite 647

Hogri Honer u. Grimm GmbH & Co. KG
78549 Spaichingen / Rudolf-Diesel-Str. 6
Tel. (07424) 95610 / hogri.de

Hogri ist ein Familienunternehmen, das seit seiner Gründung im Jahr 1909 vor allem Geschenke aus edlen Metallen herstellt. Heute wird Hogri in der vierten Generation geführt. Mit der Marke „Friends Forever" werden Edelstahlgeschenke von hohem Gebrauchswert hergestellt. Produkt und Verpackung bilden bei jedem Teil eine originelle Einheit die Fröhlichkeit verbreitet.

Waren:	Wohn-, Küchen- und Tischaccessoires in fröhlichen Designs aus Edelstahl, versilbertem und vernickeltem Messing wie Gießkännchen, Salatbesteck, Käsehobel, Spaghettizange, Flaschenöffner, Türgarderobe, Buchstützen, Schlüsselhalter, Schuhlöffel, Untersetzer, Brieföffner u.v.m.
Ersparnis:	preisgünstige Angebote
Zeiten:	Di. bis Do. 8.00-11.30 Uhr und 14.00-16.00 Uhr, Fr. 8.00-11.30 Uhr
Hinweise:	separater Verkaufsraum, es sind hauptsächlich Artikeln mit kleinen Fehlern erhältlich, nicht alle Artikel werden selbst hergestellt
Weg:	Spaichingen liegt an der B 14 zwischen Rottweil und Tuttlingen, in der Stadtmitte von Spaichingen abbiegen Richtung Hausen ob Verena, kurz vor Ortsausgang nach dem Kreisverkehr links in den Wilhelm-Maybach-Weg, von dem die Rudolf-Diesel-Str. nach knapp 100 m links abgeht

79733 Görwihl

▶ ROTHO

Rotho Kunststoff GmbH
79733 Görwihl / Hauptstr. 84
Tel. (07754) 92572-0 / rotho.com

86167 Augsburg

In Würenlingen entwickelt und produziert der Bereich consumer products Haushalt- und Büroartikel für den täglichen Bedarf. Die Produkte von Rotho consumer products werden von Würenlingen aus und über eigene Vertriebsgesellschaften an führende Händler in ganz Europa vertrieben.

Waren: Babyartikel wie Badewannen, Windeleimer, WC-Sitze etc., außerdem Haushaltsartikel wie Wäschekörbe, Boxen, Siebe, Kühlschrankboxen etc.

Ersparnis: je nach Artikel, ca. 30%

Zeiten: Do. 10.00-13.00 Uhr und 15.00-18.00 Uhr, Fr. 15.00-18.00 Uhr

Hinweise: es sind hauptsächlich Restposten und 2. Wahl-Artikel erhältlich, ca. alle 2 Monate findet jeweils 2 Tage lang zusätzlicher Sonderverkauf von 2. Wahl-Artikeln statt, genaue Termine erfragen

Weg: B 34 Waldshut-Tiengen Richtung Basel, bei Albbruck rechts abbiegen nach Görwihl, Richtung St. Blasien kommt man direkt an der Firma vorbei

86167 Augsburg

▶ WELTBILD

Weltbild Lagerverkauf
86167 Augsburg / Steinerne Furt 59
Tel. (0821) 7473054 / weltbild.de

Basis des Unternehmens ist der Weltbild-Stammkunden-Katalog. 1972 aus einem dünnen Schwarz-Weiß-Prospekt als Service für die Leser der Zeitschrift „Weltbild" entstanden, geht der heute bis zu 400 Seiten starke farbige Katalog Monat für Monat an bis zu vier Mio. Haushalte. Seit 1989 ist Weltbild Marktführer im clubfreien Medienversand in Deutschland.

Waren: große Auswahl an Büchern, Tonträgern und Software, außerdem Boutiqueartikel wie Haushaltswaren, Gartenartikel, Deko- und Geschenkartikel

Ersparnis: 60% im Vergleich zum Katalogpreis, Sonderangebote sind noch günstiger

Zeiten: Mi. bis Fr. 14.00-19.00 Uhr, Sa. 12.00-17.00 Uhr

Hinweise: Lagerverkauf, bei Büchern sind ausschließlich Exemplare mit leichten Lagerschäden erhältlich, ansonsten sind Restposten und Artikel aus Rücksendungen erhältlich

Weg: A 8 München-Stuttgart Ausfahrt Augsburg-Ost Richtung Stadtmitte, an der ersten Ampel links in das Industriegebiet und an der zweiten Ampel rechts in „Steinerne Furt", der Lagerverkauf befindet sich auf der rechten Seite direkt neben „Aldi"

86199 Augsburg

86199 Augsburg

▶ FUJITSU SIEMENS

Fujitsu Siemens Computer GmbH / Factory Sales
86199 Augsburg / Bgm.-Ulrich-Str. 100
Tel. (0821) 804-0 / pc-werksverkauf.de

Waren: PC's, Notebooks, Monitore, Drucker etc., Zubehör

Ersparnis: bei Neugeräten keine, etwas günstiger sind nur ältere Modelle und gebrauchte Geräte, aktuelle Infos zum Angebot und Preisliste unter www.pc-werksverkauf.de

Zeiten: Mo. bis Fr. 11.00-18.00 Uhr

Hinweise: zwei weitere sog. B-Lager befinden sich in:
80807 München, Domagkstr. 19, Tel. (089) 35099874, geöffnet Mo. bis Fr. 9.30-19.00 Uhr und Sa. 10.00-15.00 Uhr
81739 München, Otto-Hahn-Ring 6-12, Tel. (089) 32221210, geöffnet Mo. bis Fr. 13.00-18.00 Uhr

Weg: A 8 Stuttgart-München Ausfahrt Augsburg-West, auf der B 17 Richtung Füssen/Landsberg Ausfahrt Haunstetten/Göggingen

86381 Krumbach

▶ STEINHART

Gebr. Steinhart Wachswarenfabrik GmbH & Co.
86381 Krumbach / Buchstr. 20
Tel. (08282) 899-0 oder -157 (Verkauf) / steinhart.de

Waren: große Auswahl an Kerzen aller Art wie Advents- und Baumkerzen, Bienenwachskerzen, Schwimmkerzen, Spitz- und Stumpenkerzen, Leuchterkerzen, modische Kerzen, Duftkerzen, Kugelkerzen, Kerzenleuchten, Seidenblütenkränze

Ersparnis: ca. 35% im Durchschnitt

Zeiten: Mo. bis Fr. 9.00-12.00 Uhr und 14.00-17.30 Uhr, Sa. 9.00-12.00 Uhr

Hinweise: kleiner Verkaufsraum, es sind auch 2. Wahl-Artikel erhältlich

Weg: von Krumbach auf der Babenhauser Str. (B 300) Richtung Memmingen, rechts einbiegen in die Buchstr. (nach der Abzweigung Richtung Illertissen)

89079 Ulm

86653 Monheim

▶ HAMA

Hama GmbH & Co.
86653 Monheim / Dresdner Str. 9
Tel. (09091) 502-423 / hama.de

Das 1923 in Dresden gegründete und 1945 im bayerischen Monheim neu aufgebaute traditionsreiche Familienunternehmen ist heute mit seinen 16.000 Produkten einer der führenden Zubehörspezialisten für die Produktbereiche Photo, Video, Audio, Computer und Telekommunikation und beschäftigt weltweit 1600 Mitarbeiter.

Waren: große Auswahl an Handy-, Computer-, Photo- und Video-Zubehör aller Art, Schulranzen und Zubehör sowie Kindergartentaschen von Samsonite, Bilderrahmen, Alben, CD-Ständer etc., großes Warenangebot mit über 500 Artikeln

Ersparnis: unterschiedlich je nach Artikel, durchschnittlich ca. 25%, bei Restposten und Messeware bis zu 50%

Zeiten: jeden 1. und 3. Fr. im Monat (außer an Feiertagen) 12.00-17.00 Uhr

Weg: Monheim liegt an der B 2 zwischen Augsburg und Nürnberg, ca. 15 km nördlich von Donauwörth, der Verkauf befindet sich in Monheim im Verwaltungsgebäude an der Straße Richtung Treuchtlingen, die Firma ist an dieser Strecke auch beschildert

89079 Ulm

▶ GARDENA

Gardena GmbH
89079 Ulm / Hans-Lorenser-Str. 40
Tel. (0731) 490-0 / gardena.de

Gardena entwickelte sich seit der Unternehmensgründung im Jahr 1961 von einem kleinen Handelshaus für Gartengeräte in wenigen Jahrzehnten zu einem Hersteller intelligenter Produkte und Systeme für die Gartenpflege und ist weltweit in mehr als 80 Ländern vertreten.

Waren: Produkte und Systeme für die Gartenpflege, z.B. Schlauchwagen, Schläuche, Brausen, Kreisregner, Rasenmäher, Streuwagen, Häcksler, Vertikutierer, Heckenscheren, Baumscheren, Schneidewerkzeuge für Blumen und Kräuter u.v.m., ständig wechselndes Angebot

Ersparnis: preisgünstiges Warenangebot

Zeiten: in der Sommerperiode Mo. bis Mi. 9.00-17.00 Uhr, Do. 9.00-18.00 Uhr, Fr. 9.00-15.30 Uhr, in der Winterperiode (ca. Anfang November bis ca. Anfang April) ist geschlossen

90475 Nürnberg

Hinweise:	im Sonderverkaufszelt werden Produkte angeboten, die sich nicht im aktuellen Sortiment befinden; aus dem aktuellen Sortiment werden, soweit verfügbar, nur 2. Wahl-Artikel angeboten
Weg:	vom Zentrum Ulm in südlicher Richtung auf der B 28 und anschließend auf die B 30 Richtung Laupheim, nach ca. 2,5 km die B 30 abfahren Richtung Industriegebiet Donautal und ca. 400 m nach der Abfahrt links in die Hans-Lorenser-Str.

90475 Nürnberg

▶ SCOUT

Hans Kottek GmbH & Co. KG
90475 Nürnberg Altenfurt / Raudtener Str. 17
Tel. (0911) 9843-0 oder -215 (Lagerverkauf) / sternjakob.de

Der Lederranzen der 60iger Jahre besaß nur ein kleines Stauvolumen und war relativ schwer. Tragekomfort und Sicherheitsausstattung waren zu dieser Zeit noch von untergeordneter Bedeutung. 1975 wurde die Marke Scout eingeführt. Der Scout hatte mehr Volumen, war leichter, verfügte über einen hohen Tragekomfort und über die erste Sicherheitsausstattung in Form von fluoreszierendem Gewebe und Schlösser mit Katzenaugen.

Waren:	Leichtschulranzen, Sporttaschen und -beutel, Mäppchen, Freizeit-Rucksäcke, Reisetaschen, Einkaufstaschen etc., Marken Scout und 4-You
Ersparnis:	durchschnittlich ca. 35%
Zeiten:	Di. 10.00-17.00 Uhr, Do. 10.00-16.00 Uhr
Hinweise:	es sind nur Auslaufmodelle und 2. Wahl-Artikel erhältlich
Weg:	A 6 Ausfahrt Nürnberg-Langwasser auf die Gleiwitzer Str. Richtung Nürnberg, an der 4. Ampel rechts in die Liegnitzer Str. und an der nächsten Ampel links in die Oelser Str. abbiegen, anschließend die 2. Straße rechts in die Raudtener Str. (Gewerbegebiet-Südost)

90599 Dietenhofen

▶ LECHUZA

geobra Brandstätter GmbH & Co. KG
90599 Dietenhofen / Industriestr. 3
Tel. (09824) 950-250 / lechuza.com

Lechuza, die junge Marke der geobra Brandstätter GmbH & Co. KG, weltweit bekannt als Spielzeughersteller der Playmobil-Figuren, fand seinen Ursprung in der Suche des Firmeninhabers Horst Brandstätter nach funktionalen und doch formschönen Pflanzgefäßen für den privaten Gebrauch im Jahr 1998. Als der Unternehmer solch ein Gefäß auf dem Markt nicht finden konnte, gab er seinem Entwicklerteam den Auftrag, formschöne Pflanzgefäße mit Langzeitbewässerung zu konzipieren. Damit begann eine weitere Erfolgsgeschichte des bekannten Familienunternehmens.

93354 Biburg

Waren:	Lechuza-Pflanzgefäße in 2. Wahl, sowie funktionales Zubehör
Ersparnis:	ca. 50% bei Pflanzgefäßen mit kleinen Lackfehlern, Zubehör ist nicht günstiger
Zeiten:	Mo. bis Fr. 12.00-18.00 Uhr, Sa. 9.00-13.00 Uhr
Hinweise:	1. Wahl-Gefäße sind im Lechuza-Shop in Zirndorf erhältlich, Anfahrt und Öffnungszeiten siehe unter o.g. Webadresse
Weg:	aus Nürnberg kommend auf der Rothenburger Str. ca. 15 km Richtung Großhabersdorf und Ansbach, dann rechts nach Dietenhofen abbiegen, in Dietenhofen rechts in die Neustädter Str. und der Firmen-Beschilderung Lechuza folgen, links in die Industriestr. einbiegen

91637 Wörnitz

▶ GALA

Gala-Kerzen GmbH
91637 Wörnitz / Industriestr. 11
Tel. (09868) 78-0 / gala-kerzen.de

Das Unternehmen ist einer der größten Kerzenhersteller in Europa mit Produktionsstandorten in Europa und Asien. Seit mehr als 25 Jahren werden Kerzen auf modernsten Produktionsanlagen mit höchstem Qualitätsniveau hergestellt und europaweit unter dem Markennamen Gala-Kerzen vermarktet.

Waren:	große Auswahl an Kerzen aller Art wie z.B. Haushaltskerzen, Weihnachtskerzen, Duftkerzen, Stumpenkerzen, Figurenkerzen, Dekokerzen, Gartenlichte etc., auch Zubehörartikel
Ersparnis:	bei 1. Wahl ca. 25 %, 2. Wahl ist noch preisgünstiger
Zeiten:	Mo. bis Fr. 8.30-17.00 Uhr, an den Adventssamstagen 8.30-12.00 Uhr
Hinweise:	separates Ladengeschäft
Weg:	Wörnitz liegt ca. 20 km südlich von Rothenburg an der A 7, im Ort befindet sich die Firma am Anfang vom Industriegebiet, ist ausgeschildert

93354 Biburg

▶ LOTTIES

Lotties Wickelsysteme
93354 Biburg Dürnhart / Ortsstr. 50
Tel. (09444) 97800 / lotties.de

Lotties begann Ende 1989 mit dem Vertrieb von Baumwollwickelsystemen, Stilleinlagen und Wickelunterlagen. Innerhalb kurzer Zeit waren Hebammen und Wiederverkäufer von der guten Qualität und der einfachen Handhabung begeistert. Aus dem

94094 Rotthalmünster

ursprünglichen Werbeblatt wurde ein umfangreicher Katalog mit ökologischen Produkten speziell für Babys und Kleinkinder.

Waren:	waschbare Babywindeln und Stilleinlagen, Wickelzubehör, Pflegeartikel, Marke Lotties, Babywäsche und Plüschspielwaren, Marke Cuore Verde sowie weitere naturbelassene Produkte aus den Bereichen Kleidung, Schlafen, Tragen, Stillen, Wickeln, Pflegen und Waschen
Ersparnis:	bei 1. Wahl bis zu 20%, bei 2. Wahl und Restposten bis zu 50% möglich
Zeiten:	Mo. bis Fr. 8.00-12.00 Uhr und 13.00-16.00 Uhr, evtl. vorher anrufen
Hinweise:	separater Verkaufsraum
Weg:	A 93 Regensburg-Holledau Ausfahrt Siegenburg auf die B 299 Richtung Neustadt, nach ca. 2 km rechts ab auf die B 301 Richtung Abensberg, die Firma befindet sich nach weiteren ca. 1,5 km rechts im Industriegebiet Dürnhart

94094 Rotthalmünster

▶ STERA

Erich Kopschitz GmbH / Kerzenfabrik
94094 Rotthalmünster / Am Goldberg 31
Tel. (08533) 201-22 / kopschitz.de

Die Kerzenfabrik Kopschitz wurde 1810 im Sudetenland, im heutigen Tschechien, gegründet. Nach dem zweiten Weltkrieg musste in Rotthalmünster eine neue Existenz aufgebaut werden. Heute ist die Firma Kopschitz ein Familienunternehmen in der vierten Generation. Das Unternehmen erwirtschaftet ungefähr die Hälfte des Umsatzes mit den USA, Kanada und den meisten westeuropäischen Ländern und unterhält zwei Produktionsstandorte. Kopschitz hat derzeit Deutschlands größten Kerzen-Werksverkauf.

Waren:	sehr große Auswahl an modischen und traditionellen Zierkerzen, weihnachtlichen Kerzen, Kerzen für Geburtstage und Jubiläen, Tauf-, Kommunion- und Hochzeitskerzen der Eigenmarke Stera, außerdem ein Sortiment an Zubehör- und Dekorationsartikeln wie Blütenkränze, Kerzensand, Kerzenteller u.v.m.
Ersparnis:	preisgünstiges Angebot, Kilo-Ware ist besonders preiswert
Zeiten:	Mo. bis Fr. 9.00-18.00 Uhr, Sa. 9.00-12.00 Uhr
Hinweise:	neue Verkaufshalle mit großem Parkplatz, es werden auch 2. Wahl- und Auslaufartikel verkauft
Weg:	auf der B 12 oder der A 3 von Passau über Pocking nach Rotthalmünster, im Ort liegt der Werksverkauf oberhalb vom Marktplatz, er ist überall ausgeschildert

95643 Tirschenreuth

94469 Deggendorf

▶ WIEDEMANN

Karl Wiedemann Wachswarenfabrik GmbH
94469 Deggendorf / Maria-Ward-Platz 6
Tel. (0991) 37070-50 / kerzen.de

Waren: Kerzen aller Art, z.B. konische Kerzen in versch. Größen und Farben, Stumpenkerzen, Spitzkerzen, Kugelkerzen, Kaminkerzen, Schwimmlichte, Mehrdochtkerzen, Kerzen für Taufe oder Hochzeit u.v.m.

Ersparnis: ca. 30%, Kiloware ist besonders günstig

Zeiten: Mo. bis Fr. 9.00-13.00 Uhr und 14.00-18.00 Uhr, Sa. 9.00-12.00 Uhr

Weg: Deggendorf liegt an der A 3 Regensburg-Passau, in Deggendorf befindet sich die Firma in der Innenstadt direkt gegenüber dem „Handwerksmuseum"

95643 Tirschenreuth

▶ NK-ZINN

Zinn-Kraus GmbH & Co. KG
95643 Tirschenreuth / Mitterweg 11
Tel. (09631) 2749 / zinn-kraus.de

NK-Zinn wird seit ca. 30 Jahren im Gegensatz zu der heute üblichen maschinellen Fertigung von Hand massiv gegossen (Kokillenguss) und nach alter Handwerkstradition weiterverarbeitet. Dadurch ist seine Qualität einzigartig. Die gesamte Produktpalette entspricht den Vorschriften des Lebensmittelgesetzes und kann somit unbedenklich für Speisen und Getränke verwendet werden.

Waren: große Auswahl an Zinnwaren aller Art wie z.B. Krüge, Teller, Becher, Vasen, Schalen, Bilder, mundgeblasenes Glas veredelt mit Zinn, Dekorationsartikel u.v.m., Marke NK-Zinn-Collection

Ersparnis: unterschiedlich, ca. 20-40%

Zeiten: Mo. bis Mi. 8.00-12.00 Uhr, Do. und Fr. 8.00-12.00 Uhr und 13.00-16.30 Uhr

Hinweise: separate Verkaufsräume, Service-Leistungen wie z.B. Reparaturen, Textgravuren (z.B. Widmungen) sowie Lieferung nach Hause sind möglich

Weg: Tirschenreuth liegt an der B 15 zwischen Mitterteich und Weiden, die Firma befindet sich im Industriegebiet Richtung Weiden

96215 Lichtenfels

96215 Lichtenfels

▶ EICHHORN

Eichhorn Kinderwagen GmbH & Co. KG
96215 Lichtenfels Seubelsdorf / Siedlerstr. 8
Tel. (09571) 9549-0 / eichhorn-kinderwagen.de

Waren: Kinder-, Sport- und Kombinationswagen, Jogger und Zwillingswagen, Marken Eichhorn und Interbaby, außerdem auch Autositze

Ersparnis: unterschiedlich je nach Artikel, günstige Angebote

Zeiten: Mo. bis Do. 8.00-12.00 Uhr und 13.00-16.00 Uhr, Fr. bis 15.00 Uhr

Hinweise: separater Ausstellungsraum, vereinzelt sind auch günstige 2. Wahl und Auslaufartikel erhältlich

Weg: Lichtenfels liegt ca. 25 km nördlich von Bamberg, auf der B 173 kommend Ausfahrt Lichtenfels-West, dann in den Ortsteil Seubelsdorf

96242 Sonnefeld

▶ HARTAN

Joh. Georg Hartan Kinderwagenwerk
96242 Sonnefeld Gestungshausen / Mühlenweg 1
Tel. (09266) 969-0 / hartan.de

Die Unternehmensgründung erfolgte im Jahr 1892. Damals begann die Produktion mit der Herstellung von Korbwaren, Korbmöbeln, Wäschetruhen und Gartenmöbeln. Anfang der 50er Jahre wurde die Fertigung auf Kinderwagen umgestellt. Das Familienunternehmen zählt heute zu den größten in der europäischen Kinderwagenbranche. Mehr als 100 Kinderwagen- und Sportwagenmodelle werden jährlich neu gestaltet und entwickelt. Das Unternehmen ist heute in ganz Deutschland, im europäischen Ausland und in Übersee vertreten.

Waren: Kinderwagen- und Sportwagenkombinationen, Jogger, Buggy und Zwillingswagen, Marke Hartan, außerdem Zubehör wie Fußsack, Schirm, Winterfelleinlage u.v.m.

Ersparnis: ca. 15-20%

Zeiten: Mo. bis Do. 13.00-16.00 Uhr

Hinweise: kleiner Verkaufsraum im 2. Stock des Verwaltungsgebäudes, es sind nicht immer alle Modelle verfügbar

Weg: B 303 Coburg-Kronach über Sonnefeld nach Gestungshausen, großes Gebäude, das schon von weitem sichtbar ist

96242 Sonnefeld

▶ HAUCK

Hauck GmbH & Co. KG
96242 Sonnefeld / Frohnlacher Str. 8
Tel. (09562) 9860 / hauck.de

Seit 1921 kümmert sich die Firma hauck um das Wohl ganzer Babygenerationen. Mit einem breit gefächerten Produktsortiment ist das Unternehmen heute ein Komplettanbieter im Bereich Kinderwagen und Babyausstattung. Mit vielen Fertigungsstätten und Vertretungen in aller Welt genießt die hauck group mit ihren Produkten international ein hohes Ansehen.

Waren: Buggies, Geschwisterwagen, Jogger, Kombiwagen und Kinderwagenzubehör, außerdem Autositze, Bauchtrage, Reisebetten, Rückentrage, Tischsitz, Babyschaukeln, Bollerwagen, Hochstühle, Kinderbetten, Krabbeldecken, Lauflerngeräte, Schlafsäcke, Stubenwagen, Wickeltisch u.v.m., Marke Hauck

Ersparnis: bis zu 30% möglich bei Buggies und Stubenwagen, zugekaufte Artikel sind nicht günstiger

Zeiten: Mo. bis Do. 9.15-12.00 Uhr und 12.30-16.30 Uhr, Fr. 9.15-12.00 Uhr, Sa. 9.00-13.00 Uhr

Hinweise: separater Verkaufsraum gegenüber vom Fabrikgebäude, teilweise sind auch günstige 2. Wahl, Auslaufmodelle und Warenretouren erhältlich, nur Buggies und Stubenwagen werden selbst hergestellt

Weg: Sonnefeld liegt an der B 303 zwischen Coburg und Kronach, von Coburg kommend befindet sich die Firma gleich am Ortseingang auf der linken Seite

▶ HAUCK DESIGN

s. Seite 671

Heike Hauck Design
96242 Sonnefeld / Bieberbacher Str. 12
Tel. (09562) 8416 / heikehauckdesign.de

Waren: Kinderwagen, Kombi-Kinderwagen, Zwillings-Kombi-Kinderwagen, Sportwagen, Buggy, Wickeltaschen, versch. Bollerwagen

Ersparnis: ca. 10-20%

Zeiten: Mo. bis Fr. 8.00-11.00 Uhr und 13.00-17.00 Uhr, Sa. 9.00-13.00 Uhr

Weg: Sonnefeld liegt an der B 303 zwischen Coburg und Kronach, die Firma befindet sich in Sonnefeld ganz in der Nähe vom Sportplatz

98590 Schwallungen

98590 Schwallungen

▶ WERRA

Werra Papier Wernshausen GmbH
98590 Schwallungen / Hilderser Str. 7
Tel. (036848) 385-0 / werrapapier.de

Die Werra Papier ist einer der größten mittelständischen Betriebsverbünde in Südthüringen. Das im Jahr 1872 gegründete Unternehmen produziert biologisch vollständig abbaubare Hygienepapiere auf Altpapierbasis bzw. aus Zellstoff, der aus nachhaltigem Anbau stammt.

Waren: Hygienepapiere wie z.B. Toilettenpapier und Küchenrollen, Falthandtücher, Küchentücher, Taschentücher, Servietten, Handtuch- und Putzrollen etc.

Ersparnis: ca. 20-40%

Zeiten: Mo. bis Fr. 9.00-12.30 Uhr und 13.30-18.00 Uhr

Hinweise: es sind ausschließlich 2. Wahl-Artikel erhältlich

Weg: A 71 Schweinfurt-Erfurt Ausfahrt Meiningen-Nord auf die B 280 vorbei an Meiningen über Masungen nach Schwallungen, ca. 500 m nach dem Ortsende links in die Hilderser Str.

99867 Gotha

▶ JEKA

Gothaer Kerzenfabrik GmbH
99867 Gotha / Am Heutalsweg 7
Tel. (03621) 3037-0 / jeka.com

Waren: Stumpen-, Spitz- und Tafelkerzen sowie verzierte Kerzen, Marke Jeka

Ersparnis: durchschnittlich ca. 30%, manche Kerzen sind auch zum sehr günstigen Kilopreis erhältlich

Zeiten: Mo. bis Fr. 8.00-16.00 Uhr, Sept. bis Weihnachten zusätzlich auch Sa. 9.00-12.00 Uhr

Hinweise: teilweise ist auch 2. Wahl erhältlich

Weg: Gotha liegt ca. 25 km westlich von Erfurt, dort auf die B 247 Richtung Bad Langensalza, am Ortsausgang in der Talsenke links einbiegen, ist auch ausgeschildert

Sonstiges

38440 Wolfsburg

Fabrikverkaufszentren

14641 Wustermark

▶ DESIGNER OUTLET B5

**Designer Outlet B5
14641 Wustermark / Alter Spandauer Weg 1
Tel. (033234) 904-0 / b5center.de**

Das Outlet Center eröffnete im Mai 2001 mit mehr als 10.000 qm Verkaufsfläche und wurde 2003 erweitert.

Waren: große Auswahl an Markenartikeln aller Art für Damen, Herren und Kinder wie Schuhe, Bekleidung, Sportswear, Accessoires etc., Marken wie Aigner, Birkenstock/Betula, Benetton, Delmod, Nike, Burlington, adidas, Hilfiger, Mexx, Hallhuber, Stefanel, Salamander, Caterpillar, Levi's, Lego Wear u.v.m.

Ersparnis: unterschiedlich je nach Hersteller, ca. 30-60%

Zeiten: Mo. bis Do. 10.00-19.00 Uhr, Fr. und Sa. 10.00-20.00 Uhr

Hinweise: derzeit ca. 40 Shops mit Gastronomie und betreutem Kinderland; es werden hauptsächlich Überproduktionen und Vorjahreskollektionen angeboten

Weg: Wustermark liegt ca. 10 km westlich von Berlin, A 10 Ausfahrt Berlin-Spandau, Richtung Spandau, auf der B 5 Ausfahrt Demex, dann rechts auf der Hauptstraße direkt zum Center

38440 Wolfsburg

▶ DESIGNER OUTLETS WOLFSBURG

**designer outlets Wolfsburg
38440 Wolfsburg / An der Vorburg 1
Tel. (05361) 89350-0 / designeroutlets.com**

Waren: vielfältige Auswahl an Designermarken für Damen, Herren und Kinder wie Schuhe, Bekleidung, Lederwaren etc., Marken Bruno Banani, Bugatti, Calvin Klein underwear, Carlo Colucci, Centa

Sonstiges

39326 Hermsdorf

Star, Cinque, Delmod, Diesel, Dockers, Dyrberg Kern, Lacoste, Levi's, Möve, Marlboro Classics, Nike, Oakley, Puma, Rosenthal, Roy Robson, Strenesse, Swatch, Tom Tailor u.v.m.

Ersparnis: je nach Hersteller ca. 30-70% gegenüber der unverbindlichen Herstellerpreisempfehlung bei Artikeln der Vorsaison, Mustern, Produktionsüberschüssen und 1B-Ware

Zeiten: Mo. bis Sa. 10.00-20.00 Uhr, verkaufsoffene Sonntage 12.00-18.00 Uhr, Termine unter www.designeroutlets.com

Hinweise: ca. 40 Shops auf ca. 10.000 qm mit Café, einzigartige Innenstadtlage, einziges Center in Norddeutschland

Weg: Wolfsburg liegt zwischen Braunschweig und Magdeburg und ist von der Anschlussstelle Wolfsburg auf der A 2 über die A 39 Ausfahrt West erreichbar, der Beschilderung zum Outlet folgen, dieses liegt in unmittelbarer Nähe zu Autostadt, phaeno und ICE-Bahnhof

39326 Hermsdorf

▶ A2 OUTLET CENTER

A2 - Outlet Center / Einkaufszentrum Elbepark
39326 Hermsdorf / Am Elbepark 1
Tel. (039206) 68989-0 / a2outlet.de

Waren: Markenartikel aller Art für Damen, Herren und Kinder wie Schuhe, Bekleidung, Sportswear, Accessoires, Haushaltsartikel etc., Marken wie Aem'kei, Hatico, Delmod, Lucia, Lotos, Marcona, Kanz, Zwilling, BSF, Berndes, Schiesser, Birkenstock, Marc Shoes etc.

Ersparnis: unterschiedlich je nach Hersteller, ca. 30-60%

Zeiten: Mo. bis Fr. 10.00-20.00 Uhr, Sa. 10.00-18.00 Uhr

Weg: Hermsdorf liegt ca. 15 km nordwestlich von Magdeburg an der A 2, Ausfahrt Irxleben Richtung Hohenwarsleben, nach ca. 500 m links Richtung Elbe Park einbiegen

48607 Ochtrup

▶ EOC

Euregio Outlet Center Ochtrup
48607 Ochtrup / Laurenzstr. 51
Tel. (02553) 9730-0 / eoc-ochtrup.de

66482 Zweibrücken

Das Euregio Outlet Center ist wenige Gehminuten von der Fußgängerzone entfernt auf dem ehemaligen Gelände des Textilunternehmens Gebrüder Laurenz in einem denkmalgeschützen Rundbau und einem neuen Hallenanbau entstanden.

Waren:	Damen-, Herren-, Kinder-, Sport- und Jeans-Markenmode, Schuhe, Young-Fashion und Unterwäsche, Marken Nike, Levi's, Dockers, Gin Tonic, Hirsch, Ara, Benvenuto, Marc Aurel, Pampolina, Ceceba, Bianca, Speidel, Kanz, Sigikid, Pierre Cardin, Mexx, Gelco, More & More u.a.
Ersparnis:	unterschiedlich je nach Hersteller, ca. 30-70%
Zeiten:	Mo. bis Fr. 10.00-19.00 Uhr, Sa. 10.00-18.00 Uhr
Hinweise:	mehrere einzelne Shops, hauptsächlich Verkauf von Artikel aus Vorjahreskollektionen, Überproduktion, Überhängen, Musterteile und Artikel mit kleinen Schönheitsfehlern sowie Auslaufmodelle
Weg:	aus Richtung Ruhrgebiet auf der A 31 kommend Ausfahrt Ochtrup nach Ochtrup, hier vom Zentrum aus Richtung Steinfurt auf der Laurenzstr., der Beschilderung „eoc" folgen

66482 Zweibrücken

▶ DESIGNER OUTLETS ZWEIBRÜCKEN

**Zweibrücken Factory Outlet NV
66482 Zweibrücken / Londoner Bogen 10-90
Tel. (06332) 9939-0 oder (0800) 6885387 gebührenfrei /
designeroutlets.com**

Waren:	sehr große Auswahl an Markenartikeln aller Art für Damen, Herren und Kinder wie Schuhe, Bekleidung, Lederwaren etc., Marken wie Nike, Versace, Burlington, Burberry, Polo Ralph Lauren, Bogner, Benetton, adidas, Aigner, Chevignon, Cinque, Falke, Hallhuber, Diesel, Lacoste, Levi's, Mustang, Tom Tailor, Versace, Esprit, Krups, Rowenta u.v.m.
Ersparnis:	sehr unterschiedlich je nach Hersteller, ca. 30-70% bei 1B-Ware, Musterkollektionen, Artikeln der Vorsaison sowie Produktionsüberschüssen
Zeiten:	Mo. bis Sa. 10.00-19.00 Uhr, verkaufsoffene Sonntage 13.00-18.00 Uhr, Termine unter www.designeroutlets.com
Hinweise:	ca. 100 Shops auf ca. 15.000 qm, mit Cafés, Restaurant und Vinothek
Weg:	Zweibrücken liegt östlich von Saarbrücken an der A 8, Ausfahrt Zweibrücken/Contwig und anschließend der Beschilderung „Flughafen" folgen, dann ist das Outlet nicht zu verfehlen, es ist auch ausgeschildert

78315 Radolfzell

▶ SEEMAXX

Seemaxx Factory Outlet Center Radolfzell
78315 Radolfzell / Schützenstr. 50
Tel. (07732) 940999-0 / seemaxx.de

Waren: Sport- und Jeansfashion, Damen-, Herren- und Kindermode, Wäsche, Accessoires und Heimtextilien, hochwertige Markenartikel von u.a. Tommy Hilfiger, Reebok, Schiesser, Levi's & Dockers, Chervo, Mexx, Camel Active, Felina, Schlossberg u.v.m.

Ersparnis: unterschiedlich je nach Hersteller, ganzjährig ca. 30-70% reduziert

Zeiten: Mo. bis Sa. 10.00-19.00 Uhr

Hinweise: mit Café, Kinderland „seemäxxle", kostenlose Parkplätze vorhanden

Weg: Radolfzell liegt am Bodensee, auf der A 81 kommend am Autobahnkreuz Singen auf die B 33 nach Radolfzell, der Beschilderung Richtung Stadtmitte folgen, dann kommt man automatisch auf die Schützenstr.

85055 Ingolstadt

▶ INGOLSTADT VILLAGE

s. Seite 653

Ingolstadt Village
85055 Ingolstadt / Otto-Hahn-Str. 1
Tel. (0841) 9012600 / ingolstadtvillage.com

Waren: hochwertige Mode aller Art für Damen, Herren und Kinder, Sportbekleidung, Dessous, Schuhe und Accessoires, Reiseutensilien, Wohnaccessoires, Schmuck und Geschenkartikel, u.a. Marken Basler, Bogner, Calvin Klein underwear, Carlo Colucci, Gant, Hanro, Hucke, Marc Picard, Möve, Rosenthal, Strenesse, Trussardi, Venice Beach

Ersparnis: je nach Shop unterschiedlich, ganzjährig bis zu 60%

Zeiten: Mo. bis Sa. 10.00-20.00 Uhr

Hinweise: Outlet-Center mit derzeit 64 Shops und Gastronomie

Weg: A 9 München-Nürnberg Ausfahrt Vohburg/Großmehring/Ingolstadt-Ost, dann der Beschilderung Richtung Gewerbepark Nord-Ost folgen

B-3630 Maasmechelen

97877 Wertheim

▶ WERTHEIM VILLAGE

s. Seite 675

Wertheim Village
97877 Wertheim / Almosenberg
Tel. (09342) 9199-111 / wertheimvillage.com

Im Wertheim Village Designer Outlet präsentieren sich Mode- und Designermarken führender deutscher und internationaler Hersteller in exquisiten Boutiquen und bieten ein großes Angebot an hochwertiger Mode für Damen, Herren und Kinder, Schuhen, Schmuck, Dessous, Reiseutensilien, Einrichtungsaccessoires und Sportbekleidung an.

Waren:	hochwertige Mode aller Art für Damen, Herren und Kinder, Sportbekleidung, Dessous, Schuhe und Accessoires, Reiseutensilien, Wohnaccessoires, Schmuck und Geschenkartikel, Marken Armani, Bally, Basler, Bogner, Calvin Klein underwear, Golfino, Levi's, Mexx, Möve, Nike, Playtex, Puma, Reebok, Strenesse, Timberland, Tommy Hilfiger, Trussardi Jeans, Versace etc.
Ersparnis:	je nach Shop unterschiedlich, ganzjährig bis zu 60%
Zeiten:	Mo. bis Sa. 10.00-20.00 Uhr, gelegentlich finden auch verkaufsoffene Sonntage statt, genaue Termine erfragen
Hinweise:	über 50 Shops mit Restaurant und Café sowie Still- und Wickelräume für Babys, außerdem kostenlose Parkplätze und Touristen-Information
Weg:	A 3 Würzburg-Frankfurt Ausfahrt Wertheim/Lengfurt, am Ende der Ausfahrtstraße rechts abbiegen, dann die erste Straße links abbiegen und der Zufahrtstraße zum „Wertheim Village" folgen

B-3630 Maasmechelen

▶ MAASMECHELEN VILLAGE

s. Seite 675

Maasmechelen Village
B-3630 Maasmechelen / Zetellaan, 100
Tel. (0032)-(89) 774000 / maasmechelenvillage.com

Waren:	Mode aller Art für Damen, Herren und Kinder, Sportbekleidung, Schuhe und Accessoires, außerdem Reiseutensilien, Wohnaccessoires, Schmuck und Geschenkartikel, Marken Bogner, Diesel, Féraud, Leonardo, Leonidas, Levi's, Marc O'Polo, Marlboro Classics, Möve, Nike, Petit Bateau, Puma, Reebok, Samsonite, Schiesser, Tommy Hilfiger, Benetton, Versace, Villeroy & Boch u.v.m.
Ersparnis:	je nach Shop unterschiedlich, mindestens 33%, teilweise auch bis 60%

NL-6041 TD Roermond

Zeiten: Mo. bis So. 10.00-18.00 Uhr, an verschiedenen Sonn- und Feiertagen ist geschlossen, genaue Termine erfragen oder siehe Internetseite

Weg: von Aachen auf der A 76 Richtung Antwerpen/Heerlen, durch Holland auf der E 314, in Belgien die 1. Ausfahrt Lanaken/Maasmechelen nehmen und der Ausschilderung „Leisure Valley" folgen, der Umgehungsstraße ca. 7 km folgen und dann der Ausschilderung „Maasmechelen Village Outlet" folgen

NL-6041 TD Roermond

▶ DESIGNER OUTLET ROERMOND

s. Seite 677

Designer Outlet Center Roermond
NL-6041 TD Roermond / Stadsweide 2
Tel. (0031)-(0)475-351777 / designeroutletroermond.com

Waren: große Auswahl an Markenartikeln aller Art für Damen, Herren und Kinder wie Schuhe, Bekleidung, Sportswear, Accessoires, Haushaltsartikel etc., Marken wie adidas, Burlington, Golfino, s.Oliver, Helly Hansen, Hugo Boss, Seidensticker, Levi's, Mustang, Nike, Puma, Reebok, Rosenthal, Timberland, The North Face, Black & Decker, Tommy Hilfiger, Delmod, Möve u.v.m.

Ersparnis: unterschiedlich je nach Hersteller, ca. 30-60%

Zeiten: Mo. bis Fr. 10.00-18.00 Uhr, Do. 10.00-20.00 Uhr, Sa. und So. 10.00-19.00 Uhr

Hinweise: über 100 versch. Shops, mit mehreren Restaurants, professioneller Kinderbetreuung und Kinderspielplatz

Weg: Roermond liegt in den Niederlanden, ca. 5 km entfernt von der deutschen Grenze, von Mönchengladbach auf der A 52 kommend nach der Grenze auf der N 230 bleiben bis die N 271 kreuzt, an dieser Kreuzung rechts ab auf die N 271 und dann links ab auf die N 280 Richtung Eindhoven, danach an der ersten Ampel rechts abbiegen und man sieht auf der linken Seite das „Outlet Center"

Rahmenbedingungen
für die Einlösung der Einkaufsgutscheine:

1. Die Einkaufsgutscheine werden von zahlreichen in diesem Buch aufgeführten Herstellern/Adressaten zur Verfügung gestellt. Die entsprechenden Firmen sind jeweils bei ihrer Firmendarstellung im Innenteil des Buches mit dem Hinweis "Einkaufsgutschein" gekennzeichnet. Von genau diesen Firmen finden Sie die Einkaufsgutscheine auf den nachfolgenden Seiten.

2. Der Verlag übernimmt keinerlei Haftung. Er tritt als Mittler auf, der nach bestem Wissen und Gewissen die Gutschein-Aktion organisiert. Insbesondere haftet der Verlag nicht bei einer etwaigen Nichtgewährung eines Einkaufsgutscheins.

3. Der Einkaufsgutschein stellt einen geldwerten Vorteil für den Kunden dar. Er kann nur bei einem tatsächlichen Einkauf im Fabrikverkauf/Factory Outlet eingelöst werden. Die Bedingungen zum Einlösen des Einkaufsgutscheins sind in diesen Rahmenbedingungen und darüber hinaus individuell direkt auf dem Einkaufsgutschein selbst festgelegt. Der Einkaufsgutschein kann nicht in Bargeld eingetauscht werden. Der Einkaufsgutschein ist in vielen Fällen auch an einen Mindestwarenwert des Einkaufs gekoppelt.

4. Unabhängig von einem Einkaufsgutschein für einen konkreten Betrag in Euro kann auch ein Rabattwert in Prozent oder ein anderer Kundenvorteil benannt werden. Ein Aufaddieren von geldwerten Vorteilen ist nicht möglich. Beispiel: 10 Euro Einkaufsgutschein und zusätzlich 10% Rabatt.

5. Der Einkaufsgutschein ist nur direkt an dem Standort des Herstellers einlösbar, der bei der Firmenbeschreibung im Buch aufgeführt ist. Wenn keine besondere Einschränkung auf dem Einkaufsgutschein vermerkt ist gilt der Einkaufsgutschein auch in den "Weiteren Verkaufsstellen", falls welche genannt sind.

6. Alle Einkaufsgutscheine sind im Anhang des Einkaufsführers abgedruckt.

7. Die Einkaufsgutscheine sind fester Bestandteil des Buches und müssen um gültig zu werden vom Kassenpersonal des Fabrikladens/Factory Outlets aus dem Einkaufsführer "Fabrikverkauf in Deutschland - 09/10 ausgeschnitten werden. Außer das Kassenpersonal fordert den Buchbesitzer extra dazu auf, das Ausschneiden des Einkaufsgutscheins selbst vorzunehmen.

8. Jeder Käufer kann bei einem Einkauf nur einen Einkaufsgutschein einlösen.

9. Die Gültigkeit der Einkaufsgutscheine ist begrenzt auf die Laufzeit des Buches von Oktober 2008 bis September 2010.

WICHTIG: Die Gutscheine sind nur gültig, wenn sie beim Einkauf vom Kassenpersonal des Fabrikverkaufs ausgeschnitten werden.

Gültig bis September 2010

02681 Wilthen
SÄCHSISCHE LEDERWAREN MANUFAKTUR

Fabrikverkauf

EINKAUFS-GUTSCHEIN

WERT: € **10,-**
oder generell 10%

Mindestwarenwert des Einkaufs: 75,- €
Nicht gültig für reduzierte Ware und Birkenstock-Schuhe

Gültig bis September 2010

03159 Döbern
LAUSITZER GLASHÜTTE

Fabrikverkauf

EINKAUFS-GUTSCHEIN

WERT: € **5,-**

Mindestwarenwert des Einkaufs: 50,- €
Nicht gültig für Aktions- und Sonderangebote

Gültig bis September 2010

04509 Delitsch
DELITZSCHER SCHOKOLADEN

Fabrikverkauf

EINKAUFS-GUTSCHEIN

WERT: **20%**
generell

Rabatt wird nicht auf Non-Food Artikel gewährt
Nur gültig im Fabrikverkauf Delitzsch

Gültig bis September 2010

04509 Delitsch
DELITZSCHER SCHOKOLADEN

Fabrikverkauf

EINKAUFS-GUTSCHEIN

WERT: **20%**
generell

Rabatt wird nicht auf Non-Food Artikel gewährt
Nur gültig im Fabrikverkauf Delitzsch

Gültig bis September 2010

06712 Döschwitz
ZEKIWA

Fabrikverkauf

EINKAUFS-GUTSCHEIN

WERT: € **10,-**
oder generell 5%

Mindestwarenwert des Einkaufs: 150,- €
Nicht gültig für Aktions- und Sonderangebote

Gültig bis September 2010

06712 Döschwitz
ZEKIWA

Fabrikverkauf

EINKAUFS-GUTSCHEIN

WERT: € **10,-**
oder generell 5%

Mindestwarenwert des Einkaufs: 150,- €
Nicht gültig für Aktions- und Sonderangebote

WICHTIG: Die Gutscheine sind nur gültig, wenn sie beim Einkauf vom Kassenpersonal des Fabrikverkaufs ausgeschnitten werden.

Gültig bis September 2010

07356 Bad Lobenstein

TURM-SCHUH

Fabrikverkauf

WERT: **20%** generell

Gültig bis September 2010

07768 Kahla

KAHLA PORZELLAN

Fabrikverkauf

WERT: **€ 15,-**

Mindestwarenwert des Einkaufs: 100,- €
Nicht gültig für Aktions- und Sonderangebote

Gültig bis September 2010

08223 Falkenstein

STICKPERLE

Fabrikverkauf

WERT: **5%** generell

Nicht gültig für Aktions- und Sonderangebote

Gültig bis September 2010

09526 Olbernhau

HESS

Fabrikverkauf

WERT: **5%** generell

Gültig bis September 2010

10367 Berlin

BECON

Fabrikverkauf

WERT: **€ 50,-**

Mindestwarenwert des Einkaufs: 150,- €. 1 Gutschein pro Person.
Keine Barauszahlung. Keine Verbindung mit anderen Rabatten.

Gültig bis September 2010

10367 Berlin

BECON

Fabrikverkauf

WERT: **€ 50,-**

Mindestwarenwert des Einkaufs: 150,- €. 1 Gutschein pro Person.
Keine Barauszahlung. Keine Verbindung mit anderen Rabatten.

WICHTIG: Die Gutscheine sind nur gültig, wenn sie beim Einkauf vom Kassenpersonal des Fabrikverkaufs ausgeschnitten werden.

Gültig bis September 2010

10367 Berlin

BECON

Fabrikverkauf

WERT: €**50,-**

Mindestwarenwert des Einkaufs: 150,- €. 1 Gutschein pro Person.
Keine Barauszahlung. Keine Verbindung mit anderen Rabatten.

Gültig bis September 2010

10367 Berlin

BECON

Fabrikverkauf

WERT: €**50,-**

Mindestwarenwert des Einkaufs: 150,- €. 1 Gutschein pro Person.
Keine Barauszahlung. Keine Verbindung mit anderen Rabatten.

Gültig bis September 2010

13409 Berlin

ASELI

Fabrikverkauf

WERT: €**2,-**

Mindestwarenwert des Einkaufs: 20,- €
Nicht gültig für 2. Wahl-Artikel

Gültig bis September 2010

21337 Lüneburg

ROY ROBSON

Fabrikverkauf

WERT: **10%**

Mindestwarenwert des Einkaufs: 100,- €

Gültig bis September 2010

22959 Linau

SUWAJ

Fabrikverkauf

WERT: **5%**
generell

Nicht gültig für Sonderangebote, Aktions- und Kommissionsware

---

Gültig bis September 2010

23552 Lübeck

LÜBECKER MARZIPAN-SPEICHER

Fabrikverkauf

WERT: **10%**
generell

Nicht gültig für Marzipan-Bruch

WICHTIG: Die Gutscheine sind nur gültig, wenn sie beim Einkauf vom Kassenpersonal des Fabrikverkaufs ausgeschnitten werden.

Gültig bis September 2010

25335 Elmshorn

DÖLLINGHAREICO

Fabrikverkauf
WERT: **10%**
generell

EINKAUFS-GUTSCHEIN

Nicht gültig für Aktions- und Sonderangebote

Gültig bis September 2010

27232 Sulingen

FISCHER

Fabrikverkauf
WERT: € **5,-**

EINKAUFS-GUTSCHEIN

Mindestwarenwert des Einkaufs: 50,- €

Gültig bis September 2010

27232 Sulingen

FISCHER

Fabrikverkauf
WERT: € **5,-**

EINKAUFS-GUTSCHEIN

Mindestwarenwert des Einkaufs: 50,- €

Gültig bis September 2010

27753 Delmenhorst

DELMOD

Fabrikverkauf
WERT: € **10,-**

EINKAUFS-GUTSCHEIN

Mindestwarenwert des Einkaufs: 100,- €
Auch gültig i. d. Outlets Berlin, Magdeburg, Metzingen, Wolfsburg, Roermond

---

Gültig bis September 2010

28309 Bremen

WILKENS

Fabrikverkauf
WERT: € **10,-**

EINKAUFS-GUTSCHEIN

Mindestwarenwert des Einkaufs: 100,- €
Auch gültig im A2 Outlet Küche & Tisch in 39326 Hermsdorf

Gültig bis September 2010

29386 Hankensbüttel

LORENZ SNACK-WORLD

Fabrikverkauf
WERT: **5 Tüten Crunchips**

EINKAUFS-GUTSCHEIN

Beim Kauf von 5 Tüten Crunchips gibt es
weitere 5 Tüten Crunchips gratis dazu

WICHTIG: Die Gutscheine sind nur gültig, wenn sie beim Einkauf vom Kassenpersonal des Fabrikverkaufs ausgeschnitten werden.

Gültig bis September 2010

29640 Schneverdingen

FISCHER

Fabrikverkauf

WERT: € **3,-**

Mindestwarenwert des Einkaufs: 9,- €
Nur gültig für Schuhwaren

Gültig bis September 2010

31135 Hildesheim

RINGELLA

Fabrikverkauf

WERT: **10%**
generell

Mindestwarenwert des Einkaufs: 20,- €
Auch gültig im Outlet Celle-Westercelle

Gültig bis September 2010

31228 Peine

RAUSCH

Fabrikverkauf

WERT: € **5,-**

Mindestwarenwert des Einkaufs: 50,- €
Nicht gültig im SchokoCafé

Gültig bis September 2010

31228 Peine

RAUSCH

Fabrikverkauf

WERT: € **5,-**

Mindestwarenwert des Einkaufs: 50,- €
Nicht gültig im SchokoCafé

Gültig bis September 2010

31228 Peine

RAUSCH

Fabrikverkauf

WERT: € **5,-**

Mindestwarenwert des Einkaufs: 50,- €
Nicht gültig im SchokoCafé

Gültig bis September 2010

31228 Peine

RAUSCH

Fabrikverkauf

WERT: € **5,-**

Mindestwarenwert des Einkaufs: 50,- €
Nicht gültig im SchokoCafé

EINKAUFS-GUTSCHEIN
© Zeppelin
Fabrik-verkauf

EINKAUFS-GUTSCHEIN
© Zeppelin
Fabrik-verkauf

EINKAUFS-GUTSCHEIN
© Zeppelin
Fabrik-verkauf

EINKAUFS-GUTSCHEIN
© Zeppelin
Fabrik-verkauf

EINKAUFS-GUTSCHEIN
© Zeppelin
Fabrik-verkauf

EINKAUFS-GUTSCHEIN
© Zeppelin
Fabrik-verkauf

WICHTIG: Die Gutscheine sind nur gültig, wenn sie beim Einkauf vom Kassenpersonal des Fabrikverkaufs ausgeschnitten werden.

Gültig bis September 2010

32049 Herford

BUGATTI

Fabrikverkauf

WERT: € **10,-**

Mindestwarenwert des Einkaufs: 50,- €
Nur gültig im Outlet Brinkmann in Herford

Gültig bis September 2010

32312 Lübbecke

HUCKE

Fabrikverkauf

WERT: **15%**

Gilt nicht für reduzierte Artikel
Nicht gültig in Verbindung mit anderen Aktionen

Gültig bis September 2010

33415 Verl

KLEINEMAS

Fabrikverkauf

WERT: € **5,-**

Mindestwarenwert des Einkaufs: 50,- €

Gültig bis September 2010

34560 Fritzlar

LEMMI FASHION

Fabrikverkauf

WERT: **10%**
<u>generell</u>

Nur gültig im Outlet in Fritzlar
Nicht gültig für Aktions- und Sonderangebote

Gültig bis September 2010

35066 Frankenberg

THONET

Fabrikverkauf

WERT: € **15,-**

Mindestwarenwert des Einkaufs: 150,- €

Gültig bis September 2010

36460 Merkers

WALLENDORFER PORZELLAN

Fabrikverkauf

WERT: € **10,-**

Mindestwarenwert des Einkaufs: 20,- €
Nur 1 Gutschein pro Person

EINKAUFS-GUTSCHEIN

© Zeppelin
Fabrik-verkauf

EINKAUFS-GUTSCHEIN

© Zeppelin
Fabrik-verkauf

EINKAUFS-GUTSCHEIN

© Zeppelin
Fabrik-verkauf

EINKAUFS-GUTSCHEIN

© Zeppelin
Fabrik-verkauf

EINKAUFS-GUTSCHEIN

© Zeppelin
Fabrik-verkauf

EINKAUFS-GUTSCHEIN

© Zeppelin
Fabrik-verkauf

WICHTIG: Die Gutscheine sind nur gültig, wenn sie beim Einkauf vom Kassenpersonal des Fabrikverkaufs ausgeschnitten werden.

Gültig bis September 2010

38640 Goslar

ODERMARK

Fabrikverkauf

WERT: € **10,-**

EINKAUFS-GUTSCHEIN

Mindestwarenwert des Einkaufs: 100,- €
Nicht gültig für Aktions- und Sonderangebote

Gültig bis September 2010

38895 Derenburg

HARZKRISTALL

Fabrikverkauf

WERT: € **10,-**

EINKAUFS-GUTSCHEIN

Mindestwarenwert des Einkaufs: 100,- €

Gültig bis September 2010

38895 Derenburg

HARZKRISTALL

Fabrikverkauf

WERT: € **10,-**

EINKAUFS-GUTSCHEIN

Mindestwarenwert des Einkaufs: 100,- €

Gültig bis September 2010

40589 Düsseldorf

HEIN GERICKE

Fabrikverkauf

WERT: € **10,-**

EINKAUFS-GUTSCHEIN

Mindestwarenwert des Einkaufs: 100,- €
Nur gültig im Hein Gericke Lagerverkauf Düsseldorf

Gültig bis September 2010

40764 Langenfeld

ARA

Fabrikverkauf

WERT: **10%**
generell

EINKAUFS-GUTSCHEIN

Auch gültig in den Outlets in Lünen und Wermelskirchen

Gültig bis September 2010

41748 Viersen

JÄGER

Fabrikverkauf

WERT: € **10,-**

EINKAUFS-GUTSCHEIN

Mindestwarenwert des Einkaufs: 100,- €
Nur 1 Gutschein pro Person, gültig bis September 2007

EINKAUFS-GUTSCHEIN
© Zeppelin
Fabrik-verkauf

EINKAUFS-GUTSCHEIN
© Zeppelin
Fabrik-verkauf

EINKAUFS-GUTSCHEIN
© Zeppelin
Fabrik-verkauf

EINKAUFS-GUTSCHEIN
© Zeppelin
Fabrik-verkauf

EINKAUFS-GUTSCHEIN
© Zeppelin
Fabrik-verkauf

EINKAUFS-GUTSCHEIN
© Zeppelin
Fabrik-verkauf

WICHTIG: Die Gutscheine sind nur gültig, wenn sie beim Einkauf vom Kassenpersonal des Fabrikverkaufs ausgeschnitten werden.

Gültig bis September 2010

42653 Solingen

EICKER

Fabrikverkauf

WERT: **10%** generell

Gültig bis September 2010

46395 Bocholt

HERDING

Fabrikverkauf

WERT: **10%** generell

Gültig bis September 2010

46499 Hamminkeln

BONITA

Fabrikverkauf

WERT: € **5,-**

Mindestwarenwert des Einkaufs: 50,- €
Einkaufsführer bitte vor der Bezahlung an der Kasse vorlegen

Gültig bis September 2010

48163 Münster

PRIMERA

Fabrikverkauf

WERT: € **10,-**

Mindestwarenwert des Einkaufs: 50,- €

Gültig bis September 2010

48317 Drensteinfurt

KOCHSTAR

Fabrikverkauf

WERT: € **10,-**

Mindestwarenwert des Einkaufs: 100,- €
Nicht gültig für Aktions- und Sonderangebote

Gültig bis September 2010

48607 Ochtrup

**ARA
IM EOC OCHTRUP**

Fabrikverkauf

WERT: **15%** generell

WICHTIG: Die Gutscheine sind nur gültig, wenn sie beim Einkauf vom Kassenpersonal des Fabrikverkaufs ausgeschnitten werden.

Gültig bis September 2010

48607 Ochtrup

PAMPOLINA, PJE, PL05
IM EOC OCHTRUP

Fabrikverkauf

WERT: € **15,-**
oder generell 10%

EINKAUFS-GUTSCHEIN

Mindestwarenwert des Einkaufs: 100,- €

Gültig bis September 2010

48607 Ochtrup

SIGIKID
IM EOC OCHTRUP

Fabrikverkauf

WERT: **10%**
generell

EINKAUFS-GUTSCHEIN

Mindestwarenwert des Einkaufs: 100,- €

Gültig bis September 2010

48607 Ochtrup

CECEBA
IM EOC OCHTRUP

Fabrikverkauf

WERT: **10%**
generell

EINKAUFS-GUTSCHEIN

Gültig bis September 2010

48607 Ochtrup

LEVIS / DOCKERS
IM EOC OCHTRUP

Fabrikverkauf

WERT: **10%**
generell

EINKAUFS-GUTSCHEIN

Nicht gültig bei Sonderaktionen

Gültig bis September 2010

48607 Ochtrup

NIKE
IM EOC OCHTRUP

Fabrikverkauf

WERT: **10%**
generell

EINKAUFS-GUTSCHEIN

Mindestwarenwert des Einkaufs: 50,- €

Gültig bis September 2010

48607 Ochtrup

BENVENUTO
IM EOC OCHTRUP

Fabrikverkauf

WERT: **10%**
generell

EINKAUFS-GUTSCHEIN

EINKAUFS-GUTSCHEIN

© Zeppelin
Fabrik-verkauf

EINKAUFS-GUTSCHEIN

© Zeppelin
Fabrik-verkauf

EINKAUFS-GUTSCHEIN

© Zeppelin
Fabrik-verkauf

EINKAUFS-GUTSCHEIN

© Zeppelin
Fabrik-verkauf

EINKAUFS-GUTSCHEIN

© Zeppelin
Fabrik-verkauf

EINKAUFS-GUTSCHEIN

© Zeppelin
Fabrik-verkauf

WICHTIG: Die Gutscheine sind nur gültig, wenn sie beim Einkauf vom Kassenpersonal des Fabrikverkaufs ausgeschnitten werden.

Gültig bis September 2010

48607 Ochtrup

GIN TONIC / JUPITER
IM EOC OCHTRUP

Fabrikverkauf
WERT: **10%**
generell

EINKAUFS-GUTSCHEIN

Gültig bis September 2010

48607 Ochtrup

PIERRE CARDIN
IM EOC OCHTRUP

Fabrikverkauf
WERT: **10%**
generell

EINKAUFS-GUTSCHEIN

Gültig bis September 2010

48607 Ochtrup

BIANCA
IM EOC OCHTRUP

Fabrikverkauf
WERT: **5%**
generell

EINKAUFS-GUTSCHEIN

Mindestwarenwert des Einkaufs: 100,- €

Gültig bis September 2010

49078 Osnabrück

DK-BERUFSMODEN

Fabrikverkauf
WERT: **10%**
generell

EINKAUFS-GUTSCHEIN

Nur gültig im Outlet Osnabrück

Gültig bis September 2010

49424 Goldenstedt

LORENZ
SNACK-WORLD

Fabrikverkauf
WERT: **5 Tüten Crunchips**

EINKAUFS-GUTSCHEIN

Beim Kauf von 5 Tüten Crunchips gibt es weitere 5 Tüten Crunchips gratis dazu

---

Gültig bis September 2010

51149 Köln Porz

STOLLWERCK

Fabrikverkauf
WERT: **10%**
generell

EINKAUFS-GUTSCHEIN

Mindestwarenwert des Einkaufs: 15,- €
Nicht gültig für Saison- und Karnevalsartikel

EINKAUFS-GUTSCHEIN
© Zeppelin
Fabrik-
verkauf

EINKAUFS-GUTSCHEIN
© Zeppelin
Fabrik-
verkauf

EINKAUFS-GUTSCHEIN
© Zeppelin
Fabrik-
verkauf

EINKAUFS-GUTSCHEIN
© Zeppelin
Fabrik-
verkauf

EINKAUFS-GUTSCHEIN
© Zeppelin
Fabrik-
verkauf

EINKAUFS-GUTSCHEIN
© Zeppelin
Fabrik-
verkauf

WICHTIG: Die Gutscheine sind nur gültig, wenn sie beim Einkauf vom Kassenpersonal des Fabrikverkaufs ausgeschnitten werden.

Gültig bis September 2010

52220 Stolberg

DALLI-WERKE MÄURER & WIRTZ

Fabrikverkauf
WERT: **10%**
<u>generell</u>

Mindestwarenwert des Einkaufs: 30,- €

Gültig bis September 2010

53881 Euskirchen Stotzheim

METSÄ

Fabrikverkauf
WERT: € **10,-**

Mindestwarenwert des Einkaufs: 60,- €
Nicht gültig für Sonderposten

Gültig bis September 2010

55122 Mainz

ZWIESEL KRISTALLGLAS

Fabrikverkauf
WERT: **10%**
<u>generell</u>

Nicht gültig für bereits sonderreduzierte Ware (rote Etiketten)
Nicht gültig im Outlet in Zwiesel

Gültig bis September 2010

55743 Idar Oberstein

FISSLER

Fabrikverkauf
WERT: € **10,-**

Mindestwarenwert des Einkaufs: 100,- €
Nicht gültig für Aktions- und Sonderangebote

Gültig bis September 2010

55743 Idar-Oberstein

GOTTLIEB

Fabrikverkauf
WERT: € **6,-**

Sie erhalten bei einem Mindestwarenwert von 50,- €
2 kostenlose Eintrittskarten in die "Edelstein-Erlebniswelt" (entspr. je 3 €)

Gültig bis September 2010

56203 Höhr-Grenzhausen

RASTAL

Fabrikverkauf
WERT: € **10,-**

Mindestwarenwert des Einkaufs: 100,- €

EINKAUFS-GUTSCHEIN
© Zeppelin
Fabrik-
verkauf

EINKAUFS-GUTSCHEIN
© Zeppelin
Fabrik-
verkauf

EINKAUFS-GUTSCHEIN
© Zeppelin
Fabrik-
verkauf

EINKAUFS-GUTSCHEIN
© Zeppelin
Fabrik-
verkauf

EINKAUFS-GUTSCHEIN
© Zeppelin
Fabrik-
verkauf

EINKAUFS-GUTSCHEIN
© Zeppelin
Fabrik-
verkauf

WICHTIG: Die Gutscheine sind nur gültig, wenn sie beim Einkauf vom Kassenpersonal des Fabrikverkaufs ausgeschnitten werden.

Gültig bis September 2010

56457 Halbs

MISS ULRIKE

Fabrikverkauf

WERT: **5%**

generell

Gültig bis September 2010

56751 Polch

GRIESSON-DE BEUKELAER

Fabrikverkauf

WERT: **10%**

generell

Gültig in allen Fabrikverkäufen von Griesson-de Beukelaer in Polch, Kahla, Kempen, Ravensburg und Friedrichshaven

---

Gültig bis September 2010

59065 Hamm

BENVENUTO

Fabrikverkauf

WERT: **10%**

generell

Auch gültig im EOC Ochtrup, Laurenzstr. 51, 48607 Ochtrup

Gültig bis September 2010

59065 Hamm

BENVENUTO

Fabrikverkauf

WERT: **10%**

generell

Auch gültig im EOC Ochtrup, Laurenzstr. 51, 48607 Ochtrup

Gültig bis September 2010

59065 Hamm

BENVENUTO

Fabrikverkauf

WERT: **10%**

generell

Auch gültig im EOC Ochtrup, Laurenzstr. 51, 48607 Ochtrup

Gültig bis September 2010

59065 Hamm

BENVENUTO

Fabrikverkauf

WERT: **10%**

generell

Auch gültig im EOC Ochtrup, Laurenzstr. 51, 48607 Ochtrup

WICHTIG: Die Gutscheine sind nur gültig, wenn sie beim Einkauf vom Kassenpersonal des Fabrikverkaufs ausgeschnitten werden.

Gültig bis September 2010

59757 Arnsberg

BERNDES

Fabrikverkauf

WERT: € **10,-**

EINKAUFS-GUTSCHEIN

Mindestwarenwert des Einkaufs: 100,- €

Gültig bis September 2010

59757 Arnsberg

BERNDES

Fabrikverkauf

WERT: € **10,-**

EINKAUFS-GUTSCHEIN

Mindestwarenwert des Einkaufs: 100,- €

Gültig bis September 2010

59757 Arnsberg

BERNDES

Fabrikverkauf

WERT: € **10,-**

EINKAUFS-GUTSCHEIN

Mindestwarenwert des Einkaufs: 100,- €

Gültig bis September 2010

59757 Arnsberg

BERNDES

Fabrikverkauf

WERT: € **10,-**

EINKAUFS-GUTSCHEIN

Mindestwarenwert des Einkaufs: 100,- €

Gültig bis September 2010

59872 Meschede

SKS DESIGN

Fabrikverkauf

WERT: € **10,-**

EINKAUFS-GUTSCHEIN

Mindestwarenwert des Einkaufs: 100,- €

Gültig bis September 2010

59929 Brilon Scharfenberg

NORMANN

Fabrikverkauf

WERT: € **10,-**

EINKAUFS-GUTSCHEIN

Mindestwarenwert des Einkaufs: 100,- €
Nicht gültig für Aktions- und Sonderangebote

WICHTIG: Die Gutscheine sind nur gültig, wenn sie beim Einkauf vom Kassenpersonal des Fabrikverkaufs ausgeschnitten werden.

Gültig bis September 2010

59964 Medebach

STUHLMANN

Fabrikverkauf

WERT: **5%**
generell

Mindestwarenwert des Einkaufs: 500,- €. Nicht gültig für Individual- und Maßanfertigungen, Änderungen und Reparaturen

---

Gültig bis September 2010

60323 Frankfurt

PERLEN & SCHMUCKCENTER

Fabrikverkauf

WERT: € **25,-**

Mindestwarenwert des Einkaufs: 100,- €
Nicht gültig für bereits um 50% reduzierte Sonderangebote

Gültig bis September 2010

60323 Frankfurt

PERLEN & SCHMUCKCENTER

Fabrikverkauf

WERT: € **25,-**

Mindestwarenwert des Einkaufs: 100,- €
Nicht gültig für bereits um 50% reduzierte Sonderangebote

Gültig bis September 2010

63067 Offenbach

BOGNER LEATHER

Fabrikverkauf

WERT: € **12,-**

Mindestwarenwert des Einkaufs: 100,- €
Nur gültig bei Bogner Leather in Offenbach

Gültig bis September 2010

63067 Offenbach

KAPPUS

Fabrikverkauf

WERT: **5%**
generell

Gültig bis September 2010

63073 Offenbach-Bieber

BARTH & BAUER

Fabrikverkauf

WERT: **10%**
generell

Nicht gültig für Aktions- und Sonderangebote

WICHTIG: Die Gutscheine sind nur gültig, wenn sie beim Einkauf vom Kassenpersonal des Fabrikverkaufs ausgeschnitten werden.

Gültig bis September 2010

63165 Mühlheim

TRAVELLER

Fabrikverkauf

WERT: € **10,-/15,-/20,-**

Mindestwarenwert des Einkaufs: 100,- €, ab 200,- € Warenwert des Einkaufs: 15,- €, ab 300,- € Warenwert des Einkaufs: 20,- €

Gültig bis September 2010

63263 Neu-Isenburg

LORENZ SNACK-WORLD

Fabrikverkauf

WERT: € **10,-**

Mindestwarenwert des Einkaufs: 25,- €
Nur gültig für Snacks der Lorenz Snack-World

Gültig bis September 2010

63636 Wächtersbach

WÄCHTERSBACHER KERAMIK

Fabrikverkauf

WERT: **10%**
<u>generell</u>

Nicht gültig für Aktions- und Sonderangebote

Gültig bis September 2010

63741 Aschaffenburg

DESCH

Fabrikverkauf

WERT: € **15,-**

Nur gültig beim Kauf eines Anzugs oder Sakkos
Nicht gültig für reduzierte Ware

Gültig bis September 2010

63762 Großostheim

EDUARD DRESSLER

Fabrikverkauf

WERT: € **10,-**

Mindestwarenwert des Einkaufs: 100,- €

Gültig bis September 2010

63762 Großostheim

PETERMANN

Fabrikverkauf

WERT: € **5,-**

Mindestwarenwert des Einkaufs: 50,- €

EINKAUFS-GUTSCHEIN

© Zeppelin
Fabrik-verkauf

EINKAUFS-GUTSCHEIN

© Zeppelin
Fabrik-verkauf

EINKAUFS-GUTSCHEIN

© Zeppelin
Fabrik-verkauf

EINKAUFS-GUTSCHEIN

© Zeppelin
Fabrik-verkauf

EINKAUFS-GUTSCHEIN

© Zeppelin
Fabrik-verkauf

EINKAUFS-GUTSCHEIN

© Zeppelin
Fabrik-verkauf

WICHTIG: Die Gutscheine sind nur gültig, wenn sie beim Einkauf vom Kassenpersonal des Fabrikverkaufs ausgeschnitten werden.

Gültig bis September 2010

63762 Großostheim

SCHULER

Fabrikverkauf

WERT: €**10,-**

EINKAUFS-GUTSCHEIN

Mindestwarenwert des Einkaufs: 100,- €
Nicht gültig für Aktions- und Sonderangebote

Gültig bis September 2010

63868 Großwallstadt

GEIS

Fabrikverkauf

10%
WERT:
generell

EINKAUFS-GUTSCHEIN

Nicht gültig für bereits reduzierte Ware und Maßkonfektion

Gültig bis September 2010

63920 Großheubach

KREMER

Fabrikverkauf

10%
WERT:
generell

EINKAUFS-GUTSCHEIN

Gültig bis September 2010

64546 Mörfelden-Walldorf

FASHION OUTLET

Fabrikverkauf

10%
WERT:
generell

EINKAUFS-GUTSCHEIN

Pro Einkauf nur 1 Gutschein gültig

Gültig bis September 2010

64546 Mörfelden-Walldorf

FASHION OUTLET

Fabrikverkauf

10%
WERT:
generell

EINKAUFS-GUTSCHEIN

Pro Einkauf nur 1 Gutschein gültig

Gültig bis September 2010

64546 Mörfelden-Walldorf

FASHION OUTLET

Fabrikverkauf

10%
WERT:
generell

EINKAUFS-GUTSCHEIN

Pro Einkauf nur 1 Gutschein gültig

WICHTIG: Die Gutscheine sind nur gültig, wenn sie beim Einkauf vom Kassenpersonal des Fabrikverkaufs ausgeschnitten werden.

Gültig bis September 2010

64720 Michelstadt

KOZIOL

Fabrikverkauf

WERT: **10%** generell

EINKAUFS-GUTSCHEIN

Mindestwarenwert des Einkaufs: 50,- €
Nicht gültig für Aktions- und Sonderangebote

Gültig bis September 2010

66953 Pirmasens

WAWI

Fabrikverkauf

WERT: € **5,-**

EINKAUFS-GUTSCHEIN

Mindestwarenwert des Einkaufs: 30,- €
Nur gültig in der Wawi Schokoladenwelt in Pirmasens

Gültig bis September 2010

71065 Sindelfingen

GIN TONIC

Fabrikverkauf

WERT: **10%** generell

EINKAUFS-GUTSCHEIN

Nur 1 Gutschein pro Kunde und Einkauf
Auch gültig im Gin Tonic Outlet Deizisau

Gültig bis September 2010

71065 Sindelfingen

GIN TONIC

Fabrikverkauf

WERT: **10%** generell

EINKAUFS-GUTSCHEIN

Nur 1 Gutschein pro Kunde und Einkauf
Auch gültig im Gin Tonic Outlet Deizisau

Gültig bis September 2010

71144 Steinenbronn

SIRIUS

Fabrikverkauf

WERT: € **10,-**

EINKAUFS-GUTSCHEIN

Mindestwarenwert des Einkaufs: 60,- €

Gültig bis September 2010

71364 Winnenden

SADEX

Fabrikverkauf

WERT: € **5,-**

EINKAUFS-GUTSCHEIN

Mindestwarenwert des Einkaufs: 40,- €
Nicht gültig für Aktions- und Sonderangebote

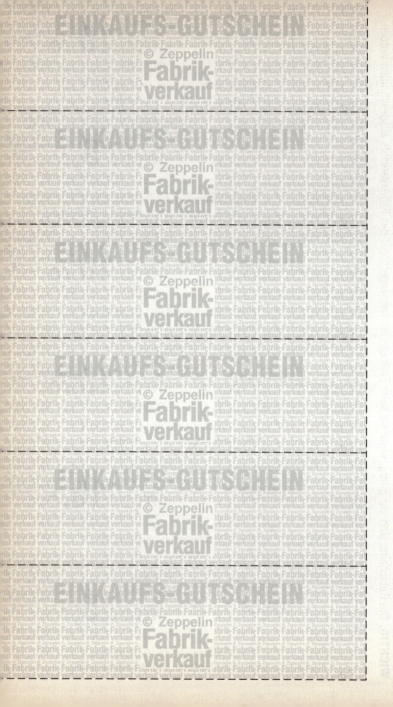

WICHTIG: Die Gutscheine sind nur gültig, wenn sie beim Einkauf vom Kassenpersonal des Fabrikverkaufs ausgeschnitten werden.

Gültig bis September 2010

71364 Winnenden

SADEX

Fabrikverkauf

EINKAUFS-GUTSCHEIN

WERT: € **5,-**

Mindestwarenwert des Einkaufs: 40,- €
Nicht gültig für Aktions- und Sonderangebote

Gültig bis September 2010

71665 Vaihingen/Enz

FAKIR

Fabrikverkauf

EINKAUFS-GUTSCHEIN

WERT: € **15,-**

Mindestwarenwert des Einkaufs: 100,- €
Nicht gültig für Aktions- und Sonderangebote, nur 1 Gutschein/Einkauf

---

Gültig bis September 2010

71729 Erdmannhausen

HUOBER

Fabrikverkauf

EINKAUFS-GUTSCHEIN

WERT: **10%**
generell

Mindestwarenwert des Einkaufs: 100,- €
sowie teilw. Mengenrabatte bei Abnahme ab 3 Kartons

Gültig bis September 2010

72072 Tübingen

RÖSCH

Fabrikverkauf

EINKAUFS-GUTSCHEIN

WERT: **10%**
generell

Mindestwarenwert des Einkaufs: 100,- €. Auch gültig in den Rösch
Fabrikverkäufen in Burladingen, Dillingen, Zeulenroda, Chemnitz, Dresden

---

Gültig bis September 2010

72138 Kirchentellinsfurt

EINHORN

Fabrikverkauf

EINKAUFS-GUTSCHEIN

WERT: € **10,-**

Mindestwarenwert des Einkaufs: 25,- €

Gültig bis September 2010

72275 Alpirsbach

HARTER

Fabrikverkauf

EINKAUFS-GUTSCHEIN

WERT: **10%**
generell

Mindestwarenwert des Einkaufs: 50,- €

EINKAUFS-GUTSCHEIN
© Zeppelin
Fabrikverkauf

EINKAUFS-GUTSCHEIN
© Zeppelin
Fabrikverkauf

EINKAUFS-GUTSCHEIN
© Zeppelin
Fabrikverkauf

EINKAUFS-GUTSCHEIN
© Zeppelin
Fabrikverkauf

EINKAUFS-GUTSCHEIN
© Zeppelin
Fabrikverkauf

EINKAUFS-GUTSCHEIN
© Zeppelin
Fabrikverkauf

WICHTIG: Die Gutscheine sind nur gültig, wenn sie beim Einkauf vom Kassenpersonal des Fabrikverkaufs ausgeschnitten werden.

Gültig bis September 2010

72336 Balingen

CECEBA-OUTLET

Fabrikverkauf
WERT: € **10,-**
EINKAUFS-GUTSCHEIN

Mindestwarenwert des Einkaufs: 50,- €
Nicht gültig für Aktions- und Sonderangebote

Gültig bis September 2010

72393 Burladingen

BOGI

Fabrikverkauf
WERT: € **10,-**
EINKAUFS-GUTSCHEIN

Mindestwarenwert des Einkaufs: 100,- €
Nicht gültig für Aktions- und Sonderangebote

Gültig bis September 2010

72393 Burladingen

BOGI

Fabrikverkauf
WERT: € **10,-**
EINKAUFS-GUTSCHEIN

Mindestwarenwert des Einkaufs: 100,- €
Nicht gültig für Aktions- und Sonderangebote

Gültig bis September 2010

72393 Burladingen

HEIM CHIC

Fabrikverkauf
WERT: € **10,-**
EINKAUFS-GUTSCHEIN

Mindestwarenwert des Einkaufs: 50,- €
Nicht gültig für Aktions- und Sonderangebote

Gültig bis September 2010

72393 Burladingen

KELLER

Fabrikverkauf
WERT: **15%**
generell
EINKAUFS-GUTSCHEIN

Nur gültig im Pulli-Shop Keller

Gültig bis September 2010

72401 Haigerloch

VERA COSMETIC

Fabrikverkauf
WERT: € **10,-**
EINKAUFS-GUTSCHEIN

Mindestwarenwert des Einkaufs: 50,- €
Gültig in allen Vera Cosmetic Outlets

EINKAUFS-GUTSCHEIN

© Zeppelin
**Fabrik-
verkauf**

EINKAUFS-GUTSCHEIN

© Zeppelin
**Fabrik-
verkauf**

EINKAUFS-GUTSCHEIN

© Zeppelin
**Fabrik-
verkauf**

EINKAUFS-GUTSCHEIN

© Zeppelin
**Fabrik-
verkauf**

EINKAUFS-GUTSCHEIN

© Zeppelin
**Fabrik-
verkauf**

EINKAUFS-GUTSCHEIN

© Zeppelin
**Fabrik-
verkauf**

WICHTIG: Die Gutscheine sind nur gültig, wenn sie beim Einkauf vom Kassenpersonal des Fabrikverkaufs ausgeschnitten werden.

Gültig bis September 2010

72401 Haigerloch Karlstal

DORIS MEYER

Fabrik-verkauf
WERT: € **10,-**
EINKAUFS-GUTSCHEIN

Mindestwarenwert des Einkaufs: 100,- €
Nicht gültig für Aktions- und Sonderangebote

Gültig bis September 2010

72411 Bodelshausen

SPEIDEL

Fabrik-verkauf
WERT: € **10,-**
EINKAUFS-GUTSCHEIN

Mindestwarenwert des Einkaufs: 100,- €
Gültig für alle Standorte

Gültig bis September 2010

72461 Albstadt Tailfingen

CON-TA

Fabrik-verkauf
WERT: **10%**
generell
EINKAUFS-GUTSCHEIN

Nicht gültig für Aktions- und Sonderangebote

Gültig bis September 2010

72461 Albstadt Tailfingen

CON-TA

Fabrik-verkauf
WERT: **10%**
generell
EINKAUFS-GUTSCHEIN

Nicht gültig für Aktions- und Sonderangebote

Gültig bis September 2010

72461 Albstadt

MEDICO

Fabrik-verkauf
WERT: € **10,-**
EINKAUFS-GUTSCHEIN

Mindestwarenwert des Einkaufs: 100,- €
Nicht gültig für reduzierte Ware

Gültig bis September 2010

72461 Albstadt

NINA VON C.

Fabrik-verkauf
WERT: € **10,-**
EINKAUFS-GUTSCHEIN

Mindestwarenwert des Einkaufs: 100,- €. Nicht gültig für Aktions- und Sonderangebote. Nur gültig im Herstellerverkauf Albstadt

629

WICHTIG: Die Gutscheine sind nur gültig, wenn sie beim Einkauf vom Kassenpersonal des Fabrikverkaufs ausgeschnitten werden.

Gültig bis September 2010

72469 Meßstetten

SANETTA

Fabrikverkauf

EINKAUFS-GUTSCHEIN

WERT: € **10,-**

Mindestwarenwert des Einkaufs: 100,- €

Gültig bis September 2010

72510 Stetten a.k.M.

GINO LOMBARDI®

Fabrikverkauf

EINKAUFS-GUTSCHEIN

WERT: € **10,-**

Mindestwarenwert des Einkaufs: 100,- €

Gültig bis September 2010

72555 Metzingen

ENZIAN

Fabrikverkauf

EINKAUFS-GUTSCHEIN

WERT: € **5,-**

Mindestwarenwert des Einkaufs: 100,- €

Gültig bis September 2010

72555 Metzingen

ENZIAN

Fabrikverkauf

EINKAUFS-GUTSCHEIN

WERT: € **5,-**

Mindestwarenwert des Einkaufs: 100,- €

Gültig bis September 2010

72555 Metzingen

FLEISCHWAREN LAGERVERKAUF

Fabrikverkauf

EINKAUFS-GUTSCHEIN

WERT: **5%** generell

Mindestwarenwert des Einkaufs: 25,- €
Nicht gültig für reduzierte Ware

Gültig bis September 2010

72555 Metzingen

NIKE

Fabrikverkauf

EINKAUFS-GUTSCHEIN

WERT: **10%** generell

Gültig in allen Nike Factory Stores

WICHTIG: Die Gutscheine sind nur gültig, wenn sie beim Einkauf vom Kassenpersonal des Fabrikverkaufs ausgeschnitten werden.

Gültig bis September 2010

72555 Metzingen

NIKE

Fabrikverkaufe

WERT: **10%**
generell

Gültig in allen Nike Factory Stores

Gültig bis September 2010

72555 Metzingen

PATRICE RAMIM

Fabrikverkauf

WERT: € **10,-**

Mindestwarenwert des Einkaufs: 100,- €
Nicht gültig für Aktions- und Sonderangebote

Gültig bis September 2010

72555 Metzingen

PRINCESS

Fabrikverkauf

WERT: € **10,-**

Mindestwarenwert des Einkaufs: 100,- €

Gültig bis September 2010

72555 Metzingen

PUMA

Fabrikverkauf

WERT: € **10,-**

Mindestwarenwert des Einkaufs: 100,- €. Nur gültig im Outlet Metzingen, Lindenplatz 1. Nicht kombinierbar mit anderen Aktionen

---

Gültig bis September 2010

72555 Metzingen

PUMA

Fabrikverkauf

WERT: € **10,-**

Mindestwarenwert des Einkaufs: 100,- €. Nur gültig im Outlet Metzingen, Lindenplatz 1. Nicht kombinierbar mit anderen Aktionen

---

Gültig bis September 2010

72555 Metzingen

PUMA

Fabrikverkauf

WERT: € **10,-**

Mindestwarenwert des Einkaufs: 100,- €. Nur gültig im Outlet Metzingen, Lindenplatz 1. Nicht kombinierbar mit anderen Aktionen

EINKAUFS-GUTSCHEIN
© Zeppelin
Fabrikverkauf

EINKAUFS-GUTSCHEIN
© Zeppelin
Fabrikverkauf

EINKAUFS-GUTSCHEIN
© Zeppelin
Fabrikverkauf

EINKAUFS-GUTSCHEIN
© Zeppelin
Fabrikverkauf

EINKAUFS-GUTSCHEIN
© Zeppelin
Fabrikverkauf

EINKAUFS-GUTSCHEIN
© Zeppelin
Fabrikverkauf

WICHTIG: Die Gutscheine sind nur gültig, wenn sie beim Einkauf vom Kassenpersonal des Fabrikverkaufs ausgeschnitten werden.

Gültig bis September 2010

72555 Metzingen

PUMA

Fabrikverkauf

WERT: € **10,-**

EINKAUFS-GUTSCHEIN

Mindestwarenwert des Einkaufs: 100,- €. Nur gültig im Outlet Metzingen, Lindenplatz 1. Nicht kombinierbar mit anderen Aktionen

---

Gültig bis September 2010

72555 Metzingen

REUSCH

Fabrikverkauf

WERT: € **10,-**

EINKAUFS-GUTSCHEIN

Mindestwarenwert des Einkaufs: 100,- €

Gültig bis September 2010

72555 Metzingen

REUSCH

Fabrikverkauf

WERT: € **10,-**

EINKAUFS-GUTSCHEIN

Mindestwarenwert des Einkaufs: 100,- €

Gültig bis September 2010

72805 Lichtenstein Unterhausen

TUTTI PALETTI

Fabrikverkauf

WERT: € **10,-**

EINKAUFS-GUTSCHEIN

Mindestwarenwert des Einkaufs: 100,- €
Nur 1 Gutschein pro Einkauf einlösbar

Gültig bis September 2010

72805 Lichtenstein Unterhausen

TUTTI PALETTI

Fabrikverkauf

WERT: € **10,-**

EINKAUFS-GUTSCHEIN

Mindestwarenwert des Einkaufs: 100,- €
Nur 1 Gutschein pro Einkauf einlösbar

Gültig bis September 2010

73230 Kirchheim/Teck Ötlingen

HERRMANN

Fabrikverkauf

WERT: **10%**
<u>generell</u>

EINKAUFS-GUTSCHEIN

EINKAUFS-GUTSCHEIN
© Zeppelin
Fabrik-verkauf

EINKAUFS-GUTSCHEIN
© Zeppelin
Fabrik-verkauf

EINKAUFS-GUTSCHEIN
© Zeppelin
Fabrik-verkauf

EINKAUFS-GUTSCHEIN
© Zeppelin
Fabrik-verkauf

EINKAUFS-GUTSCHEIN
© Zeppelin
Fabrik-verkauf

EINKAUFS-GUTSCHEIN
© Zeppelin
Fabrik-verkauf

WICHTIG: Die Gutscheine sind nur gültig, wenn sie beim Einkauf vom Kassenpersonal des Fabrikverkaufs ausgeschnitten werden.

Gültig bis September 2010

73240 Wendlingen

LUXORETTE

Fabrikverkauf

WERT: **10%**
generell

EINKAUFS-GUTSCHEIN

Gültig bis September 2010

73275 Ohmden

ELO

Fabrikverkauf

WERT: **€ 25,-**

EINKAUFS-GUTSCHEIN

Mindestwarenwert des Einkaufs: 200,- €
Nicht gültig für Aktions- und Sonderangebote

Gültig bis September 2010

73430 Aalen

SCHOTT

Fabrikverkauf

WERT: **10%**
generell

EINKAUFS-GUTSCHEIN

Nicht gültig für bereits sonderreduzierte Ware (rote Etiketten)
Nicht gültig im Outlet Zwiesel

Gültig bis September 2010

73431 Aalen

ERLAU

Fabrikverkauf

WERT: **€ 10,-**

EINKAUFS-GUTSCHEIN

Mindestwarenwert des Einkaufs: 150,- €
Nur gültig im Outlet Aalen

Gültig bis September 2010

73431 Aalen

PELO

Fabrikverkauf

WERT: **€ 10,-**

EINKAUFS-GUTSCHEIN

Mindestwarenwert des Einkaufs: 100,- €
Nur gültig im Outlet Aalen

Gültig bis September 2010

73540 Heubach

SUSA

Fabrikverkauf

WERT: **€ 10,-**

EINKAUFS-GUTSCHEIN

Mindestwarenwert des Einkaufs: 100,- €

EINKAUFS-GUTSCHEIN

© Zeppelin
Fabrik-verkauf

EINKAUFS-GUTSCHEIN

© Zeppelin
Fabrik-verkauf

EINKAUFS-GUTSCHEIN

© Zeppelin
Fabrik-verkauf

EINKAUFS-GUTSCHEIN

© Zeppelin
Fabrik-verkauf

EINKAUFS-GUTSCHEIN

© Zeppelin
Fabrik-verkauf

EINKAUFS-GUTSCHEIN

© Zeppelin
Fabrik-verkauf

WICHTIG: Die Gutscheine sind nur gültig, wenn sie beim Einkauf vom Kassenpersonal des Fabrikverkaufs ausgeschnitten werden.

Gültig bis September 2010

73540 Heubach

SUSA

Fabrikverkauf

WERT: € **10,-**

EINKAUFS-GUTSCHEIN

Mindestwarenwert des Einkaufs: 100,- €

Gültig bis September 2010

73540 Heubach

SUSA

Fabrikverkauf

WERT: € **10,-**

EINKAUFS-GUTSCHEIN

Mindestwarenwert des Einkaufs: 100,- €

Gültig bis September 2010

73540 Heubach

SUSA

Fabrikverkauf

WERT: € **10,-**

EINKAUFS-GUTSCHEIN

Mindestwarenwert des Einkaufs: 100,- €

Gültig bis September 2010

73568 Durlangen

BINI

Fabrikverkauf

WERT: € **10,-**

EINKAUFS-GUTSCHEIN

Mindestwarenwert des Einkaufs: 100,- €
Nicht gültig für Aktionsware

Gültig bis September 2010

73770 Denkendorf

OBJECT CARPET

Fabrikverkauf

WERT: **20%**
generell

EINKAUFS-GUTSCHEIN

Nicht gültig für Aktions- und Sonderangebote
Nur gültig im Outlet Denkendorf

Gültig bis September 2010

73779 Deizisau

JCC

Fabrikverkauf

WERT: **10%**
generell

EINKAUFS-GUTSCHEIN

Nur gültig bei nicht reduzierter Ware

WICHTIG: Die Gutscheine sind nur gültig, wenn sie beim Einkauf vom Kassenpersonal des Fabrikverkaufs ausgeschnitten werden.

Gültig bis September 2010

73779 Deizisau

JCC

Fabrikverkauf

EINKAUFS-GUTSCHEIN

WERT: **10%** generell

Nur gültig bei nicht reduzierter Ware

Gültig bis September 2010

73779 Deizisau

JCC

Fabrikverkauf

EINKAUFS-GUTSCHEIN

WERT: **10%** generell

Nur gültig bei nicht reduzierter Ware

Gültig bis September 2010

73779 Deizisau

JCC

Fabrikverkauf

EINKAUFS-GUTSCHEIN

WERT: **10%** generell

Nur gültig bei nicht reduzierter Ware

Gültig bis September 2010

74348 Lauffen a.N.

BUECKLE

Fabrikverkauf

EINKAUFS-GUTSCHEIN

WERT: € **10,-**

Mindestwarenwert des Einkaufs: 50,- €

Gültig bis September 2010

74599 Wallhausen

SCHOPPEL

Fabrikverkauf

EINKAUFS-GUTSCHEIN

WERT: € **10,-**

Mindestwarenwert des Einkaufs: 100,- €

Gültig bis September 2010

74613 Öhringen

RATHGEBER-MODEN

Fabrikverkauf

EINKAUFS-GUTSCHEIN

WERT: € **20,-**

Mindestwarenwert des Einkaufs: 100,- €
Gültig auch für Stoff-Meterware

WICHTIG: Die Gutscheine sind nur gültig, wenn sie beim Einkauf vom Kassenpersonal des Fabrikverkaufs ausgeschnitten werden.

Gültig bis September 2010

74613 Öhringen

RATHGEBER-MODEN

Fabrikverkauf
WERT: € **20,-**

EINKAUFS-GUTSCHEIN

Mindestwarenwert des Einkaufs: 100,- €
Gültig auch für Stoff-Meterware

Gültig bis September 2010

74862 Binau

LEVIOR

Fabrikverkauf
WERT: € **10,-**

EINKAUFS-GUTSCHEIN

Mindestwarenwert des Einkaufs: 100,- €
Nicht gültig für Aktions- und Sonderangebote

Gültig bis September 2010

75417 Mühlacker

BÖHRINGER

Fabrikverkauf
WERT: **10%**
generell

EINKAUFS-GUTSCHEIN

Gültig bis September 2010

75417 Mühlacker

BÖHRINGER

Fabrikverkauf
WERT: **10%**
generell

EINKAUFS-GUTSCHEIN

Gültig bis September 2010

75417 Mühlacker

BÖHRINGER

Fabrikverkauf
WERT: **10%**
generell

EINKAUFS-GUTSCHEIN

Gültig bis September 2010

75417 Mühlacker

BÖHRINGER

Fabrikverkauf
WERT: **10%**
generell

EINKAUFS-GUTSCHEIN

EINKAUFS-GUTSCHEIN

© Zeppelin
**Fabrik-
verkauf**

EINKAUFS-GUTSCHEIN

© Zeppelin
**Fabrik-
verkauf**

EINKAUFS-GUTSCHEIN

© Zeppelin
**Fabrik-
verkauf**

EINKAUFS-GUTSCHEIN

© Zeppelin
**Fabrik-
verkauf**

EINKAUFS-GUTSCHEIN

© Zeppelin
**Fabrik-
verkauf**

EINKAUFS-GUTSCHEIN

© Zeppelin
**Fabrik-
verkauf**

WICHTIG: Die Gutscheine sind nur gültig, wenn sie beim Einkauf vom Kassenpersonal des Fabrikverkaufs ausgeschnitten werden.

Gültig bis September 2010

75443 Ötisheim

TOFF TOGS

Fabrikverkauf
WERT: **10%**
generell

EINKAUFS-GUTSCHEIN

Nicht gültig für Aktions- und Sonderangebote
Nur gültig im Outlet Ötisheim

Gültig bis September 2010

76297 Stutensee

MEIER BALLON

Fabrikverkauf
WERT: **15%**
generell

EINKAUFS-GUTSCHEIN

Nicht gültig für bereits reduzierte Ware und
2. Wahl wie z. B. Fehldruck-Ballons

Gültig bis September 2010

76297 Stutensee

MEIER BALLON

Fabrikverkauf
WERT: **15%**
generell

EINKAUFS-GUTSCHEIN

Nicht gültig für bereits reduzierte Ware und
2. Wahl wie z. B. Fehldruck-Ballons

Gültig bis September 2010

76297 Stutensee

MELL

Fabrikverkauf
WERT: **10%**
generell

EINKAUFS-GUTSCHEIN

Nicht gültig für bereits reduzierte Ware
Nur 1 Gutschein pro Einkauf

Gültig bis September 2010

76846 Hauenstein

MOKIMO

Fabrikverkauf
WERT: **€ 5,–**

EINKAUFS-GUTSCHEIN

Gültig bis September 2010

77652 Offenbach

LUXORETTE

Fabrikverkauf
WERT: **10%**
generell

EINKAUFS-GUTSCHEIN

WICHTIG: Die Gutscheine sind nur gültig, wenn sie beim Einkauf vom Kassenpersonal des Fabrikverkaufs ausgeschnitten werden.

Gültig bis September 2010

77704 Oberkirch

APELT

Fabrikverkauf

WERT: € **10,-**

EINKAUFS-GUTSCHEIN

Mindestwarenwert des Einkaufs: 100,- €
Nicht gültig für Aktions- und Sonderangebote

Gültig bis September 2010

77933 Lahr

BONACELLI

Fabrikverkauf

WERT: € **15,-**

EINKAUFS-GUTSCHEIN

Mindestwarenwert des Einkaufs: 100,- €
Nicht gültig für reduzierte Ware und nur gültig im Outlet Lahr

---

Gültig bis September 2010

78549 Spaichingen

HOGRI

Fabrikverkauf

WERT: € **10,-**

EINKAUFS-GUTSCHEIN

Mindestwarenwert des Einkaufs: 100,- €

Gültig bis September 2010

78564 Wehingen

TITANIUM

Fabrikverkauf

WERT: € **10,-**

EINKAUFS-GUTSCHEIN

Mindestwarenwert des Einkaufs: 40,- €

Gültig bis September 2010

78564 Wehingen

TITANIUM

Fabrikverkauf

WERT: € **10,-**

EINKAUFS-GUTSCHEIN

Mindestwarenwert des Einkaufs: 40,- €

Gültig bis September 2010

78564 Wehingen

TITANIUM

Fabrikverkauf

WERT: € **10,-**

EINKAUFS-GUTSCHEIN

Mindestwarenwert des Einkaufs: 40,- €

WICHTIG: Die Gutscheine sind nur gültig, wenn sie beim Einkauf vom Kassenpersonal des Fabrikverkaufs ausgeschnitten werden.

Gültig bis September 2010

78604 Rietheim-Weilheim

HERMKO

Fabrikverkauf

EINKAUFS-GUTSCHEIN

WERT: **10%** generell

Mindestwarenwert des Einkaufs: 20,- €

Gültig bis September 2010

78604 Rietheim-Weilheim

HERMKO

Fabrikverkauf

EINKAUFS-GUTSCHEIN

WERT: **10%** generell

Mindestwarenwert des Einkaufs: 20,- €

Gültig bis September 2010

79395 Neuenburg

GUBOR

Fabrikverkauf

EINKAUFS-GUTSCHEIN

WERT: **10%** generell

Mindestwarenwert des Einkaufs: 15,- €
Nicht gültig für Saison- und Karnevalsartikel

Gültig bis September 2010

79395 Neuenburg

GUBOR

Fabrikverkauf

EINKAUFS-GUTSCHEIN

WERT: **10%** generell

Mindestwarenwert des Einkaufs: 15,- €
Nicht gültig für Saison- und Karnevalsartikel

Gültig bis September 2010

80807 München

DR. SCHNELL

Fabrikverkauf

EINKAUFS-GUTSCHEIN

WERT: € **5,-**
oder generell 10%

Mindestwarenwert des Einkaufs: 30,- €

Gültig bis September 2010

80807 München

DR. SCHNELL

Fabrikverkauf

EINKAUFS-GUTSCHEIN

WERT: € **5,-**
oder generell 10%

Mindestwarenwert des Einkaufs: 30,- €

EINKAUFS-GUTSCHEIN
© Zeppelin
Fabrik-verkauf

EINKAUFS-GUTSCHEIN
© Zeppelin
Fabrik-verkauf

EINKAUFS-GUTSCHEIN
© Zeppelin
Fabrik-verkauf

EINKAUFS-GUTSCHEIN
© Zeppelin
Fabrik-verkauf

EINKAUFS-GUTSCHEIN
© Zeppelin
Fabrik-verkauf

EINKAUFS-GUTSCHEIN
© Zeppelin
Fabrik-verkauf

WICHTIG: Die Gutscheine sind nur gültig, wenn sie beim Einkauf vom Kassenpersonal des Fabrikverkaufs ausgeschnitten werden.

Gültig bis September 2010

80807 München

DR. SCHNELL

Fabrikverkauf

WERT: € **5,-**

oder generell 10%

Mindestwarenwert des Einkaufs: 30,- €

Gültig bis September 2010

80807 München

DR. SCHNELL

Fabrikverkauf

WERT: € **5,-**

oder generell 10%

Mindestwarenwert des Einkaufs: 30,- €

Gültig bis September 2010

81829 München

AIGNER

Fabrikverkauf

WERT: € **10,-**

Mindestwarenwert des Einkaufs: 100,- €
Nur gültig im Outlet München

Gültig bis September 2010

82152 Martinsried

BASSETTI

Fabrikverkauf

WERT: € **10,-**

Mindestwarenwert des Einkaufs: 100,- €
Auch gültig im Outlet Mettlach

Gültig bis September 2010

82291 Mammendorf

ARIELLA

Fabrikverkauf

WERT: € **20,-**

Mindestwarenwert des Einkaufs: 100,- €

Gültig bis September 2010

84137 Vilsbiburg

THE BEST

Fabrikverkauf

WERT: € **10,-**

Mindestwarenwert des Einkaufs: 100,- €

WICHTIG: Die Gutscheine sind nur gültig, wenn sie beim Einkauf vom Kassenpersonal des Fabrikverkaufs ausgeschnitten werden.

Gültig bis September 2010

84364 Bad Birnbach

KIRSCHNER

Fabrikverkauf

EINKAUFS-GUTSCHEIN

WERT: € **10,-**

Mindestwarenwert des Einkaufs: 150,- €
Nicht gültig für Aktions- und Sonderangebote

Gültig bis September 2010

85055 Ingolstadt

INGOLSTADT VILLAGE

Fabrikverkauf

EINKAUFS-GUTSCHEIN

WERT: **10%**
generell

Gültig in allen teilnehmenden Geschäften
vom 15. Februar bis 15. Juni sowie
vom 16. August bis 15. November.
Kann nur direkt beim Einkauf eingelöst werden.
Gilt nicht in Verbindung mit anderen Angeboten
und nicht für bereits zusätzlich reduzierte Ware.
Nur gültig im Ingolstadt Village. Der Gutschein
muss an der Tourist Information des Ingolstadt
Village in einen Tagespass eingetauscht werden

Gültig bis September 2010

85551 Heimstetten

BOGNER

Fabrikverkauf

EINKAUFS-GUTSCHEIN

WERT: € **20,-**

Mindestwarenwert des Einkaufs: 200,- €. Nicht gültig für reduzierte Ware.
Auch gültig in den Outlets München, Ingolstadt, Wertheim, Zweibrücken,
Metzingen, Maasmechelen, Parndorf

Gültig bis September 2010

86159 Augsburg

HOLZTIGER

Fabrikverkauf

WERT: **10%**
generell

Gültig bis September 2010

86368 Gersthofen

DEUTER

Fabrikverkauf

EINKAUFS-GUTSCHEIN

WERT: **10%**
generell

Gültig im 2. Wahl-Shop

WICHTIG: Die Gutscheine sind nur gültig, wenn sie beim Einkauf vom Kassenpersonal des Fabrikverkaufs ausgeschnitten werden.

Gültig bis September 2010

86609 Donauwörth

KÄTHE KRUSE

Fabrikverkauf

WERT: € **10,-**

EINKAUFS-GUTSCHEIN

Mindestwarenwert des Einkaufs: 100,- €

Gültig bis September 2010

86609 Donauwörth

KÄTHE KRUSE

Fabrikverkauf

WERT: € **10,-**

EINKAUFS-GUTSCHEIN

Mindestwarenwert des Einkaufs: 100,- €

Gültig bis September 2010

86609 Donauwörth

KÄTHE KRUSE

Fabrikverkauf

WERT: € **10,-**

EINKAUFS-GUTSCHEIN

Mindestwarenwert des Einkaufs: 100,- €

Gültig bis September 2010

86609 Donauwörth

KÄTHE KRUSE

Fabrikverkauf

WERT: € **10,-**

EINKAUFS-GUTSCHEIN

Mindestwarenwert des Einkaufs: 100,- €

Gültig bis September 2010

86850 Aretsried

MÜLLER MILCH

Fabrikverkauf

WERT: € **3,-**

EINKAUFS-GUTSCHEIN

Mindestwarenwert des Einkaufs: 30,- €. Nur gültig im Werksverkauf Aretsried, nicht gültig bei Sonderangeboten und Mitarbeitereinkauf

---

Gültig bis September 2010

86972 Altenstadt

ELBEO

Fabrikverkauf

WERT: **20%** generell

EINKAUFS-GUTSCHEIN

EINKAUFS-GUTSCHEIN
© Zeppelin
Fabrik-
verkauf

EINKAUFS-GUTSCHEIN
© Zeppelin
Fabrik-
verkauf

EINKAUFS-GUTSCHEIN
© Zeppelin
Fabrik-
verkauf

EINKAUFS-GUTSCHEIN
© Zeppelin
Fabrik-
verkauf

EINKAUFS-GUTSCHEIN
© Zeppelin
Fabrik-
verkauf

EINKAUFS-GUTSCHEIN
© Zeppelin
Fabrik-
verkauf

WICHTIG: Die Gutscheine sind nur gültig, wenn sie beim Einkauf vom Kassenpersonal des Fabrikverkaufs ausgeschnitten werden.

Gültig bis September 2010

86972 Altenstadt

ELBEO

Fabrikverkauf

WERT: **20%**
generell

EINKAUFS-GUTSCHEIN

Gültig bis September 2010

86972 Altenstadt

ELBEO

Fabrikverkauf

WERT: **20%**
generell

EINKAUFS-GUTSCHEIN

Gültig bis September 2010

86972 Altenstadt

ELBEO

Fabrikverkauf

WERT: **20%**
generell

EINKAUFS-GUTSCHEIN

Gültig bis September 2010

87463 Dietmannsried

TÖPFER

Fabrikverkauf

WERT: **10%**
generell

EINKAUFS-GUTSCHEIN

Gültig bis September 2010

87509 Immenstadt

FASHION OUTLET CENTER BAU 5

Fabrikverkauf

WERT: **10%**
generell

EINKAUFS-GUTSCHEIN

Ausgenommen folgender Marken: Chiemsee, Madonna, Helly Hansen und Levi's

---

Gültig bis September 2010

88069 Tettnang

VAUDE

Fabrikverkauf

WERT: **€ 15,-**

EINKAUFS-GUTSCHEIN

Mindestwarenwert des Einkaufs: 150,- €

EINKAUFS-GUTSCHEIN

© Zeppelin
**Fabrik-
verkauf**

EINKAUFS-GUTSCHEIN

© Zeppelin
**Fabrik-
verkauf**

EINKAUFS-GUTSCHEIN

© Zeppelin
**Fabrik-
verkauf**

EINKAUFS-GUTSCHEIN

© Zeppelin
**Fabrik-
verkauf**

EINKAUFS-GUTSCHEIN

© Zeppelin
**Fabrik-
verkauf**

EINKAUFS-GUTSCHEIN

© Zeppelin
**Fabrik-
verkauf**

WICHTIG: Die Gutscheine sind nur gültig, wenn sie beim Einkauf vom Kassenpersonal des Fabrikverkaufs ausgeschnitten werden.

Gültig bis September 2010

88131 Lindau

LORENZ SNACK-WORLD

Fabrikverkauf

WERT: **5 Tüten Crunchips**

Beim Kauf von 5 Tüten Crunchips gibt es weitere 5 Tüten Crunchips gratis dazu

---

Gültig bis September 2010

88239 Wangen

LUXORETTE

Fabrikverkauf

WERT: **10%** <u>generell</u>

Gültig bis September 2010

88422 Bad Buchau

GÖTZBURG

Fabrikverkauf

WERT: € **10,-**

Mindestwarenwert des Einkaufs: 100,- €
Nicht gültig für Aktions- und Sonderangebote

Gültig bis September 2010

88422 Bad Buchau

GÖTZBURG

Fabrikverkauf

WERT: € **10,-**

Mindestwarenwert des Einkaufs: 100,- €
Nicht gültig für Aktions- und Sonderangebote

Gültig bis September 2010

88422 Bad Buchau

GÖTZBURG

Fabrikverkauf

WERT: € **10,-**

Mindestwarenwert des Einkaufs: 100,- €
Nicht gültig für Aktions- und Sonderangebote

Gültig bis September 2010

88422 Bad Buchau

GÖTZBURG

Fabrikverkauf

WERT: € **10,-**

Mindestwarenwert des Einkaufs: 100,- €
Nicht gültig für Aktions- und Sonderangebote

WICHTIG: Die Gutscheine sind nur gültig, wenn sie beim Einkauf vom Kassenpersonal des Fabrikverkaufs ausgeschnitten werden.

Gültig bis September 2010

88499 Riedlingen

GÖNNER

Fabrikverkauf

WERT: € **10,-**

EINKAUFS-GUTSCHEIN

Mindestwarenwert des Einkaufs: 50,- €
Auch gültig in den Outlets Weitnau, Gremsdorf, Burgau und Selb

---

Gültig bis September 2010

89150 Laichingen

WÄSCHEKRONE

Fabrikverkauf

WERT: € **10,-**

EINKAUFS-GUTSCHEIN

Mindestwarenwert des Einkaufs: 150,- €

Gültig bis September 2010

89415 Lauingen

BI SHOPPING STORE

Fabrikverkauf

WERT: **20%**
generell

EINKAUFS-GUTSCHEIN

Gültig bis September 2010

89415 Lauingen

BI SHOPPING STORE

Fabrikverkauf

WERT: **20%**
generell

EINKAUFS-GUTSCHEIN

Gültig bis September 2010

89415 Lauingen

BI SHOPPING STORE

Fabrikverkauf

WERT: **20%**
generell

EINKAUFS-GUTSCHEIN

Gültig bis September 2010

90571 Schwaig

WACHTER

Fabrikverkauf

WERT: € **5,-**

EINKAUFS-GUTSCHEIN

Mindestwarenwert des Einkaufs: 50,- €

WICHTIG: Die Gutscheine sind nur gültig, wenn sie beim Einkauf vom Kassenpersonal des Fabrikverkaufs ausgeschnitten werden.

Gültig bis September 2010

90571 Schwaig

WACHTER

Fabrikverkauf
WERT: € **5,-**

Mindestwarenwert des Einkaufs: 50,- €

Gültig bis September 2010

90765 Fürth

STORKI TOYS

Fabrikverkauf
WERT: € **10,-**

Mindestwarenwert des Einkaufs: 100,- €
oder generell 10%, ausgenommen rot ausgezeichnete Produkte

Gültig bis September 2010

91052 Erlangen

VIA APPIA

Fabrikverkauf
WERT: € **10,-**

Mindestwarenwert des Einkaufs: 100,- €
Nicht gültig für Aktions- und Sonderangebote

Gültig bis September 2010

91074 Herzogenaurach

ADIDAS

Fabrikverkauf
WERT: € **10,-**

Mindestwarenwert des Einkaufs: 50,- €. Nur einzeln einlösbar, nicht mit anderen Aktionen oder Rabatten kombinierbar. Gültig nur in den Outlets Herzogenaurach, Piding, Metzingen, Stuhr-Brinkum, Wustermark, Zweibrücken

---

Gültig bis September 2010

91074 Herzogenaurach

PUMA

Fabrikverkauf
WERT: € **10,-**

Mindestwarenwert des Einkaufs: 100,- €
Gültig in allen Puma Outlets

Gültig bis September 2010

91074 Herzogenaurach

PUMA

Fabrikverkauf
WERT: € **10,-**

Mindestwarenwert des Einkaufs: 100,- €
Gültig in allen Puma Outlets

WICHTIG: Die Gutscheine sind nur gültig, wenn sie beim Einkauf vom Kassenpersonal des Fabrikverkaufs ausgeschnitten werden.

Gültig bis September 2010

91077 Neunkirchen

NABER

Fabrikverkauf

WERT: **10%** generell

EINKAUFS-GUTSCHEIN

Nicht gültig für 2. Wahl-Artikel und bereits reduzierte Ware

Gültig bis September 2010

91217 Hersbruck

CARL GROSS

Fabrikverkauf

WERT: € **10,-**

EINKAUFS-GUTSCHEIN

Mindestwarenwert des Einkaufs: 100,- €
Nicht gültig für Aktions- und Sonderangebote

Gültig bis September 2010

91217 Hersbruck

FACKELMANN

Fabrikverkauf

WERT: € **10,-**

EINKAUFS-GUTSCHEIN

Mindestwarenwert des Einkaufs: 100,- €
Nur gültig im Fackelmann Schnäppchenmarkt in Hersbruck

Gültig bis September 2010

91330 Eggolsheim

FAHRHANS

Fabrikverkauf

WERT: € **10,-**

EINKAUFS-GUTSCHEIN

Mindestwarenwert des Einkaufs: 100,- €. Nicht gültig für Aktions- und reduzierte Ware sowie für Accessoires

---

Gültig bis September 2010

91550 Dinkelsbühl

VOGELSANG

Fabrikverkauf

WERT: **10%** generell

EINKAUFS-GUTSCHEIN

Nicht gültig für Aktions- und Sonderangebote

Gültig bis September 2010

92421 Schwandorf

WOLF

Fabrikverkauf

WERT: **10%** generell

EINKAUFS-GUTSCHEIN

Ausgenommen: Sonderangebote, unsortierte Ware und Großverkauf (Gastro). Auch gültig in den Outlets Nürnberg und Schmölln

WICHTIG: Die Gutscheine sind nur gültig, wenn sie beim Einkauf vom Kassenpersonal des Fabrikverkaufs ausgeschnitten werden.

Gültig bis September 2010

92431 Neunburg vorm Wald

LORENZ SNACK-WORLD

Fabrikverkauf

EINKAUFS-GUTSCHEIN

WERT: **5 Tüten Crunchips**

Beim Kauf von 5 Tüten Crunchips gibt es weitere 5 Tüten Crunchips gratis dazu

---

Gültig bis September 2010

92648 Vohenstrauß

ARZBERG

Fabrikverkauf

EINKAUFS-GUTSCHEIN

WERT: **€ 10,-**

Mindestwarenwert des Einkaufs: 100,- €
Nicht gültig für Aktions- und Sonderangebote

Gültig bis September 2010

92703 Krummennaab

WEIDNER

Fabrikverkauf

EINKAUFS-GUTSCHEIN

WERT: **€ 10,-**

Mindestwarenwert des Einkaufs: 100,- €
Nicht gültig für Aktions- und Sonderangebote

Gültig bis September 2010

93164 Laaber

SEIDL

Fabrikverkauf

EINKAUFS-GUTSCHEIN

WERT: **€ 5,-**

Mindestwarenwert des Einkaufs: 50,- €
Nicht gültig für Aktions- und Sonderangebote. Nur gültig im Outlet Laaber

---

Gültig bis September 2010

94060 Pocking

WINKLHOFER

Fabrikverkauf

EINKAUFS-GUTSCHEIN

WERT: **10%** _generell_

Nicht kombinierbar mit zusätzlichen Rabatt-Aktionen

Gültig bis September 2010

94227 Zwiesel

ZWIESEL KRISTALLGLAS WERKSVERKAUF

Fabrikverkauf

EINKAUFS-GUTSCHEIN

WERT: nachstehend

Kostenlose Werksführung. Gläserner Glücksbringer als Geschenk.
Kostenloses Haferl Kaffee ab einem Einkauf von 25,- €

EINKAUFS-GUTSCHEIN
© Zeppelin
Fabrik-
verkauf

EINKAUFS-GUTSCHEIN
© Zeppelin
Fabrik-
verkauf

EINKAUFS-GUTSCHEIN
© Zeppelin
Fabrik-
verkauf

EINKAUFS-GUTSCHEIN
© Zeppelin
Fabrik-
verkauf

EINKAUFS-GUTSCHEIN
© Zeppelin
Fabrik-
verkauf

EINKAUFS-GUTSCHEIN
© Zeppelin
Fabrik-
verkauf

WICHTIG: Die Gutscheine sind nur gültig, wenn sie beim Einkauf vom Kassenpersonal des Fabrikverkaufs ausgeschnitten werden.

Gültig bis September 2010

94249 Bodenmais

ARZBERG

Fabrikverkauf
WERT: € **10,-**

EINKAUFS-GUTSCHEIN

Mindestwarenwert des Einkaufs: 100,- €
Nicht gültig für Aktions- und Sonderangebote

Gültig bis September 2010

95028 Hof

CASHMERE SHOP

Fabrikverkauf
WERT: € **10,-**

EINKAUFS-GUTSCHEIN

Mindestwarenwert des Einkaufs: 100,- €

Gültig bis September 2010

95213 Münchberg

FICKENSCHER

Fabrikverkauf
WERT: € **10,-**

EINKAUFS-GUTSCHEIN

Mindestwarenwert des Einkaufs: 60,- €
Nicht gültig für Aktions- und Sonderangebote

Gültig bis September 2010

95213 Münchberg

FICKENSCHER

Fabrikverkauf
WERT: € **10,-**

EINKAUFS-GUTSCHEIN

Mindestwarenwert des Einkaufs: 60,- €
Nicht gültig für Aktions- und Sonderangebote

Gültig bis September 2010

95355 Presseck

BODENSCHATZ

Fabrikverkauf
WERT: € **10,-**

EINKAUFS-GUTSCHEIN

Mindestwarenwert des Einkaufs: 100,- €
Nicht gültig für Aktions- und Sonderangebote

Gültig bis September 2010

95643 Tirschenreuth

HATICO

Fabrikverkauf
WERT: € **10,-**

EINKAUFS-GUTSCHEIN

Mindestwarenwert des Einkaufs: 100,- €
Nicht gültig für Aktions- und Sonderangebote

EINKAUFS-GUTSCHEIN
© Zeppelin
Fabrik-verkauf

EINKAUFS-GUTSCHEIN
© Zeppelin
Fabrik-verkauf

EINKAUFS-GUTSCHEIN
© Zeppelin
Fabrik-verkauf

EINKAUFS-GUTSCHEIN
© Zeppelin
Fabrik-verkauf

EINKAUFS-GUTSCHEIN
© Zeppelin
Fabrik-verkauf

EINKAUFS-GUTSCHEIN
© Zeppelin
Fabrik-verkauf

WICHTIG: Die Gutscheine sind nur gültig, wenn sie beim Einkauf vom Kassenpersonal des Fabrikverkaufs ausgeschnitten werden.

Gültig bis September 2010

95659 Arzberg

ARZBERG

Fabrikverkauf

WERT: € **10,-**

EINKAUFS-GUTSCHEIN

Mindestwarenwert des Einkaufs: 100,- €
Nicht gültig für Aktions- und Sonderangebote

Gültig bis September 2010

95659 Arzberg

ARZBERG

Fabrikverkauf

WERT: € **10,-**

EINKAUFS-GUTSCHEIN

Mindestwarenwert des Einkaufs: 100,- €
Nicht gültig für Aktions- und Sonderangebote

Gültig bis September 2010

96052 Bamberg

GREIFF

Fabrikverkauf

WERT: € **20,-**

EINKAUFS-GUTSCHEIN

Mindestwarenwert des Einkaufs: 80,- €

Gültig bis September 2010

96129 Strullendorf

STEBA

Fabrikverkauf

WERT: **20%**
generell

EINKAUFS-GUTSCHEIN

Gültig bis September 2010

96237 Ebersdorf

ROBA

Fabrikverkauf

WERT: € **10,-**

EINKAUFS-GUTSCHEIN

Oder generell 10%. Mindestwarenwert des Einkaufs: 100,- €
Nur gültig im Werksverkauf der roba Baumann GmbH, Ebersdorf

Gültig bis September 2010

96242 Sonnefeld

HAUCK DESIGN

Fabrikverkauf

WERT: € **25,-**

EINKAUFS-GUTSCHEIN

Mindestwarenwert d. Einkaufs 250,- €. Nur gültig bei Heike Hauck Design
Bieberbacher Str. 12 und nur gültig für Eigenprodukte

671

EINKAUFS-GUTSCHEIN

© Zeppelin
Fabrikverkauf

EINKAUFS-GUTSCHEIN

© Zeppelin
Fabrikverkauf

EINKAUFS-GUTSCHEIN

© Zeppelin
Fabrikverkauf

EINKAUFS-GUTSCHEIN

© Zeppelin
Fabrikverkauf

EINKAUFS-GUTSCHEIN

© Zeppelin
Fabrikverkauf

EINKAUFS-GUTSCHEIN

© Zeppelin
Fabrikverkauf

WICHTIG: Die Gutscheine sind nur gültig, wenn sie beim Einkauf vom Kassenpersonal des Fabrikverkaufs ausgeschnitten werden.

Gültig bis September 2010

96450 Coburg

FEYLER

Fabrikverkauf

WERT: € **5,-**

Mindestwarenwert des Einkaufs 50,- €
Nicht gültig für Aktions- und Sonderangebote

Gültig bis September 2010

96450 Coburg

DEHLER

Fabrikverkauf

WERT: € **10,-**

Mindestwarenwert des Einkaufs: 100,- €
Nicht gültig für Aktions- und Sonderangebote

Gültig bis September 2010

96472 Rödental

GOEBEL

Fabrikverkauf

WERT: € **10,-**

Mindestwarenwert des Einkaufs: 50,- €
Nur gültig für 1. Wahl-Artikel

Gültig bis September 2010

96523 Steinach

MAROLIN

Fabrikverkauf

WERT: € **10,-**

Mindestwarenwert des Einkaufs: 100,- €
Nicht gültig für Aktions- und Sonderangebote

Gültig bis September 2010

97199 Ochsenfurt Hohestadt

KNEIPP

Fabrikverkauf

WERT: € **10,-**

Mindestwarenwert des Einkaufs: 100,- €
Nur gültig im Fabrikverkauf Ochsenfurt Hohestadt

Gültig bis September 2010

97350 Mainbernheim

BÄREN SCHMIDT

Fabrikverkauf

WERT: **10%**
generell

Nicht gültig für Aktions- und Boutique-Artikel,
lose Ware, Bruch und Backwaren

EINKAUFS-GUTSCHEIN
© Zeppelin
Fabrik-verkauf

EINKAUFS-GUTSCHEIN
© Zeppelin
Fabrik-verkauf

EINKAUFS-GUTSCHEIN
© Zeppelin
Fabrik-verkauf

EINKAUFS-GUTSCHEIN
© Zeppelin
Fabrik-verkauf

EINKAUFS-GUTSCHEIN
© Zeppelin
Fabrik-verkauf

EINKAUFS-GUTSCHEIN
© Zeppelin
Fabrik-verkauf

WICHTIG: Die Gutscheine sind nur gültig, wenn sie beim Einkauf vom Kassenpersonal des Fabrikverkaufs ausgeschnitten werden.

Gültig bis September 2010

97475 Zeil a. Main

ERBELLE

Fabrikverkauf

WERT: € **10,-**

EINKAUFS-GUTSCHEIN

Mindestwarenwert des Einkaufs: 100,- €
Nur gültig im Erbelle-Shop Zeil am Main

Gültig bis September 2010

97877 Wertheim

WERTHEIM VILLAGE

Fabrikverkauf

WERT: **10%**
generell

EINKAUFS-GUTSCHEIN

Gültig in allen teilnehmenden Geschäften
Ihrer Wahl vom 15. Februar bis 15. Juni
sowie vom 15. August bis 15. November.
Kann nur direkt beim Einkauf eingelöst werden.
Gilt nicht in Verbindung mit anderen Angeboten
und nicht für bereits reduzierte Ware.
Nur gültig im Wertheim Village.
Der Gutschein muss im Wertheim Village an der Tourist-
Information in einen Tagespass eingetauscht werden

Gültig bis September 2010

98739 Lichte

LICHTE

Fabrikverkauf

WERT: € **5,-**

EINKAUFS-GUTSCHEIN

Mindestwarenwert des Einkaufs: 100,- €

Gültig bis September 2010

B-3630 Maasmechelen

MAASMECHELEN VILLAGE

Fabrikverkauf

WERT: **10%**
generell

EINKAUFS-GUTSCHEIN

Gültig in 5 Boutiquen Ihrer Wahl. Nicht gültig für reduzierte Ware.
Nur gültig vom 1.2.-14.5.09 und 1.8.-14.11.09

Gültig bis September 2010

B-3630 Maasmechelen

MAASMECHELEN VILLAGE

Fabrikverkauf

WERT: **10%**
generell

EINKAUFS-GUTSCHEIN

Gültig in 5 Boutiquen Ihrer Wahl. Nicht gültig für reduzierte Ware.
Nur gültig vom 1.2.-14.5.09 und 1.8.-14.11.09

EINKAUFS-GUTSCHEIN

© Zeppelin
Fabrik-verkauf

EINKAUFS-GUTSCHEIN

© Zeppelin
Fabrik-verkauf

EINKAUFS-GUTSCHEIN

© Zeppelin
Fabrik-verkauf

EINKAUFS-GUTSCHEIN

© Zeppelin
Fabrik-verkauf

EINKAUFS-GUTSCHEIN

© Zeppelin
Fabrik-verkauf

EINKAUFS-GUTSCHEIN

© Zeppelin
Fabrik-verkauf

WICHTIG: Die Gutscheine sind nur gültig, wenn sie beim Einkauf vom Kassenpersonal des Fabrikverkaufs ausgeschnitten werden.

Gültig bis September 2010

B-3630 Maasmechelen

MAASMECHELEN VILLAGE

Fabrikverkauf

WERT: 10% generell

EINKAUFS-GUTSCHEIN

Gültig in 5 Boutiquen Ihrer Wahl. Nicht gültig für reduzierte Ware.
Nur gültig vom 1.2.-14.5.09 und 1.8.-14.11.09

Gültig bis September 2010

B-3630 Maasmechelen

MAASMECHELEN VILLAGE

Fabrikverkauf

WERT: 10% generell

EINKAUFS-GUTSCHEIN

Gültig in 5 Boutiquen Ihrer Wahl. Nicht gültig für reduzierte Ware.
Nur gültig vom 1.2.-14.5.09 und 1.8.-14.11.09

Gültig bis September 2010

NL-6041 TD Roermond

DESIGNER OUTLET ROERMOND

Fabrikverkauf

WERT: 10% Discount Card

EINKAUFS-GUTSCHEIN

Sie erhalten an der Center-Information im Designer Outlet Roermond
eine VIP Discount Card für weitere 10% Rabatt in ausgewählten Shops

Firmenregister

Abkürzungen der Produktgruppen:
B = Bekleidung; **F** = Fabrikverkaufszentren; **G/K/P** = Glas, Keramik, Porzellan;
H = Haushaltswaren und -geräte; **K/R** = Kosmetika, Reinigungsmittel;
L/S = Lederwaren, Schuhe; **M** = Möbel; **N/G** = Nahrungs- und Genussmittel;
S = Sonstiges; **S/S** = Spielwaren, Sportartikel; **S/U** = Schmuck, Uhren;
T/B = Textil- und Bettwaren

A

A2 OUTLET CENTER, **F**, *584*
ACKEL, **B**, *252*
ACTIVLINE, **S**, *563*
ADIDAS, **B**, *177, 185, 246, 276, 318, 336*
ADLER, **N/G**, *141*
ADRIAN, **M**, *409*
AFS, **L/S**, *46*
AGILUS, **N/G**, *75*
AGRIMEAT, **N/G**, *111*
AHLERS, **B**, *191*
AHORN, **B**, *225*
AIGNER, **B**, *314*
ALDENHOVEN, **N/G**, *100*
ALFI, **H**, *475*
ALGI, **K/R**, *546*
ALIDE, **B**, *263*
ALLGÄULAND, **N/G**, *148*
ALNO, **M**, *419*
ALTHANS, **S/S**, *438*
AMBIENTE KRISTALL, **G/K/P**, *381*
AMT, **H**, *463*
ANNABURG PORZELLAN, **G/K/P**, *366*
ANOLICK, **B**, *348*
APART, **T/B**, *501, 521*
APELT, **T/B**, *515*
ARA, **L/S**, *23*
ARABELLA, **B**, *202*
ARAMI & RAMIM, **B**, *277*
ARENA, **B**, *352*
ARIELLA, **B**, *316*
ARZBERG, **G/K/P**, *379, 383, 391, 392*
ASCAFA, **B**, *240*
ASELI, **N/G**, *65*
ASTE, **T/B**, *513*
ASTRO, **N/G**, *90*
ATELIER JEANNETTE, **L/S**, *31*
ATHLET SPORT, **B**, *274*
AUERHAHN, **H**, *468*
AUGENTHALER & HEBERER, **L/S**, *30*
AUTHENTIC KLEIN, **B**, *327*
AZ MODELL, **B**, *199*

B

BAF, **H**, *454*
BAGEL BAKERY, **N/G**, *58*
BAHAMA BEACH, **B**, *170*
BAHLSEN, **N/G**, *63, 77, 84*
BALBACH, **B**, *299*
BALLY, **L/S**, *35*
BALTES, **L/S**, *26*
BÄREN SCHMIDT, **N/G**, *164*
BÄRENSCHLAF, **T/B**, *487*
BARTH & BAUER, **L/S**, *29*
BASLER, **B**, *239*
BASSETTI, **T/B**, *500, 520*
BAUER, **B**, *293*
BAUER, **S/S**, *433*
BAUMHÜTER, **B**, *193*
BÄUMLER, **B**, *320, 344*
BAUSE, **L/S**, *24*
BAWAG, **N/G**, *115*
BAYERN ZINN, **G/K/P**, *380*
BAZLEN, **L/S**, *36*
BECK, **S/S**, *429*
BECKER, **T/B**, *498*
BECON, **B**, *175*
BEIER, **N/G**, *159*
BEKA, **B**, *268*
BELLMIRA, **K/R**, *547*

Firmenregister

BENETTON, **B**, *206, 234*
BENVENUTO, **B**, *229*
BERGGOLD, **N/G**, *61*
BERGMANN, **L/S**, *25*
BERND BERGER, **B**, *225*
BERND LÜBBENJANS, **B**, *216*
BERNDES, **H**, *464*
BERNING, **N/G**, *108*
BERRYWELL, **K/R**, *534*
BERWIN & WOLFF, **B**, *322*
BEST, **M**, *413*
BETTY BARCLAY, **B**, *250, 349*
BI, **B**, *333*
BIERBAUM, **T/B**, *491, 497*
BIG STAR, **B**, *310*
BIHLER, **K/R**, *542*
BIKE-PLANTAGE, **S/S**, *424*
BINI, **B**, *300*
BIODROGA, **K/R**, *545*
BIRITA, **B**, *330*
BIRKEL, **N/G**, *125, 127*
BIRKENSTOCK, **L/S**, *26*
BMF, **G/K/P**, *394*
BODENSCHATZ, **L/S**, *51*
BODET & HORST, **T/B**, *495*
BODYART, **B**, *264*
BOGI, **B**, *260*
BOGNER, **B**, *322*
BOGNER LEATHER, **L/S**, *29*
BÖHRINGER, **S/U**, *449*
BONACELLI, **B**, *308*
BONDI-DRESS, **B**, *256*
BONITA, **B**, *214*
BÖRDE, **N/G**, *96*
BORGELT, **B**, *227*
BORN TO BE, **B**, *204*
BOSCH CONFISERIE, **N/G**, *132*
BOSERO, **S**, *570*
BOSS, **B**, *277*
BOTTHOF, **B**, *194*
BRÄNDLE, **N/G**, *130*
BRANDT, **N/G**, *117, 141, 169*
BRAUN, **T/B**, *512*
BRAUN BÜFFEL, **L/S**, *27*
BRAUNS HEITMANN, **S**, *554*
BRAUNSCHWEIGER BETTFEDERN, **T/B**, *489*
BRAX, **B**, *190*
BRECKLE, **T/B**, *504*

BREE, **L/S**, *21*
BRENNET, **T/B**, *518*
BRIGITTE VON BOCH, **S**, *567*
BRILLIANT, **S**, *552*
BRÜHL, **B**, *201*
BRUNO BANANI, **B**, *171*
BÜBCHEN, **K/R**, *536*
BUCHNER, **N/G**, *142*
BUCHSTEINER, **H**, *469*
BUECKLE, **B**, *303*
BUGATTI, **B**, *190*
BÜHLER, **B**, *257*
BÜLTEL, **B**, *219*
BURBERRY, **B**, *278*
BURGVOGEL, **H**, *458*
BURLINGTON, **B**, *311*
BÜTTNER, **B**, *358*

C

CALGON, **K/R**, *537*
CARHARTT, **B**, *310*
CARL GROSS, **B**, *339*
CARLO COLUCCI, **B**, *342*
CASHMERE SHOP, **T/B**, *525*
CAVALLO, **B**, *224*
CBS, **L/S**, *50*
CECEBA, **B**, *257*
CELLINI, **B**, *264*
CENTA-STAR, **T/B**, *502, 504*
CENTER M, **B**, *265*
CHAMP, **L/S**, *48*
CHAMPIGNON, **N/G**, *144*
CHARMOR, **B**, *347*
CHERVO, **B**, *278*
CHICCO, **S**, *565*
CHRISTL, **B**, *290*
CINQUE, **B**, *178, 207, 279*
CLEMENS, **S/S**, *430*
COLSMAN, **T/B**, *490*
COMAZO, **B**, *267, 291*
CON-TA, **B**, *271*
CONVERSE, **B**, *210*
CONZELMANN, **B**, *272*
COPPENRATH & WIESE, **N/G**, *107, 112*
COSMA, **B**, *217*
COUNTRY LINE, **B**, *320*
CRUSE, **B**, *219*

D

DALLI, **K/R**, *535*
DAMINO, **T/B**, *477*
DANIEL HECHTER, **B**, *242*
DANIELS, **B**, *224*
DANIELS & KORFF, **B**, *225*
DANNECKER, **B**, *258*
DÄUMLING, **L/S**, *33*
DAUT, **N/G**, *88*
DEHLER, **T/B**, *530*
DELITZSCHER SCHOKOLADEN, **N/G**, *55*
DELIUS, **T/B**, *486*
DELMOD, **B**, *183*
DESCH, **B**, *236*
DESIGNER OUTLET B5, **F**, *583*
DESIGNER OUTLET ROERMOND, **F**, *588*
DESIGNER OUTLETS WOLFSBURG, **F**, *583*
DESIGNER OUTLETS ZWEIBRÜCKEN, **F**, *585*
DEUTER, **S/S**, *432*
DIBBERN, **H**, *474*
DICKIE, **S/S**, *440*
DICKMANN'S, **N/G**, *66*
DIESEL, **B**, *205*, *279*
DIETZ, **L/S**, *32*
DIGEL, **B**, *255*
DIMA, **M**, *414*
DINKELACKER, **L/S**, *38*
DITTMANN, **N/G**, *122*
DK BERUFSMODEN, **B**, *221*
DOCKERS, **L/S**, *33*
DÖLLINGHAREICO, **N/G**, *76*
DOMAL, **K/R**, *548*
DÖRHÖFER, **S**, *566*
DORIS MEYER, **T/B**, *506*
DORIS STREICH, **B**, *258*
DORKO, **H**, *459*
DORMISETTE, **T/B**, *491*
DOROTHEENHÜTTE, **G/K/P**, *376*
DR. SCHELLER, **K/R**, *541*
DRABERT, **M**, *403*
DRAGEES AUS WESEKE, **N/G**, *101*
DREIMEISTER, **N/G**, *118*
DREISTERN, **N/G**, *68*
DRESDNER SPITZEN, **T/B**, *477*
DRETEX, **B**, *172*
DUKAL, **T/B**, *516*
DYRBERG/KERN, **S/U**, *448*

E

EBERHARDT, **N/G**, *121*
ECKERT, **S/S**, *444*
EDEL, **N/G**, *143*
EDELMANN, **T/B**, *522*
EDUARD DRESSLER, **B**, *237*
EFIXELLE, **B**, *259*
EFRUTI, **N/G**, *157*
EHRMANN, **N/G**, *145*
EICHETTI, **N/G**, *165*
EICHHOLZ, **L/S**, *24*
EICHHORN, **S**, *580*
EICKER, **H**, *456*
EINHORN, **B**, *255*
EISCH, **G/K/P**, *384*
EISEND, **B**, *362*
ELATEX, **B**, *200*
ELBEO, **B**, *326*
ELEGANCE, **B**, *194*
ELO, **T/B**, *512*
ELSIWA, **B**, *298*
ELZER BACKWAREN, **N/G**, *85*
EM-ES-TE, **T/B**, *489*
EM-EUKAL, **N/G**, *153*
EMSA, **H**, *460*
ENGEL, **B**, *293*
ENGEL, **S/S**, *439*
ENZIAN, **K/R**, *540*
EOC, **F**, *584*
ERASCO, **N/G**, *73*
ERBELLE, **T/B**, *531*
ERES, **B**, *307*
ERFO, **B**, *220*
ERGEE, **B**, *327*
ERIMA, **B**, *295*
ERLAU, **M**, *415*
ERLENBACHER, **N/G**, *121*
ERLMEIER, **B**, *319*
ERNESTO TOYS, **S/S**, *425*
ESCADA, **B**, *279*
ESDA, **B**, *174*
ESGE, **B**, *268*
ESPRIT, **B**, *207*, *280*
ESTELLA, **T/B**, *523*

Firmenregister

ETERNA, **B**, *346*
EURAS, **H**, *471*
EURESS, **B**, *228*
EUROFOAM, **T/B**, *510*
EWERS, **B**, *232*
EXCELLENT, **N/G**, *136*

F

F.A.N., **T/B**, *478, 500, 529*
FABER, **B**, *350*
FABRIKVERKAUF SULZBACH, **B**, *245*
FACKELMANN, **H**, *473*
FAHRHANS, **B**, *341*
FAKIR, **H**, *467*
FALKE, **B**, *229*
FALKE, **B**, *231*
FARBGLASHÜTTE, **G/K/P**, *397*
FASAN, **L/S**, *34*
FASHION FACTORY STORE, **B**, *213*
FASHION OUTLET, **B**, *244, 316*
FASHION OUTLET SCHROZBERG, **B**, *305*
FAUSTMANN, **B**, *329*
FEILER, **T/B**, *528*
FELINA, **B**, *248*
FERBEDO, **S/S**, *435*
FEYLER, **N/G**, *163*
FICKENSCHER, **N/G**, *161*
FIFTY FIVE, **B**, *343*
FISCHER, **B**, *302*
FISCHER, **L/S**, *20*
FISCHER, **M**, *420*
FISCHER, **N/G**, *79*
FISCHER, **T/B**, *528*
FISSLER, **H**, *461*
FLAIZ, **M**, *413*
FLEISCHWAREN LAGERVERKAUF, **N/G**, *131*
FLORA, **S**, *564*
FM-BÜROMÖBEL, **M**, *402*
FORMAT, **B**, *171*
FORMESSE, **T/B**, *519*
FRAAS, **B**, *351*
FRANK, **N/G**, *162*
FRANKONIA, **B**, *359*
FRANKONIA, **N/G**, *164*
FREITAG, **N/G**, *80*
FRICOPAN, **N/G**, *95*
FRIEBEL, **N/G**, *81*
FRIEDOLA, **S**, *556*
FRIESLAND, **G/K/P**, *370*
FRIPA, **S**, *566*
FROHN, **T/B**, *527*
FRONHOFFS, **N/G**, *104*
FROTTANA, **T/B**, *478*
FRUIT OF THE LOOM, **B**, *248*
FUCHS & SCHMITT, **B**, *236*
FUJITSU SIEMENS, **S**, *574*
FUNKE, **T/B**, *480*
FÜRSTENBERG PORZELLAN, **G/K/P**, *371*

G

GABOR, **L/S**, *44*
GAENSLEN & VÖLTER, **T/B**, *507*
GALA, **S**, *577*
GANTER, **L/S**, *43*
GARDENA, **S**, *575*
GARDEUR, **B**, *183*
GARPA, **M**, *401*
GEFI, **T/B**, *502*
GEHRING, **H**, *456*
GEIS, **B**, *242*
GEORGI, **B**, *268*
GERBI, **B**, *309*
GERRY WEBER, **B**, *198*
GERSTER, **T/B**, *522*
GESKA, **T/B**, *498*
GIES, **S**, *551*
GIESEN & FORSTHOFF, **H**, *455*
GIESSER, **H**, *467*
GIN TONIC, **B**, *250*
GINA B, **B**, *214*
GINO LOMBARDI, **B**, *275*
GLÄSER, **B**, *226*
GLEN DIMPLEX, **H**, *475*
GLUMANN, **B**, *243*
GOEBEL, **G/K/P**, *396*
GOLDEN HEAD, **L/S**, *28*
GOLDEN LADY, **B**, *232*
GOLDMÄNNCHEN, **N/G**, *146*
GOLDPFEIL, **L/S**, *28*
GOLFINO, **B**, *180*
GOLLE HAUG, **B**, *272*
GÖNNER, **B**, *332*
GONSO, **B**, *272*

Firmenregister

GOTTENA, **N/G**, *83*
GOTTLIEB, **S/U**, *446*
GÖTZBURG, **B**, *332*
GRABOWER, **N/G**, *69*
GRAFSCHAFTER, **N/G**, *116*
GRAU AROMATICS, **K/R**, *543*
GREIFF, **B**, *355*
GRIESSON - DE BEUKELAER, **N/G**, *62, 105, 117, 147*
GROSANA, **T/B**, *508*
GRUYTERS, **N/G**, *104*
GUBOR, **N/G**, *139*
GUDRUN SJÖDEN, **B**, *335*
GUMMI BEAR FACTORY, **N/G**, *68*
GUMMI-BÄREN-LAND, **N/G**, *125, 128, 131, 133, 134, 137*
GUNDELSHEIM CONSERVEN, **N/G**, *136*
GUSTOLAND, **N/G**, *100*

H

HACHEZ, **N/G**, *81*
HACO, **L/S**, *45*
HAGNER, **K/R**, *539*
HAHN, **B**, *301*
HAILO, **S**, *555*
HALLHUBER, **B**, *313*
HALLOREN, **N/G**, *58*
HAMA, **S**, *575*
HAMMER, **B**, *350*
HANNA, **N/G**, *88*
HANNINGER, **B**, *244*
HANSA, **N/G**, *108*
HAPA, **T/B**, *499*
HARDY, **B**, *251*
HARIBO, **N/G**, *62, 98, 116*
HARK, **S**, *559*
HARRY, **N/G**, *84*
HARTAN, **S**, *580*
HARTER, **B**, *256*
HARZKRISTALL, **G/K/P**, *372*
HATICO, **B**, *354*
HAUBER, **B**, *292*
HAUCK, **S**, *581*
HAUCK DESIGN, **S**, *581*
HAUSEL, **M**, *419*
HAWESTA, **N/G**, *74*
HECKING, **T/B**, *495*

HEEMANN, **N/G**, *111*
HEIM CHIC, **B**, *261*
HEIN, **N/G**, *110*
HEIN GERICKE, **B**, *176, 206*
HEINRICH WINTERLING, **G/K/P**, *388*
HELLESIA, **N/G**, *105*
HENKEL, **M**, *416*
HENRI, **N/G**, *57*
HEPCO & BECKER, **S**, *568*
HERDER, **H**, *457*
HERDING, **T/B**, *492*
HERMKO, **B**, *308*
HERNER GLAS, **S**, *558*
HERO, **H**, *476*
HEROS, **S/S**, *436*
HERR, **S/U**, *449*
HERRMANN, **N/G**, *132*
HERTA, **N/G**, *99*
HESCO, **N/G**, *97*
HESS, **S/S**, *423*
HIESTAND, **N/G**, *166*
HILTL, **B**, *342*
HIMOLLA, **M**, *418*
HIPP, **B**, *296*
HIRSCH, **N/G**, *137*
HOAL, **B**, *357*
HÖCHSTER PORZELLAN, **G/K/P**, *374*
HÖFER, **B**, *353*
HOGRI, **S**, *572*
HOHENSTEIN, **B**, *304*
HOLZTIGER, **S/S**, *431*
HOMANN, **N/G**, *109*
HORNSCHUCH, **S**, *570*
HORSY, **B**, *363*
HOSTA, **N/G**, *135*
HOWANA, **B**, *200*
HUBERMASCHE, **B**, *269*
HUCKE, **B**, *192*
HUDSON KUNERT, **B**, *326*
HÜGLI, **N/G**, *138*
HUMARO, **L/S**, *52*
HUMBERT, **B**, *248*
HUOBER, **N/G**, *129*
HUTSCHENREUTHER, **G/K/P**, *381, 386, 390, 392*
HWF, **T/B**, *482*

Firmenregister

I

IBENA, **T/B**, *493*
IGLO, **N/G**, *106*
INDONESIA, **N/G**, *93*
INGOLSTADT VILLAGE, **F**, *586*
INTERLÜBKE, **M**, *404*
INTERSTUHL, **M**, *414*
IRIS VON ARNIM, **B**, *181*
IRISETTE, **T/B**, *513*, *518*
ISABELL, **B**, *201*

J

JÄGER, **H**, *454*
JAKO-O, **S/S**, *440*
JANETZKY, **T/B**, *483*
JCC, **L/S**, *37*
JEKA, **S**, *582*
JOBIS, **B**, *195*
JOCKEY, **B**, *260*
JOKER, **B**, *303*
JOLLY, **L/S**, *17*, *23*
JOMOS, **L/S**, *51*
JOOP, **B**, *280*
JOSKA, **G/K/P**, *383*
JOY, **B**, *339*
JUCHEM, **N/G**, *123*
JUNGHANS, **S/U**, *451*

K

K + S SHOES, **L/S**, *32*
KAHLA PORZELLAN, **G/K/P**, *368*
KAISER, **G/K/P**, *393*
KAISER BACKFORM, **H**, *465*
KALFANY SÜSSE WERBUNG, **N/G**, *140*
KALODERMA, **K/R**, *533*
KAMEI, **S**, *558*
KAMPS, **N/G**, *120*
KANZ, **B**, *267*
KAPPUS, **K/R**, *536*
KARIN GLASMACHER, **B**, *223*
KASTELL, **B**, *238*
KÄSTLE, **L/S**, *35*
KÄTHE KRUSE, **B**, *325*
KATHLEEN, **N/G**, *55*
KATJES, **N/G**, *67*, *102*
KAUFELD, **M**, *405*
KEIM, **N/G**, *124*
KELLER, **B**, *261*
KEMPEL, **B**, *291*
KEMPER, **B**, *215*
KEMPER, **N/G**, *112*
KERALOCK, **K/R**, *548*
KERAMIKINSEL, **H**, *461*
KETTENBACH, **B**, *292*
KETTLER, **M**, *402*, *410*
KETTLER-HERLAG, **M**, *407*
KEUPP, **N/G**, *159*
KIDCAP, **B**, *249*
KIRSCHNER, **B**, *319*
KLEINE WOLKE, **T/B**, *484*
KLEINEMAS, **N/G**, *90*
KLENK, **M**, *412*
KLETT, **N/G**, *130*
KLINGOL, **K/R**, *538*
KLOTZ, **B**, *241*
KNAUER, **B**, *357*
KNEER, **T/B**, *508*
KNEIPP, **K/R**, *546*
KOCH, **S/S**, *435*
KOCHSTAR, **H**, *460*
KOCK, **T/B**, *496*
KÖHLER, **N/G**, *119*
KÖNECKE, **N/G**, *82*
KÖNIG, **G/K/P**, *393*
KÖNIGLICH TETTAU, **G/K/P**, *395*
KÖNITZ, **G/K/P**, *367*
KONTEX, **T/B**, *505*
KÖSEN / SILKE, **S/S**, *422*
KOTTMAYR-VOGEL, **N/G**, *142*
KOZIOL, **S**, *567*
KPM, **G/K/P**, *369*
KREMER, **B**, *243*
KRÜMMEL, **N/G**, *98*
KRUPS, **H**, *459*
KRUPS-ROWENTA-TEFAL, **H**, *465*
KÜBLER, **B**, *301*
KUCHENMEISTER, **N/G**, *118*
KÜCHLE, **N/G**, *149*
KÜHNE, **N/G**, *65*, *69*, *103*
KUMPF, **B**, *253*
KUNERT, **B**, *329*
KWO, **S**, *550*

L

L'ITALIANO, **N/G**, *107*
LACOSTE, **B**, *281*
LAFUMA, **B**, *297*
LAMBERTZ, **N/G**, *114*
LAND'S END, **B**, *247*
LANG, **B**, *334*
LANGANI, **S/U**, *447*
LANGER, **B**, *324*
LANGHEINRICH, **T/B**, *487*
LANGNESE, **N/G**, *122*
LANWEHR, **N/G**, *149*
LAUENSTEIN CONFISERIE, **N/G**, *162*
LAUFFENMÜHLE, **T/B**, *517*
LAUSITZER GLASHÜTTE, **G/K/P**, *365*
LAY, **N/G**, *166*
LE-GO, **B**, *349*
LEBEK, **B**, *228*
LECHUZA, **S**, *576*
LEIBFRIED, **T/B**, *503*
LEICHT, **M**, *416*
LEIFHEIT, **H**, *462*, *469*
LEIPOLD, **M**, *420*
LEKRA, **B**, *356*
LEMBCKE, **N/G**, *70*
LEMBERT, **B**, *324*
LEMKE, **N/G**, *64*
LEMMI FASHION, **B**, *199*
LENHART, **K/R**, *539*
LERROS, **B**, *210*
LES CORPS, **B**, *294*
LEVI'S, **B**, *234*, *281*
LEVIOR, **S**, *571*
LICHTE PORZELLAN, **G/K/P**, *398*
LINDNER, **G/K/P**, *395*
LINDT, **N/G**, *115*
LISSI BÄTZ, **S/S**, *438*
LLOYD, **L/S**, *20*, *36*
LORENZ, **N/G**, *83*, *110*, *119*, *146*, *158*
LOTTIES, **S**, *577*
LOUIS, **B**, *218*
LÜBECKER MARZIPAN-SPEICHER, **N/G**, *72*
LUBS, **N/G**, *75*
LUCIA, **B**, *179*
LUDWIGSBURG PORZELLAN, **G/K/P**, *375*
LUHNS, **K/R**, *543*
LUTZ, **N/G**, *150*
LUTZE & NAGELS, **T/B**, *494*
LUXORETTE, **T/B**, *511*, *515*, *521*

M

MAASMECHELEN VILLAGE, **F**, *587*
MAC, **B**, *343*, *346*
MAHR, **L/S**, *49*
MAIER, **B**, *317*
MALIE, **T/B**, *482*
MAMMINGER, **N/G**, *160*
MANG, **N/G**, *145*
MANK, **T/B**, *499*
MANN & SCHRÖDER, **K/R**, *544*
MANZ, **L/S**, *49*
MARC, **L/S**, *22*
MARC AUREL, **B**, *192*, *193*
MARC CAIN, **B**, *176*, *265*
MARC O'POLO, **B**, *177*, *185*, *282*, *315*
MARCONA, **B**, *213*
MAROLIN, **S/S**, *441*
MARTEN, **N/G**, *88*
MARYAN, **B**, *311*
MASSA, **N/G**, *70*
MASTERHAND, **B**, *182*
MAVI, **B**, *233*
MAYER F., **B**, *261*
MAYKA, **N/G**, *140*
MAYSER, **B**, *330*
MC NEILL, **S**, *565*
MEDICO, **B**, *273*
MEFFERT, **S**, *563*
MEICA, **N/G**, *78*
MEIER BALLON, **S**, *571*
MEIKO, **T/B**, *526*
MEINDL, **L/S**, *44*
MELL, **B**, *307*
MEST, **N/G**, *73*
METSÄ, **S**, *562*
MEXX, **B**, *186*, *208*, *209*
MEY, **B**, *269*
MEYER, **S/S**, *427*
MFO, **T/B**, *497*
MIFA, **S/S**, *422*
MIKOLASCH, **S/U**, *452*
MINOX, **S**, *555*
MINX, **B**, *361*
MISS SIXTY, **B**, *282*

Firmenregister

MISS ULRIKE, **B**, *227*
MKM, **T/B**, *485*
MODEKA, **B**, *230*
MOKIMO, **L/S**, *39*
MOMM, **T/B**, *521*
MONTANUS, **B**, *223*
MORE & MORE, **B**, *323*
MORGENSTERN, **T/B**, *483*
MÖVE, **T/B**, *507*
MR-CREATION, **T/B**, *507*
MÜLLER, **B**, *354*
MÜLLER, **S**, *560*
MÜLLER, **T/B**, *524*
MÜLLER MILCH, **N/G**, *144*
MÜNCHOW, **M**, *403*
MUNZERT, **T/B**, *525*
MUSTANG, **B**, *170, 305*
MWH, **M**, *417*

N

NABER, **B**, *338*
NACHTMANN, **G/K/P**, *379, 382, 386*
NEMMER, **S/S**, *436*
NIEDEREGGER, **N/G**, *74*
NIKE, **B**, *186, 283, 337*
NINA VON C., **B**, *273*
NK-ZINN, **S**, *579*
NÖLKE, **N/G**, *91*
NORMANN, **B**, *231*
NORTHERN GOOSE, **T/B**, *517*
NOVILA, **B**, *312*
NOWA, **H**, *462*
NUR DIE, **B**, *218*

O

OBJECT CARPET, **T/B**, *514*
ODERMARK, **B**, *205*
ODLO, **B**, *209*
OFFERMANN, **L/S**, *25*
OLYMP, **B**, *304*
OPPERMANN, **N/G**, *71*
OPTIMA, **T/B**, *488*
OSTHEIMER, **S/S**, *430*

P

PADDOCK'S, **B**, *184*
PAHNA, **N/G**, *87*
PAIDI, **M**, *421*
PALM BEACH, **B**, *345*
PAMPOLINA, **B**, *340*
PARADIES, **T/B**, *484, 494, 503*
PAULY, **N/G**, *60, 93*
PELIKAN, **S**, *553*
PELO, **B**, *298*
PELZ, **S**, *552*
PENTAX, **S**, *551*
PEPE JEANS, **B**, *283*
PERLEN & SCHMUCKCENTER, **S/U**, *447*
PETERMANN, **B**, *237*
PETRA, **H**, *472*
PFANN, **N/G**, *154*
PFEILER, **T/B**, *481*
PHILIPP, **B**, *235*
PHÖNIX, **B**, *345*
PINO, **M**, *401*
PINOLINO, **S/S**, *426*
PLAHO, **S/S**, *442*
PLAYMOBIL, **S/S**, *434*
PLOCHINA, **K/R**, *542*
PLÜTI NOVA, **S/S**, *441*
PONNATH, **N/G**, *161*
POSCHINGER, **G/K/P**, *385*
POSSEIK, **M**, *407*
PRIESS, **B**, *208*
PRIMERA, **B**, *217*
PRINCESS, **S**, *569*
PROFITABLE, **G/K/P**, *389*
PROPHETE, **S/S**, *424, 443*
PRÜMER, **B**, *221*
PULSNITZER LEBKUCHEN, **N/G**, *54*
PUMA, **B**, *187, 283, 334, 337, 356*
PUS-GUSS, **H**, *463*
PUSTEFIX, **S/S**, *428*

R

RABE, **B**, *222*
RAITH, **B**, *251*
RALPH LAUREN, **B**, *284*
RASTAL, **G/K/P**, *373*
RATHGEBER, **B**, *305*
RAUSCH, **N/G**, *63, 85*
RAUSCH, **T/B**, *527*
REDLEFSEN, **N/G**, *76*

REEBOK, **B**, *338*
REICHART, **B**, *359*
REIFF, **B**, *294*
REIMANN, **N/G**, *54*
REINEX, **K/R**, *535*
REINGRUBER, **T/B**, *526*
RELI, **B**, *333*
REMBERT, **S**, *559*
RENA LANGE, **B**, *314*
RENE LEZARD, **B**, *284, 361*
REPLAY, **B**, *215, 222*
RETSCH, **G/K/P**, *390*
REUSCH, **B**, *285*
REUTTER, **N/G**, *135*
RICOSTA, **L/S**, *41*
RIEGELEIN, **N/G**, *155*
RIEKER, **B**, *266*
RIEKER, **L/S**, *42*
RIES, **S/U**, *449*
RINGELLA, **B**, *188*
RITTER SPORT, **N/G**, *126*
RITZENHOFF, **G/K/P**, *370*
RK-RÜBEZAHL, **N/G**, *133*
ROBA, **S/S**, *437*
ROGO, **B**, *364*
ROHDE, **L/S**, *22*
ROLF BENZ, **M**, *412*
ROLLY TOYS, **S/S**, *439*
ROMIKA, **L/S**, *27*
ROMMEL, **B**, *302*
ROMMELSBACHER, **H**, *473*
RÖSCH, **B**, *252*
ROSENTHAL, **G/K/P**, *384, 387, 389, 391, 394*
RÖSLE, **H**, *471*
RÖSLER, **G/K/P**, *396*
ROSNER - CINQUE - ROY ROBSON, **B**, *321*
ROTHO, **S**, *572*
ROTTERDAM, **N/G**, *101*
ROY ROBSON, **B**, *179*
RÜLKE, **S/S**, *423*
RUN GUSS, **H**, *470*
RZ DYCKHOFF, **T/B**, *495*

S

S.OLIVER, **B**, *198, 240, 285, 341, 360, 362*, **L/S**, *21*

SÄCHSISCHE LEDERWAREN, **L/S**, *17*
SADEX, **N/G**, *127*
SALAMANDER, **L/S**, *19, 34, 46*
SALEWA, **B**, *323*
SAMTFABRIK, **B**, *286*
SANDBERG, **B**, *364*
SANETTA, **B**, *274*
SAWADE, **N/G**, *66*
SCHÄFER, **B**, *216*
SCHÄFER, **T/B**, *516*
SCHÄFFER, **B**, *195*
SCHÄRF, **M**, *410*
SCHAUFF, **S/S**, *427*
SCHIESSER, **B**, *172, 187, 270, 286, 309, 352, 363*
SCHILDKRÖT, **S/S**, *443*
SCHIPS, **M**, *415*
SCHLAFGUT / WOHNGUT, **T/B**, *509*
SCHMITZ, **S**, *561*
SCHNEIDER, **B**, *201*
SCHNEIDER, **B**, *270*
SCHNELL, **K/R**, *545*
SCHNIZLER, **B**, *292*
SCHOELLER + STAHL, **T/B**, *510*
SCHOKO DRAGEES, **N/G**, *102*
SCHÖLLER, **N/G**, *152*
SCHOPPEL, **T/B**, *514*
SCHOTT, **G/K/P**, *376*
SCHRÖER, **N/G**, *99*
SCHUHMANN, **N/G**, *154*
SCHUHWERK, **L/S**, *31*
SCHULER, **B**, *238*
SCHULTE, **N/G**, *89, 97*
SCHWARZ, **N/G**, *151*
SCHWERTER EMAIL, **H**, *453*
SCOUT, **S**, *550, 568, 576*
SEEMAXX, **F**, *586*
SEESTERN FROTTIER, **T/B**, *496*
SEIBEL, **L/S**, *39*
SEIDEL, **B**, *358*
SEIDENSTICKER, **B**, *195, 287, 328*
SEIDL, **N/G**, *158*
SELTMANN, **G/K/P**, *378*
SERVAS, **L/S**, *32*
SEVERIN, **H**, *464*
SIEBER, **B**, *174*
SIEGER, **M**, *417*
SIEMER, **B**, *189*
SIGIKID, **B**, *353*

Firmenregister

SIGNUM, **B**, 204
SILIT, **H**, 472
SINGER, **B**, 350
SIOUX, **L/S**, 38
SIRIUS, **H**, 466
SKS DESIGN, **S**, 565
SLG, **H**, 470
SOLIDUS, **L/S**, 42
SOLLING, **M**, 406
SONNEN BASSERMANN, **N/G**, 95
SPEICK, **K/R**, 538
SPEIDEL, **B**, 266, 331
SPESSARTTRAUM, **T/B**, 531
SPIEGELAU KRISTALL, **G/K/P**, 385
SPIELKO, **S/S**, 442
SPORTIVO, **B**, 220
ST. EMILE, **B**, 240
STAIGER, **S/U**, 450
STARLINE, **T/B**, 509
STATZ, **B**, 212
STAUTZ, **B**, 258
STEBA, **H**, 474
STEGMANN, **L/S**, 47
STEIFF, **S/S**, 433
STEIN, **T/B**, 501
STEINER, **S/S**, 444
STEINHART, **S**, 574
STENGER, **N/G**, 67
STERA, **S**, 578
STERNTALER, **B**, 173, 245
STICKPERLE, **T/B**, 480
STÖHR, **B**, 343
STOLLWERCK, **N/G**, 56, 60, 64, 113
STORKY TOYS, **S/S**, 434
STORZ, **N/G**, 139
STÖVER, **N/G**, 80
STREET ONE - CECIL, **B**, 188
STRELLSON, **B**, 287
STRENESSE, **B**, 288, 325
STRIEBLING, **B**, 259
STRÖBELE, **B**, 276
STRÖBER, **L/S**, 43
STUHLMANN, **B**, 233
STURM, **B**, 295
STÜSS, **N/G**, 92, 94
SÜD BETTFEDERN, **T/B**, 519
SUDBROCK, **M**, 405
SÜDLOHNER FROTTIER, **T/B**, 492
SULA, **N/G**, 106
SUSA, **B**, 299
SUWAJ, **B**, 181
SWATCH, **S/U**, 448
SYLBO, **B**, 197

T

TAILOR HOFF, **B**, 246
TARGA, **S**, 564
TEDDY, **S/S**, 437
TEGELER, **T/B**, 481
TEXTILMANUFAKTUR, **T/B**, 479
THE BEST, **B**, 318
THERESIA M., **L/S**, 41
THONET, **M**, 406
TIMBERLAND, **B**, 315
TIPP-KICK, **S/S**, 431
TITANIUM, **S/U**, 451
TOCC, **B**, 212
TOFF TOGS, **B**, 306
TOM TAILOR, **B**, 180
TOMMY HILFIGER, **B**, 188, 288
TÖPFER, **K/R**, 545
TRABERT, **L/S**, 52
TRAUMWELT, **T/B**, 486
TRAUTH, **N/G**, 138
TRAVELLER, **L/S**, 30
TREBES & HENNING, **L/S**, 19
TREND, **T/B**, 505
TRIGEMA, **B**, 262
TRIPTIS PORZELLAN, **G/K/P**, 368
TRIUMPH, **B**, 289, 300, 313
TRIXI SCHOBER, **B**, 348
TROLLI, **N/G**, 156
TURM-SCHUH, **L/S**, 18
TUTTI PALETTI, **B**, 296
TVU, **T/B**, 524

U

UHLSPORT, **S/S**, 428
ULLA, **B**, 360
ULLA POPKEN, **B**, 181
ULMER, **N/G**, 79
UMLAUF & KLEIN, **B**, 175
UNILEVER, **N/G**, 156
UNTERWEISSBACHER PORZELLAN, **G/K/P**, 399

Firmenregister

V

VABOND, **B**, *191*
VALFRUTTA, **N/G**, *92*
VAN HOUTEN, **N/G**, *72*
VAN LAACK, **B**, *209*
VANILIA, **B**, *211*
VAUDE, **S/S**, *428, 432*
VEELMANN, **N/G**, *167*
VEITH, **B**, *331*
VELIND, **K/R**, *534*
VELO-SPORT, **S/S**, *425*
VERA COSMETIC, **K/R**, *540*
VERHOLT, **M**, *408*
VERSE, **B**, *196*
VIA APPIA, **B**, *335*
VIANIA, **B**, *254*
VIBA, **N/G**, *167*
VIKTORIA, **T/B**, *493*
VILLEROY & BOCH, **G/K/P**, *366, 369, 374, 387*
VINKELAU, **M**, *409*
VION, **N/G**, *86*
VITAFORM, **L/S**, *47*
VIVA DECOR, **S**, *554*
VOGELSANG, **L/S**, *50*
VOITH, **B**, *355*
VÖLKL, **L/S**, *45*
VOLKSTEDTER PORZELLAN, **G/K/P**, *367*
VOLMER, **M**, *408*
VORWERK, **T/B**, *485, 490*
VOSS, **B**, *178*

W

WACHTER, **N/G**, *155*
WÄCHTERSBACH, **G/K/P**, *373*
WAECO, **S**, *561*
WAFFEL MEYER, **N/G**, *109*
WAGENFELDER SPINNEREI, **T/B**, *497*
WAGNER, **N/G**, *123*
WAGNER & APEL, **G/K/P**, *399*
WALBER, **L/S**, *41*
WALDLÄUFER, **L/S**, *40*
WALLENDORFER PORZELLAN, **G/K/P**, *371, 398*
WÄSCHEKRONE, **T/B**, *523*
WASTA, **N/G**, *160*
WAWI, **N/G**, *124*
WEBER & OTT, **B**, *340*
WEBEREI MÜLSEN, **T/B**, *479*
WECK, **G/K/P**, *377*
WEGA, **B**, *317*
WEGENER, **B**, *202*
WEHRLE, **S/U**, *450*
WEIBLER, **N/G**, *94*
WEIDNER, **B**, *344*
WEIMAR PORZELLAN, **G/K/P**, *400*
WEIMARER WURST, **N/G**, *168*
WEINFURTNER, **G/K/P**, *380*
WEINMANN, **L/S**, *37*
WEINRICH, **N/G**, *86*
WEIS, **B**, *237*
WEISS, **B**, *227*
WEISSELLA, **N/G**, *148, 153*
WELA, **N/G**, *71, 163*
WELTBILD, **S**, *573*
WENZEL & HOOS, **T/B**, *488*
WERGONA, **N/G**, *96*
WERKMEISTER, **S**, *556*
WERNDL, **M**, *418*
WERRA, **S**, *582*
WERRATAL STÖCKE, **S**, *557*
WERTHEIM VILLAGE, **F**, *587*
WESER, **N/G**, *82*
WESER HOLZWAREN, **S**, *557*
WETZEL, **N/G**, *151*
WIEBOLD, **N/G**, *77*
WIEDEMANN, **S**, *579*
WILGARTA, **L/S**, *40*
WILKENS, **H**, *453*
WILL, **B**, *254*
WILTMANN, **N/G**, *91*
WILVORST, **B**, *203*
WINDROSE, **L/S**, *48*
WINDSOR, **B**, *197, 289*
WINKLE, **M**, *411*
WINKLHOFER, **B**, *347*
WISSMACH, **B**, *297, 328*
WMF, **H**, *468*
WOLF, **N/G**, *56, 157, 165, 168*
WOLF-FORSTER, **N/G**, *152*
WOLFORD, **B**, *290*
WÖSSNER, **M**, *411*
WRANGLER, **B**, *235*
WÜRTZ, **B**, *308*
WÜSTHOF, **H**, *457*

Firmenregister

Y

YUL, **S**, *553*, *562*

Z

ZASPEL, **B**, *211*
ZEKIWA, **S**, *549*
ZELLER & GMELIN, **K/R**, *541*
ZELLER KERAMIK, **G/K/P**, *377*
ZELLNER, **T/B**, *529*
ZENTIS, **N/G**, *113*
ZERO, **B**, *184*
ZETTI, **N/G**, *59*
ZEWA, **S**, *549*, *569*
ZOLLNER, **T/B**, *520*
ZÖLLNER, **T/B**, *530*
ZÖRBIGER, **N/G**, *59*
ZOTT, **N/G**, *143*, *150*
ZWIESEL KRISTALLGLAS, **G/K/P**, *372*, *382*
ZWILLING, **H**, *458*

Ortsregister

Abkürzungen der Produktgruppen:
B = Bekleidung; F = Fabrikverkaufszentren; G/K/P = Glas, Keramik, Porzellan;
H = Haushaltswaren und -geräte; K/R = Kosmetika, Reinigungsmittel;
L/S = Lederwaren, Schuhe; M = Möbel; N/G = Nahrungs- und Genussmittel;
S = Sonstiges; S/S = Spielwaren, Sportartikel; S/U = Schmuck, Uhren;
T/B = Textil- und Bettwaren

A

Aachen, BECKER, **T/B**, *498*
Aachen, CAVALLO, **B**, *224*
Aachen, LAMBERTZ, **N/G**, *114*
Aachen, LINDT, **N/G**, *115*
Aachen, MONTANUS, **B**, *223*
Aachen, ZENTIS, **N/G**, *113*
Aalen, BRAUN, **T/B**, *512*
Aalen, ERLAU, **M**, *415*
Aalen, GUMMI-BÄREN-LAND, **N/G**, *133*
Aalen, PELO, **B**, *298*
Aalen, SCHOTT, **G/K/P**, *376*
Adelebsen, INDONESIA, **N/G**, *93*
Ahorn, LEIPOLD, **M**, *420*
Aichtal, WEINMANN, **L/S**, *37*
Albstadt, BEKA, **B**, *268*
Albstadt, COMAZO, **B**, *267*
Albstadt, CON-TA, **B**, *271*
Albstadt, CONZELMANN, **B**, *272*
Albstadt, ESGE, **B**, *268*
Albstadt, GEORGI, **B**, *268*
Albstadt, GOLLE HAUG, **B**, *272*
Albstadt, GONSO, **B**, *272*
Albstadt, HUBERMASCHE, **B**, *269*
Albstadt, MEDICO, **B**, *273*
Albstadt, MEY, **B**, *269*
Albstadt, MR-CREATION, **T/B**, *507*
Albstadt, NINA VON C., **B**, *273*
Albstadt, SCHIESSER, **B**, *270*
Albstadt, SCHNEIDER, **B**, *270*
Alpirsbach, HARTER, **B**, *256*
Alsfeld, ARABELLA, **B**, *202*
Altdorf, KOTTMAYR-VOGEL, **N/G**, *142*
Altendorf, FIFTY FIVE, **B**, *343*
Altenkunstadt, BMF, **G/K/P**, *394*
Altenstadt, ELBEO, **B**, *326*
Altensteig, AUERHAHN, **H**, *468*
Alzey, AHORN, **B**, *225*
Alzey, GESKA, **T/B**, *498*
Annaburg, ANNABURG PORZELLAN, **G/K/P**, *366*
Ansbach, UNILEVER, **N/G**, *156*
Apen, GARDEUR, **B**, *183*
Arnbruck, WEINFURTNER, **G/K/P**, *380*
Arnsberg, BERNDES, **H**, *464*
Arnstadt, WOLF, **N/G**, *168*
Arnstorf, BETTY BARCLAY, **B**, *349*
Arzberg, ARZBERG, **G/K/P**, *391*
Arzberg, FRANK, **N/G**, *162*
Aschaffenburg, DESCH, **B**, *236*
Aschaffenburg, FUCHS & SCHMITT, **B**, *236*
Aschaffenburg, WEIS, **B**, *237*
Aschheim, SALEWA, **B**, *323*
Auetal, S.OLIVER, **L/S**, *21*
Augsburg, FUJITSU SIEMENS, **S**, *574*
Augsburg, HOLZTIGER, **S/S**, *431*
Augsburg, LEMBERT, **B**, *324*
Augsburg, WELTBILD, **S**, *573*

B

Backnang, GUMMI-BÄREN-LAND, **N/G**, *128*
Bad Abbach, PALM BEACH, **B**, *345*
Bad Bentheim, LOUIS, **B**, *218*
Bad Birnbach, KIRSCHNER, **B**, *319*
Bad Buchau, GÖTZBURG, **B**, *332*
Bad Honnef, BERND BERGER, **B**, *225*
Bad Honnef, BIRKENSTOCK, **L/S**, *26*
Bad Kissingen, LAY, **N/G**, *166*
Bad Kösen, KÖSEN / SILKE, **S/S**, *422*

Ortsregister

Bad Kreuznach, GLÄSER, **B**, *226*
Bad Kreuznach, MEFFERT, **S**, *563*
Bad Marienberg, LEBEK, **B**, *228*
Bad Rodach, JAKO-O, **S/S**, *440*
Bad Salzuflen, VIVA DECOR, **S**, *554*
Bad Soden-Salmünster, ATELIER JEANNETTE, **L/S**, *31*
Bad Staffelstein, KAISER, **G/K/P**, *393*
Bad Staffelstein, LEKRA, **B**, *356*
Bad Steben, SINGER, **B**, *350*
Bad Urach, CHRISTL, **B**, *290*
Bad Urach, KEMPEL, **B**, *291*
Baden-Baden, BIODROGA, **K/R**, *545*
Baierbrunn, TIMBERLAND, **B**, *315*
Balingen, BONDI-DRESS, **B**, *256*
Balingen, BÜHLER, **B**, *257*
Balingen, CECEBA, **B**, *257*
Balingen, DANNECKER, **B**, *258*
Balingen, DORIS STREICH, **B**, *258*
Balingen, KONTEX, **T/B**, *505*
Balingen, STAUTZ, **B**, *258*
Bamberg, GREIFF, **B**, *355*
Bammental, GEFI, **T/B**, *502*
Bassenheim, BORGELT, **B**, *227*
Bayreuth, ARENA, **B**, *352*
Beckum, MODEKA, **B**, *230*
Benningen, BRECKLE, **T/B**, *504*
Benningen, WINKLE, **M**, *411*
Bergisch Gladbach, OFFERMANN, **L/S**, *25*
Berlin, ASELI, **N/G**, *65*
Berlin, BAHLSEN, **N/G**, *63*
Berlin, BECON, **B**, *175*
Berlin, DICKMANN'S, **N/G**, *66*
Berlin, HEIN GERICKE, **B**, *176*
Berlin, KALODERMA, **K/R**, *533*
Berlin, KPM, **G/K/P**, *369*
Berlin, KÜHNE, **N/G**, *65*
Berlin, LEMKE, **N/G**, *64*
Berlin, MARC CAIN, **B**, *176*
Berlin, MARC O'POLO, **B**, *177*
Berlin, RAUSCH, **N/G**, *63*
Berlin, SAWADE, **N/G**, *66*
Berlin, SCOUT, **S**, *550*
Berlin, STOLLWERCK, **N/G**, *64*
Berlin, UMLAUF & KLEIN, **B**, *175*
Bernau, SLG, **H**, *470*
Beverungen, WESER HOLZWAREN, **S**, *557*
Biberach, GERSTER, **T/B**, *522*
Biburg, LOTTIES, **S**, *577*
Bielefeld, BOTTHOF, **B**, *194*
Bielefeld, DELIUS, **T/B**, *486*
Bielefeld, ELEGANCE, **B**, *194*
Bielefeld, JOBIS, **B**, *195*
Bielefeld, KAUFELD, **M**, *405*
Bielefeld, SCHÄFFER, **B**, *195*
Bielefeld, SEIDENSTICKER, **B**, *195*
Bielefeld, VERSE, **B**, *196*
Bielefeld, WINDSOR, **B**, *197*
Bietigheim-Bissingen, DINKELACKER, **L/S**, *38*
Binau, LEVIOR, **S**, *571*
Bindlach, SCHIESSER, **B**, *352*
Bisingen, ALIDE, **B**, *263*
Bisingen, BODYART, **B**, *264*
Bisingen, CELLINI, **B**, *264*
Bissingen a. d. Teck, LAFUMA, **B**, *297*
Blankenhain, WEIMAR PORZELLAN, **G/K/P**, *400*
Bobingen, LANGER, **B**, *324*
Bocholt, GINA B, **B**, *214*
Bocholt, HERDING, **T/B**, *492*
Bocholt, IBENA, **T/B**, *493*
Bocholt, VIKTORIA, **T/B**, *493*
Bochum, KRÜMMEL, **N/G**, *98*
Bockelwitz, ZEWA, **S**, *549*
Bodelshausen, CENTER M, **B**, *265*
Bodelshausen, MARC CAIN, **B**, *265*
Bodelshausen, RIEKER, **B**, *266*
Bodelshausen, SPEIDEL, **B**, *266*
Bodenmais, ARZBERG, **G/K/P**, *383*
Bodenmais, JOSKA, **G/K/P**, *383*
Bodenmais, ROSENTHAL, **G/K/P**, *384*
Böhmenkirch, LANG, **B**, *334*
Bonn, HARIBO, **N/G**, *116*
Bonndorf, ADLER, **N/G**, *141*
Bopfingen, ASTE, **T/B**, *513*
Bopfingen, LUHNS, **K/R**, *543*
Borken, BIERBAUM, **T/B**, *491*
Borken, DORMISETTE, **T/B**, *491*
Borken, DRAGEES AUS WESEKE, **N/G**, *101*
Borken, ROTTERDAM, **N/G**, *101*
Bornheim, DANIELS, **B**, *224*
Bösel, FM-BÜROMÖBEL, **M**, *402*
Bösingen, GERBI, **B**, *309*

Brachttal, WÄCHTERSBACH, **G/K/P**, *373*
Braunichswalde, BAHAMA BEACH, **B**, *170*
Braunschweig, SIGNUM, **B**, *204*
Brehna, MUSTANG, **B**, *170*
Bremen, HACHEZ, **N/G**, *81*
Bremen, KLEINE WOLKE, **T/B**, *484*
Bremen, KÖNECKE, **N/G**, *82*
Bremen, PADDOCK'S, **B**, *184*
Bremen, WILKENS, **H**, *453*
Bremen, ZERO, **B**, *184*
Brilon, NORMANN, **B**, *231*
Brüggen, ODLO, **B**, *209*
Buchbach, COUNTRY LINE, **B**, *320*
Bünde, MÜNCHOW, **M**, *403*
Burgau, PETRA, **H**, *472*
Burladingen, BOGI, **B**, *260*
Burladingen, HEIM CHIC, **B**, *261*
Burladingen, KÄSTLE, **L/S**, *35*
Burladingen, KELLER, **B**, *261*
Burladingen, MAYER F., **B**, *261*
Burladingen, TREND, **T/B**, *505*
Burladingen, TRIGEMA, **B**, *262*
Bürstadt, KIDCAP, **B**, *249*

C

Cadolzburg, HAUSEL, **M**, *419*
Cadolzburg, RIEGELEIN, **N/G**, *155*
Cappeln, MEYER, **S/S**, *427*
Castrop-Rauxel, REINEX, **K/R**, *535*
Celle, STREET ONE - CECIL, **B**, *188*
Chemnitz, BRUNO BANANI, **B**, *171*
Coburg, DEHLER, **T/B**, *530*
Coburg, FEYLER, **N/G**, *163*
Crailsheim, HOHENSTEIN, **B**, *304*
Cremlingen, WEIBLER, **N/G**, *94*

D

Dachau, EURAS, **H**, *471*
Dahn, DÄUMLING, **L/S**, *33*
Dahn, FASAN, **L/S**, *34*
Darmstadt, GLUMANN, **B**, *243*
Deggendorf, WIEDEMANN, **S**, *579*
Deggingen, ELSIWA, **B**, *298*
Deizisau, JCC, **L/S**, *37*
Delbrück, HANNA, **N/G**, *88*

Delitzsch, DELITZSCHER SCHOKO-LADEN, **N/G**, *55*
Delmenhorst, DELMOD, **B**, *183*
Denkendorf, OBJECT CARPET, **T/B**, *514*
Denkendorf, ROMMEL, **B**, *302*
Derenburg, HARZKRISTALL, **G/K/P**, *372*
Dernbach, MANK, **T/B**, *499*
Dessau, PAULY, **N/G**, *60*
Dettingen, RK-RÜBEZAHL, **N/G**, *133*
Diedorf, ROGO, **B**, *364*
Dietenheim, RELI, **B**, *333*
Dietenhofen, LECHUZA, **S**, *576*
Dietmannsried, TÖPFER, **K/R**, *545*
Dietzenbach, CHICCO, **S**, *565*
Dietzenbach, MAVI, **B**, *233*
Diez/Lahn, KAISER BACKFORM, **H**, *465*
Dillingen, WETZEL, **N/G**, *151*
Dingelstädt, BORN TO BE, **B**, *204*
Dinkelsbühl, ROMMELSBACHER, **H**, *473*
Dinkelsbühl, VOGELSANG, **L/S**, *50*
Dissen, HOMANN, **N/G**, *109*
Döbern, LAUSITZER GLASHÜTTE, **G/K/P**, *365*
Donaueschingen, RICOSTA, **L/S**, *41*
Donauwörth, EDEL, **N/G**, *143*
Donauwörth, KÄTHE KRUSE, **B**, *325*
Dornburg, STERNTALER, **B**, *245*
Döschwitz, ZEKIWA, **S**, *549*
Dreieich, BENETTON, **B**, *234*
Dreieich, WRANGLER, **B**, *235*
Drensteinfurt, KOCHSTAR, **H**, *460*
Dresden, DRESDNER SPITZEN, **T/B**, *477*
Dresden, REIMANN, **N/G**, *54*
Droßdorf, BAGEL BAKERY, **N/G**, *58*
Duisburg, HARK, **S**, *559*
Duisburg, REPLAY, **B**, *215*
Durchhausen, DUKAL, **T/B**, *516*
Durlangen, BINI, **B**, *300*
Düsseldorf, DIESEL, **B**, *205*
Düsseldorf, HEIN GERICKE, **B**, *206*

E

Ebersbach, EUROFOAM, **T/B**, *510*

Ortsregister

Ebersberg, BERWIN & WOLFF, **B**, *322*
Ebersdorf, ROBA, **S/S**, *437*
Ebsdorfergrund, PAULY, **N/G**, *93*
Edewecht, MEICA, **N/G**, *78*
Effelder, SPIELKO, **S/S**, *442*
Eggolsheim, FAHRHANS, **B**, *341*
Ehrenberg, ISABELL, **B**, *201*
Eibenstock, FUNKE, **T/B**, *480*
Eichstätt, HACO, **L/S**, *45*
Eilenburg, HENRI, **N/G**, *57*
Eislingen, DR. SCHELLER, **K/R**, *541*
Eislingen, SCHLAFGUT / WOHNGUT, **T/B**, *509*
Eislingen, ZELLER & GMELIN, **K/R**, *541*
Elmshorn, DÖLLINGHAREICO, **N/G**, *76*
Elmshorn, WIEBOLD, **N/G**, *77*
Elsdorf, MFO, **T/B**, *497*
Elzach, SCHÄFER, **T/B**, *516*
Elze, ELZER BACKWAREN, **N/G**, *85*
Emmerich, KATJES, **N/G**, *102*
Empfingen, BRÄNDLE, **N/G**, *130*
Emsdetten, COSMA, **B**, *217*
Emsdetten, EMSA, **H**, *460*
Emsdetten, SCHMITZ, **S**, *561*
Emsdetten, WAECO, **S**, *561*
Engelskirchen, KARIN GLASMACHER, **B**, *223*
Eppelborn, JUCHEM, **N/G**, *123*
Eppendorf, PFEILER, **T/B**, *481*
Eppendorf, RÜLKE, **S/S**, *423*
Erding, VÖLKL, **L/S**, *45*
Erdmannhausen, HUOBER, **N/G**, *129*
Erkelenz, STATZ, **B**, *212*
Erlangen, VIA APPIA, **B**, *335*
Eschenbach, KOCH, **S/S**, *435*
Eschweiler, BAWAG, **N/G**, *115*
Essen, COLSMAN, **T/B**, *490*
Euskirchen, DANIELS & KORFF, **B**, *225*
Euskirchen, METSÄ, **S**, *562*

F

Falkenstein, STICKPERLE, **T/B**, *480*
Faulbach, VEELMANN, **N/G**, *167*
Fellen, SPESSARTTRAUM, **T/B**, *531*
Fichtelberg, MÜLLER, **B**, *354*
Fischach, MÜLLER MILCH, **N/G**, *144*
Fischbach, BAF, **H**, *454*
Flensburg, AGILUS, **N/G**, *75*
Floh-Seligenthal, VIBA, **N/G**, *167*
Forchheim, WEBER & OTT, **B**, *340*
Forchtenberg, HENKEL, **M**, *416*
Frankenberg/Eder, THONET, **M**, *406*
Frankenthal, SCOUT, **S**, *568*
Frankfurt, HÖCHSTER PORZELLAN, **G/K/P**, *374*
Frankfurt, PERLEN & SCHMUCK-CENTER, **S/U**, *447*
Frauenau, EISCH, **G/K/P**, *384*
Frauenau, POSCHINGER, **G/K/P**, *385*
Frechen, REPLAY, **B**, *222*
Freudenstadt, HAGNER, **K/R**, *539*
Freyung, ANOLICK, **B**, *348*
Frickenhausen, KETTENBACH, **B**, *292*
Fritzlar, LEMMI FASHION, **B**, *199*
Fuldatal, STÜSS, **N/G**, *92*
Fürstenberg, FÜRSTENBERG PORZELLAN, **G/K/P**, *371*
Fürth, FERBEDO, **S/S**, *435*
Fürth, STORKY TOYS, **S/S**, *434*
Fürth, TROLLI, **N/G**, *156*
Fürthen, HAPA, **T/B**, *499*
Furtwangen, WEHRLE, **S/U**, *450*

G

Geeste, COPPENRATH & WIESE, **N/G**, *112*
Geislingen, BIHLER, **K/R**, *542*
Geislingen, WMF, **H**, *468*
Gelsenkirchen, ALDENHOVEN, **N/G**, *100*
Gelsenkirchen, FASHION FACTORY STORE, **B**, *213*
Gelsenkirchen, MARCONA, **B**, *213*
Georgenthal, STEINER, **S/S**, *444*
Georgsmarienhütte, BERNING, **N/G**, *108*
Gerolzhofen, HIESTAND, **N/G**, *166*
Gersthofen, DEUTER, **S/S**, *432*
Gerzen, ERLMEIER, **B**, *319*
Giengen, STEIFF, **S/S**, *433*
Gingen, BUCHSTEINER, **H**, *469*
Glinde, GIES, **S**, *551*
Gnarrenburg, BRILLIANT, **S**, *552*
Gochsheim, EISEND, **B**, *362*

Goldbach, BASLER, **B**, *239*
Goldenstedt, LORENZ, **N/G**, *110*
Gommersheim, APART, **T/B**, *501*
Göppingen, WISSMACH, **B**, *297*
Görwihl, ROTHO, **S**, *572*
Goslar, ODERMARK, **B**, *205*
Gotha, JEKA, **S**, *582*
Grabow, GRABOWER, **N/G**, *69*
Gräfelfing, FASHION OUTLET, **B**, *316*
Greding, REEBOK, **B**, *338*
Grefrath, SCHÄFER, **B**, *216*
Gremsdorf, MANZ, **L/S**, *49*
Gremsdorf, S.OLIVER, **B**, *341*
Groß-Gerau, ERLENBACHER, **N/G**, *121*
Großheubach, KREMER, **B**, *243*
Großostheim, EDUARD DRESSLER, **B**, *237*
Großostheim, PETERMANN, **B**, *237*
Großostheim, SCHULER, **B**, *238*
Großschönau, DAMINO, **T/B**, *477*
Großschönau, FROTTANA, **T/B**, *478*
Großwallstadt, GEIS, **B**, *242*
Grüna, DRETEX, **B**, *172*
Gundelfingen, SCHWARZ, **N/G**, *151*
Gundelsheim, GUNDELSHEIM CONSERVEN, **N/G**, *136*
Günzburg, KÜCHLE, **N/G**, *149*
Günzburg, LUTZ, **N/G**, *150*
Günzburg, ZOTT, **N/G**, *150*
Gütersloh, MARC AUREL, **B**, *192*
Gütersloh, MARTEN, **N/G**, *88*

H

Hafenlohr, PAIDI, **M**, *421*
Hagen, BRANDT, **N/G**, *117*
Hagenow, GUMMI BEAR FACTORY, **N/G**, *68*
Hagenow, KÜHNE, **N/G**, *69*
Haiger, HAILO, **S**, *555*
Haigerloch, DORIS MEYER, **T/B**, *506*
Haigerloch, FLAIZ, **M**, *413*
Haigerloch, VERA COSMETIC, **K/R**, *540*
Hainburg, KÖHLER, **N/G**, *119*
Hainburg, MC NEILL, **S**, *565*
Haiterbach, KLENK, **M**, *412*
Halbs, MISS ULRIKE, **B**, *227*
Halle, HALLOREN, **N/G**, *58*
Halle/Saale, TEXTILMANUFAKTUR, **T/B**, *479*
Haltern am See, SCHRÖER, **N/G**, *99*
Halver, FLORA, **S**, *564*
Hamburg, GARPA, **M**, *401*
Hamburg, HWF, **T/B**, *482*
Hamburg, IRIS VON ARNIM, **B**, *181*
Hamburg, OPPERMANN, **N/G**, *71*
Hamburg, PENTAX, **S**, *551*
Hamburg, SALAMANDER, **L/S**, *19*
Hamburg, TOM TAILOR, **B**, *180*
Hamburg, VOSS, **B**, *178*
Hamburg, WELA, **N/G**, *71*
Hameln, VORWERK, **T/B**, *485*
Hamm, BENVENUTO, **B**, *229*
Hamminkeln, BONITA, **B**, *214*
Hanau, PHILIPP, **B**, *235*
Hankensbüttel, LORENZ, **N/G**, *83*
Hannover, BAHLSEN, **N/G**, *84*
Hannover, HARRY, **N/G**, *84*
Hannover, PARADIES, **T/B**, *484*
Hannover, PELIKAN, **S**, *553*
Hasbergen, HEIN, **N/G**, *110*
Hauenstein, MOKIMO, **L/S**, *39*
Hauenstein, SEIBEL, **L/S**, *39*
Hechingen, BEST, **M**, *413*
Hechingen, EFIXELLE, **B**, *259*
Hechingen, JOCKEY, **B**, *260*
Heilbronn, GUMMI-BÄREN-LAND, **N/G**, *134*
Heinsberg, BALTES, **L/S**, *26*
Helmbrechts, FRAAS, **B**, *351*
Helmbrechts, RAUSCH, **T/B**, *527*
Helmstadt-Bargen, MWH, **M**, *417*
Heppenheim, HANNINGER, **B**, *244*
Heppenheim, LANGNESE, **N/G**, *122*
Herbolzheim, KALFANY SÜSSE WERBUNG, **N/G**, *140*
Herford, AHLERS, **B**, *191*
Herford, BRAX, **B**, *190*
Herford, BUGATTI, **B**, *190*
Herford, VABOND, **B**, *191*
Herford, WEINRICH, **N/G**, *86*
Hermsdorf, A2 OUTLET CENTER, **F**, *584*
Herne, HERNER GLAS, **S**, *558*
Herne, REMBERT, **S**, *559*
Herrieden, CARLO COLUCCI, **B**, *342*

Ortsregister

Hersbruck, CARL GROSS, **B**, *339*
Hersbruck, FACKELMANN, **H**, *473*
Herten, HERTA, **N/G**, *99*
Herten, VERHOLT, **M**, *408*
Herxheim, TRAUTH, **N/G**, *138*
Herzogenaurach, ADIDAS, **B**, *336*
Herzogenaurach, MAHR, **L/S**, *49*
Herzogenaurach, NIKE, **B**, *337*
Herzogenaurach, PUMA, **B**, *337*
Hessisch Lichtenau, OPTIMA, **T/B**, *488*
Hessisch Lichtenau, STÜSS, **N/G**, *94*
Hessisch Oldendorf, MARC, **L/S**, *22*
Heubach, SUSA, **B**, *299*
Heubach, TRIUMPH, **B**, *300*
Heusenstamm, AUGENTHALER & HEBERER, **L/S**, *30*
Heusenstamm, LEVI'S, **B**, *234*
Hilden, HESCO, **N/G**, *97*
Hildesheim, RINGELLA, **B**, *188*
Hilter, HANSA, **N/G**, *108*
Hilter, RABE, **B**, *222*
Hirschaid, TEDDY, **S/S**, *437*
Höchheim, HORSY, **B**, *363*
Hof, CASHMERE SHOP, **T/B**, *525*
Hof, LE-GO, **B**, *349*
Hohenberg, DIBBERN, **H**, *474*
Hohenberg, FEILER, **T/B**, *528*
Hohenberg, HUTSCHENREUTHER, **G/K/P**, *392*
Hohenstein-Ernstthal, STERNTALER, **B**, *173*
Höhfröschen, HEPCO & BECKER, **S**, *568*
Höhr-Grenzhausen, RASTAL, **G/K/P**, *373*
Hopfgarten, SIEBER, **B**, *174*
Hörstel, BODET & HORST, **T/B**, *495*
Hösbach, DÖRHÖFER, **S**, *566*
Hösbach, KASTELL, **B**, *238*
Hückelhoven, TOCC, **B**, *212*
Hülben, BECK, **S/S**, *429*

I

Idar-Oberstein, FISSLER, **H**, *461*
Idar-Oberstein, GOTTLIEB, **S/U**, *446*
Illertissen, LANWEHR, **N/G**, *149*
Ilmenau, HERO, **H**, *476*
Ilsfeld, JOKER, **B**, *303*
Immekath, FRICOPAN, **N/G**, *95*
Immenstadt, HUDSON KUNERT, **B**, *326*
Ingersheim, OLYMP, **B**, *304*
Ingolstadt, BÄUMLER, **B**, *320*
Ingolstadt, INGOLSTADT VILLAGE, **F**, *586*
Ingolstadt, ROSNER - CINQUE - ROY ROBSON, **B**, *321*
Isernhagen, BREE, **L/S**, *21*
Isny, VEITH, **B**, *331*
Issum, FRONHOFFS, **N/G**, *104*

K

Kahla, GRIESSON - DE BEUKELAER, **N/G**, *62*
Kahla, KAHLA PORZELLAN, **G/K/P**, *368*
Kaiserslautern, FRUIT OF THE LOOM, **B**, *248*
Kammlach, MANG, **N/G**, *145*
Kandel, WALBER, **L/S**, *41*
Karlsruhe, ERES, **B**, *307*
Karlsruhe, RIES, **S/U**, *449*
Kaufbeuren, MIKOLASCH, **S/U**, *452*
Kellmünz, STEGMANN, **L/S**, *47*
Kemnath, FISCHER, **T/B**, *528*
Kemnath, PONNATH, **N/G**, *161*
Kempen, BERND LÜBBENJANS, **B**, *216*
Kempen, GRIESSON - DE BEUKELAER, **N/G**, *105*
Kempen, HELLESIA, **N/G**, *105*
Kempen, VELO-SPORT, **S/S**, *425*
Kerken, LUTZE & NAGELS, **T/B**, *494*
Kevelaer, BERGMANN, **L/S**, *25*
Kirchanschöring, MEINDL, **L/S**, *44*
Kirchardt, CLEMENS, **S/S**, *430*
Kirchentellinsfurt, EINHORN, **B**, *255*
Kirchheim, BOGNER, **B**, *322*
Kirchheim-Teck, HERRMANN, **N/G**, *132*
Kirn, BRAUN BÜFFEL, **L/S**, *27*
Kirn, GOLDEN HEAD, **L/S**, *28*
Kißlegg, ALLGÄULAND, **N/G**, *148*
Kißlegg, SPEIDEL, **B**, *331*
Kitzingen, ECKERT, **S/S**, *444*
Kleinwallstadt, ST. EMILE, **B**, *240*

Ortsregister

Kleve, BAUSE, **L/S**, *24*
Köln, STOLLWERCK, **N/G**, *113*
Könitz, KÖNITZ, **G/K/P**, *367*
Konradsreuth, MEIKO, **T/B**, *526*
Kornwestheim, SALAMANDER, **L/S**, *34*
Korschenbroich, MEXX, **B**, *209*
Krefeld, GRUYTERS, **N/G**, *104*
Krefeld, KEMPER, **B**, *215*
Kressbronn, GOLDMÄNNCHEN, **N/G**, *146*
Kronach, HOAL, **B**, *357*
Kronach, ROSENTHAL, **G/K/P**, *394*
Krumbach, STEINHART, **S**, *574*
Krummennaab, WEIDNER, **B**, *344*
Künzell, SCHNEIDER, **B**, *201*
Künzelsau, MUSTANG, **B**, *305*
Küps, BÜTTNER, **B**, *358*
Küps, LINDNER, **G/K/P**, *395*
Küps, SEIDEL, **B**, *358*
Küps, ZÖLLNER, **T/B**, *530*
Kusterdingen, WILL, **B**, *254*

L

Laaber, SEIDL, **N/G**, *158*
Ladbergen, HEEMANN, **N/G**, *111*
Ladenburg, CALGON, **K/R**, *537*
Lahr, BONACELLI, **B**, *308*
Laichingen, AFS, **L/S**, *46*
Laichingen, EDELMANN, **T/B**, *522*
Laichingen, VITAFORM, **L/S**, *47*
Laichingen, WÄSCHEKRONE, **T/B**, *523*
Lam, HEROS, **S/S**, *436*
Landshut, BRANDT, **N/G**, *141*
Landshut, BUCHNER, **N/G**, *142*
Langenfeld, ARA, **L/S**, *23*
Lappersdorf, CBS, **L/S**, *50*
Lauben, CHAMPIGNON, **N/G**, *144*
Lauenburg, BERRYWELL, **K/R**, *534*
Lauenförde, KETTLER-HERLAG, **M**, *407*
Laufenburg, MARYAN, **B**, *311*
Lauffen am Neckar, BUECKLE, **B**, *303*
Lauingen, BI, **B**, *333*
Lauscha, FARBGLASHÜTTE, **G/K/P**, *397*
Lauter, SCHWERTER EMAIL, **H**, *453*
Lauterbach, WEGENER, **B**, *202*
Lauterbach, WENZEL & HOOS, **T/B**, *488*
Legden, VINKELAU, **M**, *409*
Leinach, ULLA, **B**, *360*
Leinfelden-Echterdingen, SPEICK, **K/R**, *538*
Lemgo, PAHNA, **N/G**, *87*
Leutershausen, TVU, **T/B**, *524*
Lichte, LICHTE PORZELLAN, **G/K/P**, *398*
Lichte, WALLENDORFER PORZELLAN, **G/K/P**, *398*
Lichtenau, SIEGER, **M**, *417*
Lichtenfels, EICHHORN, **S**, *580*
Lichtenstein, TUTTI PALETTI, **B**, *296*
Linau, SUWAJ, **B**, *181*
Lindau, LORENZ, **N/G**, *146*
Lindenberg, MAYSER, **B**, *330*
Lippelsdorf, WAGNER & APEL, **G/K/P**, *399*
Lippstadt, FALKE, **B**, *231*
Lobenstein, TURM-SCHUH, **L/S**, *18*
Löffingen, FORMESSE, **T/B**, *519*
Löhne, BIKE-PLANTAGE, **S/S**, *424*
Löhne, MKM, **T/B**, *485*
Lörrach, LAUFFENMÜHLE, **T/B**, *517*
Lörrach, NORTHERN GOOSE, **T/B**, *517*
Lübbecke, HUCKE, **B**, *192*
Lübeck, ERASCO, **N/G**, *73*
Lübeck, HAWESTA, **N/G**, *74*
Lübeck, LÜBECKER MARZIPANSPEICHER, **N/G**, *72*
Lübeck, LUBS, **N/G**, *75*
Lübeck, MEST, **N/G**, *73*
Lübeck, NIEDEREGGER, **N/G**, *74*
Lübeck, VILLEROY & BOCH, **G/K/P**, *369*
Ludwigsburg, LUDWIGSBURG PORZELLAN, **G/K/P**, *375*
Ludwigsstadt, LAUENSTEIN CONFISERIE, **N/G**, *162*
Ludwigsstadt, WELA, **N/G**, *163*
Lüneburg, CINQUE, **B**, *178*
Lüneburg, LUCIA, **B**, *179*
Lüneburg, ROY ROBSON, **B**, *179*
Lustadt, HUMBERT, **B**, *248*

Ortsregister

M

Maasmechelen (B), MAASMECHELEN VILLAGE, **F**, *587*
Mainaschaff, ASCAFA, **B**, *240*
Mainaschaff, F.A.N., **T/B**, *500*
Mainbernheim, BÄREN SCHMIDT, **N/G**, *164*
Mainz, ZWIESEL KRISTALLGLAS, **G/K/P**, *372*
Mammendorf, ARIELLA, **B**, *316*
Mamming, MAMMINGER, **N/G**, *160*
Mannheim, BIRKEL, **N/G**, *125*
Mannheim, FELINA, **B**, *248*
Mannheim, ZEWA, **S**, *569*
March, RUN GUSS, **H**, *470*
Marktleuthen, HEINRICH WINTERLING, **G/K/P**, *388*
Marktoberdorf, MOMM, **T/B**, *521*
Marktoberdorf, RÖSLE, **H**, *471*
Marktrodach, HUMARO, **L/S**, *52*
Marsberg, RITZENHOFF, **G/K/P**, *370*
Massenbachhausen, FISCHER, **B**, *302*
Maulburg, BURLINGTON, **B**, *311*
Maulburg, SÜD BETTFEDERN, **T/B**, *519*
Maxsain, WEISS, **B**, *227*
Meckenheim, GRAFSCHAFTER, **N/G**, *116*
Medebach, EWERS, **B**, *232*
Medebach, GOLDEN LADY, **B**, *232*
Medebach, STUHLMANN, **B**, *233*
Meinerzhagen, NOWA, **H**, *462*
Meinhard, FRIEDOLA, **S**, *556*
Merkers, WALLENDORFER PORZELLAN, **G/K/P**, *371*
Mertingen, ZOTT, **N/G**, *143*
Meschede, SKS DESIGN, **S**, *565*
Meßstetten, INTERSTUHL, **M**, *414*
Meßstetten, SANETTA, **B**, *274*
Metelen, SULA, **N/G**, *106*
Mettlach, BASSETTI, **T/B**, *500*
Mettlach, BRIGITTE VON BOCH, **S**, *567*
Mettlach, LAND'S END, **B**, *247*
Mettlach, VILLEROY & BOCH, **G/K/P**, *374*
Metzingen, ADIDAS, **B**, *276*
Metzingen, ARAMI & RAMIM, **B**, *277*
Metzingen, BALLY, **L/S**, *35*
Metzingen, BAZLEN, **L/S**, *36*
Metzingen, BOSS, **B**, *277*
Metzingen, BURBERRY, **B**, *278*
Metzingen, CHERVO, **B**, *278*
Metzingen, CINQUE, **B**, *279*
Metzingen, DIESEL, **B**, *279*
Metzingen, DYRBERG/KERN, **S/U**, *448*
Metzingen, ENZIAN, **K/R**, *540*
Metzingen, ESCADA, **B**, *279*
Metzingen, ESPRIT, **B**, *280*
Metzingen, FLEISCHWAREN LAGERVERKAUF, **N/G**, *131*
Metzingen, GAENSLEN & VÖLTER, **T/B**, *507*
Metzingen, JOOP, **B**, *280*
Metzingen, LACOSTE, **B**, *281*
Metzingen, LEVI'S, **B**, *281*
Metzingen, LLOYD, **L/S**, *36*
Metzingen, MARC O'POLO, **B**, *282*
Metzingen, MISS SIXTY, **B**, *282*
Metzingen, MÖVE, **T/B**, *507*
Metzingen, NIKE, **B**, *283*
Metzingen, PEPE JEANS, **B**, *283*
Metzingen, PRINCESS, **S**, *569*
Metzingen, PUMA, **B**, *283*
Metzingen, RALPH LAUREN, **B**, *284*
Metzingen, RENE LEZARD, **B**, *284*
Metzingen, REUSCH, **B**, *285*
Metzingen, S.OLIVER, **B**, *285*
Metzingen, SAMTFABRIK, **B**, *286*
Metzingen, SCHIESSER, **B**, *286*
Metzingen, SEIDENSTICKER, **B**, *287*
Metzingen, STRELLSON, **B**, *287*
Metzingen, STRENESSE, **B**, *288*
Metzingen, SWATCH, **S/U**, *448*
Metzingen, TOMMY HILFIGER, **B**, *288*
Metzingen, TRIUMPH, **B**, *289*
Metzingen, UHLSPORT, **S/S**, *428*
Metzingen, VAUDE, **S/S**, *428*
Metzingen, WINDSOR, **B**, *289*
Metzingen, WOLFORD, **B**, *290*
Michelau, ZELLNER, **T/B**, *529*
Michelstadt, KOZIOL, **S**, *567*
Miltach, BEIER, **N/G**, *159*
Miltach, NEMMER, **S/S**, *436*
Miltenberg, DANIEL HECHTER, **B**, *242*
Miltenberg, FRIPA, **S**, *566*
Mindelheim, KUNERT, **B**, *329*
Minden, DRABERT, **M**, *403*

Mistelbach, SIGIKID, **B**, *353*
Mömlingen, KLOTZ, **B**, *241*
Mönchengladbach, CINQUE, **B**, *207*
Mönchengladbach, MEXX, **B**, *208*
Mönchengladbach, PRIESS, **B**, *208*
Mönchengladbach, SCHULTE, **N/G**, *97*
Mönchengladbach, VAN LAACK, **B**, *209*
Monheim, HAMA, **S**, *575*
Mörfelden-Walldorf, FASHION OUTLET, **B**, *244*
Mössingen, CENTA-STAR, **T/B**, *504*
Mössingen, VIANIA, **B**, *254*
Mühlacker, BÖHRINGER, **S/U**, *449*
Mühlheim, TRAVELLER, **L/S**, *30*
Mülheim, EICHHOLZ, **L/S**, *24*
Mülsen, WEBEREI MÜLSEN, **T/B**, *479*
Münchberg, FICKENSCHER, **N/G**, *161*
Münchberg, HAMMER, **B**, *350*
München, AIGNER, **B**, *314*
München, HALLHUBER, **B**, *313*
München, RENA LANGE, **B**, *314*
München, SCHNELL, **K/R**, *545*
München, TRIUMPH, **B**, *313*
Münchweiler, DOCKERS, **L/S**, *33*
Münster, PINOLINO, **S/S**, *426*
Münster, PRIMERA, **B**, *217*
Münstertal, GUBOR, **N/G**, *139*
Münstertal, SCHIESSER, **B**, *309*
Münzenberg, ERNESTO TOYS, **S/S**, *425*

N

Nagold, DIGEL, **B**, *255*
Nagold, ROLF BENZ, **M**, *412*
Nahetal-Waldau, KERALOCK, **K/R**, *548*
Naila, MUNZERT, **T/B**, *525*
Nassau, LEIFHEIT, **H**, *462*
Nehren, KLETT, **N/G**, *130*
Nettetal, EM-ES-TE, **T/B**, *489*
Neu-Isenburg, LORENZ, **N/G**, *119*
Neu-Ulm, WEISSELLA, **N/G**, *148*
Neuburg, TRIXI SCHOBER, **B**, *348*
Neuenkirchen, HECKING, **T/B**, *495*
Neuenrade, PUS-GUSS, **H**, *463*
Neuensalz, TEGELER, **T/B**, *481*
Neufra, KANZ, **B**, *267*
Neukirchen-Vluyn, PARADIES, **T/B**, *494*
Neunburg, EFRUTI, **N/G**, *157*
Neunburg, LORENZ, **N/G**, *158*
Neunkirchen, NABER, **B**, *338*
Neuruppin, DREISTERN, **N/G**, *68*
Neuss, CONVERSE, **B**, *210*
Neuss, LERROS, **B**, *210*
Neuss, VANILIA, **B**, *211*
Neustadt, ALTHANS, **S/S**, *438*
Neustadt, ELATEX, **B**, *200*
Neustadt, FISCHER, **M**, *420*
Neustadt, LISSI BÄTZ, **S/S**, *438*
Neustadt, NACHTMANN, **G/K/P**, *379*
Neustadt, ROLLY TOYS, **S/S**, *439*
Neustadt, SIEMER, **B**, *189*
Neustadt/Aisch, ESTELLA, **T/B**, *523*
Neuwied, EURESS, **B**, *228*
Niedernberg, S.OLIVER, **B**, *240*
Niederoderwitz, KATHLEEN, **N/G**, *55*
Nohra, WEIMARER WURST, **N/G**, *168*
Nonnweiler, WAGNER, **N/G**, *123*
Norderstedt, VAN HOUTEN, **N/G**, *72*
Nordhorn, ERFO, **B**, *220*
Nördlingen, STRENESSE, **B**, *325*
Northeim, WILVORST, **B**, *203*
Nortrup, KEMPER, **N/G**, *112*
Nürnberg, BAUER, **S/S**, *433*
Nürnberg, EM-EUKAL, **N/G**, *153*
Nürnberg, PFANN, **N/G**, *154*
Nürnberg, PUMA, **B**, *334*
Nürnberg, SCHÖLLER, **N/G**, *152*
Nürnberg, SCHUHMANN, **N/G**, *154*
Nürnberg, SCOUT, **S**, *576*
Nürnberg, WEISSELLA, **N/G**, *153*
Nürnberg, WINDROSE, **L/S**, *48*
Nürnberg, WOLF-FORSTER, **N/G**, *152*
Nürtingen, COMAZO, **B**, *291*
Nürtingen, HAUBER, **B**, *292*
Nußloch, BETTY BARCLAY, **B**, *250*

O

Oberderdingen, HIRSCH, **N/G**, *137*
Oberkirch, APELT, **T/B**, *515*
Oberschönegg, EHRMANN, **N/G**, *145*
Obersimten, DIETZ, **L/S**, *32*
Oberviechtach, MÜLLER, **T/B**, *524*
Ochsenfurt, KNEIPP, **K/R**, *546*
Ochtrup, EOC, **F**, *584*
Ochtrup, SPORTIVO, **B**, *220*
Oelsnitz, FORMAT, **B**, *171*

Ortsregister

Oer-Erkenschwick, GUSTOLAND, **N/G**, *100*
Offenbach, BARTH & BAUER, **L/S**, *29*
Offenbach, BOGNER LEATHER, **L/S**, *29*
Offenbach, GOLDPFEIL, **L/S**, *28*
Offenbach, KAPPUS, **K/R**, *536*
Offenbach, KRUPS-ROWENTA-TEFAL, **H**, *465*
Offenburg, LUXORETTE, **T/B**, *515*
Ohmden/Teck, ELO, **T/B**, *512*
Ohrdruf, BRANDT, **N/G**, *169*
Öhringen, RATHGEBER, **B**, *305*
Olbernhau, HESS, **S/S**, *423*
Olbernhau, KWO, **S**, *550*
Oldenburg, BAHLSEN, **N/G**, *77*
Oschatz, F.A.N., **T/B**, *478*
Osnabrück, COPPENRATH & WIESE, **N/G**, *107*
Osnabrück, DK BERUFSMODEN, **B**, *221*
Osnabrück, L'ITALIANO, **N/G**, *107*
Ostercappeln, WAFFEL MEYER, **N/G**, *109*
Ötisheim, TOFF TOGS, **B**, *306*
Ottensoos, JOY, **B**, *339*

P

Passau, ETERNA, **B**, *346*
Passau, KEUPP, **N/G**, *159*
Pegnitz, PAMPOLINA, **B**, *340*
Peine, RAUSCH, **N/G**, *85*
Pforzheim, GUMMI-BÄREN-LAND, **N/G**, *137*
Pfreimd, MAC, **B**, *343*
Pfullendorf, ALNO, **M**, *419*
Pfullingen, ERIMA, **B**, *295*
Pfungstadt, KAMPS, **N/G**, *120*
Piding, ADIDAS, **B**, *318*
Pirmasens, K + S SHOES, **L/S**, *32*
Pirmasens, WAWI, **N/G**, *124*
Planegg, BASSETTI, **T/B**, *520*
Planegg, MARC O'POLO, **B**, *315*
Plochingen, PLOCHINA, **K/R**, *542*
Plüderhausen, KÜBLER, **B**, *301*
Pocking, CHARMOR, **B**, *347*
Pocking, WINKLHOFER, **B**, *347*
Polch, ADRIAN, **M**, *409*
Polch, GRIESSON - DE BEUKELAER, **N/G**, *117*
Pößneck, BERGGOLD, **N/G**, *61*
Potsdam, KATJES, **N/G**, *67*
Presseck, BODENSCHATZ, **L/S**, *51*
Prichsenstadt, WOLF, **N/G**, *165*
Pulsnitz, PULSNITZER LEBKUCHEN, **N/G**, *54*

R

Radolfzell, HÜGLI, **N/G**, *138*
Radolfzell, SEEMAXX, **F**, *586*
Ransbach-Baumbach, KERAMIK-INSEL, **H**, *461*
Rastede, ULLA POPKEN, **B**, *181*
Ratingen, BENETTON, **B**, *206*
Ratingen, ESPRIT, **B**, *207*
Rauenstein, SCHILDKRÖT, **S/S**, *443*
Ravensburg, GRIESSON - DE BEUKELAER, **N/G**, *147*
Regensburg, BÄUMLER, **B**, *344*
Regenstauf, PHÖNIX, **B**, *345*
Reichelsheim, EBERHARDT, **N/G**, *121*
Reken, IGLO, **N/G**, *106*
Rellingen, MORGENSTERN, **T/B**, *483*
Remagen, SCHAUFF, **S/S**, *427*
Reutlingen, BAUER, **B**, *293*
Reutlingen, ENGEL, **B**, *293*
Reutlingen, GROSANA, **T/B**, *508*
Reutlingen, GUMMI-BÄREN-LAND, **N/G**, *131*
Reutlingen, LES CORPS, **B**, *294*
Reutlingen, REIFF, **B**, *294*
Reutlingen, SCHNIZLER, **B**, *292*
Reutlingen, STARLINE, **T/B**, *509*
Reutlingen, STURM, **B**, *295*
Rheda-Wiedenbrück, BAUMHÜTER, **B**, *193*
Rheda-Wiedenbrück, DAUT, **N/G**, *88*
Rheda-Wiedenbrück, INTERLÜBKE, **M**, *404*
Rheda-Wiedenbrück, PROPHETE, **S/S**, *424*
Rhede, SCHOKO DRAGEES, **N/G**, *102*
Rheinbach, YUL, **S**, *562*
Rheine, NUR DIE, **B**, *218*
Rheine, RZ DYCKHOFF, **T/B**, *495*
Riedelberg, SCHUHWERK, **L/S**, *31*

Riedlingen, GÖNNER, **B**, *332*
Riedlingen, SILIT, **H**, *472*
Rietberg, SCHULTE, **N/G**, *89*
Rietberg, SUDBROCK, **M**, *405*
Rietberg, TRAUMWELT, **T/B**, *486*
Rietheim-Weilheim, HERMKO, **B**, *308*
Ritterhude, JANETZKY, **T/B**, *483*
Rodalben, SERVAS, **L/S**, *32*
Rödental, ENGEL, **S/S**, *439*
Rödental, GOEBEL, **G/K/P**, *396*
Roermond (NL), DESIGNER OUTLET ROERMOND, **F**, *588*
Rohrdorf, WEGA, **B**, *317*
Rosenau, STENGER, **N/G**, *67*
Rosendahl, PRÜMER, **B**, *221*
Rosengarten, REUTTER, **N/G**, *135*
Rosenheim, GABOR, **L/S**, *44*
Rosenheim, MAIER, **B**, *317*
Rosenheim, WERNDL, **M**, *418*
Rosslau, PINO, **M**, *401*
Roßbach, WASTA, **N/G**, *160*
Rotenburg, BRÜHL, **B**, *201*
Rottenburg, KUMPF, **B**, *253*
Rottendorf, PROPHETE, **S/S**, *443*
Rottendorf, S.OLIVER, **B**, *360*
Rotthalmünster, STERA, **S**, *578*
Rudolstadt, VOLKSTEDTER PORZELLAN, **G/K/P**, *367*

S

Saalfeld, STOLLWERCK, **N/G**, *60*
Saarbrücken, TAILOR HOFF, **B**, *246*
Salzbergen, BÜLTEL, **B**, *219*
Salzwedel, YUL, **S**, *553*
Sandberg, SANDBERG, **B**, *364*
Sangerhausen, MIFA, **S/S**, *422*
Satrup, REDLEFSEN, **N/G**, *76*
Schalksmühle, AMT, **H**, *463*
Schauenstein, FROHN, **T/B**, *527*
Schirnding, ARZBERG, **G/K/P**, *392*
Schliengen, MAYKA, **N/G**, *140*
Schlierbach, DIMA, **M**, *414*
Schlitz, LANGHEINRICH, **T/B**, *487*
Schloß Holte-Stukenbrock, SYLBO, **B**, *197*
Schlüsselfeld, F.A.N. **T/B**, *529*
Schlüsselfeld, PUMA, **B**, *356*
Schmallenberg, FALKE, **B**, *229*
Schmölln, WOLF, **N/G**, *56*
Schneverdingen, FISCHER, **L/S**, *20*
Schneverdingen, GOTTENA, **N/G**, *83*
Schömberg, STRIEBLING, **B**, *259*
Schönbach, JOLLY, **L/S**, *17*
Schönwald, PROFITABLE, **G/K/P**, *389*
Schramberg, JUNGHANS, **S/U**, *451*
Schrozberg, FASHION OUTLET SCHROZBERG, **B**, *305*
Schwäbisch Gmünd, GRAU AROMATICS, **K/R**, *543*
Schwäbisch Gmünd, SCHIPS, **M**, *415*
Schwaig, WACHTER, **N/G**, *155*
Schwallungen, WERRA, **S**, *582*
Schwalmstadt, AZ MODELL, **B**, *199*
Schwalmstadt, ROHDE, **L/S**, *22*
Schwandorf, WOLF, **N/G**, *157*
Schwanheim, WALDLÄUFER, **L/S**, *40*
Schwanstetten, CHAMP, **L/S**, *48*
Schwarzach, MINX, **B**, *361*
Schwarzach, RENE LEZARD, **B**, *361*
Schwarzach, S.OLIVER, **B**, *362*
Schwarzenbach, REINGRUBER, **T/B**, *526*
Schwarzenbek, LEMBCKE, **N/G**, *70*
Schwedt/Oder, VELIND, **K/R**, *534*
Seesen, SONNEN BASSERMANN, **N/G**, *95*
Selb, HUTSCHENREUTHER, **G/K/P**, *386*
Selb, ROSENTHAL, **G/K/P**, *387*
Selb, VILLEROY & BOCH, **G/K/P**, *387*
Selbitz, JOMOS, **L/S**, *51*
Siegelsbach, MANN & SCHRÖDER, **K/R**, *544*
Sigmaringendorf, STRÖBELE, **B**, *276*
Simmern, ACTIVLINE, **S**, *563*
Sindelfingen, GIN TONIC, **B**, *250*
Sindelfingen, LEIBFRIED, **T/B**, *503*
Sinsheim, EXCELLENT, **N/G**, *136*
Soest, BÜBCHEN, **K/R**, *536*
Soest, KUCHENMEISTER, **N/G**, *118*
Soest, TARGA, **S**, *564*
Solingen, BURGVOGEL, **H**, *458*
Solingen, DORKO, **H**, *459*
Solingen, EICKER, **H**, *456*
Solingen, GEHRING, **H**, *456*
Solingen, GIESEN & FORSTHOFF, **H**, *455*

Ortsregister

Solingen, HARIBO, **N/G**, *98*
Solingen, HERDER, **H**, *457*
Solingen, KRUPS, **H**, *459*
Solingen, WÜSTHOF, **H**, *457*
Solingen, ZWILLING, **H**, *458*
Sonneberg, DICKIE, **S/S**, *440*
Sonneberg, GLEN DIMPLEX, **H**, *475*
Sonneberg, PLÜTI NOVA, **S/S**, *441*
Sonnefeld, HARTAN, **S**, *580*
Sonnefeld, HAUCK, **S**, *581*
Sonnefeld, HAUCK DESIGN, **S**, *581*
Sonthofen, AUTHENTIC KLEIN, **B**, *327*
Sonthofen, ERGEE, **B**, *327*
Sonthofen, SEIDENSTICKER, **B**, *328*
Sonthofen, WISSMACH, **B**, *328*
Spaichingen, HOGRI, **S**, *572*
Speichersdorf, ROSENTHAL, **G/K/P**, *389*
Speyer, KEIM, **N/G**, *124*
Spiegelau, SPIEGELAU KRISTALL, **G/K/P**, *385*
St. Georgen, STAIGER, **S/U**, *450*
St. Oswald, NACHTMANN, **G/K/P**, *386*
Stadtilm, DOMAL, **K/R**, *548*
Steinach, MAROLIN, **S/S**, *441*
Steinach, PLAHO, **S/S**, *442*
Steinau, JOLLY, **L/S**, *23*
Steinen, STRÖBER, **L/S**, *43*
Steinenbronn, SIRIUS, **H**, *466*
Steinfurt, KOCK, **T/B**, *496*
Steinfurt, SEESTERN FROTTIER, **T/B**, *496*
Steinhagen, GERRY WEBER, **B**, *198*
Steinhagen, S.OLIVER, **B**, *198*
Stetten a. k. M., GINO LOMBARDI, **B**, *275*
Stimpfach, HOSTA, **N/G**, *135*
Stockheim, ALGI, **K/R**, *546*
Stockheim, TRABERT, **L/S**, *52*
Stolberg, DALLI, **K/R**, *535*
Straelen, KÜHNE, **N/G**, *103*
Straelen, MÜLLER, **S**, *560*
Strullendorf, STEBA, **H**, *474*
Stuhr, ADIDAS, **B**, *185*
Stuhr, FRIEBEL, **N/G**, *81*
Stuhr, MARC O'POLO, **B**, *185*
Stuhr, MEXX, **B**, *186*
Stuhr, NIKE, **B**, *186*
Stuhr, PUMA, **B**, *187*
Stuhr, SCHIESSER, **B**, *187*
Stuhr, TOMMY HILFIGER, **B**, *188*
Stutensee, MEIER BALLON, **S**, *571*
Stutensee, MELL, **B**, *307*
Stuttgart, CENTA-STAR, **T/B**, *502*
Stuttgart, GUMMI-BÄREN-LAND, **N/G**, *125*
Stuttgart, LANGANI, **S/U**, *447*
Südlohn, SÜDLOHNER FROTTIER, **T/B**, *492*
Sulingen, FISCHER, **N/G**, *79*
Sulingen, LLOYD, **L/S**, *20*
Sulz, WÖSSNER, **M**, *411*
Sulzbach, FABRIKVERKAUF SULZBACH, **B**, *245*
Sulzbach-Rosenberg, HILTL, **B**, *342*
Sundern, SEVERIN, **H**, *464*
Süßen, SCHOELLER + STAHL, **T/B**, *510*
Syke, WESER, **N/G**, *82*

T

Taufkirchen, HIMOLLA, **M**, *418*
Taunusstein, DITTMANN, **N/G**, *122*
Tettau, KÖNIGLICH TETTAU, **G/K/P**, *395*
Tettau, RÖSLER, **G/K/P**, *396*
Tettnang, VAUDE, **S/S**, *432*
Thalheim, ESDA, **B**, *174*
Thiersheim, KÖNIG, **G/K/P**, *393*
Thiersheim, VOITH, **B**, *355*
Tirschenreuth, HATICO, **B**, *354*
Tirschenreuth, HUTSCHENREUTHER, **G/K/P**, *390*
Tirschenreuth, NK-ZINN, **S**, *579*
Titisee-Neustadt, NOVILA, **B**, *312*
Töpen, FABER, **B**, *350*
Torgau, VILLEROY & BOCH, **G/K/P**, *366*
Triberg, HERR, **S/U**, *449*
Trier, ROMIKA, **L/S**, *27*
Triptis, TRIPTIS PORZELLAN, **G/K/P**, *368*
Tübingen, ACKEL, **B**, *252*
Tübingen, PUSTEFIX, **S/S**, *428*
Tübingen, RAITH, **B**, *251*
Tübingen, RÖSCH, **B**, *252*
Türkheim, SALAMANDER, **L/S**, *46*

Tuttlingen, RIEKER, **L/S**, *42*
Tuttlingen, SOLIDUS, **L/S**, *42*
Tuttlingen, STORZ, **N/G**, *139*

U

Uffenheim, REICHART, **B**, *359*
Uhingen, BOSCH CONFISERIE, **N/G**, *132*
Ulm, GARDENA, **S**, *575*
Unteregg, FAUSTMANN, **B**, *329*
Unterschleißheim, MORE & MORE, **B**, *323*
Unterschneidheim, BALBACH, **B**, *299*
Unterweißbach, UNTERWEISS-BACHER PORZELLAN, **G/K/P**, *399*
Urbach, IRISETTE, **T/B**, *513*

V

Vahldorf, BÖRDE, **N/G**, *96*
Vaihingen, HARDY, **B**, *251*
Vaihingen/Enz, FAKIR, **H**, *467*
Vaihingen/Enz, GUMMI-BÄREN-LAND, **N/G**, *128*
Varel, FRIESLAND, **G/K/P**, *370*
Veitshöchheim, FRANKONIA, **N/G**, *164*
Verden, FREITAG, **N/G**, *80*
Verl, ASTRO, **N/G**, *90*
Verl, KLEINEMAS, **N/G**, *90*
Verl, MARC AUREL, **B**, *193*
Versmold, NÖLKE, **N/G**, *91*
Versmold, WILTMANN, **N/G**, *91*
Viersen, JÄGER, **H**, *454*
Viersen, ZASPEL, **B**, *211*
Villingen-Schwenningen, TIPP-KICK, **S/S**, *431*
Vilsbiburg, THE BEST, **B**, *318*
Vilsbiburg, ZOLLNER, **T/B**, *520*
Visbek, AGRIMEAT, **N/G**, *111*
Vohenstrauß, ARZBERG, **G/K/P**, *379*
Vreden, BIERBAUM, **T/B**, *497*

W

Wagenfeld, WAGENFELDER SPINNEREI, **T/B**, *497*
Wahlhausen, WERRATAL STÖCKE, **S**, *557*
Wahlstedt, PELZ, **S**, *552*
Waiblingen, BIRKEL, **N/G**, *127*
Waiblingen, LENHART, **K/R**, *539*
Wald, MAC, **B**, *346*
Waldenbuch, RITTER SPORT, **N/G**, *126*
Waldershof, ROSENTHAL, **G/K/P**, *391*
Waldkirch, GANTER, **L/S**, *43*
Waldsee, STEIN, **T/B**, *501*
Waldstetten, LEICHT, **M**, *416*
Walheim, SIOUX, **L/S**, *38*
Walldürn, BOSERO, **S**, *570*
Wallhausen, SCHOPPEL, **T/B**, *514*
Wanfried, WERKMEISTER, **S**, *556*
Wangen, LUXORETTE, **T/B**, *521*
Wannweil, HIPP, **B**, *296*
Warburg, BRAUNS HEITMANN, **S**, *554*
Warburg, VALFRUTTA, **N/G**, *92*
Warendorf, VOLMER, **M**, *408*
Warin, MALIE, **T/B**, *482*
Wehingen, TITANIUM, **S/U**, *451*
Wehr, BRENNET, **T/B**, *518*
Wehr, WECK, **G/K/P**, *377*
Weiden, SELTMANN, **G/K/P**, *378*
Weidhausen, KNAUER, **B**, *357*
Weiherhammer, BAYERN ZINN, **G/K/P**, *380*
Weil am Rhein, BIG STAR, **B**, *310*
Weil am Rhein, CARHARTT, **B**, *310*
Weiler-Simmerberg, BIRITA, **B**, *330*
Weimar, HOWANA, **B**, *200*
Weinheim, KLINGOL, **K/R**, *538*
Weißbach, HORNSCHUCH, **S**, *570*
Wendlingen, LUXORETTE, **T/B**, *511*
Wentorf, GOLFINO, **B**, *180*
Werl, DREIMEISTER, **N/G**, *118*
Werl, KETTLER, **M**, *410*
Wermelskirchen, POSSEIK, **M**, *407*
Wernberg-Köblitz, STÖHR, **B**, *343*
Werneck, EICHETTI, **N/G**, *165*
Wernigerode, WERGONA, **N/G**, *96*
Wertheim, ALFI, **H**, *475*
Wertheim, BELLMIRA, **K/R**, *547*
Wertheim, WERTHEIM VILLAGE, **F**, *587*
Westerheim, KNEER, **T/B**, *508*
Wettringen, CRUSE, **B**, *219*
Wetzlar, MINOX, **S**, *555*
Wieslautern, THERESIA M., **L/S**, *41*

Wildeshausen, STÖVER, **N/G**, *80*
Wilgartswiesen, WILGARTA, **L/S**, *40*
Wilhelmshaven, MASTERHAND, **B**, *182*
Wilhelmshaven, ULMER, **N/G**, *79*
Wilkau-Haßlau, HARIBO, **N/G**, *62*
Wilthen, SÄCHSISCHE LEDERWAREN, **L/S**, *17*
Winnenden, GIESSER, **H**, *467*
Winnenden, PARADIES, **T/B**, *503*
Winnenden, SADEX, **N/G**, *127*
Winsen, MASSA, **N/G**, *70*
Winterbach, HAHN, **B**, *301*
Winterlingen, ATHLET SPORT, **B**, *274*
Wittgensdorf, SCHIESSER, **B**, *172*
Wolfach, DOROTHEENHÜTTE, **G/K/P**, *376*
Wolfach, WÜRTZ, **B**, *308*
Wolfenbüttel, BRAUNSCHWEIGER BETTFEDERN, **T/B**, *489*
Wolfhagen, BÄRENSCHLAF, **T/B**, *487*
Wolfsburg, DESIGNER OUTLETS WOLFSBURG, **F**, *583*
Wolfsburg, KAMEI, **S**, *558*
Worms, SCHÄRF, **M**, *410*
Wörnitz, GALA, **S**, *577*
Wunsiedel, HÖFER, **B**, *353*
Wunsiedel, RETSCH, **G/K/P**, *390*
Wunstorf, KETTLER, **M**, *402*
Wunstorf, VION, **N/G**, *86*
Wuppertal, VORWERK, **T/B**, *490*
Würgassen, SOLLING, **M**, *406*

Würzburg, FRANKONIA, **B**, *359*
Wurzen, STOLLWERCK, **N/G**, *56*
Wustermark, ADIDAS, **B**, *177*
Wustermark, DESIGNER OUTLET B5, **F**, *583*

Z

Zeestow, TREBES & HENNING, **L/S**, *19*
Zeil, ERBELLE, **T/B**, *531*
Zeil, SCHIESSER, **B**, *363*
Zeitz, ZETTI, **N/G**, *59*
Zell, IRISETTE, **T/B**, *518*
Zell, OSTHEIMER, **S/S**, *430*
Zell, ZELLER KERAMIK, **G/K/P**, *377*
Zirndorf, GUDRUN SJÖDEN, **B**, *335*
Zirndorf, PLAYMOBIL, **S/S**, *434*
Zörbig, ZÖRBIGER, **N/G**, *59*
Zorneding, APART, **T/B**, *521*
Zuzenhausen, LEIFHEIT, **H**, *469*
Zweibrücken, ADIDAS, **B**, *246*
Zweibrücken, DESIGNER OUTLETS ZWEIBRÜCKEN, **F**, *585*
Zwiesel, AMBIENTE KRISTALL, **G/K/P**, *381*
Zwiesel, HUTSCHENREUTHER, **G/K/P**, *381*
Zwiesel, NACHTMANN, **G/K/P**, *382*
Zwiesel, ZWIESEL KRISTALLGLAS, **G/K/P**, *382*

Postleitzahlenregister

Abkürzungen der Produktgruppen:
B = Bekleidung; **F** = Fabrikverkaufszentren; **G/K/P** = Glas, Keramik, Porzellan;
H = Haushaltswaren und -geräte; **K/R** = Kosmetika, Reinigungsmittel;
L/S = Lederwaren, Schuhe; **M** = Möbel; **N/G** = Nahrungs- und Genussmittel;
S = Sonstiges; **S/S** = Spielwaren, Sportartikel; **S/U** = Schmuck, Uhren;
T/B = Textil- und Bettwaren

0

01139 Dresden, REIMANN, **N/G**, *54*
01237 Dresden, DRESDNER SPITZEN, **T/B**, *477*
01896 Pulsnitz, PULSNITZER LEBKUCHEN, **N/G**, *54*
02681 Wilthen, SÄCHSISCHE LEDERWAREN, **L/S**, *17*
02708 Schönbach, JOLLY, **L/S**, *17*
02779 Großschönau, DAMINO, **T/B**, *477*
02779 Großschönau, FROTTANA, **T/B**, *478*
02791 Niederoderwitz, KATHLEEN, **N/G**, *55*
03159 Döbern, LAUSITZER GLASHÜTTE, **G/K/P**, *365*
04509 Delitzsch, DELITZSCHER SCHOKOLADEN, **N/G**, *55*
04626 Schmölln, WOLF, **N/G**, *56*
04703 Bockelwitz, ZEWA, **S**, *549*
04758 Oschatz, F.A.N., **T/B**, *478*
04808 Wurzen, STOLLWERCK, **N/G**, *56*
04838 Eilenburg, HENRI, **N/G**, *57*
04860 Torgau, VILLEROY & BOCH, **G/K/P**, *366*
06108 Halle/Saale, TEXTILMANUFAKTUR, **T/B**, *479*
06112 Halle, HALLOREN, **N/G**, *58*
06526 Sangerhausen, MIFA, **S/S**, *422*
06628 Bad Kösen, KÖSEN / SILKE, **S/S**, *422*
06712 Droßdorf, BAGEL BAKERY, **N/G**, *58*
06712 Döschwitz, ZEKIWA, **S**, *549*
06712 Zeitz, ZETTI, **N/G**, *59*
06780 Zörbig, ZÖRBIGER, **N/G**, *59*
06796 Brehna, MUSTANG, **B**, *170*
06847 Dessau, PAULY, **N/G**, *60*
06862 Rosslau, PINO, **M**, *401*
06925 Annaburg, ANNABURG PORZELLAN, **G/K/P**, *366*
07318 Saalfeld, STOLLWERCK, **N/G**, *60*
07336 Könitz, KÖNITZ, **G/K/P**, *367*
07356 Lobenstein, TURM-SCHUH, **L/S**, *18*
07381 Pößneck, BERGGOLD, **N/G**, *61*
07407 Rudolstadt, VOLKSTEDTER PORZELLAN, **G/K/P**, *367*
07580 Braunichswalde, BAHAMA BEACH, **B**, *170*
07768 Kahla, GRIESSON - DE BEUKELAER, **N/G**, *62*
07768 Kahla, KAHLA PORZELLAN, **G/K/P**, *368*
07819 Triptis, TRIPTIS PORZELLAN, **G/K/P**, *368*
08112 Wilkau-Haßlau, HARIBO, **N/G**, *62*
08132 Mülsen, WEBEREI MÜLSEN, **T/B**, *479*
08223 Falkenstein, STICKPERLE, **T/B**, *480*
08309 Eibenstock, FUNKE, **T/B**, *480*
08312 Lauter, SCHWERTER EMAIL, **H**, *453*
08541 Neuensalz, TEGELER, **T/B**, *481*
08606 Oelsnitz, FORMAT, **B**, *171*
09111 Chemnitz, BRUNO BANANI, **B**, *171*

Postleitzahlenregister

09224 Grüna, DRETEX, **B**, *172*
09228 Wittgensdorf, SCHIESSER, **B**, *172*
09337 Hohenstein-Ernstthal, STERNTALER, **B**, *173*
09380 Thalheim, ESDA, **E**, *174*
09429 Hopfgarten, SIEBER, **B**, *174*
09526 Olbernhau, HESS, **S/S**, *423*
09526 Olbernhau, KWO, **S**, *550*
09575 Eppendorf, PFEILER, **T/B**, *481*
09575 Eppendorf, RÜLKE, **S/S**, *423*

1

10367 Berlin, BECON, **B**, *175*
10623 Berlin, KPM, **G/K/P**, *369*
10709 Berlin, UMLAUF & KLEIN, **B**, *175*
12099 Berlin, BAHLSEN, **N/G**, *63*
12105 Berlin, RAUSCH, **N/G**, *63*
12277 Berlin, STOLLWERCK, **N/G**, *64*
12359 Berlin, LEMKE, **N/G**, *64*
12681 Berlin, KALODERMA, **K/R**, *533*
13347 Berlin, MARC CAIN, **B**, *176*
13353 Berlin, HEIN GERICKE, **B**, *176*
13409 Berlin, ASELI, **N/G**, *65*
13409 Berlin, KÜHNE, **N/G**, *65*
13507 Berlin, DICKMANN'S, **N/G**, *66*
13509 Berlin, SAWADE, **N/G**, *66*
13593 Berlin, SCOUT, **S**, *550*
14057 Berlin, MARC O'POLO, **B**, *177*
14482 Potsdam, KATJES, **N/G**, *67*
14641 Wustermark, ADIDAS, **B**, *177*
14641 Wustermark, DESIGNER OUTLET B5, **F**, *583*
14641 Zeestow, TREBES & HENNING, **L/S**, *19*
14789 Rosenau, STENGER, **N/G**, *67*
16303 Schwedt/Oder, VELIND, **K/R**, *534*
16816 Neuruppin, DREISTERN, **N/G**, *68*
19230 Hagenow, GUMMI BEAR FACTORY, **N/G**, *68*
19230 Hagenow, KÜHNE, **N/G**, *69*
19300 Grabow, GRABOWER, **N/G**, *69*
19417 Warin, MALIE, **T/B**, *482*

2

20097 Hamburg, VOSS, **B**, *178*
20539 Hamburg, HWF, **T/B**, *482*
21029 Hamburg, GARPA, **M**, *401*
21337 Lüneburg, CINQUE, **B**, *178*
21337 Lüneburg, LUCIA, **B**, *179*
21337 Lüneburg, ROY ROBSON, **B**, *179*
21423 Winsen, MASSA, **N/G**, *70*
21465 Wentorf, GOLFINO, **B**, *180*
21481 Lauenburg, BERRYWELL, **K/R**, *534*
21493 Schwarzenbek, LEMBCKE, **N/G**, *70*
21509 Glinde, GIES, **S**, *551*
22041 Hamburg, SALAMANDER, **L/S**, *19*
22453 Hamburg, TOM TAILOR, **B**, *180*
22459 Hamburg, WELA, **N/G**, *71*
22525 Hamburg, OPPERMANN, **N/G**, *71*
22527 Hamburg, PENTAX, **S**, *551*
22529 Hamburg, IRIS VON ARNIM, **B**, *181*
22844 Norderstedt, VAN HOUTEN, **N/G**, *72*
22959 Linau, SUWAJ, **B**, *181*
23552 Lübeck, LÜBECKER MARZIPAN-SPEICHER, **N/G**, *72*
23556 Lübeck, MEST, **N/G**, *73*
23560 Lübeck, ERASCO, **N/G**, *73*
23560 Lübeck, NIEDEREGGER, **N/G**, *74*
23568 Lübeck, HAWESTA, **N/G**, *74*
23568 Lübeck, LUBS, **N/G**, *75*
23569 Lübeck, VILLEROY & BOCH, **G/K/P**, *369*
23812 Wahlstedt, PELZ, **S**, *552*
24937 Flensburg, AGILUS, **N/G**, *75*
24986 Satrup, REDLEFSEN, **N/G**, *76*
25335 Elmshorn, DÖLLINGHAREICO, **N/G**, *76*
25337 Elmshorn, WIEBOLD, **N/G**, *77*
25462 Rellingen, MORGENSTERN, **T/B**, *483*
26135 Oldenburg, BAHLSEN, **N/G**, *77*
26180 Rastede, ULLA POPKEN, **B**, *181*
26188 Edewecht, MEICA, **N/G**, *78*

26219 Bösel, FM-BÜROMÖBEL, **M**, *402*
26316 Varel, FRIESLAND, **G/K/P**, *370*
26382 Wilhelmshaven, MASTERHAND, **B**, *182*
26382 Wilhelmshaven, ULMER, **N/G**, *79*
26689 Apen, GARDEUR, **B**, *183*
27232 Sulingen, FISCHER, **N/G**, *79*
27232 Sulingen, LLOYD, **L/S**, *20*
27283 Verden, FREITAG, **N/G**, *80*
27442 Gnarrenburg, BRILLIANT, **S**, *552*
27721 Ritterhude, JANETZKY, **T/B**, *483*
27753 Delmenhorst, DELMOD, **B**, *183*
27793 Wildeshausen, STÖVER, **N/G**, *80*
28186 Stuhr, FRIEBEL, **N/G**, *81*
28199 Bremen, HACHEZ, **N/G**, *81*
28279 Bremen, PADDOCK'S, **B**, *184*
28279 Bremen, ZERO, **B**, *184*
28309 Bremen, KÖNECKE, **N/G**, *82*
28309 Bremen, WILKENS, **H**, *453*
28759 Bremen, KLEINE WOLKE, **T/B**, *484*
28816 Stuhr, ADIDAS, **B**, *185*
28816 Stuhr, MARC O'POLO, **B**, *185*
28816 Stuhr, MEXX, **B**, *186*
28816 Stuhr, NIKE, **B**, *186*
28816 Stuhr, PUMA, **B**, *187*
28816 Stuhr, SCHIESSER, **B**, *187*
28816 Stuhr, TOMMY HILFIGER, **B**, *188*
28857 Syke, WESER, **N/G**, *82*
29227 Celle, STREET ONE - CECIL, **B**, *188*
29386 Hankensbüttel, LORENZ, **N/G**, *83*
29410 Salzwedel, YUL, **S**, *553*
29640 Schneverdingen, FISCHER, **L/S**, *20*
29640 Schneverdingen, GOTTENA, **N/G**, *83*

3

30163 Hannover, PELIKAN, **S**, *553*
30419 Hannover, PARADIES, **T/B**, *484*
30453 Hannover, HARRY, **N/G**, *84*
30659 Hannover, BAHLSEN, **N/G**, *84*
30916 Isernhagen, BREE, **L/S**, *21*
31008 Elze, ELZER BACKWAREN, **N/G**, *85*
31135 Hildesheim, RINGELLA, **B**, *188*
31228 Peine, RAUSCH, **N/G**, *85*
31515 Wunstorf, KETTLER, **M**, *402*
31515 Wunstorf, VION, **N/G**, *86*
31535 Neustadt, SIEMER, **B**, *189*
31749 Auetal, S.OLIVER, **L/S**, *21*
31785 Hameln, VORWERK, **T/B**, *485*
31840 Hessisch Oldendorf, MARC, **L/S**, *22*
32049 Herford, BUGATTI, **B**, *190*
32051 Herford, BRAX, **B**, *190*
32051 Herford, VABOND, **B**, *191*
32052 Herford, AHLERS, **B**, *191*
32052 Herford, WEINRICH, **N/G**, *86*
32108 Bad Salzuflen, VIVA DECOR, **S**, *554*
32257 Bünde, MÜNCHOW, **M**, *403*
32312 Lübbecke, HUCKE, **B**, *192*
32423 Minden, DRABERT, **M**, *403*
32584 Löhne, BIKE-PLANTAGE, **S/S**, *424*
32584 Löhne, MKM, **T/B**, *485*
32657 Lemgo, PAHNA, **N/G**, *87*
33129 Delbrück, HANNA, **N/G**, *88*
33330 Gütersloh, MARTEN, **N/G**, *88*
33332 Gütersloh, MARC AUREL, **B**, *192*
33378 Rheda-Wiedenbrück, BAUM-HÜTER, **B**, *193*
33378 Rheda-Wiedenbrück, DAUT, **N/G**, *88*
33378 Rheda-Wiedenbrück, INTER-LÜBKE, **M**, *404*
33378 Rheda-Wiedenbrück, PRO-PHETE, **S/S**, *424*
33397 Rietberg, SCHULTE, **N/G**, *89*
33397 Rietberg, SUDBROCK, **M**, *405*
33397 Rietberg, TRAUMWELT, **T/B**, *486*
33415 Verl, ASTRO, **N/G**, *90*
33415 Verl, KLEINEMAS, **N/G**, *90*
33415 Verl, MARC AUREL, **B**, *193*
33602 Bielefeld, DELIUS, **T/B**, *486*
33602 Bielefeld, ELEGANCE, **B**, *194*
33609 Bielefeld, BOTTHOF, **B**, *194*
33609 Bielefeld, JOBIS, **B**, *195*
33609 Bielefeld, SCHÄFFER, **B**, *195*

Postleitzahlenregister

33609 Bielefeld, SEIDENSTICKER, **B**, *195*
33611 Bielefeld, VERSE, **B**, *196*
33649 Bielefeld, WINDSOR, **B**, *197*
33729 Bielefeld, KAUFELD, **M**, *405*
33758 Schloß Holte-Stukenbrock, SYLBO, **B**, *197*
33775 Versmold, NÖLKE, **N/G**, *91*
33775 Versmold, WILTMANN, **N/G**, *91*
33803 Steinhagen, GERRY WEBER, **B**, *198*
33803 Steinhagen, S.OLIVER, **B**, *198*
34233 Fuldatal, STÜSS, **N/G**, *92*
34414 Warburg, BRAUNS HEITMANN, **S**, *554*
34414 Warburg, VALFRUTTA, **N/G**, *92*
34431 Marsberg, RITZENHOFF, **G/K/P**, *370*
34466 Wolfhagen, BÄRENSCHLAF, **T/B**, *487*
34560 Fritzlar, LEMMI FASHION, **B**, *199*
34613 Schwalmstadt, AZ MODELL, **B**, *199*
34613 Schwalmstadt, ROHDE, **L/S**, *22*
35066 Frankenberg/Eder, THONET, **M**, *406*
35085 Ebsdorfergrund, PAULY, **N/G**, *93*
35096 Weimar, HOWANA, **B**, *200*
35279 Neustadt, ELATEX, **B**, *200*
35516 Münzenberg, ERNESTO TOYS, **S/S**, *425*
35578 Wetzlar, MINOX, **S**, *555*
35708 Haiger, HAILO, **S**, *555*
36093 Künzell, SCHNEIDER, **B**, *201*
36110 Schlitz, LANGHEINRICH, **T/B**, *487*
36115 Ehrenberg, ISABELL, **B**, *201*
36199 Rotenburg, BRÜHL, **B**, *201*
36304 Alsfeld, ARABELLA, **B**, *202*
36341 Lauterbach, WEGENER, **B**, *202*
36341 Lauterbach, WENZEL & HOOS, **T/B**, *488*
36396 Steinau, JOLLY, **L/S**, *23*
36452 Fischbach, BAF, **H**, *454*
36460 Merkers, WALLENDORFER PORZELLAN, **G/K/P**, *371*
37139 Adelebsen, INDONESIA, **N/G**, *93*
37154 Northeim, WILVORST, **B**, *203*
37235 Hessisch Lichtenau, OPTIMA, **T/B**, *488*
37235 Hessisch Lichtenau, STÜSS, **N/G**, *94*
37276 Meinhard, FRIEDOLA, **S**, *556*
37281 Wanfried, WERKMEISTER, **S**, *556*
37318 Wahlhausen, WERRATAL STÖCKE, **S**, *557*
37351 Dingelstädt, BORN TO BE, **B**, *204*
37688 Würgassen, SOLLING, **M**, *406*
37688 Beverungen, WESER HOLZWAREN, **S**, *557*
37697 Lauenförde, KETTLER-HERLAG, **M**, *407*
37699 Fürstenberg, FÜRSTENBERG PORZELLAN, **G/K/P**, *371*
38112 Braunschweig, SIGNUM, **B**, *204*
38162 Cremlingen, WEIBLER, **N/G**, *94*
38300 Wolfenbüttel, BRAUNSCHWEIGER BETTFEDERN, **T/B**, *489*
38440 Wolfsburg, DESIGNER OUTLETS WOLFSBURG, **F**, *583*
38448 Wolfsburg, KAMEI, **S**, *558*
38486 Immekath, FRICOPAN, **N/G**, *95*
38640 Goslar, ODERMARK, **B**, *205*
38723 Seesen, SONNEN BASSERMANN, **N/G**, *95*
38855 Wernigerode, WERGONA, **N/G**, *96*
38895 Derenburg, HARZKRISTALL, **G/K/P**, *372*
39326 Hermsdorf, A2 OUTLET CENTER, **F**, *584*
39345 Vahldorf, BÖRDE, **N/G**, *96*

4

40472 Düsseldorf, DIESEL, **B**, *205*
40589 Düsseldorf, HEIN GERICKE, **B**, *206*
40721 Hilden, HESCO, **N/G**, *97*
40764 Langenfeld, ARA, **L/S**, *23*
40880 Ratingen, BENETTON, **B**, *206*
40880 Ratingen, ESPRIT, **B**, *207*
41061 Mönchengladbach, CINQUE, **B**, *207*

41061 Mönchengladbach, PRIESS, **B**, *208*
41065 Mönchengladbach, MEXX, **B**, *208*
41179 Mönchengladbach, VAN LAACK, **B**, *209*
41199 Mönchengladbach, SCHULTE, **N/G**, *97*
41334 Nettetal, EM-ES-TE, **T/B**, *489*
41352 Korschenbroich, MEXX, **B**, *209*
41379 Brüggen, ODLO, **B**, *209*
41460 Neuss, CONVERSE, **B**, *210*
41468 Neuss, LERROS, **B**, *210*
41468 Neuss, VANILIA, **B**, *211*
41748 Viersen, JÄGER, **H**, *454*
41748 Viersen, ZASPEL, **B**, *211*
41812 Erkelenz, STATZ, **B**, *212*
41836 Hückelhoven, TOCC, **B**, *212*
42277 Wuppertal, VORWERK, **T/B**, *490*
42651 Solingen, GIESEN & FORSTHOFF, **H**, *455*
42653 Solingen, EICKER, **H**, *456*
42653 Solingen, GEHRING, **H**, *456*
42653 Solingen, HARIBO, **N/G**, *98*
42655 Solingen, HERDER, **H**, *457*
42655 Solingen, WÜSTHOF, **H**, *457*
42657 Solingen, ZWILLING, **H**, *458*
42659 Solingen, BURGVOGEL, **H**, *458*
42699 Solingen, DORKO, **H**, *459*
42719 Solingen, KRUPS, **H**, *459*
42929 Wermelskirchen, POSSEIK, **M**, *407*
44575 Castrop-Rauxel, REINEX, **K/R**, *535*
44628 Herne, HERNER GLAS, **S**, *558*
44628 Herne, REMBERT, **S**, *559*
44809 Bochum, KRÜMMEL, **N/G**, *98*
45257 Essen, COLSMAN, **T/B**, *490*
45478 Mülheim, EICHHOLZ, **L/S**, *24*
45699 Herten, VERHOLT, **M**, *408*
45701 Herten, HERTA, **N/G**, *99*
45721 Haltern am See, SCHRÖER, **N/G**, *99*
45739 Oer-Erkenschwick, GUSTOLAND, **N/G**, *100*
45879 Gelsenkirchen, MARCONA, **B**, *213*
45883 Gelsenkirchen, ALDENHOVEN, **N/G**, *100*
45891 Gelsenkirchen, FASHION FACTORY STORE, **B**, *213*
46325 Borken, BIERBAUM, **T/B**, *491*
46325 Borken, DORMISETTE, **T/B**, *491*
46325 Borken, DRAGEES AUS WESEKE, **N/G**, *101*
46325 Borken, ROTTERDAM, **N/G**, *101*
46354 Südlohn, SÜDLOHNER FROTTIER, **T/B**, *492*
46395 Bocholt, GINA B, **B**, *214*
46395 Bocholt, HERDING, **T/B**, *492*
46395 Bocholt, IBENA, **T/B**, *493*
46395 Bocholt, VIKTORIA, **T/B**, *493*
46414 Rhede, SCHOKO DRAGEES, **N/G**, *102*
46446 Emmerich, KATJES, **N/G**, *102*
46499 Hamminkeln, BONITA, **B**, *214*
47057 Duisburg, REPLAY, **B**, *215*
47228 Duisburg, HARK, **S**, *559*
47506 Neukirchen-Vluyn, PARADIES, **T/B**, *494*
47533 Kleve, BAUSE, **L/S**, *24*
47626 Kevelaer, BERGMANN, **L/S**, *25*
47638 Straelen, KÜHNE, **N/G**, *103*
47638 Straelen, MÜLLER, **S**, *560*
47647 Kerken, LUTZE & NAGELS, **T/B**, *494*
47661 Issum, FRONHOFFS, **N/G**, *104*
47798 Krefeld, GRUYTERS, **N/G**, *104*
47805 Krefeld, KEMPER, **B**, *215*
47906 Kempen, BERND LÜBBENJANS, **B**, *216*
47906 Kempen, GRIESSON - DE BEUKELAER, **N/G**, *105*
47906 Kempen, HELLESIA, **N/G**, *105*
47906 Kempen, VELO-SPORT, **S/S**, *425*
47929 Grefrath, SCHÄFER, **B**, *216*
48159 Münster, PINOLINO, **S/S**, *426*
48163 Münster, PRIMERA, **B**, *217*
48231 Warendorf, VOLMER, **M**, *408*
48282 Emsdetten, COSMA, **B**, *217*
48282 Emsdetten, EMSA, **H**, *460*
48282 Emsdetten, SCHMITZ, **S**, *561*
48282 Emsdetten, WAECO, **S**, *561*
48317 Drensteinfurt, KOCHSTAR, **H**, *460*
48429 Rheine, NUR DIE, **B**, *218*

48431 Rheine, RZ DYCKHOFF, **T/B**, *495*
48455 Bad Bentheim, LOUIS, **B**, *218*
48477 Hörstel, BODET & HORST, **T/B**, *495*
48485 Neuenkirchen, HECKING, **T/B**, *495*
48493 Wettringen, CRUSE, **B**, *219*
48499 Salzbergen, BÜLTEL, **B**, *219*
48529 Nordhorn, ERFO, **B**, *220*
48565 Steinfurt, KOCK, **T/B**, *496*
48565 Steinfurt, SEESTERN FROTTIER, **T/B**, *496*
48607 Ochtrup, EOC, **F**, *584*
48607 Ochtrup, SPORTIVO, **B**, *220*
48629 Metelen, SULA, **N/G**, *106*
48691 Vreden, BIERBAUM, **T/B**, *497*
48720 Rosendahl, PRÜMER, **B**, *221*
48734 Reken, IGLO, **N/G**, *106*
48739 Legden, VINKELAU, **M**, *409*
49076 Osnabrück, COPPENRATH & WIESE, **N/G**, *107*
49078 Osnabrück, DK BERUFSMODEN, **B**, *221*
49084 Osnabrück, L'ITALIANO, **N/G**, *107*
49124 Georgsmarienhütte, BERNING, **N/G**, *108*
49176 Hilter, HANSA, **N/G**, *108*
49176 Hilter, RABE, **B**, *222*
49179 Ostercappeln, WAFFEL MEYER, **N/G**, *109*
49201 Dissen, HOMANN, **N/G**, *109*
49205 Hasbergen, HEIN, **N/G**, *110*
49419 Wagenfeld, WAGENFELDER SPINNEREI, **T/B**, *497*
49424 Goldenstedt, LORENZ, **N/G**, *110*
49429 Visbek, AGRIMEAT, **N/G**, *111*
49549 Ladbergen, HEEMANN, **N/G**, *111*
49638 Nortrup, KEMPER, **N/G**, *112*
49692 Cappeln, MEYER, **S/S**, *427*
49744 Geeste, COPPENRATH & WIESE, **N/G**, *112*

5

50189 Elsdorf, MFO, **T/B**, *497*
50226 Frechen, REPLAY, **B**, *222*
51149 Köln, STOLLWERCK, **N/G**, *113*
51429 Bergisch Gladbach, OFFERMANN, **L/S**, *25*
51766 Engelskirchen, KARIN GLASMACHER, **B**, *223*
52066 Aachen, MONTANUS, **B**, *223*
52070 Aachen, ZENTIS, **N/G**, *113*
52072 Aachen, CAVALLO, **B**, *224*
52072 Aachen, LAMBERTZ, **N/G**, *114*
52072 Aachen, LINDT, **N/G**, *115*
52078 Aachen, BECKER, **T/B**, *498*
52220 Stolberg, DALLI, **K/R**, *535*
52249 Eschweiler, BAWAG, **N/G**, *115*
52525 Heinsberg, BALTES, **L/S**, *26*
53175 Bonn, HARIBO, **N/G**, *116*
53332 Bornheim, DANIELS, **B**, *224*
53340 Meckenheim, GRAFSCHAFTER, **N/G**, *116*
53359 Rheinbach, YUL, **S**, *562*
53424 Remagen, SCHAUFF, **S/S**, *427*
53604 Bad Honnef, BERND BERGER, **B**, *225*
53604 Bad Honnef, BIRKENSTOCK, **L/S**, *26*
53877 Euskirchen, DANIELS & KORFF, **B**, *225*
53881 Euskirchen, METSÄ, **S**, *562*
54292 Trier, ROMIKA, **L/S**, *27*
55122 Mainz, ZWIESEL KRISTALLGLAS, **G/K/P**, *372*
55232 Alzey, AHORN, **B**, *225*
55232 Alzey, GESKA, **T/B**, *498*
55469 Simmern, ACTIVLINE, **S**, *563*
55543 Bad Kreuznach, GLÄSER, **B**, *226*
55543 Bad Kreuznach, MEFFERT, **S**, *563*
55606 Kirn, BRAUN BÜFFEL, **L/S**, *27*
55606 Kirn, GOLDEN HEAD, **L/S**, *28*
55743 Idar-Oberstein, FISSLER, **H**, *461*
55743 Idar-Oberstein, GOTTLIEB, **S/U**, *446*
56203 Höhr-Grenzhausen, RASTAL, **G/K/P**, *373*
56220 Bassenheim, BORGELT, **B**, *227*
56235 Ransbach-Baumbach, KERAMIKINSEL, **H**, *461*
56244 Maxsain, WEISS, **B**, *227*
56307 Dernbach, MANK, **T/B**, *499*

56377 Nassau, LEIFHEIT, **H**, *462*
56457 Halbs, MISS ULRIKE, **B**, *227*
56470 Bad Marienberg, LEBEK, **B**, *228*
56566 Neuwied, EURESS, **B**, *228*
56751 Polch, ADRIAN, **M**, *409*
56751 Polch, GRIESSON - DE BEUKELAER, **N/G**, *117*
57392 Schmallenberg, FALKE, **B**, *229*
57539 Fürthen, HAPA, **T/B**, *499*
58135 Hagen, BRANDT, **N/G**, *117*
58540 Meinerzhagen, NOWA, **H**, *462*
58553 Halver, FLORA, **S**, *564*
58579 Schalksmühle, AMT, **H**, *463*
58809 Neuenrade, PUS-GUSS, **H**, *463*
59065 Hamm, BENVENUTO, **B**, *229*
59269 Beckum, MODEKA, **B**, *230*
59457 Werl, DREIMEISTER, **N/G**, *118*
59457 Werl, KETTLER, **M**, *410*
59494 Soest, BÜBCHEN, **K/R**, *536*
59494 Soest, KUCHENMEISTER, **N/G**, *118*
59494 Soest, TARGA, **S**, *564*
59555 Lippstadt, FALKE, **B**, *231*
59757 Arnsberg, BERNDES, **H**, *464*
59846 Sundern, SEVERIN, **H**, *464*
59872 Meschede, SKS DESIGN, **S**, *565*
59929 Brilon, NORMANN, **B**, *231*
59964 Medebach, EWERS, **B**, *232*
59964 Medebach, GOLDEN LADY, **B**, *232*
59964 Medebach, STUHLMANN, **B**, *233*

6

60323 Frankfurt, PERLEN & SCHMUCKCENTER, **S/U**, *447*
63065 Offenbach, GOLDPFEIL, **L/S**, *28*
63067 Offenbach, BOGNER LEATHER, **L/S**, *29*
63067 Offenbach, KAPPUS, **K/R**, *536*
63069 Offenbach, KRUPS-ROWENTA-TEFAL, **H**, *465*
63073 Offenbach, BARTH & BAUER, **L/S**, *29*
63128 Dietzenbach, CHICCO, **S**, *565*
63128 Dietzenbach, MAVI, **B**, *233*
63150 Heusenstamm, AUGENTHALER & HEBERER, **L/S**, *30*
63150 Heusenstamm, LEVI'S, **B**, *234*
63165 Mühlheim, TRAVELLER, **L/S**, *30*
63263 Neu-Isenburg, LORENZ, **N/G**, *119*
63303 Dreieich, BENETTON, **B**, *234*
63303 Dreieich, WRANGLER, **B**, *235*
63454 Hanau, PHILIPP, **B**, *235*
63512 Hainburg, KÖHLER, **N/G**, *119*
63512 Hainburg, MC NEILL, **S**, *565*
63628 Bad Soden-Salmünster, ATELIER JEANNETTE, **L/S**, *31*
63636 Brachttal, WÄCHTERSBACH, **G/K/P**, *373*
63741 Aschaffenburg, DESCH, **B**, *236*
63741 Aschaffenburg, FUCHS & SCHMITT, **B**, *236*
63741 Aschaffenburg, WEIS, **B**, *237*
63762 Großostheim, EDUARD DRESSLER, **B**, *237*
63762 Großostheim, PETERMANN, **B**, *237*
63762 Großostheim, SCHULER, **B**, *238*
63768 Hösbach, DÖRHÖFER, **S**, *566*
63768 Hösbach, KASTELL, **B**, *238*
63773 Goldbach, BASLER, **B**, *239*
63814 Mainaschaff, ASCAFA, **B**, *240*
63814 Mainaschaff, F.A.N., **T/B**, *500*
63839 Kleinwallstadt, ST. EMILE, **B**, *240*
63843 Niedernberg, S.OLIVER, **B**, *240*
63853 Mömlingen, KLOTZ, **B**, *241*
63868 Großwallstadt, GEIS, **B**, *242*
63897 Miltenberg, DANIEL HECHTER, **B**, *242*
63897 Miltenberg, FRIPA, **S**, *566*
63920 Großheubach, KREMER, **B**, *243*
64295 Darmstadt, GLUMANN, **B**, *243*
64319 Pfungstadt, KAMPS, **N/G**, *120*
64358 Reichelsheim, EBERHARDT, **N/G**, *121*
64521 Groß-Gerau, ERLENBACHER, **N/G**, *121*
64546 Mörfelden-Walldorf, FASHION OUTLET, **B**, *244*
64646 Heppenheim, HANNINGER, **B**, *244*
64646 Heppenheim, LANGNESE, **N/G**, *122*
64720 Michelstadt, KOZIOL, **S**, *567*
65232 Taunusstein, DITTMANN, **N/G**, *122*

65582 Diez/Lahn, KAISER BACK-FORM, **H**, *465*
65599 Dornburg, STERNTALER, **B**, *245*
65843 Sulzbach, FABRIKVERKAUF SULZBACH, **B**, *245*
65929 Frankfurt, HÖCHSTER PORZELLAN, **G/K/P**, *374*
66119 Saarbrücken, TAILOR HOFF, **B**, *246*
66482 Zweibrücken, ADIDAS, **B**, *246*
66482 Zweibrücken, DESIGNER OUTLETS ZWEIBRÜCKEN, **F**, *585*
66484 Riedelberg, SCHUHWERK, **L/S**, *31*
66571 Eppelborn, JUCHEM, **N/G**, *123*
66620 Nonnweiler, WAGNER, **N/G**, *123*
66693 Mettlach, BASSETTI, **T/B**, *500*
66693 Mettlach, BRIGITTE VON BOCH, **S**, *567*
66693 Mettlach, LAND'S END, **B**, *247*
66693 Mettlach, VILLEROY & BOCH, **G/K/P**, *374*
66953 Pirmasens, WAWI, **N/G**, *124*
66955 Pirmasens, K + S SHOES, **L/S**, *32*
66957 Obersimten, DIETZ, **L/S**, *32*
66976 Rodalben, SERVAS, **L/S**, *32*
66981 Münchweiler, DOCKERS, **L/S**, *33*
66989 Höhfröschen, HEPCO & BECKER, **S**, *568*
66994 Dahn, DÄUMLING, **L/S**, *33*
66994 Dahn, FASAN, **L/S**, *34*
67165 Waldsee, STEIN, **T/B**, *501*
67227 Frankenthal, SCOUT, **S**, *568*
67346 Speyer, KEIM, **N/G**, *124*
67363 Lustadt, HUMBERT, **B**, *248*
67377 Gommersheim, APART, **T/B**, *501*
67547 Worms, SCHÄRF, **M**, *410*
67661 Kaiserslautern, FRUIT OF THE LOOM, **B**, *248*
68167 Mannheim, FELINA, **B**, *248*
68169 Mannheim, BIRKEL, **N/G**, *125*
68307 Mannheim, ZEWA, **S**, *569*
68526 Ladenburg, CALGON, **K/R**, *537*
68642 Bürstadt, KIDCAP, **B**, *249*
69226 Nußloch, BETTY BARCLAY, **B**, *249*
69245 Bammental, GEFI, **T/B**, *502*
69469 Weinheim, KLINGOL, **K/R**, *538*

7

70190 Stuttgart, LANGANI, **S/U**, *447*
70327 Stuttgart, CENTA-STAR, **T/B**, *502*
70469 Stuttgart, GUMMI-BÄREN-LAND, **N/G**, *125*
70771 Leinfelden-Echterdingen, SPEICK, **K/R**, *538*
70806 Kornwestheim, SALAMANDER, **L/S**, *34*
71063 Sindelfingen, LEIBFRIED, **T/B**, *503*
71065 Sindelfingen, GIN TONIC, **B**, *250*
71111 Waldenbuch, RITTER SPORT, **N/G**, *126*
71144 Steinenbronn, SIRIUS, **H**, *466*
71332 Waiblingen, BIRKEL, **N/G**, *127*
71336 Waiblingen, LENHART, **K/R**, *539*
71364 Winnenden, GIESSER, **H**, *467*
71364 Winnenden, PARADIES, **T/B**, *503*
71364 Winnenden, SADEX, **N/G**, *127*
71522 Backnang, GUMMI-BÄREN-LAND, **N/G**, *128*
71634 Ludwigsburg, LUDWIGSBURG PORZELLAN, **G/K/P**, *375*
71665 Vaihingen/Enz, FAKIR, **H**, *467*
71665 Vaihingen/Enz, GUMMI-BÄREN-LAND, **N/G**, *128*
71665 Vaihingen, HARDY, **B**, *251*
71726 Benningen, BRECKLE, **T/B**, *504*
71726 Benningen, WINKLE, **M**, *411*
71729 Erdmannhausen, HUOBER, **N/G**, *129*
72070 Tübingen, RAITH, **B**, *251*
72072 Tübingen, ACKEL, **B**, *252*
72072 Tübingen, PUSTEFIX, **S/S**, *428*
72072 Tübingen, RÖSCH, **B**, *252*
72108 Rottenburg, KUMPF, **B**, *253*
72116 Mössingen, CENTA-STAR, **T/B**, *504*
72116 Mössingen, VIANIA, **B**, *254*
72127 Kusterdingen, WILL, **B**, *254*
72138 Kirchentellinsfurt, EINHORN, **B**, *255*
72147 Nehren, KLETT, **N/G**, *130*
72172 Sulz, WÖSSNER, **M**, *411*
72186 Empfingen, BRÄNDLE, **N/G**, *130*
72202 Nagold, DIGEL, **B**, *255*

72202 Nagold, ROLF BENZ, **M**, *412*
72213 Altensteig, AUERHAHN, **H**, *468*
72221 Haiterbach, KLENK, **M**, *412*
72250 Freudenstadt, HAGNER, **K/R**, *539*
72275 Alpirsbach, HARTER, **B**, *256*
72336 Balingen, BONDI-DRESS, **B**, *256*
72336 Balingen, BÜHLER, **B**, *257*
72336 Balingen, CECEBA, **B**, *257*
72336 Balingen, DANNECKER, **B**, *258*
72336 Balingen, DORIS STREICH, **B**, *258*
72336 Balingen, KONTEX, **T/B**, *505*
72336 Balingen, STAUTZ, **B**, *258*
72355 Schömberg, STRIEBLING, **B**, *259*
72379 Hechingen, BEST, **M**, *413*
72379 Hechingen, EFIXELLE, **B**, *259*
72379 Hechingen, JOCKEY, **B**, *260*
72393 Burladingen, BOGI, **B**, *260*
72393 Burladingen, HEIM CHIC, **B**, *261*
72393 Burladingen, KÄSTLE, **L/S**, *35*
72393 Burladingen, KELLER, **B**, *261*
72393 Burladingen, MAYER F., **B**, *261*
72393 Burladingen, TREND, **T/B**, *505*
72393 Burladingen, TRIGEMA, **B**, *262*
72401 Haigerloch, DORIS MEYER, **T/B**, *506*
72401 Haigerloch, FLAIZ, **M**, *413*
72401 Haigerloch, VERA COSMETIC, **K/R**, *540*
72406 Bisingen, ALIDE, **B**, *263*
72406 Bisingen, BODYART, **B**, *264*
72406 Bisingen, CELLINI, **B**, *264*
72411 Bodelshausen, CENTER M, **B**, *265*
72411 Bodelshausen, MARC CAIN, **B**, *265*
72411 Bodelshausen, RIEKER, **B**, *266*
72411 Bodelshausen, SPEIDEL, **B**, *266*
72419 Neufra, KANZ, **B**, *267*
72458 Albstadt, COMAZO, **B**, *267*
72458 Albstadt, ESGE, **B**, *268*
72458 Albstadt, GEORGI, **B**, *268*
72459 Albstadt, BEKA, **B**, *268*
72459 Albstadt, HUBERMASCHE, **B**, *269*
72459 Albstadt, MEY, **B**, *269*
72459 Albstadt, SCHIESSER, **B**, *270*
72459 Albstadt, SCHNEIDER, **B**, *270*
72461 Albstadt, CON-TA, **B**, *271*
72461 Albstadt, CONZELMANN, **B**, *272*
72461 Albstadt, GOLLE HAUG, **B**, *272*
72461 Albstadt, GONSO, **B**, *272*
72461 Albstadt, MEDICO, **B**, *273*
72461 Albstadt, MR-CREATION, **T/B**, *507*
72461 Albstadt, NINA VON C., **B**, *273*
72469 Meßstetten, INTERSTUHL, **M**, *414*
72469 Meßstetten, SANETTA, **B**, *274*
72474 Winterlingen, ATHLET SPORT, **B**, *274*
72510 Stetten a. k. M., GINO LOMBARDI, **B**, *275*
72517 Sigmaringendorf, STRÖBELE, **B**, *276*
72555 Metzingen, ADIDAS, **B**, *276*
72555 Metzingen, ARAMI & RAMIM, **B**, *277*
72555 Metzingen, BALLY, **L/S**, *35*
72555 Metzingen, BAZLEN, **L/S**, *36*
72555 Metzingen, BOSS, **B**, *277*
72555 Metzingen, BURBERRY, **B**, *278*
72555 Metzingen, CHERVO, **B**, *278*
72555 Metzingen, CINQUE, **B**, *279*
72555 Metzingen, DIESEL, **B**, *279*
72555 Metzingen, DYRBERG/KERN, **S/U**, *448*
72555 Metzingen, ENZIAN, **K/R**, *540*
72555 Metzingen, ESCADA, **B**, *279*
72555 Metzingen, ESPRIT, **B**, *280*
72555 Metzingen, FLEISCHWAREN LAGERVERKAUF, **N/G**, *131*
72555 Metzingen, GAENSLEN & VÖLTER, **T/B**, *507*
72555 Metzingen, JOOP, **B**, *280*
72555 Metzingen, LACOSTE, **B**, *281*
72555 Metzingen, LEVI'S, **B**, *281*
72555 Metzingen, LLOYD, **L/S**, *36*
72555 Metzingen, MARC O'POLO, **B**, *282*
72555 Metzingen, MISS SIXTY, **B**, *282*
72555 Metzingen, MÖVE, **T/B**, *507*
72555 Metzingen, NIKE, **B**, *283*
72555 Metzingen, PEPE JEANS, **B**, *283*
72555 Metzingen, PRINCESS, **S**, *569*
72555 Metzingen, PUMA, **B**, *283*

Postleitzahlenregister

72555 Metzingen, RALPH LAUREN, **B**, *284*
72555 Metzingen, RENE LEZARD, **B**, *284*
72555 Metzingen, REUSCH, **B**, *285*
72555 Metzingen, S.OLIVER, **B**, *285*
72555 Metzingen, SAMTFABRIK, **B**, *286*
72555 Metzingen, SCHIESSER, **B**, *286*
72555 Metzingen, SEIDENSTICKER, **B**, *287*
72555 Metzingen, STRELLSON, **B**, *287*
72555 Metzingen, STRENESSE, **B**, *288*
72555 Metzingen, SWATCH, **S/U**, *448*
72555 Metzingen, TOMMY HILFIGER, **B**, *288*
72555 Metzingen, TRIUMPH, **B**, *289*
72555 Metzingen, UHLSPORT, **S/S**, *428*
72555 Metzingen, VAUDE, **S/S**, *428*
72555 Metzingen, WINDSOR, **B**, *289*
72555 Metzingen, WOLFORD, **B**, *290*
72574 Bad Urach, CHRISTL, **B**, *290*
72574 Bad Urach, KEMPEL, **B**, *291*
72584 Hülben, BECK, **S/S**, *429*
72589 Westerheim, KNEER, **T/B**, *508*
72622 Nürtingen, COMAZO, **B**, *291*
72622 Nürtingen, HAUBER, **B**, *292*
72631 Aichtal, WEINMANN, **L/S**, *37*
72636 Frickenhausen, KETTENBACH, **B**, *292*
72762 Reutlingen, SCHNIZLER, **B**, *292*
72764 Reutlingen, ENGEL, **B**, *293*
72766 Reutlingen, GROSANA, **T/B**, *508*
72766 Reutlingen, STARLINE, **T/B**, *509*
72768 Reutlingen, BAUER, **B**, *293*
72770 Reutlingen, GUMMI-BÄREN-LAND, **N/G**, *131*
72770 Reutlingen, LES CORPS, **B**, *294*
72770 Reutlingen, REIFF, **B**, *294*
72770 Reutlingen, STURM, **B**, *295*
72793 Pfullingen, ERIMA, **B**, *295*
72805 Lichtenstein, TUTTI PALETTI, **B**, *296*
72827 Wannweil, HIPP, **B**, *296*
73037 Göppingen, WISSMACH, **B**, *297*
73054 Eislingen, DR. SCHELLER, **K/R**, *541*
73054 Eislingen, SCHLAFGUT / WOHNGUT, **T/B**, *509*
73054 Eislingen, ZELLER & GMELIN, **K/R**, *541*
73061 Ebersbach, EUROFOAM, **T/B**, *510*
73066 Uhingen, BOSCH CONFISERIE, **N/G**, *132*
73079 Süßen, SCHOELLER + STAHL, **T/B**, *510*
73119 Zell, OSTHEIMER, **S/S**, *430*
73207 Plochingen, PLOCHINA, **K/R**, *542*
73230 Kirchheim-Teck, HERRMANN, **N/G**, *132*
73240 Wendlingen, LUXORETTE, **T/B**, *511*
73265 Dettingen, RK-RÜBEZAHL, **N/G**, *133*
73266 Bissingen a. d. Teck, LAFUMA, **B**, *297*
73275 Ohmden/Teck, ELO, **T/B**, *512*
73278 Schlierbach, DIMA, **M**, *414*
73312 Geislingen, BIHLER, **K/R**, *542*
73312 Geislingen, WMF, **H**, *468*
73326 Deggingen, ELSIWA, **B**, *298*
73333 Gingen, BUCHSTEINER, **H**, *469*
73430 Aalen, SCHOTT, **G/K/P**, *376*
73431 Aalen, ERLAU, **M**, *415*
73431 Aalen, PELO, **B**, *298*
73433 Aalen, BRAUN, **T/B**, *512*
73433 Aalen, GUMMI-BÄREN-LAND, **N/G**, *133*
73441 Bopfingen, ASTE, **T/B**, *513*
73441 Bopfingen, LUHNS, **K/R**, *543*
73485 Unterschneidheim, BALBACH, **B**, *299*
73525 Schwäbisch Gmünd, GRAU AROMATICS, **K/R**, *543*
73525 Schwäbisch Gmünd, SCHIPS, **M**, *415*
73540 Heubach, SUSA, **B**, *299*
73540 Heubach, TRIUMPH, **B**, *300*
73550 Waldstetten, LEICHT, **M**, *416*
73568 Durlangen, BINI, **B**, *300*
73650 Winterbach, HAHN, **B**, *301*
73655 Plüderhausen, KÜBLER, **B**, *301*
73660 Urbach, IRISETTE, **T/B**, *513*
73770 Denkendorf, OBJECT CARPET, **T/B**, *514*
73770 Denkendorf, ROMMEL, **B**, *302*

73779 Deizisau, JCC, **L/S**, *37*
74078 Heilbronn, GUMMI-BÄRENLAND, **N/G**, *134*
74252 Massenbachhausen, FISCHER, **B**, *302*
74321 Bietigheim-Bissingen, DINKELACKER, **L/S**, *38*
74348 Lauffen am Neckar, BUECKLE, **B**, *303*
74360 Ilsfeld, JOKER, **B**, *303*
74379 Ingersheim, OLYMP, **B**, *304*
74399 Walheim, SIOUX, **L/S**, *38*
74538 Rosengarten, REUTTER, **N/G**, *135*
74564 Crailsheim, HOHENSTEIN, **B**, *304*
74575 Schrozberg, FASHION OUTLET SCHROZBERG, **B**, *305*
74597 Stimpfach, HOSTA, **N/G**, *135*
74599 Wallhausen, SCHOPPEL, **T/B**, *514*
74613 Öhringen, RATHGEBER, **B**, *305*
74653 Künzelsau, MUSTANG, **B**, *305*
74670 Forchtenberg, HENKEL, **M**, *416*
74679 Weißbach, HORNSCHUCH, **S**, *570*
74731 Walldürn, BOSERO, **S**, *570*
74831 Gundelsheim, GUNDELSHEIM CONSERVEN, **N/G**, *136*
74862 Binau, LEVIOR, **S**, *571*
74889 Sinsheim, EXCELLENT, **N/G**, *136*
74912 Kirchardt, CLEMENS, **S/S**, *430*
74921 Helmstadt-Bargen, MWH, **M**, *417*
74936 Siegelsbach, MANN & SCHRÖDER, **K/R**, *544*
74939 Zuzenhausen, LEIFHEIT, **H**, *469*
75038 Oberderdingen, HIRSCH, **N/G**, *137*
75179 Pforzheim, GUMMI-BÄRENLAND, **N/G**, *137*
75417 Mühlacker, BÖHRINGER, **S/U**, *449*
75443 Ötisheim, TOFF TOGS, **B**, *306*
76185 Karlsruhe, ERES, **B**, *307*
76185 Karlsruhe, RIES, **S/U**, *449*
76297 Stutensee, MEIER BALLON, **S**, *571*
76297 Stutensee, MELL, **B**, *307*
76532 Baden-Baden, BIODROGA, **K/R**, *545*
76846 Hauenstein, MOKIMO, **L/S**, *39*
76846 Hauenstein, SEIBEL, **L/S**, *39*
76848 Schwanheim, WALDLÄUFER, **L/S**, *40*
76848 Wilgartswiesen, WILGARTA, **L/S**, *40*
76863 Herxheim, TRAUTH, **N/G**, *138*
76870 Kandel, WALBER, **L/S**, *41*
76891 Wieslautern, THERESIA M., **L/S**, *41*
77652 Offenburg, LUXORETTE, **T/B**, *515*
77704 Oberkirch, APELT, **T/B**, *515*
77709 Wolfach, DOROTHEENHÜTTE, **G/K/P**, *376*
77709 Wolfach, WÜRTZ, **B**, *308*
77736 Zell, ZELLER KERAMIK, **G/K/P**, *377*
77839 Lichtenau, SIEGER, **M**, *417*
77933 Lahr, BONACELLI, **B**, *308*
78054 Villingen-Schwenningen, TIPP-KICK, **S/S**, *431*
78098 Triberg, HERR, **S/U**, *449*
78112 St. Georgen, STAIGER, **S/U**, *450*
78120 Furtwangen, WEHRLE, **S/U**, *450*
78166 Donaueschingen, RICOSTA, **L/S**, *41*
78315 Radolfzell, HÜGLI, **N/G**, *138*
78315 Radolfzell, SEEMAXX, **F**, *586*
78532 Tuttlingen, RIEKER, **L/S**, *42*
78532 Tuttlingen, SOLIDUS, **L/S**, *42*
78532 Tuttlingen, STORZ, **N/G**, *139*
78549 Spaichingen, HOGRI, **S**, *572*
78564 Wehingen, TITANIUM, **S/U**, *451*
78591 Durchhausen, DUKAL, **T/B**, *516*
78604 Rietheim-Weilheim, HERMKO, **B**, *308*
78662 Bösingen, GERBI, **B**, *309*
78713 Schramberg, JUNGHANS, **S/U**, *451*
79183 Waldkirch, GANTER, **L/S**, *43*
79215 Elzach, SCHÄFER, **T/B**, *516*
79232 March, RUN GUSS, **H**, *470*
79244 Münstertal, GUBOR, **N/G**, *139*
79244 Münstertal, SCHIESSER, **B**, *309*
79336 Herbolzheim, KALFANY SÜSSE WERBUNG, **N/G**, *140*

Postleitzahlenregister

79418 Schliengen, MAYKA, **N/G**, *140*
79539 Lörrach, NORTHERN GOOSE, **T/B**, *517*
79541 Lörrach, LAUFFENMÜHLE, **T/B**, *517*
79576 Weil am Rhein, BIG STAR, **B**, *310*
79576 Weil am Rhein, CARHARTT, **B**, *310*
79585 Steinen, STRÖBER, **L/S**, *43*
79656 Wehr, WECK, **G/K/P**, *377*
79664 Wehr, BRENNET, **T/B**, *518*
79669 Zell, IRISETTE, **T/B**, *518*
79689 Maulburg, BURLINGTON, **B**, *311*
79689 Maulburg, SÜD BETTFEDERN, **T/B**, *519*
79725 Laufenburg, MARYAN, **B**, *311*
79733 Görwihl, ROTHO, **S**, *572*
79822 Titisee-Neustadt, NOVILA, **B**, *312*
79843 Löffingen, FORMESSE, **T/B**, *519*
79848 Bonndorf, ADLER, **N/G**, *141*
79872 Bernau, SLG, **H**, *470*

8

80335 München, TRIUMPH, **B**, *313*
80807 München, HALLHUBER, **B**, *313*
80807 München, SCHNELL, **K/R**, *545*
80939 München, RENA LANGE, **B**, *314*
81829 München, AIGNER, **B**, *314*
82065 Baierbrunn, TIMBERLAND, **B**, *315*
82152 Planegg, BASSETTI, **T/B**, *520*
82152 Planegg, MARC O'POLO, **B**, *315*
82166 Gräfelfing, FASHION OUTLET, **B**, *316*
82291 Mammendorf, ARIELLA, **B**, *316*
83022 Rosenheim, MAIER, **B**, *317*
83024 Rosenheim, GABOR, **L/S**, *44*
83026 Rosenheim, WERNDL, **M**, *418*
83101 Rohrdorf, WEGA, **B**, *317*
83417 Kirchanschöring, MEINDL, **L/S**, *44*
83451 Piding, ADIDAS, **B**, *318*
84030 Landshut, BRANDT, **N/G**, *141*
84030 Landshut, BUCHNER, **N/G**, *142*
84032 Altdorf, KOTTMAYR-VOGEL, **N/G**, *142*
84137 Vilsbiburg, THE BEST, **B**, *318*
84137 Vilsbiburg, ZOLLNER, **T/B**, *520*
84175 Gerzen, ERLMEIER, **B**, *319*
84364 Bad Birnbach, KIRSCHNER, **B**, *319*
84416 Taufkirchen, HIMOLLA, **M**, *418*
84428 Buchbach, COUNTRY LINE, **B**, *320*
85055 Ingolstadt, BÄUMLER, **B**, *320*
85055 Ingolstadt, INGOLSTADT VILLAGE, **F**, *586*
85055 Ingolstadt, ROSNER - CINQUE - ROY ROBSON, **B**, *321*
85072 Eichstätt, HACO, **L/S**, *45*
85221 Dachau, EURAS, **H**, *471*
85435 Erding, VÖLKL, **L/S**, *45*
85551 Kirchheim, BOGNER, **B**, *322*
85560 Ebersberg, BERWIN & WOLFF, **B**, *322*
85604 Zorneding, APART, **T/B**, *521*
85609 Aschheim, SALEWA, **B**, *323*
85716 Unterschleißheim, MORE & MORE, **B**, *323*
86159 Augsburg, HOLZTIGER, **S/S**, *431*
86161 Augsburg, LEMBERT, **B**, *324*
86167 Augsburg, WELTBILD, **S**, *573*
86199 Augsburg, FUJITSU SIEMENS, **S**, *574*
86368 Gersthofen, DEUTER, **S/S**, *432*
86381 Krumbach, STEINHART, **S**, *574*
86399 Bobingen, LANGER, **B**, *324*
86609 Donauwörth, EDEL, **N/G**, *143*
86609 Donauwörth, KÄTHE KRUSE, **B**, *325*
86653 Monheim, HAMA, **S**, *575*
86690 Mertingen, ZOTT, **N/G**, *143*
86720 Nördlingen, STRENESSE, **B**, *325*
86842 Türkheim, SALAMANDER, **L/S**, *46*
86850 Fischach, MÜLLER MILCH, **N/G**, *144*
86972 Altenstadt, ELBEO, **B**, *326*
87463 Dietmannsried, TÖPFER, **K/R**, *545*
87493 Lauben, CHAMPIGNON, **N/G**, *144*
87509 Immenstadt, HUDSON KUNERT, **B**, *326*

87527 Sonthofen, AUTHENTIC KLEIN, **B**, *327*
87527 Sonthofen, ERGEE, **B**, *327*
87527 Sonthofen, SEIDENSTICKER, **B**, *328*
87527 Sonthofen, WISSMACH, **B**, *328*
87600 Kaufbeuren, MIKOLASCH, **S/U**, *452*
87616 Marktoberdorf, MOMM, **T/B**, *521*
87616 Marktoberdorf, RÖSLE, **H**, *471*
87719 Mindelheim, KUNERT, **B**, *329*
87754 Kammlach, MANG, **N/G**, *145*
87770 Oberschönegg, EHRMANN, **N/G**, *145*
87782 Unteregg, FAUSTMANN, **B**, *329*
88069 Tettnang, VAUDE, **S/S**, *432*
88079 Kressbronn, GOLDMÄNNCHEN, **N/G**, *146*
88131 Lindau, LORENZ, **N/G**, *146*
88161 Lindenberg, MAYSER, **B**, *330*
88171 Weiler-Simmerberg, BIRITA, **B**, *330*
88214 Ravensburg, GRIESSON - DE BEUKELAER, **N/G**, *147*
88239 Wangen, LUXORETTE, **T/B**, *521*
88316 Isny, VEITH, **B**, *331*
88353 Kißlegg, ALLGÄULAND, **N/G**, *148*
88353 Kißlegg, SPEIDEL, **B**, *331*
88400 Biberach, GERSTER, **T/B**, *522*
88422 Bad Buchau, GÖTZBURG, **B**, *332*
88499 Riedlingen, GÖNNER, **B**, *332*
88499 Riedlingen, SILIT, **H**, *472*
88630 Pfullendorf, ALNO, **M**, *419*
89079 Ulm, GARDENA, **S**, *575*
89150 Laichingen, AFS, **L/S**, *46*
89150 Laichingen, EDELMANN, **T/B**, *522*
89150 Laichingen, VITAFORM, **L/S**, *47*
89150 Laichingen, WÄSCHEKRONE, **T/B**, *523*
89165 Dietenheim, RELI, **B**, *333*
89231 Neu-Ulm, WEISSELLA, **N/G**, *148*
89257 Illertissen, LANWEHR, **N/G**, *149*
89293 Kellmünz, STEGMANN, **L/S**, *47*
89312 Günzburg, KÜCHLE, **N/G**, *149*
89312 Günzburg, LUTZ, **N/G**, *150*
89312 Günzburg, ZOTT, **N/G**, *150*
89331 Burgau, PETRA, **H**, *472*
89407 Dillingen, WETZEL, **N/G**, *151*
89415 Lauingen, BI, **B**, *333*
89423 Gundelfingen, SCHWARZ, **N/G**, *151*
89537 Giengen, STEIFF, **S/S**, *433*
89558 Böhmenkirch, LANG, **B**, *334*

9

90411 Nürnberg, PUMA, **B**, *334*
90411 Nürnberg, WOLF-FORSTER, **N/G**, *152*
90419 Nürnberg, SCHÖLLER, **N/G**, *152*
90425 Nürnberg, WEISSELLA, **N/G**, *153*
90427 Nürnberg, EM-EUKAL, **N/G**, *153*
90427 Nürnberg, PFANN, **N/G**, *154*
90431 Nürnberg, BAUER, **S/S**, *433*
90471 Nürnberg, SCHUHMANN, **N/G**, *154*
90475 Nürnberg, SCOUT, **S**, *576*
90475 Nürnberg, WINDROSE, **L/S**, *48*
90513 Zirndorf, GUDRUN SJÖDEN, **B**, *335*
90513 Zirndorf, PLAYMOBIL, **S/S**, *434*
90556 Cadolzburg, HAUSEL, **M**, *419*
90556 Cadolzburg, RIEGELEIN, **N/G**, *155*
90571 Schwaig, WACHTER, **N/G**, *155*
90596 Schwanstetten, CHAMP, **L/S**, *48*
90599 Dietenhofen, LECHUZA, **S**, *576*
90763 Fürth, TROLLI, **N/G**, *156*
90765 Fürth, STORKY TOYS, **S/S**, *434*
90766 Fürth, FERBEDO, **S/S**, *435*
91052 Erlangen, VIA APPIA, **B**, *335*
91074 Herzogenaurach, ADIDAS, **B**, *336*
91074 Herzogenaurach, MAHR, **L/S**, *49*
91074 Herzogenaurach, NIKE, **B**, *337*
91074 Herzogenaurach, PUMA, **B**, *337*
91077 Neunkirchen, NABER, **B**, *338*
91171 Greding, REEBOK, **B**, *338*
91217 Hersbruck, CARL GROSS, **B**, *339*
91217 Hersbruck, FACKELMANN, **H**, *473*
91242 Ottensoos, JOY, **B**, *339*
91257 Pegnitz, PAMPOLINA, **B**, *340*

Postleitzahlenregister

91301 Forchheim, WEBER & OTT, **B**, *340*
91330 Eggolsheim, FAHRHANS, **B**, *341*
91350 Gremsdorf, MANZ, **L/S**, *49*
91350 Gremsdorf, S.OLIVER, **B**, *341*
91413 Neustadt/Aisch, ESTELLA, **T/B**, *523*
91522 Ansbach, UNILEVER, **N/G**, *156*
91550 Dinkelsbühl, ROMMELSBACHER, **H**, *473*
91550 Dinkelsbühl, VOGELSANG, **L/S**, *50*
91567 Herrieden, CARLO COLUCCI, **B**, *342*
91578 Leutershausen, TVU, **T/B**, *524*
91637 Wörnitz, GALA, **S**, *577*
92237 Sulzbach-Rosenberg, HILTL, **B**, *342*
92421 Schwandorf, WOLF, **N/G**, *157*
92431 Neunburg, EFRUTI, **N/G**, *157*
92431 Neunburg, LORENZ, **N/G**, *158*
92526 Oberviechtach, MÜLLER, **T/B**, *524*
92533 Wernberg-Köblitz, STÖHR, **B**, *343*
92536 Pfreimd, MAC, **B**, *343*
92540 Altendorf, FIFTY FIVE, **B**, *343*
92637 Weiden, SELTMANN, **G/K/P**, *378*
92648 Vohenstrauß, ARZBERG, **G/K/P**, *379*
92660 Neustadt, NACHTMANN, **G/K/P**, *379*
92676 Eschenbach, KOCH, **S/S**, *435*
92703 Krummennaab, WEIDNER, **B**, *344*
92729 Weiherhammer, BAYERN ZINN, **G/K/P**, *380*
93049 Regensburg, BÄUMLER, **B**, *344*
93077 Bad Abbach, PALM BEACH, **B**, *345*
93128 Regenstauf, PHÖNIX, **B**, *345*
93138 Lappersdorf, CBS, **L/S**, *50*
93164 Laaber, SEIDL, **N/G**, *158*
93192 Wald, MAC, **B**, *346*
93354 Biburg, LOTTIES, **S**, *577*
93462 Lam, HEROS, **S/S**, *436*
93468 Miltach, BEIER, **N/G**, *159*
93468 Miltach, NEMMER, **S/S**, *436*
93471 Arnbruck, WEINFURTNER, **G/K/P**, *380*
94032 Passau, KEUPP, **N/G**, *159*
94036 Passau, ETERNA, **B**, *346*
94060 Pocking, CHARMOR, **B**, *347*
94060 Pocking, WINKLHOFER, **B**, *347*
94078 Freyung, ANOLICK, **B**, *348*
94094 Rotthalmünster, STERA, **S**, *578*
94127 Neuburg, TRIXI SCHOBER, **B**, *348*
94227 Zwiesel, AMBIENTE KRISTALL, **G/K/P**, *381*
94227 Zwiesel, HUTSCHENREUTHER, **G/K/P**, *381*
94227 Zwiesel, NACHTMANN, **G/K/P**, *382*
94227 Zwiesel, ZWIESEL KRISTALLGLAS, **G/K/P**, *382*
94249 Bodenmais, ARZBERG, **G/K/P**, *383*
94249 Bodenmais, JOSKA, **G/K/P**, *383*
94249 Bodenmais, ROSENTHAL, **G/K/P**, *384*
94258 Frauenau, EISCH, **G/K/P**, *384*
94258 Frauenau, POSCHINGER, **G/K/P**, *385*
94424 Arnstorf, BETTY BARCLAY, **B**, *349*
94437 Mamming, MAMMINGER, **N/G**, *160*
94439 Roßbach, WASTA, **N/G**, *160*
94469 Deggendorf, WIEDEMANN, **S**, *579*
94518 Spiegelau, SPIEGELAU KRISTALL, **G/K/P**, *385*
94566 St. Oswald, NACHTMANN, **G/K/P**, *386*
95028 Hof, CASHMERE SHOP, **T/B**, *525*
95032 Hof, LE-GO, **B**, *349*
95100 Selb, HUTSCHENREUTHER, **G/K/P**, *386*
95100 Selb, ROSENTHAL, **G/K/P**, *387*
95100 Selb, VILLEROY & BOCH, **G/K/P**, *387*
95119 Naila, MUNZERT, **T/B**, *525*
95126 Schwarzenbach, REINGRUBER, **T/B**, *526*
95138 Bad Steben, SINGER, **B**, *350*

95152 Selbitz, JOMOS, **L/S**, *51*
95168 Marktleuthen, HEINRICH WINTERLING, **G/K/P**, *388*
95173 Schönwald, PROFITABLE, **G/K/P**, *389*
95176 Konradsreuth, MEIKO, **T/B**, *526*
95183 Töpen, FABER, **B**, *350*
95197 Schauenstein, FROHN, **T/B**, *527*
95213 Münchberg, FICKENSCHER, **N/G**, *161*
95213 Münchberg, HAMMER, **B**, *350*
95233 Helmbrechts, FRAAS, **B**, *351*
95233 Helmbrechts, RAUSCH, **T/B**, *527*
95355 Presseck, BODENSCHATZ, **L/S**, *51*
95448 Bayreuth, ARENA, **B**, *352*
95463 Bindlach, SCHIESSER, **B**, *352*
95469 Speichersdorf, ROSENTHAL, **G/K/P**, *389*
95478 Kemnath, FISCHER, **T/B**, *528*
95478 Kemnath, PONNATH, **N/G**, *161*
95511 Mistelbach, SIGIKID, **B**, *353*
95632 Wunsiedel, HÖFER, **B**, *353*
95632 Wunsiedel, RETSCH, **G/K/P**, *390*
95643 Tirschenreuth, HATICO, **B**, *354*
95643 Tirschenreuth, HUTSCHENREUTHER, **G/K/P**, *390*
95643 Tirschenreuth, NK-ZINN, **S**, *579*
95659 Arzberg, ARZBERG, **G/K/P**, *391*
95659 Arzberg, FRANK, **N/G**, *162*
95679 Waldershof, ROSENTHAL, **G/K/P**, *391*
95686 Fichtelberg, MÜLLER, **B**, *354*
95691 Hohenberg, DIBBERN, **H**, *474*
95691 Hohenberg, FEILER, **T/B**, *528*
95691 Hohenberg, HUTSCHENREUTHER, **G/K/P**, *392*
95706 Schirnding, ARZBERG, **G/K/P**, *392*
95707 Thiersheim, KÖNIG, **G/K/P**, *393*
95707 Thiersheim, VOITH, **B**, *355*
96052 Bamberg, GREIFF, **B**, *355*
96114 Hirschaid, TEDDY, **S/S**, *437*
96129 Strullendorf, STEBA, **H**, *474*
96132 Schlüsselfeld, F.A.N., **T/B**, *529*
96132 Schlüsselfeld, PUMA, **B**, *356*
96215 Lichtenfels, EICHHORN, **S**, *580*
96231 Bad Staffelstein, KAISER, **G/K/P**, *393*
96231 Bad Staffelstein, LEKRA, **B**, *356*
96237 Ebersdorf, ROBA, **S/S**, *437*
96242 Sonnefeld, HARTAN, **S**, *580*
96242 Sonnefeld, HAUCK, **S**, *581*
96242 Sonnefeld, HAUCK DESIGN, **S**, *581*
96247 Michelau, ZELLNER, **T/B**, *529*
96264 Altenkunstadt, BMF, **G/K/P**, *394*
96279 Weidhausen, KNAUER, **B**, *357*
96317 Kronach, HOAL, **B**, *357*
96317 Kronach, ROSENTHAL, **G/K/P**, *394*
96328 Küps, BÜTTNER, **B**, *358*
96328 Küps, LINDNER, **G/K/P**, *395*
96328 Küps, SEIDEL, **B**, *358*
96328 Küps, ZÖLLNER, **T/B**, *530*
96337 Ludwigsstadt, LAUENSTEIN CONFISERIE, **N/G**, *162*
96337 Ludwigsstadt, WELA, **N/G**, *163*
96342 Stockheim, ALGI, **K/R**, *546*
96355 Tettau, KÖNIGLICH TETTAU, **G/K/P**, *395*
96355 Tettau, RÖSLER, **G/K/P**, *396*
96364 Marktrodach, HUMARO, **L/S**, *52*
96450 Coburg, DEHLER, **T/B**, *530*
96450 Coburg, FEYLER, **N/G**, *163*
96465 Neustadt, ALTHANS, **S/S**, *438*
96465 Neustadt, FISCHER, **M**, *420*
96465 Neustadt, LISSI BÄTZ, **S/S**, *438*
96465 Neustadt, ROLLY TOYS, **S/S**, *439*
96472 Rödental, ENGEL, **S/S**, *439*
96472 Rödental, GOEBEL, **G/K/P**, *396*
96476 Bad Rodach, JAKO-O, **S/S**, *440*
96482 Ahorn, LEIPOLD, **M**, *420*
96515 Sonneberg, DICKIE, **S/S**, *440*
96515 Sonneberg, GLEN DIMPLEX, **H**, *475*
96515 Sonneberg, PLÜTI NOVA, **S/S**, *441*
96523 Steinach, MAROLIN, **S/S**, *441*
96523 Steinach, PLAHO, **S/S**, *442*
96528 Rauenstein, SCHILDKRÖT, **S/S**, *443*
96528 Effelder, SPIELKO, **S/S**, *442*
97076 Würzburg, FRANKONIA, **B**, *359*
97199 Ochsenfurt, KNEIPP, **K/R**, *546*
97209 Veitshöchheim, FRANKONIA, **N/G**, *164*

Postleitzahlenregister

97215 Uffenheim, REICHART, **B**, *359*
97228 Rottendorf, PROPHETE, **S/S**, *443*
97228 Rottendorf, S.OLIVER, **B**, *360*
97274 Leinach, ULLA, **B**, *360*
97318 Kitzingen, ECKERT, **S/S**, *444*
97350 Mainbernheim, BÄREN SCHMIDT, **N/G**, *164*
97357 Prichsenstadt, WOLF, **N/G**, *165*
97359 Schwarzach, MINX, **B**, *361*
97359 Schwarzach, RENE LEZARD, **B**, *361*
97359 Schwarzach, S.OLIVER, **B**, *362*
97440 Werneck, EICHETTI, **N/G**, *165*
97447 Gerolzhofen, HIESTAND, **N/G**, *166*
97469 Gochsheim, EISEND, **B**, *362*
97475 Zeil, ERBELLE, **T/B**, *531*
97475 Zeil, SCHIESSER, **B**, *363*
97633 Höchheim, HORSY, **B**, *363*
97640 Stockheim, TRABERT, **L/S**, *52*
97657 Sandberg, SANDBERG, **B**, *364*
97688 Bad Kissingen, LAY, **N/G**, *166*
97778 Fellen, SPESSARTTRAUM, **T/B**, *531*
97840 Hafenlohr, PAIDI, **M**, *421*
97877 Wertheim, ALFI, **H**, *475*
97877 Wertheim, BELLMIRA, **K/R**, *547*
97877 Wertheim, WERTHEIM VILLAGE, **F**, *587*
97906 Faulbach, VEELMANN, **N/G**, *167*
98553 Nahetal-Waldau, KERALOCK, **K/R**, *548*
98590 Schwallungen, WERRA, **S**, *582*
98593 Floh-Seligenthal, VIBA, **N/G**, *167*
98693 Ilmenau, HERO, **H**, *476*
98724 Lauscha, FARBGLASHÜTTE, **G/K/P**, *397*
98739 Lichte, LICHTE PORZELLAN, **G/K/P**, *398*
98739 Lichte, WALLENDORFER PORZELLAN, **G/K/P**, *398*
98743 Lippelsdorf, WAGNER & APEL, **G/K/P**, *399*
98744 Unterweißbach, UNTERWEISSBACHER PORZELLAN, **G/K/P**, *399*
99310 Arnstadt, WOLF, **N/G**, *168*
99326 Stadtilm, DOMAL, **K/R**, *548*
99428 Nohra, WEIMARER WURST, **N/G**, *168*
99444 Blankenhain, WEIMAR PORZELLAN, **G/K/P**, *400*
99867 Gotha, JEKA, **S**, *582*
99885 Ohrdruf, BRANDT, **N/G**, *169*
99887 Georgenthal, STEINER, **S/S**, *444*
99988 Diedorf, ROGO, **B**, *364*

B

B-3630 Maasmechelen, MAASMECHELEN VILLAGE, **F**, *587*

N

NL-6041 TD Roermond, DESIGNER OUTLET ROERMOND, **F**, *588*

Bitte nach jedem Einkauf ausfüllen und abschicken - Danke!

FIRMENTESTBOGEN

Noten: 1 = sehr gut 2 = gut 3 = befriedigend 4 = ausreichend 5 = mangelhaft 6 = ungenügend

besuchte
Firma

☐ bereits im Buch
☐ noch nicht im Buch

Straße

Ort

Besuchsdatum

Menge/Vielfalt **AUSWAHL** Note:

Situation/Menge **PARKPLÄTZE** Note:

Preis/Leistung **ERSPARNIS** Note:

durchschnittlich ca. _____ % billiger

Warenangebot
(möglichst detailliert)

Es gibt: ☐ 1.Wahl ☐ 2.Wahl ☐ Auslaufmodelle ☐

WIE WAR'S?

☐ Super, ich war absolut begeistert...

☐ Gut, hier findet jeder was...

☐ Hin, wenn man in der Nähe ist...

☐ Na ja, im Großen und Ganzen akzeptabel...

☐ Schade, meine Erwartungen wurden nicht erfüllt...

☐ Nein, diese Firma gehört nicht in dieses Buch...

...weil (Kommentar)

weitere Eindrücke und Besonderheiten

Ihre Anschrift

Bitte schicken an: Zeppelin Verlag, Postfach 800145, D-70501 Stuttgart

Bitte nach jedem Einkauf ausfüllen und abschicken - Danke!

FIRMENTESTBOGEN

Noten: 1 = sehr gut 2 = gut 3 = befriedigend 4 = ausreichend 5 = mangelhaft 6 = ungenügend

besuchte Firma _____
- [ ] bereits im Buch
- [ ] noch nicht im Buch

Straße _____

Ort _____ Besuchsdatum _____

Menge/Vielfalt **AUSWAHL** Note: ☐   *Situation/Menge* **PARKPLÄTZE** Note: ☐

Preis/Leistung **ERSPARNIS** Note: ☐   durchschnittlich ca. _____ % billiger

Warenangebot (möglichst detailliert)

_____
_____
_____
_____

Es gibt: ☐ 1. Wahl ☐ 2. Wahl ☐ Auslaufmodelle ☐ _____

WIE WAR'S?

- ☐ Super, ich war absolut begeistert...
- ☐ Gut, hier findet jeder was...
- ☐ Hin, wenn man in der Nähe ist...
- ☐ Na ja, im Großen und Ganzen akzeptabel...
- ☐ Schade, meine Erwartungen wurden nicht erfüllt...
- ☐ Nein, diese Firma gehört nicht in dieses Buch...

...weil (Kommentar) _____

weitere Eindrücke und Besonderheiten

Ihre Anschrift

Bitte schicken an: Zeppelin Verlag, Postfach 800145, D-70501 Stuttgart

Bitte nach jedem Einkauf ausfüllen und abschicken - Danke!

FIRMENTESTBOGEN

Noten: 1 = sehr gut 2 = gut 3 = befriedigend 4 = ausreichend 5 = mangelhaft 6 = ungenügend

besuchte
Firma

☐ bereits im Buch
☐ noch nicht im Buch

Straße

Ort

Besuchs-
datum

Menge/Vielfalt **AUSWAHL** Note: ☐

Situation/Menge **PARKPLÄTZE** Note: ☐

Preis/Leistung **ERSPARNIS** Note: ☐

durchschnittlich ca. ____ % billiger

Warenangebot
(möglichst detailliert)

_____

_____

_____

_____

Es gibt: ☐ 1.Wahl ☐ 2.Wahl ☐ Auslaufmodelle ☐ _____

WIE WAR'S?

☐	☐	☐	☐	☐	☐
Super, ich war absolut begeistert...	Gut, hier findet jeder was...	Hin, wenn man in der Nähe ist...	Na ja, im Großen und Ganzen akzeptabel...	Schade, meine Erwartungen wurden nicht erfüllt...	Nein, diese Firma gehört nicht in dieses Buch...

...weil (Kommentar) _____

_____

→

weitere Eindrücke und Besonderheiten

Ihre Anschrift

Bitte schicken an: Zeppelin Verlag, Postfach 800145, D-70501 Stuttgart

Bitte nach jedem Einkauf ausfüllen und abschicken - Danke!

FIRMENTESTBOGEN

Noten: 1 = sehr gut   2 = gut   3 = befriedigend   4 = ausreichend   5 = mangelhaft   6 = ungenügend

besuchte Firma

☐ bereits im Buch
☐ noch nicht im Buch

Straße

Ort

Besuchs-datum

Menge/Vielfalt **AUSWAHL** Note:

Situation/Menge **PARKPLÄTZE** Note:

Preis/Leistung **ERSPARNIS** Note:

durchschnittlich ca. _____ % billiger

Warenangebot
(möglichst detailliert)

Es gibt: ☐ 1.Wahl   ☐ 2.Wahl   ☐ Auslaufmodelle   ☐ ....

WIE WAR'S?

☐ Super, ich war absolut begeistert...

☐ Gut, hier findet jeder was...

☐ Hin, wenn man in der Nähe ist...

☐ Na ja, im Großen und Ganzen akzeptabel...

☐ Schade, meine Erwartungen wurden nicht erfüllt...

☐ Nein, diese Firma gehört nicht in dieses Buch...

...weil (Kommentar)

weitere Eindrücke und Besonderheiten

Ihre Anschrift

Bitte schicken an: Zeppelin Verlag, Postfach 800145, D-70501 Stuttgart

Bitte nach jedem Einkauf ausfüllen und abschicken - Danke!

FIRMENTESTBOGEN

<u>Noten:</u> 1 = sehr gut   2 = gut   3 = befriedigend   4 = ausreichend   5 = mangelhaft   6 = ungenügend

besuchte
Firma

☐ bereits im Buch
☐ noch nicht im Buch

Straße

Ort

Besuchsdatum

Menge/Vielfalt **AUSWAHL** Note:

Situation/Menge **PARKPLÄTZE** Note:

Preis/Leistung **ERSPARNIS** Note:

durchschnittlich ca. ____ % billiger

Warenangebot
(möglichst detailliert)

....

....

....

....

Es gibt: ☐ 1.Wahl   ☐ 2.Wahl   ☐ Auslaufmodelle   ☐ ....

WIE WAR'S?

☐ Super, ich war absolut begeistert...

☐ Gut, hier findet jeder was...

☐ Hin, wenn man in der Nähe ist...

☐ Na ja, im Großen und Ganzen akzeptabel...

☐ Schade, meine Erwartungen wurden nicht erfüllt...

☐ Nein, diese Firma gehört nicht in dieses Buch...

...weil (Kommentar)

....

....

→

weitere Eindrücke und Besonderheiten

Ihre Anschrift

Bitte schicken an: Zeppelin Verlag, Postfach 800145, D-70501 Stuttgart

Bitte nach jedem Einkauf ausfüllen und abschicken - Danke!

FIRMENTESTBOGEN

<u>Noten:</u> 1 = sehr gut   2 = gut   3 = befriedigend   4 = ausreichend   5 = mangelhaft   6 = ungenügend

besuchte Firma   ☐ bereits im Buch   ☐ noch nicht im Buch

Straße

Ort   Besuchsdatum

Menge/Vielfalt **AUSWAHL** Note: ____

Situation/Menge **PARKPLÄTZE** Note: ____

Preis/Leistung **ERSPARNIS** Note: ____

durchschnittlich ca. ____ % billiger

Warenangebot (möglichst detailliert)

....

....

....

....

Es gibt: ☐ 1.Wahl   ☐ 2.Wahl   ☐ Auslaufmodelle   ☐ ....

WIE WAR'S?

☐	☐	☐	☐	☐	☐
Super, ich war absolut begeistert...	Gut, hier findet jeder was...	Hin, wenn man in der Nähe ist...	Na ja, im Großen und Ganzen akzeptabel...	Schade, meine Erwartungen wurden nicht erfüllt...	Nein, diese Firma gehört nicht in dieses Buch...

...weil (Kommentar)

....

....

→

weitere Eindrücke und Besonderheiten

Ihre Anschrift

Bitte schicken an: Zeppelin Verlag, Postfach 800145, D-70501 Stuttgart

Bitte nach jedem Einkauf ausfüllen und abschicken - Danke!

FIRMENTESTBOGEN

Noten: 1 = sehr gut 2 = gut 3 = befriedigend 4 = ausreichend 5 = mangelhaft 6 = ungenügend

besuchte Firma ....
- [ ] bereits im Buch
- [ ] noch nicht im Buch

Straße ....

Ort .... Besuchsdatum ....

Menge/Vielfalt **AUSWAHL** Note: ____

Situation/Menge **PARKPLÄTZE** Note: ____

Preis/Leistung **ERSPARNIS** Note: ____

durchschnittlich ca. ____ % billiger

Warenangebot (möglichst detailliert)

....
....
....
....

Es gibt: ☐ 1.Wahl ☐ 2.Wahl ☐ Auslaufmodelle ☐

WIE WAR'S?

☐ Super, ich war absolut begeistert...

☐ Gut, hier findet jeder was...

☐ Hin, wenn man in der Nähe ist...

☐ Na ja, im Großen und Ganzen akzeptabel...

☐ Schade, meine Erwartungen wurden nicht erfüllt...

☐ Nein, diese Firma gehört nicht in dieses Buch...

...weil (Kommentar) ....

....

weitere Eindrücke und Besonderheiten

Ihre Anschrift

Bitte schicken an: Zeppelin Verlag, Postfach 800145, D-70501 Stuttgart

Alle Einkaufsführer aus dieser Reihe...

Fabrikverkauf in Deutschland - 09/10
Mit Einkaufs-Gutscheinen im Wert von mehreren tausend Euro
*Der Kassiker - komplett überarbeitet, aktualisiert
und um zahlreiche neue Geheimtipps ergänzt*
ISBN 978-3-933411-56-3

Fabrikläden in der Schweiz - 09/10
Mit Einkaufs-Gutscheinen im Wert von vielen hundert Franken
*Schweizer Qualität direkt ab Fabrik -
Der grosse Einkaufsführer mit allen Geheimtipps*
ISBN 978-3-933411-58-7

Fabriksverkauf in Österreich - 09/10
Mit Einkaufs-Gutscheinen im Wert von mehreren hundert Euro
Das Gesamtverzeichnis für Österreich
ISBN 978-3-933411-57-0

Jeweils € 9,95 - Überall wo's Bücher gibt!

Postleitzahlen – Übersichtskarte der Regionen

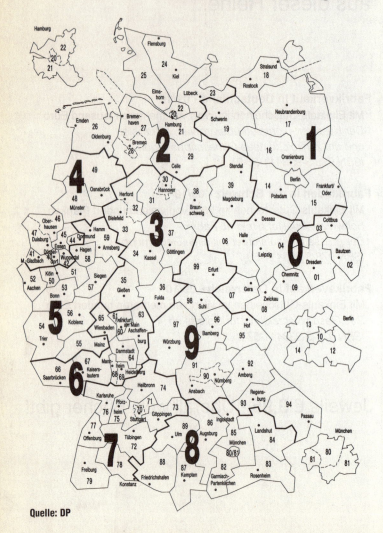

Quelle: DP